Toscane,
Ombrie et Marches

Paysage rural de la Toscane.
Martin Wahlborg/iStock

Les régions du guide :
(voir la carte à l'intérieur de la couverture ci-contre)

Sommaire

NOS INCONTOURNABLES

ORGANISER SON VOYAGE

COMPRENDRE LA TOSCANE, L'OMBRIE ET LES MARCHES

DÉCOUVRIR LA TOSCANE, L'OMBRIE ET LES MARCHES

POUR CHAQUE SITE, RETROUVEZ NOS ADRESSES

Nos incontournables

Florence★★★, magnifique berceau de la culture et de l'art italiens *(p. 110)*

Le Chianti★★, palette de couleurs et de saveurs inoubliables *(p. 386)*

Une sélection de nos plus beaux sites étoilés.

Pise★★★ : la tour la plus célèbre au monde *(p. 268)*

Arezzo★★ : sur les traces de Piero della Francesca et Roberto Benigni *(p. 438)*

Urbino★★ : harmonie et beauté de la Renaissance italienne *(p. 546)*

Lucca★★★ : un écrin de trésors *(p. 234)* protégé par les montagnes sauvages de la **Garfagnana**★ *(p. 257)*

Assise★★★, une étape spirituelle incontournable *(p. 483)*

San Gimignano★★★ : un voyage dans le Moyen Âge *(p. 402)*

Perugia (Pérouse)★★, ville universitaire pleine de charme et patrie des célèbres chocolats Baci *(p. 472)*

Sienne★★★ : mysticisme et passion de la ville du Palio *(p. 354)*

Crédits photographiques :

Page 4 : B. Jannsen/age fotostock (haut) ; S. Caporali/Tips/Photononstop (bas)
Page 5 : M. Rellini/Sime/Photononstop (haut gauche) ; R. Mattes/hemis.fr (haut droit) ; S. Renier/Sime/Photononstop (bas)
Page 6 : J. Arnold/hemis.fr (haut) ; G. Bertolissio/hemis.fr (bas)
Page 7 : J. Arnold/hemis.fr (haut gauche) ; Dutton Colin/Sime/Photononstop (haut droit) ; A. Fateev/age fotostock (bas)

ORGANISER SON VOYAGE

Sienne, piazza del Campo, le Palio.
R. Mattes/hemis.fr

Suggestions d'itinéraires

7 JOURS	LES VILLES D'ART
Boucle au départ de Florence (300 km)	**Jours 1-3 : Florence** *(p. 110)*. **Jour 4 : Lucca** *(p. 234)*, le Duomo, San Michele in Foro, la piazza dell'Anfiteatro et la promenade sur les remparts. **Jour 5 : Pise** *(p. 268)*, la piazza dei Miracoli, le Lungarno et la piazza dei Cavalieri. **Jours 6 et 7 : Sienne** *(p. 354)*, la piazza del Campo, le Palazzo pubblico et la pinacothèque, la cathédrale et le Museo dell'Opera del Duomo, le complexe de Santa Maria della Scala.
Transport	Lucca et Pise sont bien reliées à Florence par le train, tandis que pour rejoindre Sienne le moyen le plus pratique est la voiture, qui permet aussi de revenir à Florence en traversant la région du Chianti.
Conseils	Pour la visite des Offices *(p. 134)*, pensez à réserver bien à l'avance pour éviter une longue attente.
7 JOURS	**LA TOSCANE MINIÈRE ET L'ÎLE D'ELBE**
Boucle au départ de San Gimignano (env. 450 km)	**Jour 1 : San Gimignano** *(p. 402)*. **Jour 2 : Volterra** *(p. 319)*. **Jour 3 : Larderello** *(p. 324)*, les collines métallifères et la partie sud de la **Côte des Étrusques** jusqu'à Piombino *(p. 301)*. **Jours 4-6 : l'île d'Elbe** *(p. 304)*. **Jour 7 : Massa Marittima** *(p. 340)*, abbaye de San Galgano *(p. 381)* et retour à San Gimignano en passant par Colle di Val d'Elsa *(p. 409)*.
Transport	Location d'une voiture indispensable. En haute saison, il vaut mieux réserver le passage en ferry de Piombino à Portoferraio.
Conseils	Les passionnés de vins ne manqueront pas la route du vin vernaccia à San Gimignano *(p. 408)* et la route des vins de la Côte des Étrusques *(p. 298)*.
6 JOURS	**SIENNE ET LE VAL D'ORCIA**
Boucle au départ de Sienne (env. 300 km)	**Jours 1 et 2 : Sienne** *(p. 354)*. **Jour 3 : Montalcino** *(p. 413)*, l'abbaye de Sant'Antimo, l'abbaye San Salvatore pour explorer le mont Amiata *(p. 434)*. **Jour 4 :** Radicofani *(p. 433)*, Bagno Vignoni *(p. 420)*, San Quirico d'Orcia *(p. 418)*, **Pienza** *(p. 417)*. **Jour 5 : Montepulciano** *(p. 424)*, Chianciano Terme *(p. 427)*, **Chiusi** *(p. 430)*. **Jour 6 :** Monte Oliveto Maggiore, Asciano *(p. 378)*.
Transport	À partir du jour 3, la location d'une voiture est indispensable.
Conseils	À Montalcino et Montepulciano, prévoyez la visite d'une cave. Ajoutez un jour supplémentaire pour faire de la randonnée ou du trekking sur le mont Amiata.
6 JOURS	**LA MAREMME**
De Grosseto à Pitigliano (env. 300 km)	**Jour 1 :** Grosseto *(p. 330)*, ruines de Roselle, Vetulonia *(p. 333)*. **Jour 2 :** Punta Ala *(p. 334)*, Castiglione della Pescaia, Monts de l'Uccellina *(p. 335)*, Talamone *(p. 336)*. **Jours 3 et 4 : Argentario**, Orbetello *(p. 344)*, Isola del Giglio *(p. 312)*. **Jour 5 :** Vestiges de Cosa *(p. 336)*, Capalbio *(p. 337)*, Saturnia *(p. 351)*. **Jour 6 : Pitigliano** *(p. 348)*, Sovana, Sorano *(p. 350)*.

Transport	Location d'une voiture indispensable. Le passage à l'île du Giglio *(p. 313)* se fait à partir de Porto Santo Stefano *(p. 345)*. Pensez à réserver en haute saison.
Conseils	Si vous avez du temps, ajoutez un ou plusieurs jours pour faire du trekking à cheval ou à pied dans la Maremme.
5 JOURS	**NATURE ET SPIRITUALITÉ**
Boucle au départ d'Arezzo (330 km)	**Jour 1 : Arezzo** *(p. 438)*. **Jour 2 :** Romena *(p. 466)*, **Poppi** *(p. 462)*. **Jour 3 :** Eremo di Camaldoli *(p. 466)*, Bibbiena *(p. 463)*, le sanctuaire de la Verna *(p. 464)*. **Jour 4 : Sansepolcro** *(p. 448)*, Anghiari, Monterchi *(p. 450)*. **Jour 5 : Cortona** *(p. 453)*, Monte San Savino *(p. 460)*.
Transport	Location d'une voiture indispensable.
Conseils	À Arezzo, pensez à réserver la visite des fresques de Piero della Francesca dans la basilique de San Francesco. Le sanctuaire de la Verna et l'ermitage de Camaldoli offrent de belles randonnées dans la nature.
7 JOURS	**L'OMBRIE**
Itinéraire d'Assise à Gubbio (env. 330 km)	**Jour 1 : Assise** *(p. 483)*. **Jour 2 :** Spello *(p. 490)*, Bevagna, Montefalco *(p. 492)*. **Jour 3 :** Trevi *(p. 491)*, **Spoleto** *(p. 495)*, **Todi** *(p. 502)*. **Jour 4 : Orvieto** *(p. 505)*. **Jour 5 : lac Trasimène** *(p. 511)*, Città della Pieve *(p. 513)*. **Jour 6 : Pérouse** *(p. 472)*. **Jour 7 : Gubbio** *(p. 518)*.
Transport	Location d'une voiture indispensable. Ferry pour les îles du lac Trasimène, avec forfait à la journée.
Conseils	La *Passeggiata tra gli Ulivi (p. 494)* est une balade de 8 km entre Assise et Spello. Si vous aimez les randonnées, prévoyez une journée supplémentaire pour explorer le mont Subasio *(p. 489)*. En juillet, la ville de Pérouse accueille l'Umbria Jazz *(p. 482)*, un des plus grands festivals européens de jazz : il faudra donc réserver le séjour bien à l'avance.
7 JOURS	**LES MARCHES**
Itinéraire d'Urbino à Fano (env. 400 km)	**Jour 1 : Urbino** *(p. 546)*. **Jour 2 : Pesaro** *(p. 539)* et la côte jusqu'à Fano *(p. 543)*. **Jour 3 : Ancône** *(p. 528)* et le mont Conero *(p. 533)*. **Jour 4 : Loreto** *(p. 535)*, Recanati *(p. 536)* et **Macerata** *(p. 558)*. **Jour 5 : Tolentino** *(p. 560)*, San Severino Marche *(p. 561)* et San Ginesio *(p. 573)*. **Jour 6 :** Les monts Sibyllins *(p. 572)* et **Ascoli Piceno** *(p. 568)*. **Jour 7 :** Fermo *(p. 564)* et la côte.
Transport	Location d'une voiture indispensable.
Conseils	En été, la circulation le long de la côte est difficile, mieux vaut passer par l'arrière-pays en s'arrêtant dans les villages. Si vous aimez les randonnées, prévoyez une journée de plus dans le parc national des monts Sibyllins *(p. 572)*.

Types de séjour

SÉJOURS CULTURELS	
Au temps des Étrusques	Baratti et Populonia *(p. 300)*, Volterra *(p. 319)*, Vetulonia *(p. 333)*, Sovana *(p. 350)*, Chiusi *(p. 430)*, Cortone *(p. 453)* et Pérouse *(p. 472)*.
Au temps du Moyen Âge	San Gimignano *(p. 402)*, Pérouse *(p. 472)*, Assise *(p. 483)*, Montefalco *(p. 492)* et Gubbio *(p. 518)*.
Les plus belles villes Renaissance	Florence *(p. 110)*, Lucca *(p. 234)*, Pise *(p. 268)*, Sienne *(p. 354)* et Urbino *(p. 546)*.
Une ville, un artiste	Prato et Filippo Lippi *(p. 206)*, Pistoia et Marino Marini *(p. 215)*, Vinci et Léonard de Vinci *(p. 221)*, Livourne et Giovanni Fattori *(p. 291)*, Sansepolcro, Monterchi, Arezzo, Pérouse, Urbino et Piero della Francesca (*p. 448, p. 451, p. 438, p. 472 et p. 546)*, Pérouse et le Pérugin *(p. 472)*, Città di Castello et Alberto Burri *(p. 515)*, Pesaro et Gioacchino Rossini *(p. 539)*.
Découverte des fêtes traditionnelles	Le Calcio storico à Florence *(p. 119)*, la Luminara à Pise *(p. 288)*, le Palio à Sienne *(p. 361)*, la Giostra del Saracino à Arezzo *(p. 447)*, la Corsa dei Ceri à Gubbio *(p. 522)* et le Torneo cavalleresco della Quintana à Ascoli Piceno *(p. 574)*.
SÉJOURS BALNÉAIRES	
La Versilia	Viareggio *(p. 247)*, Lido di Camaiore *(p. 248)*, Marina di Pietrasanta *(p. 248)* et Forte dei Marmi *(p. 249)*.
La Côte des Étrusques	Castiglioncello *(p. 297)*, Marina di Cecina *(p. 298)*, Marina di Castagneto- Donoratico et San Vincenzo *(p. 299)*.
Archipel toscan	Île d'Elbe *(p. 304)* et île du Giglio *(p. 313)*.
La Maremme	Follonica et Punta Ala *(p. 334)*, Castiglione della Pescaia et Principina a Mare *(p. 335)*, Talamone *(p. 336)* et le Promontorio dell'Argentario *(p. 344)*.
Côte adriatique	Pesaro *(p. 539)*, Fano et Senigallia *(p. 543)* et Grottammare *(p. 566)*
Riviera del Conero	Portonovo, Sirolo et Numana *(p. 533)*.
SÉJOURS AU VERT	
Les villages	Cutigliano *(p. 223)*, Barga *(p. 258)*, Massa Marittima *(p. 340)*, Asciano et Monteriggioni *(p. 378)*, San Gimignano *(p. 402)*, San Vivaldo *(p. 408)*, Sarteano *(p. 433)*, Poppi *(p. 462)*, Romena *(p. 466)*, Norcia *(p. 500)* et San Ginesio *(p. 573)*.
LES ROUTES DU VIN	
Toscane	Montalbano *(p. 223)*, Lucca-Montecarlo-Versilia *(p. 242)*, collines pisanes *(p. 285)*, Côte des Étrusques *(p. 298)*, Maremma *(p. 336)*, Monteregio di Massa Marittima *(p. 342)*, le Chianti *(p. 386)*, Vernaccia di San Gimignano *(p. 408)*, Montalcino *(p. 413)*, Montepulciano *(p. 425)*, Arezzo *(p. 445)* et Cortona *(p. 458)*.
Ombrie et Marches	Strada dei vini del Cantico *(p. 479)*, Strada del Sagrantino di Montefalco *(p. 492)*,) et Verdicchio dei Castelli di Jesi *(p. 534)*.

Aller en Toscane, Ombrie et Marches

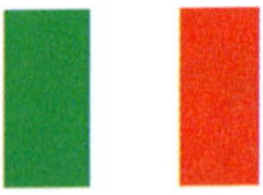

La Toscane
Capitale : Firenze (Florence)
Superficie : 22 994 km²
Population : 3 749 438 hab.
www.turismo.intoscana.it
L'Ombrie
Capitale : Perugia (Pérouse)
Superficie : 8 456 km²
Population : 893 543 hab.
www.regioneumbria.eu
Les Marches
Capitale : Ancona (Ancône)
Superficie : 9 401, 38 km²
Population : 1 548 944 hab.
www.regione.marche.it

Autobus

Eurolines – *www.eurolines.fr.* Départs de Paris-Gallieni et de la plupart des villes de province pour Florence, et du Sud-Est pour Pise.
Paris – *55 r. St-Jacques - 75005 Paris -* n° Vert *✆ 0 892 899 091. Bureaux dans toute la France.*
Belgique – *✆ 02 274 13 50 - www.eurolines.be.* Liaisons Bruxelles-Florence.

Avion

Pise et Florence sont reliées aux capitales européennes et aux grandes villes de France. L'aéroport de Pérouse (Perugia) ainsi que celui d'Ancône (Ancona) accueillent des vols en provenance de Bruxelles Charleroi.

COMPAGNIES RÉGULIÈRES

Air France – *✆ 36 54 (7j/7, 0,34 €/mn à partir d'un poste fixe) - www.airfrance.fr.* Vols directs pour Florence et Pise depuis Paris.
Swiss International Air Lines – *✆ 0892 232 501 - www.swiss.com.* Vols Zurich-Florence.
Alitalia – *✆ 0 892 655 655 (0,34 €/mn à partir d'un poste fixe)- www.alitalia.fr.* Liaisons de Paris vers Pise et Florence.

COMPAGNIES LOW-COST

Easyjet – *www.easyjet.com.* Assure une liaison avec Pise de Paris-Orly.
Ryanair – *✆ 0 892 562 150 - www.ryanair.com.* Vols depuis Bruxelles et Paris-Beauvais pour Pise et Ancône.
Vueling – *www.vueling.com.* Vols de Paris-Orly pour Florence.

AÉROPORTS

Florence – **Aéroport Amerigo Vespucci** – *Via del Termine 11 - ✆ 055 30 61 300 - www.aeroporto.firenze.it*
Pise – **Aéroport international Galileo Galilei** – *P. zale D'Ascanio 1 - ✆ 050 84 93 00 - www.pisa-airport.com.*
Pérouse – **Aéroport international de l'Ombrie** – *✆ 075 592 141 - www.airport.umbria.it.*
Ancône – **Aéroport international des Marches** – *✆ 071 28 271 - aeroporto.regione.marche.it.*

Bateau

Il existe plusieurs possibilités de se rendre en Toscane depuis la Corse.

Mobylines – *0049 611 14 020 - www.mobylines.fr.* Des bateaux relient le port de Bastia à Gênes, Livourne et Piombino (mars-sept.).
Corsica Ferries – *0 825 095 095 (0,15 €/mn)- www.corsica-ferries.fr.* Assure la liaison entre Bastia et Livourne toute l'année (pour les liaisons avec les îles de l'archipel toscan, *Île d'Elbe, p. 315*).

Train

De **France** – **SNCF** - *36 35 (0,34 €/mn)- www.voyages-sncf.com.*
De **Paris**, plusieurs trains par jour avec au moins un changement à Milan, Turin, Genève ou Zurich. *Durée du trajet variable, mini 10h, tarif à partir de 120 € env. aller simple.*
De la **province**, peu de trains directs relient la France à la Toscane. Pour l'Ombrie, correspondances à Florence Santa Maria Novella. Pour la région des Marches, correspondances à Bologne.
De **Belgique** – **SNCB** - *02 528 28 28 - www.belgianrail.be.*
Pas de liaisons directes, changement en France ou en Allemagne.

De **Suisse** – **CFF** - *900 300 300 - www.cff.ch.* Pas de liaison directe, de Genève et Zurich changement à Milan.

Voiture

Hormis le passage côtier Menton-Vintimille, les voies d'accès sont tributaires des cols et tunnels alpins: le col du Montgenèvre près de Briançon, le tunnel du Fréjus et le col du Mont Cenis près de St-Jean-de-Maurienne, le col du Petit-St-Bernard près de Bourg-St-Maurice et le tunnel du Mont-Blanc près de Chamonix. De la Suisse, trois routes possibles: par le col ou le tunnel du Grand-St-Bernard, le col du Simplon et celui du St-Gothard qui, via le Tessin et Lugano, permettent d'entrer par la région des lacs lombards (d'où l'on rejoint facilement Milan). La Toscane et l'Ombrie sont desservies par les autoroutes A 1 (Milan-Naples), A 11 (côte Tyrrhénienne-Florence) et A 12 (Gênes-Livourne). Pour rejoindre la région des Marches, il faudra obligatoirement traverser les Apennins. *www.autostrade.it* *et « Transports », p. 34.*

Distances en km	Arezzo	Ascoli Piceno	Assise	Florence	Lucca	Pise	Pérouse	Pistoia	Sienne	Urbino
Arezzo		240	115	80	155	175	94	115	65	110
Ascoli Piceno	240		130	300	370	380	150	340	355	220
Assise	115	130		173	246	92	24	211	131	108
Florence	80	300	173		74	95	151	35	70	180
Lucca	155	370	246	74		21	223	45	140	260
Pise	175	380	92	95	21		255	65	110	290
Pérouse	94	150	24	151	223	255		190	109	95
Pistoia	115	340	211	35	45	65	190		155	220
Sienne	65	355	131	70	140	110	109	155		190
Urbino	110	220	108	180	260	290	95	220	190	

Avant de partir

Le bon moment pour partir

La **Toscane** et l'**Ombrie** offrent en toute saison au visiteur une somptueuse palette de couleurs dans des paysages d'une harmonie parfaite. Depuis des siècles, la campagne toscane semble inchangée : à l'ombre des cyprès, les vignobles et les champs se parent au printemps et à l'automne de fantastiques teintes de rouge, d'orangé, d'or, de vert et de brun.

Certaines régions de l'Ombrie font place à la forêt, diffusant une fraîcheur bien agréable aux intersaisons ainsi qu'en été pour fuir les grosses chaleurs. Si vous le pouvez, évitez de venir en Toscane durant l'été car la chaleur devient suffocante dans les villes et les files d'attente devant les musées sont interminables.

De Florence à Pérouse, l'hiver peut être venteux et très humide, voire froid en Ombrie près des contreforts des Apennins.

Située au cœur du parc national des monts Sibyllins, la région des **Marches** est soumise à un climat montagnard souvent très marqué durant l'hiver. En été, cette fraîcheur se révèle bienfaisante lorsque le littoral adriatique chauffe au soleil et que l'on cherche une solution de repli dans les terres !

Autour d'Urbino et d'Ascoli Piceno, les plaines vallonnées sont agréables au printemps et à l'automne.

Enfin, pour vous baigner, préférez les mois de mai et septembre, vous éviterez ainsi les plages noires de monde.

Adresses utiles

OFFICES DE TOURISME

Pour organiser son voyage, rassembler la documentation nécessaire, vérifier certaines informations, s'adresser en premier lieu à l'**ENIT** *(Ente Nazionale Italiano per il Turismo)*, c'est-à-dire l'Office national italien de tourisme : *www.enit.it* et *www.italia.it.*

France – *23 rue de la Paix - 75002 Paris - ✆ 01 42 66 03 96 - lun.-vend. 11h-16h45.*

Belgique – *28 rue Émile-Claus - 1050 Bruxelles - ✆ (00 32) 2 64 71 154 - lun.-vend. 9h-17h.*

Canada – *110 Yonge Street, Suite 503 Toronto (Ontario) M5C 1T4 - ✆ (00 1 416) 925 48 82 - www.italiantourism.com.*

AMBASSADES D'ITALIE

France – *47-51 rue de Varenne - 75007 Paris - ✆ 01 49 54 03 00 - www.ambparigi.esteri.it - lun.-vend. 9h-13h, 14h-17h.*

Belgique – *28 rue Émile-Claus - 1050 Bruxelles - ✆ (00 32) 2 64 33 850 - www.ambbruxelles.esteri.it - lun.-vend. 9h-13h, 14h30-17h30.*

Suisse – *Willadingweg 23 - CH-3006 Berne - ✆ (00 31) 390 10 10 - www.ambberna.esteri.it - fermé merc.*

Canada – *275 Slater Street, 21th Floor - Ottawa K1P 5H9, Ontario - ✆ (00 1 613) 232 24 01 - www.ambottawa.esteri.it.*

SITES INTERNET

Préparer son voyage – *www.enit.it* : le site de l'Office national italien de tourisme (hébergements, manifestations, musées).

www.turismo.intoscana.it, *www.umbriaturismo.net* et *www.turismo.marche.it* : sites officiels destinés à la promotion des trois régions.
www.touristie.com/italie : infos pratiques pour un voyage de A à Z.
Gastronomie et œnologie – *www.vinit.net* : vins et produits régionaux (en italien).
www.amicidelladolcevita.it (en italien) : œnogastronomie et art de vivre.
www.agraria.org (en italien) : pour les produits des terroirs italiens présentés en détail (vins, fromages, charcuterie, huiles, etc.).
Manifestations – *www.museionline.it* : pour tout savoir sur les musées du pays et les expositions à ne pas manquer.
www.ticketone.it : pour l'achat et la réservation d'événementiels.
www.clubart.it : pour les expositions d'art contemporain.
Nature – *www.parks.it* : fédération italienne des parcs.
www.grandigiardini.it : le site où vous retrouverez les grands jardins italiens.
Magasins Outlet (dégriffés) – *www.outletitalia.com*, *www.guidaspaccioutlet.it* (en italien) : pour trouver des adresses intéressantes de vêtements dégriffés.

Les villes en Toscane

Arezzo – *www.comune.arezzo.it*
Florence – *www.firenzeturismo.it*
Grosseto – *www.turismoinmaremma.it*
Lucca – *www.luccatourist.it*
Pise – *www.pisaunicaterra.it*
Pistoia – *www.turismo.pistoia.it*
Prato – *www.pratoturismo.it*
Sienne – *www.terresiena.it*
Viareggio – *www.versiliainfo.com*

Les villes en Ombrie

Assise – *www.comune.assisi.pg.it*
Città di Castello – *www.cdcnet.net*
Gubbio – *www.comune.gubbio.pg.it*
Orvieto – *www.orvietoturismo.it*
Pérouse – *http://turismo.comune.perugia.it*
Spoleto – *www.comunespoleto.gov.it*
Todi – *www.comune.todi.pg.it*

Les villes dans les Marches

Ancône – *www.comune.ancona.it/turismo/it*
Ascoli Piceno – *www.comuneap.gov.it*
Fabriano – *www.fabrianoturismo.it*
Fermo – www.*comune.fermo.it*
Macerata – *www.comune.macerata.it*
Pesaro – *www.turismopesaro.it*
Urbino – *www.comune.urbino.ps.it*

AGENCES DE VOYAGES SPÉCIALISÉES

Bravo Voyages –*12 rue Hittorf - 75010 Paris - ✆ 01 81 69 62 60 - www.bravovoyages.com*. Découverte de la Toscane à la carte, séjours et locations.
Images du monde – *14 r. de Siam - 75116 Paris - ✆ 01 44 24 87 88 - www.images-du-monde.com*. Toscane à la carte, locations d'appartements et villas.
Visit Europe – *✆ 0 821 002 022 - www.visiteurope.fr*. Week-ends, locations, Toscane à la carte, autotour en Toscane et en Ombrie.
VO Italie – *34 passage du Ponceau - 75002 Paris - ✆ 01 42 80 22 83 - www.vo-italia.com*. Voyages thématiques pour une découverte personnalisée de la culture et de l'art de vivre à l'italienne.
Voyageurs du Monde – *55 r. Sainte-Anne - 75002 Paris - ✆ 01 42 86 16 00 - www.vdm.com (nombreux bureaux dans toute la France : coordonnées sur le site Internet)*. Voyages individuel, sur mesure ou selon itinéraires proposés, logements en hôtels ou agritourisme. Vous trouverez aussi de courts séjours et escapades chez l'habitant.
Nouvelles Frontières – *✆ 0 825 000 747 - www.nouvelles-frontieres.fr*.

Jet tours – ✆ *0 820 830 880 - www.jettours.com.*

Voyages culturels

Arts et vie – *251 r. de Vaugirard - 75015 Paris (également à Grenoble, Lyon, Marseille et Nice) - ✆ 01 40 43 20 21 - www.artsetvie.com.* Excursions en Toscane et un périple culturel entre Assise et Pesaro.

Clio – *34 r. du Hameau - 75015 Paris - ✆ 01 53 68 82 82 - www.clio.fr.* Itinéraires culturels et thématiques avec conférencier.

Intermèdes – *60 r. La Boétie - 75008 Paris - ✆ 01 45 61 90 90 - www.intermedes.com.* Circuits culturels de 5 à 7 jours avec conférencier.

Voyages musicaux

La Fugue – *32 r. de Washington - 75008 Paris - ✆ 01 43 59 10 14 - www.lafugue.com.* Voyages musicaux dans le monde entier selon l'actualité des festivals.

En randonnée

Akaoka – *15 place des Halles - 34190 Ganges - ✆ 01 83 62 19 68 - www.akaoka.com.* Un circuit de randonnée en famille en Toscane et une marche de 9 jours en Ombrie, dans le parc des monts Sibyllins.

Allibert – *France ✆ 04 76 45 50 50 - Benelux ✆ 02 318 32 02 - Suisse ✆ 022 519 03 23 - www.allibert-trekking.com.* Florence, Sienne, San Gimignano et le Chianti en une semaine environ avec un guide-accompagnateur, pour groupes de 6 à 15 participants.

Chemins du Sud – *57 rue François-Gernelle - 84124 Pertuis Cedex - ✆ 04 90 09 06 06 - www.cheminsdusud.com.* De nombreux parcours en Toscane et en Ombrie, dont 1 à cheval, et 1 marche sur la via Francigena.

La Pèlerine – *Romagnac - 43580 Saint-Vénérand - ✆ 04 71 74 47 40 - www.lapelerine.com.* Plusieurs randonnées en Italie, dont une à travers la Toscane, libre ou accompagnée.

Terres d'aventure – *Nombreux bureaux dans toute la France (coordonnées sur le site Internet) - ✆ 01 70 82 90 00 - www.terdav.com.* Deux circuits organisés de Florence à Sienne et au sud de la Toscane, ou en toute liberté. **En Belgique** (Terres d'aventure - Voyageurs du Monde) : *23, chaussée de Charleroi - 1060 Bruxelles - ✆ (32) 2 543 95 60.* **En Suisse** (Terres d'aventure) : *19 rue de la Rôtisserie - 1204 Genève - ✆ (41) 22 518 05 13.*

Visages – *Le Campana - 05600 Mont-Dauphin - ✆ 04 92 45 18 05 - www.visages-trekking.com.* Châteaux et vignobles du Chianti ou randonnées à pied de Florence à Sienne.

TOURISME ET HANDICAP

La Toscane, les Marches et l'Ombrie ne sont pas des destinations faciles pour les personnes à mobilité réduite, à cause des nombreuses ruelles pavées et pentues, difficilement accessibles. Le pays reste néanmoins nettement plus en avance que la France pour les équipements destinés à faciliter la vie des personnes handicapées. De très nombreux restaurants, hôtels, agritourismes et cafés sont équipés de vastes toilettes, aisément accessibles.

Avant de partir, pensez à consulter les sites des associations spécialisées : *www.coinsociale.it* (en italien uniquement), *www.disabili.com* (en italien uniquement), *www.turismopertutti.it* (en français), *www.turismosenzabarriere.it* (en français), *www.handysuperabile.org* (en italien uniquement).

Pour vos déplacements en train, vous pouvez vous adresser au Bureau d'aide aux handicapés des chemins de fer italiens Trenitalia :

Ufficio Assistenza Persone a Mobilità Ridotta – ✆ *(00 39) 06 47 30 8579 - SalaBlu.ROMA@rfi.it.*

SEPT GRANDES VILLES
FORMAT POCKET
ROME DANS
LA POCHE
SE RESTAURER
FAIRE UNE PAUSE
SHOPPING
SORTIR
RCS 433 677 721 00030
ROME . NEW YORK . VENISE . LONDRES . BARCELONE
PARIS . MARSEILLE
MICHELIN
ROME
en un coup d'œil
Anguillara
Piazza S.
Sonnino
53
V. dei
Salumi
MICHELIN
Une meilleure façon d'avancer

Budget

Voir l'encadré « Calculez votre budget quotidien » *(ci-dessous)* et le tableau « Prix indicatifs » *(ci-contre)*.

Formalités

FORMALITÉS D'ENTRÉE

Papiers d'identité
Pour un voyage de moins de trois mois, il suffit aux citoyens de l'Union européenne (UE) et aux citoyens suisses d'être en possession d'une carte d'identité ou d'un passeport en cours de validité (y compris les enfants mineurs, même accompagnés). Pour les Canadiens, un passeport en cours de validité est suffisant.
Conducteurs
Permis de conduire à trois volets ou permis de conduire international.
Documents pour la voiture
En plus des papiers du véhicule, vous devez vous munir d'une carte internationale d'assurance automobile, dite « carte verte », d'un triangle de présignalisation et d'un gilet fluorescent homologué UE.

SANTÉ

Afin de profiter d'une assistance médicale en Italie au même coût que dans leur pays d'origine, les citoyens de l'Union européenne doivent se procurer, avant leur départ, la **Carte européenne d'assurance maladie**, nominative et individuelle, valable un an (il en est de même pour les citoyens de la principauté de Monaco). Les Français doivent s'adresser à leur centre de Sécurité sociale. Prévoir un délai de deux semaines. L'obtention du formulaire est possible par Internet : www.ameli.fr. Pour les accidents de voiture, les Suisses jouissent de la convention prévue par le formulaire ICH.

ANIMAUX DOMESTIQUES

Les animaux doivent être munis du passeport animalier attestant de la vaccination contre la rage pour pouvoir voyager librement au sein de la communauté européenne.
Attention, les Italiens ont beaucoup moins d'animaux domestiques que les Français. Nombre d'établissements hôteliers, voire certains terrains de camping, ne les admettent pas.
Pour plus d'information, vous pouvez consulter le site Internet *www.dogwelcome.it* (en italien et anglais).

Calculez votre budget quotidien
Le prix à la journée a été calculé **pour une personne**, sur la base d'un séjour en haute saison.
Mini-budget avec hébergement dans une auberge de jeunesse ou une maison religieuse, déplacements en transports en commun, un panino ou une pizza au déjeuner, un plat de pâtes dans une trattoria le soir, la visite d'un musée : comptez **65 €/j.**
Petit budget avec hébergement dans un hôtel simple, déplacements en transports en commun, un sandwich en guise de déjeuner, un plat au dîner, la visite d'un musée et un café : comptez **90 €/j.**
Budget moyen avec hébergement dans un hôtel mieux équipé, location d'une voiture, 2 restaurants par jour, un musée, un achat : comptez **140 €/j.**
Budget Dolce Vita avec hébergement dans des hôtels de luxe, des agritourismes raffinés ou des résidences d'époque, location d'une voiture, les repas dans des restaurants gastronomiques : comptez au minimum **200 €/j.**

PRIX INDICATIFS DE BASE DE QUELQUES SERVICES OU ARTICLES	PRIX MOYEN EN EUROS
Un lit dans une auberge de jeunesse	25
Une chambre double dans une pension	110
Une chambre double dans un hôtel confortable ou un agritourisme	130
Une chambre double dans une résidence d'époque	200
Un panino ou une piadina	4-6
Une pizza	6,50-10
Un bon repas dans une trattoria	25
Un dîner dans un restaurant chic	60
Une location de voiture pour une semaine (catégorie B)	250
Une location de scooter pour un jour	30
Un litre d'essence super	1,60
Un billet de train Florence-Sienne en seconde classe (80 km)	9
Un billet de train Florence-Assise en seconde classe (170 km)	15
Trajet aéroport de Florence/centre-ville en taxi	20
Un café au comptoir	1
Une glace	3-4
Une bouteille de chianti classico	15-25

Se loger

En Italie du Centre, et notamment dans les villes d'art, nous vous conseillons de **réserver** vos hébergements **longtemps à l'avance** pour la période allant **d'avril à octobre**. Sachez que pour les grandes fêtes religieuses (Pâques, 15 août, Noël) et folkloriques (le Palio de Sienne, Calendimaggio à Assise, le Calcio Storico de Florence), les prix s'envolent littéralement. Le reste de l'année, ils sont généralement en baisse et les hôteliers proposent d'intéressants forfaits sur Internet.

LES ADRESSES DU GUIDE

Vous trouverez notre sélection d'hébergements au fil des rubriques « Nos adresses à… » de la partie « Découvrir ». Les établissements sont classés par catégories de prix (*Tableau p. 22*). Les tarifs communiqués, prix minimum et maximum pour une chambre double, sont ceux pratiqués en moyenne saison.

« AGRITURISMO »

L'hébergement à la ferme garantit nature et calme. En formule demi-pension, vous goûterez aux produits – souvent bio – de votre hôte, accommodés selon les canons de la cuisine du terroir. Toscane, Ombrie et Marches disposent d'une offre abondante. Certains agritourismes jouent vraiment la carte de l'élégance, notamment dans certaines propriétés viticoles de grandes familles. En haute saison, la location s'effectue plutôt

NOS CATÉGORIES DE PRIX		
	Hébergement	**Restauration**
Premier prix	jusqu'à 90 €	jusqu'à 25 €
Budget moyen	de 90 € à 130 €	de 25 € à 40 €
Pour se faire plaisir	de 130 € à 170 €	de 40 € à 60 €
Une folie	plus de 170 €	plus de 60 €

à la semaine, mais on peut trouver à se loger pour une nuit ou deux. Il est conseillé de réserver longtemps à l'avance en raison du succès croissant de ce « tourisme au vert ».

LES « BED & BREAKFAST »

Certains rivalisent avec les meilleurs hôtels et fonctionnent d'ailleurs comme tels. D'autres ressemblent davantage au logement chez l'habitant, tel qu'on le conçoit en France. Dans ce dernier cas, il faut prévoir de régler en espèces.

RÉSIDENCES D'ÉPOQUE

D'anciens bâtiments (hôtels particuliers, couvents, châteaux, etc.) ont été rénovés et transformés en hôtels. Un vrai voyage dans le temps et la beauté.

CAMPING-CARAVANING

Il existe en Italie de nombreux campings aménagés.
Confederazione Italiana Campeggiatori (Fédération italienne des campeurs) – *Calenzano (FI) - ✆ 055 88 23 91 - www.federcampeggio.it.*

AUBERGES DE JEUNESSE

En Italie, on les nomme *ostelli della gioventù*, et elles sont réservées aux membres adhérents de la FUAJ (Fédération unie des auberges de jeunesse, reconnue par la Fédération internationale). Certaines auberges délivrent la carte annuelle internationale des auberges de jeunesse, mais il est plus prudent de se la procurer auprès de la **FUAJ** *(27 r. Pajol - 75018 Paris - ✆ 01 44 89 87 27 - www.fuaj.org).*
Ligue française des auberges de jeunesse – *67 r. Vergniaud - 75013 Paris - ✆ 01 44 16 78 78 (se renseigner à ce numéro pour obtenir les coordonnées des antennes régionales) - www.auberges-de-jeunesse.com.*
Il existe aussi de nombreuses structures, fréquentées pour la plupart par des jeunes, qui disposent de dortoirs et de chambres à plusieurs lits et pratiquent des prix vraiment intéressants.
AIG, **Associazione Italiana Alberghi per la Gioventù** *(Association italienne des auberges de jeunesse) – aighostels.it.*
Toscane : *Ostello « Villa Camerata », viale Augusto Righi 4 - 50137 Firenze - ✆ 055 60 14 51.*
Ombrie : *Ostello « Mario Spagnoli », via Cortonese 4 - 06127 Pérouse - ✆ 075 50 11 366.*
Marches : *Ostello « Ancona », via Lamaticci 7 - Ancône - ✆ 071 422 57 - www.ostelloancona.it.*
Il est également possible de loger dans des **maisons de séjour** (couvents) intégralement gérées par des religieux :
Centro Italiano Turismo Sociale (CITS) – *Viale Monte Oppio 30 - Roma - www.citsnet.it.*
Istituti Religiosi s.r.l. – *Via della Tenuta del Casalotto 55/f - ✆ 06 99 33 01 23 - istituti-religiosi.org.*

PAR INTERNET

Vous pouvez réserver tout type d'hébergement par Internet: *www.hoteltoscana.it* propose des centaines d'adresses (en italien). *www.hotelsiena.com*: site d'un groupement d'hôteliers de la province de Sienne. Également un groupement en Ombrie sur le site *www.hotelinumbria.it,* et une sélection pour les Marches sur le site *www.hotelsinmarche.com.*

Gîtes ruraux – Voir les sites *www.agriturist.it* ou bien *www.terranostra.it* ou encore *www.turismoverde.it.*

AGENCES SPÉCIALISÉES

Gîtes et logement chez l'habitant

Agritourisme et Farvoyages – *8 r. St-Marc - 75002 Paris - ✆ 01 40 13 97 87 - www.locatissimo.com.* Partenaires des Gîtes de France, ils vous proposent des gîtes ruraux à l'italienne.

Bed & Breakfast Italia – *Palazzo Sforza Cesarini - corso Vittorio Emanuele II 284 - 00186 Roma - ✆ 00 (39) 06 94 80 4401 - www.bbitalia.it.*

Demeures de charme, fermes, villas, manoirs et appartements

Abritel – *www.abritel.fr.* Offres de locations d'appartements.

Airbnb – *www.airbnb.fr.* Locations de chambres, appartements ou maisons à des hôtes locaux.

Bellavista – *12 passage Turquetil - 75011 Paris - ✆ 01 42 55 41 92 - www.bellavista-villas.com.*

Cuendet – *✆ 0820 204 301 (N° Indigo 0,09 €/mn) - www.cuendet.fr.*

Homelidays – *www.homelidays.com.* Accès aux offres de locations d'appartements.

Interhome Solemar – *15 av. Jean-Aicard - 75011 Paris - ✆ 0 805 650 350 (appel gratuit depuis un poste fixe) - www.interhome.fr.*

Italie Loc'appart – *75 r. de la Fontaine-au-Roi - 75011 Paris - ✆ 01 45 27 56 41 - www.locappart.com.* Location d'appartements à l'atmosphère simple et chaleureuse au cœur des plus belles villes d'art. De trois nuits minimum à trois mois.

Villas du monde – *259 rue St-Honoré - 75011 Paris - ✆ 0 800 800 565 (appel gratuit depuis la France) - www.villasdumonde.fr.*

FORFAITS INTÉRESSANTS

Pour des séjours courts dans les villes très touristiques (surtout Assise, Florence, Pérouse, Pise, Sienne et San Gimignano), ne pas hésiter à consulter une agence de voyages pour obtenir un forfait train + hôtel ou avion + hôtel, de façon à bénéficier de prix négociés, plus avantageux qu'en direct.

Une carte permettant d'accéder à divers musées de la ville peut également faire partie du forfait, ainsi pensez à vous renseigner.

Se restaurer

Vous trouverez notre sélection de restaurants au fil des rubriques « Nos adresses à… » de la partie « Découvrir », classés par catégorie de prix sur la base mini/maxi de la haute saison. (*Tableau « Calculez votre budget quotidien », p. 20.*)

La cuisine traditionnelle est à l'honneur dans les restaurants de la région; les restaurants axés cuisine du monde (chinois, japonais, mexicains, etc.) sont rares et limités aux grandes villes.

Les restaurants sont généralement ouverts: pour le déjeuner, de 12h30 à 14h30, et pour le dîner, de 19h30 à 23h. Le service est compris. Si ce n'est pas le cas, cela est indiqué dans ce guide en pourcentage après le prix. Selon la loi en vigueur, le pain et le couvert devraient être compris dans le prix, mais le plus souvent, ils sont comptés à part. Le prix du pain et du couvert (1 à 5 €) vous laisse présager du montant final de la note.

Attention ! Il est vivement conseillé de **réserver votre table** ; les restaurants et trattorias sont souvent complets en soirée le week-end, en particulier dans les localités balnéaires en haute saison.

Restaurants, trattorias et « osterie »

Alors que, dans les restaurants, le service et le cadre sont en général soignés, voire élégants, on trouvera plus facilement, dans les trattorias ou *osterie* à direction familiale, une cuisine ancrée dans la tradition, des prix plus modérés et une atmosphère animée et conviviale. Dans les trattorias typiques, ne soyez pas étonné de voir le serveur ou le propriétaire vous présenter de vive voix la carte des plats du jour ; mais gare aux mauvaises surprises quand on vous apportera l'addition ! (La liste des prix est de toute façon toujours disponible, demandez-la en cas de doute.) Faites attention aux menus touristiques où, quelquefois, le choix est très limité. Attention aussi à certains produits comme le poisson frais ou la *bistecca alla fiorentina*, dont le prix est affiché par *etto*, soit pour 100 g.

Œnothèques et bars à vins

Grâce à la richesse vinicole du pays, les œnothèques avec restauration et les bars à vins sont de plus en plus à la mode. Ils proposent, comme les *osterie*, des plats du jour et des en-cas *(stuzzichini)* et disposent d'un grand choix de vins servis en bouteille ou au verre.

Le « Guide Michelin Italia »

Si vous ne trouvez pas votre bonheur parmi nos propositions, vous pouvez consulter le *Guide Michelin Italia*. Les établissements au rapport qualité-prix intéressant sont signalés par le symbole **« Bib Gourmand »** et « **piécettes** » (menus à moins de 25 €).

Piazza dell'Anfiteatro à Lucca.
JannHuizenga/iStock

Sur place de A à Z

ACHATS

En général, les magasins ouvrent du lundi au samedi, de 9h à 13h et de 15h30 à 19h30. Dans les stations balnéaires, nombreux sont ceux qui restent ouverts tard le soir. Dans les plus grandes villes, les centres commerciaux peuvent rester ouverts sans interruption de 9h30 à 20h.

Expédier ses achats

De nombreuses épiceries de luxe proposent leur propre service d'expédition. S'il est déconseillé de vous faire envoyer des produits périssables (charcuterie, fromage), l'huile d'olive, les vins, les chocolats et certains *dolci* voyagent bien. Pour l'artisanat ou les produits fragiles, vous pouvez faire appel aux expéditeurs professionnels (DHL) ou vous adresser à la poste centrale. Le prix dépendra du poids et des dimensions de la boîte, de la rapidité souhaitée et, enfin, de la destination. Pour un paquet prioritaire *(Pacco celere internazionale)* expédié dans l'Union européenne *(2 à 4 jours)*, comptez de 12 à 15 €/kg. Un colis envoyé par courrier ordinaire coûtera moins cher mais mettra, bien sûr, beaucoup plus de temps.

Chaussures et confection

Avant même d'essayer, sachez que les tailles italiennes ne correspondent pas aux tailles françaises: retirez une taille pour obtenir la taille française (un 44 italien correspond à un 42 français). Pour les pointures de chaussures, c'est l'inverse: il faut ajouter une taille à l'italienne pour obtenir l'équivalente française.

ADRESSES UTILES

Ambassades et consulats

Ambassades étrangères à Rome

France – Palazzo Farnese - *Piazza Farnese 67 - ✆ 06 68 60 11 - www.ambafrance-it.org.*

Belgique – *Via dei Monti Parioli 49 - ✆ 06 36 09 511 - www.diplomatie.be/rome.it.*

Suisse – *Via Barnaba Oriani 61 - ✆ 06 80 95 71 - www.eda.admin.ch/roma.*

Canada – Section politique, académique, culturelle et commerciale: *via Salaria 243 - ✆ 06 85 44 41* et sections des visas et affaires consulaires, *via Zara 30 - ✆ 06 85 44 43 937 - www.canada.it.*

Consulats à Florence

France – *Piazza Ognissanti 2 - ✆ 055 230 25 56.*

Belgique – *Via dei Servi 28 - ✆ 055 28 20 94.*

Suisse – *Piazzale Galileo 5 - ✆ 055 222 434.*

Consulat à Ancône

Belgique – *Centro Commerciale Palombare - via dell'Industria, 2/F - ✆ 071 28 99 81.*

Consulat à Pérouse

Belgique – *Via Alessi, 27 - ✆ 075 57 22 86 07.*

En cas d'urgence

Appels gratuits 24h/24 de tous les téléphones publics ou privés.

✆ **112** – numéro d'appel unique pour tout type d'urgence.

✆ **803 116** – ACI (Automobile Club d'Italie).

✆ **530** – Secours en mer.

Offices de tourisme

Vous trouverez les adresses des offices de tourisme dans les rubriques

« S'informer », au début de chaque chapitre de la partie « Découvrir la Toscane, l'Ombrie et les Marches » accompagnées par le symbole ℹ.
En Toscane, en Ombrie et dans les Marches, dans les chefs-lieux de province (l'équivalent des préfectures françaises), il existe un Office provincial de tourisme différemment nommé ; dans chaque localité touristique, une **Pro Loco** fait office de syndicat d'initiative. Les principaux offices de tourisme et points d'information sont signalés dans chaque chapitre du guide (renseignements sur la ville, la région, les manifestations touristiques ou les possibilités d'hébergement).

Mises en garde

Sur les lieux touristiques, comme partout dans le monde, les pickpockets et les voleurs à la tire sont à l'affût du touriste distrait et imprudent. Ainsi soyez vigilant ! Ne laissez rien en évidence sur les banquettes de votre véhicule et, autant que possible, garez votre voiture pour la nuit dans un **parking gardé**.

APPAREILS ÉLECTRIQUES

Le voltage en Italie est le même qu'en France (220 V), mais l'écartement en ce qui concerne la prise de terre varie par rapport aux normes françaises. En Italie, celle-ci est alignée, au contraire de la France, où elle est de forme triangulaire. Si vous utilisez des appareils avec terre, vous aurez donc besoin d'un adaptateur (disponible dans n'importe quel supermarché italien).

ARGENT

Devises

La lire italienne a laissé place à l'euro. Pour les Canadiens, de très nombreux bureaux de change existent dans toutes les villes d'art de Toscane, d'Ombrie et des Marches.

Banques

Généralement ouvertes du lundi au vendredi, de 8h30 à 13h/13h30 et de 14h30/15h à 16h/17h.

Cartes de crédit

Les paiements par carte sont acceptés presque partout, surtout dans les grandes villes.
Attention : en Italie, deux systèmes cohabitent : le « Bancomat » et la « carta di credito » (ce qui explique que les Italiens ont pour la plupart deux cartes distinctes). Les cartes internationales dont disposent les touristes conviennent aux deux systèmes et permettent de régler les achats des deux manières.
Le **Bancomat** exige de saisir son code personnel ; en revanche, le système **carte de crédit** se distingue par la simple apposition de la signature sur le ticket de paiement (cela vous semblera étrange la première fois mais n'ayez crainte !).
Avant de partir, renseignez-vous sur les possibles commissions liées à ces opérations et pensez à prendre avec vous les coordonnées téléphoniques permettant de faire opposition en cas de perte ou de vol de votre carte de crédit.

BROCANTES

En Toscane se tiennent plusieurs fois par an des foires à la brocante et des marchés d'antiquités, où l'on trouve toutes sortes d'objets insolites, de meubles anciens, bibelots, argenterie, dentelles et autres poupées de porcelaine. Parmi ces fameux *mercatini*, le plus célèbre est celui d'Arezzo, qui se tient le 1er w.-end de chaque mois. Vous trouverez nos indications sur les marchés locaux au fil des rubriques « Nos adresses à… » de la partie « Découvrir ».

CONTREFAÇONS

Aux abords des lieux touristiques et des gares, les étals de sacs, de lunettes et de vêtements imitant de grandes marques abondent. Il s'agit évidemment de contrefaçons et vous vous exposez à de lourdes amendes si vous vous laissez tenter et en faites l'acquisition.

CONDITIONS DE VISITES

Horaires

L'Italie est à la même heure que la France, la Belgique et la Suisse, et applique l'heure d'été à la même date. Les Italiens appellent l'heure d'été « heure légale », l'heure d'hiver « heure solaire », et se réfèrent aux dates de changement d'heure lorsqu'ils divisent sommairement l'année en deux : l'été et l'hiver (ceci est particulièrement vrai pour les horaires des musées et des monuments).

Les conditions de visite particulières sont signalées en italique dans la partie descriptive.

En raison des variations du coût de la vie et de l'évolution incessante des horaires d'ouverture de la plupart des curiosités, nous ne pouvons donner les informations ci-dessous qu'à titre indicatif.

Églises

Elles sont pour la plupart fermées à l'heure du déjeuner et respectent la coupure de la sieste.

Pour entrer dans les églises, le port du short est déconseillé (et parfois interdit), tout comme les minijupes et les tee-shirts décolletés sans manches.

Les personnes ne suivant pas ces recommandations pourront se voir refuser l'entrée. Veillez à vous munir de pièces de monnaie pour les dispositifs d'éclairage des œuvres d'art. Enfin, les visites sont interdites pendant les offices.

Fermetures aléatoires

Il est fortement conseillé de téléphoner avant d'entreprendre un périple : le patrimoine italien, particulièrement dans ces régions, est considérable et de nombreuses restaurations de monuments (qui peuvent parfois durer plusieurs années) ont sans cesse lieu un peu partout.

Notez que certains **musées** risquent aussi d'être en totalité ou en partie fermés temporairement pour restauration ou manque de personnel.

Beaucoup de musées (surtout hors saison) ne sont ouverts qu'à la demi-journée, le matin ou l'après-midi ; ainsi, veillez à vous renseigner au préalable. Dans la plupart des cas, les dernières admissions ont lieu (sauf indication contraire mentionnée) une demi-heure avant la fermeture.

Attention : les jours fériés (*voir liste p. 28*), les monuments sont généralement fermés mais avec une grande variabilité ; se renseigner avant la visite.

Prix d'entrée

Ces renseignements s'appliquent à des touristes voyageant isolément et ne bénéficiant pas de réduction.

Les musées nationaux sont gratuits pour les moins de 18 ans et pour tous le 1er dim. du mois.

Se renseigner à la caisse avant l'achat du billet. Pour les groupes constitués, il est généralement possible d'obtenir des conditions particulières relatives aux horaires ou aux tarifs, avec un accord préalable.

À l'occasion de la *Settimana dei Beni Culturali* (Semaine du patrimoine), dont la date est fixée d'une année à l'autre, certains monuments et musées ouvrent leurs portes gratuitement.

Dans le cas où la visite d'un musée, d'une église ou de quelque autre monument ne peut se faire qu'en présence d'un gardien ou de la personne qui détient la clé, il est d'usage de laisser une offrande ou une rétribution.

Visites guidées

Elles sont le plus souvent commentées en italien, mais peuvent être effectuées dans une autre langue, dont le français, auquel cas le fait est mentionné. Prévoir un supplément au prix d'entrée.

ŒNOTOURISME

La découverte de la culture locale passe par sa gastronomie, mais aussi par celle des bonnes caves. Les itinéraires dédiés au vin sillonnent le territoire de l'Italie du Centre, guidant les œnotouristes à travers des paysages remarquables. Nombreuses sont les occasions de faire des haltes pittoresques à la découverte des caves historiques, où sont produits certains des plus grands crus d'Italie.

En Toscane, en Ombrie et dans les Marches, plus d'une vingtaine de **routes des Vins et des Saveurs** protègent et développent ce patrimoine unique. Elles rassemblent des producteurs assermentés dont la tradition viticole remonte souvent au 17e s. ou plus tôt encore. Chacune de ces routes porte un nom qui lui est propre. Tout au long de la partie « Découvrir », nous vous signalons dans des encadrés où figure le pictogramme, les routes les plus intéressantes, et vous indiquons des adresses de caves dans la rubrique « Nos adresses à… ».

Tableau des appellations ci-contre et Comprendre/Gastronomie p. 50 et 54.

JOURS FÉRIÉS

Attention à ne pas confondre un **giorno festivo**, en italien jour férié, et un **giorno feriale**, jour ouvrable !

1er janvier : jour de l'An *(Capodanno)*.
6 janvier : Épiphanie *(Epifania)*, mais surtout fête de **la Befana**, une gentille sorcière qui dépose des confiseries dans les chaussettes des enfants sages.
Pâques : *Pasqua*.
Lundi de Pâques : *Pasquetta*.
25 avril : anniversaire de la Libération de 1945 *(Anniversario della Liberazione)*.
1er Mai : fête du Travail *(Festa del Lavoro)*.
2 juin : fête de la proclamation de la République *(Festa della Repubblica)*.
15 août : Assomption *(Ferragosto)*.
1er novembre : Toussaint *(Ognissanti)*.
8 décembre : Immaculée Conception *(Immacolata Concezione)*.
25 décembre : Noël *(Natale)*.
26 décembre : Saint-Étienne *(Santo Stefano)*.

Sachez que les 24 et 31 décembre ainsi que le 14 août, les horaires d'ouverture sont très réduits. De plus, chaque ville chôme le jour de la fête de son saint patron *(Santo Patrono)*.

JOURNAUX

Le journal le plus distribué est le quotidien florentin *La Nazione (www.lanazione.it)*. À Livourne, on lit *Il Tirreno* (*iltirreno.gelocal.it*) tandis que dans les Marches, c'est le *Corriere Adriatico (www.corriereadriatico.it)*. On trouvera dans tous les kiosques le mensuel satirique *Il Vernacoliere (www.vernacoliere.com)*. Les journaux français sont disponibles dans toutes les grandes villes et les cités d'art.

PARCS ET FORÊTS

Le roi des parcs de l'Italie du Centre est le **parc national des monts Sibyllins** (Parco nazionale dei Monti Sibillini) : il couvre un vaste massif

VINS DOCG ET DOC EN TOSCANE, OMBRIE ET MARCHES		
TOSCANE		
Les DOCGs	**Les DOCs**	
Aleatico Passito dell'Eba Brunello di Montalcino Carmignano Chianti et Chianti Classico Montecucco Sangiovese Morellino di Scansano Suvereto Val di Cornia Rosso Vernaccia di S. Gimignano Vino Nobile di Montepulciano	Ansonica Costa dell'Argentario Barco Reale di Carmignano Bianco della Valdinievole Bianco dell'Empolese Bianco di Pitigliano Bianco Pisano San Torpé Bolgheri Candia Colli Apuani Capalbio Colli dell'Etruria Centrale Colli di Luni Colline Lucchesi Cortona Elba Grance Senesi Maremma Toscana Montecarlo Montecucco Monteregio di Massa Marittima Montescudaio Moscadello di Montalcino	Orcia Parrina Pietraviva Pomino Rosso di Montalcino Rosso di Montepulciano San Gimignano Sant'Antimo Sovana Terratico di Bibbona Terre di Casole Terre di Pisa Val d'Arbia Valdarno di Sopra Valdichiana Val di Nievole Vin Santo del Chianti et Vin Santo del Chianti Classico Vin Santo di Montepulciano
OMBRIE		
Les DOCGs	**Les DOCs**	
Sagrantino di Montefalco Torgiano Rosso Riserva	Amelia Assisi Colli Altotiberini Colli del Trasimeno Colli Martani Colli Perugini	Lago di Corbara Montefalco Orvieto et Rosso Orvietano Spoleto Todi Torgiano
MARCHES		
Les DOCGs	**Les DOCs**	
Castelli di Jesi Verdicchio Riserva Conero Offida Verdicchio di Matelica Riserva Vernaccia di Serrapetrona	Bianchello del Metauro Colli Maceratesi Colli Pesaresi Esino Falerio I Terreni di Sanseverino Lacrima di Morro d'Alba Pergola	Rosso Conero Rosso Piceno o Piceno San Ginesio Serrapetrona Terre di Offida Verdicchio dei Castelli di Jesi Verdicchio di Matelica

calcaire situé entre les Marches et l'Ombrie. On y parvient de Spoleto par le col de Forca di Cerro, la S 209, puis la S 320 et la S 396 pour **Norcia** *(voir p. 500)*. Également dans les Marches, le **parc naturel du mont San Bartolo** *(voir p. 542)*, situé à proximité de Pesaro, offre une vue panoramique sur la mer Adriatique.
Si dans chacune des trois régions les paysages de campagne sont largement marqués par l'agriculture et la viticulture, quelques zones vertes permettent de retrouver une nature plus authentique. En Toscane, la **Garfagnana** *(voir p. 257)*, et les abords de **Vallombrosa** *(voir p. 204)*, sans oublier les jardins des villas. En Ombrie, agréable forêt sur les contreforts du **mont Subasio**, en direction de Spello *(voir p. 489)*. Le **parc du mont Cucco** *(voir p. 521)*, au-dessus de Gubbio, reste également préservé, sans oublier l'**Oasi di Alviano e Parco fluviale del Tevere**, au sud-est d'Orvieto, gérée par le WWF *(voir p. 509)*. Également une **Oasi Naturalistica « La Valle »**, à 25 km de Pérouse *(voir p. 512)*.
Renseignements – *www.parks.it.*

PHARMACIES

Signalées par une croix verte, les pharmacies *(farmacia)* sont généralement ouvertes de 8h30 à 13h et de 16h à 19h30. Les jours de fermeture, on y trouve affichés les noms des médecins et de la pharmacie de garde.

POSTE

Les bureaux de poste sont ouverts de 8h30 à 13h50 (11h50 le samedi). Dans les grandes villes, certains bureaux de poste sont ouverts l'après-midi jusqu'à 18h les jours ouvrables, et le samedi jusqu'à 14h. Les timbres *(francobolli)* sont en vente dans les postes et les bureaux de tabac. Pour des envois en Europe, comptez 1 € pour une carte postale ou une lettre ordinaire. Les boîtes aux lettres sont rouges.

ROUTES HISTORIQUES

La via Francigena

Peut-être avez-vous déjà vu le sigle de la via Francigena : un pèlerin aux allures de statue romaine, un peu trapu, son bâton à la main et un fagot sur les épaules.
La via Francigena traverse une partie de l'Europe, de Canterbury à Rome ; elle était parcourue à pied par les pèlerins du Moyen Âge, qui faisaient environ 20 km par jour *(☞ encadré p. 59)*.

La via Aurelia

La romaine via Aurelia (S 1) relie, depuis 109 av. J.-C. (!), Rome à Gênes. Dans sa traversée de la Toscane, elle offre la possibilité de découvrir la côte, de Marina di Carrara à Capalbio Stazione.

SOUVENIRS

Terres de culture et d'élégance, la Toscane, l'Ombrie et les Marches offrent au touriste de quoi rapporter des produits originaux et de grande qualité, qui sortent des babioles traditionnelles et des prétendus articles artisanaux *made in... China* ou *Singapore* !
Aux siècles passés, l'art et l'**artisanat** ont fait la célébrité et la fortune de Florence et de sa région au point que l'organisation d'un métier (une confrérie) s'appelait *arte*. La renommée de la qualité de l'artisanat toscan n'est donc plus à faire.
Dans le domaine du **tissu**, Florence, Prato et Lucca sont connues pour leurs très belles créations en laine et en soie. La **maroquinerie** et les **chaussures** de qualité sont des spécialités de la vallée de l'Arno. Florence et Arezzo ont une tradition d'**orfèvrerie** très ancienne, et l'on trouve encore des ateliers qui

fabriquent de manière artisanale des bijoux de grande valeur, certains inspirés de l'art étrusque (à Arezzo).

Pour de beaux **papiers**, c'est à Florence (Toscane) qu'il faut aller. Assise et Orvieto, en Ombrie, maintiennent une spécialité de **dentelles**.

En ce qui concerne l'artisanat de décoration, la **céramique** a fait la réputation de Montelupo Fiorentino, de Cafaggiolo (ouest et nord de Florence), de Sesto Fiorentino pour la porcelaine, de Sienne et de Cortona ainsi que de Deruta, en Ombrie. La **terre cuite** est la spécialité d'Impruneta, mais de nombreuses fabriques sont implantées plus au sud, dans le Chianti : outre les tuiles, les briques et autres éléments utiles au bâtiment, on trouve de magnifiques pots ou bacs à fleurs décorés, de toutes formes et de tous formats.

Le travail de l'**albâtre** est en revanche une spécialité de Volterra : petites sculptures, échiquiers, pieds de lampe, bibelots ; on en trouve beaucoup à Pise, Volterra se situant dans la province de Pise.

Dans les Marches, vous trouverez beaucoup d'objets travaillés en **étain**, de beaux tissus en **dentelle** et des **instruments de musique**.

Par ailleurs, vous pourrez rapporter des **salaisons** (jambons crus, saucissons) et du *pecorino* (fromage de brebis), à consommer assez rapidement, ainsi que de l'**huile d'olive** et du **vin** *(voir le tableau p. 29)* que vous pourrez conserver plus longtemps. Et, bien sûr, les **pâtes** dont chaque ville ou village est le dépositaire exclusif… Côté sucré, à Sienne, spécialité de *panforte*, un gâteau aux fruits secs et écorces de cédrat, et à Pérouse, les *Baci*, confiserie à la noisette.

Dans chaque chapitre du guide figure une **sélection d'adresses** pour vous guider dans vos achats.

SPORTS

Sur place, il est possible de pratiquer un grand nombre d'activités sportives. Pour plus de précisions, au-delà des quelques adresses locales listées ci-dessous, se renseigner auprès des offices de tourisme de chaque ville.

Baignade

De Marina di Carrara à l'Argentario, la **Toscane** offre une longue côte adaptée à toutes les exigences, où les plages de sable alternent avec les criques rocheuses. On peut ainsi diviser la côte comme suit :

– **les plages de sable** : de Marina di Carrara jusqu'à Livourne, de quelques kilomètres au sud de Livourne à Piombino, dans le golfe de Follonica, de Castiglione della Pescaia à l'Argentario ;

– **les criques rocheuses** : au sud de Livourne, de Baratti à Piombino, l'Argentario ;

– **les îles** : Elbe, Capraia et Giglio.

Ports et lieux d'abordage pour la navigation de plaisance sont très nombreux.

Prudence toutefois près de l'embouchure de l'Arno et vers le Migliarino, où la propreté laisse à désirer.

Du côté de l'Adriatique, dans les **Marches**, une longue bande de sable s'étire de Gabicce à San Benedetto del Tronto, exception faite de la côte rocheuse du mont Conero. Toutes les plages sont bordées d'hôtels, et les transats et parasols sont en location à la journée.

Cyclotourisme

L'Italie du Centre est une terre idéale pour les passionnés de cyclisme, bien qu'elle ne soit pas encore pourvue d'un réseau de pistes cyclables digne de ce nom. En Italie, on utilise l'appellation anglaise **Mountain bike** (ou MTB) pour VTT.

Vous trouverez sur le site *www.cicloturismo.com* les itinéraires pour les régions suivantes : la Maremme, la région de Florence, les Alpes apuanes, la région de Pescia, dont les paysages rappellent ceux de la Suisse, le Casentino, la région de Sienne et les environs (*Crete senesi* entre Sienne et Asciano) et des liens pour les passionnés de bicyclette et de VTT à Florence ; **Florence by bike** *(www.florencebybike.it)* propose des itinéraires intéressants dans la ville *(voir Florence, p. 113)*.

Dans la région de Sienne, nous vous conseillons de vous adresser à l'**Associazione Parco Ciclistico del Chianti** *(Via Casabianca - Gaiole in Chianti - ✆ 0577 74 94 11)*, ou à l'**Orso on Bike** *(Mauro Pieri - Montalcino - ✆ 347 05 35 638 - www.bikemontalcino.it)*.

Plongée/voile

Les fonds marins des îles de l'archipel toscan et de l'Argentario sont célèbres pour leur beauté ainsi que pour une flore et une faune particulièrement riches. Nombreux sont les centres de plongée le long des côtes, avec possibilité de location de matériel.

Les côtes toscanes sont plutôt venteuses, ce qui garantit de belles sensations aux passionnés de voile. Parmi les ports touristiques modernes et bien équipés, on citera celui de Viareggio et de Marina di Punta Ala. Windsurf et kitesurf sont également des sports très en vogue le long des côtes de la Versilia, de la Maremma et de l'Argentario.

Randonnée équestre

Le paysage vallonné et les vastes étendues campagnardes de ces régions se prêtent particulièrement au tourisme équestre. Nombreux sont les agritourismes qui proposent des balades à cheval. Pour toute information, contacter en Italie l'**Associazione Regionale del Turismo Equestre** *(www.turismoequestre.com)* ; en France, **Rando Cheval** *(www.randocheval.com)* offre un vaste choix de randonnées équestres en Italie.

Randonnée pédestre

Pour les amateurs de randonnées, Toscane, Ombrie et Marches offrent un réseau dense de sentiers et de parcours balisés. Parmi les plus pittoresques, citons les sentiers de randonnée des collines siennoises, entre villes d'art et bourgs typiques, ainsi que les promenades en montagne sur les cimes des Apennins et des Alpes apuanes.

TABAC

Les Italiens respectent scrupuleusement l'interdiction de fumer dans les restaurants, les bars et la plupart des lieux publics. Cela vaut également dans les hôtels ; en revanche certains établissements proposent des chambres fumeurs. En cas d'infraction, l'amende va de 25 à 100 € en cas de présence d'une femme enceinte ou encore d'un d'enfant.

TÉLÉPHONE

Appels internationaux

Depuis l'Italie :

– vers la France : 00 + 33 + n° du correspondant sans le 0, sauf pour les portables ;

– vers la Belgique : 00 + 32 + n° de la zone sans le 0 + n° du correspondant ;

– vers le Luxembourg : 00 + 352 + n° de la zone sans le 0 + n° du correspondant ;

– vers la Suisse : 00 41 + n° de la zone sans le 0 + n° du correspondant.

Vers l'Italie :

Depuis la France, la Belgique, le Luxembourg et la Suisse : 00 + 39 + numéro du correspondant avec le 0 pour les n° fixes (sans le 0 pour les portables).

En **Italie**, pour appeler un numéro sur place, composer l'indicatif de la

ville (commençant toujours par 0) + le numéro du correspondant.
La longueur des numéros de téléphone italiens varie de 5 à 8 chiffres selon les régions. Ceux des mobiles commencent par 3.

THERMALISME

La Toscane est la région italienne où le plus de stations thermales se concentrent. Connues pour la plupart dès l'Antiquité, ces sources sont très variées, depuis celles accessibles en plein air – comme les cascades d'eau chaude de Terme di Saturnia *(voir p. 351)* – jusqu'à celles exploitées dans de grands complexes assistés de services médicaux compétents. Les stations thermales les plus réputées sont celles de Chianciano, de Saturnia (à l'est de Grosseto) et surtout de Montecatini, dont le charme et la renommée européenne remontent au 19e s. et aux premières années du 20e s.
En Ombrie, on peut citer les Terme di Fontecchio *(voir p. 517)*, près de Città di Castello. Et dans les Marches, citons les thermes de Carignano et les thermes de Macerata Feltria.
Dans la plupart des établissements, une visite médicale est requise avant de commencer certains soins spécifiques.
La liste complète des stations thermales est disponible auprès de l'**ENIT** *(www.enit.it/fr/)*, avec un descriptif des différents soins proposés et la capacité hôtelière des stations.
Consultez les adresses indiquées dans les carnets d'adresses des villes concernées.

TRANSPORTS

En voiture

Cartes routières et orientation – La carte routière **Michelin** Régional **563** couvre la région au 1/400 000, les cartes Local **358** et **359** au 1/200 000. Vous pouvez également utiliser l'**atlas Italie** au 1/300 000.
Pour préparer vos itinéraires, vous pouvez aussi vous connecter sur **www.viamichelin.fr**.
Dans les Marches et en Ombrie, plus qu'en Toscane, vous vérifierez que tous les chemins mènent à Rome. La moindre départementale indique bien souvent la direction de Rome avant celle des villes de la région… qui ne sont mentionnées que quelques kilomètres avant l'arrivée. Une bonne étude du plan de route s'avère donc nécessaire!
Gasolio = diesel
Benzina – **Super** = essence super.
Senza piombo = essence sans plomb, indice d'octane 95.
Super Plus ou Euro Plus = essence sans plomb, indice d'octane 98.
Sur les **routes**, les stations-service ferment généralement de 12h30 à 15h. Le règlement peut se faire sur certaines pompes soit par carte de crédit, soit en espèces.
Conduite à l'italienne – L'image des Italiens fous du volant est tenace et hélas justifiée. Disons simplement que la conduite laisse souvent place à la fantaisie. En un mot, soyez vigilant!
Limitation de vitesse – En ville, la vitesse est limitée à 50 km/h, sur les routes nationales (« strade statali » ou « SS ») à 90 km/h, et sur autoroute généralement à 130 km/h, parfois 110 km/h. Attention, sur autoroute, les détenteurs d'un permis de moins de trois ans ne doivent pas dépasser 100 km/h. À l'arrière d'un véhicule, la lettre P en rouge sur fond blanc indique un *principiante* (débutant), qui est l'équivalent du A français.
Radars – En Italie, même sur les routes départementales, on trouve des radars. Notamment sur la nationale Florence-Sienne-Grosseto, où les excès de vitesse

sont légion. Vous en croiserez plus que de *carabinieri*. Des panneaux indiquent la vitesse à respecter.

Ceinture de sécurité – Obligatoire à l'avant et à l'arrière du véhicule.

Paiement des autoroutes – Vous pouvez payer en espèces ou avec votre carte de crédit. Dans ce cas, aux péages, empruntez, quand elles existent, les voies réservées aux paiements par Viacard, signalées en hauteur par des panonceaux appropriés et tracées au sol par un marquage bleu.

Avertissements routiers – Pour les indications routières les plus communes, consultez le lexique en fin de volume *(voir p. 589)*.

Indications touristiques – Lorsque vous circulez en voiture en Italie, les curiosités touristiques sont portées à votre attention par des panneaux de signalisation à fond jaune ou marron.

Parking – Le stationnement est souvent réglementé dans les grandes villes comme dans les petites. Quant au stationnement payant (le plus souvent de 8h à 20h avec parfois une pause gratuite entre 13h et 15h), il est généralement signalé par des lignes bleues au sol. Il vous faudra alors soit vous servir d'un horodateur, soit acheter des cartes de stationnement à gratter *(« gratta e sosta »)* dans les bureaux de tabac, kiosques à journaux ou cafés, soit payer votre dû à un préposé. Pour le stationnement limité, vous devrez vous reporter aux panneaux : les deux marteaux croisés indiquent les jours ouvrables tandis que la croix désigne le dimanche et les jours fériés.

Les parkings surveillés par des **gardiens** sont nombreux, notamment dans les stations balnéaires. Informez-vous sur les tarifs avant de vous garer.

Dans de nombreuses villes, de grands panneaux rectangulaires ceinturent le centre historique. Portant l'inscription **« Zona a traffico limitato riservata ai veicoli autorizzati » ou ZTL**, ils signalent le début d'une zone à trafic limité (réservée aux véhicules autorisés) ; évitez donc de pénétrer dans ces secteurs anciens, aux rues généralement très étroites, souvent sans trottoir, et garez-vous impérativement en dehors. D'une manière générale, le stationnement y est difficile, très onéreux et interdit aux non-résidents. Vous garer hors du centre vous reviendra moins cher et sera plus facile. Dans les centres historiques, les hôtels ont souvent des accords avec des garages privés qui prennent en charge votre véhicule *(comptez 15/20 €/nuit)*.

En autobus

Plusieurs compagnies d'autocars permettent de traverser la Toscane, l'Ombrie et les Marches de long en large. Consulter les informations données dans la partie « Nos adresses » des villes concernées ou se renseigner dans les offices de tourisme.

En train

Florence-Pise : ttes les 30mn, durée 50mn à 1h10 ; Florence-Sienne : ttes les heures, durée 1h40. Informations pratiques indiquées dans la partie « Nos adresses » de chaque site décrit. Pour plus d'informations sur les trains en Italie : *www.trenitalia.com*.

En famille

Pour chaque région, nous avons sélectionné quelques sites ou activités susceptibles de plaire à vos enfants *(tableau ci-dessous)*. Vous les repérerez, dans la partie « Découvrir la Toscane, l'Ombrie et les Marches », grâce au pictogramme 👪.

SITES OU ACTIVITÉS À FAIRE EN FAMILLE

Chapitre du guide	Nature	Musée	Loisirs
Florence : la piazza della Signoria et les Offices		Museo Galileo.	
Florence : Santa Maria Novella		Museo Stibbert.	
Florence : San Marco		Opificio delle Pietre Dure.	
Florence : Pitti et Boboli	Jardins de Boboli.	Museo La Specola.	
Florence : Santo Spirito		Cappella Brancacci.	
Florence : alentours		Zone archéologique de Fiesole.	
Pistoia		Museo Leonardiano à Vinci.	
Montecatini Terme	Jardin de la Villa Garzoni.		Parco di Pinocchio.
Lucca	Orto botanico.	Museo Nazionale del Fumetto e dell'Immagine.	Se promener sur les remparts.
La Versilia	Balade en bateau dans le parc naturel Migliarino-San Rossore-Massaciuccoli.		
La Garfagnana	Grotta del Vento.		
La Lunigiana		Musée ethnographique de Villafranca in Lunigiana.	
Pise		Museo degli Strumenti di Calcolo et Museo Piaggio à Pontedera.	Monter dans la Tour penchée (à partir de 8 ans uniquement).

EN FAMILLE

SITES OU ACTIVITÉS À FAIRE EN FAMILLE			
Chapitre du guide	**Nature**	**Musée**	**Loisirs**
Livorno	Aquarium.		Promenade en bateau sur les canaux.
Côte des Étrusques	Observer les oiseaux dans le refuge palustre de Bolgheri.	Balade à bord du petit train du Musée minier de San Silvestro.	Baignade et loisirs sur une des belles plages de la côte.
La Maremma	Promenade dans le parc régional della Maremma.	Sculptures de Niki de Saint-Phalle dans le jardin des Tarots.	Spectacle équestre de la Maremma.
Promontoire de l'Argentario	Aquarium méditerranéen de Porto Santo Stefano.		
Sienne	Balade à bord du Trenonatura.	Museo d'Arte per Bambini.	
Le Chianti		Châteaux de Meleto et Brolio.	Parc des Sculptures du Chianti.
Perugia			Regarder les artisans de Deruta peindre les objets à la main.
Spoleto	Découvrir les paysages splendides du parc national des monts Sibyllins.		
Orvieto		Orvieto Underground.	Puits de San Patrizio.
Gubbio			Grimper au sommet du mont Ingino pour voir le plus grand arbre de Noël.
Ancona		Musée tactile Omero du Mole Vanvitelliana (Lazzaretto).	
Pesaro			Baignade et loisirs sur la belle plage de Senigallia.
Fabriano		Museo della Carta et Museo dei mestieri in Bicicletta.	Parc Frasassi Avventura
Ascoli Piceno			Le petit train touristique Ascoli Explorer pour découvrir le centre-ville.

Mémo

Agenda

LES PRINCIPALES MANIFESTATIONS

Beaucoup de fêtes traditionnelles remontent au Moyen Âge. On verra donc en Toscane, comme en Ombrie et dans les Marches, d'importantes festivités en costumes faisant revivre un passé fastueux. Les fêtes religieuses sont également très célébrées, notamment à Assise. Quant à l'anniversaire de la naissance de sainte Rita, saint Benoît ou saint Valentin, il donne aussi lieu à des processions.
Côté festivals, la Toscane, l'Ombrie et les Marches ne sont pas en reste et fête durant l'été musique, théâtre, danse, opéra…

JANVIER

Pistoia (Toscane) – La *Befana* est une vieille femme habillée de noir qui vient apporter des cadeaux aux enfants pour l'Épiphanie (6 janv.).
Viareggio, Santa Croce sull'Arno (Toscane) – Carnaval avec défilé de chars allégoriques.

FÉVRIER

Terni (Ombrie) – Saint Valentin (14 fév.).
Norcia (Ombrie) – *Sagra del Tartufo*, célébrations autour de la truffe (fin fév.-fin mars).

AUTOUR DE PÂQUES

Assise (Ombrie) – Procession (dim. de Pâques).
Florence (Toscane) – *Scoppio del carro* (dim. de Pâques).
Prato (Toscane) – Présentation de la Sainte Ceinture (dim. de Pâques).
San Miniato (Toscane) – *Festa degli aquiloni* – Des cerfs-volants sont lancés depuis l'esplanade de la Rocca ; après un défilé en costumes historiques, une montgolfière prend l'air (1er dim. après Pâques).
Lorette (Marches) – Festival international de musique sacrée (du merc. de Pâques au dimanche).

AVRIL

Anghiari (Toscane) – Grand marché de l'artisanat de la Valtiberina (av.-dern. sam. d'avr.-1er Mai).
Castiglione d'Orcia (Toscane) – *Maggio di Castiglione d'Orcia* – Fête de la ville, célébrant le mois de mai par le chant de madrigaux dans la campagne (30 avr.).

MAI

Prato (Toscane) – Présentation de la Sainte Ceinture (*p. 208*) (1er Mai).
Assise (Ombrie) – *Calendimaggio* (pendant 3 j. à partir du 1er jeudi après le 1er Mai).
Fucecchio (Toscane) – *Palio delle contrade*.
Gubbio (Ombrie) – Course des *Ceri* (cierges) (15 mai).
Massa Marittima (Toscane) – *Balestro del girifalco* (4e dim.).
Gubbio (Ombrie) – *Palio della Balestra* : compétition de tireurs à l'arbalète, piazza della Signoria (dern. dim.).
Florence (Toscane) – *Festa del grillo* (Ascension).
Cascia (Ombrie) – Sainte Rita (21 mai).
Florence (Toscane) – Mai musical florentin (mai-juin).

JUIN

San Miniato (Toscane) – *Scuola europea dell'attore* (juin-juil.).
Arezzo (Toscane) – *Giostra del Saracino* (3e sam.).
Pise (Toscane) – 16 juin : *Luminara di San Ranieri*; 17 juin : régate des républiques maritimes sur l'Arno.
San Quirico d'Orcia (Toscane) – *Festa del Barbarossa* (3e dim. de juin).
Arezzo (Toscane) – *Giostra del Saracino* (av.-dern. dim. de juin).
Fabriano (Marches) – *Palio di San Giovanni Battista*, fête médiévale (12-24 juin).
Florence (Toscane) – *Calcio storico fiorentino* et feux d'artifice sur le piazzale Michelangiolo (2e et 3e semaines de juin et finale le 24 juin).
Montelupo Fiorentino (Toscane) – Fête internationale de la céramique (2e quinz. de juin).
San Gimignano (Toscane) – *Ferie delle messi*, grande fête médiévale (3e w.-end de juin).
Pise (Toscane) – *Gioco del ponte* (dern. dim. de juin).
Spoleto (Ombrie) – *Spoleto Festival* : festival international de théâtre, de musique et de danse (fin juin-mi-juil.).

JUILLET

Sienne (Toscane) – *Palio delle contrade* (2 juil.).
Norcia (Ombrie) – Saint Benoît (11 juil.).
Pistoia (Toscane) – *Giostra dell'orso* (25 juil.).
Passignano (Ombrie) – *Palio delle Barche*, course sportive et folklorique (dern. dim. de juil.).
Pistoia (Toscane) – *Pistoia blues*.
San Miniato (Toscane) – Festival international du théâtre de marionnettes : *La Luna è azzurra*.
Sienne (Toscane) – Semaine musicale siennoise.
Montepulciano (Toscane) – *Cantiere Internazionale d'Arte*, musique et théâtre (dern. sem. de juil. et 1re sem. d'août).
Pérouse (Ombrie) – Festival de jazz d'Ombrie (juil.-août).
Macerata (Ombrie) – Saison lyrique du Sferisterio (juil.-août).
Sienne (Toscane) – Cours de musique à l'Accademia Chigiana donnés par de grands concertistes (juil.-août).
San Severino Marche (Marches) – Festival de blues (juil.-août).
San Gimignano (Toscane) – *Estate Sangimignanese* – Festival international à thème sur la piazza del Duomo : œuvres lyriques, prose, ballets, concerts, cinéma (juil.-sept.).

AOÛT

Ascoli Piceno (Marches) – *Torneo cavalleresco della Quintana*, tournoi chevaleresque : défilé des représentants des différents quartiers de la ville, en costumes du 15e s. et joute de cavaliers (dernier sam. de juillet et 1er dim. d'août).
Massa Marittima (Toscane) – *Balestro del girifalco* (2e dim.).
Montalcino (Toscane) – Tournoi d'ouverture de la chasse (2e dim.).
Fermo (Marches) – *Cavalcata dell'Assunta*, les six quartiers de la ville s'affrontent lors d'une course à cheval (15 août).
Prato (Toscane) – Présentation de la Sainte Ceinture (15 août).
Porto Santo Stefano (Toscane) – *Palio Marinero dell'Argentario*, course à la rame des quatre quartiers du village (15 août).
Sienne (Toscane) – *Palio delle contrade* (16 août).
Montepulciano (Toscane) – *Bravìo delle botti*. Deux hommes de chaque quartier poussent un tonneau d'environ 80 kg le long d'une rue en forte montée. Le duo vainqueur gagne la bannière *(bravìo)* de la ville (dernier dim.)
Urbino (Marches) – *Festa del Duca* (2e dim. d'août).

SEPTEMBRE

Arezzo (Toscane) – *Giostra del saracino* (1er dim.).
Florence (Toscane) – Fête de la *Rificolona* (7 sept.).
Prato (Toscane) – Présentation de la Sainte Ceinture à l'occasion de la naissance de la Vierge: grande procession en costumes historiques (*p. 207 et 208*) (8 sept.).
Lorette (Marches) – Fête de la Nativité de la Vierge (8 sept.).
Lucca (Toscane) – *Luminara di Santa Croce* (13 sept.).
Sansepolcro (Toscane) – *Palio della balestra* (2e dim.).
Foligno (Ombrie) – *Giostra della Quintana* (Joute de la Quintaine) (2e dim.).
Impruneta (Toscane) – Fête du raisin: une des plus grandes fêtes de la région du Chianti, avec défilé de chars allégoriques (dern. dim.).
Pescia (Toscane) – Biennale des fleurs (années paires).
Todi (Ombrie) – *Todi Arte Festival.*

OCTOBRE

Impruneta (Toscane) – Foire de St-Luc (3e sem.).
Montalcino (Toscane) – *Sagra del tordo* (Fête de la grive) : défilé historique, bal traditionnel en costumes *(il Trescone)*, tir à l'arc et stand gastronomique (dern. dim.).

NOVEMBRE

Città di Castello (Ombrie) – Grande foire à la truffe (2e sem.).
San Miniato (Toscane) – Foire à la truffe blanche (3 dern. w.-ends).

DÉCEMBRE

San Quirico d'Orcia (Toscane) – Fête de l'huile (w.-end vers le 8 déc.).
Lorette (Marches) – Fête de la Translation de la Santa Casa (nuit du 9 au 10 décembre).
Prato (Toscane) – Présentation de la Sainte Ceinture (25 déc.).

Bibliographie

Voir aussi le chapitre Culture de la partie « Comprendre » (*p. 90*)

OUVRAGES D'ICONOGRAPHIE

H. Classen, *Toscane* (Lattès, coll. L'Iconothèque).
C. Cresti, C. Rendina et M. Listri, *Les Palais de Toscane* (Mengès).
J. Kokelberg, *Toscane: Florence, Pise, Sienne* (Renaissance du livre).
C. Malaparte et B. Morandi, *Toscane éternelle* (Arthaud).
B. Mocquard et B. Morandi, *Villages de Toscane* (Arthaud).
B. Racine, *L'Art de vivre en Toscane* (Flammarion).
Ouvrage collectif, *Les Plus Belles Villes de charme de Toscane* (Bibliothèque des Arts).
P. Rinaldi et A. Taschen, *Intérieurs de Toscane* (Taschen).
J. Taverne et W. Buss, *La Toscane* (Éd. du Chêne, coll. Grands Voyageurs).

HISTOIRE, CIVILISATION

J.-P. Thuillier, *Les Étrusques, la fin d'un mystère* (Découvertes Gallimard).
A. Lemaître et E. Lessing, *Florence et la Renaissance: le Quattrocento* (Terrail).
Ouvrage collectif, *La Toscane et les Toscans autour de la Renaissance* (PU Provence).
L. d'Azay, *Histoires de Toscane* (Sortilèges).
T. Sante Centi, *Frère Jérôme Savonarole* (CLD, coll. Veilleurs de la foi).
J. Alexandre-Debray [sur Bianca Cappello], *La Vénitienne des Médicis* (Des Femmes).
D. Fernandez [sur Jean-Gaston de Médicis, 1671-1737], *Le Dernier des Médicis* (Grasset).

ART

A. Chastel, *L'Art italien* (Flammarion).
A. Blunt, *La Théorie des arts en Italie* (Gérard Montfort).

I. Moretti et R. Stopani, *Toscane romane* (Zodiaque, coll. « La Nuit des temps », diff. Desclée De Brouwer).
C. Volpe, *Giotto et la peinture gothique en Toscane au XIVe siècle* (Monfort).
S. Bajard et R. Bencini, *Villas et jardins de Toscane* (Terrail).
Vu d'Italie 1841-1941, la photographie italienne dans les collections du musée Alinari (Alinari).
A. Fenech, *Histoire de Florence par la peinture* (Citadelles & Mazenod).
C. Cresti, C. Rendina, *Palais de Florence et de Toscane* (Place des Victoires).
D. Wigny, *Toscane : Arezzo, Crotone, Cosentino, Sansepolcro* (Fonds Mercator).
M. Berti, *Lumineuse Toscane* (Palantine Éditions).

QUELQUES GRANDS PERSONNAGES

L. B. Alberti, *De la peinture* (Macula). Par l'inventeur de la perspective.
C. Bobin, *Le Très-Bas* (Gallimard). Remarquable évocation de la mission de saint François.
G. Boccaccio, *Décameron* (Folio). De jeunes Florentins se réunissent à Fiesole pendant que la peste ravage la ville. Chaque jour, ils se racontent des histoires à tour de rôle.
B. Castiglione, *Le Livre du courtisan* (GF). Dans la cour du palais ducal d'Urbino, seigneurs et penseurs débattent du code moral du parfait gentilhomme avec humanisme.
G. Cavalcanti (ami de Dante), *Rime* (Imprimerie Nationale). Poésie.
B. Cellini, *Ma Vie* (Scala). Récit autobiographique savoureux d'un immense sculpteur.
Dante, *La Divine Comédie* (GF). Traduction de J. Risset.
B. Faguet, *L'Ange et la Bête, Michel-Ange et Cavalieri* (Climats). Excellente évocation de la vie et de l'amitié de deux hommes.
C. Frugoni, *Saint François d'Assise. La vie d'un homme* (Hachette).
M. Luzi, *Voyage terrestre et céleste de Simone Martini* (Verdier). Le travail du peintre en route vers la France.
Machiavel, *Œuvres* (Laffont « Bouquins »). Pensée politique et récits historiques.
Michel-Ange, *Sonnets et Madrigaux à Cavalieri* (Climats). Une autre facette de l'artiste.
Pétrarque, *Le Chansonnier* (GF). 365 poèmes pour l'amour de Laure.
G. Vasari, *Les Vies des plus excellents peintres, sculpteurs et architectes italiens* (Berger-Levrault). Encyclopédie des plus grands artistes rédigée par un des leurs.
Léonard de Vinci, *Carnets* (Gallimard). Pour suivre pas à pas ce génie.

SUR FLORENCE EN PARTICULIER

A. Chastel, *Art et humanisme à Florence au temps de Laurent le Magnifique* (PUF).
F. Roche, *Florence côté jardin* (Actes Sud).
G. Andres, J. Hunisak et R. Turner, *L'Art de Florence* (Bordas, 2 vol.). Un somptueux hommage photographique qui permet une découverte intime des chefs-d'œuvre.
Les éditions Gallimard/Electa ont publié quelques superbes volumes consacrés à des lieux d'art exceptionnels : *Les Fresques de San Marco* (dues à Fra Angelico), *La Chapelle Brancacci* (où s'associent Masaccio, Masolino et Lippi), *La Chapelle des Mages* (aux murs couverts par le pinceau de Gozzoli).
Ouvrages de photographies :
J.-N. Mouret, *Le Goût de Florence* (Mercure de France).
P. Marton et M. Scalini, *Florence, les siècles d'or* (Mengès).
M. Sabbieti et G. Alberto Rossi, *Florence vue du ciel* (Gallimard, coll. « Vue du ciel »).
M. McCarthy, *Les Pierres de Florence* (Payot).

QUELQUES ROMANS

E. M. Forster, *Avec vue sur l'Arno* (10/18). Un roman délicieux sur l'éveil des sentiments.
H. James, *Portrait de femme* (10/18). Une jeune Américaine idéaliste dans la Florence de la fin du 19e s. Superbe suspense psychologique.
J. Diwo, *Au temps où la Joconde parlait* (J'ai Lu). Un roman historique passionnant qui retrace la vie des grands peintres de la Renaissance.
S. Chauveau, *La Passion Lippi* (Gallimard Folio). L'incroyable destinée de Filippo Lippi, enfant pauvre devenu l'un des plus grands peintres du 15e s.
F. Mayes, *Sous le soleil de Toscane* (Gallimard Folio). Un roman d'été illuminé par l'art de vie toscan.
C. Fruttero et F. Lucentini, *Place de Sienne côté ombre* (Points Seuil). Une intrigue criminelle menée de main de maître par le duo le plus célèbre de la littérature policière italienne, dans l'ambiance du Palio de Sienne.
G. Manganelli, *Italies excentriques* (Le Promeneur).
J. et E. Pennell, *L'Italie à vélocipède* (La fosse aux ours). De Florence à Rome à vélo, en 1884 !
M. de Blasi, *Mille Jours en Toscane* (Gallimard Poche).
B. Reuter, *Le Menteur d'Ombrie* (Actes Sud, Babel)

GASTRONOMIE

C. Zalum et H. Amiard, *Cuisine toscane à la villa Gamberaia* (Agnès Viénot).
A. Capatti et M. Montanari, *La Cuisine italienne, histoire d'une culture* (Seuil).
V. Verreschi, *La Cuisine toscane* (Renaissance du Livre).
F. Ballone, *La Cuisine toscane : recettes, produits typiques, vins, fromages, liqueurs* (Bonechi).
H. Johnson et A. Katz, *La Toscane et ses vins* (Solar).

Filmographie

En complément des films cités dans le chapitre Cinéma (*p. 96*), voici d'autres œuvres tournées dans la région.

FLORENCE

Obsession (1976), de Brian De Palma, avec Cliff Robertson et Geneviève Bujold.
Le Syndrome de Stendhal (1996), de Dario Argento, avec Asia Argento, Thomas Kretschmann, Marco Leonardi, Paolo Bonacelli.
Nos meilleures années (2003), de Marco Tullio Giordana, avec Adriana Asti, Luigi Lo Cascio et Jasmine Trinca, présenté en son temps à Cannes. Reconstitution de l'inondation de Florence (1966).

AILLEURS EN TOSCANE

Fratello sole, sorella luna (1972), de Franco Zeffirelli. Film inspiré de la vie et de l'œuvre de saint François d'Assise, entièrement tourné en Ombrie.
Portrait de femme (1996), de Jane Campion (d'après Henry James), avec Nicole Kidman et John Malkovich. Tourné près de Lucca.
Beauté volée (1996), de Bernardo Bertolucci, avec Liv Tyler et Jeremy Irons, a été tourné à San Regolo (Gaiole in Chianti), dans la Villa Bianchi Bandinelli (Geggiano) et dans la Villa Spender (San Sano).
Gladiator (2000), de Ridley Scott, avec Russell Crowe, a été tourné dans le val d'Orcia.
Sous le soleil de Toscane (2003), d'Audrey Wells, avec Diane Lane. Adapté du roman de Frances Mayes.
Copie conforme (2010), d'Abbas Kiarostami, avec Juliette Binoche et William Shimell, tourné à Lucignano.
Shadows in the Sun, Coup de foudre en Toscane (2010), de Brad Mirman, avec Harvey Keithel, Claire Forlani.

COMPRENDRE LA TOSCANE, L'OMBRIE ET LES MARCHES

Casentino, le château de Poppi et le buste de Dante.
F. Tomasinelli/AGF RM/age fotostock

La Toscane, l'Ombrie et les Marches aujourd'hui

Une économie diversifiée florissante, une identité fière et ouverte, des festivités parfois séculaires, un artisanat délicat et raffiné, une œnogastronomie internationalement célèbre... Plutôt que de se reposer sur leur glorieux passé, la Toscane, l'Ombrie et les Marches vivent entre tradition et innovation, avec pour valeur essentielle le savoir-vivre.

Au cœur de l'Italie

La **Toscane** compte parmi les régions importantes d'Italie et est constituée de dix « provinces » (l'équivalent de nos départements), qui tirent leur nom des plus grandes villes : provinces d'Arezzo, de Lucca, de Pistoia, de Grosseto, de Pise, de Livourne, de Massa-Carrare, de Sienne, de Prato et de Florence, capitale de la région.

L'**Ombrie** est divisée en deux provinces, celles de Pérouse et de Terni.

Quant à la région des **Marches**, elle se partage entre cinq provinces : Ancône, Ascoli Piceno, Fermo, Macerata et Pesaro-Urbino.

UNE ÉCONOMIE DYNAMIQUE

Longtemps, jusque dans les années 1950, l'Italie du Centre a connu une économie basée essentiellement sur l'**agriculture**. Aujourd'hui, ce secteur ne représente plus que 4 à 5 % de la population active. Il reste néanmoins important en Toscane et en Ombrie, car les productions sont de qualité avec les grands vins, l'huile d'olive et l'élevage de bovins (la race « chianina », en Ombrie et en Toscane, est la plus réputée d'Italie). S'y ajoutent la culture de céréales, de fruits, de légumes et l'élevage de porcs (pour une charcuterie également très prisée), d'ovins et de volailles. Malgré l'étendue des côtes de part et d'autre de cette partie de l'Italie, la **pêche** enregistre une faible production, exception faite du port d'Ancône, premier port de pêche de l'Adriatique.

Second secteur d'importance, l'**industrie** représente entre 32 et 35 % de la population active. Un secteur dans lequel l'industrie lourde est considérable, partagée entre la sidérurgie, la chimie, l'industrie pétrolière, la métallurgie, les chantiers navals, notamment à Livourne, Ancône et Fano. L'extraction de minerai (fer, pyrite et mercure) et de marbre (à Carrare bien sûr, mais aussi à Lucca) apporte son poids de recettes. Surtout, l'activité économique s'appuie sur les petites et moyennes entreprises, à forte vocation manufacturière, parfois

Charme d'un repas en terrasse à l'ombre des portiques pisans, un incontournable en Toscane !
R. Mattes/hemis.fr

familiales, allant de la traditionnelle industrie du textile aux hautes technologies : bijoux, habillement, maroquinerie, verre, céramique, soie, laine, teinturerie, chaussures, tannage, appareils ménagers, papier, denrées alimentaires (pâtes et glaces notamment) et meubles d'une part, biotechnologie, instruments et composants électriques et électroniques, robotique et télécommunications d'autre part. Le succès de cette économie est favorisé par un réseau d'échanges non négligeable : des routes à quatre voies, des autoroutes (l'une traversant la Toscane, reliant Bologne à Rome, l'autre longeant l'Adriatique), des aéroports internationaux (Florence, Pise, Pérouse et Ancône), des lignes ferroviaires tapissant le pays, des ports importants, à Piombino, à Livourne, au trafic gigantesque, et à Ancône ,qui a orienté plusieurs de ses services sur les liaisons entre l'Italie et les Balkans.

Enfin, le **secteur tertiaire** se veut tout aussi dynamique. Florence se place en troisième position pour la presse italienne (*La Nazione* étant le principal quotidien toscan, fondé en 1859), la publicité et l'édition. Le **tourisme** constitue l'un des pôles majeurs de ce secteur. Avec Florence, Sienne, Pise, Arezzo, Pérouse, Assise et Urbino, les trois régions attirent à elles une concentration touristique considérable, plus encore si l'on tient compte des stations balnéaires, du charme du lac Trasimène, du tourisme thermal ou vert encouragé par les parcs nationaux et régionaux.

UNE IDENTITÉ FORTE

Nul hasard si le symbole de la puissance florentine est le lion, ce fameux *Marzocco* trônant sur la piazza della Signoria, à la fois fougueux, noble et généreux. Avec un passé aussi riche, entre légendes et conquêtes mouvementées, avec un patrimoine aussi conséquent dans l'histoire de l'art, le Toscan ne pouvait échapper à un certain sentiment de fierté et d'orgueil. Un sentiment qui s'accompagne de sautes d'humeur

ARTISANAT

Des traditions anciennes perdurent encore aujourd'hui, garantissant une production variée dans les trois régions. À commencer par la céramique et la terre cuite, partout présentes : à Sienne et Cortona, à Gubbio, Urbania ou encore Pesaro, qu'il s'agisse de vases, de coupes, de tasses, de plats historiés, d'albarelles de pharmacie. L'orfèvrerie est réputée à Florence et à Arezzo, à Fano, à Pérouse, à Torgiano et à Todi, tandis que la dentelle s'est imposée sur l'île Maggiore du lac Trasimène. À Scarperia, au nord de Florence, on pratique encore l'ancien métier de coutelier, celui du tissage manuel des tapis à Piobbico et du façonnage du bambou à Sant'Ippolito dans les Marches. Ici et là, on traduit un goût pour le raffinement, l'attention au détail.

dignes d'une cité tour à tour guelfe et gibeline *(voir encadré p. 60)*, qui se caractérise aussi par une langue foisonnante, riche en images.

En Toscane, en Ombrie et dans les Marches, à l'image d'un doux climat et d'un paysage romantique, très attaché à sa ville comme à sa famille, l'Italien du Centre possède également un sens de l'hospitalité, tout en demeurant réservé, et une humeur plutôt heureuse. De fait, on discute famille, cuisine, vin ou politique, on reste soucieux de son apparence, comme beaucoup d'Italiens, on lit la *Gazzetta dello sport*, on se passionne pour le football, pour le cyclisme qui ne manque pas de *tifosi*, à l'occasion du Giro (Tour d'Italie) qui régulièrement traverse les trois régions.

FÊTES TRADITIONNELLES

Le palio à Sienne rendrait compte à lui seul de l'héritage conséquent des traditions toujours aussi vivantes et dynamiques. La course équestre, disputée l'été sur la piazza del Campo, dont chaque cheval représente un quartier de la ville, existe en effet depuis le 13e s. D'autres événements rythment le calendrier des fêtes : le carnaval de Viareggio, le grand marché de l'artisanat à Anghiari, en avril, les régates historiques des républiques maritimes à Pise, en juin, la fête du raisin à Impruneta ou le festival du chant choral à Volterra, en septembre… À Florence, les plus réputés sont l'explosion du char *(scoppio del carro)* le dimanche de Pâques, célébrant le printemps, le festival de musique classique « Maggio Fiorentino » et, en juin, le « Calcio storico », ancêtre du football. En Ombrie, parmi les fêtes spectaculaires comptent la Course des cierges *(mai)* et le palio della Balestra *(septembre)* à Gubbio, la Festa di Calendimaggio à Assise *(mai)* ou l'Eurochocolate à Pérouse *(octobre)*.

Dans les Marches se distinguent les évocations historiques de la chasse à Mondolfo, la fête du Duc à Urbino, le tournoi de la Quintaine à Ascoli Piceno, le marché de la truffe à Acqualagna. Des manifestations révélatrices d'un attachement au passé, d'un art de vivre.

Gastronomie

À base d'ingrédients sains et préparés avec le plus grand soin, la cuisine de l'Italie du Centre est à la fois simple et raffinée. Le mariage entre les ingrédients est toujours parfait : viandes grillées au feu de bois, légumes gorgés de soleil, pâtes en sauce juteuse et charcuteries, le tout toujours accompagné d'huile d'olive. Rouges, blancs et liqueurs réputés épousent et subliment ces saveurs robustes, relevées par l'ail, le poivre et les épices.

En Toscane

UNE CUISINE SAVOUREUSE

Historiquement, ce fut Catherine de Médicis qui, en épousant Henri II, introduisit en France les plaisirs de la table. Elle initia également la cour à l'usage de la fourchette et de la serviette, permettant d'harmoniser la bonne tenue des convives avec le raffinement des plats.

Soucieuse de préserver la pleine saveur des produits de qualité dont la région regorge, la cuisine toscane, résolument populaire, se caractérise par sa simplicité et sa sobriété raffinées.

La première approche de la gastronomie se fait par le biais de la *bruschetta* (tartine grillée, parfois frottée d'ail, nappée d'huile puis salée) ou, mieux, avec sa variante régionale, la **fett'unta** (textuellement « tranche ointe ») ; occasion qui permet de goûter deux produits emblématiques de la région : le pain, agréablement odorant, dont la particularité est de n'être presque jamais salé, et la célèbre huile d'olive.

Selon la tradition locale, on commence par goûter les savoureux **crostini**, croustillantes tartines garnies de gros haricots blancs cuits *al fiasco* (c'est-à-dire en bouteille), plus souvent d'une crème de foie de volaille ou encore d'une des nombreuses variantes locales à base de gibier ou de champignons. La diversité des légumes permet d'offrir un large choix de préparations savoureuses, comme les artichauts frits ou les flans de légumes. Si la nature est généreuse, les hommes aussi savent transcender de bons produits : parmi les salaisons, le jambon cru a un goût affirmé, tandis que la **finocchiona** est un saucisson aromatisé de graines de fenouil.

Parmi les entrées chaudes traditionnelles *(primi)*, les plus fameuses sont la **pappa al pomodoro** (panade à la tomate) et la *ribollita*. La première est une préparation à base de croûtons cuisinés dans un bouillon parfumé d'herbes aromatiques et enrichi de tomates passées jusqu'à ce que le pain se dissolve en panade. La **ribollita** est quant à elle une soupe de haricots et de chou qui doit son nom de « rebouillie » à l'usage aujourd'hui révolu de la resservir réchauffée plusieurs jours de suite.

Antipasto ou *primo* selon l'appétit, l'estivale **panzanella** se compose de pain rassis mouillé d'eau et de vinaigre, assaisonné de tomates, concombre, oignon rouge et basilic. Toujours parmi les entrées chaudes,

PETIT DICTIONNAIRE DES PÂTES LES PLUS COURANTES

Cannelloni : gros tubes de pâte farcis de viande à la sauce tomate ou d'une sauce épinards/ricotta (fromage frais).
Farfalle : pâtes en forme de papillons.
Fettuccine : tagliatelles romaines (légèrement plus étroites).
Fusilli : petites pâtes en spirale.
Lasagne : superposition de feuilles de pâte, viande à la sauce tomate, mozzarella et parmesan, le tout passé au four.
Pici : gros spaghetti à section carrée, typiquement toscans.
Ravioli : petits coussinets fourrés à la viande ou aux épinards et ricotta par exemple et bien d'autres choses encore, suivant l'imagination du cuisinier.
Tagliatelle : rubans de pâte étroits et longs.
Tortellini : pâtes enroulées sur elles-mêmes, garnies de viande ou de jambon, servies par tradition dans un bouillon, ou recouvertes de sauce tomate ou de crème fraîche.

les soupes à base de petits poissons se sont répandues depuis la côte dans toute la région, comme le célèbre **cacciucco** à la livournaise, poisson cuit dans une sauce à base de tomates, d'oignons, d'ail et de vin rouge. Les pâtes cuisinées de diverses manières constituent un bon début de repas, les plus originales étant les *pappardelle*, des nouilles larges servies avec une sauce au lièvre.

Roi de la gastronomie régionale, le célèbre bifteck à la florentine *(bistecca alla fiorentina)*, dit plus simplement « **la Fiorentina** », est une tranche de bœuf épaisse, tendre et juteuse : coupée dans l'aloyau et le filet (compter en général 400 g par personne), elle est de préférence grillée sur la braise. Parmi les plats de résistance *(secondi)* typiquement toscans se côtoient la viande de brebis en sauce, le sanglier sucré salé, *l'arista*, le filet de porc rôti, les **tripes** à la florentine et les **fritures** d'agneau, de poulet et d'anguille. Les légumes de saison font office d'accompagnement *(contorno)* ; le **fritto misto alla toscana** est une des spécialités où artichauts, courgettes, aubergines et autres légumes sont servis chauds et bien croquants dans leur friture.

Côté fromages, le **pecorino** est fabriqué exclusivement avec du lait de brebis (*pecora* en italien).

Il existe une farandole de desserts au choix : depuis les simples **cantucci**, biscuits secs parfumés aux amandes qu'il est d'usage d'accompagner de *vino santo*, jusqu'au **castagnaccio**, gâteau traditionnel à base de farine de châtaigne. S'y ajoutent les **brigidini** de Pistoia, petites gaufres cuites dans des moules chauffés à la flamme, le *zuccotto*, biscuit glacé à la crème d'amandes au chocolat, imbibé de liqueur, et surtout le **panforte** de Sienne, essentiellement consommé à Noël, et dont la recette fidèlement transmise depuis le 13e s. mêle harmonieusement, dans une pâte solide plus ou moins dure, noix, noisettes, amandes, épices et fruits confits.

LES VINS

Au sein du large panorama de la production vinicole italienne, la Toscane occupe une position de tout premier plan.

La culture de la vigne accompagne depuis longtemps l'histoire de la région : les Étrusques sont en effet à l'origine de l'introduction du vin en Gaule.

L'abbaye de Sant'Antimo (9e-12e s.) veille de loin sur les ceps de Brunello di Montalcino, Toscane.
R. Mattes/hemis.fr

C'est en Toscane qu'ont eu lieu les premières initiatives pour normaliser l'attribution d'appellations d'origine contrôlée. Des édits promulgués dès le 18e s. expriment la volonté de réglementer la production dans le Chianti et le Carmignano (secteur autour du village du même nom). De nos jours, c'est presque la moitié du territoire qui est couverte de vignobles inscrits aux registres des diverses dénominations d'origine *(voir carte p. 52 et tableau des appellations p. 29)*. Ainsi la Toscane peut-elle s'enorgueillir de plusieurs dizaines d'appellations officielles. Pour les amateurs, les provinces toscanes ont conçu plusieurs routes du vin, une façon très plaisante de découvrir ce patrimoine œnologique – mais aussi d'autres produits du terroir –, en suivant les petites routes et en rencontrant producteurs et cavistes.

Le chianti

De renommée mondiale, ce vin – dont la première mention remonte à 1398 – évoque d'emblée la Toscane. Il est produit sur un territoire qui comprend les provinces d'Arezzo, de Florence, de Pise, de Pistoia et de Sienne, constituant la région vinicole la plus grande d'Italie en superficie et en production. Les caractéristiques du terrain varient sensiblement d'un secteur à un autre.
Les mélanges de raisins sont toutefois partout les mêmes et

LE « FIASCO »

De forme très joufflue, la bouteille traditionnelle de chianti est la fiasque *(fiasco)*. À l'origine fabriquée par des souffleurs de verre, elle se caractérise par un long col et un fond parfaitement rond. Toutefois, cette particularité est masquée par le tressage de paille qui l'habille tout en lui conférant sa stabilité. De confection trop onéreuse, le *fiasco* de chianti a disparu au profit d'une bouteille plus classique, rappelant celle des bordeaux.

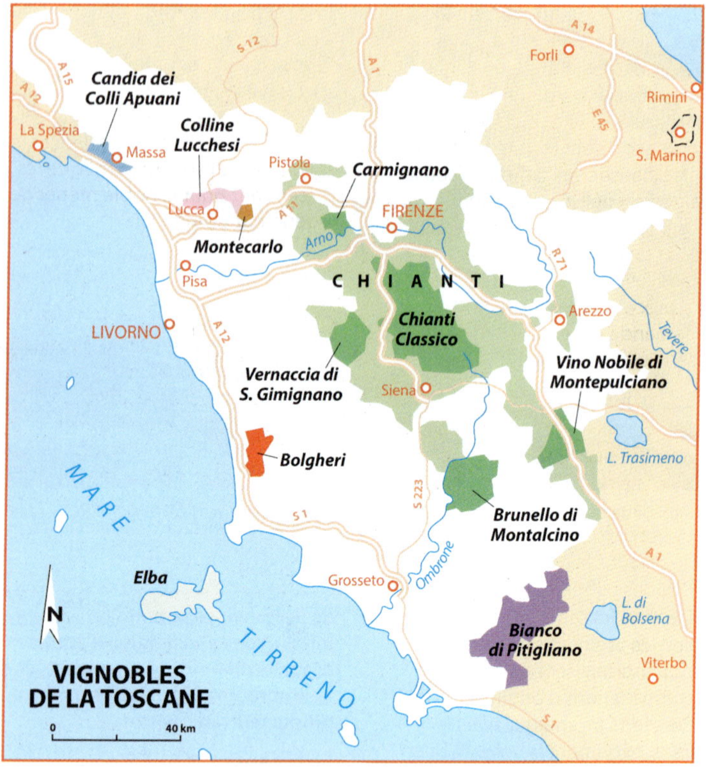

comprennent : le *sangiovese* (dont le nom n'évoque rien moins que le sang de Jupiter *[sanguis Jovis]*), le *canaiolo nero*, le *trebbiano toscano* et le *malvasia del Chianti* ; il en naît un vin de couleur rubis intense, au parfum profond, partenaire idéal de la cuisine toscane.

La mention « *classico* » est réservée au vin produit dans la zone située à cheval sur les provinces de Florence et de Sienne, c'est-à-dire dans le secteur de la médiévale « ligue du Chianti ». Le consortium du **chianti classico**, créé en 1924 afin d'en contrôler la production, a repris l'emblème de cette ligue, le *Gallo Nero* (coq noir) figurant à l'origine sur toutes les bouteilles et devenant peu à peu synonyme de *classico*. Par opposition à cette production, un second consortium est né, regroupant les dénominations sous l'appellation de **chianti putto** ; son emblème est, comme le nom l'indique, un chérubin. Ces dénominations sont : *montalbano, rufina, colli fiorentini, colli senesi, colli aretini, colline pisane* et sont accordées à condition que le vin soit obtenu à partir de raisins récoltés et vinifiés à l'intérieur des territoires respectifs (*Le Chianti, p. 386*).

Les rouges à fort caractère

Autre vin prestigieux, le **brunello di Montalcino**, qui pour porter ce nom doit vieillir quatre ans avant sa commercialisation, cinq ans même pour la *riserva*. Comme le chianti, c'est un vin à dénomination d'origine contrôlée et garantie (DOCG) ; il dépasse en général les

12° et accompagne admirablement les rôtis et les gibiers.
La légende auréole la renommée du **vino nobile di Montepulciano** : il semble en effet que ce vin doive son nom tout autant à ses caractéristiques raffinées (*nobile* signifie « noble » en italien), qu'à son mode de production directement réalisé par les familles nobles locales. Comme le précédent, c'est un vin qui demande beaucoup de soins et requiert un long vieillissement.

Les blancs

La Toscane est, à juste titre, célèbre pour ses vins rouges, mais les vins blancs y réservent d'heureuses surprises. Il convient de citer la **vernaccia di San Gimignano**, au caractéristique goût sec; ce fut l'un des premiers vins à obtenir la dénomination d'origine contrôlée. Accompagnant idéalement les desserts, le **vino santo** est produit avec des raisins semi-passés, restés sur claies pendant plusieurs mois pour concentrer le sucre, avant d'être foulés. Mis à vieillir au moins trois ans dans des barriques scellées, le vin se consomme traditionnellement avec des gâteaux secs, les *cantucci*, que l'on trempe dedans.
On utilise généralement des raisins blancs *(malvasia et trebbiano)*, mais il existe aussi un vino santo rouge peu connu.

Les « Supertuscans »

Les vins à dénomination d'origine contrôlée constituent environ 40 % de la production toscane, mais dans cette région sont également nés des « vins de table » de grande qualité, comme le **tignanello**, le **solaia**, l'**ornellaia** ou le **sassicaia**. Il s'agit d'heureuses « expériences » qui prouvent l'attachement que les Toscans ont pour le noble métier de producteur de vin.

En Ombrie

Installée dans un cloître du 13e s., à Pérouse, l'**Université des saveurs** *(www.universitadeisapori.it)* ne demeure pas par hasard dans la capitale ombrienne. La région possède une réelle réputation gastronomique aux plaisirs variés, fidèles reflets d'une terre qui se veut le poumon vert de l'Italie.

LES PLATS

Comme en Toscane, **l'huile d'olive** est un leitmotiv de la cuisine ombrienne, pierre de touche de toutes les préparations. Et comme ailleurs en Italie, la région ouvre ses repas par un plat de pâtes. Les *umbricelli*, confectionnées avec de l'eau et de la farine, sont servies avec une sauce tomate, les *strangozzi*, avec une sauce à l'oie ou des asperges des bois. Parmi les *primi*, le choix s'étend encore entre l'*imbrucciata*, une soupe de légumes secs, le *risotto* aux asperges, la soupe de pois chiches et de châtaignes, un assortiment de cochonnailles, comme le jambon de Norcia, la saucisse de sanglier ou la *porchetta*, porc cuit au four ou

L'OLIVE ET SON HUILE

Selon la coutume, la récolte des olives commence en novembre, le jour des Défunts, et s'effectue à la main. Les premières olives récoltées sur l'arbre servent à la consommation du fruit lui-même, celles récoltées au sol dans des filets sont destinées au pressurage au moyen de meules de pierre. Seule l'huile ainsi obtenue, excluant toute manipulation chimique et répondant à des règles de fabrication fixées par la loi, est classée *extra vergine* (extra-vierge). L'huile est à consommer de préférence au cours des dix-huit mois qui suivent la récolte, jamais au-delà.

à la broche, farci de ses entrailles, aromatisé aux herbes, au fenouil et à l'ail. À la carte des *secondi* (plats de résistance), la viande se taille la part belle : tête d'agneau au four, fressure de lièvre, oie rôtie, canard farci, cochon à la broche, poule d'Orvieto cuite dans le fameux vin local, viande de bœuf, avec notamment la célèbre race **chianina**, élevée en Ombrie depuis deux millénaires, tendre et peu grasse, prisée par les carnassiers. Le lac Trasimène apporte son lot de spécialités d'eau douce : le *tegamaccio*, ragoût de poissons, la perche frite, le brochet aux spaghettis, l'anguille sur la braise des joncs, les écrevisses. La cuisine ombrienne s'enrichit de saveurs particulières, de légumes et d'herbes sauvages, d'une grande variété de champignons *(funghi)*. S'y ajoutent quelques produits typiques : le haricot de Cave di Foligno, les oignons de Cannara, les pommes de terre rouges de Colfiorito, le céleri noir de Trevi, les lentilles de Castelluccio di Norcia tandis que la **truffe** se parsème sur différents mets. Parmi les desserts se distingue le *torcolo*, couronne de pain aux raisins secs et aux pignons de pin. Enfin, le chocolat de Pérouse a acquis une belle réputation auprès des amateurs.

LES VINS

La région peut se vanter d'une remarquable production. Elle compte 13 grands crus, dont les fleurons sont le **sagrantino de Montefalco**, un vin doux ou sec, et le **torgiano rosso riserva**, à Torgiano. La vigne est aussi présente à Assise, sur les pentes du lac Trasimène, à Spello et Bevagna. Très prisé, l'**orvieto classico** est un blanc, historiquement apprécié par les papes, plus encore par Luca Signorelli (la légende raconte que l'artiste se fit établir un contrat de fourniture pour 1 000 litres par an).
Tableau des appellations p. 29.

Dans les Marches

Au diapason de l'Italie, la région des Marches peut s'enorgueillir de ses traditions culinaires, où comme partout, chaque ville, chaque village possède ses variantes, sa recette de chaque plat d'une cuisine puisée dans sa géographie, partagée entre mer, collines et monts.

LA TRUFFE ET LES HUILES

En tête d'affiche de la noblesse culinaire s'inscrit la truffe, célébrée dans diverses foires, à Sant'Agata Feltria, Sant'Angelo in Vado ou encore à Acqualagna. Les pentes douces du mont Carpegna offrent la certitude d'abondantes cueillettes de champignons. Les oliviers de Cartoceto garnissent d'huile d'olive extra-vierge les tables alentour, et fournissent les fameuses olives marinées de Fano *(olive strinate)*. L'huile arrose aussi les côtes de porc *(braciole)* et différentes pâtes, tantôt farcies en bouillon *(cappelletti in brodo)*, tantôt coupées en filaments fins comme à Campofilone.

QUELQUES PLATS TYPIQUES

Les spécialités qui font la fierté de la région : les *brodetti*, savoureuses soupes de poissons de l'Adriatique, le jambon de Carpegna, la *pasticciata* de Pesaro, pièce de gîte de veau cuite avec des tomates et servie en fines tranches, la saucisse sèche de Fano, les escargots au fenouil de Cagli, la *faraona « al coccio »* (pintade au pot) de Fratte Rosa, la polenta de San Costanzo, les griottes de Cantiano, le miel de Mombaroccio. Ces trésors gourmands dévoilent toutes leurs saveurs, accompagnés des vins produits dans la région : bianchello del Metauro ou sangiovese dei Colli Pesaresi, vernaccia de Pergola ou le pinot noir de San Bartolo.

Histoire

L'histoire de l'Italie du Centre est plurielle, fortement marquée par l'empreinte des civilisations étrusque puis romaine, auxquelles succèdent des siècles de rivalité entre communes médiévales. Puis, illuminées par les artistes à la Renaissance, divisées entre influence papale ou impériale, la Toscane, l'Ombrie et les Marches sont progressivement gagnées par l'enthousiasme d'une Italie unifiée. Des histoires mouvementées faites de luttes et de compromis s'y succèdent, orchestrées par Tarquin le Superbe, guelfes et gibelins, Cosme Ier, Laurent le Magnifique, Léon X, Federico da Montefeltro ou saint François d'Assise.

Des Étrusques à l'Empire romain

Av. J.-C.

- **13e s.** – Arrivée légendaire des Lydiens conduits par **Tyrrhénos** sur le territoire des futurs Étrusques.
- **10e s.** – À l'est du Tibre, présence de deux peuples italiques, les **Picéniens** et les **Ombriens**.
- **9e-8e s.** – Des peuples venus du nord et parlant une langue indo-européenne s'installent sur un territoire qui, aujourd'hui, couvre approximativement la Toscane, le nord du Latium et l'Ombrie. Leur civilisation est baptisée « villanovienne », du nom d'une localité des environs de Bologne où elle a pu être pour la première fois identifiée. Les **Étrusques** connaissent l'usage du fer, apprécient la danse et la musique, pratiquent indifféremment, selon les lieux et les époques, l'inhumation et l'incinération et croient, comme la plupart des peuples de l'Antiquité, en une survie dans l'au-delà. Leurs funérailles s'accompagnent parfois de sacrifices humains (certains jeux sanglants plus tard privilégiés par Rome, tels les combats de gladiateurs, semblent un héritage de rites funéraires étrusques). Ils accordent une grande foi à la divination, généralisent l'étude des entrailles des animaux (haruspices) et du vol des oiseaux (auspices).
- **753** – Fondation légendaire de Rome par Romulus.
- **2e moitié du 7e s.** – Occupation du pays latin par les Étrusques. Ils s'aventurent en Campanie, autour de Naples, mais se heurtent aux Grecs installés en Italie du Sud (ou Grande Grèce). Au nord, ils essaiment, vers la fin du 6e s., dans une grande partie de la plaine du Pô, y fondant notamment Bologne (alors appelée Felsina), ainsi que le port de Spina (aujourd'hui dans le delta du Pô près de Comacchio), d'où ils peuvent contrôler le commerce de l'Adriatique. Les Étrusques fondent également Pérouse et Orvieto (*carte p. 56*). L'Étrurie forme alors une fédération de cités-États, nommées lucumonies (dirigées par un roi, dit *lucumon*, de la dynastie des Tarquins), dont l'union demeura toujours de nature plus religieuse que politique.

- **Fin du 7e s.-fin du 6e s.** – Les Tarquins gouvernent Rome. Leur règne marque l'apogée de l'expansion des Étrusques, qui adoptent l'alphabet grec pour faciliter les échanges commerciaux.
- **Vers 540** – Alliés aux Carthaginois, les Étrusques battent les Phocéens près d'Alalia (Corse) et assurent leur domination sur tout l'espace nord-méditerranéen. Grâce à leur puissante flotte, ils établissent avec l'Orient (Grèce, Chypre, Syrie), la Gaule, l'Espagne et l'Afrique (Carthage) des échanges commerciaux, exportant le fer et le cuivre toscans, important tissus, bijoux, ivoires et céramiques.
- **509** – Chute de **Tarquin le Superbe**, dernier roi de Rome: début du déclin étrusque. Instauration de la république à Rome. Au début du siècle suivant, les Étrusques, coupés de la Campanie, tentent vainement d'atteindre celle-ci par voie de mer et sont définitivement battus par les Grecs au large de Cumes.
- **396** – Prise de Véiès (Veii) par les Romains, après un siège de dix ans.
- **387** – Des colons grecs fondent le port d'Ancône.
- **3e s.** – **Les Étrusques sont soumis par Rome**: Volterra est

vaincue en 295, Pérouse et Arezzo se rallient en 294; en 265, la chute de la capitale religieuse de l'Étrurie, Volsinies (actuelle Orvieto, en Ombrie), dont les habitants vont s'établir dans la nouvelle Volsinies (Bolsena), marque la fin de l'indépendance étrusque.

- **241** – Spoleto devient colonie romaine.
- **223-219** – Construction par les Romains de la **via Flaminia**, qui va de la côte adriatique jusqu'à Rome.
- **217** – Hannibal et les Carthaginois battent les Romains près du **lac Trasimène** (Ombrie).
- **91-88** – **Guerre sociale**: les alliés *(socii)* de Rome obtiennent le droit de citoyenneté romaine.

Apr. J.-C.

- **330** – Byzance est choisie par Constantin le Grand comme capitale de l'Empire romain, puis rebaptisée Constantinople en son honneur.
- **395** – Partage de l'Empire romain en empires d'Orient et d'Occident avec pour capitales respectives Constantinople et Rome.
- **476** – Chute de l'Empire romain d'Occident.
- **480** – Naissance à Norcia (Ombrie) du futur **saint Benoît**, fondateur de l'ordre des Bénédictins.

Le Moyen Âge

LES INVASIONS ÉTRANGÈRES

- **547** – Pérouse, appartenant aux Romains, est détruite par les Barbares.
- **568** – Les Lombards, venus du nord, occupent la plaine du Pô, la Toscane, l'Ombrie, la Campanie et les Pouilles. Des duchés sont fondés: la Toscane s'organise autour de celui de Lucca. L'exarchat de Ravenne et le Pentapole adriatique, d'obédience byzantine, cohabitent avec le royaume lombard, qui domine le nord du territoire jusqu'en 774.
- **752** – Après Ravenne, qui cède en 751, Rome est menacée par les Lombards: le pape fait appel à Pépin le Bref, roi des Francs.
- **756** – Pépin le Bref s'engage à restituer au pape les États occupés par les Lombards *(p. 62)*.
- **774** – Charlemagne gagne Rome par la via Francigena et vainc les Lombards: la Toscane et le duché de Spoleto passent sous tutelle carolingienne. Lucca reste, quant à elle, le centre de la nouvelle marche de Toscane.
- **9e s.** – La dislocation de l'Empire carolingien provoque en Italie l'anarchie et la création de nombreux États rivaux.
- **888** – Pise devient une république maritime indépendante et entame son expansion géographique et économique *(p. 268)*.
- **951** – À la demande du pape, intervention en Italie du roi de Saxe Othon Ier.
- **962** – Othon Ier, couronné empereur par le pape, fonde le **Saint-Empire romain germanique**. L'empereur s'octroie le droit exclusif d'investir de leur titre les ecclésiastiques.

LA LUTTE DU SACERDOCE ET DE L'EMPIRE

À la fin du **11e s.**, secouant la mainmise grandissante du pouvoir impérial sur la papauté, Grégoire VII décrète (1075-1076) qu'aucun ecclésiastique ne pourra recevoir une église d'un laïc et excommunie l'empereur Henri IV. Ainsi naît la **querelle des Investitures**, origine d'un long conflit entre la papauté et l'empire, qui constituera la trame de tout un volet de l'histoire italienne.
À cette même époque entrent en scène de nouveaux protagonistes dont le rôle va s'affirmer de façon déterminante dans la vie politique de l'Italie médiévale: les **communes**.

L'INVENTION DE LA BANQUE

En toscan, le mot *banca* désigne le banc de bois sur lequel les changeurs exerçaient leur métier au Moyen Âge. Au 11e s., les Lombards ancrent le passage d'une activité monétaire d'usure à une activité bancaire par l'intermédiaire des monts-de-piété qui permettent des crédits sans intérêt. Sachant que le taux usuraire était alors la règle, on imagine le succès de ces nouvelles institutions. Les premières banques font leur apparition en Toscane, à Sienne puis à Florence notamment, avant de se répandre dans toute l'Europe.

Le temps des communes

La lutte entre le pouvoir impérial et la papauté, chacun des deux cultivant par l'octroi de privilèges le soutien que lui apportait telle ou telle cité, contribua amplement, à partir de la fin du 11e s., au spectaculaire développement des villes italiennes. Les croisades et la prospérité économique qui s'ensuivit (spécialement à Pise) vinrent accentuer ce mouvement, imprimant au commerce et aux industries (notamment celles de la soie et de la laine) un essor sans précédent. Une nouvelle classe apparut, celle des marchands.

Ainsi s'épanouirent les communes dont l'existence, finalement agréée à la fois par le pape et l'empereur, infléchit considérablement la vie politique de l'Italie du Nord et du Centre, dont la Toscane, et donna aux cités un visage nouveau.

Association autonome de citoyens, la commune se caractérisait par l'arrivée au pouvoir de la petite noblesse et d'une riche bourgeoisie, au détriment de la noblesse foncière représentée par les grands féodaux. La prospérité croissante des villes permit l'accession au pouvoir des marchands, et même de couches plus populaires de la société, qui s'accompagna de l'effacement progressif des nobles.

Les communes furent d'abord administrées par des **consuls**, magistrats élus par une assemblée, détenteurs des pouvoirs exécutif et judiciaire. Frédéric Barberousse plaça ensuite à la tête des cités qu'il avait soumises un **podestat**, représentant direct du pouvoir impérial, en principe étranger à la ville, chef de l'armée, arbitre en matière de justice, mais, comme les consuls, sans pouvoir législatif. Lorsque l'importance prise par les corporations, ou **arti**, donna aux cités une structure nouvelle et porta au pouvoir les classes populaires, un **capitaine du peuple** *(Capitano del Popolo)*, contrôlé par une assemblée devenue de plus en plus influente, gouverna les villes concurremment au podestat, auquel il finit par se substituer.

Vivifiées par la lutte du sacerdoce et de l'empire, les communes avivèrent le conflit, et l'autorité impériale dut compter avec leur hostilité. Pape contre empereur : certaines villes étaient, de gré ou de force, guelfes et gibelines tour à tour. Dans les luttes furieuses qui, sous ces deux bannières, dressèrent les cités italiennes les unes contre les autres, les rivalités économiques et les antagonismes particuliers ne furent toutefois pas l'un des moindres moteurs.

Au 13e s. et dans la première moitié du 14e s., les communes devinrent d'actifs centres d'affaires *(voir encadré ci-dessus)* et des foyers culturels. Des universités de renommée européenne se développèrent à Sienne, Pise et Florence, tandis que Dante dorait à tout jamais le blason de la langue italienne.

Les épidémies de peste qui, à la suite de la Grande Peste noire de

1348, jalonnèrent la seconde moitié du 14e s., les luttes endémiques entre villes et les factions intérieures finirent par avoir raison des communes.

- **1077** – À **Canossa**, sur les terres de la **comtesse Mathilde**, marquise de Toscane, l'empereur Henri IV s'humilie devant le pape Grégoire VII, mettant provisoirement fin à la querelle des Investitures.
- **1115** – Mort de la comtesse Mathilde, qui lègue la Toscane à la papauté.
- **1122** – Le concordat de Worms met juridiquement fin à la querelle des Investitures au profit du pape.
- **1125** – Florence annexe Fiesole, commençant ainsi son expansion en Toscane.
- **1152** – Une crise de succession en Allemagne oppose les partisans de la maison de Bavière à ceux de la maison de Souabe. Ce sont ces derniers qui l'emportent avec l'élection de **Frédéric de Hohenstaufen**, dit **Barberousse**.
- **1155** – Arrivée de Frédéric Barberousse en Italie. Sacré empereur par le pape, il tente d'asseoir son autorité dans tout le pays : la lutte reprend entre la papauté et l'empire, compliquée cette fois par l'hostilité des communes. Après en avoir soumis un certain nombre, Frédéric place un podestat à la tête de chacune d'entre elles.
- **1182** – Naissance de saint François d'Assise, fondateur de l'ordre des Franciscains.
- **1227-1250** – Nouvel épisode de la lutte du sacerdoce et de l'empire, avec pour protagonistes Grégoire IX puis Innocent IV comme papes, et Frédéric II de Souabe, roi de Sicile en 1194 et empereur germanique en 1220. Victoire de la papauté en 1245. Le pape excommunie et fait déposer l'empereur.
- **1234** – Seigneur d'Urbino, Buonconte da Montefeltro s'engage auprès des gibelins, tandis que les Malatesta, à Rimini, prennent le parti des guelfes.

CRISE DE LA PAPAUTÉ ET DE L'EMPIRE

- **1250** – La mort de Frédéric II marque le début d'une période troublée.
- **1251** – Fédération des villes gibelines de Toscane menée par Pise et Sienne.
- **1260** – **Manfred**, fils naturel de Frédéric et roi de Sicile, cherche avec l'appui des villes gibelines à conquérir la péninsule : vaincue à

LA VIA FRANCIGENA

De la fin du 12e s. au début du 15e s., la prospérité économique qui fleurit partout en Europe s'accompagna d'un développement sans précédent des échanges commerciaux. Les voies de communication prirent énormément d'importance, et tout particulièrement celle qui reliait le riche pôle économique de la mer du Nord, la Picardie, la Champagne et Lausanne à l'Italie. La Flandre du haut Moyen Âge faisant partie de la France, cette route transversale prit donc au 9e s. le nom de via Francigena ou via Francesca. Elle franchissait l'Apennin au col de la Cisa, suivait la trouée de la Lunigiana, gagnait ainsi Lucca, puis les vallées de l'Elsa, de l'Arbia et de l'Orcia ; elle passait ensuite à l'est du mont Amiata et du lac de Bolsena, et rejoignait Rome par l'antique via Cassia. Empruntée par les pèlerins passant à Sienne, mais ignorant Florence, la via Francigena fut doublée, à partir du 13e s., d'une route qui reliait le val d'Arno à la plaine padane et au nord de l'Europe.

GUELFES ET GIBELINS

Au 13e s., à la querelle des Investitures se substitue la question de la primauté entre le pape et l'empereur, soutenus respectivement par les guelfes et les gibelins.
Ces appellations résultent de la déformation en italien du nom des deux grandes familles allemandes qui se disputèrent le trône impérial au 12e s. Les gibelins sont partisans des seigneurs de Weiblingen, berceau de la maison de Souabe, et donc des Hohenstaufen. La famille des Welfen (maison de Bavière) donne naissance aux guelfes, qui regroupent surtout les opposants aux Hohenstaufen et donc les partisans du pape. Ces appellations apparaissent à Florence en 1215 (*p. 129*).

Montaperti (*p. 396*), Florence, guelfe de tradition, gibeline au temps de Frédéric II, le redevient brièvement.

- **1263-1266** – Le pape fait appel à Charles d'Anjou (frère du roi de France, Saint Louis), qui bat Manfred à Benevento (en Campanie) en 1266. Après la mort de ce dernier lors de la bataille, la dynastie d'Anjou s'établit en Sicile et à Naples, ouvrant en Italie une ère d'ingérence française.
- **1284** – Pise, battue par Gênes à la bataille de la Meloria, perd sa suprématie sur la Sardaigne et la Corse, et sa place de choix en Méditerranée.
- **1289** – Bataille de Campaldino : fin des espoirs gibelins.
- **Fin du 13e s.** – Florence supplante Sienne dans le domaine bancaire et devient la ville la plus importante.

Le **14e s.** voit le déclin de la puissance des communes et, comme ailleurs en Italie, l'ascension à Florence d'une grande famille, les **Médicis**. L'autorité impériale s'effondre et celle de la papauté chancelle. Dans cette Italie en crise, l'influence étrangère va grandissant : celle des Français d'abord, puis celle des Aragonais, qui se disputent le Sud. En raison de la puissance de Florence, seules Pise, Lucca et Sienne parviennent encore à garder leur autonomie, tandis qu'Orvieto devient la propriété des Monaldeschi, riche famille dont est issu le pape Martin IV.

- **1300** – À Florence, scission entre **guelfes noirs** et **guelfes blancs**, les premiers étant partisans d'une ingérence étrangère, les seconds prônant, au nom de la liberté, une autonomie absolue.
- **1301** – Florence annexe Pistoia.
- **1302** – Dante s'exile de Florence.
- **1309** – Les papes fuient la situation troublée qui règne à Rome et s'établissent en Avignon.
- **1328** – Les gibelins font appel à Louis de Bavière : l'échec de son intervention marque la fin des visées allemandes en Italie.
- **1348** – La **Grande Peste noire** qui s'abat sur l'Italie, pour gagner ensuite l'Europe entière, décime environ la moitié des populations urbaines.
- **1353** – San Gimignano fait allégeance à Florence.
- **1361** – Florence annexe Volterra.
- **1377** – Retour de la papauté à Rome, sous l'impulsion de Pétrarque et de Catherine de Sienne.
- **1378** – Révolte des **ciompi**, les lainiers de Florence (*p. 129*).
- **1378-1417** – **Grand Schisme d'Occident** : au pape, qui a réintégré Rome, s'opposent deux antipapes, l'un résidant en Avignon, l'autre à Pise (1409).
- **1384** – Florence annexe Arezzo.

Fresque de Benozzo Gozzoli représentant Julien de Médicis, palais Médicis-Riccardi, Florence.
G. Simeone/SIME/Simeone/Photononstop

La Renaissance

Au **15e s.**, on assiste en Italie à un extraordinaire épanouissement économique et artistique. L'ère médiévale prend fin : c'est l'avènement de la Renaissance, dont la Florence des Médicis est à la fois le berceau et l'éblouissante incarnation.

- **1406** – Pise, définitivement vaincue, tombe aux mains de Florence.
- **1432** – Bataille de San Romano, qui met aux prises les Florentins (alliés aux Vénitiens) et les Siennois (alliés aux Impériaux).
- **1434** – Début de l'oligarchie des Médicis à Florence avec l'arrivée au gouvernement de Cosme l'Ancien.
- **1444** – Le condottiere Federico da Montefeltro devient duc d'Urbino.
- **1454** – Le traité de Lodi garantit en Italie une politique d'équilibre entre les grands États rivaux, Milan, Rome, Naples et Florence, dont le maître, Laurent le Magnifique, à partir de 1469, sera l'un des garants les plus vigilants.
- **1494** – Renouant avec la politique d'ingérence en Italie, le roi de France Charles VIII compromet cet équilibre. Après avoir reçu

LE MEURTRE MANQUÉ

Le 26 avril 1478, Laurent le Magnifique et son frère cadet Julien sont victimes d'une tentative d'assassinat au Duomo, fomentée par la famille Pazzi et l'archevêque de Pise, Salviati. Si Julien meurt, Laurent le Magnifique ne doit son salut qu'à l'intervention d'Angelo Ambrogini *(voir encadré p 424)*, qui ferma les portes de la sacristie aux conspirateurs. La sanction fut sans appel : les Pazzi et leurs partisans furent pendus ou décapités ; l'archevêque mourut pendu par les pieds à une fenêtre du Palazzo Vecchio. Et Laurent le Magnifique poursuivit son règne sur Florence, jusqu'en 1492, quand, cette même année, Christophe Colomb posait le pied en Amérique…

LES ÉTATS PONTIFICAUX

Lors de la division de l'Empire romain, une partie des territoires de l'actuelle Italie échut à l'exarchat de Ravenne, directement rattaché à la puissante Byzance. Occupés par les Lombards, ces États seront finalement restitués au pape au 8e s. par Pépin le Bref. Il s'agissait essentiellement de : Rome, la Campanie, la Marittima, Viterbe, l'ancienne Reate, la marche d'Ancône, le duché de Spoleto, le royaume de Naples, Avignon et le Comtat Venaissin. Cette restitution marque le début du pouvoir temporel du pape et la naissance des États pontificaux, dont le fractionnement et l'importance stratégique pèseront jusqu'au 19e s. sur l'histoire de l'Italie.

un accueil triomphal à Pise et obtenu de Florence une neutralité bienveillante, il passe par Sienne, marche sur Rome, puis entre dans Naples, mais doit bientôt rebrousser chemin. Cette intervention marque le début des guerres d'Italie, reprises sans plus de succès par Louis XII.

• **1494-1498** – À Florence, brève parenthèse de la république instituée par Savonarole (*p. 140*).

Du 16e au 18e siècle

Le **16e s.** est marqué par la rivalité entre la France et l'Espagne, qui font de l'Italie le champ de leur lutte pour l'hégémonie en Europe. Avec les grands papes Jules II (1503-1513) puis Léon X (1513-1521), appartenant tous deux à la famille Médicis, Rome prend le pas sur Florence comme centre de création artistique.

• **1508-1526** – Intervention en Italie du Nord de François Ier, qui, vainqueur en 1515 à Marignan mais vaincu à Pavie dix ans plus tard, doit renoncer à l'héritage italien.

• **1527** – Entrée en scène de Charles Quint : le sac de Rome porte un coup à la puissance du Saint-Siège. Les Médicis, en la personne du propre gendre de l'empereur, Alexandre, sont rétablis à Florence, érigée en duché (1532).

• **1532** – Fin de la république autonome d'Ancône, qui échoit au pape Clément VII.

• **1545-1563** – Concile de Trente, à l'origine de la Contre-Réforme (ou Réforme catholique).

• **1555** – L'échec de l'intervention d'Henri II, dont les partisans sont défaits par les Impériaux lors du siège de Sienne (*p. 356*), met pour un temps un terme aux prétentions françaises en Italie.

À l'issue de cette guerre, Sienne est cédée à Cosme Ier en remerciement des services rendus par Florence : ainsi est à peu près accomplie l'unité de la Toscane, à l'exception de Lucca, de Piombino et des Présides (les cinq places fortes contrôlées par le pouvoir espagnol : Ansedonia, Orbetello, Porto Ercole, Porto Santo Stefano et Porto Longone).

• **1559** – Le traité de Cateau-Cambrésis marque la fin des guerres d'Italie et le début de la domination espagnole. L'Italie centrale est prise entre les territoires sur lesquels s'exerce cette hégémonie.

• **1569** – **La Toscane est érigée en grand-duché**, sous l'autorité absolue de Cosme Ier.

Au **17e s.**, l'Italie connaît un déclin, en même temps qu'elle cesse d'être un objet de lutte entre l'Espagne et la France, sous Louis XIV.

Au **18e s.**, les souverains de certains États italiens vivent à l'heure du despotisme éclairé qui, de France, rayonne dans toute l'Europe.

La philosophie des Lumières trouve en Italie son plus caractéristique représentant en la personne du grand-duc de Toscane,

Pierre-Léopold (1765-1790), fils de Marie-Thérèse d'Autriche, qui puise pour gouverner dans les théories les plus novatrices de son temps.
Ce siècle voit aussi, à la suite du traité d'Utrecht (1713), la fin de la domination espagnole et le début de l'hégémonie autrichienne; l'Italie demeure toutefois, pendant la première moitié du siècle (1714-1748), l'enjeu d'une lutte entre les Habsbourg et les Bourbons d'Espagne.

- **1737** – Extinction des Médicis: les Autrichiens placent sur le trône du grand-duché de Toscane François de Lorraine, époux de Marie-Thérèse et futur empereur du Saint-Empire. Avec cette dynastie (en particulier le grand-duc Léopold Ier), Florence et la Toscane connaissent une ère de réformes et de progrès.

L'époque napoléonienne

- **1796-1799** – Campagne de Bonaparte, dont la conclusion, la paix de Campoformio (1797), consacre la mainmise de la France sur l'Italie. Le grand-duc Ferdinand III est chassé, Florence occupée.
- **1798** – Pérouse est rattachée au département du Trasimène.

Le **19e s.** est, à ses débuts, marqué par les annexions napoléoniennes: les Italiens, dotés d'institutions administratives et militaires inspirées de celles de la France, vivent leur première expérience d'unité.

- **1800-1801** – Seconde campagne de Bonaparte, qui crée une République italienne et érige la Toscane en royaume d'Étrurie, au profit de l'ancien duc de Parme.
- **1805-1806** – Devenu empereur, **Napoléon se proclame roi d'Italie** et confie la vice-royauté à son beau-fils, Eugène de Beauharnais. Lucca et Piombino, érigées en principautés, reviennent à sa sœur Élisa Baciocchi (*Lucca, p. 237*), et le royaume de Naples à son frère Joseph, puis à Murat.
- **1807** – La Toscane est réunie à la France et devient le **département de l'Arno**.
- **1809-1811** – Élisa, nommée grande-duchesse de Toscane, s'établit à Florence. L'île d'Elbe est annexée à la France, ce qui explique qu'elle sera ensuite accordée en toute souveraineté à Napoléon.
- **1814-1815** – Effondrement de la politique napoléonienne. Le **congrès de Vienne** marque la fin de l'occupation française en Italie et consacre l'hégémonie de l'Autriche, qui a la mainmise, dans le Nord et le Centre, sur le royaume lombardo-vénitien, le duché de Parme et de Plaisance, et le grand-duché de Toscane (où Élisa retrouve son titre de grande-duchesse), revenu aux Habsbourg-Lorraine agrandi de l'île d'Elbe et de la principauté de Piombino; le duché de Lucca est alors attribué à l'infante d'Espagne Marie-Louise de Bourbon.

Le Risorgimento

Face à un retour au morcellement du pays sous l'autorité de souverains absolus se développe en Italie un mouvement idéologique fondé sur une volonté de libéralisme alliée à une prise de conscience patriotique.
Cette impulsion, nommée **Risorgimento** (du verbe *risorgere*: resurgir), à l'origine entretenue par une élite cultivée et fortement teintée de romantisme, fut ensuite essentiellement le fait de la bourgeoisie libérale et modérée. D'abord, une vague de révoltes, sévèrement réprimées, trouva son paroxysme dans la confusion révolutionnaire de 1848, qui se solda par un échec. Vint ensuite le temps de la diplomatie, dont l'âme et le génial meneur de jeu fut

Cavour, et qui aboutit en 1870 à l'unité italienne.

- **À partir de 1831** – Après quelques émeutes dans toute l'Italie, les insurgés se groupent autour de **Mazzini**, dont le mouvement Giovine Italia (Jeune Italie) rassemble de nombreux francs-maçons et anciens membres de la **Charbonnerie** (société secrète d'origine française qui, de Naples, où elle s'est opposée au régime de Murat, a gagné le centre et le nord de l'Italie et s'est taillé un important succès en France, comptant, parmi ses adeptes – nommés les *carbonari* –, Napoléon III).
- **1848-1849** – Alors que plusieurs souverains, dont le grand-duc de Toscane, procèdent à des réformes vers un certain libéralisme, les mouvements insurrectionnels se multiplient.
- **Février 1849** – Les partisans de Mazzini proclament les républiques de Rome et de Toscane (cette dernière ne durera que six mois) après avoir déclaré aboli le pouvoir temporel du pape et chassé de Florence le grand-duc Léopold de Habsbourg.
- **1850** – Mécanisation du textile à Prato.

À partir de 1850, le rigorisme mazzinien fait place à des théories plus modérées préconisant des solutions politiques.

- **1852** – Entrée en scène de Cavour, devenu président du Conseil.
- **1859** – Campagne de Napoléon III, venu renforcer les troupes de Cavour : victoires franco-piémontaises de Magenta et de Solferino sur les Autrichiens.
- **1860** – Année décisive pour l'unité italienne. Le grand-duché de Toscane ainsi que les duchés de Parme et de Modène, l'Émilie et la Romagne s'unissent au Piémont (en échange de la reconnaissance de ces annexions, Napoléon III reçoit, par le traité de Turin, Nice et la Savoie). Grâce à l'**expédition des Mille** (ou des Chemises rouges) de **Garibaldi**, qui débarquent en Sicile et à Naples, le Sud est réuni au Piémont. Seuls les États pontificaux (réduits au Latium depuis que les Marches et l'Ombrie se sont rattachées au Piémont par plébiscite) et la Vénétie restent en marge de l'unification du pays. Le destin de la Toscane se confond dès lors avec celui de l'Italie.
- **14 mars 1861** – **Victor-Emmanuel II de Savoie** est proclamé roi d'Italie, et Turin est désignée capitale.
- **1865-1870** – La capitale est transférée pour cinq ans seulement de Turin à Florence, étape sur la route de Rome, qui ne sera prise par les troupes piémontaises qu'en 1870.

Dans l'Italie unifiée

- **1905** – Reprise et rapide développement des travaux d'assainissement de la Maremme, commencés au 19e s. par les Habsbourgeois. Disparition presque totale de la malaria.
- **1915-1918** – **Première Guerre mondiale**. L'Italie se rallie aux Alliés.
- **1919** – Tremblement de terre dans le Mugello.
- **1922** – La « Marche sur Rome » des chemises noires, le 27 octobre, conduit Mussolini au pouvoir.
- **1929** – La crise économique touche de plein fouet l'activité industrielle et minière.
- **1940-1945** – **Seconde Guerre mondiale**. L'Italie entre dans le conflit aux côtés de l'Allemagne nazie.
- **1943** – Le nord de l'Italie étant aux mains des Allemands et le sud dans celles des Alliés (ils viennent de débarquer en Sicile en juillet), l'Italie du Centre, notamment la Toscane, devient un immense champ de bataille. D'importants bombardements alliés ont lieu sur Pise, Livourne et Grosseto. Les bombardements allemands sur Florence détruisent tous les ponts, sauf le Ponte Vecchio.

• **Juillet 1944** – Un tir d'artillerie provoque à Pise l'incendie du camposanto.
• **12 août 1944** – Prise de Florence par les Alliés.

Depuis 1946

• **Juin 1946** – **Institution de la République en Italie**.
• **1948** – L'Italie est divisée en vingt régions, dont la Toscane qui se subdivise en neuf provinces (Arezzo, Florence, Grosseto, Livourne, Lucca, Massa-Carrara, Pise, Pistoia, Sienne) et l'Ombrie en deux provinces (Pérouse et Terni) et les Marches en quatre provinces (Ancône, Ascoli Piceno, Macerata et Pesaro-Urbino).
• **1958** – Création du Festival des Deux Mondes à Spoleto, qui devint rapidement une manifestation internationale incontournable présentant tous les arts.
• **1966** – **Grande crue de l'Arno**, en particulier à Florence.
• **1972** – Le 25 janvier, un tremblement de terre provoque d'importants dégâts dans la ville d'Ancône.
• **1982** – Le centre historique de Florence est inscrit au Patrimoine mondial de l'Unesco.
• **1986** – Florence, capitale culturelle européenne de l'année.
• **1987** – Le camposanto de Pise est classé au Patrimoine mondial de l'Unesco, suivi de San Gimignano en 1990.
• **1988** – Vote d'une loi interdisant la circulation automobile dans le centre des grandes villes comme Florence, Sienne, Lucca…
• **1992** – Approuvé par la région de Toscane dès 1985, le parc naturel des Alpes apuanes est créé et reçoit ses statuts.
• **1993** – Le Conseil de l'Europe décerne au parc de la Maremme le grand prix de la protection de l'environnement. Création du parc national des monts Sibyllins.
• **27 mai 1993** – Attentat dirigé contre la Galerie des Offices à Florence : trois peintures sont détruites et de nombreuses œuvres endommagées.
• **1994** – La province de Prato, en Toscane, s'ajoute aux neuf autres instituées en 1948.
• **1995** – Le centre historique de Sienne est inscrit au Patrimoine mondial de l'Unesco.
• **1996** – Création du parc national de l'archipel toscan. *(voir p. 28)*
• **1997** – Tremblement de terre en Ombrie et dans les Marches, causant de nombreux dégâts, notamment dans la basilique San Francesco à Assise.
• **1998** – Urbino est classée au Patrimoine mondial de l'Unesco.
• **1999** – Le pape Jean-Paul II célèbre à Ancône le millénaire de la cathédrale San Ciriaco.
• **2000** – Assise est classée au Patrimoine mondial de l'Unesco.
• **2004** – La vallée de l'Orcia, dans la province de Sienne, est inscrite au Patrimoine mondial de l'Unesco.
• **2004** – La province de Ascoli Piceno (Marches) se divide en deux provinces : Fermo et Ascoli Piceno.
• **2006** - Début des travaux des *Nuovi Uffizi*, l'un des plus grands chantiers culturels de l'Europe.
• **2009** - Le jeune Matteo Renzi devient maire de Florence.
• **2011** - En Ombrie, classement au Patrimoine mondial de l'Unesco de la basilique de San Salvatore à Spoleto ainsi que du temple de Clitumne à Campello sul Clitunno.
• **2012** - La nuit du 13 janvier, naufrage du *Concordia*, de la compagnie Costa Croisières, à une encablure de l'île du Giglio. Bilan : 32 victimes et un impact non négligeable sur l'environnement.
• **2014** - Matteo Renzi, le maire de Florence et président du parti démocrate, devient, à 39 ans, le plus jeune président du Conseil de l'histoire italienne.

Art et architecture

La Toscane s'est fait berceau des arts, habillée de volumes, de formes, de styles, patrie des artistes, formidable musée à ciel ouvert. L'Ombrie y ajoute son poids de créations universelles. Ici et là s'étendent d'harmonieuses places et se dressent églises et cathédrales, villas et palais somptueux, monastères et châteaux forts. Quand on pénètre à l'intérieur de ces lieux et de ces édifices, les sentiments se partagent forcément entre l'admiration et la fascination, s'emplissent de nourritures terrestres. Ici une chimère témoignant d'un âge d'or étrusque, là des façades au marbre blanc et vert, là encore un style roman aux rigueurs géométriques, plus loin une ornementation foisonnante, un gothique pétulant de gaieté, toute une Renaissance débordante de fulgurances. De la Galerie des Offices au Palazzo Pitti à Florence, de la Tour penchée de Pise à la piazza del Campo à Sienne, de la basilique San Francesco à Assise à l'abbaye de Monte Oliveto, c'est un tourbillon d'œuvres d'art exceptionnelles appartenant au Patrimoine mondial de l'Unesco.

L'art étrusque

Fondamentalement orale, la culture étrusque n'a laissé aucune trace écrite d'annales, de discours politiques, de tragédies ou de poèmes. Seule nous est parvenue une œuvre « matérielle », partagée entre les urnes funéraires, les bronzes, les sculptures, les objets domestiques et les fresques. La plupart des vestiges aujourd'hui encore présents relèvent de l'art funéraire.

Au 8e s. av. J.-C., l'art étrusque est fortement influencé par l'Orient. Son apogée se situe entre le 7e et le 5e s. : c'est l'époque où affluent en Étrurie les céramiques grecques, où sont élevés la plupart des temples, entreprises les fameuses peintures de Tarquinia (dans l'actuel Latium), réalisés les bronzes les plus accomplis et les plus beaux sarcophages. Fondée par les Étrusques, Orvieto présente encore une nécropole emplie de sarcophages, de vases attiques, de pièces de monnaie et d'orfèvrerie, de bronzes. Pendant la conquête romaine, l'art étrusque perd de sa force et de sa personnalité. Au 3e s., il entre dans sa phase hellénistique jusqu'au 1er s. avant notre ère, et semble avoir perdu toute originalité.

ARCHITECTURE

Les Étrusques protégeaient leurs villes, construites sur des collines, par des murailles colossales (*Roselle, p. 333, et Todi, p. 502*) et démontraient un sens de l'urbanisme très développé. Techniciens hors pair, remarquables bâtisseurs de ponts, ils excellèrent dans les grands travaux d'adduction d'eau et d'irrigation, comme en témoigne encore le *pozzo* (le puits) à Pérouse, l'une des cités étrusques les plus importantes entre le 6e et le 2e s. av. J.-C. Mais, bâtis en matériaux relativement fragiles, les édifices ont peu résisté au temps. Les Étrusques connaissaient l'emploi de la voûte en plein cintre, qu'ils enseignèrent aux Romains. Les temples, de plan rectangulaire, avaient un escalier et un portique à colonnes. Dans les immenses nécropoles (composées de rues), les tombes étaient en forme de temple, de maison, à simple tumulus ou encore – dans les régions volcaniques – creusées dans les falaises de tuf. L'architecture domestique (dont l'architecture funéraire se fait le reflet et offre davantage de vestiges) est connue essentiellement pour les demeures seigneuriales.

SCULPTURES ET BRONZES

Les artistes avaient pour matériau de prédilection l'argile, peinte souvent de couleurs vives ou dorée par endroits à la feuille d'or. À l'apogée de la sculpture étrusque, au 6e s. av. J.-C., une statuaire importante formait la décoration des temples et des demeures seigneuriales (comme le prouvent les vestiges de **Murlo**) : celle-ci avait la particularité de hérisser le faîte des toits. Dans le même but furent modelées des plaques décoratives et des frises ornées d'animaux, de scènes de banquet, de cortèges, et d'innombrables antéfixes.
La sculpture figurative s'est aussi exprimée avec des statues votives évoquant le défunt dans sa vie terrestre (guerrier au combat, femme à sa toilette…).
Plus originaux sont les bustes de personnages, d'un réalisme saisissant par l'intensité de l'expression, malgré la stylisation des traits, et dont les grands yeux globuleux et l'énigmatique sourire caractérisent la manière étrusque. Il en est de même des fameuses figures à demi étendues sur les sarcophages, dans l'attitude du convive à un banquet.
Une technique que les Étrusques portèrent à un haut degré artistique fut celle du travail du bronze. Favorisée par la richesse en cuivre du sous-sol toscan, cette production alimenta dès la fin du 7e s. une grande partie de leur commerce. Sous l'influence de l'Orient et de la Grèce, les cuivres atteignirent leur perfection durant la seconde moitié du 6e s. et le premier tiers du 5e s., conservant toutefois certains de leurs caractères propres, comme l'étirement prononcé des silhouettes. La fin du 5e s. produisit ce chef-d'œuvre de la statuaire animalière qu'est *La Chimère* d'Arezzo.
Durant la période hellénistique, l'art dénota un réalisme qui appartenait déjà à l'art romain (*L'Arringatore* et *La Chimère*, au Museo archeologico de Florence, *p. 165*).

LA CÉRAMIQUE GRECQUE

Les amphores, cratères, vases, coupes et autres pièces de céramique, dont les Grecs faisaient commerce dans toute la Méditerranée, furent importés par les Étrusques en nombre considérable. À la céramique corinthienne, généralement de teinte claire, ornée de silhouettes miniaturisées selon le goût oriental et figurant un sujet unique ou sous forme de frise, succède la céramique attique (produite à Athènes) : d'abord à figures noires sur fond rouge, puis, à partir de 530 av. J.-C., à figures rouges en réserve sur un fond verni noir. Cette manière fit d'Athènes la capitale de la céramique. Au siècle suivant, à Athènes comme en Grande Grèce, sur le vernis noir, d'exubérants motifs de fleurs et de rinceaux sont peints en blanc, jaune ou rouge sombre, autour d'une figure unique.

PEINTURE

Dans les chambres funéraires des nécropoles, les peintures étaient censées rappeler aux morts les plaisirs de la vie. Les artistes employaient la technique de la fresque en posant des couleurs (ocres, rouges d'oxyde de fer, blancs de chaux, noirs de carbone, bleus de lapis-lazuli) sur un enduit de lait de chaux encore frais qui les fixait.
Le style dit archaïque (6e s.) développa une grande variété de sujets.
À l'époque classique, dans la première moitié du 5e s., s'imposa un style attique sévère, caractérisé par la répétition presque exclusive de la scène du banquet, des tons moins contrastés, la finesse extrême du dessin et la multiplication des détails. Dans la seconde moitié de ce siècle et au siècle suivant, les contours s'estompèrent au profit des taches de couleurs.

LA CÉRAMIQUE ET L'OR

Le **bucchero**, terre cuite à pâte noire lustrée, était utilisé pour confectionner des récipients destinés au vin : l'amphore, l'œnochoé (cruche), le canthare et la coupe. Le *bucchero* connut d'abord des lignes très pures, puis ornées de motifs en pointillé ; ensuite, il devint de plus en plus complexe.
Au 5e s., les artisans modelèrent d'admirables vases funéraires, les canopes, zoomorphes (de forme animale) ou anthropomorphes (à forme humaine), portant une décoration géométrique que rappellent les poteries incas ou aztèques. D'une habileté remarquable, les orfèvres portèrent à leur sommet la délicate technique du filigrane et celle de la granulation, connue dès la fin du 3e millénaire à Troie puis en Grèce (mais dont le secret de fabrication est perdu) : les minuscules grains d'or réalisés atteignaient quelques centièmes de millimètre de diamètre.

L'art romain

Si le cadre de l'art romain est d'abord celui de la Ville éternelle, il s'est déployé bien au-delà de la capitale, dans nombre de villes italiennes, suivant les influences étrusque et grecque. L'Ombrie présente des vestiges, remarquablement conservés, témoignant d'un art monumental : remparts, théâtres, arcs, temples et amphithéâtres, etc.

EN OMBRIE

La piazza del Comune à Assise occupe ainsi l'emplacement de l'ancien forum, où l'on peut voir le temple de Minerve (1er s. av. J.-C.), aujourd'hui transformé en église. Terni (amphithéâtre) et Spello (bastions et portes) rendent compte également du passé, tout comme Bevagna, avec ses vestiges du théâtre, un temple et les thermes de Mevania, pavés de mosaïques noires et blanches.
Gubbio peut s'enorgueillir d'un théâtre de la période d'Auguste, Amelia d'une citerne (1er-2e s. apr. J.-C.), formée de dix cuves souterraines, tandis que Spoleto présente encore son aqueduc, son théâtre et son forum, fort d'un arc érigé en 23 apr. J.-C. en l'honneur du fils de Tibère, Drusus.

DANS LES MARCHES

À Fano, à côté des remparts, s'élève le monumental arc d'Auguste (Ier s. apr. J.-C.), formé d'une porte cochère et de deux passages piétons, tandis que Cartoceto abrite, au Musée archéologique national des Marches, une exceptionnelle collection de grands bronzes romains.

L'art médiéval

LE FOYER TOSCAN

Une région, un esprit ; trois villes, trois courants

Comme ailleurs en Italie du Centre et du Nord, les communes jouèrent en Toscane un rôle très important dès le 11e s. (*p. 58*). Trois d'entre elles, Pise, Sienne et Florence, s'opposèrent jusqu'au 15e s., c'est-à-dire jusqu'à ce que la cité des Médicis parvînt à exercer une certaine hégémonie sur la région. Pendant ce laps de temps, les rivalités et les cloisonnements politiques eurent une forte répercussion dans le domaine des arts. Chacune de ces villes développa un vocabulaire de formes et un style qui n'eurent d'influence que dans les terres et les villes limitrophes.

Ainsi, Pise, éblouie par les splendeurs orientales que rapportaient ses marins et ses voyageurs, créa des architectures insolites, parcourues d'un frénétique désir d'ornementation : l'alternance des assises de marbre blanc et vert se combine à l'éruption d'arcatures étagées envahissant des façades où presque chaque élément est sculpté ou incrusté de motifs de marbre de couleur, voire de céramique.

Les Siennois, eux, furent les chantres du gothique et de toutes ses joliesses, prolongeant sa douceur poétique pendant tout le 15e s. L'architecture, la peinture et la sculpture recherchèrent une beauté délicate et fleurie, empreinte d'une grande fraîcheur. L'art siennois, parfois précieux, est un art plein de vie, tantôt tendre, tantôt pétulant de gaieté, jamais sombre ni docte.

Enfin, même si Florence connut également à l'époque romane le goût des ornementations polychromes de marbre, elle fut toujours la ville de la rigueur orgueilleuse, d'une sobriété pouvant atteindre l'austérité, et d'une perfection tout intellectuelle. En peinture, son penchant naturel l'orienta vers la transcription du réel par la justesse du dessin et la définition d'une perspective rigoureuse. La sensualité de la lumière, la volupté des couleurs, la chaleur d'une scène ou d'un paysage n'intéressèrent pas, à la différence des Vénitiens, les artistes florentins. Seule la stricte vérité – sublimée il est vrai pour engendrer une beauté parfaite – était recherchée, et c'est ainsi qu'il faut comprendre le célèbre *sfumato* de Léonard de Vinci (*p. 222*), non comme un moyen de transmettre un quelconque sentiment, mais comme une sublime représentation de l'estompe des couleurs et des contours proportionnelle à l'éloignement de l'objet.

Malgré cette diversité de sensibilités créatives, la Toscane trouve une unité fondamentale dans la vision intellectuelle de l'art, satisfaisant plus l'esprit que le cœur. Un beau parfait dans ses formes et sa réalité tangible.

Naissance de l'artiste « universel »

C'est en Toscane que naît cet être complet, artiste dans l'âme, pouvant se frotter à tous les arts (ou presque) avec le même talent, cet être humaniste multiforme, touchant souvent à toutes les disciplines du savoir, qui fut à l'origine de la Renaissance.

Le peintre Giotto, dès le début du 14e s., fut ainsi architecte et urbaniste. Par la suite, on peut citer Verrocchio (peintre, sculpteur et ornemaniste), les frères Pollaiolo, peintres et sculpteurs (Antonio étant aussi bronzier et médailleur), le Siennois Francesco di Giorgio Martini (architecte, sculpteur, peintre, bronzier, décorateur et

ingénieur), Sansovino, sculpteur et architecte, sans oublier les deux immenses artistes que furent Michel-Ange, sculpteur, peintre, architecte, urbaniste, et même poète, et bien sûr, Léonard de Vinci, peintre, sculpteur, graveur, architecte, ingénieur, également musicien et poète.
À ces personnalités multiples et exceptionnelles, on peut ajouter Piero della Francesca, remarquable peintre dont les recherches sur la perspective et l'optique s'orientèrent à la fin de sa vie vers l'écriture de deux traités de perspective et de géométrie. Cette richesse éclectique permit d'importantes avancées dans l'aspect technique de chacun de ces arts. Si l'architecte se soucie de la beauté des volumes, il est ingénieur pour établir leur réalité physique dans l'espace, comme en témoigne la coupole de Santa Maria del Fiore de Brunelleschi, à Florence. Du reste, si certains se « cantonnèrent » à un seul art, ils côtoyèrent leurs condisciples, s'intéressant, dans une émulation commune, aux découvertes respectives de chacun. Le peintre Masaccio, proche de Donatello et de Brunelleschi, exprima pleinement les volumes tel un sculpteur et fut le premier à maîtriser scientifiquement la perspective que lui révéla son ami architecte.

Le décor mural

Si le mur appelle un décor, en Toscane naît l'idée du décor qui définit le mur et donc l'espace qui se trouve derrière. En effet, la régularité d'une façade, où les ouvertures et l'appareillage des pierres s'inscrivent dans un réseau de lignes géométriques imperturbables, se définit pour la première fois à Florence. De même, l'harmonie d'une cour intérieure de palais résulte de la symétrie de ses quatre façades ; l'escalier est donc repoussé dans un des corps du bâtiment, de manière qu'il ne désorganise pas la sereine unité créée.
Ce souci de la beauté d'une façade va bientôt toucher l'espace urbain, et le monument ne va plus nécessairement se suffire à lui-même, mais va devoir s'harmoniser avec son environnement, en fonction des vides dont il disposera. Un angle de rue appelle ainsi un décor soigné, car les regards s'y concentrent (loge réservée à l'activité commerciale, écusson monumental, niche d'angle…) ; une longue façade sur rue exige un rythme cassant la perspective fuyante et, bien sûr, une place invite à une harmonisation en fonction des monuments préexistants, voire une unité totale lorsque l'espace est conçu ex nihilo, comme la place centrale de Pienza (*p. 417*).
La façade devient une telle obsession à Florence que de nombreuses églises en sont dépourvues, faute d'avoir trouvé le consensus ou l'argent nécessaire au chef-d'œuvre final (San Lorenzo et Santo Spirito sont restées aveugles tandis que Santa Maria del Fiore et Santa Croce sont revêtues de pastiches au 19e s.).
Même si l'extérieur est le lieu favori de la vie collective, l'intérieur du monument n'est pas négligé, mais perçu également comme un espace de décor. Alors que Byzance trouva son expression privilégiée dans la mosaïque, que les pays du Nord ornèrent leurs cathédrales de somptueux vitraux et les demeures seigneuriales de tapisseries, la Toscane révéla toutes les richesses de la fresque.
Cette technique permit de décorer l'intégralité du mur et, souvent, de la voûte ou du plafond. Les exemples sont innombrables, en particulier dans les églises : à Florence, le chœur de Santa Maria Novella, la chapelle Brancacci

La Naissance de Vénus (La Nascita di Venere) de Sandro Botticelli (1485), Galerie des Offices.
A. Alborno/hemis.fr

de Santa Maria del Carmine, les réfectoires, les cellules du couvent de San Marco, à Arezzo le chœur de San Francesco, à San Gimignano toute la nef et les bas-côtés de la collégiale, ainsi que le chœur de Sant'Agostino, les cloîtres de Monte Oliveto Maggiore, le camposanto de Pise… À ces édifices religieux s'ajoutent les décors des palais publics, comme à Sienne, ou ceux des demeures privées, comme, à Florence, la chapelle des Mages au palais Médicis-Riccardi et les décors du palais Davanzati. Par cette technique, les Toscans révèlent une fois de plus que le mur, pour eux, doit être pensé dans son ensemble et non orné d'un élément décoratif isolé. C'est aussi comme cela qu'il faut entendre le pavement de la cathédrale de Sienne, intégralement composé de tableaux de marbre, ou encore la chapelle des Princes de Florence, où sol, murs et plafond sont ornés de marbres de couleur.

L'ARCHITECTURE ROMANE

Aux 11e et 12e s., période caractérisée par l'ouverture aux échanges commerciaux, la campagne toscane change de visage. Grâce à ce bouleversement économique à l'origine d'une certaine prospérité, de nombreuses églises sont construites : modestes pour la plupart, d'innombrables églises romanes ou *pieve* sont bâties, jusque dans les secteurs les plus reculés (comme la Garfagnana, la Lunigiana, le Casentino ou le Pratomagno), témoignant de l'importance de l'art roman en Toscane, plus riche et plus répandu que dans le reste de l'Italie. Au Moyen Âge se dressent également, du 11e au 14e s., de nombreux monastères – ceux des communautés traditionnelles (Bénédictins, Cisterciens) et ceux des nouveaux ordres mendiants : Dominicains et Franciscains (nés pour ces derniers dans la voisine Ombrie, et dont deux implantations furent réalisées en Toscane par saint François lui-même : Le Celle, près de Cortona, et La Verna, où *il Poverello* reçut les stigmates). À ces monastères s'ajoutent ceux des ordres nés sur le sol toscan lui-même : au 11e s., les Vallombrosiens et les Camaldules, au 13e s., les Servites (ordre fondé sur le Monte Senario) et, au 14e s., les Olivétains nés à Monte Oliveto Maggiore. Aux côtés des monastères et des églises, la campagne s'anime de petits bourgs perchés sur les hauteurs et ceinturés de murs, de forteresses et de châteaux forts comme Monteriggioni, Montalcino, Radicofani, les forteresses du val d'Orcia, Montecchio, Poppi…

L'architecture religieuse

Hormis le cas particulier de l'architecture pisane, elle se caractérise par sa simplicité. Simplicité des matériaux: pierre locale souvent tout juste équarrie, briques et bois. Modestie des dimensions: les *pieve* sont, par définition, de petites églises paroissiales populaires. Simplicité du plan: le modèle basilical paléochrétien restant profondément ancré (comme ailleurs en Italie), la nef, parfois flanquée de bas-côtés, se prolonge par un chevet à une abside, voire trois, mais bien souvent sans être interrompue par un transept saillant. Simplicité des couvertures: la plupart des églises sont à charpente apparente sans voûte. Simplicité enfin des couleurs: la sereine harmonie brune, blonde ou grise de la pierre n'est jamais troublée par la vivacité d'un vitrail, les ouvertures étant bien souvent closes d'une feuille d'albâtre ou de marbre laissant entrer une lumière diaphane.

Influences extérieures

Outre les éléments de tradition paléo-chrétienne communs à toute l'Italie (plan basilical, charpente apparente, construction sans clocher – d'où le campanile non intégré), l'architecture toscane assimile des apports bourguignons (dus au rayonnement dès la fin du 10e s. de l'abbaye bénédictine de Cluny) et lombards (les grandes villes du nord de l'Italie affirmant aussi une architecture originale). L'influence **bourguignonne** confirme d'abord la présence de la crypte, que connaissait déjà l'art paléochrétien. On la retrouve dans les monastères bénédictins de l'époque, comme San Salvatore sur le mont Amiata, l'abbaye de Farne, près de Cortona, ou San Miniato de Florence. L'option du plan en croix latine est également commune aux édifices bénédictins (abbadia San Salvatore, Farneta, San Bruzio, près de Magliano). À Sant'Antimo (*Montalcino, p. 414*), abbaye bénédictine, l'influence clunisienne se révèle dans le chœur à chapelles rayonnantes, dans la hauteur marquée de la nef centrale par rapport aux bas-côtés et dans certains éléments sculptés comme les chapiteaux historiés. Toutefois, l'influence du monachisme bénédictin dans la région ayant eu peu de retentissements (en raison de la réticence des évêques et surtout de la naissance en Toscane d'ordres réformés austères), son impact sur l'art reste limité.

AMÉNAGEMENT DE L'ESPACE

Dans les villes, la volonté de bâtir est prégnante: on construit (ou on rebâtit pour certaines) des cathédrales et de multiples églises, parmi lesquelles celles des nouveaux couvents franciscains et dominicains. En outre, les nobles commencent à élever des maisons à encorbellement et des maisons-tours; des loggias destinées à l'activité commerciale viennent agrémenter les croisements de rues tandis qu'un palais municipal, ou un palais du podestat, vient répondre au cœur de la ville au pouvoir religieux représenté par l'église.

Parallèlement à ces premières influences, des éléments stylistiques **lombards** se retrouvent dans l'architecture toscane : frises d'arceaux dans les parties hautes ou sur les clochers et leurs étages, lésènes, niches (San Piero a Grado, Sant'Antimo, Gropina, Sant'Appiano dans le Chianti, pieve d'Artimino…), utilisation du pilier – parfois fasciculé – seul (San Donato in Poggio, San Quirico d'Orcia, Sovana, porche de la cathédrale de Lucca) ou en alternance avec la colonne (Sant'Antimo, Gropina, Santa Maria della Pieve à Arezzo), portails ébrasés (San Quirico d'Orcia, Sarteano, pieve di Corsignano), et même présence d'une tour-lanterne sur coupole à la croisée du transept (Asciano).

L'autre ingrédient non négligeable est l'**apport transalpin** plus général, véhiculé par la Via Francigena, que l'on retrouve en particulier en Toscane méridionale. Il se révèle à travers des détails comme l'emploi de l'oculus polylobé ou de la voussure dentée, l'utilisation exceptionnelle de la croisée d'ogives dans la cathédrale de Sovana (en dehors de tout contexte gothique) ou l'apparition de l'arc diaphragme, mais non porteur, car combiné à une charpente (San Miniato de Florence).

Toutefois, à partir de la seconde moitié du 11e s., ces influences étrangères cèdent du terrain en raison de la diffusion de modèles locaux d'une puissante inventivité.

Le roman pisan et son rayonnement

Grâce à leurs contacts avec l'Orient chrétien et l'art islamique, les Pisans élaborent un style hautement décoratif qui s'exprime pleinement sur la place des Miracles avec la réunion scénographique du baptistère, de la cathédrale, de la Tour penchée et du camposanto.

Les éléments stylistiques qui caractérisent la cathédrale, et qui eurent un vif succès dans les secteurs sous influence pisane, furent la bichromie zébrée des façades en marbre blanc et vert, leur décor d'arcatures aveugles ou même, pour les façades principales, de galeries ajourées, le motif du losange encastré, l'adoption de la colonnade pour séparer les nefs et la généralisation de l'arc surhaussé à l'intérieur comme à l'extérieur. Ces différents éléments trouveront un écho plus ou moins marqué dans la région de Pistoia et de Prato, celle de Lucca, dans les diocèses de Volterra, de Massa Marittima, et même jusqu'à Sienne et ses environs.

Le roman florentin

Les deux exemples majeurs de ce courant qui s'exprima du 11e au 13e s. à Florence sont le baptistère et San Miniato al Monte. Fortement influencés par la tradition paléochrétienne, ces monuments se caractérisent par leur esprit classique, la pureté de leurs volumes et leur rigueur géométrique, tant structurelle que décorative. Leurs façades présentent un parement lisse de marbre blanc incrusté de motifs linéaires de marbres de couleur. Cette formule fut reprise à la Badia de Fiesole et à l'église d'Empoli sans plus de rayonnement, mais fut adoptée pour le décor du mobilier religieux tel que les ambons, les cuves baptismales ou les chaires, comme celle de San Giovanni Maggiore, non loin de Scarperia. Néanmoins, la rigueur géométrique de ces édifices, pouvant se réduire à des volumes simples, se retrouve dans les *pieve* sous juridiction florentine, comme San Donato in Poggio.

Le roman en Ombrie

Face aux richesses toscanes, l'art roman en Ombrie n'est pas en reste de trésors architecturaux, avec ses influences lombarde, toscane et romaine, non sans livrer un certain équilibre, une réelle harmonie. À commencer par Assise, imprégnée du souvenir de saint François, illuminée par le Duomo (San Rufino), harmonieusement rythmé par ses ouvertures et ses ornements. À peine plus au sud, Spoleto, encastrée dans la verdure, se veut un autre exemple de l'art roman, avec un Duomo flanqué d'un baptistère, fermant le décor d'une jolie place. À Orvieto, l'église Sant'Andrea présente un campanile roman dodécagonal, tandis qu'Ancône, capitale des Marches, possède l'un des plus beaux monuments romans de l'Italie du Centre, la cathédrale San Ciriaco.

L'ARCHITECTURE GOTHIQUE

Elle apparaît dans les centres urbains à partir du 13e s., mais de façon très épurée et modeste par rapport au gothique transalpin.

L'architecture religieuse

En Italie, ce style venu du nord plaît peu, car assimilé à la soumission politique et à l'empereur germanique ; c'est pourquoi on le baptise, avec mépris, *gotico* (propre aux Goths). Introduit par les Cisterciens (comme en témoigne l'abbaye de San Galgano), ce style fut adopté par les Franciscains (suite au chantier de la somptueuse basilique d'**Assise** débuté en 1228) puis par les Dominicains. Au cours des 13e et 14e s., ces deux ordres se firent construire, dans les villes et les gros bourgs, des églises leur permettant d'exercer leur mission commune de prêcheurs. L'arc brisé et l'ogive leur ouvrent de larges espaces, souvent à vaisseau unique, comme à San Domenico et San Francesco de Sienne, offrant aux plus humbles fidèles la possibilité de tout voir dans une maison de Dieu ouverte à tous et sans mystère.

Dans la plupart des autres édifices religieux de l'époque, le gothique n'influe pas sur la structure de l'espace mais uniquement sur le décor : c'est le cas du camposanto de Pise, aux hautes arcades en plein cintre à l'intérieur desquelles s'inscrivent des baies gothiques en lancettes (15e s.), ou encore, dans la même ville, de Santa Maria della Spina, véritable orfèvrerie de pierre, tout en gâbles, pinacles et niches. Mais les grandes réalisations de l'époque se concentrent à Sienne et à Florence.

À **Sienne**, la cathédrale naît d'un monument roman à trois nefs, commencé au début du 13e s. avec arcatures en plein cintre, façades zébrées de noir et blanc selon les critères pisans, et une coupole sur trompe. En 1284, la conversion au vocabulaire gothique s'opère en façade grâce à Giovanni Pisano : portails profonds coiffés de gâbles, tours dont les contreforts sont surmontés de pinacles, et un foisonnement de sculptures et d'éléments de couleur (mosaïques et incrustations de marbre). Au 14e s., l'abside est prolongée, venant en surplomb sur la rue, ce qui permet de construire dessous un baptistère (San Giovanni) sur ogives. À partir de 1339 commence le projet d'agrandir la cathédrale, de façon à faire de l'ancien édifice le transept du nouveau. Il aurait été le plus grand édifice gothique de Toscane s'il avait pu aboutir (*Sienne, p. 363*). Ce gigantesque chantier explique néanmoins l'extrême simplicité des églises des ordres mendiants de la ville, les forces constructives étant accaparées à leur détriment.

À **Florence**, en revanche, c'est avec le couvent dominicain de Santa Maria Novella que pénètre, dans le dernier quart du 13e s., le gothique : sa vaste église à trois vaisseaux voûtés d'ogives adopte un plan basilical à chevet plat. Les

Franciscains construisent peu après, à Santa Croce, une église à trois vaisseaux séparés par de grands arcs brisés supportant une classique charpente paléochrétienne. L'édifice le plus original est la cathédrale Santa Maria del Fiore, dont les trois vaisseaux voûtés d'ogives sont presque de même hauteur; elle se caractérise par la puissance et la simplicité, ainsi que par la volonté de créer un vaste espace intérieur sans faste. L'horizontalité des lignes y est plus soulignée que leur verticalité, pourtant propre au gothique. De même, des bandes horizontales rythment l'intérieur de Santa Maria Novella, tandis qu'une galerie haute casse la verticalité de Santa Croce. Le gothique à Florence est donc complètement revu et adapté à une sensibilité rationnelle et pudique, qui ne se laisse pas naturellement aller à une expression débridée de formes élancées et foisonnantes. Le Duomo San Lorenzo à Pérouse avec sa porte monumentale, ou celui de Todi, l'église San Benedetto à Norcia ou encore Santa Chiara à Assise sont autant d'autres exemples d'architecture gothique en Ombrie.

L'architecture civile

Elle adopte pour sa part plus facilement le style gothique. À Florence, le Palazzo Vecchio, qui, dans sa partie basse presque sans ouvertures, a l'austérité d'une forteresse, s'anime dans sa partie haute de fenêtres géminées, de mâchicoulis, de créneaux et d'une belle tour à ressaut; il sera suivi par le *bargello*, également muni d'une tour. À Sienne, le palais public se dresse en trois corps, celui du centre étant plus élevé; ses nombreuses ouvertures lui confèrent une grande légèreté, à laquelle répond la haute tour du Mangia. Sur leurs modèles, un peu partout en Toscane, s'érigent des palais municipaux ou des palais de podestat crénelés, tandis que les palais patriciens s'ornent de baies géminées ou tripartites. Aux exemples toscans s'ajoutent d'autres édifices importants, tels le palais des Prieurs à Pérouse et à Todi ou le palazzo dei Consoli à Gubbio. Au cours des 13e et 14e s., des villes comme Sienne, San Gimignano, Volterra, Cortona, Arezzo, Assise et Gubbio acquièrent la physionomie qui les caractérise encore aujourd'hui.

PEINTURE ET SCULPTURE MÉDIÉVALES

Peinture

Profondément liée à l'art gréco-byzantin, la peinture toscane voit naître durant le 12e s., à Pise et à Lucca, un courant novateur, celui des crucifix que l'on exposait dans le chœur des églises ou à la croisée du transept. Deux types coexistent: le Christ souffrant (au corps tordu de douleur) et le Christ triomphant (hiératique et paisible), comme celui que **Berlinghieri** peignit pour la cathédrale de Lucca vers 1220-1230. C'est **Giunta Pisano** qui, dès les années 1240, se plaira à exploiter le côté pathétique du Christ souffrant, modèle devenant davantage prisé en raison du succès rencontré par les prédications franciscaines (saint François meurt en 1226). Giunta adapta donc la manière gréco-byzantine à ce nouveau modèle iconographique. **Margaritone d'Arezzo** développa de son côté sensibilité et douceur, en particulier dans la représentation de saint François lui-même. Mais cette sujétion à la manière grecque des icônes se brise avec le chantier du décor intérieur du baptistère de Florence, où les peintres s'expriment à travers la mosaïque. **Cimabue**, qui avait travaillé à l'immense chantier de la basilique d'Assise à la fin du 13e s., révèle une sensibilité nouvelle à l'intérieur

LES SAINTS OMBRIENS

Creuset d'influences et carrefour des arts, l'Ombrie s'est faite aussi vivier de spiritualités. À Norcia naquit en 480 **saint Benoît**, père du monachisme occidental et patron de l'Europe. Quelques siècles plus tard, Assise doit sa gloire à **saint François** (*p. 484*), qui fonde l'ordre des Franciscains, prônant l'absolue pauvreté. Il meurt en 1226. Deux ans après sa disparition, une église lui est consacrée, recueillant son corps et illuminée par les meilleurs artistes, de Simone Martini à Giotto. Saint François fut accompagné dans sa quête spirituelle par **Claire** (1194-1253), fille d'une noble famille, fondatrice de l'ordre des Pauvres Dames, devenu l'ordre des Clarisses. À ce cortège de saints s'ajoutent **Rita de Cascia**, la sainte des causes désespérées, **Angèle de Foligno**, prônant l'humilité dans la connaissance de soi et de Dieu, **Jacopone da Todi**, proclamant la gloire de l'Éternel. Autant de figures propres à inspirer les artistes pour des œuvres emplies de mysticisme.

des formes traditionnelles byzantines : il parvient à animer ses sujets d'expressions propres à émouvoir le fidèle, à l'attendrir. Outre quelques crucifix, il réalisa des **Maestà** (Vierge à l'Enfant assise sur un trône et souvent entourée d'anges et de saints), sujet qui, par sa douceur, caractérise la production de Florence et de Sienne. **Giotto** réalisa également des Maestà, tout comme **Duccio di Buoninsegna** à Sienne. L'école siennoise de peinture (*Sienne, p. 357*), dont les figures marquantes furent au 14e s. **Simone Martini** et les frères Lorenzetti, participa de façon essentielle au **gothique international**, c'est-à-dire au courant le plus décoratif, raffiné et fleuri du gothique finissant (développé aussi à Paris, Avignon et Prague).

Sculpture

Au milieu du 13e s. naissent dans le milieu pisan des œuvres qui eurent une réelle importance pour la sculpture médiévale toscane et même italienne. Après des débuts prometteurs dont témoigne l'ambon (aujourd'hui à Cagliari) créé par **Guglielmo** (12e s.) pour la cathédrale de Pise et des réalisations prouvant des apports lombards, comme le Saint Martin anonyme sur la façade de la cathédrale de Lucca (13e s.), le véritable initiateur d'un nouveau courant fut **Nicola Pisano**, qui sculpta en 1260 la chaire du baptistère de Pise. Son style puissant allie des lions encore romans supportant les colonnes du monument, des arcs trilobés déjà gothiques et des bas-reliefs imités de l'antique. Avec la chaire qu'il réalisa de 1266 à 1268 pour la cathédrale de Sienne, il s'oriente résolument vers le goût gothique. Dès lors, ce type de mobilier se multiplie en Toscane.

À Pistoia, **Fra Guglielmo** sculpte en 1270 la chaire de San Giovanni Forcivitas (appuyée à un mur) et, en 1301, **Giovanni Pisano** (fils de Nicola), celle hexagonale de Sant'Andrea. Ce dernier, auteur de la façade de la cathédrale de Sienne et des chœurs de celles de Massa Marittima et de Prato, réalisera également la chaire monumentale supportée par dix colonnes et un pilier central de la cathédrale de Pise (1302-1312).

Parmi ses élèves, Goro di Gregorio se distingue par l'*arca* de saint Cerbone à la cathédrale de Massa Marittima. Le plus doué fut le Siennois **Tino di Camaino**, dont on peut observer le tombeau d'Henri VII de Luxembourg au Museo dell'Opera del Duomo de Pise. La génération suivante poursuivra une œuvre toujours plus détachée de l'architecture, au profit d'une sculpture ciselée, travaillée plus en finesse et moins en puissance : **Andrea da Pontedera**, dit **Pisano**, réalisa le plus ancien des portails en bronze du baptistère de Florence (1336) et **Orcagna**, le tabernacle d'Orsanmichele à Florence (1352-1359).

La Renaissance

EN TOSCANE

Si, à l'époque des communes, c'est la Toscane tout entière qui profite d'une floraison des arts dans chacune des villes politiquement fortes, au 15e s. l'installation de l'hégémonie florentine dans la région voit la cité des Médicis centraliser les avancées artistiques (*Florence, voir encadré p. 176*). Un climat particulier favorisa cette éclosion : le contexte de prospérité économique et bancaire de la ville, son mécénat aristocratique, son foisonnement intellectuel et philosophique se conjuguèrent à une époque où l'on redécouvrait à Rome les ruines antiques (les ruines grecques ne seront exhumées qu'au 18e s.). Dès lors, l'attrait pour la civilisation romaine toucha tous les domaines de l'art et du savoir, engendrant ce que l'on baptisa **Renaissance** : goût pour l'esthétique classique et non plus gothique, pour les thèmes mythologiques et profanes et non plus uniquement religieux, pour la réalité tangible et mesurable mathématiquement et non plus le symbole. Le soubresaut survenu à Florence entraîna toute la région (avant de gagner toute l'Italie et l'Europe), et de nombreux artistes florentins œuvrèrent hors de leur ville, tandis que quelques personnalités exceptionnelles naissaient et s'épanouissaient à l'ombre de Florence.

Architecture

Les divers voyages à Rome de Brunelleschi n'avaient pas d'autre but que l'observation des ruines antiques et la compréhension de l'art classique. Il fit en effet toute sa carrière à Florence, où il révolutionna les données de l'architecture (*Florence, p. 125*). La Vieille Sacristie qu'il construisit à San Lorenzo (1421-1428) et la chapelle des Pazzi à Santa Croce (plan dessiné vers 1430) eurent un impact particulier, car elles avaient un **plan centré** articulé autour du carré et couvert d'une coupole. Dans leur lignée naquirent diverses églises à plan en croix grecque : au 15e s., Santa Maria delle Carceri à Prato (commencée en 1485), œuvre de Giuliano da Sangallo, et Santa Maria del Calcinaio à Cortona, du Siennois Francesco di Giorgio Martini. Toutes deux possèdent une structure intérieure soulignée par l'emploi brunelleschien de la *pietra serena*, qui se détache sur le mur blanc ; au 16e s., Antonio da Sangallo l'Ancien (frère de Giuliano) construisit de 1518 à 1545 l'église San Biagio à Montepulciano, et Vasari bâtit Santa Maria Nuova à Cortona.

Dans le domaine de l'**architecture civile**, c'est l'époque des **palais** citadins et des **villas** de campagne. **Michelozzo** (1396-1472), auteur du palais des Médicis à Florence, réalisa ainsi la transformation de leurs demeures féodales de Trebbio et Cafaggiolo en villas. Par ailleurs, il travailla à Pistoia, Montepulciano et Volterra.

Acquises ou bâties par les membres de prestigieuses familles comme les Médicis, les Rospigliosi, les Buonvisi, les Chigi, les Ricasoli, les villas permettaient de fuir en été la chaleur étouffante des grandes villes toscanes. De plan généralement assez simple et rigoureux, toujours agrémentées de grands jardins, elles connurent

LA NOTION D'ARTISTE

À la Renaissance, avec son foisonnement de personnalités créatrices, la notion d'artiste, et non plus d'artisan anonyme comme au Moyen Âge, apparaît en Toscane. C'est ainsi que peu à peu les œuvres portent la signature de leurs auteurs.

un regain d'intérêt au 17e s., quand elles furent alors agrandies et décorées de fresques. Les plus austères, situées aux environs de Florence, conservent bien souvent une structure médiévale, tandis qu'aux alentours de Lucca elles se parent au 17e s. de loggias ou de grandes baies, de sculptures et de balustrades. À quelques encablures de Sienne, outre les châteaux proprement médiévaux, les villas restent en accord avec la nature, soulignant leurs formes simples de matériaux naturels apparents comme la brique et la pierre.

Si les villas tapissent la campagne toscane, certaines cités possèdent déjà leur caractère. Florence, bien sûr, doit beaucoup au Quattrocento, siècle où elle a été agrandie et rebâtie. Pienza (*p. 417)* a servi d'écrin au premier projet d'urbanisme moderne (1459), œuvre de **Bernardo Rossellino** (1409-1464), le collaborateur d'Alberti au palais Rucellai de Florence. Sur sa place centrale se dressent la cathédrale, le palais de l'évêché, le palais nobiliaire du commanditaire, le palais public et un puits monumental.

À Montepulciano, Michelozzo, Antonio da Sangallo et Vignola ont rénové la ville en lui donnant son caractère Renaissance ; de même Monte San Savino, ville natale de Sansovino (comme l'indique son pseudonyme), doit à son brillant enfant les plus belles constructions de sa rue centrale.

Sculpture et peinture

Le nombre d'artistes florentins est, dans ces deux domaines, impressionnant (*Florence, voir encadré p. 138)* : toute la région participe dès le 15e s. au mouvement de la Renaissance. Sienne, qui pourtant suit sa propre voie jusqu'au 16e s., donne le jour à l'inventif sculpteur **Jacopo della Quercia** (1374-1438), auteur, entre autres, du tombeau d'Ilaria del Carretto à Lucca et de la *fonte Gaia* sur la piazza del Campo de Sienne. Deux autres artistes siennois se sont illustrés : **Francesco di Giorgio Martini** (1439-1502), peintre, sculpteur et architecte – dont les œuvres architecturales majeures se situent à Urbino et Pesaro dans les Marches –, et **Baldassare Peruzzi** (1481-1536), qui fit surtout sa carrière à Rome.

Arezzo et Cortona virent naître quant à elles deux très grands peintres : **Piero della Francesca** (1416-1492), qui travailla dans sa ville au cycle de fresques de San Francesco (*Arezzo, p. 439)*, et **Luca Signorelli** (1450-1523), élève du premier, peintre au dessin puissant et incisif, auteur de la majeure partie de la décoration du cloître de Monte Oliveto Maggiore (*Sienne, p. 379)*.

Prato est la ville natale de **Filippino Lippi**, où son père, **Fra Filippo Lippi**, a réalisé les fresques du Duomo. Lucca, enfin, a donné le jour au sculpteur et architecte **Matteo Civitali** (1436-1501) et le vit travailler dans la manière d'Alberti à la chapelle du Saint-Voult de la cathédrale.

EN OMBRIE

Épousant les contours de la Toscane, l'Ombrie s'est nourrie des influences de sa voisine, comme

Les Offices, à Florence.
J. Richter/Look/Photononstop

en témoignent l'église Santa Maria della Consolazione à Todi, conçue d'après un dessin de Bramante, ou le Palais ducal à Gubbio, dessiné par le Siennois Francesco di Giorgio Martini.
L'Ombrie a accueilli également nombre de peintres : Fra Angelico et Luca Signorelli à Orvieto, Nicola Pisano, Mino da Fiesole à Pérouse, Andrea Della Robbia à Assise, Filippo Lippi à Spoleto… Mais surtout, l'Ombrie a enfanté deux grands artistes : Pietro Vannucci, dit **le Pérugin** (1445-1523), et Bernardino di Betto, dit **il Pinturicchio** (1454-1518). Maître de Raphaël, exerçant également à Rome et à Florence, le Pérugin a livré des œuvres à caractère plutôt religieux, empruntant parfois au maniérisme, démontrant un remarquable sens de l'espace, de l'atmosphère et des paysages. Celles-ci sont présentes notamment à Pérouse, Trevi et Città della Pieve, ville natale de l'artiste. Dans le sillage de son aîné qui l'influença, Pinturicchio est l'auteur de grandes fresques, de scènes au réalisme charmant, marquées par un goût pour l'ornementation. Plusieurs de ses œuvres sont visibles en Ombrie, à Pérouse, Spello et Spoleto.

DANS LES MARCHES

Si Florence est liée aux figures des Médicis, **Urbino**, ville natale de **Raphaël**, a été marquée par le règne du duc **Federico da Montefeltro** (1444-1482), condottière avisé, fin lettré, collectionneur et mécène.
C'est lui qui fit élever, sur les plans de Luciano Laurana, le Palais ducal, chef-d'œuvre d'équilibre et de grâce, abritant aujourd'hui la Galleria Nazionale delle Marche, riche de quelques œuvres exceptionnelles, telles que *La Muette* de Raphaël.
Le sanctuaire della Santa Casa, à **Loreto**, est un autre exemple des échanges entre artistes, où architectes, peintres et sculpteurs se sont succédé, comme Giuliano da Sangallo, Bramante et Lorenzo Lotto.

L'époque moderne

Si, au 15e s. déjà, certains artistes florentins quittent leur cité natale pour réaliser des projets ailleurs en Toscane, comme Gozzoli au Duomo de San Gimignano et au camposanto de Pise, ou dans des régions proches comme l'Ombrie, les Marches, voire la Lombardie ou la Vénétie (Donatello, Verrocchio, Alberti…), c'est au 16e s. que le mouvement s'accélère.

Lorsque Florence perd sa primauté politique, toute l'Italie du Centre pâtit de la fuite de ses artistes vers les nouveaux centres artistiques d'alors : Rome avant tout, avec Raphaël, Michel-Ange, Filippino Lippi, Giuliano et Antonio da Sangallo, Peruzzi, Cellini, le Pérugin et Pinturicchio…, mais également la Lombardie (Vinci), la Vénétie (Sangallo le Jeune, Sansovino) et la France (Vinci, Cellini, Rosso Fiorentino).

L'époque contemporaine

EN TOSCANE

Dans les siècles qui suivirent, la Toscane, comme essoufflée d'avoir tant donné, contribua fort peu à la naissance de nouveaux talents. Son âge d'or fut redécouvert au 19e s. et mis en avant pour ses qualités de spontanéité, de fraîcheur, de quête d'un idéal par les **Nazaréens** allemands, qui erraient à Florence et aux alentours, mal vêtus, dormant à la belle étoile, vivant une vie de bohémiens, d'où le sobriquet que leur donnèrent les Florentins. De même, les **préraphaélites** anglais (tels Rossetti ou Burne-Jones) s'entichèrent des primitifs italiens antérieurs à Raphaël (d'où leur nom), en qui ils voyaient les maîtres à imiter pour renouveler la peinture.

On peut encore citer, pour la fin du 19e s., le mouvement vériste florentin des **Macchiaioli**, qui peut soutenir un parallèle avec le mouvement impressionniste français.

Au 20e s., **Amedeo Modigliani**, célèbre pour sa participation à l'école de Paris mais natif de Livourne, ou encore le peintre sculpteur florentin **Marino Marini** sont les deux figures essentielles d'un art qui cherche ses représentants.

Après la Seconde Guerre mondiale, toujours écrasés par le poids de l'héritage, rares sont les peintres toscans qui ont réussi à sortir de leurs ateliers pour s'exposer en galerie, sinon **Gino Severini** (1883-1966), **Ottone Rosai** (1895-1957) et **Ardengo Soffici** (1879-1964).

Le premier, né à Cortona, livre des œuvres d'influence cubiste et diffuse le mouvement futuriste à Paris. Ses motifs se partagent entre les danseuses, les bals et les machines, dans un espace très structuré (*La Danse du Pan-Pan au Monico*, 1910-1912). Après un passage à la peinture réaliste, aux collages, puis aux tableaux abstraits, Severini reviendra à ses premières amours, jusqu'à fournir une nouvelle version de *La Danse du Pan-Pan* (1960).

Le deuxième, Ottone Rosai, fait son apprentissage dans l'atelier de gravure florentin de son père. S'il adhère au Manifeste futuriste entre 1913 et 1915, ses œuvres sont traversées d'influences diverses : Cézanne, la peinture métaphysique, l'imagerie populaire, le motif provincial et ses petites gens. Sur la toile figure une évidente simplicité qui lui a valu le surnom de « Douanier Rousseau italien ». Dans l'entre-deux-guerres, et jusqu'à la fin de sa vie, ses traits expressionnistes le conduiront de plus en plus vers les sujets sombres et dramatiques.

MARINO MARINI

Né à Pistoia en 1901, mort à Viareggio en 1980, Marino Marini est l'auteur d'une sculpture conciliant l'art moderne et la statuaire antique. Une sculpture figurative flirtant avec les lignes et les courbes abstraites. Une série de cavaliers, jongleurs, danseurs, portraits (Stravinsky, Chagall, Moore, Miller, Arp) anime son laboratoire intime, gouverné par le sens du mouvement et de l'espace, que l'artiste a prolongé avec le dessin et la peinture, comme en témoignent les œuvres exposées au musée éponyme à Florence.

Enfin, Ardengo Soffici, né à Rignano Sull'Arno, a vécu son apprentissage dans l'effervescence artistique parisienne des années 1900. Porte-parole du mouvement futuriste avant de rompre avec lui, il signe des œuvres cubistes, des natures mortes, des collages et plusieurs paysages inspirés par la Toscane.

EN OMBRIE

De musées en centres culturels, l'Ombrie présente un panorama intéressant de l'art contemporain, amené par le Pérugin **Gerardo Dottori** (1884-1977), chef de file du groupe futuriste actif à Pérouse dans la première partie du 20e s. Inspiré par sa terre natale, Dottori s'est fait le principal représentant de l'aéropeinture. Le palazzo della Penna, dans la capitale ombrienne, renferme quelques-unes de ses œuvres telles que le *Triptyque de la vitesse*.

À Trevi, le palazzo Lucarini abrite depuis le début des années 1990 le Flash Art Museum, lieu d'expositions temporaires qui font la part belle à l'art contemporain, tandis qu'à Terni, la pinacothèque Orneore Metelli, dans le palazzo Gazzoli, propose des ouvrages naïfs de Metelli (1872-1938), d'autres de Severini, Chagall et Miró. Mais surtout, la région peut s'enorgueillir à Città di Castello, au palazzo Albizzini, de la collection **Alberto Burri** (1915-1995), enfant de la petite bourgade. Peintre informel, plasticien, Burri est l'auteur d'une œuvre sombre, marquée par les années de guerre. Des œuvres exécutées à partir de matériaux différents : toiles de jute, morceaux de bois, tôles industrielles, plastique brûlé, sciure, goudron et colle. À Spoleto, le palazzo Collicola célèbre un autre enfant du pays, **Leonardi Leoncillo** (1915-1968), sculpteur, céramiste, auteur d'une œuvre foisonnante, baroque, où la matière s'ajoute à la couleur.

DANS LES MARCHES

À l'instar de la Toscane et de l'Ombrie, la région des Marches s'est essoufflée au sortir de la Renaissance, épuisée par tant de chefs-d'œuvre. Il n'en reste pas moins des œuvres contemporaines remarquables et présentes partout. À Ancône, la **Pinacoteca civica Francesco Podesti**, outre des œuvres de Lotto et Titien, renferme des toiles de **Massimo Campigli** (1895-1971) et des sculptures de **Bruno Cassinari** (1912-1992). À Macerata, le palais Ricci abrite des pièces remarquables d'Umberto Boccioni, Giorgio De Chirico, Ivo Pannaggi, Lucio Fontania, Alberto Burri, des sculptures de Medardo Rosso, Francesco Messina et Arturo Martini.

ABC d'architecture

Les dessins présentés dans les planches qui suivent offrent un aperçu visuel de l'histoire de l'architecture du pays et de ses particularités. Les définitions des termes d'art (p. 88) permettent de se familiariser avec un vocabulaire spécifique et de profiter au mieux des visites des monuments religieux, militaires ou civils.

LE MOYEN ÂGE

Architecture religieuse

SAN MINIATO AL MONTE (12e s.) – Florence

L'église de San Miniato, fleuron du style roman florentin, rappelle le baptistère S. Giovanni probablement construit au 11e s.

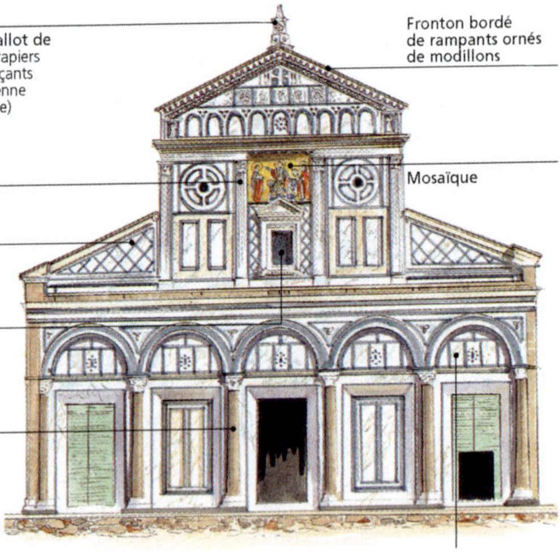

Tour penchée (12e s.) – Pise

La Tour penchée, symbole de Pise, est universellement connue pour son inclinaison. C'est un campanile cylindrique, à la manière des tours byzantines, qui est attribué à Bonanno Pisano.

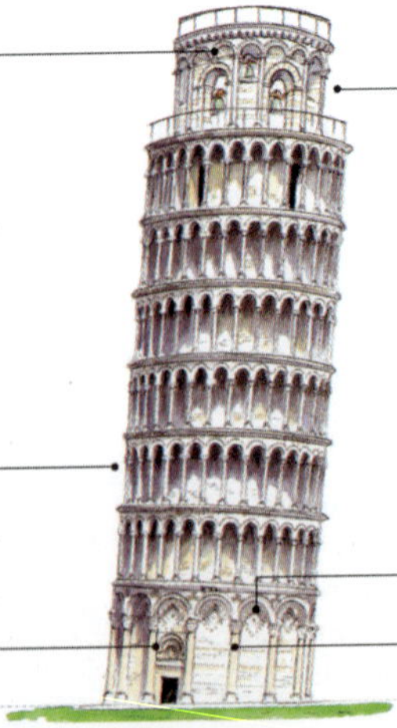

Architecture civile

Palais du Podestat ou Bargello (13e s.) – Florence

Le palais du Podestat, édifié 50 ans avant le Palazzo Vecchio, fut d'abord la résidence du capitaine du peuple, représentant des classes populaires, puis celle du podestat, détenteur des pouvoirs exécutif et judiciaire. En 1574, le palais devint la résidence du capitaine de justice, ou " bargello ", et fut en partie aménagé en prison.

Tours de San Gimignano

Aux 12e et 13e s., les cités italiennes se distinguent par leurs tours qui se dressent par dizaines, voire par centaines. Destinées à la protection de la ville, la plupart d'entre elles n'étaient pas habitées, mais servaient de refuge en cas de danger. Souvent très hautes (la tour des Asinelli, à Bologne, atteint 96 m), elles portaient fréquemment un surnom. Près du palais du Podestat, la plus ancienne tour de San Gimignano, la " Rognosa ", haute de 51 m, servit de prison au 14e s.

R. Corbel/MICHELIN

DU 14e AU 16e s.
Architecture religieuse

Duomo ou Santa Maria del Fiore (fin 13e-15e s.) – Florence

Le projet initial de la cathédrale, édifiée à l'emplacement de l'église Santa Reparata, a été élaboré par Arnolfo di Cambio (v. 1245-1302). Le campanile de Giotto fut bâti entre 1334 et 1359, la coupole de Brunelleschi entre 1420 et 1434. Cet ensemble grandiose est un chef-d'œuvre d'équilibre.

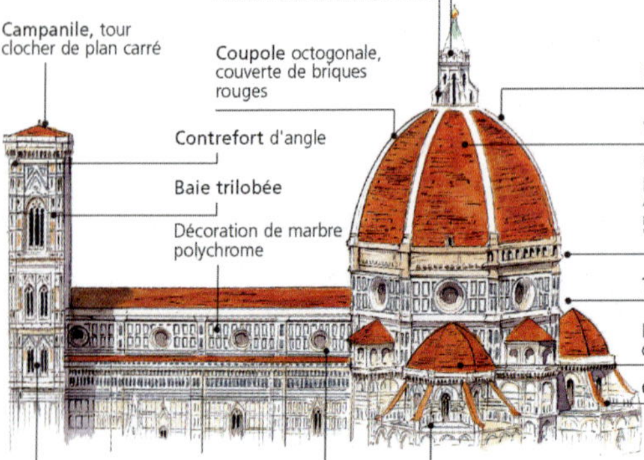

Chapelle des Pazzi (1430-1445) – Florence

Brunelleschi a porté ici à sa perfection un idéal d'architecture, du fait de l'harmonie des proportions et du jeu chromatique élégant de la " pietra serena " ; celle-ci souligne les éléments architectoniques se détachant sur le crépi blanc, selon un rythme à la fois strict et gracieux.

Architecture civile

Palazzo Pubblico (fin 13e-14e s.) – Sienne

C'est peut-être le plus beau monument gothique de Toscane. La teinte claire du travertin utilisé au rez-de-chaussée contraste avec la couleur ocre du reste de l'édifice, les nombreuses fenêtres et la forme incurvée de la façade confèrent à cet important monument une grande légèreté.

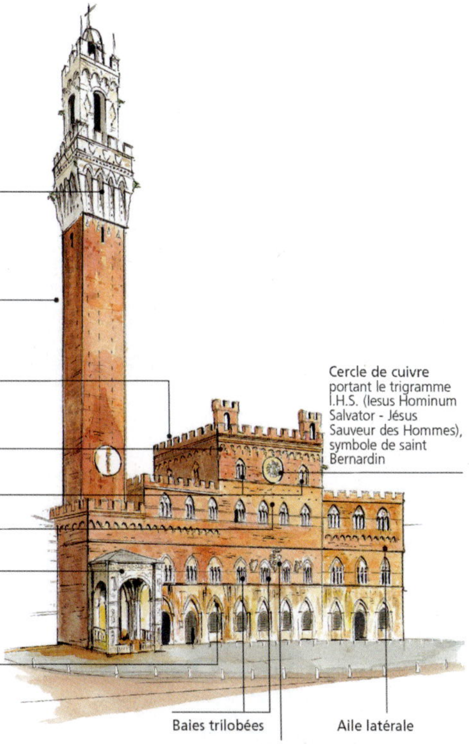

Loggia della Signoria (fin 14e s.) – Florence

Cette loggia d'angle, située piazza della Signoria est un bel exemple d'architecture gothique, tant admiré qu'elle fut imitée, notamment à Munich. Appelée aussi loggia dell'Orcagna, ou des Lanzi, elle était destinée à accueillir les manifestations publiques.

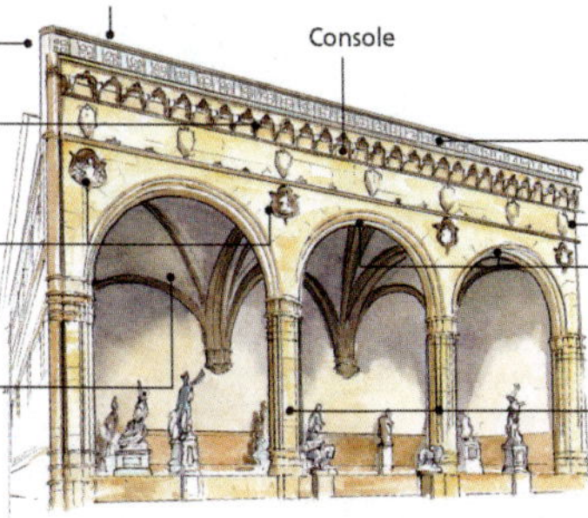

R. Corbel/MICHELIN

LE CINQUECENTO

Architecture religieuse

Nouvelle Sacristie (1re moitié 15e s.), San Lorenzo – Florence

Michel-Ange conçut dès 1521 la chapelle funéraire des Médicis. Elle lui avait été commandée par le cardinal Jules de Médicis, qui deviendra pape sous le nom de Clément VII.

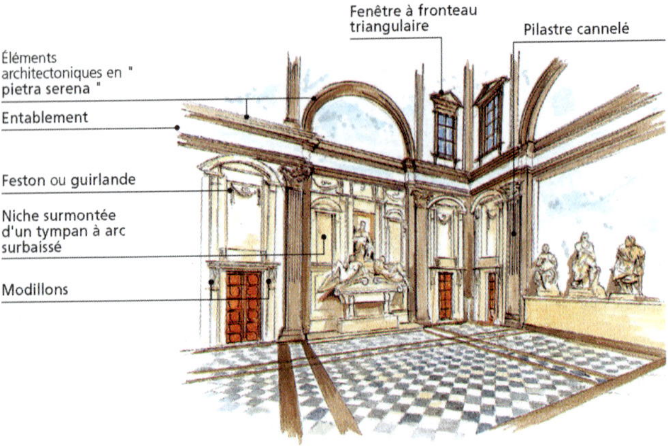

Façade de l'église Santa Trinita (1593-1594)

La construction actuelle, de style gothique, se trouve à l'emplacement de l'église fondée au 11e s. par les moines de l'abbaye de Vallombrosa. Santa Trinita est une basilique à trois nefs, dont la façade, plus tardive, de style baroque, est l'œuvre de Buontalenti (1531-1608).

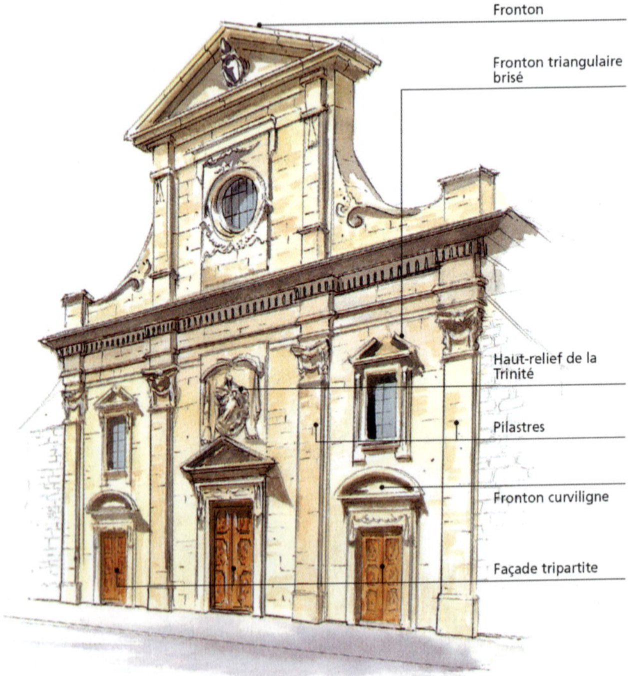

R. Corbel/MICHELIN

Architecture civile

Détail du palais des Offices (1560-1580) – Florence

Le palais fut édifié, sur un projet de Vasari (1511-1574), à la demande Cosme Ier qui voulait regrouper tous les bureaux - ou Uffizi - de l'administration médicéenne.

Les jardins de Boboli – Florence

Bel exemple de jardins à l'italienne, dessinés au 16e s. d'après un projet de Niccolò Pericoli, dit le Tribolo. Les bosquets et la partie supérieure des jardins sont plantés de pins et de cyprès, tandis que la partie basse est ornée d'orangers et de citronniers.

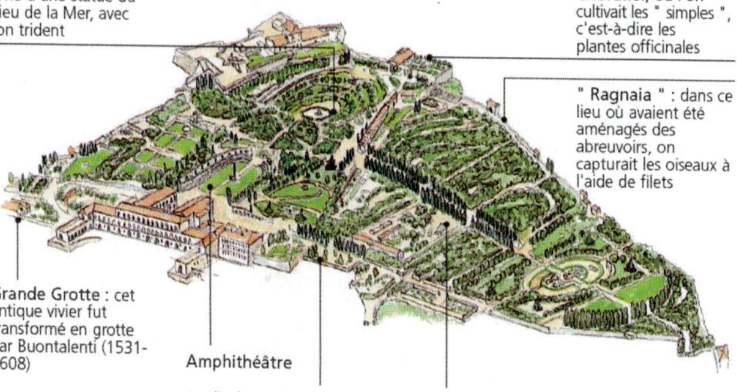

R. Corbel/MICHELIN

Petit glossaire d'art

Abside : extrémité arrondie d'une église, derrière l'autel ; la partie extérieure étant le chevet.

Absidiole : petite chapelle greffée sur l'abside.

Acrotère : ornement architectural au sommet et aux extrémités du fronton.

Ambon : à l'entrée du chœur, petite chaire servant aux lectures liturgiques.

Antéfixe : ornement sculpté (que l'on trouve en particulier dans l'architecture étrusque) venant décorer le bord du toit en haut des murs.

Appareil : taille et agencement des pierres constituant la maçonnerie d'une construction.

Architrave : partie de l'entablement complet qui porte directement sur les chapiteaux des colonnes.

Archivolte : ensemble des arcs ornant une arcade ou la partie supérieure d'un portail.

Arcs-boutants : arcs-rampants (dont la naissance n'est pas à la même hauteur) qui, élevés à l'extérieur d'un mur, neutralisent la poussée des voûtes.

Balustre : chacune des courtes colonnettes qui forment une balustrade.

Bandes lombardes (ou **lésènes**) : fins pilastres ornant une façade et réunis en leur sommet par une frise d'arceaux.

Bas-relief : sculpture en faible saillie sur le fond.

Berceau (voûte en) : voûte semi-cylindrique engendrée par un arc en plein cintre indéfiniment prolongé.

Bossage : saillie sur le parement d'une pierre, son relief.

Bucchero : poterie étrusque de couleur noire et brillante.

Chaire : tribune élevée dans la nef d'une église, souvent ouvragée et pourvue d'un abat-voix, réservée au prédicateur.

Ciborium : baldaquin surmontant un autel.

Colonne : support vertical d'un édifice ordinairement cylindrique. Se compose d'une base, d'un fût et d'un chapiteau.

Corniche : élément saillant servant à couronner le sommet d'un mur.

Cortile : cour intérieure d'un palais.

Croisée du transept : espace au croisement du transept et de la nef.

Croix grecque : croix aux quatre bras de même longueur (la **croix latine**, elle, en a un plus long que les autres).

Cul-de-four : voûte en quart de sphère caractéristique d'une abside ou d'une absidiole.

Déambulatoire : promenoir autour du chœur permettant de circuler derrière.

Encorbellement : construction en porte-à-faux.

Entablement : partie qui surmonte une colonnade et composée de trois parties : l'architrave (plate-bande posée sur les tailloirs des chapiteaux d'une colonnade), la frise (ornée de sculptures) et la corniche (couronnement en saillie).

Fenêtre géminée : fenêtre divisée au centre par une petite colonne ou par un petit pilastre.

Fronton : ornement d'architecture triangulaire ou semi-circulaire placé au-dessus d'une porte ou d'une fenêtre.

Gâble : pignon décoratif très aigu.

Glacis : en peinture, mince couche de couleur donnant de l'éclat au rendu.

Linteau : traverse horizontale surmontant une baie ou une porte et supportant le poids du mur.

Lunette : partie supérieure d'un tableau en forme de demi-lune.

Maestà : Vierge en majesté, généralement sur un trône et tenant l'Enfant Jésus.

Merlon : partie pleine d'un parapet de couronnement, entre deux créneaux.
Narthex : vestibule intérieur d'une église.
Nef : espace compris entre l'entrée et le chœur de l'église ; on précise parfois nef centrale et nefs latérales – ou collatéraux.
Oculus : baie de forme circulaire.
Ordre : hérités de l'Antiquité, les ordres sont : le dorique (chapiteaux moulurés), l'ionique (chapiteaux en volutes), le corinthien (chapiteaux en feuilles d'acanthe) et le composite (issu du corinthien mais plus complexe).
Pendentif (coupole sur pendentifs) : triangle sphérique ménagé entre les grands arcs qui supportent une coupole et permettent de passer du plan carré au plan circulaire.
Piédroits : piliers encadrant un portail et supportant l'arc qui le surmonte.
Pietà : Vierge de douleur devant le Christ mort.
Pietra serena : pierre gris-bleu provenant de carrières au nord de Florence.
Pilastre : pilier plat engagé dans un mur.
Pinacle : couronnement vertical d'un contrefort contribuant à son poids.
Polyptyque : panneau peint ou sculpté divisé en plusieurs volets.
Portique : galerie couverte dont la voûte est soutenue par des colonnes.
Prédelle : base d'un retable, divisée en petits panneaux.
Presbiterio : espace situé autour du maître-autel et réservé au clergé.
Retable : grand tableau destiné à orner un autel.
Sfumato : effet de perspective atmosphérique (inventé par Léonard de Vinci), estompant les contours et les arrière-plans dans une légère brume.
Tempera : détrempe dont le liant est une préparation à base d'œuf.
Travée : espace compris entre deux points d'appui, colonnes ou piliers.
Trompe : section de voûte (proche d'un demi-cône) formant saillie et supportant la poussée verticale d'un élément de construction en encorbellement dans chaque angle d'une tour carrée : les quatre trompes d'angle permettent de passer du plan carré au plan octogonal et ainsi de supporter une coupole.
Tympan : partie placée au-dessus d'une porte (ou d'une baie) située entre le linteau et l'archivolte.
Volute : ornement d'architecture enroulé sur lui-même.
Voussoir : une des pièces qui forment le cintre d'une voûte d'arête.

Culture

Si la Toscane est considérée comme la patrie des pères de la langue italienne, toute cette Italie du Centre semble avoir absorbé ses vertus musicales. Quelques personnalités ont marqué la région de leurs partitions, entre Puccini et Rossini. Les cinéastes, dès les prémices du septième art, en ont fait une terre privilégiée de la pellicule. Certains y sont nés, y sont restés fidèles, d'autres ont trouvé là tous les ressorts et le cadre de leurs inspirations.

La pensée et les lettres

La contribution de la Toscane à la langue et à la littérature italiennes est primordiale. Au Moyen Âge, le latin étant la seule langue écrite, il n'existait pas de littérature en langue vulgaire. L'apparition d'une poésie élaborée en toscan fixa donc par écrit pour la première fois (et avant les autres) un des multiples dialectes de la péninsule italienne, préambule déterminant pour qu'il devînt ensuite la langue de toute l'Italie.

L'IMPORTANCE DES PREMIERS ÉCRITS

Retiré dans son ermitage à Assise, saint François compose son *Cantique des créatures* vers 1224, premier grand poème italien rédigé en dialecte ombrien. Dans ce 13e s., divers courants littéraires coexistent : celui allégorique et didactique de **Brunetto Latini** (vers 1220-1295) ; celui du burlesque, auquel appartient le Siennois **Cecco Angiolieri** (vers 1260-1312), dont les sonnets célèbrent le vin, le jeu, les femmes et l'argent ; enfin le filon lyrique, dont le plus grand représentant fut **Guittone d'Arezzo** (vers 1235-1294).

La plus célèbre école poétique du Duecento fut toutefois celle exprimée dans ce que Dante baptisa le **dolce stil nuovo** (le doux style nouveau). Les poètes majeurs de ce courant, en rupture avec la tradition précédente, chantent un amour platonique et spirituel. Ils ont pour nom **Guido Guinizzelli** (vers 1235-1276), le guelfe **Guido Cavalcanti** (vers 1255-1300), immortalisé dans l'« *Enfer* » de *La Divine Comédie* (chant X, 52 et sq.), et Dante lui-même.

LES TROIS COURONNES : DANTE, PÉTRARQUE ET BOCCACE

Dante Alighieri (1265-1321) fut le premier théoricien de la langue littéraire vulgaire avec son *De vulgari eloquentia*, rédigé en latin. Il exprima également ses convictions politiques et philosophiques à travers *De Monarchia* et *Le Banquet*. Bien à côté de ces textes vibre une muse bouleversant l'œuvre poétique de Dante : Beatrice Portinari, rencontrée alors qu'elle avait à peine 10 ans et à qui il voua un amour platonique (même après sa mort prématurée à l'âge de 24 ans). Avec la *Vita Nova*, il se rattache au *dolce stil nuovo*, faisant de la femme la détentrice de toutes les

vertus, sorte d'intermédiaire entre l'homme et Dieu.
Son chef-d'œuvre reste cependant *La Divine Comédie*, poème allégorique relatant son voyage dans l'au-delà. Guidé par Virgile en enfer et au purgatoire, puis par Beatrice au paradis, Dante y rencontre une multitude de défunts, damnés ou élus, dont les peines, épreuves ou béatitudes sont proportionnelles à la conduite adoptée de leur vivant. Savoureuse fresque de la nature humaine, encore nourrie d'images médiévales, le poème se révèle une intéressante source de détails historiques.
Dante, partisan des guelfes blancs, prit une part active à la vie politique de sa ville, où il fut même prieur en 1300. Exilé par ses adversaires, les guelfes noirs, en 1302, il mena ensuite, jusqu'à sa mort à Ravenne, une existence errante à travers l'Italie.
Deux autres grands noms, qui avec lui forment le trio grâce auquel fut fixée la langue italienne, dominent le 14e s.: **Boccace** (1313-1375, *p. 409*), l'étonnant conteur du *Décaméron*, dont l'influence diffusa à travers l'Europe et permit le développement du genre de la nouvelle, et son ami **Pétrarque** (1304-1374), précurseur de l'humanisme et le plus grand poète lyrique italien. Né à Arezzo, il passa presque toute sa jeunesse en Avignon à la cour des papes. Là, dans une église, il rencontra Laure (que la tradition a voulu identifier à Laure de Noves), objet idéal de son amour, immortalisé dans de mélancoliques sonnets, plus tard réunis sous le titre de *Canzoniere*. Diplomate et voyageur, tour à tour au service du pape et des grands d'Italie, il connut de son vivant une immense gloire et fut couronné prince des poètes au Capitole à Rome.

Au cours de ce 14e s. fut également rédigé par le peintre **Cennino Cennini** (dont on ne conserve aucune œuvre picturale) le *Libro dell'Arte*; sans prétention littéraire, mais d'une extrême importance pour l'histoire de l'art, ce livre est un manuel à l'usage des peintres sur les techniques pratiquées à l'époque, et en particulier celle de la fresque.

LA RENAISSANCE

Dynamique et bouillonnant, le 15e s. voit s'épanouir en Italie l'humanisme et sa remise à l'honneur des cultures grecque et latine, son exaltation de l'esprit humain, sa vision rénovée du monde. Là encore, Florence occupe le devant de la scène durant le mécénat de **Laurent de Médicis** (*p. 156*), poète à ses heures, entouré de philosophes comme Pic de la Mirandole et de poètes tel **Politien** (*encadré, p. 424*). Les artistes eux-mêmes se font écrivains: **Leon Battista Alberti** et **Léonard de Vinci** rédigent des traités, composent des poèmes. C'est également un siècle marqué par les prédications de deux grands moines, **saint Bernardin de Sienne** (1380-1444) et **Savonarole** (1452-1498).
Le début du 16e s., caractérisé par ses tourments politiques, offrit matière à théoriser sur la meilleure façon de gouverner à **Nicolas Machiavel** (1469-1527), homme d'État dont le nom évoque le machiavélisme, devenu abusivement, par effet d'une simplification excessive, synonyme de ruse et de duplicité. Pionnier de l'unité italienne, il fut surtout, pour la postérité, l'auteur du *Prince*, essai sur la politique et l'exercice du pouvoir dédié à Laurent II de Médicis (petit-fils de Laurent le Magnifique), mais fortement inspiré par la personnalité de César Borgia.

REGARDS CROISÉS

Les auteurs étrangers inspirés par la Toscane sont légion, bouleversés par un plein artistique, ses personnalités et les douceurs du paysage. Avec Rome, Naples et Florence, Stendhal livre ses troubles devant les grâces florentines ; Lamartine évoque dans son *Cours familier de littérature* une sorte de « terreur sacrée » emplissant son imagination quand il entre dans la cité des Médicis.
Jean Giono, dans son *Voyage en Italie*, « ne veut faire le récit que de sentiments ». De son côté, Henry James prend pour décor les palais et villas de Florence dans son *Portrait de femme*, tandis qu'Edward Morgan Forster se fait le chantre d'une Toscane mythifiée, de la contemplation dans *Avec vue sur l'Arno* et *Monteriano*. D. H. Lawrence, quant à lui, parcourt les sites de l'ancienne Étrurie dans les années 1920 et rassemble ses impressions dans ses *Promenades étrusques*.

Proches du réalisme de Machiavel, les thèses politiques du diplomate florentin **François Guichardin** (1483-1540) s'expriment avec mesure, et un souci d'objectivité ressort de ses écrits politiques et de son œuvre historique (dont la célèbre *Histoire d'Italie*, irremplaçable témoignage sur les guerres menées par la France durant le 16e s. sur le territoire italien).
Autre traité, mais d'un ordre tout à fait différent, le *Galateo* de **Giovanni Della Casa** (1503-1556) fixa les premières règles de bonnes manières qui s'imposèrent ensuite à toutes les cours d'Europe.
En littérature, **Michel-Ange** (1475-1564) laissa d'admirables poèmes où s'expriment ses tourments d'homme et d'artiste, ses émois amoureux empreints de néoplatonisme et, vers la fin de sa vie, sa quête de Dieu. L'orfèvre et sculpteur **Benvenuto Cellini** (1500-1571), également séduit par l'écriture, innova en rédigeant son autobiographie, où il relate les détails rocambolesques de sa vie d'artiste et d'aventurier belliqueux et passionné. **Vasari** fut quant à lui l'ancêtre des historiens d'art avec son précieux recueil, *Les Vies des plus excellents peintres, sculpteurs et architectes italiens*. À côté, Pietro Aretino, dit **l'Arétin** (1492-1556), né à Arezzo, fut un conteur peu scrupuleux et redouté, au style élégant et à la satire mordante.
Au 16e s. encore renaît la comédie, délaissée depuis l'Antiquité. S'inspirant d'une pièce de l'auteur latin Plaute, le cardinal Bernardo Dovizi, dit **Bibbiena** (du nom de sa ville natale), remit le genre au goût du jour avec sa *Calandria* (1513) ; Machiavel poursuivit dans cette voie avec sa *Mandragore*, puis l'Arétin avec cinq comédies. Grâce à ces quelques œuvres toscanes, le théâtre comique retrouva en l'espace d'une trentaine d'années ses lettres de noblesse pour devenir un genre très prisé dans toute l'Europe.
De la toute fin du 16e s. date également la création de l'**Accademia della Crusca**, dont les travaux de rédaction du *Dictionnaire de la langue italienne* commencèrent en 1591.
Dans l'effervescence éclairée de ce siècle, avec **Galilée** (1564-1642) – qui, en se référant à Archimède et non à Aristote, distingua la vision scientifique des choses des approches théologique et philosophique – s'achève la plus grande période de créativité et d'inventivité de l'histoire artistique et intellectuelle de la Toscane.

Portrait de Dante Aligheri par Attilio Roncaldier (1801-1884).
De Agostini/A. Dagli Orti/ De Agostini Picture Library/age fotostock

LES MODERNES

Au 19e s., dans le domaine littéraire, se distinguèrent quelques personnalités isolées. À commencer par **Giacomo Leopardi** (1798-1837), natif de Recanati (*p. 536*), dans les Marches. Considéré comme le plus grand poète italien, lucide et désespéré, il élabora le concept de « pessimisme historique », fondé sur le contraste entre la nature, état originellement heureux, et la raison, responsable des maux *(Canti)*.
Une réflexion qui le conduit au « pessimisme cosmique », lequel, en incluant dans la condamnation la nature elle-même, juge le malheur comme la condition intrinsèque de l'homme *(Operette morali)*. Sa ville natale, vivant dans le culte de son illustre poète, convie le visiteur à un itinéraire dévoilant les lieux qui lui étaient chers.
Dans le cas de Carlo Lorenzini (plus connu sous son nom de plume, **Collodi** – 1826-1890), c'est son œuvre *Pinocchio* qui jouit d'une notoriété mondiale, au détriment de son auteur. Premier prix Nobel italien (1906), **Giosuè Carducci** (1835-1907, *p. 299*), le « Victor Hugo italien », passa sa jeunesse en Toscane. Personnalité mélancolique, cet ardent détracteur du romantisme fut un nostalgique de la poésie antique dont il chercha, dans ses *Odes barbares*, à restituer la métrique. Parmi ses disciples, Giovanni Pascoli (1855-1921) a laissé de populaires *Chants de Castelvecchio*.
Si les 18e et 19e s. laissent peu de noms à la postérité, le 20e s. est riche d'auteurs déployant la langue de Dante. Auteur de *La Peau*, **Curzio Malaparte**, pseudonyme de Kurt Suckert (1898-1957), est originaire de Prato ; écrivain et journaliste, il décrivit crûment la société italienne, en particulier celle de l'après-guerre. Parmi les néoréalistes, **Vasco Pratolini** (1913-1991) relate la vie quotidienne de Florence, sa ville natale, la bourgeoisie et les petites gens en prise avec les événements historiques et leurs propres aventures sentimentales.
Le paysage toscan servit enfin souvent d'arrière-fond aux romans

de **Carlo Cassola** (1917-1987), parmi lesquels restèrent particulièrement célèbres *Il Taglio del bosco* et *La Ragazza di Bube*, tandis qu'**Anna Banti** (1895-1985) utilisa un lyrisme aristocratique chatoyant chargé de teintes psychologiques *(Artemisia ; Les Jardins de Boboli)*.
Reconnu comme l'un des poètes majeurs du 20e s., **Mario Luzi** (1914-2005), professeur de littérature française à l'Institut des sciences politiques de Florence, fut un auteur prolifique. À côté d'études consacrées à Mauriac, Mallarmé ou Benjamin Constant, de ses traductions de Shakespeare et de Michaux, il exalta dans ses poèmes la vie, les figures de la mère et de la jeune fille, les paysages toscans. Ses premières œuvres sont marquées par une écriture codifiée, parfois teintée de caractères mallarméens *(Une libation)* qui lui valurent d'incarner l'hermétisme florentin. Puis il se tourna vers une poésie plus narrative *(Dans le magma)*, en conservant ses accents métaphysiques et spirituels, avant d'exprimer une voix entre lyrisme et réalité. Deux recueils rassemblent l'essentiel de sa poésie : *Le Juste de la vie* et *Dans l'œuvre du monde*.
Dans un genre différent, le journaliste **Indro Montanelli** (1909-2001) collabora longtemps au grand quotidien national *Il Corriere della Sera*, avant de devenir fondateur et directeur du *Giornale* (jusqu'en 1994), puis de *La Voce* (1994-1995).
Roberto Calasso (né en 1941) livre, quant à lui, des romans foisonnants, puisant dans les mythes et l'histoire *(Les Noces de Cadmos et Harmonie)*.
De son côté, **Antonio Tabucchi** (1943-2012) partagea ses œuvres entre deux identités : la Toscane et le Portugal *(Pereira prétend ; Il se fait tard, de plus en plus tard)*.
Sandro Veronesi (1959), avec ses récits empreints de réalisme social, s'affirme comme l'un des romanciers les plus doués de sa génération. Il a trouvé rapidement une reconnaissance à la fois du public et de la critique (prix Campiello et Viareggio pour *La Force du passé* en 2000, prix Strega en 2006 pour *Chaos calme*).

La musique

LES DÉBUTS

Le père de Galilée, **Vincenzo Galilei** (vers 1520-1591), fut un des premiers musiciens toscans. Académicien de la Crusca et remarquable théoricien de la musique, il composa des madrigaux et pièces pour luth, et mit en musique le chant XXIII de *L'Enfer* de Dante, œuvre malheureusement perdue.

AUX 17e ET 18e S., LA RECONNAISSANCE VIENT DE L'ÉTRANGER

Le claveciniste **Bernardo Pasquini** (1637-1710), né près de Pistoia, reste méconnu du grand public. Également organiste, il composa de nombreuses œuvres : toccatas,

LA CAMERATA FIORENTINA

C'est la **Camerata fiorentina**, ou **Camerata de'Bardi**, qui donna naissance au **mélodrame**. Le groupe, qui se réunissait chez le comte Giovanni Bardi del Vernio, comptait, outre des gens de lettres, des hommes tels que Vincenzo Galilei, Jacopo Peri, Giulio Caccini et Emilio de'Cavalieri, compositeur romain au service du cardinal Ferdinand de Médicis, chargé des activités artistiques à la cour du grand-duc. La Camerata fiorentina préconisait un retour à la tragédie grecque.

FESTIVALS

Au fil des décennies, l'Ombrie et les Marches se sont imposées comme des terres de festivals. À commencer par celui de **Spoleto**, créé en 1958 par le compositeur Gian Carlo Menotti : le « Festival des Deux Mondes », tenu en été, accueillant diverses manifestations, entre opéras, concerts, théâtre et danse, est suivi en septembre d'un festival lyrique attirant de multiples ténors. Un autre rendez-vous incontournable, depuis 1973, demeure le festival « Umbria Jazz », réunissant les plus grands jazzmen, déployé en deux volets, à **Pérouse** l'été, à **Orvieto** l'hiver.

La ville de **Macerata**, dans les Marches, propose une autre manifestation lyrique au cours de l'été, installée dans le Sferisterio, remarquable bâtiment de style néoclassique dû à l'architecte Ireneo Aleandri. Toujours dans les Marches, Pesaro organise annuellement le « Rossini Opera Festival », tandis qu'Urbino se consacre à la musique ancienne.

partitas, suites, concertos et sonates. En revanche, **Jean-Baptiste Lully**, né à Florence en 1632, demeure célèbre. À l'âge de 13 ans, il quitta l'Italie pour Paris, où il mourut en 1687. Compositeur à la cour de Louis XIV, il collabora avec Molière à la création de comédies-ballets, parmi lesquelles *Le Bourgeois gentilhomme* et *Psyché*. Lully composa aussi de nombreuses tragédies lyriques. Dans son sillage, les grands musiciens toscans travaillèrent le plus souvent hors de leur patrie.

Francesco Maria Veracini (1690-1768), grand violoniste qui composa des sonates pour violon seul et basse continue, fut actif à Venise, Londres, Düsseldorf, Dresde, en Bohême, à Pise, Turin et Florence.

Compositeur et violoncelliste, **Luigi Boccherini** (1743-1805) naquit à Lucca, où il fut premier violoncelle, mais travailla aussi à Vienne et à Madrid. Comme compositeur, il privilégia le quintette à cordes, mais écrivit trente symphonies, dont celle en *ré* mineur, *La Maison du Diable*, mérite une reconnaissance.

Luigi Cherubini (1760-1842), natif de Florence, vécut à Londres et mourut à Paris, où il créa et dirigea pendant une vingtaine d'années le Conservatoire de musique. Admiré dans toute l'Europe, il a laissé des opéras comme *Iphigénie en Aulide* et *Médée*, ainsi que 22 messes, qui constituent l'expression la plus achevée de son art. La dimension dramatique de son œuvre se retrouve chez Beethoven, qui, tout comme Haydn, le tenait en haute estime.

19e ET 20e S. : DE L'OPÉRA AU PIANO

Le 19e s. s'ouvre avec un compositeur de génie, **Gioacchino Rossini** (1792-1868). Natif de Pesaro dans les Marches, le musicien opéra le passage entre l'âge classique et le romantisme *(Otello, Guillaume Tell)* tout en enrichissant brillamment le répertoire de l'opéra-bouffe *(Le Barbier de Séville)*. Toujours dans ce siècle, la Toscane contribue au courant vériste exploré par Verdi grâce à **Giacomo Puccini** (1858-1924), qui y apporte un style personnel. Né à Lucca (sa maison sur la piazza Citadella est désormais un musée), il vécut à Torre del Lago à partir de 1891. Son existence fut tourmentée sentimentalement et professionnellement, tant l'artiste avait de difficulté à s'astreindre à un travail rigoureux. Il n'en signa pas moins des œuvres comme *Tosca*, *La Bohème*, *Madame Butterfly* et *Turandot*.

À Livourne devait naître quelques années plus tard **Pietro Mascagni** (1863-1945), qui fut directeur d'harmonie avant de gagner le concours de la maison d'édition Sonzogno avec son œuvre majeure, *Cavalleria rusticana*.
Son contemporain, né à Empoli, **Ferruccio Busoni** (1866-1924), fut un compositeur et un pianiste de grand talent. Ses transcriptions pour piano de Bach, telles que *La Ciaccona*, tirée de la *2e partita pour violon*, jouissent d'une certaine renommée.
Enfin, avec *Souvenir de Florence*, sextuor à cordes, Tchaïkovski (1840-1893) rapportait un peu de Toscane en Russie…

Le cinéma

Nombre de cinéastes italiens ou étrangers ont trouvé en Italie du Centre les décors, urbains ou champêtres, propices à la réalisation de leurs films. À commencer par les Toscans. **Mario Monicelli** (1915-2010), né à Viareggio, situe notamment les frasques de *Mes chers amis* à Florence, et sa comédie féministe, *Pourvu que ce soit une fille*, dans la campagne toscane, tandis que son voisin florentin **Franco Zeffirelli** (né en 1923), parmi tant d'autres longs-métrages, situe *Un thé avec Mussolini*, plus ou moins autobiographique, dans sa ville natale et ses alentours, et *Frère soleil, sœur lune* à Assise.
À côté de ces aînés, les frères **Taviani, Vittorio et Paolo,** nés respectivement en 1929 et 1931 à San Miniato, se sont montrés fidèles à leur terre d'origine. *Le Pré* a pour cadre San Gimignano, *La Nuit de San Lorenzo* rapporte le quotidien rural et agricole de San Miniato durant la Seconde Guerre mondiale, *Good Morning Babylone* s'ouvre sur l'atelier de deux frères sculpteurs à Pise avant qu'ils émigrent aux États-Unis. Comptant parmi les succès internationaux, *La vie est belle* et *Pinocchio*, de **Roberto Benigni** (né en 1952 dans la province d'Arezzo), ont été tournés en partie à Cortona, Arezzo et Terni.
Non moins inspirés, d'autres cinéastes transalpins ont posé leur caméra sur le sol toscan. Roberto Rossellini filme les ponts de l'Arno détruits par les Allemands dans *Paisà*, Luigi Comencini choisit encore la cité des Médicis pour *L'Incompris*, à l'instar d'Ettore Scola pour *Belfégor le Magnifique*, tandis que Luchino Visconti glisse Volterra dans la pellicule pour son drame *Sandra* (Lion d'or à Venise en 1965), et que Pier Paolo Pasolini rapporte quelques images de Pise pour *Médée*.
Enfin, les productions étrangères n'ont pas manqué non plus de s'installer dans la région. James Ivory adapte le roman de E. M. Forster, *Chambre avec vue*, partagé entre la capitale et la Villa Maiano. Puisant également dans la littérature (*L'Homme flambé* de Michael Ondaatje), Anthony Minghella réalise *Le Patient anglais*, articulé autour de cinq personnages, sur fond de guerre, dans un monastère du côté de Pienza.

Personnalités

PÉTRARQUE (1304-1374)

Francesco di ser Petracco naquit à Arezzo. L'essentiel de sa gloire tient à un volume de vers en latin, le *Canzoniere*, chronique de toute une existence qui fait la part belle à sa muse, Laure. Œuvre d'un « moi » antérieur désavoué par la sagesse de l'âge, cette expérimentation dynamique de nouvelles formes littéraires, où la poésie lyrique devient le vecteur de l'introspection, a influencé la poésie amoureuse occidentale

(Ronsard, Shakespeare, Heine, Leopardi…). Incarnant « l'italianité », Pétrarque s'est érigé en père de la poésie moderne, où les réflexions morales, religieuses, littéraires, la passion civique et politique se nourrissent d'un dialogue constant avec les anciens pour rendre le monde intelligible au cœur et à la communauté des hommes.

FILIPPO BRUNELLESCHI (1377-1446)

Sous la protection de Cosme l'Ancien, il est l'un des plus grands architectes florentins, marquant sa ville natale par nombre de réalisations, entre voûtes, dômes, colonnes et pilastres. Il couronne le Duomo d'une coupole, officie à la chapelle des Pazzi de Santa Croce, élève les arcades de l'Hôpital des Innocents sur la place Santissima Annunziata, dessine le Palazzo Pitti, participe aux premiers plans des églises de San Lorenzo et Santo Spirito. Des œuvres influencées par l'Antiquité romaine, à laquelle il ajoute rigueur et élégance.

PAOLO UCCELLO (1397-1475)

Maître du Quattrocento, orfèvre, décorateur et mosaïste, le peintre florentin est célèbre pour ses variations sur la *Bataille de San Romano* (exposée aux Offices à Florence, mais aussi au Louvre à Paris, à Londres et à Oxford). Vasari, contemporain de Paolo Uccello, peintre et critique, appréciait chez lui « le talent le plus charmant et le plus inventif de la peinture depuis Giotto s'il eût pris pour les figures et les animaux autant de peine et de temps qu'il perdît dans l'étude de la perspective ». Mais loin des travaux sur la perspective et la géométrie, c'est aussi ce « temps perdu » qui permit à Uccello, en passionné des rythmes et des couleurs, d'être très en avance sur le sien, annonçant déjà vers 1470 les œuvres surréalistes, et notamment celles de Salvador Dalí, avec un art halluciné de la mise en scène.

BENVENUTO CELLINI (1500-1571)

Ses *Mémoires* ont livré son parcours, son travail et ses traits de caractère. Une vie écartelée entre Florence, sa ville natale, Rome et la cour de France. Un travail partagé entre l'orfèvrerie et la sculpture, raffiné et vigoureux. Un tempérament vif, orgueilleux, celui d'aventurier dans la Renaissance. Tour à tour protégé par Clément VII et François Ier, Cellini a réalisé nombre de pièces de monnaie et médailles, bas-reliefs et bustes, dont celui de Cosme Ier (au Bargello, présentant un large éventail de l'œuvre sculptée), et l'une des deux sculptures abritées sous la Loggia dei Lanzi, *Persée*, piazza della Signoria, à Florence.

GIORGIO VASARI (1511-1574)

Figure des arts, architecte, décorateur, chroniqueur et peintre, né à Arezzo (où l'on peut encore visiter sa maison), Giorgio Vasari, proche de Michel-Ange, demeure l'un des premiers historiens de l'art, relatant l'œuvre de ses contemporains dans *Les Vies des plus excellents peintres, sculpteurs et architectes italiens*. Rien de moins qu'un récit fondamental sur la Renaissance, rempli d'anecdotes, d'analyses et de considérations. Il est aussi celui qui a conçu la galerie reliant les Offices au Palazzo Pitti, au-dessus du Ponte Vecchio, et l'auteur de plusieurs fresques dans la salle des Cinquecento, au Palazzo Vecchio.

GALILÉE (1564-1642)

Physicien, astronome, professeur de mathématiques, et même philosophe, Galileo Galilei fait partie de ces grands hommes au savoir universel. Un homme qui surtout n'a jamais cessé de s'interroger, de vouloir comprendre le monde dans lequel il vivait. D'où ses multiples expériences qui lui permirent d'établir les lois du mouvement pendulaire, de la chute des corps, de la composition des vitesses… Persuadé de l'intérêt des travaux de Copernic, fort de ses propres expériences (muni d'une lunette mise au point par ses soins), il publia l'ensemble de ses recherches astronomiques dans le *Dialogue sur les deux principaux systèmes du monde.* « Et pourtant, elle tourne ! », telle est la fameuse formule qu'aurait prononcée Galilée à propos de la rotation de la Terre, quand il fut contraint de renier ses idées par le tribunal de l'Inquisition, avant de finir sa vie en résidence surveillée, à Arcetri.

GIOACCHINO ROSSINI (1792-1868)

Fils de forains de Pesaro, dans les Marches, il signe avec succès ses premiers opéras-bouffes sur la scène vénitienne *(Tancredi)*, avant de devenir compositeur itinérant : à la tête du théâtre San Carlo à Naples, se produisant à Milan, à Rome, à Vienne et à Paris, en directeur du Théâtre italien, puis en tant que compositeur du roi. Un parcours dense, ponctué de réussites : *Le Barbier de Séville, Guillaume Tell, Moïse,* ou encore *La Pie voleuse*.

GIACOMO PUCCINI (1858-1924)

Natif de Lucca, en Toscane et inspiré par le théâtre lyrique, le musicien a composé diverses pièces de musique religieuse, symphonique et de chambre. Il demeure surtout l'auteur d'opéras plébiscités par le grand public : *La Bohème, Tosca, Turandot* et *Madame Butterfly*.

VITTORIO ET PAOLO TAVIANI (NÉS EN 1929 ET 1931)

Nés à San Miniato, dans la province de Pise, ces deux réalisateurs indissociables, tels des frères jumeaux, ont fait leur apprentissage commun au théâtre et à la documentation. Diverses collaborations précèdent les plus grands succès publics et critiques, des films entre récits sociologiques et historiques, aux teintes lyriques, allégoriques et politiques. Une constance : la simplicité de la narration. En témoignent *Sous le signe du Scorpion* (1969), *Padre padrone*, Palme d'or à Cannes en 1977, *Le Pré* (1979), *La Nuit de San Lorenzo* (1981). Jusqu'à *Good Morning Babylone* (1987), réflexion sur la création artistique à travers l'itinéraire de deux jeunes Toscans, et *Les Affinités électives* (1996), d'après l'œuvre de Goethe.

ROBERTO BENIGNI (NÉ EN 1952)

Cabarets et télévision ont été les premiers lieux d'expression de cet acteur réalisateur mondialement reconnu, apprécié pour ses mille et une facéties, sa faconde et son sens de la dérision. Après un long apprentissage, il joue au cinéma pour Marco Ferreri (*Pipicacadodo*, 1979), dans l'ultime Fellini (*La Voce della luna*, 1990), pour Jim Jarmush (*Down by law*, 1986 ; *Night on Earth*, 1992). En réalisation, *Le Petit Diable* (1989), *Johnny Stecchino* (1992) et *Le Monstre* (1994) assoient la réputation de Benigni en trublion histrion. En 1998, il obtient le Grand Prix du jury au festival de Cannes et l'Oscar du meilleur film étranger pour *La vie est belle*, fable articulée autour des camps de concentration, extraordinaire succès public. En 2002, toujours avec succès, il réalise et interprète *Pinocchio*, célèbre personnage imaginé au 19e s. par un autre toscan, Carlo Lorenzini, dit Collodi.

Géographie

Traversée par la chaîne des Apennins, l'Italie du Centre est l'une des régions les plus boisées du pays. Si les montagnes s'achèvent en pente douce dans la Méditerranée, à l'ouest, le cœur vallonné de la Toscane et de l'Ombrie est tout entier rendu à l'agriculture (oliveraies, vignobles, céréales). Somptueuses crêtes aux arêtes adoucies par le temps, taillis et petits bois forment l'essentiel de ces paysages de tableaux façonnés par les siècles, et que l'on retrouve également dans toute l'Ombrie où de grands lacs viennent rafraîchir les plaines.

Les milieux naturels

LA TOSCANE

Un relief diversifié

La Toscane est nettement délimitée au nord-est par la courbe des Apennins dont la crête constitue la ligne de partage des eaux entre la mer Tyrrhénienne et la mer Adriatique. Cette épine dorsale présente un relief assez simple sur son flanc nord, tandis qu'au sud, sur le versant toscan, un faisceau de chaînes secondaires (moyennes montagnes et collines) se détache parallèlement à la chaîne principale, délimitant des vallées et des bassins intérieurs comme ceux de Florence, de Sienne et d'Arezzo.

Comme les Apennins, ces chaînes de moyenne altitude, relativement jeunes, datent de l'ère tertiaire et sont surtout constituées de terrains argilo-schisteux ; les dures et immaculées parois de marbre des **Alpes apuanes** forment l'exception. Sur ces sols tendres, les pluies très violentes et abondantes occasionnent fréquemment, outre l'inondation des secteurs proches du lit des rivières, de dramatiques glissements de terrain appelés *frane*, ou creusent des ravins vertigineux, les *calanchi*, alternant dans la région de Volterra avec les *balze*. Des glissements plus limités dessinent des reliefs aigus nommés *crete* dans les collines siennoises et du val d'Orcia.

Important réservoir d'eau, l'Apennin toscan (qui culmine à 2 163 m au **mont Cimone**) est bordé de petites vallées verdoyantes : la **Lunigiana** est ainsi arrosée par le Magra, puis en avançant vers l'est, la **Garfagnana** par le Serchio, le **Mugello** par la Sieve (affluent de l'Arno), le **Casentino** par le cours supérieur de l'Arno et, à la limite de l'Ombrie, le début du **val Tiberina** où le Tibre prend sa source.

Les plissements plus éloignés de la dorsale apennine, composés de roches tendres gréso-schisteuses, présentent une suite de reliefs mamelonnés aux formes douces, pleines de mesure, comme dans la campagne florentine, ou au contraire sillonnés de crêtes calcaires dans la belle région de Sienne. De nombreux cours d'eau (Elsa, Cecina, Ombrone, etc.) y prennent également leur source. Le paysage s'ouvre complètement à proximité de la mer. Là, les fonds marins restent relativement plats et peu profonds, ce qui explique la largeur de

la plaine côtière, généreusement alimentée par les alluvions des nombreuses rivières toscanes, ainsi que l'émergence de l'archipel toscan et du Monte Argentario, prolongements dans la mer des derniers reliefs issus du plissement apennin.

L'Arno et son bassin

Ce fleuve long de 241 km naît au mont Falterona, à la limite de la Romagne, et baigne sur son parcours un long ruban de terres alluviales. Après avoir traversé le **Casentino**, il contourne par le sud le massif du Pratomagno en une large boucle où, non loin d'Arezzo, le rejoignent les eaux abondantes de la **Chiana**. Le fleuve toscan remonte alors vers le nord, drainant le **Valdarno supérieur** que délimitent les monts du Chianti. À hauteur de Florence, sa vallée

s'ouvre brusquement et s'élargit jusqu'à la mer. Là se concentrent une grande partie de sa population et l'essentiel de l'activité agricole et industrielle de la région.

Les Alpes apuanes

Précédées par le parc du **Mugello**, au nord de Florence, elles se situent au nord-ouest de la région, à des altitudes dépassant rarement les 1 000 m, et sont surtout connues pour la qualité exceptionnelle de leur marbre. Au-dessus de Lucca, les vallées de la **Garfagnana** ne sont pas sans rappeler les Alpes françaises. À leur pied, la magnifique plage de sable de la **Versilia** déploie l'été, à perte de vue, ses stations balnéaires. Viareggio en est la reine incontestée. Le climat, très doux, y est favorable à l'horticulture. Livourne, seul port toscan véritablement actif avec d'importants chantiers navals et des raffineries de pétrole, marque la fin de cette côte plate.

La campagne florentine et le Chianti

Pureté de la lumière, harmonie des lignes et sérénité caractérisent ces paysages célébrés par les peintres florentins. Dans un ondoiement argenté, les oliviers, auxquels se mêlent les mûriers et des cordons de vigne, couvrent les pentes puis laissent peu à peu la place aux champs de maïs ou de blé.
Le sommet de ces collines, où les silhouettes sombres et effilées de quelques cyprès contrastent parfois avec des bosquets de chênes ou de châtaigniers, sert tour à tour d'écrin à des villages fortifiés, à d'aristocratiques villas, de vieilles fermes majestueuses dominées par une grosse tour centrale.
Au sud de Florence s'étendent les monts du **Chianti**. Faite de collines argileuses aux formes puissantes, porteuse de célèbres vignobles (dont les crus les plus réputés ont pour nom ceux des grandes familles qui en sont propriétaires), c'est une région riante et chaleureuse où il fait bon vivre.

Les collines siennoises

À mesure que l'on avance vers le sud en venant du Chianti, les collines se dénudent pour laisser apparaître, au-delà de Sienne, leur terre blonde ou grise. Au sud-est, la route d'Asciano, qui conduit à l'abbaye de Monte Oliveto Maggiore, traverse de stupéfiants paysages calcaires: les *crete* siennoises, houle de collines désolées et arides, crayeuses, lunaires et, par endroits, puissamment ravinées par les eaux de ruissellement.

Les collines métallifères

Entre la campagne florentine et la mer s'étend une zone de collines peu élevées, mais massives et inquiétantes, riches, comme l'indique leur nom, en minerai de fer, en plomb, en cuivre, en zinc…
Aux alentours de Larderello, les vapeurs blanches des *soffioni*, jets d'eau chargée de bore (minéral utilisé dans la fabrication de produits pharmaceutiques), s'échappent des profondeurs terrestres; ils donnent au paysage un aspect fantastique. Cette « houille rouge », qui teinte tout le paysage, est utilisée dans des usines géothermiques pour la production d'énergie électrique.
Au large, appartenant au même système montagneux, l'**île d'Elbe** possède des gisements de fer qui alimentent, sur le continent, les hauts-fourneaux de Piombino, port d'embarquement pour l'île.

La Maremma et la Toscane méridionale

Aux confins du Latium apparaissent les premiers reliefs volcaniques d'Italie centrale, dont le **mont Amiata** (1 738 m), le plus élevé d'entre eux, riche en cinabre, dont on extrait le mercure. Ses paysages sévères dominent la Maremme, d'une beauté mélancolique, naguère terre de maléfices et de sombres légendes, vouée à la vie pastorale et peuplée de troupeaux de chevaux et de buffles élevés à l'état sauvage par des *butteri* (*p. 334*). Dans le cadre de la réforme agraire entreprise en 1950, ces terres, alors aux mains de quelques grands propriétaires citadins, ont fait l'objet d'un assainissement qui a modifié leur aspect: redistribuées à des agriculteurs venus d'autres régions et qui y vivent en habitat dispersé, elles sont aujourd'hui intensément cultivées. On y pratique aussi l'élevage pour la production laitière. Celle des ovins permet la fabrication d'un délicieux fromage de brebis, le *pecorino*.

Sérénité des paysages de collines aux ondulations douces du val d'Orcia, en Toscane.
J. Arnold/hemis.fr

Toscane maritime
Région amplement illuminée de richesses artistiques, piquée de-ci de-là de vignes et de cyprès, la Toscane décline sur 250 km le long de la Méditerranée, entre Marina di Carrara au nord et l'Argentario au sud, côtes, falaises et petites criques rocheuses, vastes plages habillées de sable blond, bordées de dunes. Au large des côtes se dresse une poignée d'îles, un archipel idyllique doublé d'un parc national qui comprend les îles de Montecristo, Gorgona, Giannutri, Pianosa et une partie de l'île de Capraia, de l'île d'Elbe et de l'île du Giglio.

L'OMBRIE

Nichée entre les Marches, le Latium et la Toscane, l'Ombrie est traversée du nord au sud par le Tibre et, près de Pérouse, s'étirent l'imposant lac Trasimène, le paisible lac d'Alviano, non loin d'Orvieto, ou, plus modeste, celui de Piediluco près de Terni. Ces espaces abritent d'intéressantes réserves ornithologiques (*p. 509 et 512*).
Avec ses nombreux bois, l'Ombrie se présente souvent comme le poumon vert du pays. Mais c'est avant tout, depuis l'Antiquité, une **terre d'agriculture**, d'oliveraies et de vignobles largement dominée par les plaines et vallées fertiles où s'alignent peupliers et cyprès, notamment autour de Trevi, Bevagna et Montefalco.
Au nord de l'Ombrie, non loin de Gubbio, le **parc régional du mont Cucco** comprend 10 480 ha de forêts et son sommet culmine à 1 566 m. Il est surtout connu pour ses centaines de grottes et formations rocheuses qui font le bonheur des spéléologues et des amateurs d'escalade. La plus importante s'étend sur quelque 30 km et 923 m de profondeur dans la roche calcaire. Plus bas, au nord d'Assise, le **mont Subasio** culmine, lui, à 1 290 m. Si son sommet est complètement déboisé, ses flancs, notamment vers Spello, abritent des taillis bien fournis où abondent les chênes, les hêtres, les frênes, les érables ainsi que les résineux.

À l'est de la province, les flancs escarpés des Apennins forment une frontière naturelle avec les Marches et le Latium. C'est ici que commence le **parc national des monts Sibyllins** (Parco nazionale dei monti Sibillini), couvrant un vaste massif calcaire de 70 000 ha équitablement partagés entre l'Ombrie et les Marches (*p. 499*). Le parc se poursuit dans les Abruzzes en Parco del Gran Sasso e Monti della Laga. Au cœur d'une nature exceptionnellement préservée, le mont Vettore culmine à 2 476 m, précédé par la plaine de Castelluccio, altiplano bariolé de couleurs vives durant la floraison des lentilles en mai-juin.

LES MARCHES

La région des Marches se caractérise par une richesse naturelle partagée entre mer et montagne. À l'ouest, les Apennins déclinent leurs sommets, dont les plus beaux appartiennent au parc national des monts Sibyllins. Puis, le relief s'adoucit rapidement avant de faire place à une étroite plaine littorale largement cultivée. Le long de l'Adriatique s'étirent 180 km de plages de sable fin bordées d'hôtels, des côtes plates rarement bousculées par des falaises ainsi que quelques criques et des promontoires, dont l'un des plus beaux se trouve dans le **parc naturel du mont San Bartolo**, situé au-dessus de Pesaro. Curiosité rocheuse caractéristique de la région, la **grotte de Frasassi** a été naturellement creusée par une dérivation du torrent Sentino.

La faune et la flore

Région la plus boisée d'Italie, la Toscane déploie une végétation extrêmement variée : des espèces de type subtropical sur certains secteurs de la côte et des îles ; un type alpin dans les zones les plus élevées de l'Apennin. Une richesse que l'on retrouve également en Ombrie et dans les Marches, notamment dans les parcs.

L'ÉTAGEMENT DE LA VÉGÉTATION

À proximité de la mer, le pin est roi, s'étendant en larges pinèdes bien protégées (secteurs de la Versilia, de la Côte des Étrusques, de la Maremme et des côtes des Marches) : on y distingue le **pin maritime**, à cime conique et fût long et droit, et le **pin parasol**, à cime aplatie.

Répandu par l'homme pour son aspect décoratif et son rôle efficace de rideau brise-vent pour les cultures, le **cyprès** accepte tous les sols. Il est présent dans le creux du Mugello, les collines siennoises, le val d'Orcia et surtout les collines du Chianti et de Bevagna, dont il est un symbole, avec la vigne et l'olivier.

Dans les zones de faible altitude furent exploités pendant des siècles des taillis, c'est-à-dire des forêts entretenues, dont les coupes fréquentes fournissaient essentiellement du bois de chauffage. Délaissés depuis une trentaine d'années, de nombreux taillis dégénèrent, laissant place au maquis. Composé d'arbustes et d'arbrisseaux, celui-ci compte principalement des espèces à feuilles persistantes toujours vertes, comme le **chêne vert**, ou subpersistantes, comme le **chêne-liège**. Par leur feuillage sombre ou gris-vert et leur tronc tortueux, ces arbres donnent au paysage un aspect sauvage. Là où le maquis lui-même se dégrade, il laisse place à la garrigue dans les secteurs secs où ne survivent que les plantes dites xérophiles (adaptées à la sécheresse, au soleil et au froid), comme le lentisque, le myrte, le ciste et le romarin.

Dans les secteurs les moins élevés se déploient les zones de pâturages ou de prairies naturelles, des cultures céréalières, maraîchères, potagères et horticoles. Les zones de culture intensive s'étendent jusqu'à 600-700 m, soit la limite au-delà de laquelle l'**olivier** ne peut s'adapter. Associé à la **vigne**, il est le produit typique de la colline, cultivé tant pour l'olive de dégustation (cueillie sur l'arbre) que pour son huile (fruits mûrs ramassés au sol dans des filets).

Le **châtaignier**, qui peut pousser jusqu'à 1 000 m d'altitude, est très présent dans l'Italie du Centre et jusqu'au rivage : il caractérise tout particulièrement la couverture boisée de l'île d'Elbe et se rencontre couramment dans le Mugello, sur les monts Pisans et le mont Amiata, autour de Spoleto et d'Ascoli Piceno.

Dans les sous-bois, on trouve des mûres, des asperges sauvages (sur l'Amiata) et de nombreux champignons, dont la truffe, qui pousse volontiers au-dessus des racines du chêne vert et dont Norcia est la capitale.

La limite supérieure de la végétation arborée est atteinte entre 1 000 et 1 700 m, c'est-à-dire sur l'Amiata et l'Apennin. Là, de récentes forêts de **sapins** s'étendent un peu partout, tandis que dans les plus denses futaies le **hêtre** s'associe à l'érable, au frêne, au charme, au houx, à l'orme, au chêne chevelu ou au peuplier.

LA FAUNE

Si, parmi les grands mammifères, l'ours et le lynx ont disparu de Toscane, le **loup** est encore présent dans l'Apennin et dans la haute vallée du Tibre. Le **cerf**, importé à l'époque grand-ducale de Styrie, survit dans le Casentino, dans la Maremme, aux côtés d'autres cervidés comme le chevreuil et le daim, lui-même importé d'Asie Mineure dès la Rome antique et très présent également dans les pinèdes de San Rossore, de Migliarino, de Capalbio et du Monte Argentario.

Autre ongulé, malheureusement en voie de disparition, la **chèvre sauvage** se maintient uniquement dans l'île de Montecristo, où elle est hautement protégée.

Animal emblématique de la Maremme, le **sanglier** habite les nombreux maquis et pinèdes ; « jardinier » des sous-bois, son rôle régulateur sur la végétation est très important. On le retrouve également dans les sous-bois d'Ombrie.

Parmi les petits mammifères, le **lièvre** reste courant ; le **lapin de garenne**, particulièrement prolifique, est aussi très présent, comme son principal prédateur, le **renard**, qui s'adapte absolument à tous les milieux.

Signalons que, longtemps recherchée pour sa fourrure, la loutre est en voie de disparition, mais survit dans la Garfagnana et dans la Maremme, bien que souffrant de l'aménagement des berges des fleuves, alors que le castor s'en accommode.

En raison de la variété de son relief et de ses richesses hydrographiques, l'Italie du Centre abrite une **importante faune ornithologique**, dont nombre d'oiseaux migrateurs rassemblant passereaux (grive, hirondelle, pie, rossignol, aigrette, martin-pêcheur), rapaces (aigle royal, épervier, faucon pèlerin, buse, milan, chouette et hibou), palmipèdes (cormoran, canard sauvage, foulque, mouette, oie sauvage) et échassiers (héron, bécasse, grue, garzette, cigogne).

Côté élevage, les **bœufs blancs** du Val di Chiana, de race très ancienne dite *chianina*, donnent une viande extrêmement tendre, réputée dans toute l'Italie.

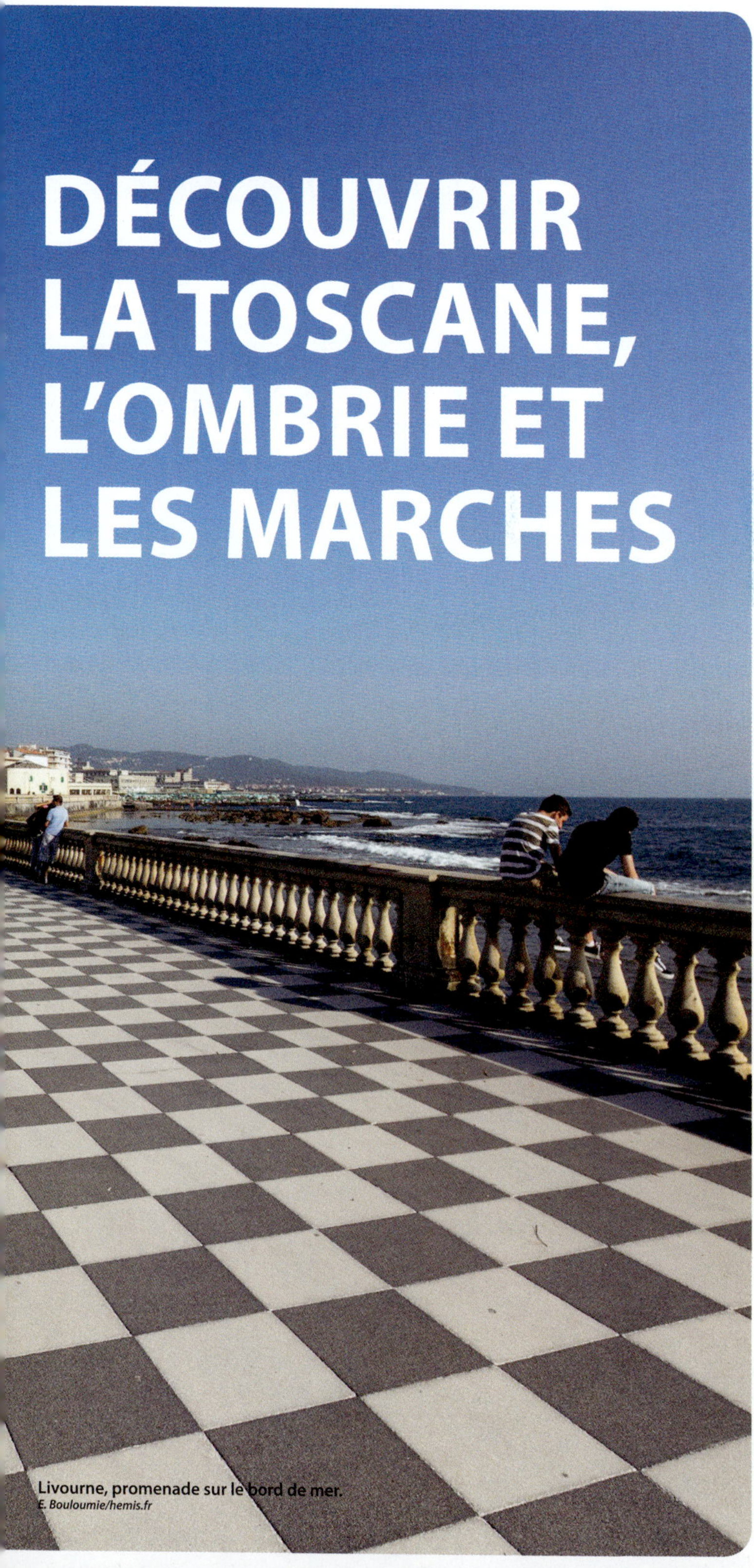

Livourne, promenade sur le bord de mer.
E. Bouloumie/hemis.fr

Florence 1

Carte Michelin Régional Italie 563 – Province de Florence

Le Ponte Vecchio.

Tuul et Bruno Morandi/hemis.fr

Florence

Firenze

★★★

381 000 habitants

Florence est un tourbillon d'émotions et de sensations. Certes, il faut patienter de longues heures avant de pouvoir contempler la Vénus de Botticelli ou le David de Michel-Ange. Il n'empêche. Le charme florentin, rehaussé par l'Arno et exalté par la lumière unique qui revêt les palais au crépuscule, opère sans cesse sur les visiteurs. Coups de foudre garantis pour le berceau de la langue et de la culture italiennes, qui a fait peau neuve durant ces dernières années, avec le réaménagement d'une bonne partie du centre historique et l'ouverture de nouveaux musées, de centres culturels et de parcs.

NOS ADRESSES PAGES 112, 132, 142, 151, 159, 165, 173, 182 ET 189
Hébergement, restauration, achats, activités, etc.

S'INFORMER

Offices de tourisme

Via Cavour 1r - ✆ 055 29 08 32 - www.firenzeturismo.it - 9h-18h, sam. 9h-14h - fermé dim.

Bigallo - Piazza S. Giovanni 1 - ✆ 055 28 84 96 - 9h-19h, dim. 9h-14h.

Piazza Stazione 4 - ✆ 055 21 22 45 - 9h-19h, dim. 9h-14h.

Aéroport Amerigo Vespucci - ✆ 055 31 58 74 - 9h-19h, dim. 9h-14h.

Parco delle Cascine - Piazzale delle Cascine 21 - ✆ 055 27 68 806 - 9h-19h.

SE REPÉRER

Carte de région C2 (p. 196) - plan de ville II (p. 120).

Florence est placée dans une dépression des Apennins qui s'ouvre sur la plaine de l'Arno. Elle se situe à un nœud routier vers lequel convergent les autoroutes A 1 et A 11 Firenze-mare. Le noyau historique est coupé en deux parties par l'Arno, que traversent plusieurs ponts.

SE GARER

Dans le centre, la circulation est soumise à une réglementation

Le Palazzo Vecchio et le Duomo (Santa Maria del Fiore) vus depuis le Piazzale Michelangelo.
B. Jannsen/age fotostock

stricte : sans carte de résident, il est interdit d'y pénétrer de 7h30 à 19h30. De nombreuses rues sont totalement interdites aux non-résidents. C'est un casse-tête et il est fortement conseillé de se garer dans les parkings, même s'ils sont chers *(voir « Nos adresses » p. 112)*. Si vous séjournez dans le centre, renseignez-vous auprès de l'hôtel pour obtenir le pass.

À NE PAS MANQUER

Le complexe du Duomo, la piazza della Signoria, la Galerie des Offices (pensez à réserver assez tôt), le Ponte Vecchio au coucher du soleil, l'église Santa Croce, une balade dans le quartier Santo Spirito, le Mercato Centrale, la vue sur la ville depuis le jardin Bardini.

ORGANISER SON TEMPS

Il est vivement recommandé de réserver ses billets pour les grands musées au moins deux jours à l'avance. Pour les musées du Polo Museale Fiorentino (Offices, Accademia, Palazzo Pitti, jardins de Boboli, chapelles Médicis, Bargello, couvent San Marco et musée des Pierres dures) : ✆ 055 29 48 83 et 055 26 54 321 ou sur www.polomuseale.firenze.it (réserv. 4 € pour les Offices, 3 € pour les autres musées).

Attention aux nombreux sites Internet non officiels qui pratiquent des tarifs élevés. Si vous avez l'intention de visiter plusieurs musées, la Firenze Card *(voir p. 113)* est une bonne option, qui offre aussi un accès prioritaire.

1

	FLORENCE EN 3 OU 5 JOURS	
En 3 jours	**1er jour**	Le Duomo et son musée, le Battistero, la Galerie des Offices ou une promenade dans le cœur médiéval.
	2e jour	Ponte Vecchio, musées du Palazzo Pitti, jardins de Boboli et promenade jusqu'à San Miniato en fin d'après-midi.
	3e jour	Chapelle des Mages dans le palazzo Medici-Riccardi, San Marco et/ou la Galleria dell'Accademia, Santa Croce.
En 5 jours	**4e jour**	San Lorenzo, déjeuner dans le Mercato Centrale, Santa Maria Novella, Cappella Brancacci (avt. 16h30), balade et dîner dans le quartier Santo Spirito.
	5e jour	La Galerie des Offices (si pas visitée le 1er jour) ou le Bargello le matin et excursion à Fiesole l'après-midi.

NOS ADRESSES À FLORENCE

Plan de ville II p. 120

INFORMATIONS UTILES

Consulat – D2 - *Palazzo Lenzi, piazza Ognissanti 2 - ✆ 055 23 02 556 - lun.-vend. 9h-13h.*

Pharmacies ouvertes 24h/24 – *Piazza della Stazione (dans la gare Santa Maria Novella) - ✆ 055 21 67 61 et via Calzaiuoli 7 r - ✆ 055 21 54 72.*

Toilettes – Des toilettes publiques *(1 €)* clairement indiquées existent en différents lieux du centre-ville : gare Santa Maria Novella ; Mercato Centrale de San Lorenzo ; piazza della Signoria ; ponte San Niccolo ; via del Proconsuolo ; piazza dei Ciompi ; borgo Santa Croce ; mercato Sant'Ambrogio ; via dello Sperone ; piazzale Michelangiolo.

Postes – Parmi les bureaux du centre qui restent ouverts jusqu'à 19h : via Pellicceria 3 et Galerie des Offices (pour ce dernier, certains dimanches également). Pour les autres bureaux de poste, consultez www.poste.it.

Tourisme et handicap – Pour obtenir des informations sur les services pour les personnes à mobilité réduite : *www. firenzeturismo.it*, rubrique *Informazioni Utili/Firenze senza barriere.*

Numérotation des rues – Les numéros rouges indiquent des locaux abritant une activité commerciale, les bleus les immeubles d'habitation et les hôtels. Des lettres accompagnent parfois ces numéros (a, b ou c), que l'on peut assimiler à nos bis ou ter, le « r » signifiant « rouge » !

Internet – La plupart des hébergements, ainsi que divers établissements (cafés, bibliothèques) et les principaux lieux touristiques de la ville (piazza Duomo, piazza della Signoria, piazzale degli Uffizi, piazza della Repubblica, Biblioteca delle Oblate, Orsanmichele…) offrent la connexion Wi-Fi gratuite.
Il existe plusieurs points Internet dans le centre historique. Compter 3 à 4 €/h. **Internet Train** a plusieurs adresses dans le centre-ville *(voir détails sur le site www. internettrain.it/toscana.html).*

ARRIVER/PARTIR

En avion

Aéroport Amerigo Vespucci – *Via del Termine 11, à 5 km au nord de la ville - www.aeroporto.firenze.it.*

Transfert vers le centre-ville – Les **navettes** « Volainbus » mènent à la gare Santa Maria Novella en 25mn environ *(départ ttes les 30mn de 5h30 à 0h30 - 6 €, 10 € AR).*
En sortant de l'aéroport, sur votre droite, vous tomberez nez à nez avec une multitude de **taxis** *(forfait fixe de 20 € pour rejoindre le centre-ville en env. 20mn).*

En train

Gare ferroviaire Santa Maria Novella (SMN) – D1-2 - *piazza della Stazione.* Située en plein centre, elle est la gare principale de la ville ; elle dessert toutes les grandes villes italiennes *(consigne au niveau du quai n° 16, 6h-23h, 6 €/5h, 0,90 € l'heure supplémentaire).*

Gare ferroviaire Campo di Marte – F1 - *Via Mannelli 12.* À l'est de la ville, derrière le quartier Santa Croce, Campo di Marte est située sur la ligne Florence-Rome. De là, vous pouvez rejoindre le centre-ville à pied *(25mn)*, en train jusqu'à la gare Santa Maria Novella *(20mn)* ou en bus (n° 13).

TRANSPORTS

En bus et tramway

La ville est pourvue d'un solide réseau de bus et de minibus. Informations : www.ataf.net (plan en ligne).

Bus standard – Tlj 5h/6h-0h30. Ils permettent de rejoindre facilement les principaux quartiers de la ville et ses alentours immédiats (chartreuse de Galluzzo, Fiesole, Settignano).

Minibus – Lun.-vend. 7h-20h. Quatre lignes de minibus électriques, indiquées par les lettres C1, C2, C3 et D, desservent le centre historique, incluant les quais et le quartier de l'Oltrarno.

Bus nocturnes – Les transports entre 22h et 3h du matin sont assurés par Nottetempo *(4 €)*, un service de bus qui doit être réservé au ✆ 055 56 50 555 au moins 30mn à l'avance.

Tramway – La ligne T1 de tramway relie la gare Alamanni à Villa Costanza.

Tarifs– Billet simple *(1,20 € pour 90mn de trajet)* ; billet pour 24h *(5 €)* ; billet pour 3 j. *(12 €)*.

Pour ceux qui ont acheté la Firenze Card *(voir « Visites » ci-contre)*, les transports sont gratuits !

En voiture

Parkings – La circulation est très difficile dans Florence, nous vous conseillons donc de garer votre voiture dans un parking et d'utiliser les transports en commun. Pour se renseigner sur les parkings : *www.firenzeparcheggi.it*

Taxi – Plusieurs stations se répartissent au cœur de la cité : stazione Santa Maria Novella ; Duomo ; piazza della Repubblica ; Ponte Vecchio ; via dei Tornabuoni ; piazza Beccaria ; piazza San Marco ; stazione Campo di Marte ; piazzale Michelangiolo ; piazza Torquato Tasso. Affiché au compteur, le prix d'une course en centre-ville oscille entre 5 et 8 €.

Pour **commander un taxi** :

Cotafi – ✆ *055 43 90 - www.4390.it/wp.*

Socota – ✆ *055 42 42 - www.4242.it.*

À vélo et Segway

Le vélo ou le *Segway* (véhicule électrique monoplace sur deux roues) sont la meilleure solution pour visiter Florence.

Bici Firenze – *www.bicifirenze.it/cms2.*

Florence by bike – *www.florencebybike.it.*

Segway – *www.italysegwaytours.com.*

À pied

Définitivement la meilleure façon de découvrir cette ville, dont le centre est relativement peu étendu et en grande partie piéton.

VISITES

« Organiser son temps » p. 111

Firenze Card – Valable 72h, elle donne accès sans réservation et sans file d'attente à plus de 60 musées de la ville et offre la gratuité des transports en commun de Florence *(72 €, achat en ligne ou liste des points de vente sur place sur www.firenzecard.it)*.

Billets groupés – Florence possède des complexes muséaux qui englobent plusieurs espaces d'exposition pour lesquels sont proposés des billets groupés. Les lieux concernés sont les suivants :

- Galleria Palatina et Galleria d'arte moderna du Palazzo Pitti *(8,50 €, valable une journée)*.

- Galleria del Costume, Museo degli Argenti, Museo delle Porcellane (Palazzo Pitti), jardins de Boboli et jardin Bardini *(7 €, valable 1 journée)*.
- Tous les musées du Palazzo Pitti, jardins de Boboli et jardin Bardini *(11,50 €, valable 3 jours. Non valide en cas d'expositions temporaires)*.

Settimana dei Beni Culturali – Durant une semaine au printemps (en avril ou mai), gratuité des musées de Florence. Pour plus d'informations, contactez l'office de tourisme.

Visites gratuites – Plusieurs sites de Florence sont toujours ouverts gratuitement à la visite: Duomo, Orsanmichele, Santa Trinita et Ognissanti, Santo Spirito, Cenacolo di S. Apollonia, la salle du Perugino et, hors du centre historique, l'église San Salvi et San Miniato Al Monte.

Le **18 février**, en commémoration de la mort de l'électrice palatine Anne-Marie-Louise de Médicis, les musées de Florence sont gratuits.

Bateau sur l'Arno – *✆ 055 21 03 01 - www.florenceandtuscanytours.com - mai-sept. sur réserv.* Pour voir défiler sous vos yeux le palais des Offices et les rives de l'Oltrarno.

Firenze City Sightseeing – *✆ 055 29 04 51 - www.firenze.city-sightseeing.it*. Ces autobus découverts effectuent trois circuits, permettant de découvrir les lieux principaux de la ville. La ligne A traverse le centre historique, les lignes B et C (mars-nov.) relient Florence à Fiesole.

HÉBERGEMENT

Il est fortement conseillé de réserver un hôtel ou un appartement avant d'arriver à Florence, qui demeure l'une des villes les plus touristiques et plus chères d'Italie. Les visiteurs qui ne l'auraient pas fait peuvent s'adresser en arrivant au **bureau de réservations d'hôtels**, au sein de la gare Santa Maria Novella (face au quai n° 7), qui propose des hébergements pour tous les budgets, ou surfer sur le site www.firenzeturismo.it *(rubrique Informazioni Utili/Dove dormire)*.

Location

Loc'appart Italie – *✆ 01 45 27 56 41 - www.locappart.com*. Cette agence parisienne propose une dizaine d'appartements à louer à Florence pour 2 ou 4, voire 6 personnes, avec un excellent rapport qualité-prix.

Abritel – *www.abritel.fr*. Locations d'appartements dans la ville.

Airbnb – *www.airbnb.fr*. Locations de chambres, appartements ou maisons à des hôtes locaux.

Maisons religieuses

Leurs tarifs sont avantageux, mais les horaires de « couvre-feu » le soir (entre 22h30 et 0h) ne vous permettront guère de savourer la vie nocturne. Demandez, lors de la réservation, si les cartes de crédit sont acceptées.

Casa Regina del SS. Rosario – E1 - *Via Giuseppe Giusti 35 - ✆ 055 24 77 636- www.casareginadelsantorosario.it*.

Oblate dell'Assunzione – E2 - *Borgo Pinti 15 - ✆ 055 24 80 582 - www.oblateassunzione.it*.

Villa Merlo Bianco – Hors plan F3 - *Via di Ripoli 82 - ✆ 055 68 02 394 - www.merlobianco.it*.

Istituto Santa Elisabetta – F3 - *Viale Michelangelo 46 - ✆ 055 68 11 884*.

Foresteria Valdese – D2 - *Via dei Serragli 49 - ✆ 055 21 25 76 - www.firenzeforesteria.it*.

Casa del Santo Nome di Gesù – D2 - *Piazza del Carmine 21 - ✆ 055 21 38 56 - www.fmmfirenze.it*.

Auberges de jeunesse et camping

Les auberges de jeunesse de Florence proposent des dortoirs (à prix doux) mais aussi des chambres privées.

Ostello Santa Monaca – D2 - *Via Santa Monaca 6 - 055 26 83 38 - www.ostellosantamonaca.com.*

Hostel Archi Rossi – D1 - *Via Faenza 94r - 055 29 08 04 - www.hostelarchirossi.com.*

Youth Firenze 2000 – C2 - *Viale Raffaello Sanzio 16 - 055 23 35 558 - www.cheap-hotel-florence.com - 32 ch.*

Campeggio Michelangelo – F3 - *Viale Michelangiolo 80 - 055 68 11 977 - www.ecvacanze.it - 240 empl.*

Duomo et piazza della Signoria

Dans l'entrelacs des ruelles, vous serez là dans le cœur historique de Florence. Certes très fréquenté par les touristes, le quartier n'en possède pas moins son pesant de charme au petit matin ou à la tombée du jour.

BUDGET MOYEN

B&B Relais Il Campanile al Duomo – E2 - *Via Ricasoli 10 - 055 21 16 88 - www.relaiscampanile.it - 10 ch. - 100/120 €.* Ce charmant B&B, installé au premier étage d'un bâtiment du 17e s. entièrement restauré, bénéficie d'une situation exceptionnelle dans le centre historique de Florence et offre des chambres coquettes.

B&B Novecento – E2 - *Via Ricasoli 10 - 055 21 41 38 - www.bbnovecentofirenze.it - 6 ch. - 120/140 €.* Situé dans le même bâtiment que le **B&B Relais Il Campanile al Duomo** *(ci-dessus)*, ce B&B à l'atmosphère chaleureuse et confortable propose des chambres très agréables et bien équipées. La jolie terrasse panoramique offre une belle vue sur Santa Maria del Fiore.

B&B Dei Mori – E2 - *Via Dante Alighieri 12 - 055 21 14 38 - www.deimori.com - 12 ch. - 110/130 €.* À proximité de la maison de Dante et à quelques pas du Duomo, un palais du 15e s. abrite cet accueillant B&B. Le soin du détail romantique recrée une atmosphère classique.

POUR SE FAIRE PLAISIR

Hotel Torre Guelfa – E2 - *Borgo SS. Apostoli 8 - 055 23 96 338 - www.hoteltorreguelfa.com - 33 ch - 140/170 €.* Non loin du Ponte Vecchio, ce palais du 14e s. abrite des chambres accueillantes et aménagées avec goût. Petit-déjeuner servi dans les chambres.

La Casa del Garbo – E2 - *Piazza della Signoria 8 - 055 29 33 66 - www.casadelgarbo.it - 9 ch. - 130/150 €.* Installé sur la piazza della Signoria, au sein du Palazzo Uguccioni, un bâtiment historique (sans ascenseur) situé à côté du musée Gucci, cet établissement propose des chambres et des suites indépendantes avec cuisine, décorées avec goût.

Santa Maria Novella

Au sortir de la gare et plongeant doucement vers l'Arno, à moins de 10mn du Duomo, le quartier est un bon point de départ pour visiter la ville.

BUDGET MOYEN

Albergo Scoti – D2 - *Via Tornabuoni 7 - 055 29 21 28 - www.hotelscoti.com - 10 ch. - 110/130 €.* Un hébergement pour qui aime l'éclectisme. Sur l'élégante via Tornabuoni et dans un palais Renaissance, cet hôtel, avec son salon orné de fresques, baigne dans une atmosphère aristocratique légèrement teintée de décadence.

POUR SE FAIRE PLAISIR

Hotel Unicorno – D2 - *Via de' Fossi 27 - ✆ 055 28 73 13 - www.hotelunicorno.it - 27 ch. - 120/150 €* Situé dans une rue élégante, réputée pour ses boutiques d'antiquaires, et installé dans un magnifique bâtiment du 17e s., l'Unicorno associe l'élégance de meubles anciens à un confort actualisé.

UNE FOLIE

Leone Blu – D2 - *Piazza Carlo Goldoni 2 - ✆ 055 29 02 70 - leoneblu.com - 9 suites - à partir de 400 €*. Si vous voulez faire une folie à Florence, c'est ici, dans la demeure des Ricasoli, dont les titres de noblesse remontent au 11e s., qu'il faut loger. La famille a récemment ouvert au public sa splendide maison sur le Lungarno et vous accueille dans ses somptueuses suites, mêlant art ancien et contemporain. Les services sont ceux d'un hôtel de luxe mais vous aurez l'ivresse d'ouvrir la porte d'une demeure magnifique comme si c'était votre maison privée.

San Lorenzo et San Marco

Avec le marché principal de la ville irradiant alentour, San Lorenzo est très animé et vivant : petits restaurants, gargotes, et au plus près des sites à visiter. San Marco, au nord, se veut beaucoup plus calme.

BUDGET MOYEN

Locanda di Firenze – E2 - *Via Faenza 12 - ✆ 055 28 43 40 - 8 ch. - 110/130 €*. À seulement quelques pas du marché de San Lorenzo, au 3e étage d'un immeuble marqué par les années, cette demeure accueille ses hôtes avec des chambres simples mais agréables et une chaleureuse atmosphère familiale. On se sentirait presque comme à la maison.

Hotel Collodi – E2 - *Via Taddea 6 - ✆ 055 29 13 17 - www.relaishotel.com - 12 ch. - 120/140 €*. Joliment situé derrière le marché de San Lorenzo, dans une petite rue au calme, l'établissement voue un véritable culte à Pinocchio, avec beaucoup de charme et de convivialité. Chambres très agréables, terrasse, service attentionné.

Residenza Johanna I – E1 - *Via Bonifacio Lupi 14 - ✆ 055 48 18 96 - www.johanna.it - 10 ch. - 100/120 €*. Excellente adresse en raison de sa situation (près de la piazza San Marco), de la sympathie manifestée et de la modération des prix. On y remarquera un certain soin du détail, jusqu'au domaine de la lecture (livres et revues sont à disposition des clients). Formule *do it yourself* pour le petit-déjeuner.

POUR SE FAIRE PLAISIR

B&B Antica Dimora Firenze – E1 - *Via San Gallo 72 - ✆ 055 46 27 296 - www.anticadimorafirenze.it - 6 ch. - 140/160 €*. Cette petite demeure raffinée a conservé le caractère des anciennes maisons florentines. Les chambres, meublées de lits à baldaquin et meubles anciens, sont toutes différentes. Livres, revues et même une petite cinémathèque sont à disposition dans la salle du petit-déjeuner. Vous n'aurez pas le temps de vous ennuyer !

Antica Dimora Johlea – E1 - *Via San Gallo 80 - ✆ 055 46 33 292 - www.johanna.it - 12 ch. - 140/160 €*. Nous vous recommandons chaudement ce petit établissement élégant, au grand confort, cadet d'une petite chaîne de B&B de charme à laquelle la **Residenza Johanna I** *(ci-dessus)* appartient aussi. L'atmosphère est intime et décontractée. Une attention particulière a été consacrée aux salles de bains ornées de marbre ou de céramiques artisanales.

Santa Croce

Flirtant avec l'Arno et articulé autour d'une vaste place qui a donné son nom au quartier, coloré par le marché Sant'Ambrogio et égayé par de nombreux restaurants et boîtes de nuit, Santa Croce est l'endroit idéal pour les noctambules.

BUDGET MOYEN

Hotel Orcagna – F2 - *Via Orcagna 57 - ✆ 055 66 99 59 - www.hotelorcagnafirenze.it - 18 ch. - 110/130 €.* Cet agréable hôtel bénéficie d'une rénovation complète des chambres, de goût moderne et de bon confort. Location de bicyclettes pour se promener dans le dédale des rues de Florence.

POUR SE FAIRE PLAISIR

Palazzo Galletti B&B – E2 - *Via Sant'Egidio 12 - ✆ 055 24 80 346 - www.palazzogalletti.it - 11 ch. - 130/150 €.* Cette résidence de charme propose des chambres personnalisées avec goût, où la décoration originale côtoie des meubles plus traditionnels. Salles de bain en marbre.

Oltrarno

Sans être excentrée, cette partie de la ville, à l'écart du tourbillon touristique, est plus tranquille et authentique.

BUDGET MOYEN

La Terrazza su Boboli – D2 - *Viale Francesco Petrarca 122 - ✆ 055 23 37 394 - www.laterrazzasuboboli.com - 6 ch. - 110/130 €.* À quelques pas des célèbres jardins de Boboli, à l'étage d'un bâtiment du 18e s., cette adresse pleine de charme propose des chambres donnant sur la Porta Romana, et d'autres, plus au calme, sont agrémentées d'une terrasse.

POUR SE FAIRE PLAISIR

Palazzo Guadagni – D2-3 - *Piazza Santo Spirito 9 - ✆ 055 26 58 376 - www.palazzoguadagni.com - 14 ch. - 130/150 €.* Dans un palace de la Renaissance, de grandes chambres lumineuses offrent une belle vue sur la ville. L'accueil est à l'image du lieu : chaleureux et distingué.

Hors du centre historique

BUDGET MOYEN

Relais Firenze Stibbert – Hors plan D1 - *Via Lambruschini 39 - ✆ 055 46 25 052 - www.soggiornostibbert.com - 6 ch. - 120/140 €.* À l'écart du centre historique mais tout près du musée Stibbert, des chambres d'hôtes et de petits appartements, spacieux et confortablement équipés.

RESTAURATION

Voir la rubrique « Nos adresses » à la fin de chaque quartier.

EN SOIRÉE

Pour vous tenir au courant des spectacles et des concerts, consultez les sites www.firenzespettacolo.it, www.informacitta.net ou www.loveflorence.it.

Box Office Toscana – *Via delle Vecchie Carceri 1 - Le Murate, accès depuis Via Ghibellina 1-16, Via dell'Agnolo 1 et Viale della Giovine Italia - ✆ 055 21 08 04 - www.boxofficetoscana.it - fermé dim.* Billets pour spectacles de théâtre et concerts.

Théâtre et musique

Teatro del Sale – *Via dei Macci 111r - ✆ 055 200 14 92 - www.*

edizioniteatrodelsalecibreofirenze.it - fermé dim. soir et lun. Matin, midi et soir, théâtre, musique et divers spectacles se déroulent ici, dans le dernier-né des établissements de la famille Cibrèo. Grand principe de la maison : « Être heureux est obligatoire. » Propose également de l'épicerie fine. Essayez le brunch ou la formule dîner + spectacle à 30 €.

Musique classique

Orsanmichele – E2 - *Via Arte della Lana - ✆ 055 78 33 74 - www.orcafi.it.* L'Orchestra da Camera Fiorentina tient régulièrement des concerts de musique de chambre à Orsanmichele et à l'Auditorium de S. Stefano al Ponte Vecchio *(piazza S. Stefano).*

Opera di Firenze – C1-2 - *Viale Fratelli Rosselli 1 - ✆ 055 27 79 309 - www.operadifirenze.it.* Entre l'ancienne gare Leopolda (maintenant devenue centre culturel) et le parc delle Cascine, le bâtiment est le nouveau sanctuaire de la musique classique de Florence et le siège du prestigieux festival du Maggio Musicale Fiorentino

Teatro Verdi – E2 - *Via Ghibellina 99r - ✆ 055 21 23 20 - www.teatroverdionline.it.* Concerts de musique classique, de pop ou de jazz, opéra, opérette et même films en avant-première, dans sa salle rouge et or de plus de 1 500 places.

ETI - Teatro della Pergola – E2 - *Via della Pergola 18 - ✆ 055 22 641 - www.fondazioneteatrodellapergola.it* - L'un des plus anciens opéras de la ville (17e s.), classé monument national en 1925. Représentations théâtrales toute l'année, et opéras durant le célèbre festival du Maggio Musicale Fiorentino *(voir « Agenda » ci-contre).*

ACHATS

Emilio Pucci, Guccio Gucci et Salvatore Ferragamo ont fait leurs gammes dans la cité des Médicis. Pour se faire plaisir sans trop se ruiner, on peut se renseigner sur la date des soldes d'été et d'hiver *(saldi)*, qui tombent en même temps qu'en France.
Mais Florence est surtout une ville d'artisanat et avant tout le paradis de la chine : entre les joailliers du Ponte Vecchio, les antiquaires de l'Oltrarno et les ateliers de cuir des abords de San Lorenzo, vous aurez l'embarras du choix ! En effet, chaque quartier de la ville a conservé, depuis le Moyen Âge, les métiers artisanaux qui ont fait la fortune de Florence. N'oubliez pas non plus les délices gastronomiques, présents sur les marchés comme dans de nombreuses boutiques.

Travail du cuir – Rues autour de Santa Croce. Une partie des locaux du monastère de Santa Croce abrite l'école du cuir.

Antiquaires – Le Borgo Ognissanti offre une jolie promenade où se succèdent boutiques de broderies et antiquaires ; on retrouve ces derniers aussi via de' Fossi, via dei Serragli, via San Jacopo et via Maggio.

Orfèvrerie – Via de' Tornabuoni et sur le Ponte Vecchio.

Papeterie – La papeterie est une autre spécialité florentine, notamment pour tous les décors réalisés « au peigne ». Ils sont obtenus en disposant des fines gouttes de peinture en suspension sur une cuve ; celles-ci sont ensuite comme étirées avec un peigne pour dessiner des motifs marbrés, dont la beauté est également liée à l'harmonie des différentes couleurs choisies.

En y déposant très délicatement une feuille de papier, le motif vient s'y imprimer.
Alors que les articles de série sont en vente un peu partout dans la ville, les plus beaux papiers sont vendues à piazza della Signoria, via de' Tornabuoni et piazza Pitti.
Mode – Le travail de la soie, de la laine et des tissus : c'est cela même qui fit la réputation de la ville. Il se retrouve dans les belles boutiques de luxe du centre, en particulier dans les rues Por Santa Maria, Calimala et Roma, ainsi que via de' Calzaiuoli : **boutiques de mode**, magasins de chaussures et maroquineries s'y succèdent.
Marché aux puces – EF2 - *Piazza dei Ciompi - fermé dim.* Entre les baraquements colorés se tient un petit marché aux puces où s'accumule un bric-à-brac d'antiquités, brocantes et occasions : mobilier, tableaux, photographies et cartes postales anciennes, fripes, livres et objets hétéroclites…
Autres marchés – On peut flâner sous la loggia du Marché Neuf et aux abords de San Lorenzo, qu'animent les étals des marchands de souvenirs et de maroquinerie. Les principaux marchés du centre-ville sont le **Mercato di San Lorenzo** (E2 - *p. 158*) et le **Mercato di Sant'Ambrogio** (F2 - *piazza Lorenzo Ghiberti - www.mercatosantambrogio.it - tlj sf dim. 7h-14h)* où, depuis 1873, bouchers, maraîchers et charcutiers se côtoient dans les halles.
En dehors de Florence – Si vous êtes féru de shopping, **Outlet Shopping Tour** (*055 21 06 12 - www.caftours.com)* vous offre l'occasion de vous rendre dans les fameux outlets à l'extérieur de la ville. Excursions vers le magasin d'usine de Prada et le centre commercial The Mall regroupant de nombreuses marques : Ungaro, Gucci, Valentino, Ferragamo… Départ piazza della Stazione.

AGENDA

Cavalcata dei Magi (*Cavalcade des Mages*) – Le 6 janvier, un défilé costumé, inspiré de la célèbre fresque de Benozzo Gozzoli, dans la chapelle du palazzo Medici-Riccardi, parcourt les rues, de la piazza Pitti au Duomo.
Le Scoppio del carro *(Explosion du char)* – Dim. de Pâques, sur la piazza del Duomo. Un char de bois est tiré à travers la ville. Une colombe glissant sur un fil depuis le maître-autel de la cathédrale allume une cascade de feux d'artifice.
Festa del grillo *(Fête du grillon)* – Le 1er dim. après l'Ascension, les Florentins s'offrent un grillon pour se porter bonheur.
Trofeo Marzocco – *En mai.* Concours d'étendards.
Maggio Musicale Fiorentino *(Mai musical florentin)* – Prestigieux festival international d'art lyrique, fondé en 1933 par le chef d'orchestre Vittorio Gui (1885-1975) ; il voit chaque année défiler concerts, opéras et ballets. Son répertoire englobe aussi bien des œuvres méconnues des grands compositeurs du 19e s. que des spectacles contemporains.
Calcio storico fiorentino *(« calcio » historique florentin)* – Sorte de football antique en costumes d'époque, qui a lieu la 2e et 3e semaine de juin, avec finale le 24 juin et feux d'artifice sur le piazzale Michelangiolo.
Fête de « la Rificolona » – Le 7 septembre, sur la piazza Santissima Annunziata, cérémonie de commémoration de la naissance de la Vierge. Le lendemain, défilé de bateaux illuminés sur l'Arno.

1

FIRENZE

Plan II

SE LOGER

Albergo Scoti	2
Antica Dimora Johlea	33
B&B Antica Dimora Firenze	3
B&B Dei Mori	4
B&B Novecento	5
B&B Relais Il Campanile al Duomo	6
Campeggio Michelangelo	7
Casa del Santo Nome di Gesù	9
Casa Regina del SS. Rosario	12
Foresteria Valdese	22
Hostel Archi Rossi	40
Hotel Collodi	14
Hotel Orcagna	39
Hotel Torre Guelfa	21

Hotel Unicorno 24
stituto Santa Elisabetta 28
La Casa del Garbo 29
La Terrazza su Boboli 18
Leone Blu 13

Locanda di Firenze 35
Oblate dell'Assunzione 36
Ostello Santa Monaca 41
Palazzo Guadagni 25
Palazzo Galletti B&B 26

Relais Firenze Stibbert 43
Residenza Johanna I 48
Villa Merlo Bianco 27
Youth Firenze 2000 42

Le Duomo et le cœur médiéval

★★★

Disposés harmonieusement sur la même place, le Duomo, le baptistère et le campanile constituent le cœur florentin, ses poumons artistiques et religieux. Dans l'alternance colorée de marbre blanc et vert, dans le foisonnement des édifices, entre églises et palais, semble résonner encore la présence de Giotto, de Brunelleschi, de Dante, de Donatello… Une coupole tutoyant les anges, des portes en bronze ornées de somptueux panneaux sculptés, une bouleversante Pietà de Michel-Ange… Animé et commerçant, tout le quartier pousse du côté de l'émotion.

NOS ADRESSES PAGE 132
Restauration, achats, activités, etc.

SE REPÉRER
Plan de ville II E2 (p. 120) - plan de quartier III (p. 127).
Entre la gare Santa Maria Novella et l'Arno, il s'agit du centre historique et religieux de la cité.

À NE PAS MANQUER
Les fresques de la coupole, le baptistère, le Museo del Duomo et le Museo del Bargello.

ORGANISER SON TEMPS
Comptez une bonne journée, dont une demi-journée pour le complexe de la piazza del Duomo.

Découvrir Plan III p. 127

★★★ PIAZZA DEL DUOMO

Billet unique « Grande Museo del Duomo » (valable 24h, 15 €) pour le campanile, le baptistère, la crypte de Santa Reparata, la coupole et le Museo dell'Opera del Duomo. Achat sur place (piazza San Giovanni 7, en face du baptistère) ou sur le site Internet www.ilgrandemuseodelduomo.it - ✆ 055 23 02 885. Sur le site sont proposées aussi plusieurs visites guidées thématiques dans le complexe du Duomo.
Au cœur de la ville, la cathédrale forme avec le campanile et le baptistère un ensemble de marbre blanc, vert et rose, témoignage du passage de l'art florentin du Moyen Âge à celui de la Renaissance. La **loggia del Bigallo**, construite au milieu du 14e s., s'ouvre sur la piazza San Giovanni et sur la via dei Calzaiuoli : sous ses arcades perpendiculaires en plein cintre, surmontées de fenêtres géminées, les enfants perdus ou abandonnés attendaient autrefois une mère adoptive. Une fresque, exécutée vers 1386, les illustre dans le petit **musée del Bigallo**, qui abrite des œuvres des 14e-15e s. (*Piazza San Giovanni 1 - ✆ 055 28 84 96 - visites sur RV 10h30-16h30, dim. 9h30-12h30*).

★★★ Duomo

Entrée par la Porta dei Canonici, sur le flanc droit (accès personnes handicapées) - www.ilgrandemuseodelduomo.it - 10h-17h (jeu. 10h-16h), dim. 13h30-16h45 - gratuit.

Détail de la façade de la cathédrale Santa Maria del Fiore (Duomo).
R. Mattes/hemis.fr

Élevée aux 13e et 14e s. pour répondre à la grandeur de Florence, la cathédrale **Santa Maria del Fiore** (Sainte-Marie-de-la-Fleur) évoque une rose en or offerte par le pape Eugène IV lors de sa consécration en 1436. Ses dimensions gigantesques de 155 m de long, de 90 m de large et de 107 m de haut font de ce sanctuaire l'un des plus vastes du monde chrétien. Commencée en 1296 sur le projet initial d'**Arnolfo di Cambio**, sa construction coûta un siècle et demi d'efforts à la ville. L'édifice, au final, célèbre avec éclat un style gothique propre à Florence, privilégiant les lignes horizontales et les volumes amples. La façade a été réalisée à la fin du 19e s. sur le projet original d'Arnolfo di Cambio.

Extérieur – C'est depuis le flanc droit que la cathédrale révèle le mieux sa marqueterie de marbre polychrome, démunie de reliefs et simplement grandiose. Admirez le **chevet★★★** aux trois absides polygonales : avec la coupole posée sur un haut tambour, il forme un ensemble d'un rare équilibre. Sur le flanc gauche, la Porte de la Mandorla dévoile un tympan orné d'une mosaïque par **Domenico Ghirlandaio**.

Intérieur – Le vaisseau, d'une nudité saisissante, tranche avec la somptuosité de l'extérieur. Pour la nef de 80 m, seules quatre arcades de grande portée soutiennent les hautes voûtes gothiques. Une mosaïque de Gaddo Gaddi (13e s.) recouvre l'intérieur et de remarquables vitraux illuminent la façade et les nefs latérales : les premiers en particulier, dessinés par Ghiberti, intègrent un extraordinaire ton de vert dans leur composition. Sur l'un des bas-côtés gauche, deux fresques de **Paolo Uccello** (**4** - 1436) et d'**Andrea del Castagno** (**3** - 1456) montrent deux *condottieri* à cheval, soldats « professionnels » qui louèrent leurs services à Florence. Dans la dernière travée avant le chœur, une autre peinture murale de **Domenico Michelino** (**5** - 1465) représente le poète **Dante** expliquant son voyage imaginaire dans l'au-delà, *La Divine Comédie*.

★★★ **La Coupole** – Prouesse architecturale de près de 50 m de diamètre, la coupole s'élève à 91 m au-dessus du chœur. Commencée en 1420, elle coûta quatorze ans de travail à son inventeur, **Filippo Brunelleschi**, qui innova sa propre technique en s'inspirant des édifices romains *(voir encadré p. 125)*.

Une immense fresque du *Jugement dernier* recouvre la partie interne du dôme : commencée par **Vasari**, qui y travailla de 1572 à 1574, celle-ci demanda encore cinq années de labeur à Federico Zuccari, qui l'acheva en 1579.

★★ **Le chœur** – Immense et octogonal, il offre une vue magistrale sur l'ensemble de l'édifice. Tout autour se déploient en trèfle trois vastes absides, chacune ouvrant sur cinq chapelles. Celle de l'axe abrite un chef-d'œuvre de **Ghiberti** : le sarcophage de saint Zanobi **(7)**, premier évêque de Florence, dont les reliefs de bronze racontent la vie. De part et d'autre du maître-autel, deux tympans en terre cuite aux bleus légers de **Luca Della Robbia**, une *Ascension* **(6)** et une *Résurrection* **(8)**, ornent les portes des deux sacristies.

Crypte de Santa Reparata – *Accès de la nef de la cathédrale - fermé dim. - billet unique « Grande Museo del Duomo ».* Un escalier situé dans la nef centrale permet d'accéder aux restes d'une basilique romane, démolie lors de la construction de l'actuelle cathédrale. Fragments de pavement à mosaïques et tombe de Brunelleschi, visible derrière une grille.

★★ **Montée à la coupole** – *Accès par la Porte de la Mandorla (flanc gauche) - 8h30-18h20, sam. 8h30-17h - fermé dim. - billet unique « Grande Museo del Duomo » - 463 marches, montée déconseillée aux personnes souffrant de cardiopathie ou de claustrophobie.*

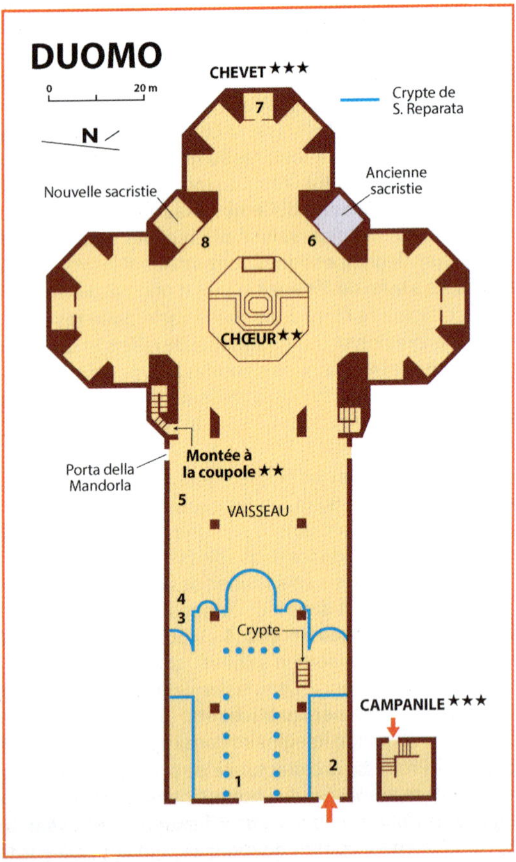

UNE PROUESSE ARCHITECTURALE

Inséparable du paysage florentin, le puissant dôme est la partie la plus admirable de l'édifice. C'est à **Filippo Brunelleschi** (1377-1446) que revient le mérite d'avoir enfin résolu, en 1420, le difficile problème de couvrir l'immense chœur de la cathédrale. Afin de diminuer la formidable poussée exercée vers le centre de la coupole, il imagina une couverture composée de deux calottes reliées entre elles par un réseau complexe d'arcs et de contreforts. L'admiration et l'enthousiasme suscités dans la Florence d'alors par la réalisation de ce dôme gigantesque, édifié sans étais apparents, furent considérables. Durant près de quinze ans, le chantier, avec ses machines élévatrices conçues par Brunelleschi lui-même et capables de déplacer des blocs de pierre de plus de 3 t, constitua pour les Florentins un spectacle sans précédent, tant par sa nouveauté que par le caractère incroyable de cette audacieuse prouesse technique.

Pour profiter de la cathédrale déserte et silencieuse, il est préférable de faire la montée entre 8h30 et 10h.

L'ascension à la coupole, à la fois âpre et impressionnante, semble faire pénétrer dans les entrailles de la cathédrale. On accède d'abord à l'étroite galerie dominant le chœur, qui offre une **vue**★★ vertigineuse et plongeante sur l'intérieur de l'édifice. On peut également détailler d'ici les admirables **vitraux**★ des *oculi* du tambour, qui furent exécutés dans la première moitié du 15e s. d'après des cartons signés Ghiberti, Donatello, Paolo Uccello, Andrea del Sarto. La montée au sommet se fait par un escalier aménagé entre les deux calottes, ce qui donne une vision des structures mêmes de la coupole. Le dernier tronçon, très raide, est le plus spectaculaire puisqu'il débouche au pied du lanternon, la dernière œuvre de Brunelleschi, mis en place après sa mort. De là se dévoile un magnifique **panorama**★★ sur Florence avec son dégradé de tuiles ocre, ses terrasses en cascade et ses monuments.

★★★ Campanile

8h15-18h50 - billet unique « Grande Museo del Duomo » - 414 marches, montée déconseillée aux personnes souffrant de cardiopathie ou de claustrophobie.

Haut de 82 m, il n'est pas moins célèbre que la coupole de Brunelleschi, avec laquelle il contraste harmonieusement par ses lignes droites. **Giotto**, qui en avait dessiné les plans, commença la construction en 1334, mais mourut en 1337. Achevé à la fin du 14e s., ce campanile, typique du gothique florentin, surprend par sa décoration géométrique où dominent les lignes horizontales. Son revêtement de marbre aux tons clairs et l'ouverture des baies qui va croissant vers le haut créent un effet d'une extrême légèreté. Des copies ont remplacé les bas-reliefs de la partie inférieure de l'édifice, les originaux se trouvant au Museo dell'Opera del Duomo *(voir p. 126)*. Ils furent sculptés selon la conception de Giotto, au 1er registre par Andrea Pisano et Luca Della Robbia, au 2e par des élèves d'Andrea Pisano. La montée – un peu longue – jusqu'au sommet offre en récompense une **vue**★★ sur la cathédrale et la ville.

★★★ Battistero

Entrée par la Porte Nord, en face de la billetterie - 8h15-10h15, 11h15-18h30, sam. 8h15-18h30, dim. 8h15-13h30 - billet unique « Grande Museo del Duomo ».

« Mon beau Saint-Jean » : c'est ainsi que Dante évoquait le baptistère dédié à saint Jean-Baptiste, patron de la ville, dont l'image figura dès le Moyen Âge sur le fameux florin d'or. L'élégant édifice octogonal, vêtu de marbre blanc et vert, qui a fait peau neuve après une longue restauration, dégage une rare impression de rigueur et de délicate pureté. Romane à la base, la construction, que l'on fait remonter au 11e s., montre de curieux caractères Renaissance – pilastres, chapiteaux, frontons triangulaires… –, révélant ainsi le penchant de l'art florentin pour l'Antiquité.

★★★ **Portes de bronze** – *Les versions d'origine des portes Nord et du Paradis se trouvent au Museo dell'Opera del Duomo.* Elles sont universellement connues. La **Porte Sud,** la plus ancienne, sculptée par **Andrea Pisano** (1330), évoque en style gothique la vie de saint Jean-Baptiste, en haut, et les vertus théologales (foi, espérance, charité) et cardinales, en bas. Elle doit ses encadrements Renaissance, décorés de feuillages, d'oiseaux et de chérubins, au talentueux Vittorio Ghiberti, fils de l'auteur des autres portes. La **Porte Nord** (1403-1424) fut la première qu'exécuta **Lorenzo Ghiberti**, alors à peine âgé de 25 ans, après avoir concouru avec les plus grands artistes de la ville, dont Brunelleschi. Dans un souci d'unité, le sculpteur a conservé les quadrilobes gothiques de Pisano, son prédécesseur. Des scènes de la vie du Christ y montrent une noblesse et une harmonie de composition exceptionnelles. Face à la cathédrale se situe enfin la célèbre **Porte Est** (1425-1452), que Michel-Ange qualifiait de « **Porte du Paradis** », le « Paradis » étant traditionnellement pour les chrétiens l'espace compris entre le baptistère et la cathédrale. En vingt-sept ans de travail, **Ghiberti**, parvenu à l'apogée de son art, a réalisé ici un chef-d'œuvre de sculpture et d'orfèvrerie. Dix panneaux complexes évoquent l'Ancien Testament et l'auteur lui-même s'est représenté, chauve et malicieux, dans un médaillon.

Intérieur – Avec ses 25 m de diamètre, ses marbres vert et blanc, et son pavement décoré de motifs orientaux, le baptistère produit un véritable éblouissement. Des **mosaïques**★★★ resplendissantes du 13e s. ornent en particulier la coupole : de part et d'autre du grand Christ en majesté figure le *Jugement dernier* avec, à droite, l'Enfer et, à gauche, les âmes des justes. Sur les cinq registres concentriques couvrant les cinq autres pans du dôme, on reconnaît les Hiérarchies célestes, des épisodes de la Genèse, la vie de Joseph, des scènes de la vie de la Vierge et de Jésus et des scènes de la vie de saint Jean-Baptiste.

★★★ Museo dell'Opera del Duomo

Piazza del Duomo 9 - 9h-19h - ✆ 055 23 02 885 - www.ilgrandemuseodelduomo.it/Museo - billet unique « Grande Museo del Duomo ».

Le musée, qui a rouvert ses portes fin 2015 après un long réaménagement, met magistralement en scène les chefs-d'œuvre de sculpture et de décoration provenant de la cathédrale, du campanile et du baptistère.

Rez-de-chaussée – La magnifique **sala del Paradiso**★★★ expose les originaux de la **Porte du Paradis** et de la **Porte Nord** de Ghiberti. De l'autre côté de cette « place », on admire la reconstruction de la **façade**★ originale de la cathédrale, qui resta inachevée et fut démantelée en 1587. Cette muséographie théâtrale a permis d'exposer plusieurs statues à leur emplacement d'origine. La salle 8 est dédiée à la **Madeleine**★★ pénitente de **Donatello** (1455), statue en bois qui représente la disciple de Jésus dans sa veste d'ermite, une sorte d'équivalent féminin de saint Jean-Baptiste. La salle 10 accueille la célèbre **Pietà**★★ de **Michel-Ange**, que l'artiste réalisa à l'âge de 80 ans et qu'il laissa inachevée après avoir découvert un défaut dans le marbre. Dans le visage du vieux Nicodème, on aperçoit l'autoportrait de l'artiste. Enfin, dans le passage situé entre les salles 10 et 11, remarquez la plaque qui indique le niveau de l'Arno pendant les inondations du 4 novembre 1966.

Premier étage – L'escalier (Scalone Nuovo) qui monte au 1er étage se trouve dans l'ancien hall d'entrée du **Teatro degli Intrepidi** (1779), dont on conserve ici des éléments du plafond.

DUOMO ET PIAZZA DELLA SIGNORIA
Plan III

0 — 100 m

SE RESTAURER

- All'Antico Vinaio 7
- Alle Murate 3
- Cantinetta dei Verrazzano 2
- Dei Frescobaldi 5
- I Due Fratellini 1
- Le Mossacce 6
- Trattoria Anita 8
- Vini e Vecchi Sapori 14

- **Oratorio dei Buonomini** .... E
- **Palazzo Davanzati** .... M
- **Torre della Castagna** .... R

1

La **Galleria del Campanile★** est dédiée aux statues des prophètes et aux **bas-reliefs★★** en forme d'hexagones ou de losanges, signés Luca della Robbia et Andrea **Pisano**, qui ornaient le campanile du Duomo. Plusieurs statues des prophètes, parmi lesquelles Habacuc (surnommé *Zuccone*, c'est-à-dire « grosse courge », à cause de son crâne chauve), sont de Donatello. La **Galleria della Cupola** (salle 15) invite à un étonnant voyage à la découverte du génie de Brunelleschi, le créateur de la coupole, tandis que la salle 23 est dédiée aux **cantorie★★** (chœurs de la cathédrale), de **Luca della Robbia** et de **Donatello** : admirez les adorables images des *putti* qui dansent et chantent les louanges du Seigneur. Dans la salle 25, le célèbre **autel★★** en argent racontant l'histoire de saint Jean-Baptiste (14e-15e s.) est un remarquable travail d'orfèvrerie.

Ne quittez pas le musée sans avoir atteint, au 3e étage, la **Terrazza brunelleschiana**, qui offre une **vue★★** époustouflante sur la coupole de Brunelleschi, chef-d'œuvre d'harmonie et d'élégance.

Se promener Plan III ci-dessus

LE CŒUR MÉDIÉVAL

Au départ de la piazza del Duomo, circuit tracé en vert sur le plan ci-dessus. Compter 3h.

Les quelques minutes de marche qui séparent Santa Maria del Fiore de la piazza della Signoria peuvent se transformer en une demi-journée florentine. On peut découvrir le cœur de Florence en s'attardant devant les vitrines de la **via dei Calzaiuoli** ou sous la loggia del Mercato Nuovo. Partir de l'abside du duomo et, avant de prendre la **via del Proconsolo**, jeter un coup d'œil au **palazzo Niccolini★**, construit vers 1550 sur un dessin de Baccio d'Agnolo, dans la via dei Servi, au n° 15.

Ne ratez pas, dans la via del Corso au n° 6, le **palazzo Portinari**, qui porte le nom de la jeune Béatrice aimée par Dante, et sa **cour intérieure★** du 16e s. *(réaménagée)*.

L'essor médiéval de Florence

DES ORIGINES MAL CONNUES

De son lointain passé, Florence ne conserve que de modestes traces. Entre le 10e et le 8e s. av. J.-C., les Italiotes auraient choisi d'habiter ce site, l'Arno y étant particulièrement étroit, et donc facile à traverser. Les Étrusques, qui préférèrent s'installer sur les hauteurs, à Fiesole, éclipsèrent ce premier peuplement.

Ce n'est qu'en 59 av. J.-C. que César y fonda une colonie, pour contrôler le passage de l'Arno et celui de la via Flaminia, qui reliait Rome au nord de l'Italie et à la Gaule. Le nom de cette colonie fondée au printemps, Florentia, évoque les jeux floraux *(ludi florales)* ou les champs fleuris.

On retrouve dans le centre historique le plan en damier du *castrum* romain, les via Roma et via Calimala épousant le tracé du *cardo* antique (artère nord-sud) et les via Strozzi et via del Corso celui du *decumanus maximus* (artère est-ouest) ; la piazza della Repubblica (aménagée à la fin du siècle dernier) s'étend, quant à elle, à l'emplacement de l'antique forum, tandis qu'à proximité de Santa Croce, la via de'Bentaccordi et la via Torta trahissent toujours les contours de l'amphithéâtre romain.

ASCENSION D'UNE VILLE

Florence acquit de façon relativement tardive une autorité en Toscane, où Fiesole puis Lucca gardèrent longtemps sur elle la prééminence. Il faut attendre le début du 11e s. pour voir le comte Ugo, marquis de Toscane, transférer sa résidence de Lucca à Florence, où il fait construire la Badia. Dans la seconde moitié du siècle, le pouvoir est entre les mains d'une femme de poigne, la **comtesse Mathilde**. Lorsque Mathilde meurt, en 1115, la ville s'est déjà donné une certaine indépendance, qui ira en s'affirmant durant tout le 12e s. C'est l'heure où elle se pare de ces deux chefs-d'œuvre de l'art roman que sont l'église San Miniato al Monte et le baptistère, l'heure où elle anéantit sa rivale Fiesole (1125), et surtout celle où la bourgeoisie d'affaires vient s'ajouter aux deux classes qui présidaient alors à la vie de la cité, le clergé et l'aristocratie, favorables à l'empereur.

MOYEN ÂGE : UNE COMMUNE PROSPÈRE QUOIQUE DIVISÉE

On assiste au développement des métiers qui s'organisent en puissantes corporations, ou **arti**, sur lesquelles va reposer en fait le pouvoir législatif lorsque, à la fin du 12e s., Florence s'érigera en commune libre.

La puissance de l'argent

Au 13e s., la ville connaît un extraordinaire essor économique, qu'alimente son industrie lainière à laquelle viendra plus tard s'adjoindre celle de la soie. Elle compte officiellement à cette époque sept « arts majeurs », cinq « arts moyens » et neuf « arts mineurs ». Au siècle suivant, l'*arte della lana* (travail de la laine) et l'*arte di calimala* (finition d'étoffes) emploient environ le tiers de la population de la cité et exportent des draps hautement réputés dans tous les grands centres d'affaires d'Europe (Gênes, Venise, Paris, Londres, Bruges, Barcelone), et jusque dans l'Orient musulman.

Outre ces artisans et ces marchands, une troisième catégorie de Florentins contribue à la fortune de la ville. Succédant aux prêteurs lombards ou juifs, les **banquiers** de Florence acquièrent une renommée qui va gagner toute l'Europe. Dès 1199, ils sont en relation avec l'Angleterre. En 1262, ils créent les premières lettres de change, qui vont donner une impulsion considérable au commerce florentin et européen. À peu près à la même époque est émis le célèbre **florin** d'or, frappé sur une face du lys de Florence, marqué sur l'autre de l'effigie de saint Jean-Baptiste, patron de la ville. La tradition bancaire sera perpétuée par les Bardi-Peruzzi, qui avanceront à Édouard III d'Angleterre d'énormes sommes au début de la guerre de Cent Ans. Sur la scène du monde de la finance, les Pitti, les Strozzi, les Pazzi et les Médicis tiendront avec eux les premières places.

Les luttes intestines : guelfes et gibelins

Ce « miracle » économique ne laisse d'étonner si l'on évoque les antagonismes violents qui, à cette époque, mirent la ville en butte aux attaques de plusieurs autres cités importantes de Toscane et dressèrent les uns contre les autres les Florentins eux-mêmes. Au 13e s. apparaissent **guelfes**, partisans du pape, et **gibelins**, soutiens de l'empereur *(voir p. 60)*. Les guelfes, tout d'abord vainqueurs, chassent les gibelins, qui s'allient à d'autres cités ennemies de Florence, Sienne notamment, et battent à leur tour les guelfes, en 1260, à Montaperti *(voir p. 396)*. Malgré leur écrasante défaite, les guelfes se ressaisissent et, en 1266, triomphent définitivement de leurs ennemis. Cette ultime victoire entraîne une modification considérable du centre de la ville, les vainqueurs procédant alors à une démolition systématique des nombreuses maisons-tours que les nobles gibelins y avaient fait élever. Les guelfes installent alors à Florence, devenue république, le gouvernement de la Signoria, où siègent les prieurs des Arts, et dotent la ville d'une constitution démocratique. Puis une division s'établit entre **guelfes noirs** et **guelfes blancs**, ces derniers faisant dissidence d'avec la papauté. En 1348, la **Grande Peste**, qui emporta plus de la moitié des habitants de Florence, mit fin à cette scission.

La révolte des Ciompi

Lors de la guerre entre la commune et la papauté (1375-1378), les bourgeois recherchèrent l'appui du petit peuple pour faire contrepoids aux nobles, qui souhaitaient la paix avec le pape.

En parallèle, en 1377, la production de laine traversa une période de crise. L'année suivante, quelques représentants de la bourgeoisie, coalisés avec le peuple, prirent le pas sur les guelfes. Les salariés, espérant obtenir en retour les droits fondamentaux qui leur étaient refusés, demandèrent alors la création d'une corporation où ils pourraient être reconnus, la suppression du contrôle par l'officier étranger et une augmentation des salaires. Le 21 juillet 1378, ils surenchérirent, exigeant que la fonction de **gonfalonier**, c'est-à-dire d'officier de justice, et donc de chef du gouvernement communal, fût dévolue à un *ciompo* (cardeur de laine). Cette demande mit le feu aux poudres… Le chef des *ciompi*, **Michele di Lando**, parvint à prendre le pouvoir et devint gonfalonier. Pendant quatre ans, le pouvoir resta aux mains des humbles ; mais, en 1382, Michele di Lando s'allia aux familles les plus fortunées de Florence et devint l'artisan de la répression. L'idée d'une corporation des *ciompi* fut définitivement balayée et le pouvoir passa aux mains d'une oligarchie.

Au n° 10 de la via del Proconsolo, au coin du Borgo degli Albizzi, se dresse le **palazzo Pazzi★** (fin du 15e s.), à fenêtres géminées.
Continuer sur la via del Proconsolo.

★★★ Museo Nazionale del Bargello

Via del Proconsolo 4 - ✆ 055 23 88 606 - www.polomuseale.firenze.it - 8h15-13h50 (16h20 juin-oct.) - fermé 2e et 4e dim. du mois et 1er, 3e et 5e lun. du mois - 4 € - gratuit 1er dim. du mois.

Du 14e au 16e s., l'austère **Palazzo del Podestà★** accueillit le podestat, premier magistrat et détenteur des pouvoirs exécutif et judiciaire. À partir de 1574, il devint la résidence du *bargello*, capitaine de justice chargé de la police. Sa partie en façade, surmontée d'une élégante tour à merlons, date du milieu du 13e s., tandis que la partie postérieure, plus basse et moins rude d'aspect, fut élevée un siècle plus tard dans un style gothique.

La **cour★★** médiévale, ornée d'un large portique à arcades et d'une loggia à laquelle conduit un pittoresque escalier, est l'une des plus belles d'Italie. Elle doit sa décoration fantaisiste aux blasons dont elle hérita des différents podestats qui habitèrent le palais.

L'édifice abrite aujourd'hui un musée d'importance capitale pour la sculpture italienne de la Renaissance, ainsi qu'une section d'arts décoratifs et une autre sur l'art islamique. On y admire notamment des marbres et des bronzes de **Michel-Ange** (groupe du *Bacchus ivre*, 1499), de Verrocchio ou de Jean de Bologne, des terres cuites d'**Andrea Della Robbia**, des ivoires du 5e au 17e s., la collection léguée par le Lyonnais Louis Carrand au 19e s. et dont les émaux sont remarquables, des majoliques du 15e et du 16e s. et des armes ouvragées. Mais le musée se distingue surtout par l'exceptionnelle **collection★★★** d'œuvres de **Donatello**, réunies dans une salle dédiée à l'artiste. Parmi ses sculptures, on admire un *David* en marbre, œuvre de jeunesse (1409) et le fameux « **Marzocco** », lion de Florence, la patte appuyée sur l'écusson de la ville, qui demeura longtemps exposé devant le Palazzo Vecchio. Le célèbre **David** en bronze est un chef-d'œuvre de la maturité. Dans la niche du fond, le **Saint Georges**, à l'origine placé à l'extérieur de l'église Orsanmichele, est une œuvre de jeunesse (1416) qui présente encore une certaine rigidité gothique. Le musée accueille également des œuvres de Desiderio da Settignano, Agostino di Duccio, plusieurs Vierges à l'Enfant de Luca Della Robbia et les deux panneaux à quadrilobes du *Sacrifice d'Isaac* réalisés en 1401, à l'occasion du concours pour la Porte Nord du baptistère par Lorenzo Ghiberti, le vainqueur, et Brunelleschi.

Revenir sur ses pas sur la via del Proconsolo jusqu'à l'angle avec la via Dante Alighieri.

La Badia

Via del Proconsolo, angle via Dante Alighieri - ✆ 055 26 44 02 - lun. 15h-18h - 3 €.

Cette église appartenait à une puissante abbaye *(badia)* bénédictine fondée peu avant l'an mil, et qui rayonna durant tout le Moyen Âge. L'édifice aurait été remanié à la fin du 13e s. par Arnolfo di Cambio. Entre 1310 et 1330 fut reconstruit le **campanile★** hexagonal, l'un des plus jolis clochers de Florence, roman dans les niveaux inférieurs, gothique dans sa partie supérieure, et que l'on ne peut contempler qu'en prenant du recul.

En 1627, l'église acquit son actuel décor baroque et son magnifique **plafond★★** à caissons en bois sculpté. Elle recèle de belles œuvres Renaissance : un tableau représentant l'**Apparition de la Vierge à saint Bernard★**, de **Filippo Lippi** (pour la Vierge et les anges, l'artiste aurait pris pour modèles sa compagne et ses enfants) ; un exquis **relief★★** en marbre de **Mino da Fiesole**, dont les personnages émeuvent par leur beauté et leur jeunesse ; et deux harmonieux **tombeaux★** sculptés, du même auteur.

Prendre à gauche la via Dante Alighieri jusqu'à l'angle avec la via Santa Margherita.

Casa di Dante

Via S. Margherita 1, angle via Dante Alighieri - ✆ 055 21 94 16 - www.museocasadidante.it - 10h-18h (17h en hiver) - fermé lun. - 4 €.

C'est dans ce quartier médiéval que se dressaient les maisons des Alighieri, sans que l'on soit certain que celle-ci précisément vit naître Dante. Sur trois étages, un musée y retrace la vie du poète, autour de meubles d'époque et de costumes. Sont aussi évoqués la création de *La Divine Comédie*, avec une reproduction illustrée par Botticelli, et son amour pour Beatrice Portinari, dont la famille habitait le même quartier.

On peut voir sur la via Dante Alighieri, à l'angle avec la piazza San Martino dei Buonomini, la **torre della Castagna** (12e s.), unique vestige restant des lieux où siégeaient les prieurs des Arts avant la construction du palazzo della Signoria. En face se dresse le petit oratoire dei Buonomini.

Oratorio dei Buonomini

Piazza S. Martino dei Buonomini - 10h-12h, 15h-17h, fermé vend. apr.-midi et dim. - gratuit.

La chapelle appartient à la confrérie des Buonomini di San Martino, qui s'occupe « des pauvres nécessiteux » (à l'origine, des familles tombées en disgrâce qui avaient honte de faire l'aumône) depuis 1441, année de sa fondation. À l'intérieur, les **fresques** de la fin du 15e s., exécutées par **Domenico Ghirlandaio** et son atelier, évoquent la vie de saint Martin et les œuvres de miséricorde.

Continuer sur la via Dante Alighieri et la via Dei Tavolini.

1

★ Chiesa e Museo di Orsanmichele

Via Arte della Lana - www.polomuseale.firenze.it - église tlj 10h-17h, musée lun. 10h-17h - gratuit. L'église accueille régulièrement des concerts, rens. ✆ 055 78 33 74 - www.orcafi.it.

Cette église, à l'étrange silhouette, occupe une ancienne halle à blé. Elle doit son nom *(orti di San Michele)* à un sanctuaire primitif dédié à saint Michel qui, au 8e s., s'élevait à proximité de jardins potagers *(orti)*. Après un incendie survenu en 1304, elle fut reconstruite en 1337 dans un style de transition gothique-Renaissance, délicat et fleuri. En 1569, Cosme Ier y installa le bureau des Contrats : il fit alors bâtir, entre l'édifice et le palais de la corporation des lainiers, une arche au-dessus de la rue, permettant de passer de l'un à l'autre sans traverser l'oratoire. Les niches autour de l'édifice accueillent des statues *(les originaux se trouvent dans l'enceinte du musée)* symbolisant les saints patrons des différentes corporations et réalisées par les grands maîtres de la sculpture florentine du 15e et du 16e s.

L'**intérieur** de l'église abrite un splendide **tabernacle★★** gothique, commencé en 1349 par **Andrea Orcagna**, qui renferme l'image vénérée de la *Madonna delle Grazie* de Bernardo Daddi (1346). À gauche se trouve un autel avec le groupe en marbre *La Vierge, l'Enfant et sainte Anne* par Francesco da Sangallo (1526).

Le **musée**, situé aux 1er et 2e étages, accueille les **statues★** réalisées par Ghiberti, Verrocchio, Donatello, Jean Bologne et Nanni di Banco. Du 2e étage, une belle vue sur le centre-ville s'offre à vous.

Prendre la via dei Calzaiuoli et tourner à droite dans la via della Condotta.

★ Mercato Nuovo

Au 16e s., Cosme Ier fit bâtir, dans un quartier occupé par le centre des affaires depuis le Moyen Âge, cette loggia aux élégantes arcades Renaissance. Son nom l'oppose à l'ancien marché médiéval, détruit à la fin du 19e s. La loggia accueille aujourd'hui un marché artisanal. Au bord de l'édifice, tournée vers l'Arno, se situe la **fontaine** dite du **Porcellino** (Porcelet), en réalité un sanglier en bronze exécuté au début du 17e s. sur le modèle d'une sculpture antique exposée aux Offices. Le fond de sa vasque est jonché des pièces de monnaie que les touristes y jettent en formulant le vœu de revenir à Florence.
Suivre la via di Porta Rossa.

★ Palazzo Davanzati

Via di Porta Rossa 13 - ✆ 055 23 88 610 - www.polomuseale.firenze.it - 8h15-13h50 - fermé j. fériés, 2e et 4e dim. du mois et 1er, 3e et 5e lun. du mois - visite libre du rez-de-chaussée et du 1er étage, visite guidée du 2e et du 3e étage sur réserv. à 10h, 11h et 12h - 2 €.

Cette haute et étroite demeure sur trois étages, élevée au 14e s. par un riche marchand de laine, fut acquise au 16e s. par l'historien **Bernardo Davanzati**. Restaurée au début du 20e s., la maison, qui accueille aussi des expositions, conserve mobilier, tapisseries et œuvres d'art des 14e-16e s. et donne ainsi une vision réaliste d'une riche demeure florentine de la Renaissance.

À l'**intérieur**, un décor peint simule des tentures ou évoque des scènes familières sur des fonds d'arcades et de vergers. Au 1er étage se trouvent la salle d'honneur, dite Salone Madornale, et la salle dei Papagalli, destinée aux repas, qui offre ses fresques représentant arbres et perroquets, d'où son nom. Au 2e étage, la salle réservée à la maîtresse de maison dévoile l'arbre généalogique de la famille Davanzati. La cuisine, installée au 3e étage, expose divers objets du quotidien.

NOS ADRESSES AUTOUR DU DUOMO ET DU CŒUR MÉDIÉVAL

Plan III p. 127

RESTAURATION

PREMIER PRIX

I Due Fratellini – *Via dei Cimatori 38r - ✆ 055 23 96 096 - www.iduefratellini.it - 9h-20h - 5/10 €.* Une adresse minuscule où déguster de savoureux sandwichs accompagnés d'un verre de vin.

Cantinetta dei Verrazzano – *Via dei Tavolini 18-20r - ✆ 055 26 85 90 - www.verrazzano.com - 10/20 €.* Un petit établissement raffiné où l'on peut déguster, selon ses envies, charcuterie, *panini, bruschette*, fromages et gâteaux, accompagnés de vins du Castello di Verrazzano, servis au verre.

BUDGET MOYEN

Le Mossacce – *Via del Proconsolo 55r - ✆ 055 29 43 61 - www.trattorialemossacce.it - fermé w.-end - 20/30 €.* Un minuscule établissement à l'atmosphère authentique et joviale, doté de petites tables très rapprochées. Vous y goûterez une cuisine florentine savoureuse et à base de produits naturels.

POUR SE FAIRE PLAISIR

Alle Murate – *Via del Proconsolo 16r - ✆ 055 24 06 18 - www.allemurate.it - fermé dim. midi et lun. - menu : 16 €, carte : 50/80 €.* Plafonds voûtés ornés de fresques, vestiges archéologiques, élégance recherchée et moderne : un établissement de grand charme à fréquenter sans crainte le midi, pour profiter de l'intéressant *light lunch (déjeuner léger à prix doux)*.

PETITE PAUSE

Caffè Gilli – *Piazza della Repubblica, 39r - ✆ 055 21 38 96 - www.gilli.it*. Les établissements Gilli ont contribué à la célébrité de la place depuis 1910 : spécialisé à l'origine dans le *pane dolce*, c'est aujourd'hui un café-pâtisserie où l'on apprécie les yoghourts glacés maison.

Caffè Paszkowski – *P. za della Repubblica 35- ✆ 055 21 02 36 - www.paszkowski.it - fermé lun.* On vient dans ce café-salon de thé pour admirer le décor somptueux. Pause café ou apéritif de début de soirée, vous avez le choix entre la salle intérieure Art déco et la grande terrasse. Certains soirs, un orchestre est invité à jouer.

Cantinetta Antinori – *Piazza Antinori 3 - ✆ 055 29 22 34 - www.cantinetta-antinori.com - fermé dim.* Dans un beau palais du 15e s., le marquis Antinori *(voir « Chianti » p. 399)* vous fera déguster ses assiettes d'*antipasti* accompagnées de bon vin.

Gelateria Perché no ! – *Via dei Tavolini 19r - ✆ 055 23 98 969 - www.percheno.firenze.it*. Depuis 1939, on trouve ici des glaces artisanales de qualité : essayez celle aux amandes ou la *cassata* au cédrat confit. Un délice !

Enoteca Coquinarius – *Via delle Oche 15r - ✆ 055 23 02 153 - www.coquinarius.it - fermé dim.* Ce petit bar-œnothèque, au charme discret, ne déplaira pas aux grands connaisseurs, qui y trouveront un bon choix de chianti et autres vins toscans.

ACHATS

Pegna – *Via dello Studio 8 - ✆ 055 28 27 01 - www.pegnafirenze.com - 9h30-19h30, dim. 11h-19h.* Dans un palais du 15e s., cette épicerie de luxe propose, depuis 1860, les spécialités de la région : vins, huiles, conserves, charcuterie, fromages…

Cuoio Simone Taddei – *Via S. Margherita 11 - ✆ 055 23 98 960 - fermé dim.* Un artisan du cuir qui produit avec soin et respect de la tradition porte-monnaies, coffrets et écritoires inimitables, qui ne demandent pas moins de 32 opérations dans leur fabrication.

La piazza della Signoria et les Offices

★★★

La seule évocation des Offices et du Palazzo Vecchio rend compte du pouvoir politique et de la puissance artistique de la cité des Médicis. Ici, l'un des plus grands musées au monde, auréolé des œuvres Renaissance de Botticelli, de Léonard de Vinci, du Titien et du Caravage. Là, un ancien palais richement décoré, surmonté d'un élégant beffroi dominant une place magnifique. Autant de caractères, de grâces qui attirent une foule de touristes considérable.

NOS ADRESSES PAGE 142
Restauration, achats, activités, etc.

SE REPÉRER

Plan de ville II E2 (p. 120) - plan de quartier III (p. 127).

La piazza della Signoria donne sur la Galerie des Offices, elle-même flirtant avec l'Arno.

À NE PAS MANQUER

Les Offices; *Persée* par Benvenuto Cellini sur la piazza della Signoria.

ORGANISER SON TEMPS

La Galerie des Offices exige du temps et demeure très prisée. Il convient donc de consacrer une demi-journée à la visite du musée et de flâner dans le quartier l'autre demi-journée.

AVEC LES ENFANTS

Le Museo Galileo.

Découvrir Plan III p. 127

★★★ GALLERIA DEGLI UFFIZI

Piazzale degli Uffizi 6 - ☎ 055 28 56 10 - www.polomuseale.firenze.it - 8h15-18h50 sf lun. et j. fériés - 8 € + 4 € suppl. réserv. (vivement conseillée) au ☎ 055 29 48 83 ou sur www.polomuseale.firenze.it au moins 2 j. à l'avance, si l'on veut éviter entre 2h et 4h d'attente; entrée sans attente avec la Firenze Card. Au 2e étage, cafétéria Bartolini et terrasse panoramique.

Les travaux d'aménagement des **Nuovi Uffizi** (Nouveaux Offices), qui ont doublé la surface du musée grâce à l'extension du 1er étage, sont encore en cours. Pendant ces travaux, certaines salles sont momentanément fermées *(informations régulièrement mises à jour sur le site Internet).*

La Galerie des Offices est l'un des plus riches musées du monde. Ses collections, accumulées par plusieurs générations de Médicis, permettent de suivre l'évolution de la peinture italienne, depuis les primitifs jusqu'aux artistes du 17e s. En 1737, le dernier membre de la famille, Anne Marie Louise, fit définitivement don à la ville de Florence des prodigieux trésors de ses ancêtres.

Le musée habite l'ancien palais des *Uffizi*, bureaux de l'administration médicéenne. Il fut érigé en 1560 par Vasari dans un style Renaissance tardif. Ses deux galeries parallèles, réunies en fer à cheval, encadrent une place tout en longueur.

La visite débute au 2e étage avec la peinture toscane et italienne du 13e au 15e s.; on descend ensuite au 1er étage, qui accueille les artistes étrangers des 16e et 17e s. (salles bleues), la peinture italienne des 16e (salles rouges) et 17e s. (salles jaunes), les cabinets de dessins et d'estampes et les expositions temporaires.

2e étage

Aile est – *(salles 1-24)*. Elle est principalement consacrée à la peinture florentine et toscane. Les **primitifs toscans** rassemblent des œuvres de Cimabue, Giotto, Simone Martini, avec une exquise *Annonciation* du 14e s. On aborde ensuite la **Renaissance** avec Paolo Uccello et sa célèbre *Bataille de San Romano* et Filippo Lippi, dont il faut remarquer la gracieuse *Vierge à l'Enfant avec deux anges* (1465).

La salle des **Botticelli★★★** est la gloire du musée. Elle réunit les œuvres majeures de ce maître de la Renaissance : l'allégorie de *La Naissance de Vénus* et celle du *Printemps*, deux chefs-d'œuvre de maturité (vers 1480) reflétant à la perfection l'idéal humaniste, et la *Vierge à la grenade*, une composition inscrite dans un rond d'une finesse d'orfèvre. Cette galerie abrite aussi deux des plus grands tableaux de **Léonard de Vinci** : *L'Annonciation* (vers 1475), d'une douceur et d'une poésie rares, et *L'Adoration des Mages*, originale pour la fin du 15e s. par sa composition en triangle et l'expressivité des visages.

Ne manquez pas de jeter un coup d'œil à l'époustouflante **Tribuna★★★** octogonale (salle 18), écrin d'œuvres d'art magnifiquement décoré.

Aile ouest – *(salles 25-45)*. Elle s'ouvre sur la seconde Renaissance, les 11 premières salles réunissant les peintures du 16e s. italien. La **salle 35** abrite le magnifique **Tondo Doni★★★** de Michel-Ange (1503), une Sainte Famille se détachant sur un fond de jeunes gens nus. La **Sala della Niobe** (salle 42) expose les sculptures romaines qui mettent en scène le mythe de Niobé.

BOTTICELLI (1444-1510)

Élève de Filippo Lippi puis de Verrocchio, et admirateur d'Antonio Pollaiolo, Botticelli conserva du premier le sens de la ligne et du contour et des seconds celui d'une certaine énergie. À la fin du 15e s., il est le plus grand peintre de Florence et côtoie le cercle néoplatonicien d'érudits, de philosophes et d'écrivains dont s'entoure Laurent le Magnifique, qui l'apprécie énormément. Renouant avec l'Antiquité, il peint des sujets mythologiques *(La Naissance de Vénus, Pallas et le centaure, Le Printemps)* métamorphosés par une douce poésie leur conférant un caractère allégorique. Auteur également de nombreuses Madones, il excelle dans la ligne fluide et dansante qui emporte les étoffes, les voiles, les cheveux et les membres de ses personnages, dont les visages s'infléchissent de façon un peu systématique sur le côté, tendant vers le maniérisme. Caractéristique de l'apogée du siècle des Médicis, Botticelli n'eut pas de rayonnement, son originalité l'ayant mis en marge de ses contemporains.

La scène du « **Printemps** » se déroule dans le jardin de Vénus. La déesse est au centre de la composition, parmi les orangers et les haies de myrtes, sacrés à ses yeux. En haut du tableau vole Cupidon, les yeux bandés : sa flèche est dirigée vers l'une des trois Grâces qui danse, ignorante de son sort, avec ses compagnes. À gauche, Mercure chasse les nuages avec le caducée. À droite, le vert Zéphyr enlève la nymphe Chloris qui, dit Ovide, devint, après son mariage avec Zéphyr, la reine des Fleurs. Ainsi transformée, Flore répand des roses sur la prairie fleurie.

Avant de descendre au 1er étage, profitez de la belle **terrasse★** dominée par la tour d'Arnolfo, pour une « pause avec vue ».

1er étage

Aile ouest – *(salles 46-88).* Les « salles bleues » (46-55) accueillent des peintures d'artistes étrangers (Espagnols, Français, Flamands et Hollandais) du 16e au 18e s. : Velásquez, El Greco, Goya, Cranach, Brueghel, Rembrandt, Rubens, Van Dyck…

Les « salles rouges » (56-88) sont consacrées aux maîtres florentins et italiens du 16e s., avec des artistes tels qu'Andrea Del Sarto *(Vierge aux harpies)*, Tintoretto *(Léda et le Cygne)*, Rosso Fiorentino, Pontormo, Bronzino, **Raphaël★★** *(Vierge au chardonneret)*, Parmigianino *(Vierge au long cou)* et **Titien★★** (*Flore* avec sa *Vénus d'Urbino*, l'un de ses chefs-d'œuvre).

Aile est – *(salles 90-101).* L'aile orientale du palais accueille les « salles jaunes » dédiées à la peinture italienne du 17e s. : **Caravage★★** (1573-1610) avec le *Bacchus adolescent*, la *Tête de Méduse* et le *Sacrifice d'Isaac*, Artemisia Gentileschi (*Judith et Holopherne*) et Guido Reni.

La visite au **Corridoio Vasariano** *(voir p. 180)* est possible uniquement sur demande préalable au secrétariat du musée *(segreteria@polomuseale.firenze.it - ✆ 055 23 88 621).*

Se promener Plan III p. 127

★★ Piazza della Signoria

Centre politique de Florence, avec en toile de fond l'admirable architecture du Palazzo Vecchio, la Loggia della Signoria et, en coulisse, le palais des Offices, cette place grandiose, ornée de statues, est un véritable musée en plein air : vers le centre, la statue équestre de Cosme Ier, d'après Jean Bologne et, à l'angle du Palazzo Vecchio, une **fontaine de Neptune** (1576) par Ammannati ; devant le palais, une copie du lion *Marzocco* de Donatello et une autre du *David* de Michel-Ange.

★★ Loggia della Signoria

Bâtie à la fin du 14e s., elle servit de lieu de cérémonies à la Signoria, le gouvernement de la ville, puis de corps de garde aux *lanzi*, les lansquenets (fantassins allemands travaillant en France comme mercenaires) de Cosme Ier. Parmi ses statues antiques et Renaissance, placées ici, notez *L'Enlèvement d'une Sabine* (1583) et *Hercule terrassant le centaure Nessus* par Jean Bologne, mais surtout, l'extraordinaire **Persée★★★** montrant la tête de Méduse, exécuté avec une virtuosité remarquable par **Benvenuto Cellini** entre 1545 et 1553.

Gucci Museo

Palazzo della Mercanzia, Piazza della Signoria 10 - ✆ 055 75 92 7010 - www.gucci museo.com - 10h-20h (jeu. 23h) - 7 €.

Il est consacré à l'histoire de la marque, créée à Florence en 1921 par Guccio Gucci et reprise par son fils Rodolfo, avant d'appartenir au groupe Kering du Français François Pinault. Sur trois étages sont présentées les collections de sacs, de haute couture et des accessoires qui ont fait le succès de la marque. Outre les espaces d'exposition, le musée comporte également une librairie dédiée à l'art, une cafétéria et une boutique.

★★★ Palazzo Vecchio (Palazzo della Signoria)

✆ 055 27 68 325 - http://museicivicifiorentini.comune.fi.it - avr.-sept. : 9h-23h ; oct.-mars : 9h-19h ; jeu. 9h-14h - 10 €, 14 € avec la tour d'Arnolfo.

Piazza della Signoria.
M. Colin/hemis.fr

L'association MUS.E propose des itinéraires insolites ou thématiques dans les palais, parmi lesquels la visite des vestiges du **théâtre romain** sur lequel fut bâti le palais ou celle des lieux cités dans le roman *Inferno* de Dan Brown. *Billet ordinaire + 2 € pour les visites guidées (en français). Programme et horaires sur www.musefirenze.it - ✆ 055 27 68 224.*

Sa masse puissante, surmontée de la **tour d'Arnolfo** *(voir p. 141)*, élégant beffroi de 94 m, domine la place. Construit de 1299 à 1314, probablement d'après l'architecte d'Arnolfo di Cambio, c'est un édifice gothique sévère, sans ouvertures au niveau inférieur, et parcouru par un chemin de ronde à mâchicoulis, d'où surgit la tour.

D'abord siège de la Signoria, il devint au 16e s. la résidence de Cosme Ier, qui l'adapta aux besoins de la Cour. De cette époque datent les décorations de Vasari qui, de 1555 à sa mort en 1574, y œuvra comme architecte, peintre et décorateur. Lorsque Cosme déménagea au palais Pitti, l'édifice, appelé jusque-là Palazzo della Signoria, devint le Palazzo Vecchio.

L'intérieur – De style Renaissance, il contraste avec l'extérieur par son faste et son raffinement. La **cour★**, refaite au 15e s. par Michelozzo, fut décorée au

LA MODE À FLORENCE

En février 1951, le marquis Gian Battista Giorgini organise dans sa demeure le premier défilé des maisons de haute couture italiennes. Le succès est tel qu'il réitère l'expérience au Palazzo Pitti. Aujourd'hui, deux salons s'y tiennent chaque année : « Pitti uomo » pour le prêt-à-porter masculin (janv. et juin) et « Pitti bimbo » (fév. et juil.) pour la mode enfantine.

Outre Gucci, Florence est associée à deux autres grands noms de la mode : **Emilio Pucci**, qui drapa le corps féminin de soie et joua sur les imprimés dans les années 1960, et **Salvatore Ferragamo**, grand maître de la chaussure italienne, qui inventa la semelle compensée et chaussa les plus grandes stars *(voir p. 150)*.

Architecture et sculpture : la mesure dans la grandeur

Les architectes ont créé un style fait de mesure dans la grandeur : proportions harmonieuses et décor géométrique en marbres de couleur pour les édifices religieux, massif appareil en bossage et corniche débordante pour les palais.

LE MOYEN ÂGE

L'époque gothique apporta sa contribution à la physionomie actuelle de la ville : la floraison des nouveaux ordres religieux suscita la construction dans ce style de Santa Maria Novella pour les dominicains, Santa Croce pour les franciscains, Santa Annunziata pour les servites, Ognissanti pour les humiliates, Santo Spirito pour les augustins, La Trinité pour les vallombrosiens et le Carmine pour les carmélites.

Les grands maîtres d'œuvre du gothique furent d'une part **Arnolfo di Cambio** (vers 1250-1302) et **Giotto**, qui construisit le campanile (à partir de 1334). **Orcagna** (1308-1368), élève des deux précédents, est quant à lui l'auteur du tabernacle d'Orsanmichele, édifice commencé en 1336 qui marque le début d'une architecture privilégiant le prestige et le décoratif sur le fonctionnel. La loggia dei Lanzi en est un exemple avec ses arcades d'une remarquable ampleur.

L'ÉCLOSION DE LA RENAISSANCE

On peut presque dater de 1401 le début de la nouvelle ère qui s'ouvre à Florence. Il s'agit de l'année qui oppose, parmi d'autres, **Lorenzo Ghiberti** (1378-1455) à **Filippo Brunelleschi** (1377-1446) pour le concours de la deuxième porte du baptistère, la première étant d'Andrea Pisano (1336). La victoire de Ghiberti éloigna définitivement Brunelleschi de la sculpture. Ce dernier partit pour Rome dont il reviendra, se passionnant dès lors pour l'architecture classique, les ruines antiques et leur gigantisme. Le premier édifice qu'il construisit selon l'idéal classique qu'il s'était fixé fut l'hôpital des Innocents, dont la structure est soulignée par l'emploi de la **pietra serena** (cette pierre gris-bleu extraite non loin de Florence), qui se détache sur le reste du mur blanc. Avec lui naît l'architecte moderne qui conçoit sur plan et ne se repose plus sur la seule expérience du maître-maçon.

Leon Battista Alberti (1404-1472) est l'autre grand architecte du début du 15e s. Davantage concepteur que bâtisseur, il partage néanmoins avec Brunelleschi le goût des formes géométriques simples, comme le prouve sa façade de Santa Maria Novella inscrite dans un carré et structurée dans le détail autour de ce motif. À Florence, il est aussi l'auteur du palais Rucellai.

Ami des deux précédents, et tout particulièrement de Brunelleschi avec qui il se rendit à Rome, **Donatello** (1386-1466) est leur pendant dans le domaine de la sculpture. En observant l'art antique, il apprend à s'attacher au réalisme et à l'énergie des figures. Il révolutionne l'art gothique en refusant les drapés faciles, les contorsions douceâtres et les expressions sereines stéréotypées de son temps comme le prouve son *Saint Georges*.

L'ÂGE D'OR DE LA RENAISSANCE FLORENTINE

La seconde partie du siècle voit s'épanouir des formes qu'avaient fait naître tant Brunelleschi et Alberti que Donatello. En architecture, **Michelozzo** (1396-1472) est le vulgarisateur dans le domaine civil et privé des formes employées par son maître Brunelleschi dans ses édifices publics, principalement religieux. Architecte des Médicis, il construisit leur palais florentin, dont la cour intérieure a l'allure d'un cloître. Dans cette lignée, **Benedetto da Maiano**édifia le palais Strozzi, et **Giuliano da Sangallo** (1445-1516) la sacristie de Santo Spirito. Dans la voie ouverte par Donatello, **Luca Della Robbia** (1400-1482) cherche lui aussi le réalisme dans ses modèles humains, leurs attitudes et expressions, mais il idéalise un peu ses figures. Luca popularisa ses reliefs par la terre cuite vernissée aux tons bleu azur et blancs, relevés de jaune et de vert ; cette technique fit vivre son atelier et ses descendants : Andrea (1436-1524) et Giovanni (1446-1527). À ce courant s'opposent les ateliers d'**Antonio Pollaiolo** et du **Verrocchio**, attirés par la vigueur, l'énergie, la force musculaire et qui s'exprimèrent dans le bronze.

MICHEL-ANGE

À la fin du siècle, avec la mort de Laurent le Magnifique et les soubresauts politiques qui se succèdent, Florence entre dans une ère de doute que la personnalité passionnée et marginale de Michel-Ange traduit parfaitement, mêlant dans ses œuvres fierté et tourments. En sculpture (comme en peinture), il parvient à exprimer la réalité humaine : ses créations semblent palpiter d'une vie intérieure, le poids de leurs membres ou la vigueur de leurs muscles sont ceux d'une personne cueillie à un moment précis et vécu, et non installée dans la douce éternité de la beauté parfaite de la Renaissance : en témoignent son fier *David* (original à la galleria dell'Accademia), son titubant *Bacchus ivre* (Bargello) ou sa tragique *Pietà* du Museo dell'Opera del Duomo. De même, en architecture, il anime l'espace en bousculant la formalité du vocabulaire classique : il brise des frontons et installe des niches vides à la Nouvelle Sacristie de San Lorenzo ; dans le vestibule de la bibliothèque Laurentienne, il enfonce les colonnes dans les murs, les fait supporter par des consoles en volutes, ordonne les parois comme des murs extérieurs, développe en trois parties l'escalier de manière qu'il occupe presque tout le sol.

LE MANIÉRISME FLORENTIN

La personnalité de Michel-Ange fut si forte que la plupart des artistes en subirent l'influence. Le plus intéressant fut **Ammannati** (1511-1592), l'auteur du *cortile* et de la façade arrière du palais Pitti, ainsi que du pont Santa Trinita, aux élégantes arches aplaties, et, dans le domaine de la sculpture, de la fontaine de Neptune sur la piazza della Signoria. **Bernardo Buontalenti** (1536-1608) fut le meilleur architecte florentin de la fin du 16e s. ; il succéda à Vasari aux Offices, réalisa la façade de Santa Trinita et projeta le fort du Belvédère. Parmi les sculpteurs, **Benvenuto Cellini** (1500-1571), dont l'étourdissante autobiographie décrit la vie d'aventurier, réalisa des œuvres d'une grande force quoiqu'envahies d'une ornementation fouillée (*Persée* de la loggia dei Lanzi, *buste de Cosme Ier* au Bargello). **Jean Bologne** enfin (1529-1608 ; Giambologna en italien), sculpteur flamand né à Douai et arrivant de Rome, se fixe à Florence en 1557 : son talent raffiné allie une grâce incisive à un académisme discipliné. Toutefois, dès cette époque, Florence se vide de ses artistes. La nouvelle ville phare au 16e s. est Rome, où sont appelés les meilleurs talents. Au cours des siècles suivants, la cité des Médicis ne parvint plus à recréer cette miraculeuse alliance d'un développement économique rapide, d'une force bancaire, d'une aristocratie mécène et d'un foisonnement d'artistes, n'ayant d'égale que dans l'Athènes antique.

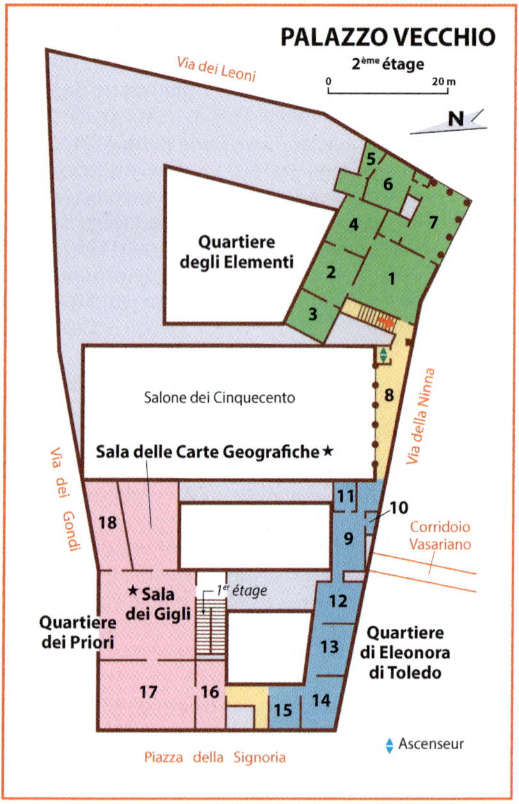

siècle suivant par Vasari; une élégante fontaine en occupe le centre, surmontée d'un génie ailé tenant un dauphin (16e s.), copie d'une œuvre de Verrocchio dont on peut voir l'original dans le palais.

Les salles ont été somptueusement décorées de sculptures par Benedetto et Giuliano da Maiano (15e s.), et de peintures par Vasari et Bronzino (16e s.) à la gloire de Florence et des Médicis.

Salle des Cinq Cents – De dimensions gigantesques (23 m de large, 52 m de long, 1 200 m² et une hauteur de 18 m), elle fut construite en 1495, du temps de la république instituée par **Savonarole**, pour accueillir le Grand Conseil, dont les membres étaient si nombreux (on en comptait 1 500) qu'un tiers d'entre eux seulement pouvait à tour de rôle prendre part au gouvernement de la ville. Les murs et le **somptueux plafond à caissons★★** (39 panneaux peints sur bois) ont été décorés, par **Vasari** et ses aides, d'allégories et de scènes guerrières célébrant les victoires remportées par Florence, essentiellement sur ses deux grandes rivales, Pise et Sienne. La salle conserve aussi un groupe sculpté par Michel-Ange: le *Génie terrassant la Force*.

★★ **Studiolo** – Les parois de l'exquis cabinet de travail de François Ier de Médicis, conçues par Vasari, ont été peintes par plusieurs maniéristes florentins dont l'atelier de Bronzino, qui a aussi réalisé les portraits de *Cosme Ier* et d'*Éléonore de Tolède*, parents de François Ier.

Appartement de Léon X – Cette aile du palais est la partie ajoutée au 16e s. par Cosme Ier. Son décor évoque des épisodes de l'histoire des Médicis.
Passer au 2e étage.
Appartement des Éléments – L'appartement de Cosme Ier a pour thème la mythologie antique et porte ce nom en raison des scènes allégoriques qui ornent la 1re salle **(1)**. Dans la **salle d'Ops (2)**, le remarquable pavement en terre cuite date de 1556. Au centre du plafond à caissons de la **salle de Cérès (3)** est représentée la déesse des récoltes, à la recherche de sa fille Proserpine. Dans le caisson central du plafond de la **salle de Jupiter (4)**, **Vasari** et ses aides ont évoqué le mythe de l'enfance du roi des dieux. Dans l'antichambre de la **terrasse de Junon (5)** se trouve le petit *Amour ailé tenant un dauphin* de **Verrocchio**, et au plafond de la **salle d'Hercule (6)** sont représentés huit des douze travaux du demi-dieu. Depuis la **terrasse de Saturne (7)**, magnifique vue sur les paysages florentins.
Une **galerie (8)** communique avec l'appartement d'Éléonore de Tolède.
Appartement d'Éléonore de Tolède – Tout comme pour le précédent, Vasari en a assuré la décoration, à l'exception de la chambre verte **(9)** et de la chapelle **(11)**, ornée de fresques par Bronzino. Le **scrittoio (10)** tenait lieu de bureau à la duchesse. La **salle des Sabines (12)** accueillait les dames de sa suite, celle **d'Esther (13)** faisait office de salle à manger. Dans le grand médaillon central de la **salle de Pénélope (14)** est exaltée la fidélité, symbolisée par l'épouse d'Ulysse. Enfin, la **salle de la Gualdrada (15)** est dédiée à la Vertu, incarnée par cette jeune Florentine qui, au 13e s., refusa le baiser de l'empereur Othon.
Appartement des Prieurs des Arts – Ceux-ci se réunissaient dans la **chapelle des Prieurs (16)** pour prier avant les délibérations d'ordre juridique (décoration par **Ridolfo del Ghirlandaio**, fin du 15e s.). La **salle des Audiences (17)** possède un somptueux **plafond** bleu et doré à caissons, œuvre de Giuliano da Maiano, qui a aussi réalisé celui de la **salle des Lys★**. La **« Cancelleria » (18)** servit de bureau à **Machiavel** pendant la dernière année où il exerça la haute fonction de secrétaire de la Chancellerie. La visite s'achève par la **salle des Garde-Robes★**, tapissée de cartes géographiques du 16e s.
★ **Torre di Arnolfo** – *Avr.-sept. : 9h-21h ; oct.-mars : 10h-17h ; jeu. 9h-14h - fermé en cas de pluie ; déconseillé aux personnes souffrant de cardiopathie et de claustrophobie - 10 €.* Pas moins de 213 marches conduisent au sommet de la tour du Palazzo Vecchio, attribuée à Arnolfo di Cambio. De son sommet, haut de 94 m, vous aurez une très belle perspective sur les toits de la ville.

★ Museo Galileo

Piazza Giudici 1 - ✆ 055 26 53 11 - www.museogalileo.it - 9h30-18h, mar. 9h30-13h - 9 €.

Installé dans le sévère **palais Castellani**, datant du 14e s., le musée, récemment réaménagé et axé multimédia, possède un très riche ensemble d'instruments scientifiques anciens provenant des collections des Médicis et des grands-ducs Habsbourg-Lorraine.

Au **1er étage**, la salle 4 abrite les souvenirs du physicien et astronome pisan **Galilée** (1564-1642) : la lentille qui lui permit de découvrir en 1609 les satellites de Jupiter, ses deux télescopes, le compas qu'il confectionna lui-même, des appareils expérimentaux et, dans un reliquaire, l'un de ses doigts.

Le **2e étage** est consacré à l'horlogerie mécanique, aux automates, en vogue au 18e s., aux instruments de calcul perfectionnés et de démonstration qui contribuèrent beaucoup au progrès entre les 17e et 19e s. Les dernières salles sont dédiées à la médecine et aux poids et mesures.

NOS ADRESSES AUTOUR DE LA PIAZZA DELLA SIGNORIA ET DES OFFICES

Plan III p. 127.

RESTAURATION

PREMIER PRIX

All'Antico Vinaio – *Via dei Neri 65r - ✆ 055 23 82 723 - 10h-22h - 5/15 €.* Toujours bondée, cette adresse située derrière le Palazzo Vecchio propose des sandwichs et des *schiacciate* (sortes de fougasses) irrésistibles, à déguster dans la rue ou aux tables de la trattoria en face (*fermé lun.*).

Trattoria Anita – *Via del Parlascio 2r - ✆ 055 21 86 98 - fermé dim. - réserv. conseillée - 15/20 €.* Tout ce qu'il y a de plus simple et familial, voilà comment se présente cette trattoria fréquentée lors du repas de midi par de nombreux ouvriers et employés des alentours, alors que le soir prennent place les touristes et les familles florentines.

BUDGET MOYEN

Vini e Vecchi Sapori – *Via dei Magazzini 3r - ✆ 055 29 30 45 - fermé merc. - 25/30 €.* Derrière le Palazzo Vecchio, cet endroit minuscule, cultivant une atmosphère particulièrement sympathique, propose un échantillon appétissant de plats typiquement florentins : la *ribollita* ou les tripes (y compris la version *lampredotto*), et un assortiment de *crostini*, de charcuterie et de fromages.

Dei Frescobaldi Ristorante & Wine Bar – *Via dei Magazzini 2-4r - ✆ 055 28 47 24 - www.deifrescobaldi.it - fermé dim. et lun. midi - 30/35 €.* Des producteurs de vins passés à la restauration qui servent une bonne cuisine régionale dans deux petites salles accueillantes en bois et pierres apparentes. La partie *wine-bar* propose des plats plus simples.

PETITE PAUSE

Rivoire – *Via Vacchereccia 4r - ✆ 055 21 44 12 - www.rivoire.it - fermé lun.* Sur la superbe piazza della Signoria où se dressent le Palazzo Vecchio et le *Persée* de Cellini, la grande terrasse de ce café-salon de thé-chocolatier, fondé en 1862, demeure éternellement bondée. Le prix du café s'en ressent, mais le chocolat chaud nappé de crème est à tomber !

ACHATS

Dr Alessandro Bizzarri – *Via della Condotta 32 - ✆ 055 21 15 80 - www.bizzarri-fi.biz - fermé sam. apr.-midi et dim.* Apothicairerie, droguerie, herboristerie ou boutique d'alchimie ? Difficile de définir cette maison fondée en 1842, où vous trouverez tous les types d'herbes, teintures, huiles essentielles, produits cosmétiques… Incontournable !

Boutique Nadine – *Lungarno Acciaiuli 22r - ✆ 055 28 78 51 - www.boutiquenadine.it - 10h-19h30, dim. 12h-19h - fermé lun. mat.* Un magasin vintage qui fera le bonheur de ces dames : sacs à main, vêtements, bottes en cuir, bijoux, mais aussi les créations de jeunes stylistes. Une seconde boutique est située dans le quartier de Santa Croce (*via dei Benci 32r*).

Le Palazzo Vecchio et la tour d'Arnolfo.
P. Canali/Sime/Photononstop

Autour de Santa Maria Novella

★★

Les hôtels, les cafés, les petits commerces, les palais médiévaux et les églises se partagent les quelques centaines de mètres qui séparent la gare ferroviaire de l'Arno. Le quartier de Domenico Ghirlandaio, dont les fresques illuminent l'église Santa Maria Novella et le réfectoire d'Ognissanti, est aussi celui des griffes de luxe de la via de' Tornabuoni et des galeries d'art de la via de' Fossi et de la via Ognissanti. Prenez aussi le temps de profiter des agréables espaces du Palazzo Strozzi.

NOS ADRESSES PAGE 151
Restauration, achats, activités, etc.

SE REPÉRER
Plan de ville II D2 (p. 120) - plan de quartier IV (p. 148).
À moins de 500 m du Duomo, la gare Santa Maria Novella, desservant les petites et grandes villes italiennes, est aussi le point de départ de tous les bus circulant à Florence.

À NE PAS MANQUER
Les fresques de Ghirlandaio et de Masaccio dans l'église Santa Maria Novella, le réfectoire de Ghirlandaio à l'église Ognissanti.

ORGANISER SON TEMPS
Compter au moins une journée.

AVEC LES ENFANTS
Le Museo Stibbert.

Découvrir Plan IV p. 148

★★ Piazza Santa Maria Novella

Cette belle place de forme irrégulière, tracée au 14e s., est fermée d'un côté par l'église et les cloîtres de Santa Maria Novella et, à l'opposé, par les arcades Renaissance de la longue **loggia di San Paolo**, de l'ancien hôpital des Leopoldine, qui abrite le Museo Novecento et le MNAF *(voir p. 147)*. Dès le Moyen Âge, elle fut le théâtre de nombreux tournois et autres fêtes.

★★ Santa Maria Novella Plan de l'église p. 147

Piazza S. Maria Novella 18 - ✆ 055 21 92 57 - www.chiesasantamarianovella.it - lun.-jeu. 9h-19h, vend. 11h-19h (fermeture à 17h30 oct.-mars), sam. 9h-17h30, dim. 13h-17h30 - 5 €.

Commencée en 1279 pour sceller une tentative de réconciliation entre les guelfes et les gibelins, l'église Santa Maria Novella, élevée par les dominicains, ne fut achevée, pour l'essentiel, qu'en 1360. La façade, aux motifs géométriques de marbre blanc et vert, date du milieu du 14e s. En 1458, **Leon Battista Alberti** la restructura avec des formes simples, comme le carré et le cercle, mêlant le style de la Renaissance aux éléments gothiques préexistants.

De la **piazza dell'Unità Italiana** et de la **piazza della Stazione**, on a une **vue**★ remarquable sur le chevet puissant que domine, sobre et élancé, le campanile roman gothique de l'église.

Nef et travées – Sur le bas-côté droit, harmonieux tombeau **(1)** de la bienheureuse Villana delle Botti, dominicaine morte en 1361 et figurée en gisante

Santa Maria Novella.
A. Mamo/hemis.fr

par Bernardo Rossellino, près d'un siècle plus tard. Contre le deuxième pilier gauche de la nef, notez la chaire **(8)**, en marbre rehaussé d'or, dessinée par Brunelleschi.

Sur le mur de la 3e travée de la nef gauche figure la fameuse **fresque**★★ de *La Trinité* de **Masaccio (7)**, essentielle dans l'histoire de la peinture : Dieu le Père, le Christ, la Vierge, saint Jean et les donateurs y apparaissent sur fond d'architecture brunelleschienne, dans laquelle le peintre, adoptant les innovations de la Renaissance, déploie une magistrale technique de la perspective.

La nef centrale est dominée par le beau **Crucifix**★ réalisé par le jeune Giotto en 1290.

Transept gauche – Ornant la chapelle surélevée **Strozzi di Mantova (5)**, les **fresques**★ (1357) du Florentin Nardo di Cione décrivent avec ampleur le *Jugement dernier* ; le flamboyant **polyptyque**★ surmontant l'autel est dû à son propre frère, Andrea Orcagna.

La sacristie **(6)** renferme un beau **Crucifix**★ de Giotto et une élégante **niche**★ en terre cuite émaillée de Giovanni Della Robbia.

Croisillon gauche – La **chapelle Gondi (4)**, à gauche du maître-autel, abrite le célèbre **Crucifix**★★ en bois de Brunelleschi (1410-1415), saisissant d'élégance et de vérité : on dit que Donatello, le voyant, en laissa choir les œufs qu'il portait !

Chœur – Les éblouissantes **fresques**★★★ dont Ghirlandaio couvrit le chœur en 1485 brossent un brillant tableau de la haute société florentine à l'époque

DOMENICO GHIRLANDAIO (1449-1494)

Auteur de nombreuses fresques, ce peintre fut à la tête d'un très important atelier où Michel-Ange fut son élève. Son style se caractérise par son sens de la décoration, son goût du détail, de la ligne et des couleurs. Son œuvre dépeint à merveille les atours de la grande société bourgeoise du 15e s. qui fut son principal client : portraits, costumes, coiffures, architecture et mobilier sont autant de témoignages de la Florence de l'époque.

OFFICINA PROFUMO-FARMACEUTICA DI SANTA MARIA NOVELLA

Fondée en 1221, quand les dominicains s'établirent à Florence, la pharmacie (ou *officina*) vend depuis le début du 17e s. des épices, dont le parfum se répand au-delà du seuil. La magnifique boutique est installée dans une ancienne chapelle voûtée d'ogives, dédiée à saint Nicolas, datant de 1332 et redécorée dans le style néogothique en 1848. On peut également visiter le **musée**, qui expose les céramiques, les alambics et les outils de l'ancienne pharmacie, ainsi que la **sacristie**, aux fresques illustrant la *Passion du Christ*, qui accueille aujourd'hui la bibliothèque (*via della Scala 16 - ✆ 055 21 62 76 - www.smnovella.it*).

de la Renaissance, sur le thème de la vie de la Vierge et de celle de saint Jean-Baptiste. Sur le **mur de gauche** est représentée la scène où Joachim est chassé du Temple. Le personnage situé dans le groupe de droite, une main sur la hanche, serait le peintre lui-même ; on reconnaît à l'arrière-plan la loggia de San Paolo. Dans la *Naissance de la Vierge*, la toute jeune femme à la riche robe blanc et or qui s'avance en tête du groupe de femmes est la fille unique de Giovanni Tornabuoni, Ludovica, morte en couches à l'âge de 15 ans. Sur le **mur de droite**, l'*Apparition de l'ange à Zacharie* est une véritable galerie de portraits : on a voulu reconnaître, entre autres, dans le groupe qui se trouve au premier plan à gauche, de face, le meilleur poète de la Renaissance florentine, Politien, et, à l'extrême gauche, son plus grand humaniste, Marsile Ficin, qui répandit en Italie les théories platoniciennes. La scène de la *Naissance de saint Jean-Baptiste* se déroule dans un intérieur florentin ; la femme qui précède la servante portant sur sa tête des fruits est Lucrezia Tornabuoni, sœur de Giovanni et mère de Laurent de Médicis.

Croisillon droit – La **chapelle de Filippo Strozzi (3)** est entièrement décorée de **fresques★** peintes dans une manière tourmentée par **Filippino Lippi**. Elles représentent des scènes de la vie de saint Philippe et de celle de saint Jean l'Évangéliste. Le riche marchand, à qui est dédiée cette chapelle et qui fit édifier l'un des plus beaux palais de Florence, repose dans un somptueux sarcophage de basalte.

Transept droit – La **chapelle Rucellai (2)** conserve une **Vierge à l'Enfant★** en marbre, par Nino Andrea di **Pisano** ; au sol, dalle funéraire en bronze portant l'effigie d'un dominicain, par Ghiberti.

★ Chiostro Verde

Il doit son nom aux fresques à dominante verte qui le décorent, réalisées par **Paolo Uccello** et ses élèves vers 1430. Celles qui sont entièrement de la main du maître ornent le mur mitoyen à l'église et évoquent la Genèse. Seules deux travées sont bien conservées : la première **(9)** représente la création des animaux, celle d'Adam puis d'Ève ainsi que le Péché originel, et dans la 4e travée **(10)**, le Déluge et l'Ivresse de Noé.

Ce cloître dessert, au nord, le **Cappellone degli Spagnoli** (chapelle des Espagnols), peint de **fresques★★** de la fin du 14e s. par Andrea di Bonaiuto ; d'un symbolisme compliqué, elles évoquent le triomphe de l'Église et l'action des dominicains. Le **petit cloître des Morts** s'ouvre à droite de la chapelle. Le sol et les murs, ainsi que ceux de la petite galerie d'accès, sont presque entièrement dallés de pierres funéraires.

À l'ouest du cloître vert, le réfectoire abrite le **Museo di Santa Maria Novella** : pièces d'orfèvrerie, reliquaires, habits sacerdotaux.

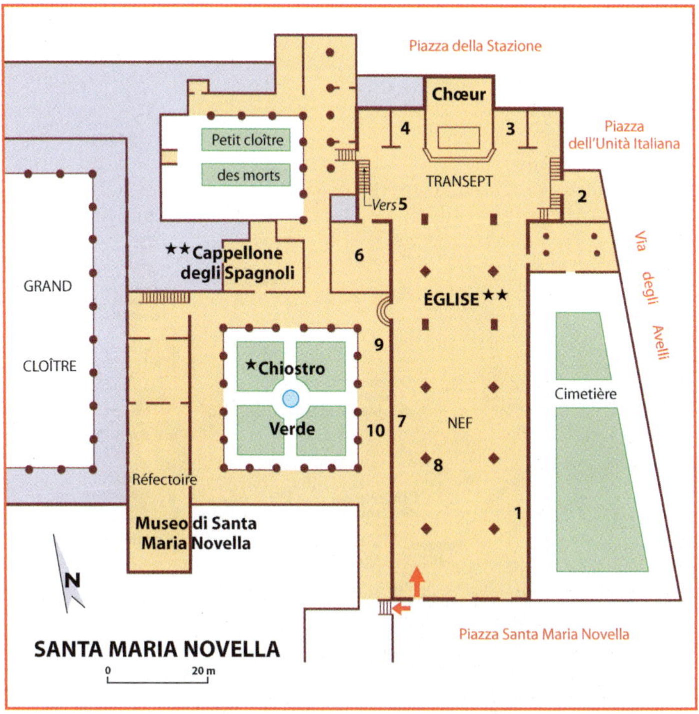

Se promener Plan IV p. 148

ART ET LOISIRS DE LA PIAZZA SANTA MARIA NOVELLA À L'ARNO

Au départ de la piazza Santa Maria Novella, circuit tracé en vert sur le plan p. 148. Compter une demi-journée.
Traverser la place pour rejoindre le bâtiment de l'ancien hôpital des Leopoldine.

Museo Novecento

Piazza Santa Maria Novella 10 - ✆ 055 28 61 32 - www.museonovecento.it - 9h-19h (18h en hiver), jeu. 9h-14h - 8,50 €.

Dans les agréables espaces de l'ancien **hôpital des Leopoldine** (13e-15e s.), le musée propose une étonnante plongée dans le milieu artistique italien et surtout florentin du 20e s., des années 1990 (1er étage) aux avant-gardes du début du siècle (2e étage). La salle du 3e étage diffuse la vidéo *L'idea di Firenze nel Cinema* (20mn), dévoilant une sélection d'images de Florence dans les films.

★ Museo Nazionale Alinari della Fotografia (MNAF)

Piazza Santa Maria Novella 14a - ✆ 055 21 63 10 - www.alinarifondazione.it - actuellement fermé pour travaux, se renseigner sur le site Internet.

Le musée illustre l'histoire des frères **Alinari** qui, dès 1852, fondèrent l'atelier photographique qui deviendra le plus prospère d'Italie. D'abord tourné vers la reproduction d'œuvres d'art, l'atelier a élargi ses collections aux paysages et aux portraits, s'enrichissant en 150 ans de 3,5 millions de documents

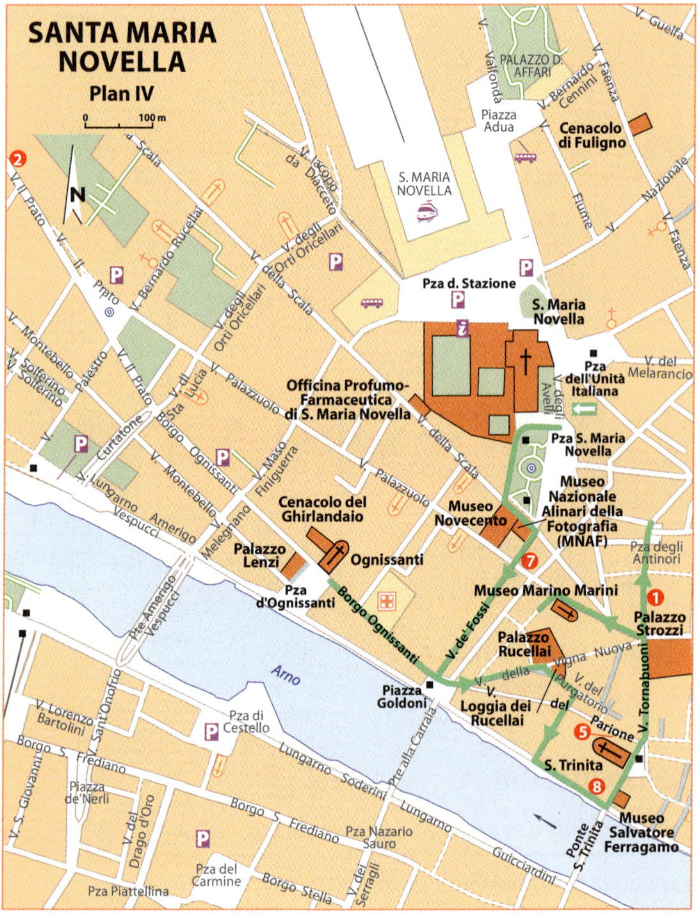

SE RESTAURER

Alimentari Mariano 5	Bistrò del Mare 8
Baldini 2	Buca Mario 7
	Procacci 1

photographiques. Au musée, parcours à travers l'histoire de la photographie, de 1839 à nos jours.

Se diriger vers l'Arno par la via de' Fossi puis, une fois sur la piazza Carlo Goldoni, tourner à droite sur le Borgo Ognissanti. La promenade sur la **via de' Fossi** et le **Borgo Ognissanti** révèle de nombreuses galeries d'art et boutiques d'antiquaires. Remarquez la belle maison Liberty au n° 26 du Borgo Ognissanti.

Ognissanti

Piazza d'Ognissanti - 9h-12h, 16h-17h30, dim. 16h-17h30 - gratuit.

Élevée au 13e s., cette église fut entièrement refaite au 17e s., à l'exception de son campanile des 13e-14e s. qui se dresse toujours sur le flanc droit. La façade baroque, œuvre de Matteo Nigetti, se pare d'une terre cuite vernissée représentant le *Couronnement de la Vierge*, sortie de l'atelier des Della Robbia.

À l'**intérieur**, remarquez deux fresques de **Ghirlandaio** : une *Descente de Croix* et une *Vierge de Miséricorde* protégeant la famille du navigateur florentin Amerigo Vespucci, dont la dalle funéraire se trouve au pied de l'autel à gauche. **Botticelli**, qui repose dans le transept droit, sous une dalle en marbre indiquée Filipepi, est l'auteur du *Saint Augustin* de la nef droite, en pendant avec le *Saint Jérôme* de Ghirlandaio dans la nef gauche. Le transept gauche conserve un crucifix de **Giotto**.

★Cenacolo del Ghirlandaio

Entrée à gauche de l'église d'Ognissanti - www.polomuseale.firenze.it - lun., mar. et sam. 9h-12h - gratuit.

Par rapport à celle de San Marco (antérieure), la Cène d'Ognissanti de **Domenico Ghirlandaio** (1480) gagne en sérénité et en naturel, grâce à un décor un peu plus sobre et aux poses très variées des Apôtres.

Sur la place se dresse aussi le **palais Lenzi**, magnifique exemple d'architecture du 15e s. dessiné par Michelozzo, qui accueille l'**Institut français** *(voir encadré ci-dessous).*

Revenir sur la piazza Goldoni. Prendre sur la gauche la via della Vigna Nuova.

★★ Palazzo Rucellai

Via della Vigna Nuova 18. Ne se visite pas.

Il fut bâti entre 1446 et 1451 par **Bernardo Rossellino**, d'après un dessin de Leon Battista Alberti, pour Giovanni Rucellai, membre d'une grande famille florentine. Il offre le premier exemple depuis l'Antiquité de façade structurée par la superposition des trois ordres classiques : dorique, corinthien et ionique. En face se dresse la **loggia** qui accompagnait la demeure de chaque grande famille ; elle est également attribuée à Leon Battista Alberti.

Emprunter sur la droite la via del Purgatorio, tourner à droite dans la via Parioncino qui descend vers l'Arno et longer le lungarno Corsini, sur la gauche.

Ponte Santa Trinita

Bâti en 1570 et orné, depuis 1608, de statues représentant les quatre saisons, il fut reconstruit à l'identique après avoir été démoli par les Allemands en 1944. Il offre une belle vue sur le Ponte Vecchio.

Du pont s'étend la **via de' Tornabuoni**, le « *salotto* » de la ville bordé d'élégants palais et magasins de luxe. Au n° 3, le **palais Tornabuoni-Beacci** est un bel édifice du 14e s.

Museo Salvatore Ferragamo

Palazzo Spini Feroni - Piazza Santa Trinita 5r - ✆ 055 35 62 846 - www.museoferragamo.it - 10h-19h30 - 6 €.

L'INSTITUT FRANÇAIS

Il a été fondé en 1907 par un jeune professeur d'italien de l'université de Grenoble, Julien Luchaire, qui bénéficia rapidement du soutien de nombreux intellectuels et d'hommes politiques italiens et français. Ce fut le premier établissement culturel français créé dans le monde. Il occupe le palais Lenzi. Dessiné en 1460 par Michelozzo, le palais a subi quelques modifications au cours des siècles, mais conserve une unité architecturale exceptionnelle. L'Institut possède une bibliothèque riche de quelque 30 000 ouvrages, la presse française à consulter sur place et organise des manifestations culturelles, dont un important festival de cinéma français. *Piazza Ognissanti 2 - ✆ 055 27 18 81 - www.institutfrancais-firenze.com.*

Situé au 2e étage du palais Spini Feroni, qui tient lieu également de siège social et de boutique, le musée abrite une belle collection de ces chaussures qui ont fait la réputation du créateur **Salvatore Ferragamo** (1898-1960). Il travailla pour Hollywood dans les années 1920, avant de revenir à Florence en 1927, auréolé de sa gloire. Jusqu'à la fin de sa vie, il chaussa les pieds des plus grandes stars du 7e art. Sont exposés différents modèles et dessins brevetés, de 1937 au début des années 1960 : chaussures avec un bout en forme de rhinocéros ou pointu, en peau d'antilope, en cuir, en métal, sandales, escarpins, montages de talon, semelles compensées, dont Ferragamo fut l'inventeur. Parmi les pièces, une sandale en dentelle pour Sofia Loren, une bottine en velours pour Brigitte Bardot, une chaussure à talon décolletée en daim pour Marilyn Monroe…

★ Santa Trinita

Piazza S. Trinita - 8h-12h, 16h-18h, dim. 8h-10h45, 16h-18h - gratuit.

Bâti au 14e s., l'édifice reçut à la fin du 16e s. sa façade de style maniériste que l'on doit à l'architecte **Bernardo Buontalenti**. Des travaux ont révélé, intégrée à la façade actuelle, celle de l'église primitive romane élevée au 11e s. L'intérieur, sobre et élancé, est un bel exemple des débuts du gothique à Florence. Le décor de la **chapelle Sassetti★★**, réalisé entre 1483 et 1486 par **Ghirlandaio**, reste l'œuvre majeure de l'église. Afin de relater des scènes de la vie de saint François d'Assise l'artiste a, comme dans le chœur de Santa Maria Novella, brossé une galerie de portraits de ses contemporains. On reconnaît en toile de fond le Palazzo Vecchio, la loggia della Signoria, l'église Santa Trinita, Laurent le Magnifique et, agenouillés, les donateurs Francesco Sassetti et son épouse : tous deux reposent dans les tombeaux à sarcophages de basalte surmontés d'une *Adoration des bergers* de Ghirlandaio (1485). La 4e chapelle de la nef droite renferme un cycle dédié à la Vierge par Lorenzo Monaco (1425). *Poursuivre la via de' Tornabuoni jusqu'à la via degli Strozzi. Tourner à gauche.*

★★ Palazzo Strozzi

Piazza degli Strozzi 1 - ✆ 055 26 45 155 - www.palazzostrozzi.org - 9h-20h (jeu. 23h).

Construit à la fin du 15e s. à l'initiative du riche marchand Filippo Strozzi, le dernier des grands palais privés de la Renaissance reste l'une des plus belles réalisations de l'architecture civile de cette époque. La magnifique corniche de pierre qui le couronne représente, sur le plan technique, une véritable prouesse en raison de son avancée et de son poids considérable. L'architecte Simone del Pollaiolo conçut aussi la noble et élégante **cour**, dotée d'une loggia ouverte à l'étage supérieur, qui est aujourd'hui devenue une véritable agora pour Florentins et touristes. Le palais est le siège des principales expositions de la ville et accueille aussi le centre de culture contemporaine **Strozzina**, un joli café et la librairie-art store **Agora|z** *(10h-20h).*

Reprendre la via de' Tornabuoni. Au n° 19 se dresse le **palais Larderelli**, aux fenêtres à fronton, construit en 1580 par Dosio. Sur la **piazza degli Antinori** *(extrémité nord de la via de' Tornabuoni),* on note au n° 3 le **palais Antinori** (1461-1466), attribué à Giuliano da Sangallo. *Revenir sur ses pas, tourner à droite dans la via della Spada et la remonter jusqu'à la piazza San Pancrazio.*

★ Museo Marino Marini

Piazza San Pancrazio - ✆ 055 21 94 32 - www.museomarinomarini.it - 10h-17h - fermé mar. - 6 €.

Prêtant son cadre aux œuvres du sculpteur et peintre toscan **Marino Marini** (1901-1980), l'église San Pancrazio retrouve astucieusement ses volumes. Le chœur est mis en valeur par le monumental groupe équestre *Aja*, illuminé par la verrière reconstituant l'abside détruite. Sculptures, peintures, dessins et gravures montrent l'intérêt de l'artiste pour la plastique dépouillée et statique de la statuaire archaïque, sur laquelle il greffa une certaine inquiétude propre à son époque. Principaux thèmes : la femme, le cavalier et le guerrier.

À voir aussi Plan II p. 120 et plan IV p. 148

Cenacolo di Fuligno Plan IV

Via Faenza 42 - ✆ 055 28 69 82 - www.polomuseale.firenze.it - mar., jeu. et sam. 9h-13h - gratuit.

C'est le réfectoire de l'ancien couvent de tertiaires franciscaines de Foligno. La fresque de la **Cène★** qu'il conserve est attribuée au **Pérugin** et serait de peu postérieure à 1491. La scène est campée au moment où Jésus va prendre la parole. Une certaine théâtralité est apportée par le très beau décor de portique en perspective, au centre duquel s'inscrit la *Prière sur le mont des Oliviers*. Également du Pérugin, une *Crucifixion* et plusieurs œuvres de Lorenzo di Credi. Les autres fresques sont de Bicci di Lorenzo.

★ Museo Stibbert Hors plan II E1

Via Federico Stibbert 26. Bus n° 4 depuis la gare Santa Maria Novella, arrêt Gioia - ✆ 055 47 55 20 - www.museostibbert.it - visite accompagnée ttes les heures lun.-merc. 10h-14h, vend.-dim. 10h-18h - fermé jeu. - 8 €.

À l'entrée d'un petit parc ombragé, la Villa Stibbert (19e s.) abrite les collections d'art réunies par le héros garibaldien anglo-italien Federico Stibbert : armes, sculptures, peintures, meubles, faïences, tapisseries, broderies, bibelots, costumes… de provenances et d'époques variées (de la Renaissance au 19e s.). Mention spéciale pour les centaines d'**armures anciennes★★**.

NOS ADRESSES AUTOUR DE SANTA MARIA NOVELLA

Plan IV p. 148

RESTAURATION

PREMIER PRIX

Procacci – *Via de' Tornabuoni 64r - ✆ 055 21 16 56 - www.procacci1885.it - 10h-21h - 10/15 €.* Fondée en 1885, cette épicerie de luxe est devenue une véritable institution grâce à ses célèbres truffes blanches, avec lesquelles sont préparés les délicieux *tramezzini tartufati*, sandwichs à la crème de truffes, à accompagner avec un verre de vin.

Alimentari Mariano – *Via del Parione 19r - ✆ 055 21 40 67 - 8h-15h30, 17h-19h30, fermé sam. apr.-midi et dim. - 10/15 €.* Un endroit sympathique où déguster d'excellents *panini, focacce* et assiettes de fromages et charcuterie.

BUDGET MOYEN

Baldini – *Via il Prato 96r - ✆ 055 28 76 63 - www.trattoriabaldini.com - fermé sam. et dim. soir (en été aussi dim. midi) - 25/35 €.* Trattoria à l'atmosphère familiale, où l'on propose une gastronomie authentique. C'est l'endroit idéal pour goûter la traditionnelle *fiorentina*.

POUR SE FAIRE PLAISIR

Buca Mario – *Piazza degli Ottaviani 16r - ✆ 055 21 41 79 - www.bucamario.com - fermé à midi - 40/50 €.* Situé dans les caves du palais Niccolini, cet établissement chargé d'histoire,

1

ouvert en 1886, est très apprécié des Florentins pour la qualité de sa cuisine qui célèbre les grands classiques de la tradition toscane, comme la bistecca alla fiorentina.
Bistrò del Mare – *Lungarno Corsini 4 - ✆ 055 23 99 224 - www.bistrodelmare.it - fermé à midi du mar. au jeu. et lun. tte la journée - 35/45 €.* La proximité du Ponte Vecchio et l'histoire des lettres constituent le décor de ce restaurant raffiné, où la cuisine traditionnelle rencontre de nouveaux assortiments.

PETITE PAUSE

Antico Caffè del Moro « Café des Artistes » – *Via del Moro 4r - ✆ 055 28 76 61 - 19h-1h - fermé dim.* Dans les années 1950, les artistes s'y rencontraient et payaient souvent avec des tableaux qui ornent les murs de ce bar.
Caffè Giacosa - Roberto Cavalli – *Via della Spada 10r - ✆ 055 27 76 328 - www.caffegiacosa.com - 7h45-20h30.* Ce lieu appartient au styliste Roberto Cavalli, et cela se voit au mobilier en bois et dorure, et aux photographies de mode aux murs. Un endroit chic, très apprécié pour ses pâtisseries.
Caffè Colle Bereto – *Piazza Strozzi 5r - ✆ 055 28 31 56 - www.cafecollebereto.com.* Dans un cadre contemporain, une clientèle jeune et internationale s'y retrouve pour un des meilleurs apéritifs de la ville. Mieux vaut réserver pour s'assurer une bonne table.
Rinaldini – *Via dei Banchi 9 - ✆ 055 28 10 04 - www.rinaldinipastry.com.* Roberto Rinaldini a remporté le prix de Maître pâtissier italien. Ses créations sont originales, colorées et sublimes. Essayez sa *Venere nera*, au chocolat et à la noisette. On peut déguster aussi un *gelato*.

ACHATS

Il Bisonte – *Via del Parione 31/33r - ✆ 055 21 57 22 - www.ilbisonte.com - fermé dim.* Connu dans le monde entier, Wanni di Filippo produit depuis plus de trente ans sacs, valises et petite maroquinerie en cuir de vachette. La boutique de via del Parione se trouve dans les anciennes écuries du pape Corsini. Qualité garantie et prix proportionnés.
Richard Ginori – *Via de' Rondinelli 17r - ✆ 055 21 00 41 - www.richardginori1735.com - fermé dim.* Cette boutique magnifique, située depuis 1802 au rez-de-chaussée du palais Ginori, a conservé son décor originaire. Ici vécut Carlo Lorenzini, auteur de *Pinocchio*, fils du cuisinier et de la femme de chambre des marquis Ginori. La manufacture de porcelaine fondée en 1735 par le marquis Ginori appartient aujourd'hui à la maison Gucci.
Dr Vranjes– *Via della Spada 9r - ✆ 055 28 87 96 - www.drvranjes.com - fermé lun. mat.* Une boutique minuscule et raffinée où vous trouverez de sublimes fragnances pour la maison sous forme de bouquets parfumés et de bougies.
Officina Profumo-Farmaceutica di S. Maria Novella – *Via della Scala 16 - ✆ 055 21 62 76 - www.smnovella.it.* Les frères dominicains de Santa Maria Novella ont transmis leur savoir-faire en parfumerie à la famille Stefani en 1866. Dans l'ancienne chapelle du couvent, cette majestueuse boutique vend des produits de beauté raffinés et naturels (*voir p. 144*).
Fratelli Alinari – *L. go Fratelli Alinari 15 - ✆ 055 23 951 - www.alinari.it - fermé vend. apr.-midi et w.-end.* Catalogue de 3 500 000 images dédiées à la Toscane et au Bel Paese.

Autour de San Lorenzo

★★

Voilà un quartier tout en contrastes et palpitations. Côté intérieur, une studieuse bibliothèque dessinée par Michel-Ange, une chapelle rassemblant les tombeaux des Médicis, des fresques évoquant la vie florentine au 15e s., avec ses caractères fantaisistes et pittoresques. Côté extérieur, les étals d'un marché aux cuirs et aux vêtements, les parfums du Mercato Centrale, le ventre de Florence, gorgé de produits frais, où se bousculent joyeusement charcutiers, bouchers, maraîchers et fromagers…

NOS ADRESSES PAGE 159
Restauration, achats, activités, etc.

SE REPÉRER

Plan de ville II E1-2 (p. 120) - plan de quartier V (p. 158). Le quartier s'articule autour de l'église San Lorenzo, contre laquelle s'adosse, au nord, le Mercato San Lorenzo.

À NE PAS MANQUER

L'église San Lorenzo et la bibliothèque Medicea Laurenziana; le palazzo Medici-Riccardi; une flânerie dans les allées du Mercato Centrale.

ORGANISER SON TEMPS

Organisez la visite de l'ensemble le matin afin de pouvoir profiter du *Food Hall* du 1er étage du Mercato Centrale pour un déjeuner sur le pouce.

Découvrir

★★★ San Lorenzo Plan de l'église p. 154

Piazza San Lorenzo - ✆ 055 26 45 184 - www.operamedicealaurenziana.it - 10h-17h30, dim. 13h30-17h - église 4,50 €, 7 € avec la bibliothèque Medicea Laurenziana.

Commencée vers 1420 par **Brunelleschi** et élevée près du palais Médicis, elle servit de paroisse à cette grande famille et, pendant plus de trois siècles, de monumental sépulcre. Comme celle de plusieurs autres églises florentines, la rude façade ne reçut jamais son revêtement de marbre. L'énorme dôme qui surmonte l'arrière de l'édifice appartient à la chapelle des Princes (*voir p. 155*), ajoutée au 17e s.

Intérieur –Rompant avec la sublime envolée des lignes et l'ornementation gothique, son créateur inaugura un style mesuré qui devait faire école: l'équilibre des volumes répond à une rigoureuse géométrie; un jeu de contrastes entre le calcaire gris *pietra serena* et le crépi blanc des murs souligne les formes géométriques des éléments architecturaux; colonnes, pilastres et cannelés inspirés de l'Antiquité se mêlent aux arcs en plein cintre romans. Dans la 2e chapelle à droite, remarquez un *Mariage de la Vierge* **(1)**, aux silhouettes élégamment étirées et aux flamboyantes couleurs, par le peintre maniériste **le Rosso. Desiderio da Settignano** est l'auteur du **relief★** sculpté en marbre, en forme de petit temple **(2)**, à l'extrémité du bas-côté droit. Mais les éléments les plus remarquables sont encore les **deux chaires★★ (3** et **4)** aux admirables panneaux en bronze créés par Donatello. Ils évoquent des épisodes de la Bible. Précédant le chœur, une grande dalle circulaire **(5)** marque sur le sol l'emplacement où, dans la crypte située au-dessous, repose Cosme l'Ancien.

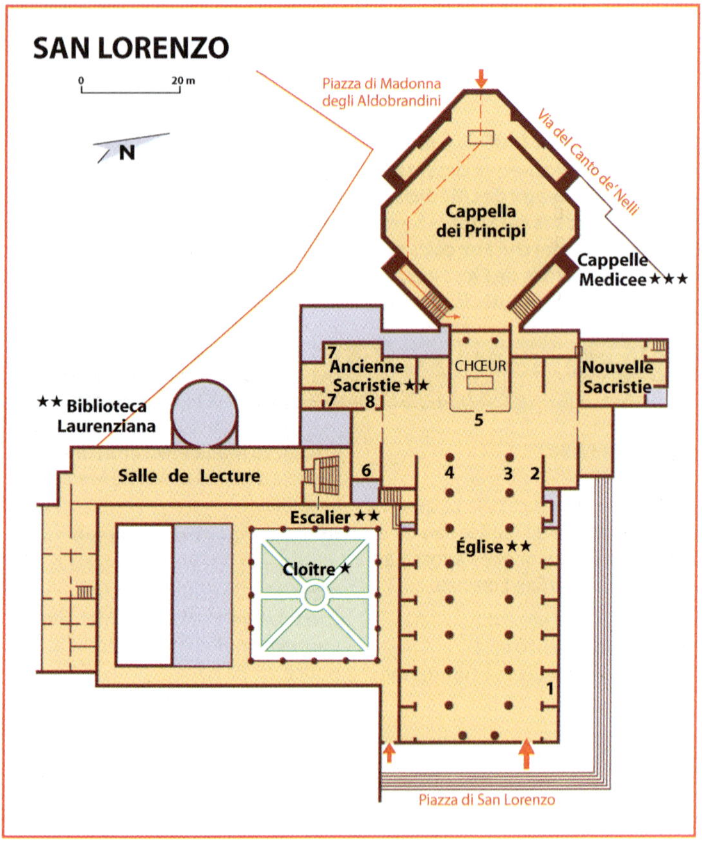

L'une des chapelles du transept abrite un **relief★** en marbre en forme de petit temple, réalisé par Desiderio da Settignano. La chapelle Martelli **(6)** recèle une **Annonciation★**, peinte vers 1440 par Filippo Lippi, et remarquable pour sa perspective d'arcades, de bâtiments et de pergolas.

★★ **Ancienne sacristie** – Exprimant ici son idéal d'architecture pour la première fois, Brunelleschi articula son plan autour d'une chapelle carrée, coiffée d'une coupole hémisphérique. **Donatello** la décora d'une frise de chérubins, de médaillons polychromes et de magnifiques portes aux **vantaux★ (7)** ornés de 40 figures de saints et d'apôtres. Il dessina également l'autel et la très belle clôture de marbre, travaillée comme une dentelle. **Verrocchio** est l'auteur de l'élégant **monument funéraire★ (8)** exécuté en 1472, à la demande de Laurent le Magnifique et de son frère Julien, pour glorifier la mémoire de leur père, Pierre le Goutteux, et de leur oncle, Jean de Médicis.

★ **Cloître** – Il fut construit au 15e s., dans le style élégant de Brunelleschi.

★★ Biblioteca Medicea Laurenziana Plan V p. 158

Piazza San Lorenzo 9 - www.operamedicealaurenziana.it - 9h30-13h30 - fermé dim. - 3 €, 7 € avec l'église San Lorenzo.

La bibliothèque, fondée par **Cosme l'Ancien**, fut ensuite agrandie par Laurent le Magnifique, qui lui donna son nom. Au siècle suivant, en 1523-1524, le pape

Clément VII de Médicis chargea **Michel-Ange** de construire le local destiné à accueillir ce fonds d'une inestimable valeur. Depuis le vestibule, haut et étroit, curieusement traité comme l'extérieur d'un édifice, un majestueux **escalier★★** à triple volée, dessiné par Michel-Ange et réalisé par l'architecte maniériste Ammannati, conduit à la grande **salle de lecture**, elle aussi due à Michel-Ange. Quelques-uns des 10 000 manuscrits y sont exposés par roulement : un Virgile du 5e s., des notes de Léonard de Vinci…

★★★ Cappelle Medicee Plan V p. 158

Piazza della Madonna degli Aldobrandini - ✆ 055 23 88 602 - www.polomuseale.firenze.it - 8h15-17h - fermé 1er, 3e et 5e lun. du mois, 2e et 4e dim. du mois - 6 €.
Elles comprennent la Cappella dei Principi et la Sacrestia Nuova. Projetée sous Cosme Ier, la **chapelle des Princes**, chapelle funéraire des grands-ducs, ne fut réalisée qu'au début du 17e s., sous le règne de son fils cadet Ferdinand Ier. Revêtue de pierres dures et de marbres précieux, ornée de blasons incrustés de lapis-lazuli, de corail et de nacre, elle frappe d'emblée par son aspect funèbre et grandiose. Dans ce stupéfiant décor minéral s'éparpillent les gigantesques mausolées de Cosme Ier et de ses descendants, construits en granit d'Orient et jaspe vert de Corse. Derrière l'autel, également décoré de pierres dures, deux salles abritent des reliquaires, dont certains, en cristal de roche, datent du 10e s.
Première œuvre d'architecture de Michel-Ange, la **Nouvelle Sacristie** est en fait une chapelle funéraire, commencée en 1520 et laissée inachevée par l'artiste à son départ de Florence en 1534. Vasari et Ammannati la complétèrent plus tard. Usant du contraste gris-blanc et d'une distribution nouvelle des ornements, Michel-Ange a organisé l'espace avec une poignante solennité, pour y placer les célèbres **tombeaux des Médicis★★★** sculptés par lui-même : celui de Julien de Médicis, duc de Nemours (mort à 35 ans, en 1516), représenté en empereur romain et entouré des allégories du Jour et de la Nuit ; et celui de Laurent II (mort à 27 ans, en 1519), représenté en train de méditer, et au pied duquel s'alanguissent le Crépuscule et l'Aurore. Une extraordinaire puissance et une tragique pesanteur se dégagent de cet ensemble exceptionnel. Du tombeau qui devait être celui de Laurent le Magnifique, seul a vu le jour l'admirable groupe de la *Vierge à l'Enfant* : le plus célèbre des Médicis repose, avec son frère Julien, dans le simple sarcophage qui se trouve au-dessous.

1

À voir aussi Plan V p. 158

★★ Palazzo Medici-Riccardi

Via Cavour 3 - ✆ 055 27 60 340 - www.palazzo-medici.it - tlj sf merc. 9h-18h30 - 7 €.
En 1444, **Michelozzo** commença la construction de ce noble édifice, que lui avait commandé son ami **Cosme l'Ancien**. Distribué autour d'une cour carrée à arcades, il représente un exemple type de la Renaissance florentine par son ordonnance mathématique austère et ses énormes bossages du rez-de-chaussée, qui s'allègent vers le haut. Les Médicis y résidèrent de 1459 à 1540, et **Laurent le Magnifique** y tint sa cour de poètes, de philosophes et d'artistes. Dans la deuxième moitié du 17e s., le palais échut aux Riccardi, qui entreprirent d'importantes transformations.
★★★ Chapelle des Mages – *1er étage. Accès : 1er escalier à droite dans la cour.*
Cette minuscule pièce, au plafond à caissons dorés et au dallage de marbres polychromes, a été peinte d'admirables fresques (1459) par **Benozzo Gozzoli**. Cet élève de Fra Angelico, formé par Ghiberti à l'art de l'orfèvrerie, a réalisé une évocation brillante et pittoresque de la vie florentine. Les membres des Médicis s'y mêlent à d'exotiques personnages venus d'Orient, en l'honneur

Les Médicis

Cette famille d'origine obscure et terrienne, dont on trouve dans la Florence du 14e s. plusieurs membres, anonymes marchands et modestes « changeurs », donna à cette ville ses maîtres pendant près de trois siècles.

LES « SIÈCLES DES MÉDICIS »

Giovanni di Bicci – Le fondateur de la « dynastie » était à la tête d'une banque prospère et jouait dans sa ville un rôle de premier plan – bien que discret – lorsqu'il mourut, en 1429.

Cosme l'Ancien – Fils de Giovanni, il fait de l'entreprise familiale la plus importante de Florence, alliant à l'industrie de la laine et de la soie le commerce international et les activités bancaires. Lorsqu'il arrive au pouvoir à l'âge de 40 ans, la prospérité de Florence atteint son apogée. Menant une vie austère et sans pratiquement assumer de charges officielles, il va exercer pendant plus de trente ans une sorte de règne. Son mérite le plus grand reste d'avoir pratiqué un actif mécénat et protégé les arts, réunissant autour de lui le « Tout-Florence » des intellectuels et des artistes : Donatello, Della Robbia, Paolo Uccello, Filippo Lippi, Andrea del Castagno, Benozzo Gozzoli, Fra Angelico… À sa mort, en 1464, les Florentins font graver sur sa tombe l'inscription *Pater Patriae* (Père de la Patrie).

Julien – Du neveu de Cosme, assassiné en 1478 à l'âge de 25 ans lors de la conjuration des Pazzi, les peintres, dont Botticelli, ont transmis à la postérité l'image d'un jeune homme d'une beauté qui fait exception chez les Médicis. La femme qu'il aima, Simonetta Vespucci, servit sans doute de modèle à Botticelli pour sa célèbre Vénus.

Laurent le Magnifique – Le frère aîné de Julien fut le plus prestigieux des Médicis. Il avait tout juste 20 ans à la mort de son père, lorsqu'il prit, toujours de façon occulte, la tête des affaires de Florence. Moins discret que ses prédécesseurs, il s'y imposa comme un prince et y exerça un pouvoir plus personnel. Il se distingua par une diplomatie habile et réussit à maintenir entre le pape et les différents États un équilibre qui lui valut le surnom d'« aiguille de la balance ». En revanche, il fit preuve de grandes défaillances dans la gestion des affaires commerciales et bancaires et conduisit à la ruine l'empire financier des Médicis. Personnalité fascinante, faite d'hédonisme et de réalisme politique, froidement calculatrice et intransigeante, mais d'une grande sensibilité artistique et éprise au plus haut point d'humanisme, il est surtout passé à la postérité comme l'incarnation de la Renaissance. Amoureux des lettres, il versifiait lui-même avec talent. La mort du « Magnifique » fut ressentie dans toute l'Europe et marqua la fin du « siècle des Médicis ».

Les deux frères donnèrent à la chrétienté deux papes : **Léon X** (1475-1521), fils cadet de Laurent, et **Clément VII** (1478-1534), enfant illégitime de Julien.

Cosme Ier – Après la parenthèse Savonarole les Médicis, soutenus par Charles Quint, reprennent possession de Florence en 1530. Lorsqu'il arrive au pouvoir, Cosme Ier, fils du condottiere Jean des Bandes Noires, n' a que 18 ans, mais très vite s'affirment en lui des qualités d'homme d'État. Volontaire, résolu, organisé et doué d'un grand sens politique, il va s'imposer par sa fermeté sans faille, sa compétence et sa sagesse. Il va dès lors redonner à Florence un éclat perdu et lui faire connaître une prospérité nouvelle. Il est ainsi le créateur d'un État toscan dont il contrôle lui-même toute la « machine ». En 1555, il soumet Sienne, achevant ainsi l'unité de la Toscane, qui sera érigée en grand-duché en 1569.

Généalogie des Médicis

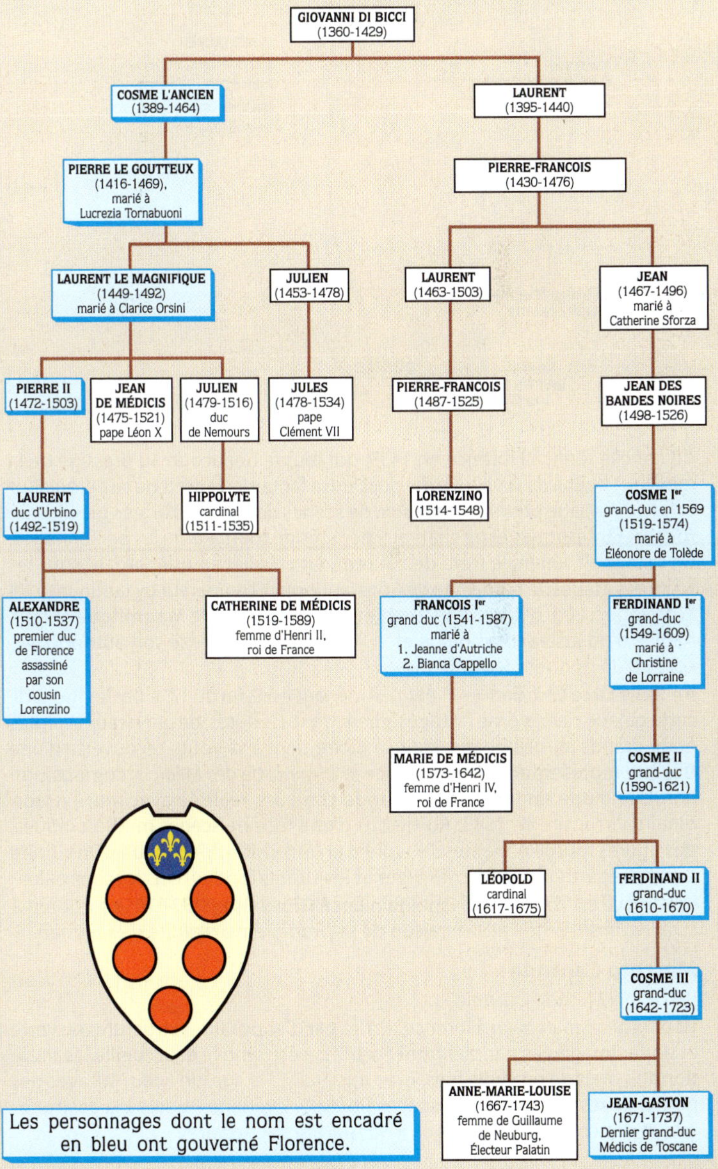

Les personnages dont le nom est encadré en bleu ont gouverné Florence.

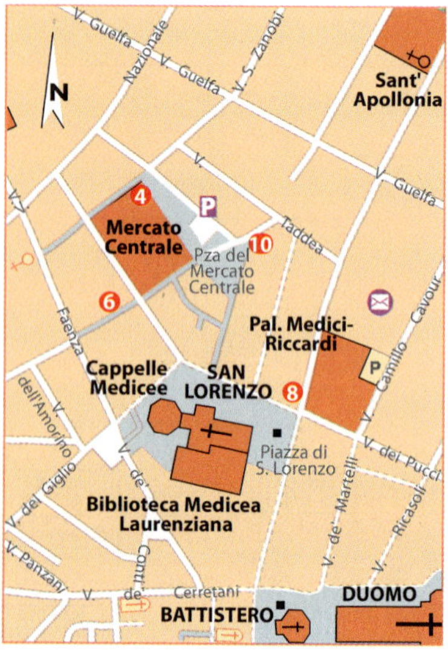

SAN LORENZO
Plan V

0 — 80 m

SE RESTAURER

Mercato Centrale 4
Palle d'Oro 6
Trattoria Gozzi 8
Trattoria Mario 10

du concile réuni à Florence en 1439, qui œuvra beaucoup au prestige de la famille et à celui de la ville. D'une délicieuse fantaisie, le cortège se déroule sur fond de paysage peuplé d'animaux, de scènes de chasse, d'arbres graciles, de rochers fantastiques et de châteaux hérissés de tours. Parmi les personnages, on reconnaît Julien, le frère de Laurent, en cavalier au guépard, et sous les traits des Mages : le patriarche de Constantinople, l'empereur byzantin Jean VII Paléologue, vêtu d'un manteau vert et or, puis **Laurent le Magnifique** enfant, habillé d'un justaucorps beige et or. L'artiste a aussi glissé son autoportrait, coiffé d'un bonnet bleu et blanc.

★★ **Salle Luca Giordano** – *1er étage.* Aménagée à la fin du 17e s. par les Riccardi, cette galerie claire s'orne fastueusement de stucs dorés, de panneaux sculptés et de grands miroirs peints. Mais sa gloire tient à sa voûte recouverte d'une fresque représentant l'*Apothéose de la 2e dynastie des Médicis*, composition baroque d'une singulière fraîcheur de couleurs, réalisée avec une extraordinaire virtuosité en 1683. Au-dessus d'une frise de scènes mythologiques, des figures tourbillonnantes s'envolent en ascension floconneuse. On admire la juste répartition des taches vives et les subtils fondus dans les tons pâles. La fresque est l'œuvre du Napolitain **Luca Giordano** (1632-1705), surnommé *Luca Fa Presto* (Vite-Fait) en raison de sa prodigieuse rapidité d'exécution.

Mercato Centrale Plan V ci-dessus

Piazza del Mercato Centrale.

Le plus beau marché de Florence, abrité par d'imposantes structures en verre et en fer imaginées par Mengoni en 1874, a été rénové et accueille les traditionnels étals de produits frais, mais aussi, au 1er étage, un *Food Hall* avec des points de restauration, des espaces pour des événements liés à la gastronomie et des cours de cuisine (*voir « Nos adresses » ci-contre*).

NOS ADRESSES AUTOUR DE SAN LORENZO

Plan V ci-contre

RESTAURATION

PREMIER PRIX

Mercato Centrale – *Piazza del Mercato Centrale/Via dell'Ariento - ✆ 055 23 99 798 - www.mercatocentrale.it - 1er étage - 10h-1h.* Les halles du Mercato Centrale accueillent un *Food Hall* moderne au 1er étage ou, au rez-de-chaussée, des lieux plus traditionnels, comme **Da Nerbone** (*✆ 055 21 99 49 - fermé le soir et dim.*), qui, depuis 1872, propose des *panini al lampredotto* (sandwichs aux tripes), soupes, pâtes et viandes, ou la **Gastronomia Perini** (*✆ 055 23 98 306 - www.perinigastronomia.it - tlj sf dim. mat.*), qui propose des sandwichs et des plats chauds.

Trattoria Gozzi – *Piazza di San Lorenzo 8r - ✆ 055 28 19 41 - fermé le soir et dim. - 15/25 €.* Ce sont les frères Gozzi qui, toujours avec autant de passion et de modestie, tiennent cette authentique trattoria pleine de charme, ouverte uniquement à midi et située au cœur de San Lorenzo. Cuisine toscane proposant du poisson le mardi et le vendredi.

Trattoria Mario – *Via Rosina 2r - ✆ 055 21 85 50 - www.trattoriamario.com - fermé le soir et dim. - [pas de carte bancaire] - 15/20 €.* La trattoria parfaite pour un déjeuner sur le pouce, où se pressent ouvriers, employés et étudiants. Cuisine simple et traditionnelle.

Palle d'Oro – *Via Sant'Antonino 43-45r - ✆ 055 28 83 83 - www.trattoriapalledorofirenze.com - fermé dim. - réserv. conseillée - 20/30 €.* Les propriétaires contribuent à la pérennité de cette trattoria fondée par leur arrière-grand-père, au début du 20e s., à deux pas de l'animation du marché. Au menu : spécialités toscanes, risotto ou pâtes. À midi, *pranzo al bancone* (déjeuner à manger au comptoir) au bon rapport qualité-prix.

PETITE PAUSE

Pasticceria Sieni – *Via dell'Ariento 2 - ✆ 055 21 38 30 - www.pasticceriasieni.it.* Ouverte en 1909, cette pâtisserie possède l'un des plus vieux fours de la ville. Parmi ses spécialités : les *cantuccini* (biscuits aux amandes), l'Amor Polenta (gâteau au maïs et à la ricotta) et les mille-feuilles. L'endroit idéal pour commencer la journée en « douceurs » !

Fratelli Zanobini – *Via Sant'Antonino 47r - ✆ 055 23 96 850 - fermé dim.* Depuis 1944, l'un des cavistes les plus réputés de la ville, qui propose plus de 2 500 vins différents. Un intérêt particulier est porté aux petits producteurs. Très prisé pour l'apéritif.

ACHATS

DiVino – *Via Taddea 6r - ✆ 055 26 70 508 - www.sfusodivino.com - fermé dim. et lun. mat.* Derrière le Mercato Centrale, cette belle boutique vend vins fins, huiles d'olive, fromages, tomates confites et confitures d'oignons.

Il Cantuccio di San Lorenzo – *Via Sant'Antonino 23r - ✆ 055 29 00 34 - www.ilcantucciodisanlorenzo.it.* C'est ici qu'il faut acheter les *cantuccini*, ces biscuits toscans que l'on mange trempés dans du *vin santo*. Plusieurs parfums sont proposés en plus du classique cantuccio aux amandes : figues sèches et noix, chocolat/orange… tous à essayer !

Autour de San Marco

★★

Si ce n'était la foule de visiteurs qui se pressent à l'Accademia pour admirer les Esclaves et la Pietà de Michel-Ange, on croirait presque le quartier à l'écart du centre historique et de son effervescence. En réalité, plus calme, plus aéré, à quelques centaines de mètres du Duomo, il est marqué par la grâce de la piazza Santissima Annunziata et la sérénité des fresques de Fra Angelico au Museo di San Marco. Des lieux propices à la douceur de vivre, à la contemplation, irradiant tout alentour.

NOS ADRESSES PAGE 165
Restauration, achats, activités, etc.

SE REPÉRER
Plan de ville II E1-2 (p. 120) - plan de quartier VI (p. 163).
Les principaux sites s'articulent autour de la piazza SS. Annunziata.

À NE PAS MANQUER
Les œuvres de Fra Angelico au Museo di San Marco ; l'incontournable Accademia.

ORGANISER SON TEMPS
L'Accademia draine une foule considérable. Mieux vaut réserver pour éviter 2 à 3h de file d'attente. Prévoyez de visiter San Marco le matin car il est fermé l'apr.-midi (sf le w.-end).

AVEC LES ENFANTS
L'Opificio delle Pietre Dure.

Se promener Plan VI p. 163

Au départ de la piazza San Marco, circuit tracé en vert sur le plan VI p. 163.

★★ Convento e Museo di San Marco

Piazza S. Marco 1 - ✆ 055 23 88 608 - www.polomuseale.firenze.it - 8h15-13h50, w.-end 8h15-16h50 - fermé 1er, 3e et 5e dim. du mois, 2e et 4e lun. du mois - 4 €.
Ce couvent de dominicains, construit par Michelozzo vers 1436, abrite un musée rassemblant des **œuvres**★★★ de Fra Angelico. Venu de Fiesole s'installer à Saint-Marc, ce moine-peintre couvrit, durant une dizaine d'années, les murs des cellules de scènes édifiantes destinées à favoriser la méditation.

Dans le réfectoire du couvent de San Marco, les fresques de la Cène, de Ghirlandaio.
A. Alborno/hemis.fr

Ancienne salle des Hôtes – *À droite en entrant dans le cloître*. Elle expose des panneaux sur bois de Fra Angelico, dont un triptyque représentant une Descente de Croix et l'éloquent **Jugement dernier**, où les visages des bienheureux expriment un touchant mysticisme. Le doré, utilisé dans l'art gothique, a été ici mêlé à des perspectives dans le style de la Renaissance.
Salle capitulaire – *Galerie face à l'entrée*. Une sévère Crucifixion, abordée de façon historique par Fra Angelico, couvre son mur principal, tandis qu'à gauche de la salle capitulaire, une **Cène★** de Ghirlandaio décore le petit réfectoire.
Premier étage – Chef-d'œuvre d'équilibre et de sobriété, une **Annonciation★★★** du maître domine l'escalier qui conduit au 1er étage. Là, les cellules se répartissent le long de trois corridors à la magnifique charpente laissée à nu. Parmi les plus belles compositions, remarquez, dans le corridor de gauche, l'*Apparition du Christ à Madeleine (1re cellule à gauche)*, la *Transfiguration (6e cellule à gauche)*, et le *Couronnement de la Vierge (9e cellule à gauche)*.
Dans le corridor de droite s'ouvre la spacieuse **bibliothèque★** aux trois nefs à arcades, l'une des plus harmonieuses œuvres de Michelozzo.
Suivre la via Ricasoli.

FRA ANGELICO

Né dans les dernières années du 14e s. à Vicchio, à une trentaine de kilomètres de Florence, Fra Giovanni da Fiesole, plus connu sous le nom de Fra Angelico, entra dans les ordres chez les dominicains de Fiesole, puis s'installa à Saint-Marc. Ce moine modeste et talentueux se rendit, par son art, célèbre de son vivant.

Appelé à Rome à plusieurs reprises par les papes Eugène IV puis Nicolas V, il fut aussi l'auteur de nombreux retables, et la cathédrale d'Orvieto possède d'admirables fresques exécutées de sa main. Il mourut au cours d'un séjour à Rome, en 1455. Qualifié depuis plusieurs siècles de *Beato*, c'est-à-dire « Bienheureux », il a été canonisé en 1983.

Sérénité, douceur et humilité caractérisent sa peinture. Très attaché à la tradition gothique, qui lui fit souvent adopter la composition en triptyque, les fonds dorés et la manière précieuse des miniaturistes, il fut aussi sollicité par les théories nouvelles de la Renaissance, comme en témoignent certaines de ses œuvres dans lesquelles il a donné à ses personnages une expression d'humanité et, à l'espace, une structure qui dénote une recherche de la perspective.

★★ Galleria dell'Accademia

Via Ricasoli 60 - ✆ 055 29 48 83 - www.polomuseale.firenze.it- tlj sf lun. 8h15-18h50 - réserv. conseillée (+ 4 €) - 8 €.

Grâce à une présentation judicieuse des œuvres, ce musée permet de comprendre la personnalité extraordinaire de **Michel-Ange**, déchiré entre la pesanteur de la matière et la tentation de l'idéal.

★★★ **Galerie des Œuvres** – Les puissantes figures des **Esclaves** (1513-1520), entre lesquelles paraît saint Matthieu, toutes restées à l'état d'ébauche, semblent vouloir s'arracher à leur gangue de marbre; la **Pietà** dite de **Palestrina**, montrant un Christ au bras et au torse exagérément développés, reflète une maîtrise parfaite de l'anatomie; au fond de la salle, dans une abside construite pour lui, se dresse le monumental **David** (1501-1504), admirable gage de la vision humaniste du sculpteur (*voir encadré ci-dessous*). Michel-Ange avait à peine 25 ans lorsqu'il tailla ce chef-d'œuvre dans un bloc de marbre jugé inutilisable.

★ **Pinacothèque** – Elle présente des œuvres d'artistes toscans du 13e au 19e s. Parmi celles-ci, le décor peint du **coffre Adimari** illustre la noce florentine de l'un des membres de cette noble famille. La 3e salle expose deux exquises toiles de **Botticelli**.

Tourner à gauche dans la via degli Alfani, voisine.

★ Opificio delle Pietre Dure

Via degli Alfani 78 - ✆ 055 26 51 11 - www.opificiodellepietredure.it - tlj sf dim. 8h15-14h - 4 €.

L'art de travailler les pierres dures, qui avait prospéré durant l'Antiquité, fut remis à l'honneur par les Médicis au 15e s. Le goût de Laurent le Magnifique pour les objets en pierres semi-précieuses donna naissance à un artisanat cultivé par ses successeurs durant trois siècles. Aujourd'hui, l'institut s'occupe de la conservation et de la restauration de nombreuses œuvres d'art.

Le **musée** expose des panneaux destinés aux *stipi*, des mosaïques et des reliefs réalisés en pierres dures et tendres au cours du 17e s.: fruits, fleurs et oiseaux en constituent les principaux motifs décoratifs, selon le penchant des Médicis pour le naturalisme. Dix autres panneaux, à l'origine destinés à revêtir la **chapelle des Princes** de pierres dures, ont été conservés: ils représentent des paysages, dont deux de la Toscane, et des scènes de la Bible. Viennent ensuite des plateaux de table ornés de minutieux motifs musicaux et floraux.

L'atelier reconstitué, enfin, recèle une vaste gamme de pierres de couleur, des outils et des établis d'époque.

Remonter la via degli Alfani, tourner à droite dans la via Cavour, puis à gauche dans la via degli Arazzieri.

LE VAINQUEUR DU GÉANT GOLIATH

Le **David de Michel-Ange** symbolise la détermination de la jeune république de Florence face à ses puissants ennemis. Le héros est représenté la fronde à la main, mais avant l'action, encore anxieux et non rempli de la sérénité et de la fierté de la victoire. Le corps, appuyé sur la jambe droite, suggère la tension provoquée par le mouvement en puissance. Rompant avec la tradition, l'artiste a donné au personnage, non pas l'aspect d'un frêle adolescent, mais celui d'un homme jeune à la musculature puissante, dont la beauté évoque celle d'un Apollon antique.

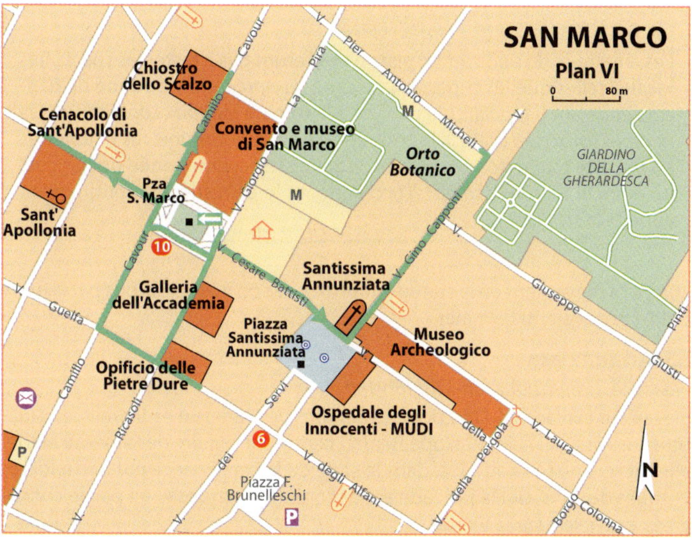

SE RESTAURER

La Mescita .... 6 Pugi 10

Cenacolo di Sant'Apollonia

Via XXVII Aprile 1 - ✆ 055 23 88 607 - www.polomuseale.firenze.it - 8h15-13h50 - fermé 1er, 3e et 5e dim. et 2e et 4e lun. du mois - gratuit, laisser une offrande.

L'ancien **réfectoire** des religieuses camaldules établies dans ce couvent est précédé d'une petite pièce abritant quelques peintures florentines du 15e s. parmi lesquelles une *Crucifixion* de Paolo Schiavo, une *Vierge à l'Enfant* entourée de saints par le peintre Neri di Bicci, où l'Enfant met curieusement la main dans le corsage de sa mère. La grande **Cène★**, œuvre maîtresse d'**Andrea del Castagno**, couvre l'un des murs du réfectoire. L'artiste l'exécuta vers la fin de sa très courte vie, aux alentours de 1450. Au-dessus de la grande Cène, au centre, la *Crucifixion*, à droite, la *Mise au tombeau* et, à gauche, la *Résurrection*, forment ainsi une narration cohérente de la vie du Christ.

Retourner sur la via Cavour.

Chiostro dello Scalzo

Via Cavour 69 - ✆ 055 23 88 604 - www.polomuseale.firenze.it - lun., jeu. et 1er, 3e, 5e sam., 2e et 4e dim. du mois 8h15-13h50 - fermé 1er janv., 1er Mai et 25 déc. - gratuit.

L'intimité de ce petit cloître abrite un cycle de fresques d'**Andrea del Sarto**, composé en grisaille dans un ton chaud d'ocre jaune, entre 1512 et 1524 : sur les douze scènes de la vie de saint Jean-Baptiste, le saint patron des lieux, deux ont été complétées par Franciabigio.

Retourner sur la piazza San Marco et prendre à gauche la via Cesare Battisti.

★ Piazza SS. Annunziata

Très harmonieuse, elle est bordée d'arcades Renaissance sur trois de ses côtés. Une statue équestre en bronze de Ferdinand Ier de Médicis, dernière œuvre de **Jean Bologne**, se dresse en son centre. Deux ravissantes fontaines baroques l'ornent également, exécutées en 1629 par Pietro Tacca ; ce dernier travailla

LA GASTRONOMIE FLORENTINE

Les amateurs de bons petits plats n'hésiteront pas à tester les spécialités locales telles que les tripes à la toscane *(lampredotto)*, la soupe de haricots et de chou *(ribollita)*, la panade à la tomate *(pappa al pomodoro)*, les *rigatoni strascicati* (pâtes), la côte de bœuf à la florentine, les paupiettes en cocotte *(polpettone in umido)*, la saucisse accompagnée de haricots blancs à la tomate *(fagioli all'uccelletto)* et le pain sucré florentin qu'on appelle la *schiacciata*.

aussi à l'achèvement de la statue équestre que son maître, surpris par la mort en 1608, n'avait pu terminer.

SS. Annunziata

Piazza SS. Annunziata - 8h-12h, 16h-18h.

Élevée sur la place en 1250 pour les servites de Marie, un ordre religieux institué au 13ᵉ s. par saint Philippe Benizzi centré sur le culte de la Vierge Marie, elle fut reconstruite au 15ᵉ s. dans le style de la Renaissance par Michelozzo. L'atrium du 15ᵉ s. qui la précède est décoré de **fresques★**, en partie consacrées à un cycle sur la Vierge.

Intérieur – Dans ce cadre baroque, héritage d'une faste rénovation au 17ᵉ s., on remarque en entrant la chapelle de marbre en forme de petit temple, élevée pour abriter l'image miraculeuse de la Vierge de l'Annonciation : son auteur s'étant endormi en la peignant, elle aurait été achevée par un ange.

Le **chœur**, en forme de rotonde, autour de laquelle rayonnent neuf chapelles, est coiffé d'une coupole de proportions impressionnantes par rapport à celles de l'édifice. La chapelle axiale, transformée par Jean Bologne pour accueillir son propre tombeau, renferme un crucifix de bronze de cet artiste. La chapelle suivante, à gauche, abrite une grande *Résurrection* peinte vers 1550 par Bronzino.

Dans le **cloître des Morts**, une fresque célèbre d'**Andrea del Sarto** surmonte une porte, située face à la rue : la **Vierge au sac★** (1525), ainsi nommée en raison du magnifique sac sur lequel s'appuie saint Joseph.

★ Ospedale degli Innocenti - Museo degli Innocenti (MUDI)

Piazza SS. Annunziata 12 - ✆ 055 20 37 308 - www.istitutodeglinnocenti.it.

En dessinant les plans de cette institution, destinée à accueillir les enfants trouvés, le génial **Brunelleschi** ouvrait l'ère des grandes réalisations architecturales de la Renaissance italienne. Édifiés en 1419-1427, les bâtiments clairs et géométriques sont précédés d'un élégant **portique★★** formé de neuf arcs en plein cintre, portés par de très fines colonnes. En 1463, Andrea Della Robbia orna les arcs d'une frise de touchants **médaillons★★** d'enfants en maillot, d'une exquise fraîcheur. Sous le portique, sur la gauche, une petite fenêtre, aujourd'hui murée, rappelle la roue où pendant quatre siècles, jusqu'en 1875, on déposa les enfants abandonnés dans l'anonymat. L'institution, qui s'occupe à présent des droits des enfants, possède une riche collection d'art qui sera installée dans les salles du nouveau **musée MUDI** *(ouverture prévue pour juin 2016)*. Parmi les œuvres, il faut relever un **Couronnement de la Vierge** par Neri di Bicci – belle composition aux tonalités chaudes (15ᵉ s.) –, une *Sainte Famille* de l'école de Filippo Lippi, une autre de Botticelli (réalisée entre 1464 et 1465) et une **Adoration des Mages** (1488) de Ghirlandaio.

Prendre la via della Colonna.

★★ Museo Archeologico

Piazza SS. Annunziata 9b - ✆ 055 23 575 - http://musei.firenze.it/Museo_archeologico_nazionale.htm - 8h30-19h (sam.-lun. 8h30-14h) - 4 €.

Il rassemble objets et œuvres d'art provenant de centres et nécropoles étrusques, ainsi que des antiquités égyptiennes, grecques et romaines.

Les collections **égyptiennes** (stèles, vases canopes, papyrus, sarcophages, momies…) proviennent principalement de Thèbes et de Saqqarah. Les urnes cinéraires **étrusques** conservaient les cendres des défunts, représentés sur le couvercle debout ou assis (6e s. av. J.-C.), puis couchés (à partir du 5e s. av. J.-C.), les hommes tenant à la main une coupe ou une corne et les femmes un miroir, un éventail ou une grenade.

Les **bronzes** réunissent de petits objets de dévotion, des vases, des lampes, des poids et mesures, des armes et quelques grandes sculptures de qualité, comme la célèbre **Chimère★★** datant du 4e s. av. J.-C.

Enfin, parmi les **céramiques antiques**, le fleuron du musée est le célèbre **vase François★★** – une merveille datée de 570 av. J.-C. –, orné de scènes de chasse, de fête et de lutte se rapportant à la mythologie grecque, d'une finesse inouïe.

De la piazza SS. Annunziata, prendre la via Capponi.

Orto Botanico

Via Micheli 3 - ✆ 055 27 56 444 - www.msn.unifi.it - avr.-15 oct. : tlj sf merc. 10h-19h, reste de l'année : w.-end 10h-16h - 3 €.

Fondé en 1554 par Cosme Ier de Médicis, c'est l'un des plus anciens jardins d'herbes médicinales au monde, avec plus de 6 000 espèces de plantes différentes.

1

NOS ADRESSES AUTOUR DE SAN MARCO

Plan VI p. 163

RESTAURATION

PREMIER PRIX

La Mescita – *Via degli Alfani 70r - ✆ 347 79 51 604- tlj sf dim. 9h-15h - 10/15 €.* Pour déjeuner sur le pouce. Spécialités toscanes, *crostini*, *panini* et chianti.

Focacceria Pugi – *Piazza San Marco 9/b - ✆ 055 28 09 81 - www.focacceria-pugi.it - tlj sf dim. 7h45-20h - 5/15 €.* Pizza *al taglio*, *focaccia*, *panini*, *schiacciate*, tartes aux légumes à manger sur de petites tables hautes, pour déjeuner sur le pouce.

EN SOIRÉE

Kitsch Deux – *Via San Gallo 22r - ✆ 366 39 06 564 - www.kitschfirenze.com - 18h30-3h.* Un endroit jeune et psychédélique, qui propose un apéritif avec buffet pantagruélique jusqu'à 23h, suivi d'un DJ set ou d'un concert. Pensez à arriver tôt car le lieu est toujours bondé.

ACHATS

Farmacia SS. Annunziata – *Via de' Servi 80r- ✆ 055 21 07 38 - www.farmaciassannunziata1561.it - fermé sam. apr.-midi et dim.* Un lieu historique, qui possède sa propre gamme de produits de beauté depuis 1561.

Autour de Santa Croce

★★

Ce quartier s'articule autour de son église principale, riche de fresques, de chapelles et de cloîtres. Cependant, Santa Croce est également le territoire des artisans, des boutiquiers, des commerçants prisés par les Florentins. Assis à une terrasse de l'un des nombreux cafés, on s'imprègne rapidement de l'agréable ambiance provinciale. Santa Croce fait aussi la part belle à la bonne chère : une multitude de bonnes adresses se distribuent autour du marché Sant'Ambrogio. Ce quartier a été l'un des plus dévastés lors des inondations de 1966 et Santa Croce a beaucoup pâti des impressionnants flots de boue montés jusqu'à 3 m dans l'église, et 5 m dans les cloîtres.

NOS ADRESSES PAGE 173
Restauration, achats, activités, etc.

SE REPÉRER
Plan de ville II EF2 (p. 120) - plan de quartier VII (p. 170).
À l'est du Palazzo Vecchio, reliée à la piazza della Signoria par le Borgo de' Greci, la piazza di Santa Croce peut être le point de départ de toutes les visites du quartier.

À NE PAS MANQUER
L'église Santa Croce et ses cloîtres.

ORGANISER SON TEMPS
Le marché Sant'Ambrogio mérite le détour. Il peut constituer une halte matinale entre l'église Santa Croce et le réfectoire de San Salvi.

Découvrir Plan de Santa Croce p. 168

★★ LE COMPLEXE DE SANTA CROCE

★★ Piazza di Santa Croce

C'est l'une des plus anciennes et des plus nobles places de la ville ; elle a conservé plusieurs de ses vieilles demeures : au n° 1, le palais Serristori, élevé au 15e s. ; aux nos 21 et 22, le palais de l'Antella, du début du 17e s., décoré de fresques et flanqué à gauche d'une maison ancienne à encorbellement, tout comme lui-même. À partir du 16e s., la place fut le théâtre de l'une des principales manifestations florentines : le **calcio fiorentino**, jeu de ballon qui tomba en désuétude à la fin du 18e s. Remis à l'honneur depuis 1930, ce sport se pratique à nouveau sur cette place et tous les 24 juin, depuis 1986, c'est en costumes d'époque que les joueurs s'affrontent.

★★ Basilique Santa Croce

Piazza Santa Croce - billetterie sur le largo Piero Bargellini, sur le flanc gauche de l'église - ✆ 055 24 66 105 - www.santacroceopera.it - 9h30-17h, dim. 14h-17h - 6 €.
L'église, qui appartenait à l'ordre des Franciscains, date du 14e s., à l'exception de sa façade néogothique et de son campanile, construits seulement au 19e s. Elle avait été commencée en 1295, sur les dessins d'Arnolfo di Cambio. L'**intérieur**, immense (140 m sur 40) car destiné à la prédication, comprend une nef dégagée et une abside éclairée par de beaux vitraux du 15e s. Le sol est dallé de 276 pierres tombales et le long des murs s'alignent de somptueux

Santa Croce.
J. A. Moreno/age fotostock

tombeaux, faisant de ce sanctuaire un panthéon des gloires nationales.

Bas-côté droit – Contre le 1er pilier **(1)**, une gracieuse *Vierge allaitant l'Enfant* d'Antonio Rossellino (15e s.) surmonte la tombe d'un personnage tombé lors de la conjuration des Pazzi ; en face, le tombeau de Michel-Ange **(2)**, mort en 1564, fut dessiné par Vasari, auteur de la grande *Montée au Calvaire* **(3)** placée au-dessus de l'autel suivant ; face au 2e pilier, le cénotaphe de Dante **(4)**, mort en 1321 et enterré à Ravenne, date du 19e s. ; contre le 3e pilier, la **belle chaire★** en marbre, sculptée par Benedetto da Maiano en 1476, figure des scènes de la vie de saint François et des Vertus sous forme de fines statuettes de femmes ; face au pilier, la tombe d'Alfieri **(5)**, dramaturge italien mort à Florence en 1803, est un monument de **Canova** ; au 4e pilier, un monument **(6)** du 18e s. a été élevé pour l'écrivain Machiavel, mort en 1527 ; face au 5e pilier, Donatello a réalisé l'élégant bas-relief de l'**Annonciation★★ (7)** en pierre rehaussée d'or ; face au 6e pilier se trouve le **tombeau de Leonardo Bruni★★ (8)**, humaniste et chancelier de la République, mort en 1444 : créé par Bernardo Rossellino au milieu du 15e s., il servit d'exemple d'architecture funéraire sous la Renaissance italienne. À côté se succèdent les tombeaux de Rossini **(9)**, mort en 1868, puis d'Ugo Foscolo (1778-1827), grand poète de l'Italie moderne **(10)**.

Croisillon droit – Dans la chapelle Baroncelli **(11)**, des **fresques★** de Taddeo Gaddi (1338) évoquent la vie de la Vierge en jouant sur les détails pittoresques et une lumière originale ; sur l'autel, un **polyptyque★**, sorti de l'atelier de Giotto, illustre le *Couronnement de la Vierge*.

★ **Sacristie** – La belle salle du 14e s., enrichie de **fresques★** parmi lesquelles une *Crucifixion* de Taddeo Gaddi, expose le célèbre **Crucifix★★** de **Cimabue** : l'œuvre, bien qu'endommagée par les inondations de 1966, laisse encore deviner une force dramatique intense, qui s'exprime dans le fléchissement appuyé du corps. La belle **chapelle Rinuccini (12)** renferme des scènes de la vie de la Vierge et de Marie-Madeleine par Giovanni da Milano, l'un des plus grands peintres lombards du 14e s., et un polyptyque de Giovanni del Biondo (1379).

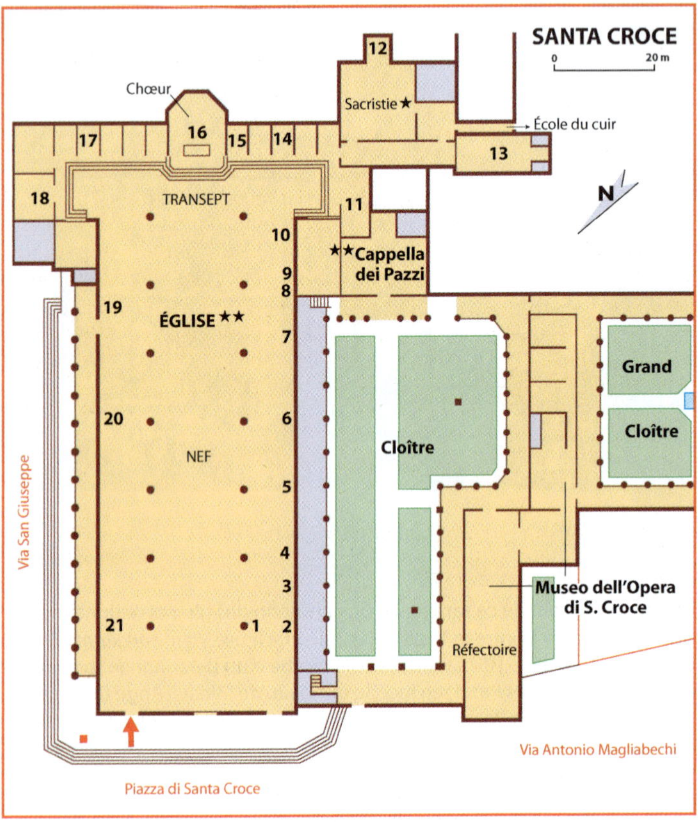

Le Corridoio della Sacrestia expose des œuvres du 16e s. (toiles d'Alessandro Allori et d'Agnolo Bronzino), qui ont subi une longue restauration à la suite de l'inondation de 1966.

Chapelle Médicis (13) – L'harmonieuse chapelle Médicis, construite en 1434 par Michelozzo, accueille un **retable★** en terre cuite vernissée d'Andrea della Robbia. Le couloir, à gauche de la chapelle, conduit à la prestigieuse **École du cuir**, située, depuis plusieurs décennies, dans le monastère de Santa Croce *(voir « Nos adresses » p. 174).*

Retourner dans l'église.

Presbytère – La **chapelle Giugni (14)** abrite, sur la droite, le tombeau de Julie Clary, épouse de Joseph Bonaparte; sur la gauche, celui de leur fille. L'adjacente **chapelle Peruzzi** est dédiée à saint Jean-Baptiste et saint Jean l'Évangéliste et conserve des œuvres exécutées par Giotto, tout comme la **chapelle Bardi (15)** qui abrite ses touchantes **fresques★★** sur la vie de saint François, datées de 1320.

Le **chœur (16)** est couvert de **fresques★** (1380) d'Agnolo Gaddi, contant la Légende de la sainte Croix. À gauche de l'autel, les fresques de la **chapelle Pulci (17)**, exécutées vers 1330 par Bernardo Daddi et ses élèves, montrent sur la gauche la condamnation et le martyre de saint Étienne et, à droite, le martyre de saint Laurent.

LE SYNDROME DE STENDHAL

Phénomène moins connu que le soleil caniculaire d'été et les pluies parfois torrentielles du printemps et de l'automne dont on sait plus ou moins se protéger, la beauté des œuvres d'art peut constituer également un risque qu'il est bon de connaître avant de partir en Toscane!
Les psychiatres de l'hôpital de Florence reconnaissent en effet l'existence d'un malaise profond ressenti par certains visiteurs face à la concentration d'œuvres d'art et à la densité historique que dégagent les lieux (107 cas d'hospitalisation d'urgence recensés de 1976 à 1987). Identifié sous le nom de *syndrome de Stendhal*, ce malaise se manifeste en général chez des personnes fragiles âgées de 20 à 40 ans par des troubles allant de la crise de panique ou de vertige à la sensation de dépersonnalisation. Les médecins ont fait le rapprochement entre ces phénomènes et un passage du *Journal* de Stendhal dans lequel l'écrivain raconte qu'en découvrant dans l'église Santa Croce le nombre de monuments funéraires à la gloire des grands noms de la culture italienne, il dut sortir sur la place pour calmer l'émotion trop intense qu'il ressentait…

Croisillon gauche – La **chapelle Bardi di Mangona (18**, *réservée à la prière*) renferme le célèbre **Crucifix★★** de Donatello que Brunelleschi voulut surpasser à Santa Maria Novella *(voir p. 144)*.
Bas-côté gauche – On y trouve le **monument de Carlo Marsuppini★ (19)**, (humaniste du 15e s.), de Desiderio da Settignano, la **pierre tombale de Lorenzo Ghiberti (20)**, mort en 1455, et le **tombeau de Galilée (21)**, mort en 1642.

Cloître

Ce joli cloître du 14e s. donne accès à la chapelle des Pazzi *(à gauche)* et au musée de l'Œuvre de Santa Croce. La galerie fermée qui court le long de l'église abrite de nombreuses dalles et stèles funéraires très diverses.

★★ Cappella dei Pazzi

Intégré à l'église, ce petit édifice, l'une des plus exquises réussites attribuées à Brunelleschi, fut construit pour les Pazzi, les grands rivaux des Médicis. L'artiste y travailla jusqu'en 1445, mais la chapelle ne fut achevée que vers 1460, bien après sa mort, survenue en 1446.
À l'intérieur, Brunelleschi a porté à la perfection son idéal d'architecture déjà exprimé à San Lorenzo *(voir p. 153)* : un plan carré, une coupole centrale à nervures sur pendentifs, des éléments d'architecture (pilastres, corniche, voussures, pendentifs et nervures de la coupole) soulignés par le gris de la *pietra serena* se détachant sur le crépi blanc. Une frise de chérubins et d'agneaux mystiques ainsi que des médaillons en terre cuite de Luca Della Robbia apportent une note vive dans cette sobre harmonie.

Museo dell'Opera di Santa Croce

Ce musée réunit des œuvres qui se trouvaient dans la basilique Santa Croce ou dans d'autres églises de la ville. L'ancien **réfectoire★** *(cenacolo)* des franciscains, noble salle à fenêtres à lancettes et charpente apparente, conserve une statue en bronze de Donatello, une fresque représentant saint Jean-Baptiste et saint François par Domenico Veneziano (1454), un *Triomphe de la mort* et un *Jugement dernier* d'Orcagna et, au fond, une *Cène* surmontée par une généalogie de l'ordre des Franciscains de Taddeo Gaddi.

Grand Cloître

Très vaste et d'élégantes proportions, il fut dessiné par Brunelleschi peu avant sa mort et achevé en 1453. Des médaillons, probablement exécutés par Bernardo Rossellino, ornent les écoinçons des arcades au-dessus desquelles court une galerie ouverte, aux graciles colonnes.

Se promener Plan VII ci-dessous

Au départ de la piazza di Santa Croce, circuit tracé en vert sur le plan ci-dessous. Compter environ 3h. De la piazza di Santa Croce, prendre sur la gauche la via de' Benci.

★ Museo della Fondazione Horne

Via de' Benci 6 - ✆ 055 24 46 61 - www.museohorne.it - tlj sf dim. 9h-13h - 7 €.

SE RESTAURER

Acquacotta	2	Del Fagioli	12
Baccarossa	4	l'Trippaio di Sant'Ambrogio	18
Cibrèo	8	Ruth's	20

UNE CRUE MÉMORABLE

Traversée par l'Arno, Florence n'est jamais à l'abri de crues violentes. En témoigne celle du 4 novembre 1966. Sorti de ses digues, le fleuve se répandit sur les rives sud puis nord, gagna les rues, s'infiltra dans les maisons. Plus de 100 000 Florentins se réfugièrent alors dans les étages supérieurs ou sur les toits de leurs maisons, et 15 000 véhicules furent emportés par les flots. Dans l'église Santa Croce, les tombes de Galilée, Machiavel, Michel-Ange et Rossini disparurent sous plus de 4 m d'eau. La Galerie des Offices était touchée jusqu'au 3e étage tandis qu'à la Bibliothèque nationale, plus d'un million de manuscrits et d'ouvrages originaux furent recouverts d'une couche de boue… Plus de quarante ans après, les restaurations ne sont toujours pas achevées, faute de financement.

Installé dans le palais Corsi, restauré par le collectionneur anglais **Herbert Percy Horne** (1864-1916), ce musée permet de revivre l'atmosphère d'une maison florentine à l'époque de la Renaissance. Parmi ses précieuses œuvres d'art, contemplez le bas-relief de la *Vierge à l'Enfant* de Sansovino, le *Saint Étienne* de Giotto et les nombreuses peintures italiennes : Dosso Dossi, Masaccio, Filippino Lippi…

1

Non loin du musée, sur la piazza dei Cavalleggeri, se dresse l'imposant bâtiment de style éclectique (1911) de la **Biblioteca Nazionale Centrale**, la plus grande d'Italie, qui, comme celle de Rome, reçoit une copie de chaque publication imprimée en Italie.

Remonter la via de' Benci, puis la via Verdi et, à droite, la via Ghibellina.

★ Casa Buonarroti

Via Ghibellina 70 - ✆ 055 24 17 52 - www.casabuonarroti.it - tlj sf mar. 10h-17h (16h en hiver) - 6,50 €.

En mars 1508, **Michel-Ange** acquit un groupe de maisons à partir desquelles il élabora des plans afin de les réunir en une seule demeure. L'édifice, cédé à la ville de Florence en 1858 par le dernier descendant des Buonarroti, renferme des souvenirs de famille, et surtout les collections réunies par le petit-neveu du maître, lui aussi nommé Michelangelo.

Le **rez-de-chaussée** abrite des sculptures romaines et étrusques et des portraits de Michel-Ange, parmi lesquels un bronze dont la tête serait due à Daniele da Volterra et le buste à Jean Bologne. Au 1er étage se trouvent les œuvres du maître : le relief en marbre évoquant la **Bataille des centaures** (1490-1492), la fameuse **Vierge à l'escalier** (1490), qu'il exécuta alors que – âgé d'une quinzaine d'années – il était l'hôte de Laurent le Magnifique, et le grand modèle d'une statue de dieu fluvial prévue pour l'un des deux tombeaux des Médicis à San Lorenzo. Le reste de l'étage est occupé par une série de salles magnifiquement aménagées par les soins de Michelangelo Buonarroti en hommage à son grand-oncle.

Revenir sur la via Verdi et continuer jusqu'à la piazza Salvemini. De là, prendre la via Pietrapiana.

Piazza dei Ciompi

Sur cette place, lieu de la dramatique révolte des cardeurs de laine (*voir p. 129*), entre les baraquements colorés se tient du lundi au samedi un petit **marché aux puces** où s'accumule un bric-à-brac d'antiquités, brocantes et occasions : mobilier, tableaux, photographies et cartes postales anciennes, fripes, livres et objets hétéroclites…

Continuer sur la via Pietrapiana, puis tourner à droite.

Par la **via de' Macci**, animée de nombreux commerces (poissonneries, charcuteries, ébénistes, encadreurs…) et la via Mino, on rejoint la **piazza Lorenzo Ghiberti**, où se dressent les halles du **marché Sant'Ambrogio**, haut lieu de vie du quartier.

Continuer tout droit sur la via della Mattonaia.

À une cinquantaine de mètres environ, au croisement, le **Borgo la Croce** *(continuation de la via Pietrapiana)* décline ses boutiques de lingerie, de céramiques et d'objets pour la maison.

Revenir sur la piazza Sant'Ambrogio et prendre la via dei Pilastri, puis à droite la via Farini.

Sinagoga

Via Farini 6 - ✆ 055 23 46 654 - www.coopculture.it - tlj sf sam. 10h-18h30 (17h oct.-mai) - 6,50 €.

Édifiée de 1874 à 1882 sur le modèle byzantin de Ste-Sophie de Constantinople, elle présente un plan en croix grecque surmonté d'une coupole de bronze. À l'intérieur, riche décoration mauresque et chaire inspirée de l'architecture chrétienne. Le mobilier provient en partie des deux synagogues de l'**ancien ghetto**, qui se situait près de l'actuelle piazza della Repubblica ; les Juifs de Florence y vécurent de 1571 (sur autorisation de Cosme Ier) à 1848, date de son ouverture. Le petit **Museo ebraico** expose des objets sacrés et évoque l'histoire de la communauté juive de la ville.

Revenir sur la via dei Pilastri, tourner à droite via Borgo Pinti.

★ Sala del Perugino (Santa Maria Maddalena dei Pazzi)

Via della Colonna 9 (entrée du lycée Michelangiolo, salle sur la gauche) - www.polomuseale.firenze.it - mar. et jeu. 14h30-17h30 - fermé juil.-août - gratuit.

C'est dans la salle capitulaire du couvent de l'église Santa Maria Maddalena dei Pazzi que **le Pérugin** réalisa cette fresque représentant la **Crucifixion★**, entre 1493 et 1496. Divisée en trois tableaux inscrits dans les arcades de la pièce, la composition met en présence, de gauche à droite, saint Bernard et la Vierge, Marie-Madeleine au pied de la croix, saint Jean et saint Benoît. Un admirable paysage inspiré du lac de Trasimène en Ombrie, baigné d'une lumière douce et matinale, unifie le tout.

À voir aussi Plan I p. 199

★ Cenacolo di San Salvi B2

Via San Salvi 16. Pour rejoindre le Cenacolo à l'est de la ville, deux possibilités : à pied, de la piazza Sant'Ambrogio suivre le Borgo Croce et la via Vincenzo Gioberti, puis à gauche sur le Cavalcavia dell'Affrico et, enfin, à droite via Tito Speri (1,7 km, env. 25mn) ; en bus, de la gare de Santa Maria Novella le n° 6 ou le n° 20, arrêt De Amicis - ✆ 055 23 88 603- tlj sf lun. 8h15-13h50 - gratuit.

Une longue galerie et deux salles, présentant des tableaux d'autels (école florentine du 16e s.) et des sculptures, précèdent le **réfectoire** de l'ancien monastère de **St-Saulve** où **Andrea del Sarto**, maître du premier maniérisme florentin, exécuta vers 1520 une splendide fresque représentant la **Cène★**, inspirée de celle de Vinci à Milan. L'auteur a rompu avec la tradition florentine en plaçant Judas à la droite de Jésus, sans l'isoler face aux autres. Le réfectoire abrite également une *Vierge à l'Enfant* et une *Sainte Catherine d'Alexandrie* du Pontormo.

NOS ADRESSES AUTOUR DE SANTA CROCE

Plan VII p. 170.

RESTAURATION

PREMIER PRIX

Ruth's – *Via Luigi Carlo Farini 2a - ✆ 055 24 80 888 - www.kosheruth.com - fermé vend. soir et sam. midi - réserv. conseillée - 15/25 €.* Dans un cadre charmant, près de la synagogue, cet établissement permet de suivre les règles hébraïques ou tout simplement de découvrir la cuisine casher sur musique klezmer.

Il Trippaio di Sant'Ambrogio – *Piazza Lorenzo Ghiberti- ✆ 339 37 85 690 - lun.-sam. 9h-14h - 10/15 €.* Un lieu historique à l'intérieur du marché Sant'Ambrogio où manger un *panino al lampredotto* (sandwich aux tripes) savoureux, nature ou garni de pommes de terre et d'artichauts, mais aussi la célèbre *trippa alla fiorentina* (tripes à la sauce tomate, oignons et parmesan).

BUDGET MOYEN

Acquacotta – *Via dei Pilastri 51r - ✆ 055 24 29 07 - fermé lun. - 25/30 €.* Une cuisine toscane chaleureuse dans une salle avec vue sur la cuisine. Rapport qualité/prix intéressant à midi.

Del Fagioli – *Corso dei Tintori 47r - ✆ 055 24 42 85 - fermé sam. et dim. - réserv. conseillée - 25/35 €.* Une trattoria toscane typique, à la bonne cuisine maison, qui prépare des plats dans la pure tradition florentine. Le service est sans prétention et l'ambiance, familiale et agréable.

Cibrèo Trattoria-Ristorante e Caffè – *✆ 055 23 41 100 - www.edizioniteatrodelsalecibreofirenze.it - fermé lun. - 25/35 €.* L'enseigne à succès de Fabio Picchi propose sa délicieuse cuisine du terroir en trois déclinaisons: la trattoria *(via de' Macci 122r)* avec une carte simple, l'élégant restaurant *(via A. del Verrocchio 8r)* et le café-bistrot *(via A. del Verrocchio 5r).* Jetez un coup d'œil à la carte (et aux prix) et choisissez où vous installer. De l'autre côté de la rue, le **Teatro del Sale** *(via de' Macci 118)* vous attend pour un brunch ou un dîner-spectacle.

POUR SE FAIRE PLAISIR

Baccarossa – *Via Ghibellina 46r - ✆ 055 24 06 20 - www.baccarossa.it - fermé à midi et dim. - réserv. conseillée - 40/50 €.* Tables en bois, couleurs vives et une certaine élégance règnent dans ce bistrot qui propose une cuisine méditerranéenne originale et variée: mille-feuilles d'aubergines sur coulis de tomate, tartare de thon rouge à la menthe, raviolis de crevettes et courgettes…

PETITE PAUSE

Le long de la **via de' Benci**, un des axes principaux de ce quartier très animé, sont installés plusieurs bars, cafés, bistrots et restaurants.

Note di Vino – *Borgo dei Greci 4/6r - ✆ 339 73 86 548 - www.notedivino.com - 8h-20h (w.-end 12h-20h).* Agréable petit café-épicerie, avec une charmante terrasse donnant sur la piazza Santa Croce. On déguste un verre de vin accompagné d'olives, fromages et charcuterie toscans.

Caffè Letterario Le Murate – *Piazza delle Murate, accès depuis Via Ghibellina 1-16, Via dell'Agnolo 1 et Viale della Giovine Italia - ✆ 055 23 46 872 - www.lemurate.it - 8h-1h (w.-end 11h-1h)* L'ancienne prison des **Murate**, active jusqu'en 1985, accueille un centre culturel, une librairie, des espaces d'exposition et un café littéraire qui propose des formules brunch *(dim. midi)* ou apéritif *(tlj à partir de 18h30)*. Consulter le site pour le programme des manifestations.

Caffetteria delle Oblate – *Via dell'Oriuolo 26 - ✆ 055 26 39 685 - www.lospaziochesperavi.it - 9h-0h, lun. 14h-19h - fermé dim.* Cet ancien couvent (14e s.) accueille une belle **bibliothèque** disposée autour d'un cloître central. Au dernier étage, la **cafétéria** possède une loggia offrant une vue panoramique sur la coupole du Duomo ; elle est très prisée des étudiants.

Vivoli Il Gelato – *Via Isola delle Stinche 7r - ✆ 055 29 23 34 - www.vivoli.it - 7h-20h - fermé lun.* Les glaciers ne manquent pas à Florence, mais les connaisseurs trouvent dans cet établissement fondé en 1930 un succulent exemple de maestria artisanale, servi uniquement dans des pots.

Marco Ottaviano Il Gelato – *Via Palmieri 34 - ✆ 055 23 41 036 www.marcoottaviano.it.* En Italie, on trouve partout de bonnes glaces, mais quand on atteint ce niveau de qualité et de recherche des ingrédients, on s'en souvient longtemps. Goûtez au café, blanc car préparé uniquement à partir des grains en infusion.

Dolci e Dolcezze – *Piazza Beccaria 8r - ✆ 055 23 45 458 - fermé lun.* Décorations en marbre de couleur et lustres en verre, un style rétro et légèrement kitsch qui sied à ce minuscule établissement réputé pour ses délicieuses pâtisseries.

ACHATS

Scuola del cuoio – *Via San Giuseppe 5r (ou piazza Santa Croce 16 en passant par l'église Santa Croce) - ✆ 055 24 45 34 - www.scuoladelcuoio.com - visite guidée avec démonstration (1h) - 10h-18h - fermé dim. nov.-mars.* Fondée au lendemain de la Seconde Guerre mondiale, l'**École du cuir** occupe une aile de l'église Santa Croce. Elle présente une galerie de petites boutiques et tout un choix d'articles, de la trousse de bureau aux vêtements.

Sbigoli Terrecotte – *Via San Egidio 4r - ✆ 055 24 79 713 - www.sbigoliterrecotte.it - fermé dim.* Depuis 1850, l'un des plus fascinants ateliers artisanaux de la ville, tant se bousculent des variétés de pièces colorées. Services complets, plats, assiettes, vasques, pièces décoratives, terres cuites destinées aux jardins.

Maestri di Fabbrica – *Borgo degli Albizi 68r - ✆ 055 24 23 21 - www.maestridifabbrica.it - 10h-20h.* Des artisans toscans réunissent ici leur production : articles pour la maison, objets design, bijoux, savons… À côté, le **Ritrovo dei Maesti** est un endroit idéal pour un repas léger ou un apéritif.

Cioccolateria Vestri – *Borgo degli Albizi 11r - ✆ 055 23 40 374 - www.vestri.it - fermé dim.* Une adresse dédiée aux amoureux du chocolat. Déclinaison de produits à base de fèves de cacao : boissons, glaces et confiseries. Un délice.

Bottega Filistrucchi – *Via G. Verdi 9 - ✆ 055 23 44 901 - www.filistrucchi.com - fermé dim.* À la recherche d'une perruque ou d'un masque pour le carnaval ou Halloween ? Cette boutique, qui vit le jour en 1720, est spécialisée dans le maquillage pour le théâtre et le cinéma et vaut la visite pour son originalité.

Signum – *Via de' Benci 29r - ✆ 055 28 93 93 - fermé dim.* Marionnettes, poupées et autres objets uniques, ici tout est fabriqué en papier !

Le palais Pitti et les jardins de Boboli

★★

Si le Ponte Vecchio décline ses bijoutiers au-dessus de l'Arno, passé le fleuve, le quartier se présente comme un écrin vert et artistique. Le Palazzo Pitti se veut un somptueux prolongement des Offices où brillent Titien, Raphaël et del Sarto, tandis que les jardins de Boboli déploient leurs arpents romantiques. Pour le plaisir des sens.

NOS ADRESSES PAGE 182
Hébergement, restauration, achats, activités, etc.

SE REPÉRER

Plan de ville II D3 (p. 120) - plan de quartier VIII (p. 187).

À partir du Ponte Vecchio, vous entrez dans l'Oltrarno, c'est-à-dire de l'autre côté du fleuve, au sud du cœur médiéval.

À NE PAS MANQUER

La traversée du Ponte Vecchio, les œuvres de Titien et du Tintoret dans la galerie Palatine, une promenade dans les jardins de Boboli, la vue sur Florence depuis le jardin Bardini.

ORGANISER SON TEMPS

La visite du Palazzo Pitti et une promenade dans les plis et replis des jardins de Boboli peuvent constituer un savant mélange d'œuvres d'art et de nature en une seule journée.

AVEC LES ENFANTS

Les jardins de Boboli, le Museo di Storia Naturale La Specola.

Découvrir Plan VIII p. 187

★★ PALAZZO PITTI

Piazza dei Pitti - ✆ 055 29 48 83 - www.polomuseale.firenze.it - 8,50 € le billet combiné Galleria Palatina et Galleria d'Arte Moderna ; 10 € le billet combiné Museo degli Argenti, Museo delle Porcellane, Galleria del Costume, jardins de Boboli et jardin Bardini ; 11,50 € le billet combiné pour tous les musées du Palazzo Pitti et les jardins ; les trois valables 3 j. En cas d'expositions temporaires, les tarifs peuvent changer, se renseigner.

Cet énorme palais Renaissance du 15ᵉ s. domine une place en pente, qu'il enserre sur trois côtés. Seuls les puissants bossages en dégradé atténuent l'architecture massive dont ils rompent l'unité. Sa construction débuta en 1458 sur les plans de Brunelleschi pour les **Pitti**, influente famille de marchands et de banquiers, grands rivaux des Médicis. Mais quelques années plus tard, les Pitti, ruinés, laissèrent inachevée la demeure qu'ils avaient voulue plus prestigieuse que celle de leurs rivaux. En 1549, la femme de Cosme Iᵉʳ de Médicis, Éléonore de Tolède, l'acquit et l'agrandit aux proportions d'une résidence princière où la Cour se déplaça en 1560. L'architecte et sculpteur **Ammannati** fut chargé des travaux et le flanc de la colline fut aménagé en un magnifique jardin. Les deux ailes en avancée datent du 18ᵉ s. Le palais, d'une extraordinaire richesse, abrite musées et galeries d'art.

Une exceptionnelle palette de peintres

Du 13e au 16e s. Florence vit une extraordinaire floraison des arts visuels trouvant son apogée au siècle des Médicis.

Les prémices de la Renaissance

Encore fidèle à l'école byzantine, dont il conserve les traitements linéaires, les draperies et l'absence de fond tridimensionnel, **Cimabue** (1240-1302) humanise sa peinture en donnant une expressivité aux visages et en suggérant le volume des corps par un certain modelé.

Son élève et successeur, **Giotto** (1266-1337), se libère de cette tradition en recherchant la vérité plastique de ses figures : il s'attachera à peindre des volumes dans des espaces concrets, à décrire des scènes avec un rendu du mouvement et une expressivité nécessaires à leur compréhension et à leur vérité figurative.

Perspective, volume et structure, une révolution dans le dessin

Précurseur dans le domaine des raccourcis, **Masaccio** (1401-1428) étudia véritablement la profondeur de l'espace et le jeu de la lumière sur le rendu des volumes. Aidé par son ami Brunelleschi, il fut le premier à définir une perspective architecturale rigoureuse et scientifique, introduisant ainsi la peinture parmi les disciplines bouleversées par l'esprit de la Renaissance. Cette volonté d'exprimer la structure des volumes atteint son paroxysme avec **Paolo Uccello** (1397-1475) et **Andrea del Castagno** (1423-1457). Le premier épure les formes, les fait rouler dans la lumière au point d'utiliser la couleur de façon presque abstraite ; le second exprime la puissance du volume avec une telle tension qu'il semble pétrifier ses figures.

Les peintres de la lumière et de la couleur

À l'opposé de ce courant, des peintres restent attachés aux agréments des couleurs tendres, des ornementations détaillées ou des compositions denses. L'arrivée vers 1435 du Vénitien **Domenico Veneziano** (vers 1400-1461) les aida à trouver une voie médiane en découvrant la technique de l'huile et la possibilité d'organiser l'espace, de l'aérer grâce à une couleur lumineuse, légère et fluide. Il conforta ainsi dans leur manière des peintres enclins à la douceur, tel le dominicain **Fra Angelico** (1387-1455) : respectant la perspective et utilisant le nouveau vocabulaire architectural inspiré de l'antique, celui-ci préserva une esthétique d'une extrême fraîcheur, embellie d'or, de brocarts et de perles.

Les peintres conteurs

Benozzo Gozzoli (1420-1497) retint de son maître Fra Angelico le goût des couleurs lumineuses et du détail exquis ; mais son charme naît d'une volubilité d'esprit gothicisant qui enrichit jusqu'au fourmillement des compositions pourtant fermement campées. Par la suite, **Domenico Ghirlandaio** (1449-1494) excella dans le style descriptif jusqu'à devenir un chroniqueur de la société florentine du dernier quart du Quattrocento. Son dessin tranquille allié à des compositions claires se plut à décrire costumes et détails domestiques ainsi que de profonds paysages, à l'exemple des Flamands.

Encore moins soucieux que Ghirlandaio des agréments de la couleur, **Antonio Pollaiolo** (1431-1498) – et, dans son sillage, son frère **Piero** (1443-1496) – fut un dessinateur vigoureux issu de Castagno. Il s'intéressa au mouvement, aux contorsions du corps et de l'esprit, et même à la sinuosité des décors.

Les peintres de la grâce

Dernier courant de la peinture du Quattrocento, celui de la beauté suave et légère, toute de pureté, d'innocence et de délicatesse. Curieusement, ce fut **Filippo Lippi** (1406-1469), moine défroqué et disciple de Masaccio, qui ouvrit cette voie : ses Vierges sages portant des voiles transparents annoncent celles de son élève Botticelli, maître de son fils **Filippino Lippi** (1459-1504).

Marquant l'apogée (et même le déclin) de la première Renaissance, **Sandro Botticelli** (1444-1510) se caractérise par sa sensualité, mais on reconnaît dans son trait fin et incisif, dans son sens du décor et du paysage, dans la gestuelle soignée de ses personnages que prolongent des draperies bouillonnantes ou des voiles animés par une brise légère, tout l'acquis de son siècle.

Les maîtres de la seconde Renaissance

Bien qu'elle atteignît sa maturité essentiellement à Rome, la seconde Renaissance prit racine à Florence dans les ateliers des artistes du Quattrocento. **Léonard de Vinci** (1452-1519) fit en effet ses premières armes chez le peintre bronzier Verrocchio, **Michel-Ange** (1475-1564), chez Ghirlandaio, tandis que **Raphaël** (1483-1520) suivit, très jeune, son maître **le Pérugin** dans la cité des Médicis, où ce dernier réalisa de nombreuses œuvres caractéristiques de sa grâce lascive.

Léonard fit merveilleusement la synthèse de l'art de ses prédécesseurs tout en enrichissant la peinture de ses connaissances dans les diverses disciplines du savoir. Son œuvre peint veut exprimer une beauté parfaite, dépouillée des imperfections de la nature et rendue présente par la maîtrise technique : perfection du paysage, de la composition, de l'équilibre des couleurs, de la perspective architecturale et de la perspective atmosphérique (grâce au *sfumato*, qui estompe les contours et baigne les arrière-plans d'une lumière bleutée). Seul Michel-Ange put rivaliser avec lui, bien que convaincu que l'art suprême – apte à exprimer une nature parfaite – n'était pas la peinture mais la sculpture.

Classicisme et maniérisme

À l'ombre de Léonard de Vinci et de Raphaël, **Andrea del Sarto** (1486-1531) fut un des représentants du « classicisme florentin », dernière expression de la Renaissance à part entière, quêtant l'essence même du beau. Brillant coloriste et adepte du *sfumato*, del Sarto ouvrit la voie au maniérisme. Les tourments de l'âme prirent le dessus sur la plénitude de la beauté et l'impression d'éternité qui lui était attachée.

Son élève, **le Pontormo** (1494-1556), laissa s'exprimer son naturel inquiet dans des compositions tourmentées, des attitudes sinueuses et des coloris délavés qui touchent profondément le spectateur.

Giovanni Battista de Rossi, dit **le Rosso** (1494-1540), révéla son anxiété maladive dans des compositions torturées, des figures allongées et des coloris stridents. Invité en France par François Ier, il acheva sa carrière à Fontainebleau.

La deuxième génération maniériste se détache de cette sensibilité pathétique incontrôlée pour, au contraire, se retenir dans une solennité presque douloureuse.

Le Bronzino (1503-1572), qui se forma auprès du Pontormo, fut le portraitiste officiel du grand-duché après 1539 ; il s'attacha à représenter la vérité psychologique et la beauté des costumes de ses modèles. Son dessin vigoureux et un peu froid, ses tons clairs restent sous l'influence de Michel-Ange.

Enfin, **Vasari** (1511-1574), précieux historien de l'art italien, de Cimabue jusqu'à son époque, fut également le peintre de la cour médicéenne, réalisant tous les grands décors du Palazzo Vecchio : allégories, tableaux historiques et mythologiques qui enferment la peinture florentine dans l'académisme.

★★★ Galleria Palatina

Accès par l'escalier d'Ammannati (angle de la cour, à droite de l'entrée) - ✆ 055 23 88 614 - tlj sf lun. 8h15-18h50.

La **galerie Palatine** abrite une extraordinaire collection de tableaux des 16e, 17e et 18e s., dont un ensemble de **peintures★★★** qui placent le palais Pitti au rang des plus riches pinacothèques du monde.

La **salle de Vénus** renferme en particulier quelques-unes des plus belles toiles de **Titien★★★** : le *Concert*, œuvre de jeunesse dans laquelle l'artiste exprime avec une sensibilité admirable la tension intérieure qui anime le personnage central ; sur le mur opposé, un puissant portrait de *L'Arétin*, écrivain et ami de Cosme Ier, peint en 1545 par petites touches dans de chaudes tonalités ; enfin, un élégant portrait de femme, dite *« La Belle »*, peint vers 1536 pour le duc d'Urbino et dont la chair dorée tranche sur le vêtement aux somptueux tons bruns et vert bleuté.

Les **salles de Jupiter**, de **Saturne** et d'**Ulysse** abritent un ensemble prodigieux de peintures de **Raphaël★★★**, dont la très célèbre *Femme au voile*, pour laquelle Raphaël a utilisé une gamme de tons bruns, dorés et blancs. Le modèle fut peut-être la célèbre Fornarina, aimée du peintre. Pour la **Madone du grand-duc**, réalisée vers 1505 à Florence, Raphaël subit l'attrait de Vinci, dont il a retenu la technique du contour imprécis, ou *sfumato*. Le grand-duc Ferdinand III aima cette toile au point de ne jamais s'en séparer. Enfin, pour la **Vierge à la chaise** réalisée un peu plus tard, l'artiste a employé une palette plus subtile et plus variée à laquelle s'allie une puissance dans les formes et dans la construction qui se ressent de l'influence de Michel-Ange.

Le long des salles, on admire aussi de nombreuses œuvres d'artistes italiens et étrangers, des toiles de Rubens *(Sainte Famille au panier)*, de Fra Bartolomeo *(Déposition)*, du Pérugin *(Marie-Madeleine)* et, dans la salle de l'Éducation de Jupiter, l'étonnant *Amour endormi* du Caravage, d'un réalisme sans complaisance.

★ Appartamenti Reali

1er étage, accès par le vestibule d'entrée de la galleria Palatina - fermé en janv.

Décorées dans différentes couleurs, tapissées de soie ou peintes de fresques, les salles s'étendant du centre de la façade jusqu'au bout de l'aile droite servirent de salles d'apparat (salle du Trône, Salle blanche) ou d'appartements privés (chambre, chapelle) aux trois familles qui régnèrent sur la Toscane : les Médicis, les Habsbourg-Lorraine et les souverains d'Italie, les Savoie, lorsque Florence fut promue capitale en 1865-1870.

★ Galleria d'Arte moderna

Au-dessus de la galleria Palatina - ✆ 055 23 88 601 - mêmes horaires que la Galleria Palatina.

La galerie d'art moderne réunit des œuvres des 19e s. et 20e s. par courants ou par thèmes : néoclassicisme, romantisme, purisme, peinture historique, scènes de genre, portraits ou paysages. Le groupe des **Macchiaioli** *(voir encadré)* dont la galerie compte un ensemble exceptionnel d'**œuvres★★**, marque la période s'étendant de 1860 à 1871 *(salle 18)* : né à Florence au milieu du 19e s., ce mouvement apporta un renouveau impressionniste à la froide peinture académique.

★★ Museo degli Argenti

Rez-de-chaussée et entresol, accès par la cour d'Ammannati - ✆ 055 23 88 709 - avr.-oct. : 8h15-18h30 ; nov.-fév. : 8h15-16h30 ; mars : 8h15-17h30 - fermé 1er et dernier lun. du mois.

Les précieuses collections du **musée de l'Argenterie** se composent surtout du trésor des Médicis et de celui des Habsbourg-Lorraine. Les pièces proviennent en grande partie des ateliers florentins, et les autres d'Allemagne ou d'Autriche. L'**aile somptueuse★**, aménagée pour les hôtes de marque, expose vases anciens, ivoires, bijoux des 16e s. et 17e s., services de table en or et vermeil et objets exotiques, comme la mitre mexicaine en plumes d'oiseaux du 16e s. Parmi les curiosités, notez une gourde en lapis-lazuli et la célèbre **coupe** de **Diane de Poitiers** en cristal de roche, ou le travail réalisé par un sculpteur du 16e s. sur un noyau de cerise, à observer à la loupe.

★ Galleria del Costume

Pavillon de la Méridienne, accès par un ascenseur proche de la billetterie et de l'escalier menant à la galleria Palatina ou de l'extérieur, par les jardins de Boboli - ✆ 055 23 88 801 - mêmes horaires que le Museo degli Argenti.

La galerie offre un aperçu de l'histoire de la mode du 18e s. à 1950 environ, grâce aux expositions thématiques qui mettent en valeur les collections de costumes, de chaussures, de linge et d'accessoires du musée. On y découvre aussi les **habits mortuaires★** d'Éléonore de Tolède, de son mari, Cosme Ier, et d'un de leurs fils, Garzia, décédé du paludisme à 15 ans, reconstitués d'après les lambeaux retrouvés dans leur tombe.

1

★ Giardino di Boboli

Entrée située au fond de la cour intérieure ou par le Forte del Belvedere - ✆ 055 23 88 736 - 8h15-coucher du soleil (se renseigner sur le site) - fermé 1er et dernier lun. du mois.

En 1549, Cosme Ier de Médicis chargea l'architecte, sculpteur et paysagiste Niccolò Pericoli, dit **le Tribolo**, de faire de la colline qui s'étendait derrière le palais Pitti d'immenses **jardins** ; ceux-ci devaient, avec la cour d'Ammannati et la terrasse qui la domine, prêter leur cadre aux somptueuses fêtes données par les grands-ducs. Mais le Tribolo mourut l'année suivante, ayant seulement

LES MACCHIAIOLI

Né à Florence au milieu du 19e s., le mouvement des Macchiaioli – contemporain de l'impressionnisme – apporta à la peinture figée dans la froideur de l'académisme son véritable renouveau. Épris de vérité, rejetant les sujets empruntés à la mythologie ainsi que les grandes compositions historiques, les Macchiaioli prennent directement leurs modèles dans la nature et cherchent à suggérer l'impression qui s'en dégage plutôt qu'à en donner une description. Pour traduire la réalité à travers des œuvres de petites dimensions, ils procèdent par taches *(macchie)* de couleur sur lesquelles s'exerce le jeu de la lumière.

Le Livournais **Giovanni Fattori** (1825-1908), personnalité complexe mais à la manière sobre et vigoureuse, et **Silvestro Lega** (1826-1895), plus poétique, en furent les plus illustres représentants. **Telemaco Signorini** (1835-1901), qui fut aussi un écrivain polémiste brillant, ami de Degas et de Manet, s'éloigna du groupe pour céder à un goût toujours plus aigu du réalisme. **Adriano Cecioni** (1836-1886), plus sculpteur que peintre, fut le théoricien et le critique du mouvement. **Giuseppe Abbati** (1836-1868) donna à ses œuvres une note de gravité, et sa contemplation de la nature est empreinte de mélancolie. Le Ferrarrais **Giovanni Boldini** (1842-1931) et **Giuseppe de Nittis** (1846-1884), venu des Pouilles, émigrèrent tous deux à Paris où ils firent carrière comme peintres mondains.

réalisé les plans. **Ammannati**, en 1550, puis **Buontalenti**, en 1583, lui succédèrent, apportant encore des embellissements au projet initial. Ce qui donne un bel exemple de jardins en terrasses à l'italienne, riches en perspectives, coupés de rampes, d'escaliers, de plates-formes, et agrémentés de statues et de fontaines. Dans la perspective centrale du parc s'ouvre l'**amphithéâtre**, aménagé au 17e s., où se donnaient de fastueux spectacles. Le **Viottolone★**, longue et majestueuse allée bordée de pins et de cyprès séculaires, conduit au charmant rond-point du **piazzale dell'Isolotto★**, occupé par un bassin circulaire orné de statues, au centre duquel un îlot porte des orangers et des citronniers. La fontaine de l'Océan, sculptée par **Jean Bologne** en 1576, y représente un Neptune debout, les trois autres personnages symbolisant des fleuves. Dans l'axe du palais, on rencontre le **bassin de Neptune**, orné d'une statue en bronze (16e s.) du dieu de la mer, et, sur la plate-forme suivante, *L'Abondance*, une statue de Jean Bologne et du Florentin Pietro Tacca. En contrebas, le **Kaffeehaus**, sorte de folie bâtie par Zanobi del Rosso en 1776 dans le goût exotique du 18e s. De la terrasse, belle **vue★** sur Florence.

Près d'une sortie du jardin, on remarque la petite **fontaine de Bacchus**, où le monstrueux personnage chevauchant une tortue représente un nain de Cosme Ier.

★ **Museo delle Porcellane** – *✆ 055 23 88 709 - avr.-oct. : 8h15-18h15 ; mars : 8h15-17h15 ; nov.-fév. : 8h15-16h15 - fermé 1er et dernier lun. du mois.*

Aménagé dans le délicieux pavillon du Cavaliere, bâti à la fin du 17e s. et précédé d'un jardin en terrasse, le **musée des Porcelaines** expose de nombreuses pièces des 18e s. et 19e s., fabriquées dans les manufactures de Sèvres, de Doccia près de Florence, d'Augarten en Autriche, et de Meissen, Frankenthal et Augsbourg en Allemagne.

Se promener Plan VIII p. 187

★★ Ponte Vecchio

Comme son nom l'indique, c'est le plus ancien pont de Florence, reconstruit plusieurs fois sur l'Arno, là où son lit devient le plus étroit. En 1944, il fut le seul de la ville que les Allemands épargnèrent, ces derniers détruisant même les vieux quartiers qui l'environnaient, pour en interdire l'accès aux troupes américaines. Il subit en revanche les méfaits des inondations de 1966 *(voir encadré p. 171)*. L'ouvrage actuel, qui date de 1345, doit sa curieuse silhouette aux échoppes d'orfèvres qui le bordent en encorbellement. Elles-mêmes remplacent depuis le 16e s. les boutiques de tanneurs et les étals de bouchers, activités jugées à l'époque peu décoratives par le grand-duc Ferdinand Ier. Au-dessus du pont, le **Corridoio Vasariano**, construit par Vasari, relie le Palazzo Vecchio au Palazzo Pitti *(accès sur demande préalable, ✆ 055 23 88 621, segreteria@polomuseale.firenze.it)*.

Santa Felicita

Piazza Santa Felicita - tlj sf dim. 9h30-12h30, 15h30-17h30.

L'édifice actuel a été reconstruit au 18e s. sur le plus ancien lieu de culte de Florence. L'entrée est surmontée d'une loge de théâtre, où les grands-ducs venaient s'asseoir pour assister à la messe. Dans la chapelle à droite de l'entrée, construite par Brunelleschi au début du 15e s., se trouve la **Déposition★★** du **Pontormo**, aux tons clairs et acides virant sur le rose et aux formes ondulantes et allongées, caractéristiques du maniérisme toscan. Du même artiste, vous remarquerez aussi la fresque de l'*Annonciation*.

Suivre la via de' Guicciardini et la via Romana.

Le célèbre Ponte Vecchio.
A. Mamo/hemis.fr

★ Museo di Storia Naturale La Specola

Via Romana 17 - prendre l'escalier au fond à gauche - ✆ 055 27 56 444 - www.msn.unifi.it - tlj sf lun. 10h30-17h30 (oct.-mai. 9h30-16h30) - 6 €.

Né en 1775, ce musée d'histoire naturelle doit son nom à l'observatoire d'astronomie (*specola* en italien) et de météorologie qu'il abrita à la demande de son fondateur, le grand-duc Léopold. Aujourd'hui, il présente une importante collection de zoologie (vertébrés et invertébrés) et de nombreuses **cires anatomiques**, œuvres pour la plupart de Clemente Susini, d'un réalisme étonnant.

Remonter vers le Ponte Vecchio et emprunter la via de' Bardi.

★ Giardino e Villa Bardini

Via dei Bardi 1r ou Costa San Giorgio 2 - ✆ 055 26 38 599 - www.bardinipeyron.it - jardin: 8h15-1h avant le coucher du soleil, villa tlj sf lun. 10h-19h - fermé 1er et dernier lun. du mois - 8 € jardin et villa, 10 € le billet combiné jardin Bardini et jardins de Boboli, Museo degli Argenti, Museo delle Porcellane et Galleria del Costume.

Cette magnifique terrasse verte offre une véritable **plongée★** sur le cœur médiéval de la ville et la vallée de l'Arno. Dégringolant de la colline, ce sont là 4 ha enchanteurs, aménagés suivant les vœux des différents propriétaires jusqu'à Stefano Bardini, au début du 20e s. Au fil des allées et des escaliers se succèdent une roseraie, des sculptures antiques inspirées de la mythologie, diverses collections florales, de petits vergers, une citronneraie sous verre, des jardins baroque et anglais…

Depuis le jardin Bardini, on peut rejoindre directement les jardins de Boboli *(voir p. 179)*.

L'agréable villa accueille deux musées: le **Museo Roberto Capucci**, dédié au grand créateur de mode, et le **Museo Pietro Annigoni**, dédié au peintre milanais (1910-1988). À certaines périodes, le bâtiment abrite aussi des expositions temporaires.

★ Museo Bardini

Via dei Renai 37 - ✆ 055 23 42 427 - museicivicifiorentini.comune.fi.it - lun., vend.-dim. 11h-17h - 6 €.

Stefano Bardini, antiquaire de renom, fonda lui-même ce musée dans un palais néo-Renaissance du 19e s. Agréablement disposées, les collections qu'il légua à la ville en 1922 témoignent de son goût éclectique : sculptures, stucs, peintures, petits bronzes, tapis persans (16e-17e s.), tapisseries du 18e s. sorties des manufactures florentines, céramiques, instruments de musique anciens. La demeure elle-même fut construite avec des éléments réemployés (parements d'autels, chambranles de portes Renaissance…), dont un beau plafond à caissons du 15e s., ornés de rinceaux argent sur fond bleu *(salle 16)*. Les œuvres exposées comprennent un groupe de la *Charité* de **Tino di Camaino**, l'un des plus grands sculpteurs du 14e s., un retable en terre cuite vernissée de l'atelier d'**Andrea Della Robbia**, un exquis relief *(Vierge à l'Enfant)* en terre cuite polychrome de **Donatello**, et un *Archange saint Michel* sur toile d'**Antonio Pollaiolo**, peintre du 15e s. connu pour son dessin dynamique.

Pour monter au forte del Belvedere, suivre la Costa S. Giorgio.

Forte del Belvedere

Via San Leonardo 1 - ✆ 055 21 77 04 - museicivicifiorentini.comune.fi.it - ouvert pendant les expositions - visite guidée sur réserv. dim. à 10h, 11h et 12h par téléphone ✆ 055 27 68 224.

Cette forteresse et l'élégante villa qui la domine (siège d'expositions temporaires) furent construites à la fin du 16e s., sur des plans de Buontalenti, pour les Médicis, désireux d'assurer une défense à leurs palais et de prévoir un lieu de repli en cas d'agitation.

Le splendide **panorama★★** que l'on découvre des glacis inspira de nombreux peintres. D'un côté, on domine la ville ; de l'autre, le regard embrasse la célèbre campagne toscane : collines couronnées d'une tour, d'une villa, d'un palais à merlons, immenses champs d'oliviers et silhouettes sombres et nettes des cyprès.

NOS ADRESSES AUTOUR DU PALAIS PITTI ET DES JARDINS DE BOBOLI

Plan VIII p. 187.

RESTAURATION

PREMIER PRIX

Enoteca Fuori Porta – *Via Monte alle Croci 10r - ✆ 055 23 42 483 - www.fuoriporta.it - réserv. conseillée - 15/20 €.* Premier bar à vins de Florence à servir au verre des vins de qualité, il propose chaque jour au menu hors-d'œuvre et plats froids. À ne pas manquer : les originaux *crostoni* (grandes tartines croustillantes).

Zeb – *Via San Miniato 2r - ✆ 055 23 42 864 - zebgastronomia.com - 9h30-20h (22h30 jeu.-sam.), dim. 9h30-17h - fermé merc. - 15/20 €.* Cette épicerie fine-traiteur propose divers plats – salades, pâtes, tripes à la florentine, charcuterie – à déguster sur un élégant comptoir. Version locale du bar à sushi !

BUDGET MOYEN

Trattoria Bordino – *Via Stracciatella 9r - ✆ 055 21 30 48 - www.trattoriabordino.it - 25/30 €.* Cuisine toscane traditionnelle dans cette trattoria à l'ambiance sympathique ; la spécialité est bien sûr la *bistecca alla fiorentina*. Menu au bon rapport qualité/prix à midi.

Osteria Antica Mescita – *Via San Niccolò 60r - ✆ 055 23 42 836 - www.osteriasanniccolo.it - 30/35 €.* Le lieu est à l'image de la cuisine : dans l'ancienne crypte de l'église San Niccolò, une salle avec des voûtes en pierre et des tables en bois, ou bien en terrasse, vous pourrez déguster des plats florentins traditionnels. Service chaleureux.

POUR SE FAIRE PLAISIR

Il Santo Graal – *Via Romana 70r - ✆ 055 22 86 533 - www.ristorantesantograal.it - fermé merc. et à midi lun. et mar. - 40/50 €.* Une ambiance moderne aux allures new-yorkaises pour ce restaurant qui propose une cuisine originale. Formules intéressantes à midi.

PETITE PAUSE

Pitti Gola e Cantina – *Piazza de' Pitti 16 - ✆ 055 21 27 04 - pittigolaecantina.com - 13h-0h, fermé mar.* Ce bar à vins, tenu par trois jeunes passionnés, détient une sélection des plus grands crus de Toscane. À déguster sur un comptoir en marbre ancien ou sur la petite terrasse, face au Palazzo Pitti.

Cantina del Gelato – *Via de' Bardi 31 - ✆ 055 05 01 617 - http://cantinadelgelato.it - 13h-23h (20h en hiver), fermé lun.* Voilà un petit glacier qui régalera les amateurs de *gelati* ! Des grands classiques aux parfums novateurs (cheesecake, confiture de figues et fromage de chèvre, mascarpone), tout y est délicieux !

Golden View Open Bar – *Via de' Bardi 54/56r et 58r - ✆ 055 21 45 02 - www.goldenviewopenbar.com.* Décor contemporain dans cet établissement élégant et lumineux donnant sur l'Arno, au pied du Ponte Vecchio. Pâtisseries, boissons et petits plats ainsi qu'un large choix de cocktails et vins servis avec un buffet pour l'apéritif. Terrasse en été et jazz *live* certains soirs.

ACHATS

Alessandro Dari Gioielli – *Via San Niccolò 115r - ✆ 055 24 47 47 - www.alessandrodari.com - fermé dim.* Cette boutique expose d'impressionnantes figurines, fruits d'une véritable passion de leur créateur ! Bagues d'architecte en forme d'édifices médiévaux, militaires ou religieux, et autres pièces uniques inspirées de contes… Un travail d'orfèvre personnalisé, pétri d'imaginaire, fin et précis.

Lorenzo Villoresi – *Via de' Bardi 12 - ✆ 055 23 41 187 - www.lorenzovilloresi.it - 10h-19h préférablement sur RV - fermé dim.* Allez découvrir l'antre magique de ce grand maître parfumeur dans son palais. La famille Villoresi y a aménagé un musée dédié au parfum. Le dernier étage cache l'atelier du maître et une époustouflante terrasse panoramique.

Autour de Santo Spirito

★

Si le quartier est dominé par l'église Santo Spirito et son cloître et par les chefs-d'œuvre de Lippi et de Masaccio dans la chapelle Brancacci, la visite donnera le prétexte pour flâner un peu : les petites rues, où se côtoient ateliers d'artisans, antiquaires, cafés, bistrots et vestiges historiques, caractérisent l'Oltrarno, cette rive gauche aux airs de province qui s'étend au sud du cœur médiéval.

NOS ADRESSES PAGE 189
Restauration, achats, activités, etc.

SE REPÉRER
Plan de ville II D2-3 (p. 120) - plan de quartier VIII (p. 187).
Dans l'Oltrarno, à l'ouest en partant du Ponte Vecchio, le quartier est délimité par le fleuve, la Porta Romana et la Porta San Frediano.

À NE PAS MANQUER
La cappella Brancacci dans l'église Santa Maria del Carmine.

ORGANISER SON TEMPS
Pour découvrir le quartier, une belle promenade en boucle court du Borgo San Jacopo à la via Maggio, en passant par le Borgo San Frediano. Ne manquez pas de faire une pause à l'écart de la foule sur l'agréable piazza della Passera.

AVEC LES ENFANTS
La cappella Brancacci.

Se promener Plan VIII p. 187

Au départ du Ponte Vecchio, circuit tracé en vert sur le plan VIII (p. 187). Après avoir traversé le Ponte Vecchio, prendre la première à droite. Compter 3h.
À l'ouest du Ponte Vecchio, le long de l'Arno, se déroule tout un quartier historique très typique et paisible, investi par des ateliers artisanaux, des commerces de cuir et de produits régionaux.

Borgo San Jacopo

Une rue particulièrement commerçante et animée, ponctuée de bistrots et cafés, sur laquelle s'élèvent la **Torre di Belfredelli**, sévère tour carrée édifiée au 12e s., et la **Torre dei Marsili**, également du 12e s., dont la porte est surmontée d'une *Annonciation*, entre deux niches. Cent mètres plus loin, une fontaine en marbre marque l'angle du Borgo San Jacopo et de la via dello Sperone avec la via Maggio.
Poursuivre tout droit, en traversant cette dernière, pour emprunter la via di Santo Spirito (prolongeant le Borgo San Jacopo).

Via di Santo Spirito

Plus calme, elle décline ses immeubles de trois à cinq étages, occupés par les petits ateliers de quelques artisans sculpteurs sur bois, doreurs ou encadreurs.

Borgo San Frediano

La via di Santo Spirito se prolonge par le Borgo San Frediano, également ponctué d'artisans, d'antiquaires et de brocanteurs. Le borgo se termine à la **Porta San Frediano**, construite par Andrea Pisano sur la route qui reliait jadis

La piazza Santo Spirito.
P. Canali/Sime/Photononstop

Pise à Florence. De cette porte aux battants monumentaux sortait l'armée florentine pour toutes ses conquêtes.

Revenir sur ses pas et tourner à gauche dans la via di Cestello.

Sur la **piazza di Cestello**, notez l'église, dont la façade est restée inachevée.

Tourner à droite.

Le **Lungarno Soderini**, offrant une belle vue sur le ponte Vecchio, est prolongé par le **Lungarno Giucciardini.**

Tourner à droite dans la via Maggio et puis à gauche dans la via dello Sperone.

À la croisée des rues **dello Sperone, Toscanella** et **de' Vellutini** se forme la délicieuse **piazza della Passera**, dont les terrasses de café invitent à la pause.

Revenir sur la via Maggio.

Via Maggio

Cette belle rue est ponctuée de boutiques d'artisans, de galeries d'art et d'antiquaires. On y observe le palais Ricasoli-Ridolfi *(au nº 7)*, le palais Martelli *(au nº 9)*, le palais Michelozzi *(au nº 11)* et, de l'autre côté, le **palais di Bianca Cappello★** *(au nº 26)* – rappelant le souvenir de la courtisane vénitienne, seconde épouse de François Ier – aménagé dans la seconde moitié du 16e s. par Buontalenti (les graffitis de la façade sont de Poccetti).

Au fond de la rue, on rejoint la **Casa Guidi** *(Piazza San Felice 8 - ✆ 055 35 44 57 - avr.-nov. : lun., merc. et vend. 15h-18h - entrée libre)*, maison où vécurent Robert Browning (poète et dramaturge britannique, 1812-1889 à Venise) et sa femme, Elizabeth Barret Browning.

Tourner à droite dans la via Mazzetta pour rejoindre la piazza Santo Spirito.

Piazza Santo Spirito

Cette agréable place, animée en journée par un marché et bordée de cafés, bars et bistrots, est le point de rendez-vous de la jeunesse de la ville. C'est ici que se dresse le **palais Guadagni★** dont la splendide loggia (1503) serait attribuée à Baccio d'Agnolo ou à l'architecte du palais Strozzi, le Cronaca.

★ Santo Spirito

Piazza Santo Spirito - 9h30-12h30, 16h-17h30, dim. 11h30-12h30, 16h-17h30 - fermé merc. - gratuit.

L'église Renaissance a été conçue par **Brunelleschi**. Sa construction, qui dura de 1444 à 1487, subit quelques variantes par rapport au plan original du maître, mort en 1446. Cependant, bien que non conformes aux projets de Brunelleschi, la façade crépie et le flanc droit, au triple étagement de volumes, ne manquent pas d'harmonie.

Intérieur – Par sa solennité, il contraste avec la simplicité extérieure. On y retrouve la bichromie de la *pietra serena* et du blanc, ainsi que la même géométrie qu'à San Lorenzo *(voir p. 153)*; mais ici, les arcades de la nef, soutenues par de magnifiques colonnes monolithes à chapiteaux corinthiens, se prolongent autour du transept et du chevet plat, créant de multiples perspectives et accusant l'effet d'unité.

S'ouvrant par des arcades de hauteur égale à celle de la nef, 38 petites chapelles semi-circulaires festonnent l'édifice, donnant l'impression d'une église très spacieuse. Elles abritent aussi de nombreuses **œuvres d'art★**. Le long du transept gauche, de l'abside, puis du transept droit, on peut contempler une naïve *Vierge du Bon Secours* faisant obstacle à un diable fourchu, peint par un artiste florentin inconnu du 15e s.; un ravissant tableau de **Filippino Lippi** représentant une **Vierge à l'Enfant** et le petit saint Jean; un polyptyque de Maso di Banco – élève de Giotto – de la première moitié du 14e s.; une élégante toile d'Alessandro Allori évoquant l'épisode de la femme adultère; une délicate *Annonciation* par un Florentin anonyme du 15e s. et, dans la **chapelle Corbinelli**, un somptueux dos d'autel en marbre du début du 16e s., sculpté par Andrea Sansovino.

Sacristie★ – Dessinée en 1489 par Giuliano da Sangallo, elle répond exactement à l'esprit des créations de Brunelleschi. Une voûte en berceau à caissons sculptés, réalisée en 1495 par le Cronaca, y surmonte un vestibule à colonnes. Elle abrite le **crucifix en bois★** exécuté en 1492 par **Michel-Ange**, qui en fit don à l'église en signe de reconnaissance pour le prieur. En effet, ce dernier lui fournit maintes occasions de pratiquer des dissections dans son hôpital afin d'étudier l'anatomie. Selon Vasari, avec ce crucifix, Michel-Ange ébaucha la perfection du dessin qu'on lui reconnaîtra ensuite.

Fondazione Romano

Cenacolo di Santo Spirito - piazza Santo Spirito 29 - ✆ 055 28 70 43 - museicivici fiorentini.comune.fi.it - sam.-lun. 10h-16h - 4 €.

La belle salle gothique à charpente apparente, **réfectoire** de l'ancien couvent d'augustins attenant à l'église, a l'un de ses murs couvert d'une grande *Crucifixion*, exécutée vers 1360 et attribuée à **Andrea Orcagna** et **Nardo di Cione,** de même que les vestiges de la *Cène* située au-dessous. Parmi les œuvres exposées, offertes à la ville par l'antiquaire Salvatore Romano, des sculptures allant de l'époque préromane à l'âge baroque, dont un bas-relief représentant saint Maxime par **Donatello**.

Suivre la via Sant'Agostino et la via Santa Monaca jusqu'à piazza del Carmine.

★★★ Cappella Brancacci à Santa Maria del Carmine

Piazza del Carmine 14 - ✆ 055 27 68 224 - réserv. conseillée en haute saison : tlj sf mar. 10h-17h - 6 €. Temps de visite de la chapelle limité à 15mn.

L'église **Santa Maria del Carmine** doit son intérêt exceptionnel à une chapelle ornée d'une extraordinaire série de **fresques★★★** : l'œuvre, exécutée par trois artistes différents, illustre la faute originelle et la vie de saint Pierre,

SANTO SPIRITO - PITTI ET BOBOLI
Plan VIII
0 140 m

SE RESTAURER

Al Tranvai	2
Enoteca Fuori Porta	5
Gustapanino	3
l'Brindellone	6
Il Magazzino	10
Il Santo Bevitore	9
Il Santo Graal	1
La Casalinga	12
Osteria Antica Mescita	17
Trattoria Bordino	19
Zeb	20
5 e Cinque	7

MASACCIO, DU VOLUME EN PEINTURE

Mort prématurément à l'âge de 27 ans, alors qu'il s'était rendu à Rome avec Donatello et Brunelleschi, Masaccio (1401-1428) fut à la peinture ce que ses deux amis furent respectivement à la sculpture et à l'architecture. Il reprit du premier le goût des figures puissantes, des expressions authentiques, des drapés lourds ; du second, il assimila les leçons de perspective. Découvrant les ressources sculpturales de la lumière, il travailla avant tout le volume de ses personnages et la circulation de l'espace. Les œuvres de cet initiateur de la Renaissance en peinture, par leur vivant réalisme, eurent une immense portée sur les générations suivantes.

ce dernier thème évoquant sans doute le lien politique de Florence avec les souverains pontifes. Mais c'est surtout au génie novateur de Masaccio, élève de Masolino, que la petite chapelle doit sa célébrité.

Fresques de Masolino da Panicale – Masolino fut le premier peintre chargé, en 1424, de décorer la chapelle familiale des Brancacci, négociants en soie. Dans un esprit encore gothique, comme en témoigne sa vision aimable et sereine, il a représenté, au registre supérieur, la *Tentation d'Adam et Ève, saint Pierre ressuscitant Tabitha* et la *Prédication de saint Pierre.*

Fresques de Masaccio – Le peintre réalisa ici un ensemble considéré comme l'une des plus hautes expressions de la peinture italienne. Dans sa fameuse représentation d'**Adam et Ève chassés du paradis** *(au registre supérieur)*, excluant toute idéalisation, il exprime avec intensité la honte et le désespoir. L'éclairage projeté, les taches d'ombre qui obscurcissent certains points des corps et des visages donnent aux personnages une réalité saisissante. À côté, le **Paiement du tribut** met en scène, en la personne des Apôtres, des figures vigoureuses et d'une souveraine gravité. La fresque, se déroulant dans un cadre réduit à ses éléments essentiels, comprend trois épisodes : à la porte de Capharnaüm, le collecteur d'impôts (de dos) réclame le paiement de l'octroi à Jésus, qui désigne à Pierre les eaux où il trouvera le poisson dont la bouche renferme une pièce d'argent *(scène centrale)* ; l'apôtre s'empare du poisson *(à gauche)*, puis remet à l'homme la pièce *(à droite)*. On remarquera que le peintre s'est appliqué dans sa composition à aligner à la même hauteur les têtes des personnages constituant la scène afin de souligner l'harmonie d'ensemble.

On reconnaît encore saint Pierre baptisant les néophytes et soignant l'infirme *(registre supérieur)* et, au niveau inférieur, faisant l'aumône avec saint Jean, guérissant les malades par le pouvoir de son ombre, et enfin siégeant en chaire.

Fresques de Filippino Lippi – Ce fut ce dernier qui, en 1481, termina la décoration de la chapelle restée inachevée après la mort de Masaccio en 1428. Au registre inférieur, il peignit la fin de la vie de saint Pierre, dans un style élégant : la visite de saint Paul dans sa prison d'Antioche, la résurrection du fils du préfet d'Antioche, le saint libéré par un ange lors de son second emprisonnement à Jérusalem, sa comparution devant Agrippa et sa crucifixion.

Revenir sur ses pas et tourner à droite sur la via dei Serragli.

Giardino Torrigiani

Via dei Serragli 144 - ☏ 055 22 45 27 - www.giardinotorrigiani.it - visites sur RV.

Ce magnifique parc d'environ 7 ha constitue le plus grand jardin urbain privé d'Europe. Créé au 16e s. comme jardin botanique, il accueille aujourd'hui dans ses allées romantiques des sculptures et une tourelle néogothique.

NOS ADRESSES AUTOUR DE SANTO SPIRITO

Plan VIII p. 187.

RESTAURATION

PREMIER PRIX

Gusta Panino – *Via dei Michelozzi 13r - ✆ 055 28 50 33 - fermé lun. - 10/15 €.* Sur l'animée piazza Santo Spirito, un endroit moderne où l'on compose soi-même ses *panini*, préparés à partir d'aliments frais et de bonne qualité. Pour une carte plus riche, essayez le voisin **Gusta Osteria** !

Al Tranvai – *Piazza T. Tasso 14r - ✆ 055 22 51 97 - www.altranvai.it - fermé dim. - 20/25 €.* Les quelques tables de ce petit restaurant simple sont installées des deux côtés de la salle, où courent deux longs bancs. L'accueil est chaleureux et les plats de tradition florentine très bien préparés.

La Casalinga – *Via dei Michelozzi 9r - ✆ 055 21 86 24 - www.trattorialacasalinga.it - fermé dim. - 15/20 €.* Une trattoria spacieuse, à l'ambiance familiale, pour goûter à toutes les délicieuses spécialités de la cuisine populaire florentine, du hors-d'œuvre au dessert. Service courtois et rapide dans les deux salles aux tables dressées avec simplicité.

5 e Cinque – *Piazza della Passera 1 - ✆ 055 27 41 583 - fermé lun. - 15/25 €.* Une petite salle au décor moderne qui propose une cuisine bio essentiellement végétarienne, savoureuse et originale.

BUDGET MOYEN

Il Magazzino – *Piazza della Passera 2 - ✆ 055 21 59 69 - 25/30 €.* Déclinaisons diverses autour des tripes et des abats, plats toscans pur jus comme le ragoût de lapin et assiettes végétariennes.

Il Santo Bevitore – *Via di Santo Spirito 64/66r - ✆ 055 21 12 64 - www.ilsantobevitore.com - fermé dim. midi - réserv. conseillée - 25/30 €.* Un lieu à la fois jeune et élégant, qui sert une cuisine toscane créative. Le petit frère, le **Santino** *(au n° 60r, ✆ 055 23 02 820)*, offre une ambiance plus décontractée.

I'Brindellone – *Piazza Piattellina 10-11r - ✆ 055 21 78 79 - fermé lun. - 25/35 €.* Tout proche de la piazza del Carmine. Cuisine classique avec l'incontournable *bistecca alla fiorentina* à l'honneur.

POUR SE FAIRE PLAISIR

Io Osteria Personale – *Borgo San Frediano 167/r - ✆ 055 93 31 341 - www.io-osteriapersonale.it - fermé à midi et dim. - 45/55 €.* Une salle au décor moderne et épuré pour une cuisine recherchée, qui maîtrise les ingrédients à la perfection.

PETITE PAUSE

L'agréable et animée piazza Santo Spirito est le cœur de la *movida* (vie nocturne) du quartier.

Café Cabiria – *Piazza Santo Spirito 4r - ✆ 055 21 57 32 - cafecabiria.com.* Ce café célèbre est fréquenté par une clientèle jeune et internationale. On l'apprécie du petit-déjeuner aux cocktails de la nuit, en passant par les apéritifs, les repas sur le pouce, les déjeuners et les dîners.

Caffé degli Artigiani – *Via dello Sprone 16r (angle piazza della Passera) - ✆ 055 28 71 41 - tlj sf dim. 9h-23h.* Le café des Artisans, populaire chez les Florentins, offre une jolie terrasse sur l'agréable piazza della Passera, à deux pas de l'église Santo Spirito. Parfait pour un café, un apéritif ou un en-cas.

Hemingway – *Piazza Piattellina 9r angle V. del Leone - ✆ 055 28 47 81 - www.hemingwayfirenze.com - 16h-2h.* Un bar à chocolat moderne qui célèbre le chocolat sous toutes ses formes : tartes, bonbons, cocktails, glaces et surtout le délicieux chocolat chaud !

La Via del Tè – *Via Santo Spirito 11 - ✆ 055 28 07 49 - www.laviadelte.it - fermé lun. mat.* Dans le prestigieux palais Frescobaldi, cette enseigne dédiée au monde du thé vous accueille dans ses trois petites salles et son adorable jardin pour une agréable pause sucrée. Plusieurs autres points de vente en ville.

Gelateria della Passera – *Piazza della Passera 15 - gelaterialapassera.wordpress.com - 12h-0h.* Ce petit glacier a sa fidèle clientèle florentine. Essayez la *crema ai 7 profumi* : crème, cannelle, clous de girofle, anis, zestes d'orange et de citron, vanille bourbon. Délicieux !

ACHATS

L'Ippogrifo – *Via Santo Spirito 5r - ✆ 055 21 32 55 - www.stampeippogrifo.com - fermé dim.* Atelier réalisant des eaux-fortes originales, gravées à la main et signées comme le faisaient les artisans florentins il y a cinq siècles.

Angela Caputi – *Via Santo Spirito 58r - ✆ 055 21 29 72 - www.angelacaputi.com - fermé lun. et dim.* Bracelets, colliers, boucles d'oreilles, pendentifs. Tous les bijoux créés par Angela Caputi sont des pièces uniques qui rivalisent de grâce.

Antico Setificio Fiorentino – *Via Bartolini 4 - ✆ 055 21 38 61 - www.anticosetificiofiorentino.com - lun.-vend. 10h-18h sur rdv.* Les ateliers de l'Antico Setificio Fiorentino, fondés en 1786 par les Pucci, abritent un véritable musée de la soie.

Olio & Convivium – *Via Santo Spirito 4 - ✆ 055 26 58 198 - www.oliorestaurant.it - fermé lun.* Épicerie fine portant une attention particulière aux huiles. Pour se ravitailler en fromages, charcuteries, huiles et condiments.

Raffaello Romanelli – *Borgo San Frediano 70 - ✆ 055 23 96 662 - www.raffaelloromanelli.com.* Ce charmant atelier de sculptures, où se côtoient bronzes et marbres sous forme de bustes, statues, fontaines et vases, fut fondé en 1829 par le célèbre sculpteur Lorenzo Bartolini et passa ensuite entre les mains de son élève préféré, Pasquale Romanelli. Aujourd'hui, les nouvelles générations Romanelli continuent l'activité et proposent d'intéressants cours de modelage à la demi-journée (60 €/3h).

L'église San Miniato al Monte.
Arco/J. Moreno/Arco Images/age fotostock

1

Passeggiata ai Colli

Promenade des Collines

★★

La splendide promenade des Collines qui, sous les noms successifs de viale Michelangiolo, viale Galileo et viale Machiavelli, domine Florence fut construite entre 1865 et 1870. Son superbe tracé est dû à l'architecte Giuseppe Poggi, chargé des travaux d'embellissement de la ville durant la brève période où celle-ci fut capitale du royaume d'Italie. Bordée de luxueuses propriétés, la route déroule à flanc de colline ses larges courbes, entre deux rangées somptueuses de pins et de cyprès.

SE REPÉRER

Plan de ville II DEF3 (p. 120).

Dans l'Oltrarno, au sud du fleuve, perchée sur les collines, l'église San Miniato se repère de loin.

À NE PAS MANQUER

San Miniato al Monte, pour le site et la vue sur Florence.

ORGANISER SON TEMPS

Privilégier une visite tôt le matin ou en fin de journée, quand le dégradé des couleurs rehausse la beauté des lieux.

Compter 2h30 pour effectuer cette promenade à pied, 1/2h en voiture. En bus, prendre le n° 13 au Ponte alle Grazie jusqu'au terminus sur le piazzale Michelangiolo, puis marcher 500 m jusqu'à San Miniato. Le n° 12, qui part de la gare de Santa Maria Novella, passe par San Miniato pour arriver au piazzale Michelangiolo.

Se promener Plan II p. 120

Au sortir du Ponte Vecchio, tourner dans la première rue à gauche.

Sur environ 500 m, la **via de' Bardi** (E3) décline ses palais Renaissance. Au n° 36, le palais Capponi delle Rovinate (15e s.) dresse sa magnifique façade. Au n° 28, au palais Canigiani, vécut et mourut sir John Pope-Hennessy (1913-1994), historien d'art anglais et citoyen d'honneur de la ville de Florence. Au n° 22, la petite église Santa Lucia dei Magnoli, bâtie au 11e s., est adossée au palais Canigiani.

La via de' Bardi se prolonge par la **via di San Niccolò**. Quelques artisans ébénistes y possèdent encore leur atelier. Après 200 m environ, au carrefour animé et commerçant, encadré d'agréables terrasses de cafés et de restaurants, la via San Miniato, à droite, mène à la porte du même nom.

Franchir la porte et poursuivre sur la via del Monte alle Croci qu'il faut ensuite laisser sur la droite pour emprunter les escaliers de la via San Salvatore al Monte. L'ascension se fait de plus en plus raide.

Entre le 1er Mai et la mi-juin, ne pas manquer, sur la gauche, la traversée du **Giardino delle Rose** (jardin des roses, *8h-20h*), étendu sur un demi-hectare, offrant un premier plan coloré sur Florence.

Sortir du jardin par la droite pour raccrocher les escaliers à mi-pente. Traverser le viale Galileo, qui mène sur la gauche au piazzale Michelangiolo.

Piazzale Michelangelo F3

De cette vaste esplanade se déploie un magnifique **panorama★★★** sur la ville, où se dessinent les Apennins en toile de fond : de droite à gauche, on reconnaît Santa Croce ; un peu plus à gauche, la coupole de la cathédrale et le campanile, avec la tour du Bargello et le clocher de la Badia ; enfin, le Palazzo Vecchio et le Ponte Vecchio. Au centre de la place se dresse un monument élevé en 1875 à la mémoire de Michel-Ange.

Poursuivre par le viale dei Colli, qui monte sur la colline de San Miniato en s'éloignant de la ville.

★★ San Miniato al Monte F3

Via del Monte alle Croci - ✆ 055 23 42 731 - 9h30-19h30, dim. 8h15-9h45 et 12h30-17h - gratuit.

Bâtie dans un **site★★** splendide, sur les hauteurs de Florence, cette église témoigne d'un monastère bénédictin, fondé ici au 11e s. en souvenir du saint toscan **Minias** *(voir encadré ci-contre)*. Un large escalier, encadré par un charmant cimetière, la précède. De là se dévoile un paysage composé tel un tableau, dont une colline accueille les jardins de Boboli. L'église, quant à elle, représente l'un des plus beaux exemples d'architecture romane florentine.

Extérieur – La **façade** du 12e s., d'une exceptionnelle élégance, rappelle le baptistère de la piazza del Duomo *(voir p. 122)* par son revêtement à dessins géométriques en marbre vert et blanc, ses arcatures en plein cintre, sa petite fenêtre à fronton triangulaire. La partie supérieure est ornée d'une mosaïque du 13e s. *(Le Christ entre la Vierge et saint Minias)* restaurée. Au faîte du couronnement en triangle se détache un aigle juché sur un ballot de laine, emblème de la corporation des drapiers *(calimala)*, qui administra longtemps le sanctuaire. Sur la gauche, le campanile, inachevé, a été élevé au 16e s. par Baccio d'Agnolo.

Intérieur – L'harmonieuse combinaison du vert et du blanc y règne, comme sur la façade. De type basilical, avec un plan rectangulaire se terminant en

SAINT MINIAS

Victime des persécutions ordonnées en l'an 250 par l'empereur Decius, Minias, vraisemblablement toscan et de modeste origine, mais dont la croyance populaire fit un roi venu d'Arménie, avait miraculeusement échappé à plusieurs mises à mort ; décapité, il traversa le lit de l'Arno, tenant sa tête dans ses mains, pour venir mourir sur la colline, alors appelée Mons Florentinus, où il avait vécu en ermite.

hémicycle, l'édifice comprend un chœur surélevé au-dessus de la crypte. Une charpente en bois, peinte au 14e s., couvre la nef centrale, reposant sur des piliers en marbre vert. Au sol, pavement du 13e s. incrusté de marbre blanc et noir.

La petite **chapelle du Crucifix**, qui, au pied du chœur, occupe le centre de la nef, fut élevée en 1447 sur ordre de Pierre Ier de Médicis, d'après un dessin de Michelozzo. Les caissons en terre cuite émaillée qui ornent la voûte, semblables à ceux du Bargello *(voir p. 130)*, sont de Luca Della Robbia. À la fin du 14e s., Agnolo Gaddi a peint les panneaux surmontant l'autel, où saint Minias apparaît au centre, vêtu de rouge.

Sur le bas-côté gauche, la **chapelle du cardinal de Portugal★** du 15e s., dessinée par un élève de Brunelleschi, abrite le tombeau de Jacques de Portugal, archevêque de Lisbonne et neveu du roi du Portugal, mort à Florence en 1459. Cette œuvre, d'une grâce un peu guindée, fut réalisée en 1461 par le sculpteur Antonio Rossellino. Des terres cuites émaillées de Luca Della Robbia recouvrent la voûte de la chapelle, illustrant, dans une belle harmonie de bleus, la colombe de l'Esprit saint et les vertus cardinales.

La **chaire** forme avec la **clôture du chœur**, sur laquelle elle repose, un admirable **ensemble★★** incrusté de marbre blanc, vert et rose du début du 13e s. L'**abside** est dominée par une mosaïque de la fin du 13e s. représentant le Christ bénissant entre la Vierge et saint Minias. Dans la **sacristie**, des **fresques★** du 14e s., d'un style inspiré de Giotto, représentent la légende de saint Benoît. L'autel abrite les restes de saint Minias.

De l'église, vous pouvez redescendre en empruntant le viale Galileo, large avenue bordée de contre-allées ombragées offrant de beaux panoramas. À 1 km environ, prenez la via di San Leonardo sur la gauche puis la via Viviani, également sur la gauche, prolongée par la via del Pian de' Giullari (maison de Galilée au n° 42). Poursuivez jusqu'à l'arrêt de bus n° 38 (qui peut vous ramener Porta Romana) ou redescendez à pied par la via di San Leonardo jusqu'à la Porta San Giorgio, à l'entrée du fort du Belvédère (16e s.). Du fort, empruntez la Costa di San Giorgio pour rejoindre le Ponte Vecchio.

Autour de Florence 2

Carte Michelin Regional Italie 563 – Provinces de Florence, Pistoia et Prato

Le théâtre romain de Fiesole.
Sime/Photononstop

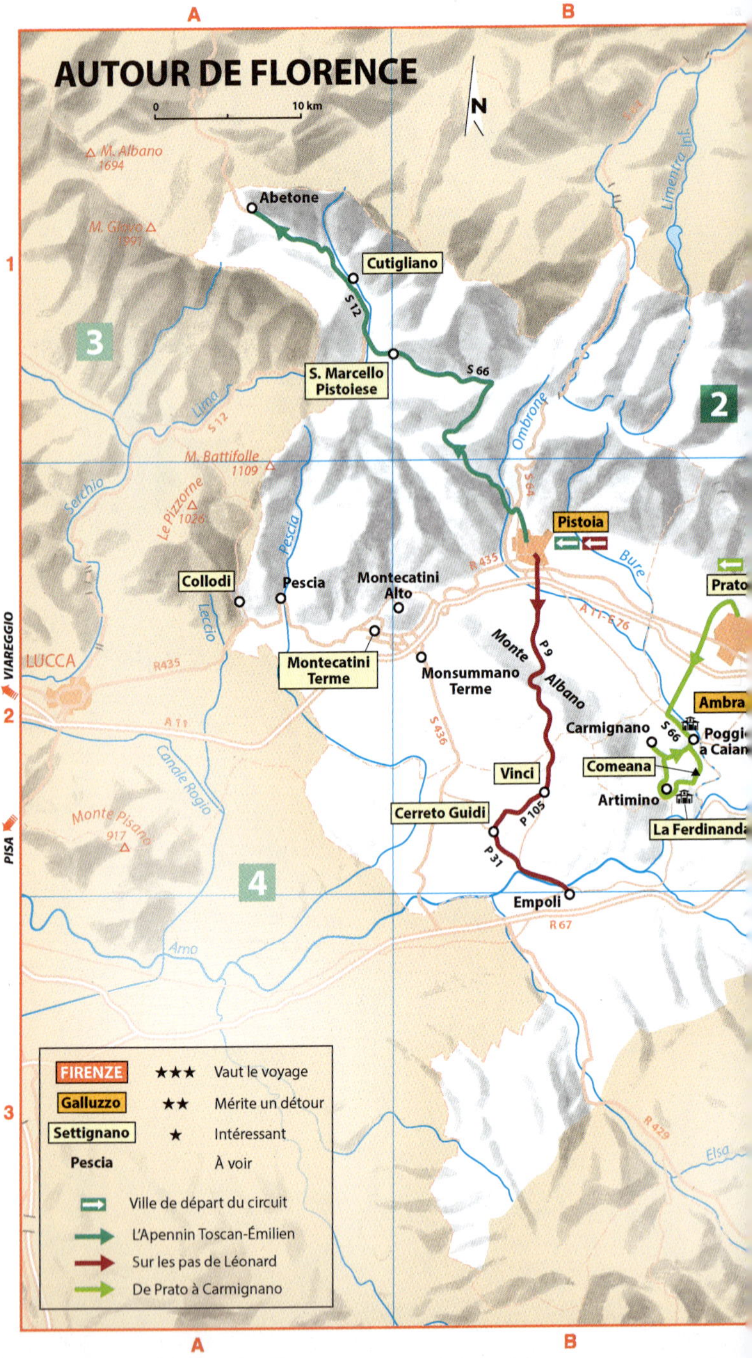
A
B
AUTOUR DE FLORENCE
0
10 km
N
M. Albano 1694
M. Giovo 1991
Abetone
Cutigliano
S 12
S. Marcello Pistoiese
S 66
Limentra inf.
1
2
3
4
Lima
S 12
M. Battifolle 1109
Ombrone
S 64
Serchio
Le Pizzorne 1026
Pescia
Pistoia
Bure
Prato
Collodi
Pescia
Montecatini Alto
R 435
A 11-E 76
Leccio
Montecatini Terme
Monsummano Terme
Monte Albano
P 9
LUCCA
R435
VIAREGGIO
Ambra
Carmignano
S 66
Poggio a Caiano
A 11
S 436
Comeana
Vinci
Artimino
Canale Rogio
Cerreto Guidi
P 105
La Ferdinanda
PISA
Monte Pisano 917
P 31
Empoli
R 67
Arno
R 429
Elsa
FIRENZE ★★★ Vaut le voyage
Galluzzo ★★ Mérite un détour
Settignano ★ Intéressant
Pescia À voir
Ville de départ du circuit
L'Apennin Toscan-Émilien
Sur les pas de Léonard
De Prato à Carmignano

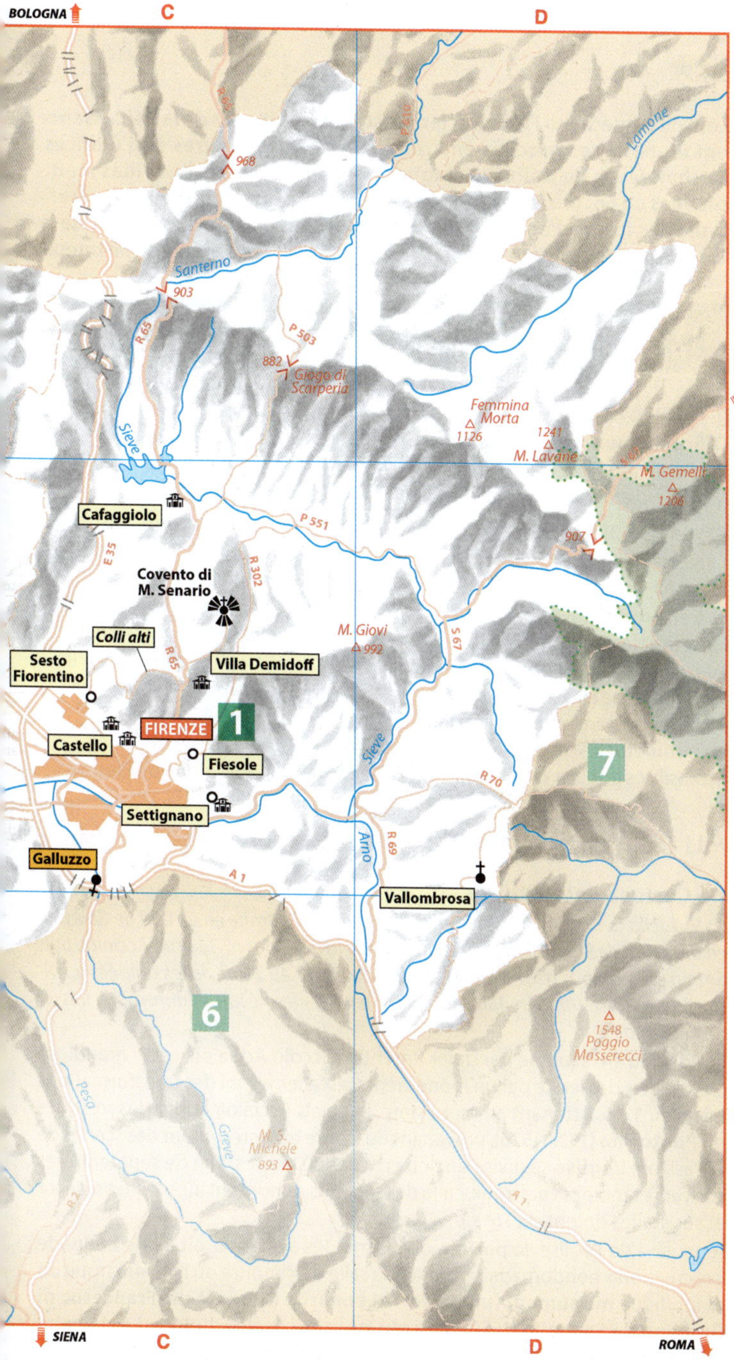
BOLOGNA
C
D
1
2
3
FROLÌ
SIENA
ROMA
968
Santerno
903
R 65
P 503
882
Giogo di Scarperia
Lamone
Femmina Morta
1126
1241
M. Lavane
M. Gemelli
1206
Sieve
Cafaggiolo
P 551
E 35
R 302
907
Covento di M. Senario
Colli alti
M. Giovi
992
S 67
Sesto Fiorentino
Villa Demidoff
FIRENZE
1
Castello
Fiesole
7
R 70
Settignano
Arno
R 69
Galluzzo
A 1
Vallombrosa
6
1548
Poggio Masserecci
Pesa
Greve
M. S. Michele
893
R 2
A 1

Les environs de Florence

★★

Loin de demeurer à Florence, les artistes et architectes de la Renaissance ont illuminé ses proches environs de nombre d'œuvres et d'édifices. La chartreuse de Galluzzo, l'abbaye de Vallombreuse, les villas médicéennes ou encore la petite cité de Fiesole sont autant de lieux représentatifs des fastes d'antan et situés au cœur des paysages typiques de la Toscane. Voilà des haltes, tours et détours à visiter en prenant son temps.

NOS ADRESSES PAGE 205
Hébergement, restauration, achats, activités, etc.

S'INFORMER

Office du tourisme de Fiesole – *Via Portigiani 3 - ✆ 055 59 61 311 - www.fiesoleforyou.it.*

SE REPÉRER

Carte de région C2 (p. 196) - plan I (ci-contre).

La Certosa del Galluzzo au sud, Fiesole et les villas médicéennes au nord-est, ou encore l'abbaye de Vallombreuse à l'est… La plupart des sites présentés se situent dans un périmètre de 6 à 50 km et sont accessibles aisément en voiture ou même en transport en commun depuis la gare Santa Maria Novella.

À NE PAS MANQUER

À Fiesole, la vue plongeante sur Florence et le couvent San Francesco.

ORGANISER SON TEMPS

L'écartement géographique des sites nécessite une demi-journée pour chacun d'entre eux. Une belle occasion de pique-niquer dans la campagne toscane.

AVEC LES ENFANTS

La zone archéologique de Fiesole.

Au sud de Florence Plan I ci-contre

★★ Certosa del Galluzzo A2

Via della Certosa 1 - 6 km au sud de Florence, sur la droite en sortant de Galluzzo en direction de Sienne - depuis Santa Maria Novella, bus n° 36 arrêt Acciaioli puis 5mn à pied ou bus n° 37 arrêt Certosa - ✆ 055 20 49 266 - visites guidées (environ 45mn) à 9h, 10h, 11h, 15h, 16h (et 17h en été) - fermé lun. et dim. mat. - laisser une offrande.

Fondée au 14e s. par le banquier florentin Niccolò Acciaioli, cette grandiose chartreuse, desservie par un monumental escalier, a subi des transformations jusqu'au 17e s. Attenant au monastère, le palais Acciaioli abrite des fresques du **Pontormo** (1523-1525), provenant du cloître et représentant des scènes de la Passion. **L'église** se divise en deux parties distinctes, afin de séparer frères convers et moines chartreux, celle des seconds remontant au 14e s. (son décor et ses stalles datent du 16e s.).

À gauche de l'église, le **parloir**, où les moines avaient droit à une heure de « récréation » hebdomadaire, mène à la salle du chapitre où l'on remarque un magnifique **monument funéraire** de **Leonardo Buonafé** par **Francesco di Giuliano da Sangallo** (1550), ainsi qu'une porte ciselée du 16e s. Les 18 habitations des moines, dont l'une peut se visiter, donnent sur le grand **cloître**

Renaissance, orné de médaillons par Giovanni Della Robbia. Les chartreux habitèrent ici jusqu'en 1957, laissant place un an plus tard à une communauté cistercienne.

Au nord de Florence Plan I ci-dessus

Au milieu du 16e s. naissent les premières « résidences secondaires ». Toutes les grandes familles florentines possèdent ainsi leur villa, dessinée par les plus prestigieux architectes, de Michelozzo à Giuliano da Sangallo et Buontalenti.

★ Villa di Castello AB1

Via di Castello 4,5 km au nord-ouest dans le quartier de Castello ; grand parking devant la façade. Depuis Santa Maria Novella, bus nº 28, arrêt Sestese 05, puis 5mn à pied. Seul le jardin se visite. ✆ 055 45 26 91 - www.polomuseale.firenze.it - 8h15 au coucher du soleil - dernier accès 30mn av. fermeture - fermé 2e et 3e lun. du mois - gratuit.

Achetée par les Médicis en 1477 et embellie par Laurent le Magnifique, la villa fut saccagée en 1527, ce qui conduisit le duc Cosme Ier à confier à Tribolo son réaménagement et la création du jardin. Elle abrite depuis 1974 l'**Accademia della Crusca**, dont le but est de protéger la langue italienne. Le jardin se compose d'un grand parterre à l'italienne, établi avec un sens exquis des proportions pour mettre en valeur une belle fontaine centrale de Tribolo, parée d'un groupe de bronze, *Hercule et Antée*, par Ammannati. Plus haut, dans l'axe, on accède à une grotte percée de trois niches ornées d'animaux (les animaux de bronze sculptés par Jean Bologne sont au musée du Bargello, à Florence).

★ Villa della Petraia B1

Via della Petraia 40, au nord-est, dans le quartier de Castello. Depuis Santa Maria Novella, bus nº 28, arrêt Sestese 05, puis environ 15/20mn à pied - ✆ 055 45 26 91 - www.polomuseale.firenze.it - de 8h15 au coucher du soleil - dernier accès 1h av. fermeture - fermé 2e et 3e lun. du mois - visites accompagnées à la villa ttes les h - gratuit.

En 1576, le cardinal Ferdinand de Médicis chargea l'architecte **Buontalenti** de transformer le château fort d'origine en villa et d'aménager le jardin. Résidence d'été du roi Victor-Emmanuel II au 19e s., l'intérieur fut remanié : au rez-de-chaussée, abritant les appartements d'apparat, la cour et son portique Renaissance furent couverts d'une verrière pour servir de salle de bal. Le **jardin** (16e s.) se compose de parterres fleuris à l'avant et d'un parc boisé à l'arrière. Une remarquable fontaine conçue par **Tribolo** – qui ornait à l'origine le parc de la Villa de Castello – fut installée sur le côté droit de la villa, mais la vasque et la statue ont été enlevées pour restauration. On peut néanmoins admirer la statue de Vénus de **Jean Bologne** qui l'ornait, au premier étage de la villa.

★ VIA DEI COLLI ALTI AB1

Itinéraire de 30 km jusqu'à Sesto Fiorentino, tracé en vert sur la carte p. 199. Quitter Florence par la route de Bologne (R 65). Après Montorsoli, prendre à gauche la route du mont Morello.

Cette route, d'abord en montée abrupte, serpente sur les versants sud du **mont Morello** (934 m), tantôt en sous-bois de pins et sapins mêlés, tantôt à découvert parmi les genêts, procurant des échappées successives au sud sur Fiesole et Florence puis sur le bassin de l'Arno. La **vue★** la plus ample s'observe, durant 3 km, à partir du piazzale Leonardo da Vinci, et 6 km après Montorsoli (595 m) : on découvre à la fois Florence, le val d'Arno avec les monts du Chianti en toile de fond et la plaine de Prato.

Après le refuge Gualdo (428 m), la route, plus étroite, amorce en lacet une forte descente *(pente à 22 %)* laissant apercevoir, à travers les pins, tour à tour Prato et Sesto Fiorentino.

Après avoir rejoint Colonnata, il faut se diriger vers Sesto Fiorentino en passant par **Quinto Alto**. Dans ce village, la longue via Fratelli Rosselli, qui se détache sur la gauche, permet d'accéder à l'imposante **tombe étrusque de la Montagnola★** *(Via Fratelli Rosselli 95, rens. sur les conditions de visite ✆ 055 44 96 863)*. Elle remonte au 7e ou 6e s. av. J.-C. et son intérêt réside dans ses remarquables systèmes de couverture enfouis sous un tumulus de terre : dans le couloir d'accès à la chambre funéraire, d'énormes dalles de pierre monolithes se contrebutent au sommet, formant comme un toit pointu, tandis que la chambre elle-même, de forme circulaire, est coiffée d'une coupole de plus de 5 m de diamètre s'appuyant sur un pilier central, la voûte étant formée de cercles de pierre concentriques superposés.

Revenir sur ses pas, puis prendre à gauche via XX Settembre et à droite via Gramsci.

L'abbaye de Vallombrosa *(voir p. 204)*.
Sepp Spiegl/vario Images RM/age fotostock

★ Sesto Fiorentino A1

2

Située au sixième *(sesto)* mille à l'ouest de Florence, la ville a perdu tout caractère médiéval depuis son expansion industrielle, liée tout particulièrement à sa renommée dans le domaine de la porcelaine et de la céramique.

★ **Museo Richard Ginori della porcellana di Doccia** – *Viale Pratese 31 - ☎ 055 42 07 767 - merc.-sam. 10h-13h, 14h-18h - 6 €.* Le musée de la prestigieuse manufacture fondée par les Ginori en 1735 présente un ensemble de porcelaines illustrant l'évolution du goût, depuis le baroque du 18e s. jusqu'aux créations actuelles.

★ EN MONTANT AU MONTE SENARIO Carte de région p. 196

Dans la montée de Trespiano, vues à droite sur Florence en contrebas, puis sur le site de Fiesole, suivies de rares échappées sur la vallée du Mugnone. À 10 km à proximité de **Pratolino**, l'entrée de la Villa Demidoff *(située sur la droite)* se signale par des feux tricolores ainsi que par un grand portail surmonté de deux lions.

★ Villa Demidoff (Parco di Pratolino) C2

Bus n° 25A depuis la piazza San Marco à Florence, arrêt Pratolino - ☎ 055 29 08 32 - mai-oct. : vend.-dim. 10h-18h - gratuit.

Chef-d'œuvre du maniérisme toscan, ce parc (qui porte le nom du prince qui l'acquit en 1872) entourait la plus splendide des villas médicéennes – alors dénommée Villa de Pratolino, construite au 16e s. par Buontalenti, délaissée ensuite par les Habsbourg-Lorraine, et enfin détruite au 19e s. lorsque Ferdinand III fit transformer le site en parc romantique. Parmi les rares vestiges de sa splendeur passée subsiste la statue monumentale de **L'Apennin★**, œuvre de **Jean Bologne** (1579-1580), à l'intérieur de laquelle étaient creusées des grottes ornées de fresques et décorées de jeux d'eau. Derrière, dragon ailé du 17e s.

En parcourant l'allée faisant face à l'antique villa, on aperçoit à droite la chapelle de Buontalenti, de plan hexagonal, dont la loggia permettait aux domestiques de suivre les offices de l'extérieur. Subsistent aussi la fontaine du Mugnone, de Jean Bologne, et le vivier du Masque *(le long d'un sentier en contrebas du bar)*, statue à l'expression inquiétante.

Poursuivre jusqu'au village de Pratolino, où l'on quitte à droite la route R 65 pour celle de Bivigliano. Au carrefour suivant, là où la route bifurque en boucle (avant le croisement de la route d'Olmo), prendre dans l'axe la branche montant au mont Senario.

Ce trajet de crête dispense de jolies vues sur les collines alentour et le couvent émergeant d'un joli bois de sapins. *Au bout de 2,5 km, bifurquer à droite vers le couvent et monter jusqu'au sommet (parking). Une courte voie privée mène au couvent.*

Convento di Monte Senario C2

20 km au nord de Florence - Bivigliano, Vaglia - Via Monte Senario, 3474/A - 055 40 64 41 - www.montesenariosacroeremo.eu.

Occupant à 817 m un **site★★** de choix au bord d'un promontoire boisé en à-pic sur la vallée de la Sieve, l'église du Monte Senario est un lieu de culte très fréquenté. Le couvent a été fondé au 13e s. par l'ordre des servites de Marie. Une communauté religieuse franciscaine y vit toujours. Le couvent actuel remonte aux 17e et 18e s. Sa petite **église** laisse voir un élégant intérieur baroque.

En redescendant, prendre à droite à la bifurcation pour traverser **Bivigliano**, agréable village résidentiel sous les arbres, auquel fait suite une belle futaie de pins. La fin de la boucle se parcourt sur une jolie route en paliers dominant la vallée du Carza. On regagne alors Pratolino et la route S 65 vers Florence.

Vous pouvez prolonger le circuit en continuant la S 65 vers le nord, pour atteindre Cafaggiolo, situé dans la région du Mugello.

★ Castello di Cafaggiolo C2

30 km au nord de Florence - localité de Cafaggiolo, à Barberino di Mugello.

Afin de pouvoir séjourner commodément dans la région de ses ancêtres, Cosme l'Ancien fit transformer cette ancienne forteresse en maison de campagne par Michelozzo en 1451. Jardins et communs furent aussi dessinés par l'architecte. La villa conserve une allure altière grâce à sa tour centrale, ses volumes assez massifs et son couronnement crénelé. Laurent le Magnifique et son frère Julien y furent en partie élevés, et Lorenzino (le *Lorenzaccio* de Musset) s'y réfugia après avoir assassiné son cousin, le duc Alexandre.

La petite localité de **Cafaggiolo** fut également célèbre aux 15e et 16e s. pour sa production de majolique.

À l'est de Florence

Badia Fiesolana Plan I B1 (p. 199)

7 km au nord-est de Florence - localité San Domenico, avant d'arriver à Fiesole - Via della Badia dei Roccettini 9 - 055 591 55 - lun.-vend. 8h30-17h - gratuit.

Cet ancien couvent bénédictin fut en partie rebâti au 15e s., dans le style élégant de Brunelleschi, grâce à la prodigalité de Cosme l'Ancien, qui y fit de fréquents séjours. L'abbaye est aujourd'hui le siège de l'Istituto Universitario Europeo. La très décorative **façade★** de l'église romane primitive, à motifs géométriques de marbre vert et blanc dans le style de celle de San Miniato de Florence, a curieusement été incorporée à la nouvelle façade que la mort de Cosme l'Ancien avait laissée inachevée.

LA CITÉ ANTIQUE

Fondée par les Étrusques au 7e ou 6e s. av. J.-C., Fiesole fut le centre le plus important de l'Étrurie septentrionale. Choisi pour sa position élevée commandant les passages qui débouchaient des Apennins, au nord, vers le bassin de l'Arno et, au-delà sur Rome, ce site avait aussi pour avantage d'être plus salubre que la plaine, alors marécageuse. Durant plusieurs siècles, Fiesole, entourée de sa puissante muraille, fut plus importante que Florence. La Faesulae romaine, devenue le principal centre de la région, avec ses temples, son théâtre, ses thermes, commença, dès le 1er s. de notre ère, à décliner au profit de sa voisine et rivale, Florence, qui, en 1125, finit par la conquérir et la fit pratiquement raser.

San Domenico di Fiesole Plan I B1 (p. 199)

7,5 km au nord-est de Florence - localité San Domenico, avant d'arriver à Fiesole - Piazza San Domenico 4 - ☏ 055 59 230 - 7h30-12h, 16h-18h - gratuit.
Bâtie au 15e s., l'église fut transformée au 17e s.: de cette époque datent le porche à arcades et le campanile. C'est ici que, vers 1420, **Fra Angelico** prononça ses vœux et passa plusieurs années dans le couvent attenant. Un délicat **tableau★** aux vifs coloris représentant la Vierge en majesté, entourée d'anges et de saints, et qu'il peignit vers 1430, est exposé dans l'église *(1re chapelle à gauche)*; Lorenzo di Credi réunit en 1501 les éléments de cette splendide œuvre, à l'origine peinte sur fond doré et conçue sous forme de triptyque. De l'autre côté de la nef, dans la 2e chapelle, *Baptême du Christ* par Lorenzo di Credi.

★ Fiesole Plan I B1 (p. 199)

8 km au nord-est de Florence. Bus n° 7 depuis la piazza San Marco à Florence, arrêt Fiesole-Piazza Mino.
La route, qui, de Florence, grimpe en lacet parmi les oliveraies, les somptueux jardins et les enfilades de cyprès jusqu'à ce nid d'aigle, offre un **paysage★★★** incomparable que l'on entrevoit dans maints tableaux de la Renaissance italienne.

★ **Duomo** – *Piazza della Cattedrale 1 - été 7h30-12h, 15h-18h; hiver: 14h-17h.* Édifice roman du 11e s., agrandi aux 13e et 14e s., il fut restauré entre 1878 et 1883. L'**intérieur**, très dépouillé, abrite dans sa crypte des chapiteaux antiques, et dans la chapelle Salutati, un tombeau et un gracieux retable sculpté, deux **œuvres★** de Mino da Fiesole.

★ **Zone archéologique** – *Via Portigiani 1 - ☏ 055 59 61 293 - www.museidifiesole.it - avr.-sept.: 9h-19h; mars. et oct.: 10h-18h, reste de l'année: 10h-14h sf mar. - 7 €, 10 € le billet combiné avec le Museo archeologico.* Située dans un **cadre★** de collines plantées de cyprès, elle rassemble les vestiges de plusieurs constructions étrusques et romaines: un **théâtre romain★** encore utilisé (vers 80 av. J.-C.), et ses 23 gradins adossés au flanc de la colline; un temple étrusque de la fin du 4e s. av. J.-C.; et les vestiges de thermes bâtis par les Romains au 1er s. de notre ère.

Le **Museo archeologico★★** présente des objets issus de fouilles, allant de l'époque étrusque au Moyen Âge, dont une **ciste★** (urne) cylindrique en plomb, du 3e ou 4e s. La **Collezione Costantini** comprend des céramiques étrusques et des pièces attiques à figures noires et rouges.

★ **Convento di San Francesco** – *Via S. Francesco 13 - ☏ 055 591 75 - www.fratifiesole.it - 9h-12h (10h30 dim.), 15h-19h (18h en hiver) - gratuit.* Cet humble couvent, perché tout en haut de la colline, est occupé par les franciscains depuis le début du 15e s. À l'intérieur, à travers une grille, se dévoile un minuscule cloître du 14e s.; montez l'escalier à gauche de la grille : au 1er étage, on visite les cellules d'une exiguïté et d'un dénuement émouvants, autrefois habitées par les frères. Saint Bernardin de Sienne, prieur du couvent durant plusieurs années, occupa l'une d'entre elles. Depuis l'**église** contiguë datant du 14e s., mais très remaniée, on accède au **Museo missionario** *(musée des Missions franciscaines)* : outre des objets ramenés d'Orient, il comprend une petite section d'archéologie.

De Fiesole à Florence – *1h40. Une promenade agréable pour revenir à Florence depuis la piazza Mino à Fiesole.* Prendre la rue sur la droite, via Fiesolana, puis la via Bandini. La pente est plutôt raide, jalonnée de belles demeures, jusqu'à la via Vecchia Fiesolana. Au niveau de la piazza San Domenico, poursuivre la descente et s'engager à droite dans la via Giovanni Boccaccio. Ombragée, ponctuée de champs d'oliviers et de cyprès, la route descend vers la ville et offre quelques vues panoramiques sur les collines avant d'arriver sur la piazza delle Cure. De là, prendre la viale Don Minzoni, commerçante, pour gagner la piazza della Libertà puis la via San Gallo menant au quartier San Marco de Florence.

★ Settignano Carte de région C2 (p. 196)

8,5 km au nord-est de Florence. Bus n° 10 depuis la piazza San Marco à Florence, arrêt Settignano.

Settignano est un adorable village toscan, avec son église, ses cafés et son marchand de glaces, à l'image de la Fiesole d'il y a quinze ans. Pendant la Renaissance, les tailleurs y travaillaient la *pietra serena*, une pierre grise et irisée qui servit à la plupart des constructions de l'époque. C'est dans ce cadre que Michel-Ange passa ses premières années. C'est également ici que Boccace rassembla les jeunes gens de son *Décaméron*. Au 19e s., les Anglais, découvrant les charmes de Settignano, achetèrent nombre de villas plus ou moins à l'abandon aujourd'hui. Dès la sortie de Florence, en traversant Coverciano, le long et sinueux **viale Gabriele D'Annunzio★** permet de gravir la colline et de juger de la beauté du paysage et des magnifiques demeures qui la bordent. À mi-parcours, la **Villa Contri di Mezzaratta** attire l'attention par sa tour crénelée et ses formes néomédiévales caractéristiques de la fin du 20e s. La route aboutit au cœur du village, sur la piazza Tommaseo, où s'élève la petite église de l'Assunta (15e-16e s.).

Prendre, sur la place, la très étroite via di San Romano, puis suivre à droite la via del Rossellino. Quand celle-ci tourne à droite, poursuivre tout droit.

★ **Villa Gamberaia** – *Via del Rossellino 72 - 055 69 72 05 - www.villagamberaia.com - jardins 9h-18h (dim. 17h) - 15 €; visite sur RV mar.-sam. 9h-12h - 10 €.*

La demeure, à l'origine propriété des bénédictins, fut rachetée au 17e s. pour prendre sa forme actuelle. Les jardins Renaissance, agrémentés de buis taillés, de cyprès, d'une citronneraie et d'une cascade, comptent parmi les plus élégants d'Europe. Ils jouissent également d'une vue imprenable sur Florence.

★ Abbazia di Vallombrosa Carte de région D2 (p. 196)

40 km à l'est de Florence par la SP 34 et la SP 85 - Vallombrosa - Via San Benedetto 3 - 055 86 22 51 - www.monaci.org.

Au 11e s., le Florentin Giovanni Gualberto fonde avec trois compagnons une communauté de bénédictins au milieu d'une forêt plus dense encore qu'aujourd'hui. Chassés par le gouvernement de la grande-duchesse de Toscane, Élisa Bonaparte, sœur de Napoléon, les moines ne se réinstallent dans le bâtiment que dans les années 1950. En dépit des transformations récentes, le couvent a conservé son aspect des 16e et 17e s., avec sa belle façade blanche aux fenêtres encadrées de *pietra serena*. L'intérieur de **l'église** est baroque et son clocher date du 13e s.

NOS ADRESSES AUX ENVIRONS DE FLORENCE

Plan I p. 199

HÉBERGEMENT

Fiesole B1

PREMIER PRIX

Dino – *Via Faentina 329, à Olmo, à 9 km au nord-est de Fiesole - ✆ 055 54 89 32 - www.hotel-dino.it - ✕ - 18 ch. - 80 €.* Dans la tranquillité des collines des environs de Florence, à quelques kilomètres de Fiesole, cet hôtel simple et familial propose des chambres soignées, à la décoration rustique, et un restaurant préparant des spécialités du terroir.

POUR SE FAIRE PLAISIR

Villa Fiesole – *Via Beato Angelico 35 - ✆ 055 59 72 52 - www.villafiesole.it - ✕ - 32 ch. - 140/170 €.* À l'entrée de Fiesole, l'ancienne orangerie d'un couvent accueille cet hôtel aux services de qualité. Le décor des chambres marie meubles anciens et contemporains. Le point fort : la terrasse panoramique du restaurant, avec vue plongeante sur Florence.

RESTAURATION

Fiesole B1

BUDGET MOYEN

Ristorante Vinandro – *Piazza Mino da Fiesole 33 - ✆ 055 59 121 - www.vinandrofiesole.com - 20/25 €.* Cuisine toscane typique, simple et savoureuse, essentiellement réalisée à partir de produits du marché : tagliatelle, soupe froide de tomate, *polpette* (boulettes de viande) et *ribollita*. Accueil décontracté et décor hétéroclite.

Terrazza 45 – *Piazza Mino da Fiesole 45 - ✆ 055 59 72 59 - www.terrazza45.it - réserv. conseillée - 25/35 €.* Cadre moderne pour cette adresse dans le centre de Fiesole. Comme le nom l'indique, son plus grand atout est la superbe terrasse qui surplombe Florence. Côté menu, les traditionnels plats toscans surprennent par leur qualité et leur créativité.

Le Cave di Maiano – *Via Cave di Maiano 16 - ✆ 055 59 133 -www.trattoriacavedimaiano.it - 30/40 €.* Un cadre soigné et une agréable terrasse pour ce restaurant dont la carte célèbre la cuisine toscane : assiettes de charcuterie, *crostoni*, *pappardelle* au ragoût de sanglier et l'immanquable *bistecca alla fiorentina*.

Galluzzo B2

BUDGET MOYEN

Trattoria Bibe – *Via delle Bagnese, 1/r - Ponte dell'Asse - ✆ 055 20 49 085 - www.trattoriabibe.com - fermé à midi et merc. - 30/40 €.* Petit restaurant rustique et authentique, géré par la même famille depuis presque deux siècles. Plats typiques dont les *pici al sugo di cinghiale* (pâtes au ragoût de sanglier). Service à l'extérieur en été.

AGENDA

Estate Fiesolana – *✆ 055 59 61 293 - www.estatefiesolana.it - de déb. juin à déb. sept.* Festival pluriculturel incontournable : musique classique, chansons populaires, variétés, théâtre acrobatique, jazz, cinéma, opéra, danse… Dans tous les sites de la ville et aux alentours (Badia Fiesolana, Duomo, théâtre romain, basilique Sant'Alessandro, église San Domenico).

Prato

★

191 000 habitants

En dehors de la forteresse s'étendait autrefois un champ de foire, *il prato*, où se tenaient les marchés et autour duquel s'est développée la cité, lui donnant son nom. Haut lieu du tissage lainier depuis le 12e s. et aujourd'hui de l'industrie textile italienne, Prato, qui accueille la 3e communauté chinoise d'Europe après Londres et Paris, n'a pas le charme de ses voisines, mais garde, regroupé dans son cœur historique, un florilège de monuments du Moyen Âge et de la Renaissance qui en fait une étape intéressante entre Florence et Pistoia.

NOS ADRESSES PAGE 213
Hébergement, restauration, achats, activités, etc.

S'INFORMER

Office de tourisme – *Piazza Buonamici 7 - ✆ 0574 24 112 - www.pratoturismo.it - fermé dim. apr.-midi.*

SE REPÉRER

Carte de région B2 (p. 196) - plan de ville (p. 208). Située à 17 km au nord-ouest de Florence, la ville est accessible par l'A 1 Bologne-Florence et par l'A 11 Firenze-mare.

SE GARER

Le centre de Prato est piétonnier. Si vous y logez, utilisez les parkings payants ou pensez à demander un laissez-passer à votre hôtel. Les jours de marché, sur la piazza Mercato Nuovo, le stationnement est interdit, sous peine de mise à la fourrière.

À NE PAS MANQUER

Les magnifiques fresques du Duomo, l'architecture harmonieuse de Santa Maria delle Carceri.

ORGANISER SON TEMPS

Une demi-journée à Prato, un jour avec le circuit.

Se promener Plan de ville p. 208

★★ Duomo di Santo Stefano A1

Chapelle axiale 10h-17h, dim. 13h-17h - 3 € - accès limité à 30 pers. maxi.

La cathédrale de Prato, édifiée aux 12e et 13e s., avec de considérables adjonctions aux 14e et 15e s., allie harmonieusement les styles roman et gothique, donnant une impression de remarquable unité. L'angle droit de l'édifice porte la fameuse **chaire** circulaire, surmontée d'un auvent, conçue probablement par Michelozzo au début du 15e s. et destinée à la présentation de la Sainte Ceinture (*voir encadré p. 208*) ; Donatello, dans l'atelier duquel Michelozzo travaillait alors, sculpta pour la décorer de remarquables panneaux *(La Danse des enfants)* auxquels ont été substituées des copies et qui sont conservés au musée de l'Œuvre de la cathédrale. Une *Vierge à l'Enfant* en terre cuite vernissée d'**Andrea Della Robbia** (1489) surmonte le portail. Le **campanile**, roman, a reçu un couronnement gothique.

Intérieur – D'un style sobre et aux harmonieuses proportions, de massives colonnes en marbre vert supportent les arcs romans, soulignés par une alternance de bandes claires et sombres. Des voûtes ont recouvert au 17e s. la charpente apparente. Le transept et le chœur, surélevés, sont gothiques.

Le Duomo et son campanile roman.
Sime/Photononstop

La **chapelle de la Sainte Ceinture** *(1re à gauche)*, construite à la fin du 14e s. pour abriter l'insigne relique, est fermée par deux **grilles★** en bronze, à motifs de rosaces, de chérubins et d'animaux, d'une extrême élégance. De 1392 à 1395, Agnolo Gaddi et ses élèves l'ont couverte de fresques. Sur l'autel est posée l'exquise petite **Vierge à l'Enfant★**, en marbre, dite Madonna della Cintola, sculptée en 1317, vers la fin de sa vie, par **Giovanni Pisano**.

Un peu plus loin à gauche, la **chaire★** en marbre, en forme de calice, est une réalisation (1473) de Mino da Fiesole et Antonio Rossellino : ses panneaux sculptés évoquent la vie de saint Jean-Baptiste (banquet d'Hérode et décollation), de la Vierge (assomption) et de saint Étienne, à qui est dédié l'édifice (lapidation et funérailles).

Au fond à droite, une niche abrite la touchante **Vierge à l'olive★** (Madonna dell'Ulivo), en terre cuite, due à **Benedetto da Maiano** (1480) qui, tout en traitant avec une souple élégance le vêtement de la Vierge, a donné à celle-ci une solidité – qu'accentue la composition en pyramide – et une fraîcheur toutes paysannes.

Chapelle axiale – Elle est couverte de **fresques★★** par **Filippo Lippi** qui, de 1452 à 1465, a réalisé là l'une de ses œuvres les plus accomplies, mise en valeur par de récents travaux de restauration. Avec un talent parvenu à maturité, il déploie, dans ces scènes évoquant la vie de saint Étienne et de saint Jean-Baptiste, tout son savoir dans la recherche de la lumière et de la perspective *(Funérailles de saint Étienne)*, alliant à une remarquable rigueur dans la composition et à une subtilité savante dans le dégradé des coloris une spontanéité pleine de poésie. La scène la plus célèbre fait revivre le **Banquet d'Hérode★★★**, avec la *Danse de Salomé* dont on retrouve les lignes ondoyantes, la douceur mélancolique et la grâce immatérielle dans les plus belles figures de femmes peintes par l'illustre élève de Filippo, Botticelli.

La première chapelle à droite de l'autel (Cappella Bocchineri) est elle aussi ornée de **fresques★**, exécutées dans la première moitié du 15e s. **Paolo Uccello** en commença la décoration (vers 1436) ; celle-ci fut achevée par un autre Florentin contemporain de l'artiste, Andrea di Giusto. Sur le mur de droite sont relatés des épisodes de la vie de la Vierge, et sur celui de gauche des scènes de la vie de saint Étienne.

Museo dell'Opera del Duomo A1

Piazza Duomo 49 - ✆ 0574 29 339 - www.diocesiprato.it - lun., merc., jeu. 9h-13h, vend. 10h-13h, 15h-18h, dim. 10h-13h - fermé 1er janv., Pâques, 1er Mai, 25 déc. et 15 août - 5 €.

Les quelques salles du **musée de l'Œuvre de la cathédrale** s'ordonnent autour d'une cour bordée sur un côté par les **arcades★** d'un ravissant petit cloître roman. Dans une salle s'ouvrant directement sur la cour sont présentés les sept **panneaux★** originaux de la chaire de la Sainte Ceinture, sculptés entre 1428 et 1438 par Donatello et ses élèves et représentant une exquise ronde d'enfants. Sont également exposés le coffret en forme de temple orné de chérubins, très belle œuvre d'orfèvrerie de la Renaissance, destiné à accueillir la Sainte Ceinture, et un tableau représentant sainte Lucie, de Filippino Lippi.

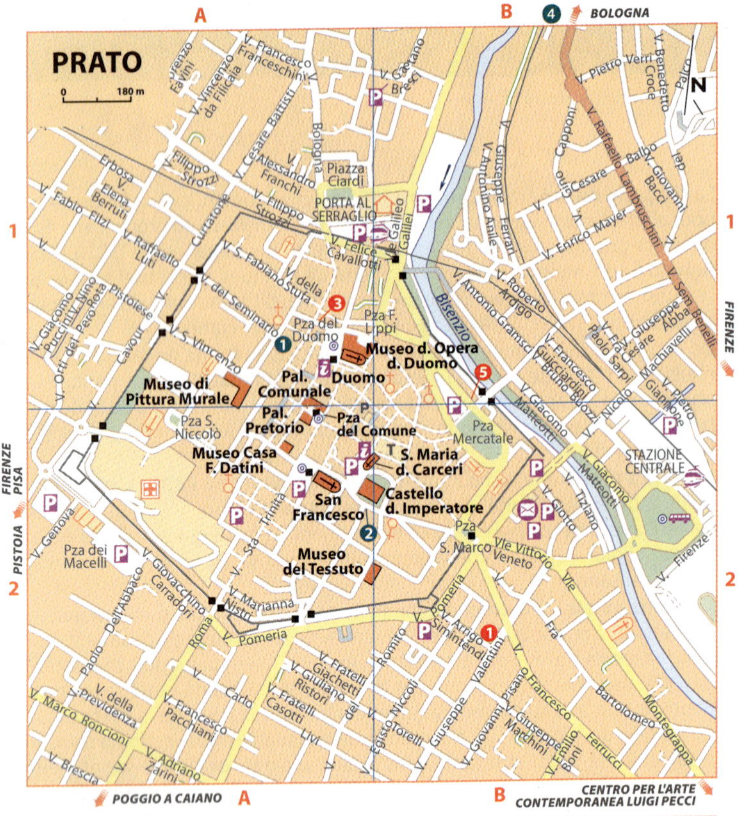

SE LOGER

SE RESTAURER

LA LÉGENDE DE LA SAINTE CEINTURE

L'apôtre Thomas, qui n'avait pas cru à la résurrection du Christ, ne voulut pas davantage admettre l'assomption de la Vierge, dont il n'avait pas été témoin. Ayant demandé qu'on lui ouvrît la tombe de la Mère de Dieu, il trouva celle-ci pleine de lys et de roses. Levant alors les yeux vers le ciel, il vit la Vierge dans la gloire, dénouant sa ceinture pour lui en faire don.

Au 12e s., un habitant de Prato aurait reçu en dot, à Jérusalem, où il avait pris femme, la miraculeuse ceinture. Revenu dans sa ville natale sans son épouse, morte en chemin, il conserva jalousement la relique, la cachant sous sa couche pour dormir.

Ayant été, durant son sommeil, jeté à terre par les anges émus par tant d'irrévérence, il se décida enfin, avant de mourir, à révéler son secret. Ceci se passait vers l'an 1175. La relique fut alors transportée en grande pompe jusqu'à la cathédrale, où elle est conservée depuis. La Sainte Ceinture (Sacro Cingolo) est présentée plusieurs fois par an à la ferveur des fidèles : le dimanche de Pâques, les 1er Mai, 15 août et 8 septembre (fête de la naissance de la Vierge, qui donne lieu à une grande procession en costume historique), ainsi que le jour de Noël.

Piazza del Comune A1-2

Cette place charmante est agrémentée d'une gracieuse **fontaine en bronze** surmontée d'un Bacchus enfant (l'original est conservé à l'intérieur du Palazzo pretorio, *voir ci-dessous*), œuvre de Ferdinando Tacca (1659).

2

Palazzo Comunale A1-2

✆ 0574 18 36 220 - sur réserv. - gratuit.

Cet édifice médiéval, à la façade de la fin du 18e s., conserve un somptueux salon du conseil municipal, avec un plafond tout en bois, ainsi que la **quadreria comunale**, collection de portraits des bienfaiteurs et des gouvernants (15e-19e s.).

★ Palazzo pretorio A2

✆ 0574 19 34 996 - www.palazzopretorio.prato.it - tlj sf mar. 10h30-18h30 - 8 € le billet combiné avec la chapelle axiale du Duomo.

Résidence du capitaine du peuple, détenteur du pouvoir exécutif au Moyen Âge, d'architecture en partie romane (côté en briques) et en partie gothique (côté percé de fenêtres géminées à trilobes), ce palais se dresse, telle une forteresse, sur la piazza del Comune. Depuis 1850, il abrite le **Museo di Palazzo Pretorio**, dont le joyau est constitué d'un ensemble de **polyptyques★** toscans des 14e et 15e s. : œuvres de Bernardo Daddi, Lorenzo Monaco et Filippo Lippi. Présentation également de la reconstitution du petit « tabernacle », dit *Madonna del Mercatale*, peint à fresque avec une voûte ornée de grotesques en 1498, par Filippino Lippi.

Museo Casa Francesco Datini A2

Via Ser Lapo Mazzei 43 - ✆ 0574 213 91 - www.museocasadatini.it - 10h-13h, 15h-18h.

La maison du célèbre marchand de Prato, Francesco Datini (1335-1410), conserve le décor original et retrace l'étonnante histoire de cet entrepreneur, considéré comme l'inventeur des chèques.

San Francesco A2

Piazza S. Francesco 10.

Sa construction fut commencée à la fin du 13e s. La haute façade striée de marbre vert fut élevée au début du 14e s., mais le fronton triangulaire Renaissance a été ajouté à la fin du siècle suivant. L'intérieur est très restauré. La salle capitulaire (ou chapelle Migliorati – *accès au fond à droite de l'autel*), qui prend jour par une fenêtre gothique sur le petit cloître du 15e s., a été ornée de fresques évoquant la vie de saint Matthieu par Nicola di Pietro Gerini, artiste florentin influencé par Giotto.

Castello dell'Imperatore AB2

☏ 0574 38 207 - avr.-sept. tlj sf mar. 16h-19h, w.-end 10h-13h, 16h-19h ; oct.-mars vend. 10h-13h, w.-end 10h-13h, 14h-16h - gratuit.

Frédéric II de Hohenstaufen, pour renforcer les positions des gibelins en Toscane, fit élever vers 1248 ce puissant édifice. Peut-être l'ouvrage, dont la présence constitue une exception dans toute l'Italie du Centre et du Nord, était-il un jalon fortifié sur la voie qui reliait deux parties du vaste territoire sur lequel il régnait : le royaume de Sicile et l'Empire germanique. Des merlons bifides gibelins couronnent l'édifice. Très remanié au 18e s., le château a bénéficié au 20e s. de plusieurs restaurations.

Santa Maria delle Carceri AB2

☏ 0574 27 933 - 7h-12h, 16h-19h.

Son nom lui vient d'une image miraculeuse peinte sur le mur de la prison *(carcere)* qui l'avait précédée à cet endroit. Cette construction des débuts de la Renaissance, à l'extérieur inachevé, a été réalisée dans les dernières années du 15e s. par **Giuliano da Sangallo**, architecte de Laurent le Magnifique. Le plan de l'édifice, en croix grecque avec coupole centrale, est celui adopté par plusieurs architectes de la Renaissance. Sévérité, rigueur géométrique et noblesse des proportions caractérisent l'**intérieur** où la *pietra serena*, soulignant les lignes structurées de l'architecture et contrastant avec la couleur claire des murs, rappelle les chapelles construites à Florence par Brunelleschi. Au-dessus des pilastres cannelés court une gracieuse frise en céramique vernissée blanc et bleu d'Andrea Della Robbia, à qui l'on doit aussi les quatre médaillons ornant les écoinçons des arcs et figurant les évangélistes.

UN MOINE ARTISTE ET LIBERTIN

Ayant reçu les ordres à 15 ans, puis s'étant enfui de son couvent, **Fra' Filippo Lippi** (1406-1469) fut capturé par les Barbaresques et vendu en Afrique où ses talents picturaux étonnèrent les sarrasins, qui lui rendirent la liberté. Redevenu moine, c'est à Prato qu'il connut, à l'âge de 50 ans, la ravissante Lucrezia Buti, nonne du couvent dont il était alors chapelain. L'année suivante naissait Filippino. Le scandale fut considérable, mais Cosme de Médicis obtint du pape Pie II que le moine fût relevé de ses vœux. Filippo épousa Lucrezia, dont il reproduisit inlassablement le visage triangulaire et lisse et la délicate blondeur dans ses Madones et ses Salomés. Pécheur impénitent, il serait mort empoisonné par un mari jaloux.

Élève de Lorenzo Monaco, aussi influencé par Masaccio, Filippo Lippi exprime dans sa peinture grâce et fraîcheur. Sincérité d'inspiration, vision naturelle et simple, pureté du dessin et subtilité du coloris sont les traits caractéristiques de cet artiste dont l'art demeura toujours religieux.

À voir aussi

Museo del Tessuto AB2

Via Puccetti 3 - ✆ 0574 611 503 - www.museodeltessuto.it - mar.-jeu. 10h-15h, vend.-sam. 10h-19h, dim. 15h-19h - fermé lun. - 6 €.

L'ancienne usine Campolmi, intéressant bâtiment du 19e s., s'est muée en musée afin de retracer de façon thématique le passé et le présent de la principale activité économique de la région de Prato.

Museo di Pittura Murale A1

Piazza San Domenico 8 - ✆ 0574 440 501 - www.diocesiprato.it - tlj sf mar. 14h-20h.

En traversant le cloître de l'église gothique de San Domenico, on accède à ce musée, qui accueille les fresques détachées provenant de plusieurs églises de Prato et des alentours (œuvres de Paolo Uccello, Agnolo Gaddi et Volterrano).

Centro per l'Arte contemporanea Luigi Pecci Hors plan B2

Via della Repubblica 277, au sud de la ville, suivre le fléchage, ou bus nos 7 ou 8 - ✆ 0574 53 17 - www.centropecci.it - ouvert uniquement à l'occasion de manifestations culturelles.

Ouvert grâce à la fondation de l'industriel du textile Enrico Pecci, intégralement consacré à l'art contemporain, cet édifice à l'intéressante structure futuriste en acier accueille un département éducatif, une bibliothèque ainsi que des expositions temporaires. La pelouse est aussi jalonnée de belles sculptures contemporaines.

Circuit conseillé Carte de région p. 196

DE PRATO À CARMIGNANO B2

Circuit en boucle de 45 km, tracé en vert clair sur la carte de région p. 196. Sortir de Prato par la via Roma et continuer sur 9,5 km la SP 22.

Ce circuit mène vers le sud, dans le Montalbano pratésien, pittoresque région de collines plantées de vignes et d'oliviers.

★★ Villa Medicea « Ambra » di Poggio a Caiano

Accessible en bus depuis Florence, bus Copit ligne Pistoia-Florence arrêt près de la gare Santa Maria Novella et depuis Prato, bus Cap, www.capautolinee.it - ✆ 055 87 70 12 - www.polomuseale.firenze.it - parc : 8h15-1h avant le coucher du soleil ; appartements : avr.-oct. ttes les heures de 8h30 à 17h30 (18h30 en été), le reste de l'année de 8h30 à 15h30 - fermé 3e lun. du mois - gratuit.

Premier exemple de villa toscane à part entière et non forteresse réaménagée, comme il était d'usage jusque-là, elle fut agrémentée d'un fronton à horloge au 18e s. tandis que son escalier à deux rampes droites fut transformé en fers à cheval au 19e s. La loggia de la façade a été décorée à la manière des Della Robbia.

François Ier de Médicis et sa seconde épouse, **Bianca Cappello**, y périrent empoisonnés, dit-on, en 1587, après des années d'amours tapageuses. La jeune Vénitienne, qui avait fui sa famille avec un premier amant qu'elle épousa à Florence, subjugua dès le premier regard le grand-duc, dont elle devint la maîtresse. L'ayant installée avec son mari dans un beau palais de l'Oltrarno à Florence, François Ier, marié à Jeanne d'Autriche, dut attendre la mort du mari de Bianca (du reste assassiné), puis de sa propre femme, avant de s'unir à son aventurière.

Dans le magnifique salon du 1er étage commandé par le pape Léon X (fils de Laurent le Magnifique), curieux plafond à caissons. Parmi les fresques, commencées en 1521 par **Andrea del Sarto**, Franciabigio et **le Pontormo**, celle de ce dernier représentant Pomone et son époux Vertumne (dieu du printemps) est particulièrement remarquable. Plusieurs pièces ont été décorées au 19e s. pour le roi Victor-Emmanuel II.

Museo della Natura morta – *Au 2e étage - ✆ 055 87 70 12 - accès ttes les heures à partir de 9h - gratuit - réserv. obligatoire pour la visite guidée (5 €).* Près de 200 œuvres des 16e, 17e et 18e s., puisées dans les collections des Médicis et signées par Jan Brueghel de Velours (1568-1625), Antonio Tanari (1609-1635), Cristoforo Munari (1667-1720), Otto Marseus van Schrieck (1619-1678) ou Michele Pace (1610-1670) y sont rassemblées. Mais surtout, le musée fait la part belle à **Bartolomeo Bimbi** (1648-1730), chantre de la nature, poète animalier sur pigments par le biais de plusieurs dizaines de tableaux.

★ Tombes étrusques de Comeana

Via Montefortini - Comeana, à 3,5 km au sud de Poggio a Caiano par la SP 45 - ✆ 055 87 19 741 et 055 23 575 - www.parcoarcheologicocarmignano.it - tlj sf dim. 9h-14h - gratuit.

Elles remontent au 7e s. av. J.-C. Celle de **Montefortini★** *(via di Montefortini 43)* est la mieux conservée. Située sous un grand tumulus aujourd'hui boisé, elle se compose d'un couloir d'accès *(dromos)* de 13 m de long, d'un vestibule que fermait une dalle (encore visible) et d'une chambre funéraire rectangulaire. Sa particularité réside dans la console continue qui court en haut des murs, sur laquelle était placé le mobilier funéraire. Cette tombe en jouxte une plus ancienne à chambre circulaire *(ne se visite pas)*, dont l'écroulement explique la construction de la seconde sous le même tumulus. La **tombe des Boschetti** *(près du cimetière, à gauche sur la route de Poggio a Caiano)* est de taille plus réduite et ne conserve qu'une partie de ses murs.

Du sud-ouest de Comeana, la route SP 45 monte sur 4,5 km vers Artimino.

Artimino

Habités dès le paléolithique, la haute colline d'Artimino et ses abords étaient occupés dès le 7e s. av. J.-C. par une riche cité étrusque. L'acropole se situait probablement sur la hauteur où se dresse actuellement la Villa « La Ferdinanda ». Face à celle-ci, le village conserve de l'époque médiévale une partie de son enceinte fortifiée. Située en contrebas, l'église romane **San Leonardo**, fondée, dit-on, par la comtesse Mathilde en 1107, fut construite en partie avec des matériaux provenant de la nécropole étrusque, notamment des urnes.

★ **Villa médicéenne « La Ferdinanda »** – *Viale Papa Giovanni XXIII - ✆ 055 8751 427 - www.artimino.com- la villa abrite un centre de congrès, un hôtel de luxe et un restaurant - visite des jardins et des salons uniquement sur réserv. de 9h30 à 12h - gratuit.* Cette vaste construction fut commandée à la fin du 16e s. à **Buontalenti** par le grand-duc Ferdinand Ier de Médicis. Elle s'érige en position dominante au milieu d'une terrasse (vues au sud sur le val d'Arno jusqu'à Florence, au nord sur Prato et Pistoia) à la pelouse parsemée d'amusantes statues de métal. La villa elle-même, dont on remarque la profusion et la variété des cheminées hérissant la toiture, est précédée d'un perron à double révolution que prolonge une rampe d'accès direct à la loggia à colonnade du premier étage.

Museo archeologico etrusco – *Piazza San Carlo 3 - sous-sol de la villa, entrée derrière l'escalier monumental - ✆ 055 87 18 124 - www.parcoarcheologicocarmignano.it - fév.-oct. : tlj sf merc. 9h30-13h30, w.-end aussi 15h-18h ; nov.-janv. :*

w.-end 9h30-13h30, 14h-16h - 4 €. Ce musée rassemble le matériel de fouilles retrouvé dans le secteur de l'antique cité étrusque : vases grecs d'importation, céramiques étrusques en *bucchero*, monnaies, sculptures, ainsi que d'intéressants vestiges provenant de la nécropole et de quelques grandes tombes des environs : rare brûle-parfum en *bucchero* de la fin du 7e s.
Continuer sur 6 km au nord-ouest d'Artimino par la SP 45.

Carmignano

Entouré de vignes et d'oliviers, ce petit bourg ne conserve de son château médiéval qu'une seule tour. Toutefois, le trésor du village se trouve dans l'**église San Michele**, dont le portique et le cloître datent du 16e s. : l'intérieur abrite en effet, au 2e autel à droite, la splendide **Visitation★** de **Pontormo** (vers 1530) où, par la densité de leurs regards, la Vierge et Élisabeth prouvent leur profond amour et leur respect mutuel.

NOS ADRESSES À PRATO

Plan de ville p. 208

ARRIVER/PARTIR

En bus – À partir de Florence le service est assuré par les compagnies **Autolinee CAP** – *✆ 055 21 46 37 - www.capautolinee.it.* De Prato, liaisons avec Poggio a Caiano et Comeana ttes les 30mn - *billetterie piazza Stazione, Prato (✆ 0574 60 82 35).*

VISITES

Prato Musei Card – Ce billet combiné *(valable 3 jours, 13 €)* donne accès aux principaux musées de la ville : Museo del Tessuto, Museo di Palazzo pretorio, Centro per l'Arte contemporanea L. Pecci et Museo di Pittura Murale.

HÉBERGEMENT

PREMIER PRIX

Borgo al Cornio – A1 - *Via Convenevole da Prato 30 - ✆ 0574 44 02 22 - www.borgoalcornio.com - 6 ch. - 50/60 €.* C'est dans une atmosphère familiale que ce petit établissement vous accueille dans le centre historique de Prato, à deux pas du Duomo. Bon rapport qualité-prix.

BUDGET MOYEN

Buonanotte Barbarossa – A2 - *Piazza delle Carceri 1 - ✆ 335 54 30 082 - www.buonanottebarbarossa.it - 4 ch. - 100/120 €.* Un jardin ombragé au pied du château de l'Empereur, des chambres coquettes tout confort, un vaste salon à disposition des hôtes et l'accueil chaleureux des propriétaires, voici les ingrédients pour un séjour réussi à Prato.

À proximité

BUDGET MOYEN

B&B Villa Rucellai – Hors plan B1 - *Via di Canneto 16 - 4 km au nord-est de Prato dir. Vaiano Verno - ✆ 0574 46 03 92 - www.villarucellai.it - fermé 15 déc.-15 janv. - 🏊 - 10 ch. - 100/120 €.* Entourée d'un parc, cette élégante demeure du 16e s., agrémentée d'une piscine d'époque, vous propose des séjours à des prix accessibles. Le petit-déjeuner peut être servi en terrasse.

Artimino Plan p. 196 B2

POUR SE FAIRE PLAISIR

Paggeria Medicea – *Viale Papa Giovanni XXIII 3 - ✆ 0558 75 141 - www.artimino.com - 🏊 - 37 ch. - 140/180 €.* Cet établissement de classe offre de belles chambres

2

de style dans un parc luxuriant de 6 ha avec piscine et tennis, à deux pas de la Villa « La Ferdinanda ».

RESTAURATION

PREMIER PRIX

Trattoria Soldano Duomo – A1 - *Via della Sirena 12 - ☏ 0574 83 09 13 - www.trattoriasoldano.it - fermé dim. - 15/20 €.* Ambiance rustique pour cette brasserie de quartier qui, depuis 1918, propose la cuisine traditionnelle de Prato.

BUDGET MOYEN

Trattoria Osteria Cibbè – B1 - *Piazza Mercatale 49 - ☏ 0574 60 75 09 - www.cibbe.it - fermé dim. - réserv. conseillée - 25/30 €.* Sous un plafond voûté, on mange sur des tables en marbre et en bois recouvertes de jolies nappes en papier. Les plats du jour, présentés de vive voix, s'inspirent de la tradition régionale. Nombreux habitués.

POUR SE FAIRE PLAISIR

Il Piraña – B2 - *Via G. Valentini 110 - ☏ 0574 25 746 - www.ristorantepirana.it - fermé sam. à midi et dim. - 40/60 €.* Pour les amateurs de poisson, une des tables d'excellence de la région, qui propose une cuisine locale.

PETITE PAUSE

Pasticceria Il Nuovo Mondo – B1 - *Via Garibaldi 25 - ☏ 0574 27 765 - www.pasticcerianuovomondo.com - fermé lun.* Un rendez-vous incontournable pour les amateurs de pâtisserie. Le chef pâtissier Paolo Sacchetti excelle pour les petits-fours et les desserts à la cuillère. Petite restauration.

ACHATS

Antonio Mattei – A2 - *Via B. Ricasoli 20/22 - ☏ 0574 25 756 - www.biscottimatteideseo.it - fermé lun. et dim.* C'est dans cette fameuse biscuiterie artisanale de renommée internationale que furent créés en 1858 les premiers *cantucci*, ces délicieux biscuits secs aux amandes qu'il est d'usage de tremper dans le *vin santo*. La marque a évolué au fil du temps : la nouvelle gamme de biscuits Deseo propose de savoureuses variantes à goûter, en alternative aux *cantucci* traditionnels.

Atipico – A2 - *Via B. Ricasoli 13/15 - ☏ 346 14 41 364 - fermé lun.* En centre-ville, ce point de vente propose un vaste choix de charcuteries, fromages, huiles et vins produits par les membres de l'association Route des Vins de Carmignano et des Saveurs typiques de Prato.

Shopping in fabbrica – Cachemire, mohair et autres textiles de qualité, en vente dans les magasins d'usine du secteur. *Demander les adresses à l'OT.*

Pistoia

★★

90 550 habitants

Nichée au pied des Apennins, cette petite ville, connue pour les trains et les autobus qu'elle conçoit, dévoile ses véritables charmes l'été lors du Festival de blues et des traditionnelles joutes de l'Ours. Elle réserve alors à ses visiteurs la surprise de découvrir, serré autour d'une place médiévale, un ensemble de monuments parmi les plus suggestifs d'Italie et des ruelles bordées de boutiques médiévales aux étals en pierre. De quoi avoir envie de prolonger son séjour !

NOS ADRESSES PAGE 224
Hébergement, restauration, achats, activités, etc.

S'INFORMER
Office de tourisme – *Palazzo dei Vescovi - Piazza Duomo - ☎ 0573 21 622 - www.turismo.pistoia.it.*

SE REPÉRER
Carte de région B2 (p. 196) - plan de ville (p. 218). Pistoia se situe sur l'A 11, à 35 km de Florence.

SE GARER
Le centre-ville est interdit à la circulation pour les non-résidents. Parkings payants via della Vigna ou piazza del Carmine, ainsi qu'à l'extérieur des remparts. Situé hors des remparts, derrière la piazza della Resistenza, le parking Cellini est gratuit et relié au centre-ville (200 m) par une navette.

À NE PAS MANQUER
Piazza del Duomo, les trésors artistiques de la cathédrale, la frise de l'Ospedale del Ceppo, Sant'Andrea et sa chaire.

ORGANISER SON TEMPS
Une demi-journée, plus une demi-journée pour chaque circuit.

AVEC LES ENFANTS
Découvrir les drôles de machines imaginées par Léonard de Vinci au Museo Leonardiano à Vinci.

2

Se promener Plan de ville p. 218

★★ Piazza del Duomo B1-2
Cette très vaste place séduit par l'équilibre de ses proportions et l'harmonieuse disposition des monuments qui s'y élèvent. Les édifices religieux et civils les plus importants de la ville s'y trouvent rassemblés : la cathédrale, précédée de son baptistère et encadrée par le campanile et l'ancien **palais épiscopal** ;

LES GRANDES HEURES DE PISTOIA
Plusieurs édifices religieux élevés au 12e s. témoignent fièrement de l'époque où la ville, érigée en libre commune, a connu, grâce à l'activité de ses marchands et de ses banquiers, son plus grand essor. Convoitée aux 13e et 14e s. par Lucca et par Florence, contre lesquelles elle élève une enceinte, elle est tour à tour démantelée et plus ou moins assujettie à ces deux villes, pour être finalement complètement annexée en 1530 par les Médicis et devenir rapidement une petite ville provinciale.

fermant deux autres côtés de la place, le palais communal, qu'une arche relie à la cathédrale, et le **Palazzo pretorio**. Légèrement en retrait se dresse la médiévale **tour de Catilina**. Elle rappelle la défaite du célèbre conjuré romain et sa mort en 62 av. J.-C. devant Pistoia, alors place fortifiée romaine.
Sur une des plus vieilles places attenantes, la jolie et animée **piazza della Sala**, s'élève le gracieux **pozzo del Leoncino** (15ᵉ s.) surmonté d'un petit lion (le *Marzocco* florentin) qui appuie sa patte avant gauche sur l'écusson en damier de la ville, symbole de la soumission de Pistoia.

★★ Cattedrale di San Zeno B1-2

✆ 0573 25 095 - www.diocesipistoia.it - 8h30-12h30, 15h30-19h ; autel de San Jacopo : 10h-12h30, 15h30-17h30, dim. 8h30-9h30, 11h-11h30, 16h-17h30 - 4 € - tour du campanile : lun., merc. et sam. 11h30 et 16h.

La cathédrale St-Zénon, détruite par un incendie en 1108, fut rebâtie aux 12ᵉ et 13ᵉ s., mais subit jusqu'au 17ᵉ s. de considérables modifications.
Sa **façade★** revêtue de marbre allie harmonieusement un style roman pisan très sobre (galeries superposées de la partie haute) et le style florentin de la Renaissance (porche à fines colonnes, ajouté au 14ᵉ s.).
Dans le curieux **campanile**, haut de près de 70 m, plusieurs styles se trouvent juxtaposés : sur une massive tour de guet en pierre blonde percée de rares ouvertures, déjà présente sous la domination lombarde, est ajouté à la fin du 13ᵉ s. un couronnement léger fait de trois étages de galeries pisanes, ornées de bandes de marbre clair et sombre et surmontées de deux plates-formes crénelées en brique ; c'est seulement au 16ᵉ s. que le petit toit en pyramide et à clocheton vient parachever l'ouvrage.
Des terres cuites vernissées d'**Andrea Della Robbia** ornent le tympan du portail principal *(Vierge à l'Enfant entre deux anges)* et la voûte en berceau de l'arcade centrale du porche.
Intérieur – Le chœur baroque, chargé de dorures et substitué au 17ᵉ s. au chœur d'origine, forme un contraste surprenant avec les trois vaisseaux romans d'une extrême nudité. Beau plafond à charpente peinte.
En entrant, l'œil est aussitôt attiré par le monument funéraire de **Cino da Pistoia**, écrivain contemporain de Dante et de Pétrarque, adossé au collatéral droit. Plus avant vers l'abside s'ouvre, sur la droite, la **Cappella del Crocefisso** qui abrite le fameux **Altare di San Jacopo★★★**, chef-d'œuvre d'orfèvrerie qui fut en partie réalisé à la fin du 13ᵉ s., puis transformé et agrandi au cours des deux siècles suivants *(pour se faire ouvrir la grille et éclairer l'autel, s'adresser un peu plus loin à droite à la sacristie)*. L'autel en argent repoussé et ciselé compte 628 personnages. Les motifs du retable s'ordonnent autour de deux grandes figures : saint Jacques, assis sur un trône, traditionnellement coiffé d'un chapeau et muni de la bourse et du bâton de pèlerin, encadré par les Apôtres et des saints figurant sur la prédelle et dans des niches gothiques (partie la plus ancienne de l'autel). Au-dessus, un Christ en gloire, entouré de chérubins, trône au milieu du chœur des anges. L'autel proprement dit est lui aussi couvert de scènes de la Bible : sur le devant sont représentés douze moments de la vie de Jésus ainsi que trois scènes ayant trait à saint Jacques ; dans les neuf petits panneaux du côté droit, des épisodes de l'Ancien Testament ; l'autre côté, consacré à la vie de saint Jacques, est le plus remarquable.
Une chapelle s'ouvre à gauche du chœur et abrite une belle **Vierge en majesté★** entre saint Jean-Baptiste et saint Donat, œuvre sereine réalisée dans un subtil accord de couleurs par **Lorenzo di Credi** vers 1480, dans l'atelier de Verrocchio ; le maître participa sans doute à cette réalisation, comme en témoignent la rigueur de la composition et la recherche des effets lumineux.

La cathédrale di San Zeno.
A. Pistolesi/hemis.fr

Battistero di San Giovanni in Corte B2

Tlj sf lun. 10h-13h, 15h-18h. C'est une construction gothique du 14e s., bâtie d'après des plans d'Andrea Pisano. De forme octogonale, paré d'un revêtement de bandes alternées de marbre blanc et vert, le **baptistère** est couronné d'élégantes arcades aveugles. Le portail principal, à droite duquel a été aménagée une délicieuse petite chaire, a son tympan orné d'une *Vierge à l'Enfant entre saint Jean-Baptiste et saint Pierre*, statues attribuées aux deux fils d'Andrea Pisano, Nino et Tommaso. Au-dessous, de petits bas-reliefs évoquent le martyre du Précurseur : de gauche à droite, *Saint Jean-Baptiste devant Hérode*, la *Danse de Salomé*, **Salomé présentant la tête du saint**, l'*Ensevelissement de saint Jean*. L'intérieur saisit par la lumière rosée qu'y fait régner la brique, à nu sur à peu près toute la surface des murs et de la profonde coupole, elle aussi à huit pans. Une élégante vasque baptismale revêtue de panneaux en marbre polychrome finement sculptés et marquetés, réalisée en 1226 par Lanfranco da Como, occupe le centre de l'édifice.

Palazzo pretorio B1-2

C'est l'ancien palais du podestat ou capitaine de justice du 14e s., remanié au siècle dernier. De la construction d'origine sont demeurés notamment le portail d'entrée, les baies géminées gothiques du premier étage et, à l'intérieur de la cour entourée d'un portique aux voûtes peintes au 19e s. de motifs de grotesques, l'escalier d'accès à l'étage ; dans la cour subsiste également, le long du mur à gauche, un rare exemplaire de banc de justice, en pierre, où prenaient place les juges, avec, à côté, le banc des accusés.

Palazzo del Comune B1

Cet édifice gothique, élevé entre 1294 et 1385, dresse sur la place sa massive **façade★** sur arcades. La teinte blonde de la pierre, l'élégance des fenêtres gothiques – géminées au premier étage, à triple baie au-dessous du toit – et leur harmonieuse distribution, le petit balcon central en fer délicatement forgé apportent leur note de chaleur et de grâce à cette austère construction.

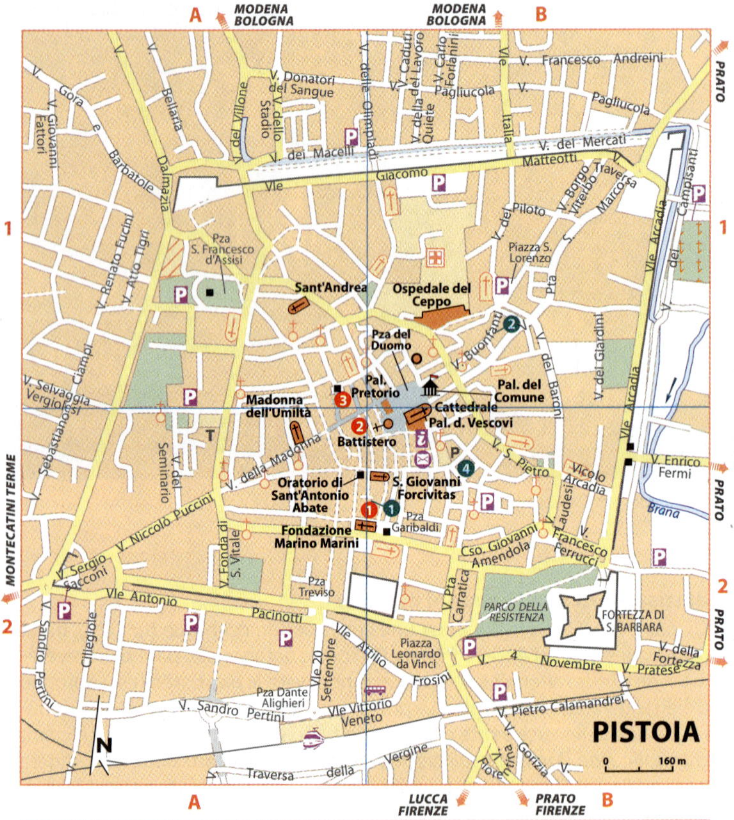

SE LOGER		SE RESTAURER	
Hotel Patria	1	La Bottegaia	2
La Locanda dei Fiori	2	La Cantinetta	1
Residenza d'epoca Puccini	4	Trattoria dell'Abbondanza	3

On reconnaît, au centre de la façade et aux angles du palais, l'écusson à six boules des Médicis. Ce n'est qu'en 1637 que l'édifice est uni à la cathédrale par une arche. Il fait aujourd'hui fonction d'hôtel de ville et abrite le **Musée municipal** *(Piazza del Duomo 1 - ✆ 0573 37 12 96 - www.comune.pistoia.it/museocivico - jeu.-dim. 10h-18h - 3,50 €)*, qui réunit une collection de peintures et de sculptures du 13e au 19e s., dont quatre grands retables Renaissance illustrant le thème de la Sainte Conversation.

Au centre de la cour est placée une grande sculpture (1953) de la série des *Miracoli*, l'une des plus célèbres de **Marino Marini**.

★ Antico Palazzo dei Vescovi - Musei B2

Piazza del Duomo 3 - ✆ 0573 36 92 75 - visites guidées (en italien ou en anglais) mar., jeu. et vend.-dim. 10h15, 11h45, 13h15, 14h45 (15h et 16h30 sam.-dim.) - 5 €.

Remontant au 11e s., le palais épiscopal propose aujourd'hui un **parcours archéologique** et didactique au cours duquel sont présentés les vestiges mis au jour lors de la restauration du palais, témoignant de son histoire et de celle, millénaire, du territoire : restes des murs d'enceinte romains, de la via Cassia, d'urnes funéraires étrusques, de vases lombards… Le parcours comprend aussi la visite du **Musée de la Cathédrale**, riche en pièces d'orfèvrerie et ornements sacrés liés à l'histoire du dôme. On s'arrête également dans la **sacristie**, dont le trésor fut volé à la fin du 13e s. par Vanni Fucci, comme le raconte Dante dans le chant XXIV de *L'Enfer*, puis dans la **salle★** consacrée au peintre Giovanni **Boldini** (*voir p. 179*), ainsi que dans la **chapelle St-Nicolas** (13e s.), ornée de fresques et portant des inscriptions dues aux prisonniers qui y séjournèrent à partir du 15e s. quand, désaffectée, elle servit alors de prison.

★ Ospedale del Ceppo - Museo dei Ferri chirurgici B1

Piazza Giovanni XXIII - ✆ 0573 36 80 23 - sur réserv. 10h-19h (18h en hiver) - gratuit.
Fondé en 1277, cet hôpital tient son nom du tronc d'arbre *(ceppo)* évidé qui servait à recueillir les offrandes. L'élégant portique Renaissance devant sa façade et qui rappelle celui – conçu par Brunelleschi – de l'hôpital des Innocents à Florence n'a été ajouté qu'en 1514. L'admirable **frise★★** en terre cuite vernissée dont celui-ci est décoré est l'une des gloires de Pistoia. Harmonie de la composition, fraîcheur des couleurs et expressivité des personnages caractérisent cette œuvre réalisée, peu avant 1530, dans l'atelier du dernier des **Della Robbia**, Giovanni. En sept panneaux (dont l'un orne le côté gauche) sont illustrées les Sept Œuvres de miséricorde. Des médaillons entourés, dans la tradition florentine, de guirlandes de feuillages, de fruits et de fleurs, occupent les écoinçons des arcs : vers la droite, l'écusson des Médicis et, à côté, l'emblème de Pistoia à motif de damier. L'hôpital abrite le **Musée d'instruments chirurgicaux**.

★ Sant'Andrea A1

Via di Sant'Andrea - ✆ 0573 21 912.
Élevée au 8e s. mais très remaniée quatre siècles plus tard, elle présente une très jolie façade de style roman pisan, avec ses cinq arcades aveugles aux fins chapiteaux et sa décoration en marbre vert et blanc, dont la partie supérieure est restée inachevée. Le linteau du portail central porte trois scènes sculptées d'allure byzantine : de gauche à droite, le Voyage des Rois mages, l'Annonce à Hérode de la naissance du Sauveur, l'Adoration des Mages ; sur la base, l'auteur a signé son œuvre, en latin.

★★ **Intérieur** – Très dépouillé, il est d'une admirable pureté architecturale. La nef, très haute, extrêmement étroite, est séparée des bas-côtés par des arcades basses, de faible portée, dont les colonnes sont surmontées de chapiteaux à la décoration remarquablement variée.

À l'intérieur d'une niche en marbre du 15e s. sculptée de fins rinceaux *(après le 1er autel à droite)*, on admire un **crucifix★** en bois doré, œuvre de **Giovanni Pisano** (av. 1250-apr. 1314). Mais le joyau de l'église est la fameuse **chaire★★** exécutée en 1301 par le même artiste, dans sa manière dramatique, un peu confuse mais extraordinairement vivante. Elle est réalisée sur le modèle de celles du baptistère de Pise et de la cathédrale de Sienne, conçues par le père et maître de Giovanni, Nicola. De forme hexagonale, portée avec élégance par sept colonnes de porphyre rouge, surmontées d'arcs gothiques légers à triple lobe, la cuve est couverte de cinq panneaux de marbre admirablement sculptés ; on reconnaît, en partant du panneau qui fait face au mur et en tournant de gauche à droite : sur le même panneau l'Annonciation *(tout à fait à gauche)* et la Nativité, ensuite l'Adoration des Mages, le Massacre des Innocents, la Crucifixion et le Jugement dernier.

★ Basilica della Madonna dell'Umiltà A2

Via della Madonna - ✆ 0573 22 045.

Édifice octogonal, la basilique de la Vierge de l'Humilité est couronnée d'un dôme monumental rappelant celui de Brunelleschi pour la cathédrale de Florence. Cette église Renaissance fut édifiée pour accueillir l'image miraculeuse de la Vierge de l'Humilité, sainte patronne de Pistoia.

★ San Giovanni Forcivitas B2

Via Francesco Crispi 2 - ✆ 0573 24 784.

L'église de St-Jean-hors-les-Murs, élevée du 12e au 14e s., a subi des restaurations successives. Son **flanc nord★**, qui dresse au-dessus de la via Cavour sa longue et spectaculaire masse zébrée, lui tient curieusement lieu de façade. L'appareillage de bandes de marbre blanc et vert, les hautes arcatures aveugles du niveau inférieur surmontées de deux étages de galeries à colonnettes et la décoration de motifs en losanges révèlent encore ici le style roman pisan.

Intérieur – Plutôt sombre, il est de plan basilical à une seule nef. Un beau bénitier a été réalisé en partie par Giovanni Pisano; la petite vasque de marbre ornée de têtes de femmes figurant les vertus cardinales est portée par un pilier formé de trois statues représentant les Vertus théologales. À l'intérieur d'une niche, à gauche, se détache, toute blanche, une **Visitation★★** en terre cuite vernissée de **Luca Della Robbia**. De cette œuvre dépouillée et limpide, mais d'une exceptionnelle virtuosité d'exécution, se dégagent une émotion contenue, une harmonie et une noblesse qui en font l'une des créations les plus réussies de cet artiste. La **chaire★**, appuyée au mur de droite, est une œuvre raffinée et d'une beauté sévère que réalisa en 1270 **Fra Guglielmo** de Pise, élève de Nicola Pisano. Ses panneaux de marbre blanc évoquent la vie de Jésus et celle de la Vierge; sur l'avant, au centre, sont représentés les symboles des évangélistes; un groupe de trois prophètes occupe chacun des angles.

Contre le mur à gauche de l'autel, on notera le polyptyque de Taddeo Gaddi, du 14e s., plein de douceur, représentant la Vierge entre des saints. Logé dans la partie inférieure d'un petit bâtiment proche de l'église, l'ancien **oratoire di Sant'Antonio Abate** (14e s.) était autrefois relié à celle-ci par une arche.

Fondazione Marino Marini AB2

C.so S. Fedi 30 - ✆ 0573 30 285 - www.fondazionemarinomarini.it - 10h-18h (10h-17h en hiver) - fermé dim. - 3,50 €.

Cet ancien **couvent des hospitaliers de Saint-Antoine** abrite aujourd'hui le centre de documentation et la fondation **Marino Marini**. Aménagé à la suite d'une donation faite à sa ville natale par le sculpteur lui-même (1901-1980), ce musée présente des sculptures, mais aussi des dessins, lithographies et eaux-fortes de cet artiste dont l'œuvre, dépouillée jusqu'à la schématisation, gravite autour de quelques thèmes (personnages dansants, chevaux, cavaliers…), exploités avec une puissance, un sens du mouvement et une tension dramatique saisissants. Sont également présentés une série de portraits de personnages célèbres, dont celui en argent de Stravinski (1950), le fameux *Toile de fond* (1978), qui déploie ses silhouettes anguleuses et un peu inquiétantes, et enfin *La Rencontre* (1964), grand tableau aux accords assourdis de rouges et de bruns.

Un ensemble de sculptures en plâtre complète la collection; il s'agit de la *gipsoteca* où figurent pas moins de 100 œuvres de l'artiste.

La visite du musée comprend aussi la **chiesa del Tau**, petite église du 14e s. déconsacrée depuis le 18e s., connue pour ses **fresques★** gothiques, œuvre d'artistes locaux.

Circuits conseillés Carte de région p. 196

SUR LES PAS DE LÉONARD

Circuit de 40 km tracé en rouge foncé sur la carte p. 196. De la piazza Leonardo da Vinci, prendre la via C. Battisti, puis à gauche la P 9 en direction d'Empoli et suivre Vinci.

La route monte vers San Baronto et traverse le **mont Albano**. *Attention aux séries de lacets serrés, aux cyclistes et motards, amoureux de cette pittoresque route panoramique.*

★ Vinci B2

Dans ce coquet petit bourg plein de charme, accroché au flanc du mont Albano, au cœur des olivaies et des vignes, tout parle du génial Léonard de Vinci, né dans les environs, en 1452 *(voir page thématique p. 222).*

Au sommet du village médiéval, le clocher pointu de l'église paroissiale de Santa Croce fait face au château des comtes Guidi du 11e s. : il abrite une section du **Museo Leonardiano★** qui expose une collection de 60 maquettes de machines réalisées d'après les dessins de l'artiste. *Palazzina Uzielli - ✆ 0571 933 251 - www.museoleonardiano.it - 9h30-19h (18h en hiver) - 7 €, 8 € le billet combiné avec la Casa Natale di Leonardo.*

À découvrir aussi, en contrebas, le **Museo ideale Leonardo da Vinci**, une galerie privée, ouverte dans les anciennes caves du château et consacrée à cet homme d'exception, où sont aussi exposés d'anciens instruments agricoles. *Via Montalbano 2 - ✆ 0571 56 296 - www.museoleonardo.com - actuellement fermé pour travaux.*

À 3 km au nord de la localité, en direction de Santa Lucia et Faltognano, le paisible hameau d'**Anchiano** abrite la **Casa Natale di Leonardo** dans un **site★★** imprégné de douceur : oliviers, cultures en terrasses closes de muretins et horizon de douces collines composent un harmonieux tableau. La maison natale présumée de l'artiste conserve quelques éléments du 15e s. : la cheminée, la pierre à évier et le blason familial dans la pièce principale, ainsi que le pavement de la salle en contrebas. *Parking à 50 m au-delà de la maison - ✆ 0571 93 32 48 - www.casanataledileonardo.it - tlj sf lun. 10h-19h (17h en hiver) - 3 €, 8 € le billet combiné avec le Museo Leonardiano.*

Prendre la SP 105 sur 5,5 km.

★ Cerreto Guidi B2

Cerreto se situe sur une hauteur parmi les ravissantes collines au sud-ouest du mont Albano, près de la via Francigena. Cerreto Guidi prend son nom de l'ancienne famille des Guidi, seigneurs féodaux qui possédaient en ces lieux un château. Passée aux Médicis, la demeure des Guidi fut totalement reconstruite par Cosme Ier, vers 1560, telle qu'elle apparaît aujourd'hui.

★ **Villa Medicea** – *Via dei Ponti Medicei 7 - ✆ 0571 55 707 - www.uffizi.firenze.it/musei/cerretoguidi - avr.-sept. 9h-18h (10h-18h hors saison) - fermé 2e et 3e lun. du mois - gratuit.* Œuvre de **Buontalenti**, la villa à l'architecture sobre et élégante est admirablement mise en valeur par les deux monumentales et majestueuses rampes de brique qui permettent d'y accéder, les Ponti. De l'esplanade de la villa, belle vue sur les collines du val d'Arno avec, à gauche, San Miniato et sa haute tour. Parmi les nombreux portraits de la famille Médicis, remarquez, dans le salon d'entrée, celui d'**Isabella Orsini** et de son mari, et celui de **Bianca Cappello**, épouse de François Ier de Médicis, au destin également infortuné *(voir Poggio a Caiano, p. 211).*

Léonard de Vinci

Archétype de l'homme de la Renaissance, Léonard de Vinci (1452-1519) fut à la fois peintre, ingénieur, anatomiste, botaniste, philosophe et écrivain.

Un génie universel

Né à Vinci d'une liaison illégitime, Léonard prend le nom de son village. Génie créateur dont le « regard avait quatre siècles d'avance », il révèle très tôt des dons pour le dessin, la peinture et les sciences.

En 1469, venu à Florence, il apprend la peinture sous la conduite de Verrocchio. Mais la cité toscane ne lui offre pas la possibilité d'exploiter ses nombreux talents et, en 1482, il part pour Milan, au service de Ludovic le More, auprès duquel il exerce tous les métiers : peintre, sculpteur, ingénieur civil et militaire, hydraulicien, urbaniste, musicien, organisateur de spectacles… Parallèlement, il poursuit ses recherches sur l'anatomie humaine, l'eau, l'air, le vol des oiseaux, la physique et la mécanique. En 1499, la chute de Ludovic le More l'oblige à quitter Milan. Après de nombreux voyages, c'est en 1516, auprès de François Ier, qu'il trouve un protecteur et mécène à sa mesure. Il termine sa vie au Clos-Lucé, près d'Amboise, en 1519.

Le célèbre sfumato

Ingénieur prolifique et visionnaire, il fut aussi un peintre hors pair, inventeur du *sfumato* (que l'on peut traduire par fumée), cette brume légère dans laquelle tous ses personnages et ses paysages prennent un relief et une profondeur remarquables et où la lumière pénètre les surfaces de manière veloutée. « Veille à ce que tes ombres et lumières se fondent sans traits ni lignes comme une fumée » c'est la consigne que Léonard de Vinci donne dans son *Traité sur la Peinture*.

Autoportrait de Léonard de Vinci.
DR

Au 1er étage, le **Museo storico della Caccia e del Territorio** *(www.museodellacaccia.it)* présente une belle collection d'armes anciennes ; de la loggia, jolie vue sur le jardin à pergola.
Suivre la SP 31 sur 10 km.

Empoli B2-3

www.inempoli.it
Petite ville tranquille et industrieuse, Empoli puise son énergie dans un riche patrimoine. Le centre animé de cette ville abrite la **piazza Farinata degli Umberti★**, très harmonieuse. Remarquez la **façade★** de la **collegiata di Sant'Andrea,** romane, en marbre blanc et vert. Le **Museo della Collegiata★** *(Piazza della Propositura 3 - 0571 76 284 - tlj sf lun. 9h-12h et 16h-19h - 3,10 €)* abrite de belles peintures de Masolino da Panicale et Filippo Lippi entre autres.

ROUTE DES VINS

La région de Vinci est productrice de vin depuis le Moyen Âge : on y trouve les DOC Chianti Montalbano (rouge) et biancho della Valdinievole (blanc). La **Strada dell'Olio e del Vino del Montalbano** permet de parcourir ce terroir *(www.stradadileonardo.org).*

L'APENNIN TOSCAN-ÉMILIEN

Circuit de 55 km tracé en vert sur la carte p. 196. Sortir de Pistoia par la route de Bologne, puis prendre la S 66.

★ San Marcello Pistoiese AB1

L'ensemble de la commune, cernée de très beaux paysages, comprend des hameaux d'un grand intérêt touristique, parmi lesquels **Maresca** ou **Gavinana**. De San Marcello, on arrive rapidement à **Mammiano**, où a été restauré le **pont suspendu** bringuebalant construit en 1922 sur le torrent Lima pour relier l'usine métallurgique de Mammiano aux villages de la rive opposée.
Sortir de San Marcello par la S 66. Après 1,9 km, prendre à droite la S 12 sur 4,5 km et, à droite encore, la SP 37.

★ Cutigliano A1

Beau village étagé sur le versant nord de la profonde vallée du Lima, dans un site très boisé, Cutigliano est l'un des principaux centres de sports d'hiver de Toscane, grâce au **téléphérique de la Doganaccia**.

Le village, apprécié en tant que station climatique l'été, conserve quelques monuments anciens. Le **Palazzo pretorio**, érigé au 14e s. par les sept communes les plus importantes de la montagne de Pistoia, présente une façade décorée des armoiries des capitaines de la montagne, investis entre les 14e et 18e s. des pouvoirs judiciaire et administratif de Cutigliano et des hameaux avoisinants. L'église de la Compagnia, dite **Madonna di Piazza**, a un beau parement d'autel d'**Andrea Della Robbia**. Plus loin, on atteint l'**église paroissiale** par une route bordée de sapins.
Sortir de Cutigliano par la SP 37, et prendre à droite la S 12.

Abetone A1

Bâtie sur les deux versants d'une montagne, de part et d'autre du col du même nom, Abetone (superlatif de *abete*, qui signifie sapin) s'égrène en bordure d'une majestueuse forêt de 3 700 ha. Cette station de sports d'hiver et de villégiature estivale occupe une agréable position au-dessus de deux vallées. Le col est indiqué par deux bornes pyramidales marquant l'ancienne frontière entre le grand-duché de Toscane et celui de Modène.

NOS ADRESSES À PISTOIA

Plan de ville p. 218

ARRIVER/PARTIR

La compagnie **COPIT** *(✆ 0573 36 30 - www.copitspa.it)* relie Pistoia à Florence.

VISITES

Un **billet combiné** *(biglietto cumulativo)* offre l'accès à 2 *(6 €)* ou 3 musées *(7 €)* de la ville.

HÉBERGEMENT

PREMIER PRIX

La Locanda dei Fiori – B1 - *Via Porta San Marco 16 - ✆ 0573 35 82 11 - www.locandadefiori.it - 7 ch. - 75/90 €.* Dans un palais 18e s. à 100 m de la piazza del Duomo, un bed & breakfast soigné avec jardin. Bon rapport qualité-prix.

BUDGET MOYEN

Residenza d'epoca Puccini – B2 - *Vicolo Malconsiglio 4 - ✆ 0573 26 707 - 10 ch. - 90/110 €.* Un établissement de charme qui propose des chambres de bonne taille, où des fresques finement restaurées des 18e s. et 19e s. accompagnent un mobilier design. Confort moderne.

POUR SE FAIRE PLAISIR

Hotel Patria - B2 - *Via Crispi 6/8 - ✆ 0573 35 88 00 - www.patriahotel.com - 26 ch. - 130/160 €.* Un palais du 17e s., au centre de Pistoia, qui offre des chambres bien équipées et accueillantes.

Vinci Plan p. 196 B2

BUDGET MOYEN

Agriturismo il Vincio – *Via di San Pantaleo 28 - ✆ 0571 56 009 - www.agriturismoilvincio.it - 3 ch., 1 appart. - ✕ - 100 €.* À 2 km à l'ouest de Vinci, entre San Pantaleo et Apparita, au milieu des vignes et des oliviers, cette ferme biologique vous réservera le meilleur accueil.

RESTAURATION

PREMIER PRIX

La Cantinetta – AB2 - *Via Crispi 15 - ✆ 0573 17 81 113 - 15/20 €.* Sympathique bistrot spécialisé en cuisine régionale, avec une prédilection pour le poisson et les fruits de mer.

BUDGET MOYEN

Trattoria dell'Abbondanza – A1 - *Via dell'Abbondanza 10 - ✆ 0573 36 80 37 - fermé merc., et jeu. à midi - 25/35 €.* Dans une ambiance agréable et décontractée, cette trattoria propose une cuisine typique appétissante, à prix vraiment compétitifs.

La Bottegaia – A2 - *Via del Lastrone 17 - ✆ 0573 36 56 02 - www.labottegaia.it - fermé lun. - 35/40 €.* En plein centre-ville, cette adresse prisée rend hommage à la cuisine toscane du terroir avec un grand soin porté aux ingrédients. Aux beaux jours, on profite de l'agréable terrasse. Essayez la terrine de lapin et ne ratez pas l'excellente sélection de fromages. Sur la via di Stracceria 4, la boutique **Sapori della Bottegaia** vend les vins et les produits de la région.

Cerreto Guidi Plan p. 196 B2

BUDGET MOYEN

Ristorante Adriano – *Via Vittorio Veneto 102 - ✆ 0571 550 23 - www.ristoranteadriano.net - fermé mar. soir et merc. - 30/40 €.* Dans la salle de ton rustique ou en terrasse à la belle saison, on y célèbre la cuisine régionale, avec une prédilection pour les spécialités grillées, dont bien sûr la *bistecca alla fiorentina.*

Cutigliano Plan p. 196 A1

BUDGET MOYEN

Trattoria da Fagiolino – *Via Carega 1 - ✆ 0573 68 014 - www.trattoriadafagiolino.it - fermé mar. et merc. - 25/35 € - 4 ch.* Située derrière les cuisines où mijotent marmites et poêlons qui vous mettront en appétit, cette trattoria propose une cuisine soignée et de bonne qualité avec des plats copieux. Pendant la période de chasse, gibiers à poils et à plumes sont à l'honneur.

PETITE PAUSE

Gelati Iannini – B2 - *Via del Lastrone 16 (Piazza della Scala) - ✆ 0573 17 00 851* - Un glacier comme autrefois avec son bac à glace rétro et son comptoir à l'ancienne. Vaste choix de parfums à base de produits très frais.

Rosticceria Francesco Gelli – A2 - *Corso Gramsci 10 - ✆ 0573 22 216 - www.rosticceriafrancesco.it - fermé dim. apr.-midi et lun.* Cette petite trattoria-rôtisserie, la préférée des habitants de Pistoia, est une aubaine pour les touristes à la recherche de bons produits. Jambons, vins, fromages : la famille Gelli au complet sert les spécialités toscanes les plus savoureuses.

Liberty Cafe – A2 - *Galleria Vittorio Emanuele - Via degli Orafi 54/56 - ✆ 0573 97 55 35.* Le plus vieux cinéma de la ville, de style Liberty, accueille aujourd'hui ce café et une galerie d'art.

ACHATS

Bruno Corsini – A1 - *Piazza San Francesco 42 - ✆ 0573 20 138 - www.brunocorsini.com - fermé dim.* Fierté de Pistoia, la tradition des dragées *a riccio*, en forme de petit hérisson, remonte à 1372. Dans cette confiserie dirigée par la même famille depuis près d'un siècle, les dragées traditionnelles à l'anis côtoient les variantes modernes aux amandes, aux noisettes et au chocolat.

Storica Norcineria Da Romolo – B2 - *Via Carratica 82/84 - ✆ 0572 21 397 - fermé dim.* Incontournable pour les amateurs de charcuterie, cette boucherie historique est spécialisée en cochonnailles. Emballage sous vide possible.

AGENDA

Giostra dell'Orso e festa di San Jacopo – *Piazza del Duomo - 25 juil. - www.giostradellorso-pistoia.it.* Lors de ce tournoi, qui fête la St-Jacques, les meilleurs cavaliers des quatre quartiers de la Pistoia médiévale, en costumes du 14e s., rivalisent d'adresse en visant à l'aide d'une hampe la cible représentant un ours que tient un mannequin.

Pistoia Blues – *Piazza del Duomo - en juil. - www.pistoiablues.com.* Le rendez-vous des passionnés de blues, avec la participation d'artistes internationaux.

Festa di San Bartolomeo – *Piazza del Duomo - 24 août.* Festivités en l'honneur du saint patron.

Montecatini Terme

★

20 400 habitants

Montecatini Terme est une des villes thermales les plus élégantes et les mieux équipées d'Italie. Conçue par le grand-duc Pierre-Léopold Ier dans la seconde moitié du 18e s., la ville s'est développée autour de ses sources, en contrebas de l'ancien Castello, l'actuel Montecatini Alto. Les ombres de Puccini et de Verdi hantent les allées du splendide Parco delle Terme où se lovent les neuf établissements de cure, restaurés dans les années 1910-1920 dans le style Liberty.

NOS ADRESSES PAGE 229
Hébergement, restauration, achats, activités, etc.

S'INFORMER

Office de tourisme – *Viale Giuseppe Verdi 66 - ✆ 0572 77 22 44 - www.montecatiniturismo.it.*

SE REPÉRER

Carte de région A2 (p. 196).

Montecatini Terme se situe entre Florence et Lucca. Si vous arrivez de Lucca, prenez la S 435 et faites étape à Collodi et Pescia.

À NE PAS MANQUER

Les établissements thermaux, avec une mention spéciale pour le Tettuccio, les thermes Tamerici et le charme tranquille de Montecatini Alto.

ORGANISER SON TEMPS

Trois heures pour une balade dans le Parco delle Terme, un week-end pour une remise en forme après la visite des musées toscans! Attention, seul l'Excelsior's Centro di Benessere est ouvert toute l'année, les autres établissements de cure le sont uniquement de mai à octobre.

AVEC LES ENFANTS

Le Parco di Pinocchio et le jardin de la Villa Garzoni.

Découvrir

Museo dell'Accademia d'Arte Scalabrino

Villa delle Ortensie - Viale A Diaz 6 - ✆ 0572 90 91 44 - actuellement fermé pour rénovation, réouverture prévue courant 2016.

Ce musée d'Art moderne renferme des sculptures de Dupré, une fresque dramatique et colorée de P. Annigoni *(La Vie)*, des souvenirs personnels de Giuseppe Verdi et de Giacomo Puccini, des œuvres de Renato Guttuso, Primo Conti, Galileo Chini, Gentilini et Antonello da Messina.

Parco delle Terme

Les vertus thérapeutiques des eaux de Montecatini sont exploitées depuis le 15e s. Elles soignent les maladies du métabolisme, les affections hépatiques, les voies digestives et les rhumatismes.

Depuis le centre-ville, remonter le viale Giuseppe Verdi.

On aperçoit d'abord les **thermes Léopoldine**, construits en 1795. Entourés de grands parcs agréables, ils ont été transformés en 1926 dans un style Liberty, tout en ayant conservé un charme aristocratique délicieux. Plus loin, la palazzina Regia (1920) abrite la direction des thermes. Plongé dans la verdure, le pavillon des **thermes Tamerici★**, construit en 1903, marque les premières grandes réalisations du Liberty. L'Excelsior et le Regina sont, eux, représentatifs des années 1920. Mais le plus somptueux de tous est le **Tettuccio★**, véritable temple du bien-être aux salles couvertes de fresques et d'harmonieuses majoliques, restaurées dans les années 1930. De l'autre côté du parc, l'établissement de la Torretta est le plus ancien (19e s.).

À proximité Carte de région p. 196

Montecatini Alto B2

5 km au nord-est par la SS 633 ou par le petit funiculaire du 19e s.
Ce gracieux petit bourg d'origine romaine, accroché à une colline, domine le val di Nievole. La piazza Giusti est embellie par la tour médiévale, dite maison d'Ugolin, des maisons décorées d'armoiries et d'accueillantes terrasses de café.

Monsummano Terme B2

4 km au sud-est par la SS 436.
Ville natale du poète **Giuseppe Giusti** (1809-1850), cette petite station thermale est réputée pour ses cures pratiquées dans des grottes (la Giusti et la Parlanti), saturées en vapeur d'eau, qui soulagent la goutte, l'arthrose, les maladies artérielles et veineuses et les affections de l'appareil respiratoire. Elle s'est organisée autour de la piazza Giuseppe Giusti et du **sanctuaire de la Vierge de Fontenuova** (santuario della Madonna della Fontenuova), fondé en 1602 par Ferdinand Ier de Médicis. En face s'élève un monument à la gloire du poète Giusti. Au nord de la place se trouve le **musée national Casa Giusti**. *Viale V. Martini 18 - ✆ 0572 95 09 60 - tlj sf mar. 8h-14h, 16h-19h (15h-18h hors saison) - gratuit.*

Pescia A2

10 km à l'ouest de Montecatini sur la SR 435, par Borgo a Buggiano et Uzzano.
Chef-lieu historique du val di Nievole, Pescia se développe vers le 12e s. sur les deux rives de la rivière éponyme, pour relier les voies de passage à travers l'Apennin. De son passé médiéval, la ville conserve quelques monuments d'un certain intérêt artistique.

Rive gauche – Le **duomo**, ancienne église paroissiale de 857, fut reconstruit en 1693 dans un style baroque. Sa façade, de 1892, est flanquée d'un campanile de 1306. En face s'élève l'église Santa Maria Maddalena. À proximité de la cathédrale, l'**Oratorio di Sant'Antonio Abate** abrite une *Déposition en bois* du 13e s., de l'école ombrienne-toscane. Les fresques de l'abside sont attribuées à Bicci di Lorenzo (1373-1452).

La première pierre de l'église gothique **San Francesco** *(après l'hôpital, sur la place du même nom)* fut posée par saint François, qui visita Pescia en 1211. Le vaste intérieur abrite un retable représentant le *Poverello* d'Assise et six histoires de sa vie, œuvre de Bonaventura Berlinghieri de 1235. À voir aussi, le triptyque de sainte Anne, le *Martyre de sainte Dorothée* et la **chapelle Cardini** érigée par **Brunelleschi**, du 15e s.

À côté de l'église, les bâtiments conventuels sont aujourd'hui le siège du tribunal. En face, le théâtre des Affiliati date du 18e s.

Rive droite – Le **palais dei Vicari**, remontant au 13e s. et aujourd'hui siège de la mairie, embellit la piazza Mazzini par sa position d'angle et sa façade ornée d'armoiries. De l'autre côté de la place s'élève l'**oratoire Santi Pietro e Paolo** (ou cappella della Madonna di Piè di Piazza), remontant à 1447. Le plafond en bois doré et peint représente la Vierge et date du 15e s. L'ancien palais du podestat, le Palagio, abrite la **Gypsothèque Libero Andreotti** qui rassemble 230 œuvres de ce sculpteur de Pescia (1875-1933). *Piazza del Palagio 7 - ✆ 0572 49 00 57 - 9h-12h, 16h-18h - fermé merc. apr.-midi. - gratuit.*

★ Collodi A2

3,5 km à l'ouest de Pescia par la SR 435, entre Lucca et Montecatini Terme.

Ce bourg pittoresque se voue au culte de la fameuse marionnette **Pinocchio**, créature du romancier **Carlo Lorenzini** (1826-1890), qui prit comme nom de plume celui du village où naquit sa mère. Avec sa cascade de maisons accrochées à la colline, Collodi se distingue par sa structure originale. On ne peut circuler qu'à pied dans la ville haute. À noter, tout en haut, la pieve di San Bartolomeo, du 13e s.

★★ **Storico giardino Garzoni** – *Piazza della Vittoria 3 - ✆ 0572 42 73 14 - www.pinocchio.it/giardino-garzoni-c2 - tlj 9h-coucher du soleil (seult w.-end en hiver) - 13 €, 21 € avec le parc de Pinocchio.* Jadis célèbre dans toute l'Europe, ce magnifique **jardin** du 17e s. est un exemple typique d'exubérance baroque à l'italienne. De l'entrée s'ouvre une perspective très architecturée de parterres en terrasses encadrant des escaliers à balustres. La perspective inverse est tout aussi belle, vue du sommet où se dresse une gigantesque statue de *La Renommée*.

Le **château** « aux cent fenêtres », érigé au 18e s. par les marquis Garzoni, seigneurs de Collodi, présente une large façade au portail armorié et aux toits surmontés de belles statues mythologiques en terre cuite. C'est peut-être dans la cuisine, où travaillait son père, que Carlo Lorenzini (Collodi) a imaginé le célèbre personnage de *Pinocchio* *(voir encadré ci-dessous).*

La **Collodi Butterfly House**★ *(fermé en hiver)* est une serre moderne qui abrite une forêt tropicale habitée par 400 espèces de papillons.

★ **Parco di Pinocchio** – *Via di S. Gennaro 3 - ✆ 0572 42 93 42 - www.pinocchio.it - 9h-coucher du soleil (seult w.-end en hiver) - 12 €, 21 € avec le Storico giardino Garzoni.* Sur l'initiative de Rolando Anzilotti, maire de Collodi, ce parc s'ordonne, dès 1951, à la manière d'un labyrinthe, dans un cadre verdoyant au bord du torrent Pescia, face à la villa et au jardin Garzoni. Le parcours est rythmé par vingt et une sculptures de Pietro Consagra, Emilio Greco et Venturino Venturi, s'inspirant de l'histoire de la marionnette.

PINOCCHIO

Ce roman publié en 1883, à la thématique apparemment simple, jouit depuis le siècle dernier d'une réputation mondiale, renforcée par de nombreuses versions cinématographiques, dont la plus célèbre est certainement celle de Walt Disney de 1940. Le pantin sculpté par le vieux menuisier Geppetto, toujours bien intentionné mais fantasque et insoumis, accumulera des aventures malheureuses, sous l'œil discret mais attentif de la fée. Parmi les leçons de la vie qu'elle cherche à lui enseigner, celle de la vérité reste célèbre : chaque fois que le pantin dit un mensonge, son nez s'allonge. Le conte s'achève quand Pinocchio, mûri par les déboires endurés, devient un vrai petit garçon, passant du rêve à la réalité. Considérée comme le classique par excellence de la littérature enfantine italienne, l'œuvre est bien davantage qu'une fable : elle trace le portrait d'une Italie pauvre et provinciale, résignée et pessimiste.

NOS ADRESSES À MONTECATINI TERME

Carte de région p. 196

HÉBERGEMENT

BUDGET MOYEN

Villa Le Magnolie – *Via Fedeli 15 - ✆ 0572 91 17 00 - www.villalemagnolie.it - 6 ch. - 90/120 €.* Une charmante villa disposant de chambres tout confort et d'un beau jardin où il fait bon flâner aux beaux jours.

Montecatini Alto B2

BUDGET MOYEN

Casa Gala – *Via Talenti 2 - ✆ 0572 766130 - www.casagala.it - 8 ch. - 100 €.* « Eat, drink, sleep », telle est la devise de cet établissement au cœur du bourg médiéval. Chambres coquettes à la décoration très soignée, bistrot de savoureuses spécialités toscanes avec terrasse et bar à vins bien fourni.

RESTAURATION

Montecatini Alto B2

BUDGET MOYEN

La Torre – *Piazza Giusti 8 - ✆ 0572 70 650 - www.latorre-montecatinialto.it - fermé mar. - 35/45 €.* Sur la place du petit village, cet établissement allie une gastronomie authentique de région à des vins de grande qualité.

Monsummano Terme B2

BUDGET MOYEN

Osteria Il Maialetto – *Via della Repubblica 70 - ✆ 0572 95 3849 - 25/40 €.* Voisine de la boucherie familiale, cette osteria propose une cuisine toscane franche et goûteuse, avec en vedette les nombreuses viandes et charcuteries maison.

PETITE PAUSE

Montecatini Alto B2

Caffè Giusti – *Piazza Giuseppe Giusti 24 - ✆ 0572 70 186 - fermé merc.* Installé à une petite table en extérieur, vous pourrez admirer la vue sur les tours médiévales ou vous laisser distraire par les allées et venues des passants.

ACHATS

Bargilli – *Viale Grocco 2 - ✆ 0572 79 459 - www.cialdedimontecatini.it - fermé lun.* Les *cialde* de Montecatini, gaufrettes aux amandes, sont la spécialité exclusive de la famille Bargilli, qui les prépare artisanalement depuis 1936. Laissez-vous tenter aussi par des *brigidini* (petites gaufres cuites dans des moules chauffés à la flamme), ainsi que par les nombreuses glaces. Il existe une autre boutique Bargilli dans la ville *(Viale Verdi 92)*.

Pescia A2

Vivaio Oscar Tintori-Hesperidarium – *Via del Tiro a Segno 55 - Castellare di Pescia, à 3,5 km au sud-ouest du centre de Pescia - ✆ 0572 42 91 91 - www.giardinodegliagrumi.it - fermé dim. (sf mars-mai) et sam. en juil.-août.* Cette charmante pépinière de plantes d'agrumes propose aussi la visite d'un jardin des agrumes *(Giardino degli Agrumi, entrée 4,50 €)* et une boutique de produits de beauté et douceurs gastronomiques à base d'agrumes.

ACTIVITÉS

Thermes de Montecatini – Pour tout renseignement sur les soins et les traitements proposés, vous pouvez consulter le site www.termemontecatini.it.

Lucca, la Versilia et les Alpi Apuane 3

Carte Michelin Regional Italie 563 – Provinces de Lucca et Massa-Carrara

Lucca.

J. Arnold/hemis.fr

LUCCA, LA VERSILIA ET LES ALPI APUANE
A
B
C
1
2
N
0
20 km
Garfagnana
Lunigiana
Pontremoli
Filattiera
Villafranca in Lunigiana
Aulla
Equi Terme
Fortezza delle Verrucole
Romano di G.
Castiglione di Garfagnana
Castelnuovo di Garfagnana
Vagli Sotto
Lago di Vagli
Parco
Campo Cecina
Colonnata
Fantiscritti
M. Pisanino 1945
M. Albano 1694
M. Giovo 1991
Monte Cimone 2165
Pietra Bismantova 1047
P.so del Cerreto 1261
Alpe di Succiso 2017
M. Caio 1580
P.so d. Cisa 1041
P.so del Righetto 973
M. Cornoviglio 1162
EMILIA-ROMAGNA
LIGURIA
LA SPEZIA
Cinque Terre
Magra
Gordana
Taverone
Rosaro
Aurella
Secchia
Secchiello
Dolo
Dragone
Rossenna
Enza
Cedra
A 15
S 62
S 63
S 445
S 446
S 12
P 62

Carrara
Massa
Marina di Carrara
Marina di Massa
Antona
M. Altissimo
1589
Galleria del Cipollaio
Alpi apuane
Grotta del Vento
Loppia
Bagni di Lucca
Lima
M. Battifolle
1109
Le Pizzorne
1026
Pescia
Borgo a Mozzano
Aghinolfi
Seravezza
Strettoia
Ripa
Querceta
Stazzema
Sant'Anna di Stazzema
Forte dei Marmi
Pietrasanta
Camaiore
Monteggiori
Marina di Pietrasanta
Lido di Camaiore
Pieve a Elici
Viareggio
Villa Grabau
Giardini della Villa Reale di Marlia
Villa Mansi
Villa Torrigiani
Segromigno in Monte
Serchio
Lago di Massaciuccoli
Massaciuccoli
Torre del Lago Puccini
LUCCA
Leccio
Canale Rogio
Parco naturale Migliarino-San Rossore-Massaciuccoli
PISA
Monte Pisano
917
TOSCANA
Arno
Fosso d'Arno
GOLFO DI GENOVA
Riviera della Versilia
MARE LIGURE
I. Palmeria
I. del Tino
Golfo d. Spezia
LUCCA
Fantiscritti
Viareggio
Carrara
★★★ Vaut le voyage
★★ Mérite un détour
★ Intéressant
À voir
Ville de départ du circuit
La Riviera
La Route du Marbre
Les Alpes apuanes
Des Alpes apuanes au parc naturel Migliarino-San Rossore-Massaciuccoli
À travers la Garfagnana
À travers la Lunigiana

Lucca

Lucques

★★★

89 300 habitants

La ville natale de Giacomo Puccini est un petit bijou à ne manquer sous aucun prétexte. Au-delà des puissants remparts, témoins de son passé glorieux, vous découvrirez une petite ville médiévale pleine de charme, riche d'un patrimoine architectural exceptionnel, où il fait bon vivre. Les ruelles animées par le va-et-vient incessant des bicyclettes et des passants, les façades d'églises à l'allure de dentelle, les deux tours anciennes rescapées de la centaine qui se dressaient jadis vers le ciel, la jolie place ovale de l'Amphithéâtre, aux terrasses accueillantes, donnent envie de s'y attarder.

NOS ADRESSES PAGE 244
Hébergement, restauration, achats, activités, etc.

S'INFORMER

Office de tourisme – *Vecchia Porta San Donato, piazzale Verdi - ✆ 0583 58 31 50 - www.turismo.lucca.it.*

SE REPÉRER

Carte de région C4 (p. 232) - plan de ville (p. 238). À 75 km à l'ouest de Florence et à 20 km à l'est de Viareggio par l'A 11 Firenze-mare.

SE GARER

La circulation dans le centre-ville est interdite aux non-résidents, renseignez-vous auprès de votre hôtel pour les autorisations. Les parkings payants à l'intérieur des murailles sont vite complets, mieux vaut se garer à l'extérieur. Du parking de la piazza dell'Indipendenza, le bus n° 19 vous dépose gratuitement – sur présentation du ticket de parking – à la Porta San Pietro (10mn).

À NE PAS MANQUER

L'église San Michele in Foro, la piazza San Martino, la via Fillungo, une balade sur les remparts, la piazza dell'Anfiteatro.

ORGANISER SON TEMPS

Dédiez une journée à Lucca ; l'idéal étant d'y passer une nuit pour profiter de la soirée et du matin avant l'arrivée des touristes ; une demi-journée pour les villas aux alentours.

AVEC LES ENFANTS

Les remparts, l'Orto botanico et le Museo del Fumetto e dell'Immagine.

Se promener Plan de ville p. 238

★★★ CITTÀ VECCHIA

Au départ de la piazza San Martino, circuit tracé en vert sur le plan p. 238. Compter 3h sans la visite des musées.

Les rues et les places du **vieux Lucca**, qui n'ont rien perdu de leur cachet ancien et où cohabitent avec harmonie les styles gothique et Renaissance, sont pleines de charme avec leurs palais, leurs tours seigneuriales, leurs vieilles boutiques, leurs élégants balcons et grilles en fer forgé.

La piazza dell'Anfiteatro (place de l'Amphithéâtre), à Lucca.
Tips/Photononstop

★★ Duomo di San Martino B2

9h30-18h (17h en hiver), dim. 9h-10h, 11h45-18h - 3 €, 7 € le billet combiné avec le Museo della Cattedrale et le Battistero Santi Giovanni e Reparata.

Une première fois reconstruite au 11e s., la cathédrale de Lucca fut à peu près entièrement refaite, au 13e s. pour l'extérieur, aux 14e et 15e s. pour l'intérieur. La très belle **façade**★★ en marbres blanc et vert alternés – œuvre de l'architecte **Guidetto da Como** – produit, en dépit de son asymétrie due à la présence du campanile et malgré l'absence de fronton, une impression de remarquable équilibre. Sa partie supérieure à trois étages de galeries à colonnettes représente la première expression du style roman pisan à Lucca, dans une version toutefois plus aérée et exempte de sévérité : arcs des galeries plus larges que dans les églises pisanes, colonnes d'une étonnante fantaisie d'exécution, introduction au-dessus de chaque registre d'arcades d'une frise de motifs géométriques, floraux et d'animaux, en marqueterie de marbre.

De lignes élancées et puissantes, le **campanile**★ date du 13e s. Le contraste entre l'ocre et le blanc des matériaux employés, les baies, les arcs des fenêtres et les petites arcatures aveugles soulignant chaque étage d'un feston blanc se conjuguent pour créer une impression de légèreté.

L'ESSOR DE LA SÉRICICULTURE

Érigée en libre commune, Lucca, aux 12e et 13e s., ne cessa d'accroître son importance économique, fondée sur la fabrication et le commerce de la soie, pour connaître son plus grand éclat dans la première moitié du 14e s., sous le gouvernement du grand condottiere **Castruccio Castracani**. De cette époque, où les marchands lucquois exportaient dans toute l'Europe et jusqu'en Orient des soieries devenues célèbres, datent la reconstruction de la plupart des églises et la réalisation de ces merveilleuses façades, dont Lucca a emprunté le style aux architectes pisans, mais en apportant dans leur décoration un surcroît de fantaisie et de raffinement.

3

On détaillera la **décoration★** du porche : piliers portant de fines colonnes aux naïves sculptures ; arcatures aveugles soulignées de marbre rouge ; frise en marqueterie de marbre ; scènes sculptées (au portail de gauche une *Descente de croix* et une *Adoration des Mages* par **Nicola Pisano**, aux deux autres portails l'*Ascension* et le *Martyre de Regulus* – saint lucquois qui mourut décapité – par des maîtres lombards du 13e s., entre les portails des épisodes de la Vie de saint Martin et, au-dessous, les Travaux des mois).

Intérieur – Un élégant triforium à colonnes graciles règne sur la nef, formant un heureux contraste avec les arcs en plein cintre supportés par de robustes piliers. Au revers de la façade, une sculpture romane évoque le célèbre épisode de saint Martin partageant son manteau.

La nef latérale gauche abrite, au-dessus du deuxième autel, une *Présentation de la Vierge au Temple* par **Bronzino**, tandis qu'un peu plus haut s'élève le gracieux *tempietto*, petit édicule Renaissance en forme de temple, construit en 1484 par le sculpteur et architecte lucquois **Matteo Civitali** (1436-1501) pour abriter le **Saint Voult** *(voir encadré ci dessous)*. Sculpté vers la fin du 11e s., le **grand Christ★** en bois, noirci par le temps, rigide dans sa longue tunique, serait la copie d'une œuvre plus ancienne, peut-être celle autour de laquelle se forgea la légende.

Le croisillon gauche permet d'accéder à la chapelle dite du Sanctuaire : au-dessus de l'autel, une *Vierge à l'Enfant entre saint Étienne et saint Jean-Baptiste*, tableau peint en 1509 par le Florentin **Fra Bartolomeo**.

Sacristie – Sur le bas-côté droit s'ouvre la sacristie qui renferme au-dessus de l'autel une ravissante *Vierge à l'Enfant entourée de saints*, peinte dans de vifs coloris par **Domenico Ghirlandaio**. Toutefois, le chef-d'œuvre conservé ici est le **tombeau★★** en marbre blanc d'**Ilaria del Carretto**, épouse de Paolo Guinigi, morte en 1405, chef-d'œuvre de **Jacopo della Quercia**. La jeune femme, vêtue d'une longue robe au drapé d'une rare souplesse, gît étendue dans le sommeil de la mort, un chien – symbole de fidélité – étendu à ses pieds. De nombreux amoureux viennent toucher Ilaria et lui demander protection pour leur vie future.

De retour dans la nef, on admire également, à l'autel de la 3e chapelle du bas-côté droit, une spectaculaire **Cène★** du Tintoret, composition mouvementée sur laquelle l'artiste a, dans la manière qui lui est habituelle, projeté un fantastique éclairage.

LA LÉGENDE DE LA SAINTE CROIX

On ne peut parler de Lucca sans évoquer le **Volto Santo** (le « Saint Voult ») ou Santa Croce, ce crucifix miraculeux vénéré dans la cathédrale San Martino, et que **Nicodème**, après la mise au tombeau, aurait sculpté de mémoire, d'après les traits mêmes du Sauveur. L'objet aurait été perdu puis rejeté par les flots au 8e s. à Luni, au nord de Viareggio, et enfin conservé dans le duomo de Lucca. Au Moyen Âge, la renommée du Volto Santo fut immense. Diffusée par les marchands lucquois, elle gagna les pays du nord de l'Europe.

Le soir du 13 septembre, la **luminara di Santa Croce** commémore la mystérieuse translation du Volto Santo : une immense procession, à laquelle participe la ville entière, ainsi que les différentes confréries religieuses de la région et des représentants des villes de Toscane, parcourt les rues.

Museo della Cattedrale B2

Piazza Antelminelli - ✆ 0583 49 05 30 - www.museocattedralelucca.it - 15 mars-oct. : 10h-18h ; reste de l'année : 10h-14h (w.-end 18h) - 4 €, 7 € le billet combiné avec le duomo et le baptistère Santi Giovanni e Reparata.

Le musée conserve des objets de culte, des tableaux et des œuvres sculptées, parmi lesquels une statue d'apôtre de Jacopo della Quercia et les ornements de fête du Volto Santo.

★ Battistero e chiesa dei Santi Giovanni e Reparata - Area archeologica B2

15 mars-oct. : 10h-18h ; reste de l'année : 10h-14h (w.-end 18h) - 3 €, 7 € le billet combiné avec le duomo et le musée de la cathédrale. La façade de l'église du 10e s. surprend par son nombre important de graffitis. Au cours d'une vingtaine d'années de fouilles archéologiques ont été retrouvés les vestiges d'une maison et de thermes datant de l'époque romaine, ainsi que l'implantation initiale et les successifs agrandissements de la **cathédrale primitive** et du **baptistère**.

D'avril à octobre, l'église accueille tous les soirs à 19h un concert du festival permanent **Puccini e la sua Lucca** *(www.puccinielasualucca.it).*

Traverser la piazza del Giglio. S'élève ici le bâtiment néoclassique du **Teatro del Giglio**.

> **LA PRINCESSE DE LUCCA**
>
> Au début du 19e s., une figure de femme domina la vie de la ville le temps d'un très court règne : celle d'**Élisa Bonaparte**, promue par son frère, à la suite des conquêtes napoléoniennes en Italie, princesse de Lucca et Piombino. De 1805 à 1813, aidée de son époux, Félix Baciocchi, elle gouverna avec décision et sagesse sa principauté et déploya des talents remarquables dans la direction des affaires.

★ Piazza Napoleone B2

Sur cette vaste place ombragée de platanes, édifiée par Élisa Bonaparte, se dresse le **Palazzo Ducale**, dont la construction fut lancée au 16e s. par l'architecte florentin **Bartolomeo Ammannati**.

Prendre la via Beccheria qui mène à la piazza San Michele.

Piazza San Michele B2

Elle occupe l'emplacement de l'ancien forum romain. De vieilles demeures l'entourent, dont certaines des 13e et 14e s. Le **Palazzo pretorio** – ancien palais du podestat – ouvre à l'angle de la via Vittorio Veneto les arcades Renaissance de son rez-de-chaussée en loggia.

★★ San Michele in Foro B2

Flanquée d'un massif campanile édifié à la hauteur du transept, l'église, construite du 12e au 14e s., domine la place de sa masse blanche entièrement parcourue d'arcatures aveugles et de galeries à colonnettes. La **façade★★** (13e s.), d'une hauteur exceptionnelle, car prévue pour une nef qui devait être surhaussée par rapport à celle existante, représente, malgré de profondes restaurations subies au siècle dernier, ce que le style roman pisan a produit à la fois de plus exubérant et de plus léger. Sur le schéma typique – arcatures aveugles surmontées de plusieurs étages de galeries –, l'architecte a fait ici œuvre d'orfèvre, accentuant la profondeur des loggias, multipliant les motifs dans la décoration des colonnes, développant les frises d'animaux en marqueterie de marbre. Au faîte de la façade, deux anges musiciens encadrent une grande statue de saint Michel terrassant le dragon.

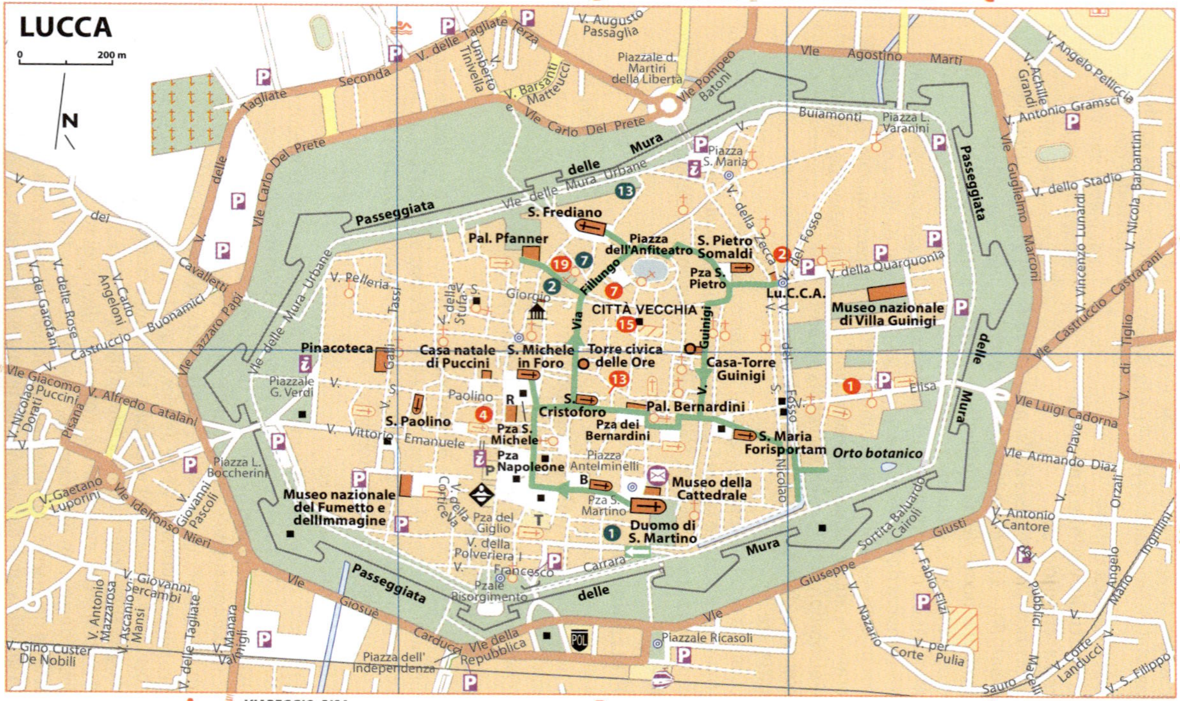

SE LOGER

Albergo San Martino 1
Alla Corte degli Angeli ... 2
B&B Alla
Dimora Lucense 7
Ostello San Frediano 13

SE RESTAURER

Buca di Sant'Antonio 4
Gli Orti di Via Elisa........ 1
Il Mecenate a Lucca 2
Osteria Baralla 7
Osteria del Manzo......... 19
Ristorante All'Olivo....... 13
Trattoria Gigi............. 15

Battistero e chiesa dei S.S. Giovanni e Reparata..............B
Palazzo Pretorio ....R

Intérieur – Lui aussi roman, à l'exception des voûtes qui ont remplacé au 16e s. le toit à charpente apparente, il contraste avec l'extérieur par sa simplicité. Un arc triomphal occupant toute la hauteur de la nef donne à celle-ci une belle envolée. Le premier autel du bas-côté droit est surmonté d'une **Madone★** à l'expression délicieusement juvénile, en terre cuite vernissée blanche, d'**Andrea Della Robbia**. Le crucifix peint, devant le chœur, est dû à un artiste lucquois de la première moitié du 12e s., qui a représenté le buste et le vêtement du Christ en léger relief.
Le croisillon droit du transept renferme un beau **tableau★** de **Filippino Lippi**, d'un vif coloris, représentant les saints Roch, Sébastien et Jérôme avec sainte Hélène.
La via Beccheria, puis la via Roma à droite conduisent à la via Fillungo.

★ Via Fillungo B1-2

C'est la rue commerçante la plus pittoresque et élégante de Lucca. À l'entrée, à droite, s'élève l'église romane **San Cristoforo**, aujourd'hui désaffectée et dévolue aux expositions temporaires ; on notera, percés dans la façade revêtue de marbres clair et sombre alternés, un joli portail à linteau sculpté de motifs floraux et une belle rosace ; à l'intérieur, d'une noble sobriété baignée d'une lumière rosée, les murs sont couverts des noms, gravés dans la pierre, des citoyens de Lucca morts au champ d'honneur.
Dans la rue s'élève la **torre delle Ore** (tour des Heures – *4 €*) datant du 13e s. Vous serez récompensé de l'ascension des quelque 208 marches par la découverte d'un superbe **panorama★★**.
Un peu plus loin, sur la gauche, dans la via degli Asili, se trouve le **palais Pfanner**, construit au 17e s. : un monumental escalier extérieur à arcades et balustres et un jardin aménagé au 18e s., auquel la promenade des remparts sert de toile de fond, témoignent encore de sa splendeur passée.
Le dernier tronçon de la via Cesare Battisti est dominé par le robuste campanile de San Frediano.

★ San Frediano B1

Cette église romane, l'une des plus grandes de la ville, fut édifiée au 12e s. à l'emplacement d'une basilique qu'avait fait élever au 6e s. saint Frediano, évêque de Lucca, auquel on attribue le miracle d'avoir endigué les eaux du Serchio (fleuve qui coule au nord de la ville). Elle présente la particularité d'avoir son abside tournée vers l'ouest, contrairement à la tradition, qui veut que les églises soient orientées vers Jérusalem, et donc vers l'est. La **façade** est surmontée d'une imposante **mosaïque** du 13e s. de style byzantin. Un beau campanile à créneaux domine l'édifice.
Intérieur – La nef, très sobre, abrite une **vasque baptismale★** romane exécutée au 12e s., ornée de sculptures contant en divers panneaux le Passage de la mer Rouge. La **chapelle Trenta** renferme un **polyptyque★** gothique en marbre, richement sculpté par **Jacopo della Quercia** qui a représenté, dans un style à la fois vigoureux et fluide, une Vierge à l'Enfant entourée de saints. Dans la chapelle Sant'Agostino, on peut voir d'intéressantes fresques du 16e s. réalisées par Amico Aspertini, qui illustrent l'acheminement du Saint Voult à Lucca *(voir encadré p. 236)*.
Regagner la via Fillungo et prendre à droite une ruelle voûtée.

★★ Piazza dell'Anfiteatro B1

Cette singulière place oblongue, qui doit sa forme aux maisons qui l'entourent, occupe l'emplacement d'un **amphithéâtre** construit par les Romains au 2e s. Tombé en ruine à l'époque des invasions barbares, il a fourni une grande partie

des matériaux utilisés au Moyen Âge dans la reconstruction des églises de la ville, en particulier le marbre des façades ; il fut ensuite recouvert d'habitations. C'est seulement en 1830 que fut percée, à l'intérieur de ce quartier médiéval, la place que l'on voit aujourd'hui.
Proche de la place de l'Amphithéâtre, la **piazza San Pietro**, petite, irrégulière, est entourée de nobles façades du 16e s. Elle est dominée par le clocher bicolore (en pierre pour la base, en brique pour la partie supérieure) de l'église romane **San Pietro Somaldi**, élevée au 12e s. et dont la façade fut achevée au 14e s. par deux étages de galeries, dans la tradition pisane ; au linteau du portail central figure *Jésus remettant les clefs à saint Pierre*.
Prendre à gauche la via della Fratta.

Lu.C.C.A. (Lucca Center of Contemporary Art) B1

Via della Fratta 36 - ✆ 0583 49 21 80 - www.luccamuseum.com - 10h-19h, dernier accès 1h avant la fermeture - fermé lun. - 9 €. Au croisement de la via della Fratta avec la typique **via de' Fossi** se dresse le palais Bocella, élégant bâtiment Renaissance, qui accueille ce bel espace dédié à l'art contemporain : un lieu multifonctionnel dont le design, total, s'étend jusqu'aux toilettes (incontournables !).
Revenir sur ses pas et prendre la via Guinigi.

★ Casa-torre Guinigi B1-2

Via S. Andrea 45 - ✆ 0583 58 30 86 - www.lemuradilucca.it - juin-sept. : 9h30-9h30 ; avr.-mai : 9h30-18h30 ; mars et oct. : 9h30-17h30 ; nov.-fév. : 9h30-16h30 - 4 €, 9 € le billet combiné avec la Torre delle Ore et le jardin botanique, valable 2 j.
Cette **maison-tour** caractéristique des 13-15e s., ayant appartenu à la puissante famille Guinigi, est un monument emblématique de Lucca. Sa tour de 41 m de haut, édifiée en briques rouges au 14e s., est l'une des dernières en Italie à perpétuer la coutume des chênes verts plantés au sommet. Armez-vous de courage pour grimper les 230 marches et admirer le **panorama** qui se dégage sur la cité.
Continuer sur la via Guinigi.

Santa Maria Forisportam B2

Ainsi appelée car elle se trouvait à l'origine « en dehors de l'enceinte » romaine, cette église fut édifiée au 13e s. Sa façade (inachevée) est typique de l'art pisan. À noter, à l'intérieur, un sarcophage paléochrétien en marbre orné de sculptures à strigiles *(niche à droite de l'entrée)* qui tient lieu de fonts baptismaux, et deux œuvres du Guerchin : *Sainte Lucie (dernier autel du bas-côté droit)* et *La Vierge, saint François et saint Alexandre (bras gauche du transept)*.
La via Santa Croce, la piazza dei Servi, la **piazza dei Bernardini**, où s'élève la sévère façade du palais portant le même nom (16e s.), ramènent à la piazza San Michele.

★ Passeggiata delle Mura

Les **remparts**, qui donnent à Lucca une physionomie si particulière, ceignent entièrement la ville sur une longueur de plus de 4 km. Leur construction s'échelonna du 16e s. à la première moitié du 17e s. Constitués de onze bastions en forte avancée que relient entre eux des courtines d'une largeur de 30 m à la base, ils étaient à l'origine percés de trois portes ; en 1804, Élisa Bonaparte en fit ouvrir une quatrième, à l'est, la **Porte Élisa**. Plantés au 19e s. d'une double rangée d'arbres, ils forment un original jardin public réservé aux piétons et aux cyclistes.

Orto botanico C2

Via del Giardino Botanico 14 - ✆ 0583 58 30 86 - www.lemuradilucca.it - avr.-oct.: 10h-coucher du soleil; reste de l'année : se renseigner - 4 €, 9 € le billet combiné avec la Torre delle Ore et la Torre Guinigi.

Fondé en 1820 par Maria Luisa di Borbone, ce jardin botanique se présente aujourd'hui comme un très joli espace vert et fleuri, serré entre les remparts et le complexe de San Micheletto.

À voir aussi Plan de ville p. 238

★ Pinacoteca nazionale di Palazzo Mansi A1-2

Via Galli Tassi 43 - ✆ 0583 55 570 - www.luccamuseinazionali.it - tlj sf dim. et lun. 8h30-19h (billetterie 18h) - 4 €, 6,50 € le billet combiné avec le Museo nazionale di Villa Guinigi.

Le somptueux **palais Mansi** (17e s.) présente dans la **pinacothèque** du 1er étage de grandes compositions de peintres italiens tels Véronèse, Giordano, le Dominiquin, Salvator Rosa, Bronzino, le Pontormo *(Portrait de jeune homme)*, le Tintoret, Ventura Salimbeni *(Sainte Catherine d'Alexandrie)*; des portraits, dont celui d'un *Della Rovere enfant* par Federico Barocci; de petits tableaux italiens ou étrangers, notamment de l'école flamande.

Les **appartements★** du 1er étage présentent une remarquable décoration des 17e et 18e s.: petits salons aux plafonds peints de fresques à sujets mythologiques et aux murs tendus de somptueuses tapisseries flamandes du 17e s. contant l'histoire de l'empereur Aurélien et de la reine Zénobie. La magnifique **chambre des époux★**, du 18e s., conserve un très riche salon en bois doré et un lit à baldaquin sous une fresque représentant Éros et Psyché.

Le 2e étage accueille les œuvres des 19e et 20e s. et les collections de tissus. Appartements d'été et ateliers de tissage au rez-de-chaussée.

★ Museo nazionale di Villa Guinigi C1

Via della Quarquonia - ✆ 0583 49 60 33 - www.luccamuseinazionali.it - tlj sf dim. et lun. - 8h30-19h30 (billetterie 19h) - 4 €, 6,50 € le billet combiné avec le Museo nazionale di Palazzo Mansi.

Cette imposante bâtisse en brique, d'architecture romano-gothique, était la résidence de campagne de Paolo Guinigi, qui la fit construire en 1418, légèrement à l'extérieur de l'enceinte médiévale. Une complète restauration a rendu aux jardins et au bâtiment leur aspect d'origine.

Le **rez-de-chaussée** propose une riche **section archéologique** axée sur la région.

Au **1er étage**, la **sculpture romane** est illustrée notamment par un panneau représentant Samson chevauchant un lion (fin du 12e s.) et par l'œuvre dite **Panthère lucquoise** (12e s.). À cette période appartient aussi le très beau Crucifix peint par Berlinghiero (13e s.). Dans les salles suivantes est retracé le passage de l'art gothique à la Renaissance: petite *Vierge à l'Enfant* par Tino di Camaino, triptyques par Spinello Aretino, imposant **retable** par Priamo della Quercia.

La Renaissance est présente avec Matteo Civitali, dont on admire un très joli bas-relief représentant l'**Annonciation** et un **Ecce Homo** (tête de Christ couronnée d'épines).

Des **panneaux en marqueterie** témoignent de l'importance qu'eut à Lucca, à l'époque de la Renaissance, l'art de travailler le bois (vues du Lucca ancien, d'une exceptionnelle finesse d'exécution).

On admire encore une belle *Dormition de la Vierge* en bois sculpté et peint par le Siennois **Vecchietta**, deux grandes compositions équilibrées du Florentin **Fra Bartolomeo**, dont une *Vierge de miséricorde* un peu théâtrale, et enfin trois toiles de Giorgio Vasari.
Retour au **rez-de-chaussée** pour l'*Extase de sainte Catherine*, au coloris agréable et au dessin habile et précis du Lucquois Pompeo Batoni (18e s.).

Museo nazionale del Fumetto e dell'Immagine B2

Piazza San Romano 4 - ✆ 0583 56 326 - www.museoitalianodelfumetto.it - tlj sf lun. 10h-18h (fermé en semaine en hiver) - 4 €.
Le bâtiment de l'ancienne caserne Lorenzini accueille ce musée dédié à la bande dessinée, à ses créateurs et ses créatures. Une section présente une reconstitution des maisons mythiques des personnages de bande dessinée les plus connus. Depuis 1993, Lucca, capitale italienne de la BD, organise le grand festival *Lucca Comics and Games* (*voir « Nos adresses », p. 244*).

Casa natale di Puccini B2

Corte San Lorenzo 9 - ✆ 0583 584 028 - www.puccinimuseum.org - 10h-19h (10h-13h, 15h-17h en hiver) - fermé mar. sf été - 7 €.
Ce musée, installé dans la maison natale de Puccini et récemment réaménagé, expose des lettres du compositeur, son piano, des illustrations montrant le décor de certains de ses opéras, portraits et cartes postales.
Non loin, l'**église San Paolino** (16e s.) conserve l'orgue du 19e s. sur lequel Puccini venait souvent jouer.

À proximité Carte de région p. 232

Durant la seconde moitié du 16e s., Lucca délaisse l'industrie et le commerce de la soie, en déclin, pour se tourner vers l'agriculture. Ce virage économique s'accompagne d'une intense activité dans le domaine de l'architecture. Entre les 16e et 19e s., la bourgeoisie de Lucca fit construire de magnifiques villas à la campagne. Témoignant de la prospérité des propriétaires, leur visite constitue une promenade passionnante dans la campagne lucquoise.

ROUTE DES VINS
La région de Lucca est propice à la culture du vin et de la vigne. Pour partir à la découverte de ses richesses gastronomiques, on peut emprunter les itinéraires de la **Route du vin et de l'huile Lucca-Montecarlo-Versilia**. *www.stradavinoeoliolucca.it*

★★ Giardini della Villa Reale di Marlia C3

10 km au nord. Sur la route S 12, à 6 km prendre à droite vers Marlia (panneau) et traverser la voie ferrée. La villa est également accessible par la S 435 qui mène à Pescia. Suivre les panneaux indiquant les villas.
Via Fraga Alta 2 - Marlia, Capannori - ✆ 0583 30 108 - www.parcovillareale.it - mars-oct. : 10h-18h ; reste de l'année : dim. 10h-16h - 8 €. La villa ne se visite pas.
La villa « royale » a appartenu successivement à Élisa Baciocchi, sœur de Napoléon Bonaparte, aux ducs de Parme, aux grands-ducs de Toscane, au roi Victor-Emmanuel II, au prince Charles, frère du roi des Deux-Siciles et aux comtes Pecci-Blunt. Les immenses **jardins★★** du 17e s. sont caractérisés entre autres par un ravissant théâtre de verdure agrémenté de statues, de niches, de gradins et d'ifs taillés.

Villa Torrigiani.
G. Croppi/Sime/Photononstop

Villa Grabau C3

9 km au nord. Via di Matraia 269 - San Pancrazio- ✆ 0583 40 60 98 - www.villagrabau.it - visites guidées de la villa juil.-août : 10h-13h, 15h-19h ; Pâques-1er nov. : 10h-13h, 14h-18h ; 2 nov.-Pâques : dim. 11h-13h, 14h30-17h30 - fermé lun. mat. - 7 € (parc et villa) ; 5 € (parc seult, visite libre).

La Villa Grabau est une élégante construction néoclassique dont les origines remontent à la première moitié du 17e s. Depuis 1868, elle appartient à la famille Grabau. Les fontaines ornées de mascarons en bronze et de statues en marbre blanc contribuent à la beauté noble du **parc★★** de 9 ha, un véritable jardin botanique. S'y trouvent aussi un théâtre de verdure, un jardin à l'anglaise avec une riche collection d'arbres géants et de plantes exotiques, ainsi qu'un jardin à l'italienne décoré de très vieux citronniers (18e-19e s.), dans leurs pots d'origine.

3

★ Villa Torrigiani di Camigliano C3

12 km au nord-est. Suivre la route de Pescia, dite la Pesciatina, en direction de Zone. À Zone, tourner à gauche, direction Segromigno in Monte.

Via del Gomberaio 3 - Capannori - ✆ 0583 92 80 41 - mars-oct. 10h-13h, 16h-19h (15h-17h hors saison) ; nov.-déc. sur réserv. - fermé janv. et fév. - 10 € (parc et villa).

Cette villa du 16e s. fut transformée au 17e s. en une luxueuse résidence d'été par le marquis Nicolao Santini, ambassadeur attitré de la république de Lucca à la cour pontificale et à celle de Louis XIV. Les somptueux jardins, dessinés par André Le Nôtre, sont embellis de jeux d'eau, de grottes et de nymphées. La demeure, à l'amusante façade rococo, se dresse au fond d'une longue allée arborée.

Villa Mansi C3

11 km au nord-est. Même itinéraire que pour la Villa Torrigiani puis suivre les indications à partir de Segromigno. V. Selvette 242, Segromigno in Monte - Se renseigner pour les visites au ✆ 0583 92 02 34.

Cette très belle construction du 16e s., à la façade chargée de statues, s'entoure d'un vaste **parc★** (dont la partie ouest a été réalisée par Juvarra au 18e s.) mi-anglais, magnifiquement ombragé, mi-italien, avec une allée de statues aboutissant à un grand miroir d'eau.

NOS ADRESSES À LUCCA

Plan de ville p. 238

ARRIVER/PARTIR

Bus – La **Compagnia Toscana Trasporti (CTT)** assure la liaison avec Florence, Pise (aéroport) et la Versilia *(www.lucca.cttnord.it).*
Taxi – *✆ 02 53 53.*

HÉBERGEMENT

De nombreux palais historiques du centre-ville de Lucca ont été transformés en chambres d'hôte. *Renseignements à l'OT (voir « s'informer » p. 234).*

PREMIER PRIX

Ostello San Frediano – B1 - *Via della Cavallerizza 12 - ✆ 0583 48 477 - www.ostellolucca.it - dortoirs et chambres familiales (2, 4, 5, 6 lits avec salle de bains privée) - doubles 70 €.* À l'intérieur de l'ancien Real Collegio et près de l'église San Frediano, cet établissement offre tout le confort d'un hôtel au prix d'une auberge de jeunesse. Vastes parties communes et joli petit jardin.

BUDGET MOYEN

B&B Alla Dimora Lucense – B1 - *Via Fontana 19 - ✆ 0583 49 57 22 - www.dimoralucense.it - 8 ch. - 100/130 €.* À deux pas de la via Fillungo, les chambres de ce petit hôtel intime ont conservé leurs détails architecturaux d'origine mais sont équipées de toutes les commodités modernes. Jolie cour intérieure.

Albergo San Martino – B2 - *Via della Dogana 9 - ✆ 0583 46 91 81 - www.albergosanmartino.it - 12 ch. - 90/130 €.* À deux pas du Duomo, cet hôtel tout confort, pourvu d'un mobilier agréable et moderne, offre des chambres spacieuses, lumineuses et très bien aérées. Les jeunes gérants, au dynamisme contagieux, vous proposeront des visites guidées à travers la ville.

POUR SE FAIRE PLAISIR

Alla Corte degli Angeli – B1 - *Via degli Angeli 23 - ✆ 0583 46 92 04 - www.allacortedegliangeli.com - 21 ch. - 130/160 €.* Installé dans un bâtiment historique, mais doté d'un confort des plus modernes, cet établissement de charme offre des chambres soignées à la décoration personnalisée, inspirée au monde botanique.

À proximité

BUDGET MOYEN

Agriturismo Fattoria la Torre – *Via provinciale di Montecarlo 7 - Montecarlo, à 15 km à l'est de Lucca - ✆ 0583 22 981 - www.fattorialatorre.it - ✕ - 6 ch. et appart. - 100/140 €.* Dans une maison située sur une propriété produisant du vin et de l'huile d'olive, de séduisantes chambres design, certaines avec vue sur les vignes et le village. Restaurant de spécialités toscanes.

RESTAURATION

PREMIER PRIX

Osteria del Manzo – B1 - *Via Cesare Battisti 28 - ✆ 0583 49 06 49 - fermé à midi et dim. - 15/25 €.* Cet établissement accueille une clientèle hétérogène : professions libérales lucquoises, étudiants en musique et touristes. On y déguste des plats typiques de la tradition toscane et des desserts délicieux.

BUDGET MOYEN

Trattoria Gigi – B1 - *Piazza del Carmine 7 - ✆ 0583 46 72 66 - www.gigitrattoria.it - 25/30 €.* Une adresse sympathique où goûter une cuisine traditionnelle assaisonnée d'une touche de modernité.

Gli Orti di Via Elisa – C2 - *Via Elisa 17 - ✆ 0583 49 12 41 - www.ristorantegliorti.it - fermé merc. et jeu. à midi - 25/35 €.* Un restaurant qui allie tradition et dynamisme. Il privilégie les plats typiques comme les grillades et propose aussi une large gamme de spécialités, en passant par le plat du jour. Le tout servi dans une atmosphère de bistrot.

Osteria Baralla – B1 - *Via dell'Anfiteatro 5-9 - ✆ 0583 44 02 40 - www.osteriabaralla.it - fermé dim. - réserv. conseillée. - 25/30 €.* Situé dans l'entrée des offices d'un palais médiéval, ce restaurant pittoresque propose un menu du jour composé de plats typiques du terroir que l'on peut déguster sous la belle voûte ou dans la petite salle plus intime.

Il Mecenate a Lucca – C1 - *Via del Fosso 94 - ✆ 0583 51 18 61 - www.ristorantemecenate.it - 30/40 €.* Dans les locaux d'époque d'une teinturerie de Lucca, cette authentique trattoria propose un remarquable éventail des spécialités culinaires de la région. L'été, l'agréable terrasse donne sur l'église San Francesco.

POUR SE FAIRE PLAISIR

Ristorante All'Olivo – B2 - *Piazza San Quirico 1 - ✆ 0583 49 62 64 - www.ristoranteolivo.it - fermé merc. - 35/50 €.* Sur une des places les plus pittoresques du centre historique, ce petit restaurant raffiné offre une carte agréable des produits de la terre et de la mer, servis en terrasse.

Buca di Sant'Antonio – B2 - *Via della Cervia 1-5 - ✆ 0583 55 881 - www.bucadisantantonio.com - fermé dim. soir et lun. - 35/50 €.* Ce restaurant fondé en 1782 reste un des plus appréciés des Lucquois et offre à des prix raisonnables une cuisine traditionnelle. Cadre rustique sous poutres apparentes et décor d'ustensiles en cuivre.

PETITE PAUSE

Pasticceria Taddeucci – B2 - *Piazza San Michele 34 - ✆ 0583 49 49 33 - www.buccellatotaddeucci.com - fermé jeu.* Depuis 1881, la famille Taddeucci se consacre à la pâtisserie pour notre plus grand plaisir : *buccellati* (les plus typiques gâteaux de Lucca, sous forme de savarin ou de baguette), tourtes, *ricciarelli* (biscuits aux amandes), *pinolate* (biscuits fourrés aux pignons), *cantuccini* (biscuits secs parfumés aux amandes), *panforte*…

Cafè Fellini – B2 - *Piazzetta San Carlo - ✆ 345 51 47 655.* Une halte sympathique pour déguster rapidement salades, *panini*, pizzas et quelques plats simples. Service en terrasse.

EN SOIRÉE

Betty Blue Café – B1 - *Via Gonfalone 16-18 - ✆ 0583 49 21 66 - www.bettybluelucca.it.* Bar animé entre la piazza dell'Anfiteatro et la piazza Santa Maria. Déco et ambiance pop.

ACHATS

Gio-Art – B1 - *Via Mordini 58 - ✆ 0583 46 42 76 - www.gio-art.it -* Derrière la piazza dell'Anfiteatro, une agréable galerie d'art contemporain pour les amateurs de peinture moderne.

Delicatezze Gastronomia – B1 - *Via San Giorgio 5 - ✆ 0583 49 26 33.* Spécialités gastronomiques. Vous serez obligatoirement attiré par la devanture de cette caverne d'Ali Baba gargantuesque. Il ne vous restera plus ensuite qu'à succomber à la tentation !

Mywalit – B1 - *Piazza dell'Anfiteatro 40 - ✆ 0583 051 573 et via Fillungo 149 - ✆ 0583 440 433 - www.mywalit.com.* Boutique sympathique où vous trouverez portefeuilles, porte-monnaie originaux en cuir, de toutes les formes et de toutes les couleurs, et quelques sacs. Commande aussi par Internet.

Vissidarte – B1 - *Via Calderia 20 - ✆ 0583 48 383 - www.vissidarte.it.* Petite boutique de céramique à deux pas de San Michele in Foro, où vous trouverez un large choix de bouchons de bouteilles et de poignées de portes.

Il collezionista – B2 - *Piazza S. Giusto 1/2 - ✆ 0583 491 212 - www.ilcollezionistalucca.com.* Dans la ville de la BD, l'adresse par excellence pour les passionnés du genre, mais aussi pour les curieux.

AGENDA

Lucca Comics and Games – *✆ 0583 48 522 - www.luccacomicsandgames.com - oct.-nov.* Le plus grand festival de bande dessinée d'Italie : BD, animations, jeux et univers imaginaires.

Luminara di Santa Croce – *13 sept.* *encadré p. 236.*

Festival Puccini e la sua Lucca – *✆ 340 810 60 42 (réserv. concerts) - www.puccinielasualucca.it - tt l'année.* Festival permanent dédié à Giacomo Puccini. D'avril à octobre, des concerts ont lieu tlj à 19h dans l'église San Giovanni ; le reste de l'année, vend. et sam. à 19h dans l'Oratorio di San Giuseppe.

Antiche camelie della Lucchesia – *Pieve di Compito, à 13 km au sud-est de Lucca - ✆ 0583 977 188 - www.camelielucchesia.it - 3 w.-ends entre mars et avr.* Un rendez-vous incontournable pour les passionnés de jardins et de camélias.

Mercato antiquario lucchese – Le 3e w.-end du mois se tient le marché d'antiquités, sur la Piazza Antelminelli et les rues alentour, notamment la via del Battistero, surnommée la « *via degli antiquari* » à cause du grand nombre d'antiquaires et autres boutiques d'antiquités qui y sont installés.

ACTIVITÉS

À vélo – Lucca est une ville idéale pour se promener à vélo. Pour la location, s'adresser au bureau d'informations de la Porta San Donato ou Santa Maria, ou à **Biciclette Poli** *(Piazza Santa Maria 42 - ✆ 0583 49 37 87 - www.biciclettepoli.com).* On peut même prolonger la promenade le long du Serchio, dans le **Parco fluviale del Serchio**, 12 km entre Ponte San Pietro et Monte San Quirico.

La Versilia

★

La blancheur des Alpes apuanes en toile de fond, les pinèdes, la longue plage, les parcs naturels et la proximité des plus belles villes de la Toscane fascineront tous ceux qui aiment allier les plaisirs de la mer aux visites artistiques. La Versilia s'étend sur un territoire de près de 160 km le long de la côte de la Toscane nord-occidentale ; son atmosphère à la fois raffinée et conviviale en fait une destination prisée. Le carnaval de Viareggio jouit d'une renommée mondiale pour ses défilés de chars aux caricatures d'hommes célèbres en papier mâché qui font la satire de la vie politique italienne et internationale.

NOS ADRESSES PAGE 255
Hébergement, restauration, achats, activités, etc.

S'INFORMER
Viareggio – *Palazzo Cittadella - Via Regia 43 - ✆ 0584 96 65 21 - turismo.comune.viareggio.lu.it.*

SE REPÉRER
Carte de région B3 (p. 232).
La Versilia est accessible par les A 12 Gênes-Livourne et A 11 Firenze-mare. Sortez à Versilia pour Forte dei Marmi, Pietrasanta, Seravezza et Stazzema et à Viareggio pour Viareggio, Camaiore et Massarosa.

À NE PAS MANQUER
Le carnaval de Viareggio, la promenade du front de mer à Viareggio et ses somptueuses villas Art déco, Pietrasanta, la visite des carrières de marbre au coucher du soleil.

ORGANISER SON TEMPS
Une demi-journée pour les stations balnéaires, une demi-journée à une journée, selon vos envies, pour l'arrière-pays.

AVEC LES ENFANTS
Une balade en bateau dans le parc naturel Migliarino-San Rossore-Massaciuccoli.

3

Circuits conseillés Carte de région p. 232

LA RIVIERA B3

Circuit de 28 km tracé en vert sur la carte p. 232. Compter une demi-journée.

★ Viareggio

Principale station balnéaire de la Versilia, parmi les plus fréquentées d'Italie, Viareggio est un ancien petit village de pêcheurs et de charpentiers de marine métamorphosé au début du 19e s. en station balnéaire par Marie-Louise de Bourbon, qui y lance la mode des bains de mer. En 1828, deux établissements balnéaires y sont construits : l'un pour les hommes, l'autre pour les femmes, chaque sexe ayant sa plage. Sur le viale Regina Margherita sont peu à peu édifiés, grâce au savoir-faire des charpentiers de marine reconvertis, de nombreux pavillons en bois à un étage abritant tout autant de cafés, établissements balnéaires ou boutiques. Malheureusement, en octobre 1917, un terrible incendie ravage la désormais célèbre promenade du bord de mer. Curieusement épargné, le chalet Martini est le seul vestige de cette haute époque encore visible aujourd'hui.

Le viale Regina Margherita et son prolongement, le viale Guglielmo Marconi, présentent de beaux exemples des tendances architecturales de la fin des années 1920, entre Liberty et Art déco, comme le splendide **Gran Caffè Margherita**, aux coupoles baroques hautes en couleur.

La station offre une large et longue plage de sable fin, avec de nombreuses portions privatisées par les hôtels installés en vis-à-vis, mais elle est également connue pour ses **pinèdes** du Levant et du Ponant (la seconde, située en plein cœur de la ville, étant la plus belle), composées de pins maritimes et de pins parasols. Des sentiers bien aménagés traversent ces oasis de silence.

Galleria d'Arte Moderna e Contemporanea (GAMC) – *Palazzo delle Muse, piazza Mazzini - ✆ 0584 58 11 18 - www.gamc.it - tlj sf lun. 15h30-19h30 (juil.-août 18h-23h) - 8 €.* Le musée expose une collection de 3 000 œuvres d'artistes européens des 19e et 20e s., parmi lesquels le peintre expressionniste local Lorenzo Viani (1882-1936).

Vers le nord, à partir de Viareggio, le littoral offre une succession presque ininterrompue de stations balnéaires.

Lido di Camaiore

Jouxtant la station Viareggio, Lido di Camaiore, bien qu'un peu plus familiale et intimiste que sa prestigieuse voisine, se confond avec elle. La station profite en effet de la même plage de sable fin, de pinèdes ainsi que d'une agréable promenade le long du bord de mer.

Marina di Pietrasanta

Cette station balnéaire, qui porte le nom d'un village situé dans l'arrière-pays, offre une longue plage bien aménagée sur 5 km, d'agréables allées plongées dans la pinède, à parcourir à pied ou à vélo, et de nombreuses structures sportives ou de vie nocturne. À la sortie de Marina di Pietrasanta, à peine traversé le cours du Fiumetto, s'étend, en retrait par rapport à la plage, le **parc de la Versiliana** (petit bois d'environ 80 ha), dont la petite villa centrale accueillait régulièrement au début du 20e s. le poète Gabriele D'Annunzio. De charmantes allées permettent de le parcourir, tandis que, pendant les mois d'été, il accueille la Versiliana, un célèbre festival d'arts de scène italien et international (*voir « Nos adresses » p. 255*).

BON À SAVOIR

Les plages payantes sont une spécialité italienne. Le tarif est env. de 15/20 € pour la location d'un parasol et d'un transat, sur des plages souvent bondées en saison.

Forte dei Marmi.
CSP StevanZZ/Fotosearch/age fotostock

★ Forte dei Marmi

Via Spinetti 14 - ✆ 0584 28 02 92 - www.comune.fortedeimarmi.lu.it.
Noyée dans une forêt de pins, cette station particulièrement huppée, fréquentée par des artistes et la haute société italienne, offre une plage aux ravissantes petites cabanes alignées en rangs réguliers de couleurs différentes. En regardant vers le nord, on voit les montagnes ligures descendre vers la mer et y plonger, interrompant ainsi la douce côte versiliaise.

Marina di Massa et Marina di Carrara

Après un secteur un peu délaissé, ces stations (séparées par le port d'exportation des marbres qui s'y entassent en d'immenses dépôts) offrent de nouveau quelques belles constructions du début du 20e s.

LA ROUTE DU MARBRE B2-3

3

Circuit de 25 km tracé en orange sur la carte p. 232. Compter une demi-journée.
Citée par Dante dans sa *Divine Comédie*, cette région des Alpes apuanes est réputée depuis des siècles pour ses « marbres blancs » *(voir encadré p. 250)*.

Carrara B3

Viale XX Settembre, loc. Stadio - ✆ 0585 844 136 - www.turismomassacarrara.it.
La capitale mondiale de l'extraction et de la taille du marbre conserve un **dôme** de style romano-gothique (11e-14e s.), avec une façade ornée d'une belle rosace en marbre finement ouvragée. À l'intérieur, plusieurs statues intéressantes, dont un crucifix de bois et une *Annonciation* en marbre (les deux du 14e s.).
★ **Museo del Marmo** – *Via XX Settembre, loc. Stadio, à 1 km du centre, sur l'avenue reliant la ville à Marina di Carrara - ✆ 0585 84 57 46 - http://museodelmarmo.com - oct.-avr. 9h-12h30, 14h30-17h - fermé dim. - 4,50 €.* Ce musée présente le marbre et son travail depuis l'Antiquité jusqu'à nos jours en cinq sections. L'intéressante **marmothèque**★ regroupe plus de 300 dalles-échantillons de marbre et granit provenant des plus importants gisements du monde.

★ Cave di marmo (Carrières de marbre) B2

Le paysage farouche, les coulées blanches formées par les débris, le travail gigantesque exécuté par les hommes offrent un extraordinaire spectacle. Le long de la route, de petites plates-formes permettent de suivre *(aux heures de travail)* les différentes manœuvres et opérations des machines. Pour l'extraction, on utilise le « fil diamanté », câble d'acier emprisonnant de petits cylindres couverts de poudre de diamant à l'action hautement abrasive. Les blocs sont

LA CAPITALE DU MARBRE

Du règne d'Auguste jusqu'au 5e s. apr. J.-C., la Rome impériale, qui s'était entièrement parée de marbre, a utilisé celui de Carrare. Abandonnée au Moyen Âge, l'extraction reprit à la Renaissance sous l'impulsion du pape Léon X, fils de Laurent de Médicis, qui confia à **Michel-Ange** le soin d'organiser l'exploitation de ce marbre très difficile à atteindre et à acheminer dans la vallée. Michel-Ange, dont une carrière conserve le nom, y travailla de 1515 à 1518 : il dessina le tracé des routes permettant, depuis Seravezza, d'y accéder, puis d'en descendre les blocs extraits.

La renommée du marbre des Alpes apuanes lui vient de sa blancheur translucide et de la finesse de son grain, très prisées pour la statuaire ; une fois poli, il revêt en effet un scintillement nacré tout à fait caractéristique. Carrare recèle aussi des marbres plus ou moins teintés ou veinés de rouge sombre, vert, gris-bleu ou orange, couleurs dues à la présence de sels minéraux (ou autres éléments) dans le calcaire originel qui, par cristallisation sur plusieurs millions d'années, s'est transformé en marbre.

Aujourd'hui, l'extraction se concentre dans trois vallées : Colonnata, Fantiscritti et Ravaccione. Au fil des siècles, l'exploitation du marbre n'a fait que s'amplifier pour arriver actuellement à une production de 800 000 t par an, aidée depuis le siècle dernier par l'évolution des techniques et l'ouverture, en 1876, d'un chemin de fer entre les carrières et la mer, facilitant ainsi le transport de la pierre.

Depuis la Renaissance, de nombreux sculpteurs, dont Michel-Ange, **Jean Bologne**, **Bernin**, **Canova**, **Henry Moore** ou encore **Fernando Botero**, sont venus, et viennent encore, arpenter les concessions des carriers pour choisir les blocs dans lesquels seront réalisées leurs œuvres.

acheminés vers la plaine pour être débités dans les usines de tranchage, puis traités dans les marbreries.

★★**Carrières de Fantiscritti** – *5 km au nord-est de Carrara. Depuis Carrara, prendre la via Carriona di Colonnata vers Miseglia.* Les plus impressionnantes, par l'âpreté du site, leur étagement, la route très raide qui les dessert. On y accède par trois viaducs successifs appelés *Ponti di Vara*, réalisés au 19e s. pour l'ancien chemin de fer minier.

Revenir à Miseglia, aller à Bedizzano et prendre la Strada Comunale per Colonnata.

★ **Carrières de Colonnata** – Plus accessibles que les précédentes, par une route en paliers (jalonnée d'usines de tranchage), elles offrent un décor moins grandiose mais plus riant, grâce à la verdure subsistant alentour.

Retourner à Carrare et prendre la S 446D, route de Fosdinovo.

★ Route de Campo Cecina B2

La route monte au-dessus d'un vallon boisé et traverse les villages de Gragnana et de Castelpoggio. Une première vue révèle, à gauche, les dernières pentes des Alpes apuanes, semées de villages perchés et qui s'abaissent vers la mer, visible entre la plage de Marina di Carrara et le promontoire de Montemarcello.

Tourner à droite dans la route sinueuse de Campo Cecina *(prendre garde aux camions marbriers)*. Un pittoresque parcours en corniche, taillé dans les flancs de marbre mis à nu du mont Uccelliera et coupé de passages sous bois, aboutit à un vaste rond-point, le **piazzale dell'Uccelliera**, où l'on jouit d'une superbe **vue**★★ dominante sur les étonnantes carrières de Torano, les plages de Marina di Massa et de Montignoso, les îles de l'archipel toscan et les sommets des Alpes du Sud.

LES ALPES APUANES B3

Circuit de 85 km tracé en violet sur la carte p. 232 – compter 3h.
Via Corrado del Greco 11 - Seravezza - ✆ 0584 75 61 44 - www.parcapuane.it.
Ce circuit dans la haute Versilia fait le tour du **mont Altissimo**, cœur des Alpes apuanes. Ce massif recèle un marbre d'une très grande finesse, recherché pour la statuaire et connu depuis l'Antiquité étrusque et romaine. La haute Versilia fut également, jusqu'à récemment, une terre minière exploitée pour ses richesses en plomb, en argent, en mercure et en fer.

★ Pietrasanta

Pietrasanta accueille depuis 1960 environ les **artistes sculpteurs** du monde entier (Adam, Botero, César, Ipoustéguy, Lipchitz, Mitoraj, Miró, Moore et bien d'autres), attirés, plus encore que par le marbre de la Versilia et du bassin de Carrare, par la maîtrise des artisans locaux dans le travail de la pierre et, de façon plus surprenante, du bronze. D'importants travaux de copie et de restauration d'œuvres d'art occupent également la centaine d'ateliers locaux.
La Porta a Pisa s'ouvre sur la vaste et rectangulaire **piazza del Duomo★** qui, malgré ses dimensions, a des allures de petite place, et où se dressent les principaux monuments de la ville. Le **duomo di San Martino** présente une façade blanche de marbre tripartite, fleurie au centre d'une grande rosace surmontant les armes des Médicis et de la papauté (Pietrasanta devint florentine au 16e s.). Dans la rue qui s'embranche à droite du dôme, le baptistère abrite des fonts baptismaux de 1389.
À gauche de la cathédrale se succèdent un grand campanile de brique et le **palais Moroni**, datant de la Renaissance et précédé d'une double rampe d'escalier. Sur la même place, l'église **Sant'Agostino**, un monument au grand-duc Léopold II et la colonne du Marzocco (le lion de Florence), érigée en 1513. À droite, après le **Palazzo pretorio** du 14e s. et la **tour de l'horloge** de 1560, la place est clôturée par les maigres vestiges de la **Rocchetta arighina** (ou Porta a Pisa), ornée de petits arcs en encorbellement.
Emprunter la via Mazzini.
★ **Sant'Antonio Abate (ou della Misericordia)** – De part et d'autre de la petite nef de cette église, Fernando Botero a peint en vis-à-vis deux fresques, la **Porte du Paradis** et la **Porte de l'Enfer**. L'apport des maîtres de la Renaissance est évident dans le choix de la technique, des sujets, de la composition et de « citations » comme les angelots, le paysage ou les moulures d'encadrement ; mais le tout est enrichi de nombreux détails, fruits de l'imagination de l'artiste confronté au monde contemporain et à l'histoire de son pays : Mère Teresa,

BOTERO, L'ENFANT ADOPTIF

Né en 1932 en Colombie, le peintre sculpteur Fernando Botero mêle à sa connaissance de l'art précolombien et du baroque sud-américain la passion de la Renaissance italienne qui l'a amené à venir s'installer à Pietrasanta pour réaliser son œuvre. Dans ses peintures, la couleur est vive et gaie et les détails foisonnants, réminiscence de sa culture d'origine ; l'Italie l'a conduit à la maîtrise du dessin et aux techniques traditionnelles de la sculpture sur marbre, de la fonte du bronze et, en peinture, de l'huile et de la fresque. Maître des formes rondes et voluptueuses, il donne de la grâce et de la légèreté à l'obésité, une fausse naïveté à la sensualité, de l'humour à la solidité et communique souvent, par sa fantaisie, un bien-être – parfois grimaçant –, rare dans l'art contemporain.

3

Hitler, le drapeau italien, un conquistador… À la manière d'une signature figure peut-être, au bas de l'Enfer, un humble autoportrait reconnaissable à la barbiche de l'auteur.

Continuer sur la via Mazzini.

Sur la **piazza Matteotti**, face à la mairie, se dresse une statue de bronze de Botero, un **Guerrier★** nu et armé à la manière antique, mais d'une rondeur caractéristique de l'artiste. Cette même place accueille une œuvre de Pietro Cascella.

Prendre la route de Massa jusqu'à **Querceta**, où l'on rejoint alors **Ripa** et les villages plus tranquilles situés sur les pentes des Alpes apuanes. Après **Strettoia**, la route monte dans le canale di Murli pour redescendre au-delà de la ligne de partage des eaux parmi les pins et les vignes.

On atteint peu après un col où subsistent les ruines du **château Aghinolfi**, qui aurait été bâti par le roi lombard Agilulfe vers l'an 600. De la route, belle vue sur la Riviera.

Après avoir traversé Capanne, on rejoint la via Aurelia (S 1) menant à Massa.

Massa

Massa n'est qu'à 4 km du littoral de la Riviera della Versilia. Ses places, ornées de grandes fontaines et de sculptures en marbre, rappellent la proximité de Carrare, comme nombre de façades, également en marbre blanc.

Fief de la puissante famille Malaspina du 15ᵉ au 18ᵉ s., la ville abrite leur **château** Renaissance (15ᵉ-16ᵉ s.), caché dans la forteresse médiévale à demi ruinée sur la butte rocheuse dominant la cité, ainsi que leur résidence des 16ᵉ-17ᵉ s., le **palais Cybo-Malaspina**, où est aujourd'hui installée la préfecture *(dans le centre, piazza Aranci)*.

Le **dôme**, tout de marbre et modernisé, abrite quelques œuvres intéressantes : cuve baptismale, Madone du Pinturicchio sur l'autel, crèche du 16ᵉ s., crucifix du 13ᵉ s. et, dans une chapelle souterraine, les tombeaux des Malaspina.

L'église **San Sebastiano**, de construction récente, est ornée de peintures murales figuratives de Dino Cellini (1978).

Sortir de Massa par l'est en direction de San Carlo par la SP 4.

La route s'éloigne alors de façon notable des plaines du bord de mer pour parcourir un secteur naturel avec de belles échappées panoramiques parmi les oliviers, les châtaigniers et les pins. En laissant sur la gauche la route de Castelnuovo di Garfagnana, on se dirige vers Seravezza et Pietrasanta par la P 10 en traversant **Tre Fiumi**, où se succèdent plusieurs carrières de marbre, puis en empruntant le **tunnel du Cipollaio** d'environ 1 km de long. La route redescend alors, tortueuse, longeant à droite le **mont Altissimo** (1 589 m), qui recèle la célèbre carrière de Michel-Ange. On reconnaît la montagne à son sommet découpé et à ses flancs blanchis par les coulées de pierraille de marbre rejetées des carrières. Sur la gauche de la route, en revanche, s'élèvent les versants boisés de châtaigniers du mont Corchia.

Quand la route rejoint le torrent Vezza, prendre à gauche, puis 2 km plus loin, sur la place de la mairie de Ponte Stazzemese, à droite.

Stazzema

5 km de Ponte Stazzemese, par une route sinueuse et souvent étroite.

Telle une tour de guet, le mont Procinto veille sur ce village aux petites rues tortueuses et aux balcons fleuris, lieu de villégiature apprécié pour la fraîcheur des forêts de châtaigniers qui l'entourent et la proximité des Alpes apuanes, propices à de nombreuses randonnées. En entrant à Stazzema, à gauche, l'église romane **Santa Maria Assunta**, flanquée de grands cyprès, trône sur

La piazza del Duomo à Pietrasanta.
G. Cozzi/Sime/Photononstop

un éperon d'où l'on jouit d'un agréable panorama. À l'intérieur, beau plafond du 14e s.
Revenir en arrière pour descendre la vallée du torrent Vezza jusqu'à Seravezza.

Seravezza

L'histoire de ce village né au confluent de deux torrents qui lui donnent son nom, la Sera et la Vezza, est étroitement liée depuis le début du 16e s. à l'exploitation du marbre. Cosme Ier de Médicis, à l'origine de l'impulsion donnée à cette activité, s'y fit construire, de 1561 à 1565, un **palais★**. Au centre de la splendide cour intérieure, joli puits dont la margelle est taillée dans un seul bloc de marbre : elle représente une truite qui aurait eu pour modèle celle que Marie-Christine de Lorraine pêcha dans la Vezza en 1603.

Le cœur de Seravezza, desservi par de nombreux ponts, abrite le duomo **Santi Lorenzo e Barnaba** (commencé en 1422 et consacré en 1569), gravement endommagé par un bombardement pendant la Seconde Guerre mondiale. Il conserve des fonts baptismaux de marbre (début 16e s.) sculptés par un artiste de la région, Stagio Stagi, et un lutrin en marbre incrusté.
Après Seravezza, longer la Vezza sur la droite jusqu'à l'embranchement à gauche de la S 439 qui traverse le torrent pour conduire à Pietrasanta.

DES ALPES APUANES AU PARC NATUREL MIGLIARINO-SAN ROSSORE-MASSACIUCCOLI B3-4

Circuit de 40 km au départ de Pietrasanta (voir p. 251) tracé en rouge foncé sur la carte p. 232. Suivre la direction de Lucca (S 439). Au bout de 3,5 km, tourner à gauche peu avant Capezzano Pianore, en direction de Santa Lucia, Monteggiori.
La route grimpe parmi les oliviers et les cyprès jusqu'à **Monteggiori**, village médiéval accroché à la montagne. Monter à pied le long des ruelles pavées jusqu'au sommet, d'où l'on jouit d'une belle vue sur la vallée et les collines plantées de vignes et d'oliviers.
Continuer sur la même route vers Sant'Anna di Stazzema.

Monument-ossuaire de Sant'Anna di Stazzema B3

Le 12 août 1944, trois bataillons de SS détruisent le village de Sant'Anna et en exterminent la population pour casser les liens avec les résistants de la zone : 560 innocents sont massacrés.

La mémoire des victimes est entretenue dans le monument-ossuaire qui est élevé au milieu du **Parco nazionale della Pace di Sant'Anna** *(www.santannadistazzema.org).*

Camaiore B3

Ce village d'origine romaine *(Campus Major)* est aujourd'hui un important centre agricole et commercial qui conserve quelques témoignages de son passé médiéval : l'**église romane Santa Maria Assunta** (1278), flanquée d'un massif campanile du 14e s., se dresse sur la piazza San Bernardino da Siena qu'orne une belle fontaine.

Non loin de là, une porte du 14e s. ouvre sur la route qui mène, à 1 km du centre *(suivre « Badia » et « Cimitero »)*, à la **Badia di San Pietro**, l'église d'une abbaye bénédictine fondée au 8e s. Cette construction romane achevée au 13e s. est précédée d'un grand arc, seul vestige du mur d'enceinte à créneaux du 13e s. qui cernait tout le complexe abbatial.

Faire demi-tour et prendre à gauche vers Lucca au carrefour suivant. La route descend jusqu'à un cours d'eau où se détache à droite celle pour Massarosa.

Sur la droite, dans une courbe, 5 km plus loin, s'élève l'église San Pantaleone de **Pieve a Elici**, de pur style roman (11e s.) ; sa grande sobriété met en valeur un triptyque de marbre (1470) au-dessus du maître-autel.

Dès que l'on quitte Pieve a Elici, la vue s'ouvre sur l'ancienne zone marécageuse de Massaciuccoli, avec le lac et les nombreux canaux qui drainent le secteur. La route, sinueuse, traverse des oliveraies.

Après Massarosa, dans la plaine, prendre la direction de Lucca jusqu'à Quiesa. À environ 3 km à l'est de Quiesa se situe Massaciuccoli.

★ Massaciuccoli B4

Ce village, qui a donné son nom au lac qui le borde, a conservé des vestiges de l'époque romaine. En entrant, à droite de la route, les murs d'une **villa** des 1er et 2e s. ont été mis au jour. À côté, la salle de l'**antiquarium** présente les éléments de céramique retrouvés sur place, tandis que l'école élémentaire située en face conserve la mosaïque qui ornait le sol d'une des pièces. À peine plus loin à gauche se dressent sur la hauteur, parmi les oliviers, les ruines imposantes des **thermes romains★** *(accès à pied par un chemin fléché « Zona archeologica ». Pour se renseigner sur les visites : ✆ 0584 97 45 50 - www.massaciuccoliromana.it).*

Du parvis de l'église San Lorenzo *(1re à gauche après la villa romaine)*, belle **vue★** en contrebas sur les thermes, le lac et la mer.

Rejoindre la via Aurelia (S 1), direction Viareggio, que l'on quitte pour entrer dans Torre del Lago Puccini.

La route traverse une partie du **parc naturel Migliarino-San Rossore-Massaciuccoli**, comprenant le lac, le marais de Massaciuccoli et ce qu'il demeure de l'antique forêt pisane qui s'étendait sans interruption des environs de La Spezia jusqu'au sud de Livourne. La faune lacustre compte de nombreux poissons et tortues et plus de 250 espèces d'oiseaux qui y vivent, y nidifient ou s'y arrêtent durant leur migration *(promenade guidée)*. L'immense zone forestière du reste du parc témoigne de l'implantation massive, à partir du 16e s., du pin parasol en dépit de la présence d'autres essences.

Torre del Lago Puccini B4

Le Lucquois **Giacomo Puccini** (1858-1924) y composa la plupart de ses œuvres *(La Bohème, Tosca, Madame Butterfly)*. Sur les bords de l'agréable **lac de Massaciuccoli**, sa maison, la **Villa Puccini,** abrite quelques souvenirs du musicien et son tombeau, et sur réservation on peut même visiter la chambre à coucher du maestro. *Viale Giacomo Puccini 266 - ✆ 0584 34 14 45 - www.giacomopuccini.it - 10h-12h40, 15h-18h20 - fermé lun. mat. - 7 €.*

NOS ADRESSES DANS LA VERSILIA

Carte de région p. 232

HÉBERGEMENT

Camaiore B3

PREMIER PRIX

Locanda Le Monache – *Piazza XXIX Maggio 36 - ✆ 0584 98 92 58 - www.lemonache.com - ✕ - 13 ch. - 70/85 €.* Cette *locanda* doit son nom à un monastère de carmélites (16e s.) qui était adjacent à l'établissement. Conçue en 1923 comme une halte pour les voyageurs et les pèlerins, elle a été récemment rénovée avec goût.

Forte dei Marmi B3

BUDGET MOYEN

Hotel Miramare – *Via Donati 34 - ✆ 0584 78 72 77 - www.miramarehotel.org - fermé nov.-fév. - 18 ch. - 100/140 €.* Situé dans un quartier résidentiel, à 1 km du cœur de la ville et à 350 m de la plage, cet hôtel offre une atmosphère reposante et sympathique à des prix très compétitifs. Certaines chambres sont pourvues d'une petite terrasse. Accueil très aimable.

Lido di Camaiore B3

BUDGET MOYEN

Hotel I Pini – *Via Roma 43 - ✆ 0584 66 103 - www.clubipini.com - avr.-oct. - 18 ch. - 80/140 €.* Petit hôtel de charme établi dans une villa Art déco (ancienne demeure du peintre Galileo Chini), blottie au fond d'un jardin romantique. Claudio et sa femme ont su garder l'atmosphère artiste de ce lieu où ils vous recevront avec chaleur. Excellent restaurant avec un choix pointu de vins, passion du patron.

Viareggio B3

BUDGET MOYEN

Arcangelo – *Via Carrara 23 - ✆ 0584 47 123 - www.hotelarcangelo.com - fermé oct.-avr. - 19 ch. - 120/140 €.* Bien qu'elle soit située dans une rue transversale à la promenade du bord de mer, cette demeure transformée en hôtel jouit du calme et d'un jardin intérieur agréable et relaxant. Ses espaces communs sont bien tenus et ses chambres simples évoquent les années 1950.

RESTAURATION

Carrara B3

BUDGET MOYEN

Venanzio– *Piazza Palestro 3 - Colonnata, à 7 km à l'est de Carrara - ✆ 0585 75 80 62 - www.ristorantevenanzio.com - fermé dim. soir et jeu. - 30/40 €.* La bonne adresse pour goûter une cuisine généreuse à base de cèpes et de gibier de qualité. On sert bien évidemment ici le renommé *lardo di Colonnata* (lard blanc), très prisé des gourmets.

Pietrasanta B3

BUDGET MOYEN

Osteria Barsanti54 – *Via Barsanti 54 - ✆ 0584 71 514 - www.osteriabarsanti54.com - fermé lun. et à midi en été - réserv. conseillée - 25/35 €.* Ce chaleureux restaurant sert une cuisine authentique. Ici, tout est fait maison et une belle attention est portée à la présentation des plats.

Torre del Lago Puccini B4

BUDGET MOYEN

Da Cecco – *Piazza Belvedere Puccini 10-12 - ✆ 0584 34 10 22 - fermé lun. - 25/35 €.* Situé au début de la promenade au bord du lac, juste à côté de la demeure du grand maestro, ce restaurant accueillant propose une cuisine de la côte et de l'arrière-pays, avec du gibier en hiver. Spécialités : anguilles et grenouilles.

Viareggio B3

POUR SE FAIRE PLAISIR

Da Miro alla Lanterna – *Via Coppino 289 - ✆ 0584 38 40 65 - www.ristorantedamiro.com - fermé lun. - réserv. conseillée - 40/60 €.* Une petite terrasse sur le port, une cuisine raffinée, une belle carte des vins : l'endroit idéal pour faire une pause en découvrant Viareggio. Goûtez à la spécialité de la maison : les *spaghetti alla trabaccolara*, un ragoût à base de poisson.

PETITE PAUSE

Viareggio B3

Pasticceria Fappani – *Viale Marconi 1 - Viareggio - ✆ 0584 96 25 82 - fermé lun.* Depuis 1921, avec sa grande terrasse face à la mer, cette pâtisserie est une bonne adresse pour satisfaire toutes vos envies de sucré.

EN SOIRÉE

Discothèques – *Promenade du bord de mer, entre Lido di Camaiore et Forte dei Marmi.* Chaque soir, le bord de mer se transforme en « boulevard de la Danse ». De Viareggio jusqu'à Forte dei Marmi, les discothèques se succèdent. **La Bussola** *(via Lungomare Roma, Marina di Pietrasanta)*, fondée en 1970, est la plus ancienne, et c'est à elle que la Versilia doit sa réputation nocturne. **Le Seven Apples** *(via Lungomare Roma 108, Marina di Pietrasanta)* est doté d'une piscine, et **la Capannina** *(viale Repubblica 16, Forte dei Marmi)* organise des soirées à thème avec orchestre. À la sortie de Forte dei Marmi, enfin, c'est à **la Canniccia**, avec ses quatre pistes et son grand jardin, que se retrouvent les plus de 30 ans.

AGENDA

Carnaval de Viareggio – *viareggio.ilcarnevale.com - fév.-mars.* Rendez-vous mondialement connu de la Versilia, avec défilé sarcastique de chars allégoriques, hauts en couleur.

Festival Puccini – *Torre del Lago Puccini - ✆ 0584 359 322 - www.puccinifestival.it - juil.-août.* Dédié au grand compositeur lucquois. Au programme : opéras, concerts et ballets.

La Versiliana Festival – *Fondazione Versiliana - Viale Morin 16 - Marina di Pietrasanta - ✆ 0584 26 57 57 - www.laversilianafestival.it - juil.-août.* Célèbre festival de théâtre, danse, musique et cabaret, avec les grands noms de la scène artistique italienne et internationale.

La Garfagnana

★

Habitée depuis la préhistoire, cette région montagneuse, traversée par la vallée du Serchio, offre la beauté sauvage de ses paysages à couper le souffle, entre les pics déchiquetés des Alpes apuanes et les collines verdoyantes des Apennins. Encore peu fréquentée par les touristes, elle séduira tous les amoureux de la nature, à quelques kilomètres seulement de Lucca, la ville-musée.

NOS ADRESSES PAGE 260
Hébergement, restauration, achats, activités, etc.

S'INFORMER
Parco Naturale dell'Orecchiella – *San Romano in Garfagnana, Loc. Orecchiella - ☏ 0583 61 90 98 - www.parcoappennino.it.*

SE REPÉRER
Carte de région BC2-4 (p. 232).
Le Serchio arrose la vallée de la Garfagnana, cernée par les Alpes apuanes et l'Abetone.
On s'y rend aisément depuis Lucca par la S 12, en direction du nord; après Borgo a Mozzano, continuer vers Barga et Castelnuovo di Garfagnana.

À NE PAS MANQUER
Les cinq arches du ponte della Maddalena à Borgo a Mozzano, l'ambiance médiévale de Barga et une randonnée dans le parc naturel.

ORGANISER SON TEMPS
Une journée de visite, davantage si vous partez en randonnée.

AVEC LES ENFANTS
La Grotta del Vento.

Circuit conseillé Carte de région p. 232

À TRAVERS LA GARFAGNANA

Circuit de 130 km tracé en bleu nuit sur la carte de région p. 232. Départ de Lucca vers le nord.

Deux routes, parallèles aux rives du Serchio, mènent à Borgo a Mozzano: la S 12, plus panoramique, et la *Ludovica* SR 2, construite au 19e s. par Charles Ludovic de Bourbon afin de rejoindre plus vite Bagni di Lucca *(voir p. 258). Prendre la S 12.*

Borgo a Mozzano C3

Le village attire l'attention par son curieux **ponte della Maddalena** du 12e s., aux cinq arches toutes différentes, qui franchit le Serchio. Son nom est dû à une statue de Marie-Madeleine, aujourd'hui conservée dans l'église paroissiale. Le pont est également appelé **pont du Diable**, car la légende veut que son constructeur ait demandé l'aide de Satan pour le terminer. Le diable accepta, en échange de l'âme du premier passant qui le traverserait. Le constructeur évita finement l'Enfer à un être humain en faisant traverser le pont à un chien.
Les alentours du village conservent de nombreux vestiges de la **Ligne gothique** – ligne de fortifications organisée au moment du retrait des troupes allemandes pendant la Seconde Guerre mondiale. Située le long des Apennins,

PLATS TYPIQUES DE LA VALLÉE DU SERCHIO

La cuisine de la Garfagnana est frugale. Le plat symbolique est le *farro*, épeautre. Cette céréale ancienne, connue des Romains, est moulue encore dans d'anciens moulins en pierre et se cuit dans des soupes et d'autres plats à base de légumes et porc engraissé à la farine de maïs. Vous goûterez peut-être aussi à la soupe *alla frantoiana*, préparée avec des légumes, viandes, piments et pain grillé arrosé d'une huile fraîchement pressée. Autre aliment très utilisé : la farine de châtaignes. Consommée essentiellement comme *polenta*, elle est aussi à la base de nombreuses préparations comme le *castagnaccio*, galette de farine de marron. Un des desserts typiques de la région est la *torta coi becchi*, une tarte avec des festons de décoration faits avec la pâte, préparée avec de la ricotta, des raisins de Damas, du sucre, des amandes et des fruits confits.

elle s'étendait sur 320 km, du fleuve Magra à Pesaro, et avait pour but de stopper la progression des armées alliées. *Renseignements sur les visites à l'office du tourisme de Borgo a Mozzano, via Umberto I - ✆ 0583 88 88 81.*

Continuer sur la S 12.

Bagni di Lucca C3

Cette ravissante station thermale nichée au pied des premières montagnes de la Garfagnana était très fréquentée au 19e s. par les têtes couronnées et les artistes. Elle accueille un des premiers casinos d'Europe (1840).

Revenir sur ses pas jusqu'à Fornoli et puis prendre la SR 445 en direction de Barga.

À Fornaci di Barga, une déviation à droite, sur la SP 7, mène à la **Pieve di Santa Maria di Loppia**, de fondation romane et remaniée au 16e s.

Continuer sur la SP 7 jusqu'à Barga.

★ Barga C3

Le pittoresque bourg médiéval de Barga occupe un site plaisant sur un replat des pentes nord de la vallée du Serchio, qu'il contrôlait au Moyen Âge. Son *castello* est en fait constitué par la ville haute, d'origine médiévale, où des ruelles étroites et pentues serpentent derrière les restes des remparts que couronne une altière cathédrale. La via del Pretorio, raide, mène au **Duomo**, dédié à saint Christophe et à saint Jacques. Ce bel édifice roman du 9e s., en pierre calcaire blanche, a été remanié plusieurs fois jusqu'au 14e s. Sa large et sobre façade s'ouvre par un portail au linteau sculpté de scènes de vendanges qu'encadrent deux colonnes engagées supportant chacune un lion dans le style roman lombard. L'intérieur abrite une **chaire★** en pierre finement sculptée, reposant sur quatre piliers en marbre rouge et une grande statue en bois polychrome de saint Christophe, du 12es. Le clocher, puissant et crénelé, est percé de baies à colonnettes. Du parvis formant terrasse s'ouvre un superbe **panorama★** sur les toits de la ville haute et les Alpes apuanes.

Prendre la direction de la Località Nebbiana, traverser Gallicano. Continuer vers Fornovolasco sur 9 km par la SP 39, jusqu'au fléchage « Grotta del vento ».

Grotta del Vento B3

✆ 0583 72 20 24 - www.grottadelvento.com - 3 circuits, se rens. sur le site pour les horaires - 9/20 €. Prévoyez de vous couvrir (10 °C pendant la visite). À l'extérieur, restaurant et structure pour pique-nique.

On y parvient par une route sinueuse jalonnée d'à-pics rocheux et offrant d'en bas une vue impressionnante sur l'**ermitage de Calomini**, encastré dans une paroi rocheuse à plus de 100 m de haut. Fondé au Moyen Âge, il fut

Le bourg médiéval de Barga.
S. Black/robertharding/age fotostock

remanié au 18e s. La grotte doit son nom au courant d'air perceptible à l'entrée et dû au dénivelé séparant deux trous d'aération naturels. La température intérieure étant invariablement de 10,7 °C, le « vent » est appelé à l'intérieur pendant l'hiver, l'extérieur étant plus froid, tandis qu'en été le phénomène inverse se vérifie. Jusqu'à la Première Guerre mondiale, la grotte fut presque exclusivement utilisée comme glacière naturelle, même si son étude spéléologique commença au tournant du siècle. Trois itinéraires vous sont proposés, avec une différence de niveaux respectifs de 43 m, 95 m et 125 m.

Retourner à Gallicano et continuer en direction de Castelnuovo di Garfagnana.

Castelnuovo di Garfagnana C2

Situé au cœur du parc des Alpes apuanes, ce chef-lieu de la vallée, petit bourg industriel, est une étape incontournable pour qui veut partir en randonnée. Il abrite la Rocca, résidence des gouverneurs de la famille d'Este, parmi lesquels on compte le poète **Ludovico Ariosto**, auteur du *Roland furieux*, qui vécut pendant trois ans (1522-1525) dans cette province jadis infestée par le brigandage.

Emprunter la SP 72 qui monte à Castiglione di Garfagnana.

Castiglione di Garfagnana C2

Le bourg, qui occupe un site panoramique sur la vallée, est couronné par les vestiges de la Rocca. Derrière les remparts se cachent des monuments intéressants, comme l'église de San Michele (15e s.), à la façade blanche et rouge, et la plus ancienne église San Pietro (13e s.).

Retourner vers Castelnuovo di Garfagnana, puis se diriger vers San Romano.

À 3 km au nord de **San Romano di Garfagnana** se dresse sur une colline à 600 m de hauteur la **fortezza delle Verrucole**, érigée aux 11e-12e s. *Laisser la voiture dans le hameau de Verrucole et monter à pied vers la forteresse, qui offre une très belle vue sur la Garfagnana et les Alpes apuanes.*

Prendre la SR 445 en direction du sud vers Camporgiano, puis la déviation à droite pour Vagli.

Lago di Vagli B2

Une belle route de 10 km mène au lac artificiel de Vagli, créé en 1947 pour alimenter la centrale électrique. La construction du barrage entraîna la submersion du petit village de **Fabbriche di Careggine**, qui est réapparu momentanément en 1994, à l'occasion des travaux d'entretien du barrage. Au milieu du lac se trouve le petit bourg en pierre de **Vagli Sotto**.

NOS ADRESSES DANS LA GARFAGNANA

Carte de région p. 232

HÉBERGEMENT

Bagni di Lucca C3

BUDGET MOYEN

Antico Albergo Terme – *Via del Paretaio 1, frazione Ponte a Serraglio - ✆ 0583 86 034 - www.termebagnidilucca.it - - 27 ch. - 100/115 €.* Accolé à l'établissement thermal (deux grottes géothermiques et centre de bien-être), ce petit hôtel propose des chambres sobres et élégantes. Piscine couverte.

Castelnuovo di Garfagnana C2

BUDGET MOYEN

La Lanterna – *Loc. alle Monache-Piano Pieve, à 1,5 km à l'est - ✆ 0583 63 93 64 - www.lalanterna.eu - 30 ch. - 85/120 €.* Situé dans la partie la plus haute du bourg, à quelques minutes du centre, cet hôtel est entouré de verdure. Chambres confortables et grands espaces communs. Le restaurant propose des spécialités régionales.

RESTAURATION

Barga C3

BUDGET MOYEN

L'Altana – *Via di Mezzo 1 - ✆ 0583 723 192 - fermé merc. et jeu. à midi - 30/35 €.* Une adresse accueillante, décorée des jolis tableaux peints par Camilla, la patronne. La cuisine célèbre les traditions de la Garfagnana : bonne charcuterie, gibier, soupe aux choux, pâtes fraîches, *trippe alla fiorentina*. Très bons desserts faits maison. Demandez une table dehors à la belle saison.

Borgo a Mozzano C3

BUDGET MOYEN

Antica Locanda di Sesto – *Via Ludovica - Sesto di Moriano, à 10 km au sud de Borgo a Mozzano - ✆ 0583 578 181 - www.anticalocandadisesto.it - fermé sam. - 25/35 €.* Gestion familiale, sympathique et chaleureuse, dans cette vieille auberge aux origines médiévales, qui a su conserver un caractère naturel et authentique. Savoureux plats régionaux.

AGENDA

Biennale dell'Azalea – *Borgo a Mozzano, en avr. des années paires - ✆ 0583 82 04 41 - www.giardinoazalea.it.* Cette biennale des azalées est ouverte gratuitement aux visiteurs.

Festival d'opéra de Barga – *en juil. - www.operabarga.com.*

Barga Jazz Festival – *En août.*

Statues-Stèles de la Lunigiana, au musée du château du Piagnaro (Pontremoli).
marka/jarach/Marka/age fotostock

La Lunigiana

★

3

Cette mince bande de terre boisée et verdoyante, entrave isolée entre la Toscane, la Ligurie et l'Émilie, le long du fleuve Magra, est une région où se mêlent diverses cultures, tout en gardant un caractère authentique, immédiatement perceptible. Sur fond de châteaux, de stèles aux inscriptions indéchiffrables et d'églises paroissiales romanes, on découvre aussi une cuisine simple et savoureuse, à base de farine de blé, d'huile d'olive, de pistou et de pecorino (fromage de brebis), de poireaux, d'oignons, de bourrache et de têtes d'orties.

NOS ADRESSES PAGE 263
Hébergement, restauration, achats, activités, etc.

S'INFORMER

Aulla – *Palazzo Comunale - Piazza Gramsci - ✆ 0187 40 94 74 - www.turismomassacarrara.it.*

SE REPÉRER

Carte de région AB1-2 (p. 232).
On y accède par l'A 15 Parma-mare *(sorties Pontremoli et Aulla)*. La route nationale 62, dite de la Cisa, pratiquement parallèle à l'A 15, court le long de la via Francigena, appelée aussi Romea. La S 63, dite du Cerreto, passe par Aulla et Fivizzano.

À NE PAS MANQUER

Villafranca in Lunigiana et son musée ethnographique.

ORGANISER SON TEMPS

Une journée.

AVEC LES ENFANTS

Le Musée ethnographique de Villafranca in Lunigiana.

Circuit conseillé Carte de région p. 232

À TRAVERS LA LUNIGIANA

Circuit de 45 km tracé en vert clair sur la carte p. 232. Départ de Pontremoli.
Habitée dès le paléolithique, la Lunigiana accueillit des Étrusques puis des Romains, qui établirent une colonie de 2 000 habitants à Luni, localité (aujourd'hui en Ligurie) dont dérive le nom Lunigiana.

Pontremoli A1

Au confluent de la Magra et du Verde, Pontremoli était une étape de la via Francigena, d'où sa prospérité au Moyen Âge. Le **campanone**, qui se trouve entre la piazza della Repubblica et la piazza del Duomo, est le symbole de la ville. C'est une tour appartenant à la muraille dite de Cacciaguerra (Chasse-Guerre), construite au 14e s. sur ordre de **Castruccio Castracani** pour séparer les parties guelfe et gibeline de la ville.
★ **Musée des Statues-Stèles de la Lunigiana du château du Piagnaro** – *0187 83 14 39 - www.statuestele.org - 9h-12h30, 15h-18h (14h30-17h30 en hiver) - fermé lun. - 5 €.* Commencé au 10e s., le château est le témoin de l'histoire culturelle de Pontremoli. Le nom Piagnaro rappelle les *piagne*, dalles d'ardoise qui, en Lunigiana, servaient à couvrir les toits. Le musée abrite un ensemble de sculptures anthropomorphes féminines, qui rappellent la déesse mère méditerranéenne, symbole de fertilité, et de sculptures masculines, dont les armes désignent peut-être des héros ou des chefs de tribu divinisés. Accompagnées de vidéos interactives et réparties typologiquement en trois groupes, elles s'échelonnent sur une longue période allant du 2e millénaire av. J.-C. au 5e s. avant notre ère.
Prendre la S 62 et continuer sur 8 km jusqu'à Filattiera. Le long de la route surgit la **pieve di Sorano**, dont le style toscano-lombard est particulièrement manifeste dans la belle abside.
Continuer sur la S 62 jusqu'à Villafranca in Lunigiana.

★ Musée ethnographique de Villafranca in Lunigiana A2

Via dei Mulini 71 - 0187 49 34 17 - www.terredilunigiana.com - 9h-12h, 16h-19h (15h-18h en hiver) - fermé lun. - 2,50 €.
Logé dans un moulin du 14e s. parfaitement restauré, ce musée propose un itinéraire didactique servi par des programmes audiovisuels et illustre efficacement l'identité culturelle de la civilisation paysanne de la Lunigiana à travers de nombreuses pièces présentées par thème : poids de l'époque romaine, gracieuses statuettes d'ex-voto en bois, outils à éplucher les châtaignes, instruments de tissage, hottes, formes pour le fromage, barattes…
Suivre la S 62 en direction d'Aulla.

Aulla A2

La ville est dominée par la **forteresse de la Brunella**, nom qui provient probablement de la couleur brune de la roche. La construction de ce fort quadrangulaire remontant au début du 16e s. pourrait avoir été voulue par un Médicis, Jean des Bandes Noires (1498-1526). Il abrite un **Museo di Storia naturale** (musée d'Histoire naturelle – *0187 40 02 52 - www.terredilunigiana.com - 9h-12h, 16h-19h (15h-18h en hiver) - fermé lun. - 3,50 €*) qui reconstitue les milieux naturels de la Lunigiana.
Suivre la S 63 puis la S 445 et enfin, près de Gragnola, la SP 10 pour Equi Terme (à 22 km au sud-est d'Aulla).

Equi Terme B2

Dans cette station thermale aux eaux sulfureuses, on soigne les affections de l'appareil respiratoire et celles de la peau, ainsi que les maladies osseuses et articulaires. Outre ses vertus thérapeutiques, l'endroit présente un intérêt archéologique et spéléologique certain. On peut visiter les **grottes** *(✆ 338 58 14 482 - www.grottediequi.it - fermé nov.-mars)* de nature karstique, riches de stalactites et de stalagmites. Dans certaines de leurs anfractuosités, des restes, témoignant de la présence de l'homme à la période du paléolithique et du néolithique, ainsi que des traces d'ours des cavernes ont été retrouvés.

NOS ADRESSES DANS LA LUNIGIANA

Carte de région p. 232

ARRIVER/PARTIR

En train – La région est traversée par les lignes Parme-La Spezia et Aulla-Lucca. Le transport des bicyclettes est autorisé dans de nombreux trains.

HÉBERGEMENT

Pontremoli A1

BUDGET MOYEN

Agriturismo Costa d'Orsola – *Loc. Orsola, 2 km au sud-ouest de Pontremoli - ✆ 0187 83 33 32 - www.costadorsola.it - fermé nov.-mars. - 14 ch. - 100/120 €.* Un ancien hameau du 16e s., restauré et transformé en un délicieux hôtel de campagne. Installé sur le sommet d'une colline, il bénéficie d'une belle vue sur la vallée. Chambres agréables et bonne cuisine.

RESTAURATION

Pontremoli A1

BUDGET MOYEN

Da Renato – *Loc. Guinadi, 10 km au nord-ouest de Pontremoli - ✆ 0187 83 47 15 - réserv. conseillée - 25/30 €.* Le pittoresque bourg de Guinadi, niché dans une zone boisée, abrite ce restaurant qui propose des spécialités à base de cèpes de la région. Vous y trouverez aussi du civet de sanglier et de chevreau accompagné de polenta, ainsi que des *testaroli*, pâtes en forme de losange.

Pise, la Côte des Étrusques et les collines métallifères 4

Carte Michelin Regional Italie 563 – Provinces de Pise et Livourne

Brume matinale au pied de San Miniato.

B.Jannsen/age fotostock

PISE, LA CÔTE DES ÉTRUSQUES ET LES COLLINES MÉTALLIFÈRES

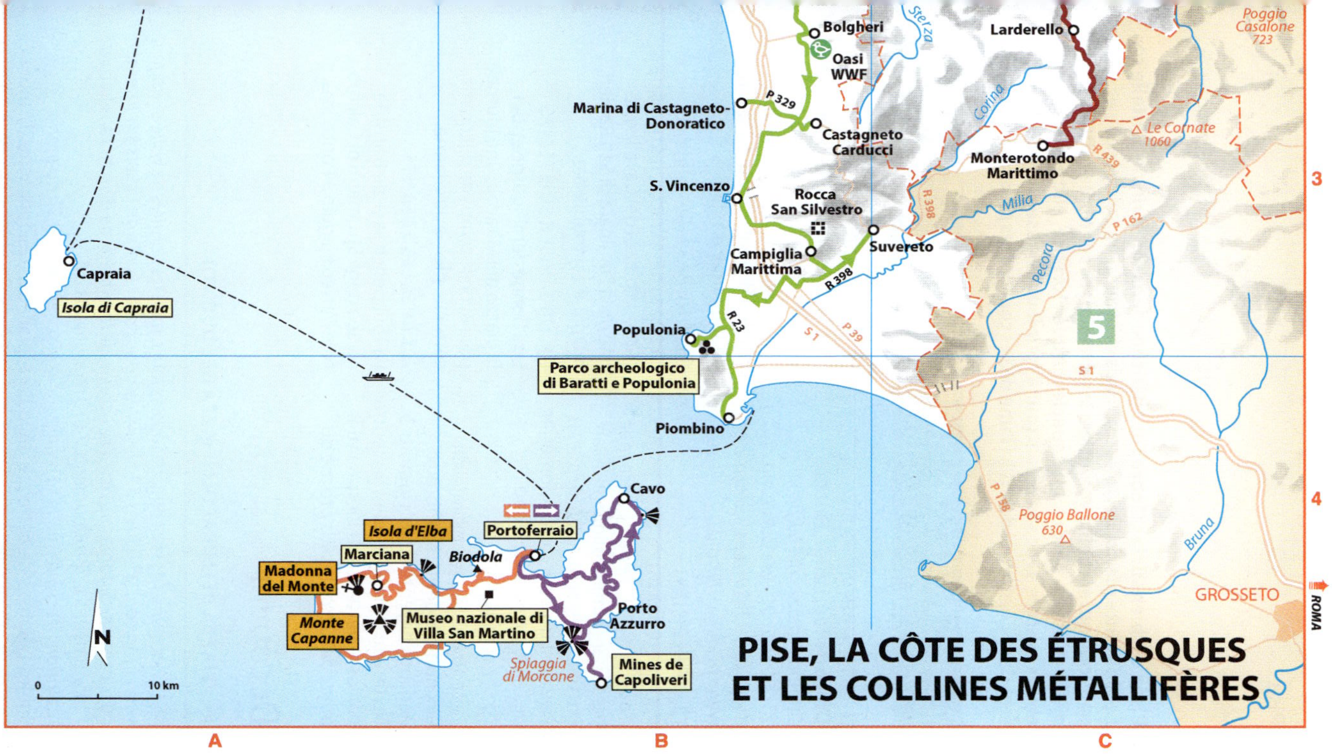
PISE, LA CÔTE DES ÉTRUSQUES ET LES COLLINES MÉTALLIFÈRES
Bolgheri
Oasi WWF
Larderello
Poggio Casalone 723
Sterza
Corina
Le Cornate 1060
Marina di Castagneto-Donoratico
P 329
Castagneto Carducci
Monterotondo Marittimo
R 439
S. Vincenzo
Rocca San Silvestro
R 398
Milia
P 162
Suvereto
Campiglia Marittima
Pecora
R 398
Capraia
Isola di Capraia
Populonia
R 23
S 1
P 39
5
Parco archeologico di Baratti e Populonia
S 1
Piombino
Cavo
P 158
Poggio Ballone 630
Isola d'Elba
Portoferraio
Marciana
Biodola
Bruna
Madonna del Monte
Porto Azzurro
GROSSETO
ROMA
Monte Capanne
Museo nazionale di Villa San Martino
N
Spiaggia di Morcone
Mines de Capoliveri
0
10 km
A
B
C
3
4

Pise

Pisa

★★★

89 500 habitants

Pise c'est bien sûr la célèbre Tour penchée dans son écrin de dentelle sur l'envoûtante piazza dei Miracoli, mais c'est aussi une ville jeune et sympathique qui accueille volontiers le visiteur dans ses ruelles pittoresques où il fait bon se perdre. Plus spacieuse que Florence, elle est également moins austère avec ses palais tour à tour jaunes, roses ou ocre se reflétant dans l'Arno, qui décrit ici l'une de ses courbes les plus majestueuses.

NOS ADRESSES PAGE 287
Hébergement, restauration, achats, activités, etc.

S'INFORMER

Office de tourisme – *Piazza Duomo 7 (piazza dei Miracoli) - ✆ 050 55 01 00 - www.turismo.pisa.it - tlj 9h30-17h30; rens. sur la province www.pisaunicaterra.it.*

SE REPÉRER

Carte de région B1 (p. 266) - plan de ville (p. 278). Séparée de la mer par le parc naturel Migliarino-San Rossore-Massaciuccoli *(voir p. 254)*, Pise n'est qu'à quelques kilomètres de l'embouchure de l'Arno.

SE GARER

Le centre historique est interdit aux non-résidents. Nombreux parkings payants et trois gratuits à l'extérieur de la ville, reliés au centre par les navettes LAM: Pietrasantina *(route de Lucca)*, le plus proche du centre, ligne LAM rouge; Pratale *(vers Montecatini Terme)*, ligne LAM verte; M. Lutero *(vers Cisanello)*, ligne LAM verte. La plupart des hôtels délivrent une autorisation de stationner en ville.

À NE PAS MANQUER

La piazza dei Miracoli, les quais de l'Arno, la piazza dei Cavalieri, la fête de la Luminara di San Ranieri, magique et inoubliable.

ORGANISER SON TEMPS

Une bonne demi-journée pour la piazza dei Miracoli; une journée pour avoir le temps de découvrir cette cité pleine de charme.

AVEC LES ENFANTS

La Tour penchée (+ de 8 ans), le Museo degli Strumenti di Calcolo et le Museo Piaggio à Pontedera.

Découvrir Plan de ville p. 278

★★★ PIAZZA DEI MIRACOLI (PIAZZA DEL DUOMO) A1

Les monuments sont ouverts tous les jours, mais les horaires de visite changent selon la saison. ✆ 050 83 50 11 - www.opapisa.it - vente de tickets sur Internet, au musée des Sinopies ou derrière l'abside de la cathédrale. Billets, sans la tour: 1 monument 5 €; 2 monuments 7 €; 3 monuments 8 €.

Attention: il est interdit de se rendre sur la place entre 1h et 7h du matin.

Sur les pelouses de cette prestigieuse esplanade, toujours noire de monde, se trouvent rassemblés, dans une exceptionnelle harmonie, quatre édifices composant un ensemble monumental qui compte parmi les plus célèbres

La piazza dei Miracoli, le duomo di Santa Maria Assunta et la Tour penchée, à Pise.
S. Torrione/hemis.fr

du monde. Bordée sur deux côtés d'une mince enceinte crénelée de briques rouges datant du milieu du 12e s., elle se présente comme un vaste champ clos sur lequel se dressent, éclatantes, les masses en marbre blanc du baptistère, du dôme et de son très célèbre campanile ou Tour penchée ; en toile de fond, le *camposanto* (cimetière) déploie sa longue série d'arcades aveugles, elles aussi en marbre blanc. La vue la plus belle sur l'enfilade des monuments se découvre de la **Porta Santa Maria**. C'est aussi de cet endroit que l'inclinaison de la tour est la plus spectaculaire.

★★★ Tour penchée (Torre Pendente) A1

✆ 050 83 50 11 - réserv. sur place ou sur le site www.opapisa.it - de 8h30 au coucher du soleil - 18 € - interdit aux -8 ans, les 12-18 ans doivent être accompagnés d'un adulte. Accès au clocheton et au sommet de la tour difficile (293 marches).

Campanile et beffroi de 58 m de haut, la **Tour penchée** est le symbole de Pise. Sa célèbre inclinaison lui vaut de compter parmi les monuments les plus visités du monde. Cette anomalie, dont on sait aujourd'hui de manière certaine qu'elle ne fut pas voulue par l'architecte, est due à la nature alluviale du terrain, insuffisamment résistant pour supporter le poids d'un tel édifice. **Bonanno Pisano** entreprend sa construction en 1173. Les travaux en sont au premier étage lorsque se produit un affaissement du sol ; passant outre, l'architecte élève encore deux étages, mais après un nouveau tassement du terrain, la construction est arrêtée. C'est seulement un siècle plus tard qu'un deuxième maître d'œuvre, **Giovanni di Simone**, reprend les travaux, tente de corriger l'inclinaison de la tour en donnant un moindre poids au côté qui s'enfonce. Il meurt à la bataille de la Meloria, sans avoir achevé son œuvre. Le couronnement du campanile est ajouté en 1350.

La singularité de la position de la tour ne doit toutefois pas faire oublier la beauté de son architecture. Cylindrique à la façon des tours byzantines, elle est ceinte de six étages de galeries qui, en raison de l'inclinaison, semblent se dérouler en une spirale légère ; au niveau inférieur, on retrouve, dans le pur style roman pisan, la ronde des arcades aveugles à décoration de losanges.

« ET VIVE LA TOUR DE PISE, QUI PENCHE, QUI PENCHE, MAIS NE TOMBE PAS… »

Depuis 1178 que l'inclinaison est constatée, 8 000 projets, plus ou moins efficaces, ont été élaborés pour remédier au phénomène. À raison de 1 à 2 mm par an en moyenne, la chute est prévue pour 2040. Pourtant, le mouvement de bascule fut stoppé de 1550 à 1817 grâce aux travaux de consolidation de la base entrepris par Vasari. Malheureusement, au 19e s., des ingénieurs hydrauliciens modifièrent la structure du sol en pompant la nappe phréatique.

Fermée au public le 7 janvier 1990 en raison du caractère dangereux du phénomène, la tour fut rouverte en 2001. L'inclinaison n'a été réduite que de 45 cm sur une hauteur totale de 56 m ; mais les ingénieurs responsables estiment que la tour est sécurisée et peut accueillir sans danger des visiteurs en petit nombre. On peut donc de nouveau gravir les 293 marches tout en ayant la curieuse impression d'être entraîné du côté où penche la tour, puis découvrir au sommet une **vue★** plongeante sur les monuments de la place et embrasser du regard toute la ville et même, par temps clair, la campagne et la mer.

★★ Duomo A1

Avr.-sept. : 10h-20h ; mars : 10h-18h ; oct. : 10h-19h ; nov.-fév. : 10h-12h45, 14h-17h - gratuit.

C'est le fabuleux butin conquis sur les sarrasins en Sicile qui permet de financer la construction de ce somptueux édifice. Buscheto en commence la construction en 1063 et Rainaldo l'achève vers le milieu du 12e s., agrandissant le transept et allongeant la nef vers la façade, dont il est également l'auteur.

Très vaste, en forme de croix latine, la cathédrale de Pise produit une impression de formidable équilibre avec sa longue nef, son puissant transept et son abside en forte saillie. Contrastant avec cette solennité, un effet de grâce et de légèreté est créé par les galeries étagées de la façade, le motif des arcades aveugles et des fenêtres encadrées de pilastres courant sur trois registres autour de l'édifice et l'appareillage à assises alternées de marbre clair et sombre : éléments qui constituent les grandes caractéristiques du style roman pisan.

Dans la **façade★★★**, décorée de fins motifs géométriques en marqueterie et mosaïque de marbres et de terres émaillées polychromes, est encastré *(1re arcade à gauche)* le tombeau de Buscheto. Des **portes★** de bronze, fondues en 1602 d'après des projets de Jean Bologne, ont remplacé celles d'origine, détruites par un incendie à la fin du 16e s. ; elles représentent la vie de la Vierge au centre, celle du Christ sur les côtés.

Mais la porte la plus célèbre est celle de **San Ranieri**, qui s'ouvre dans le transept droit, face à la Tour penchée (la porte originale se trouve dans le Museo dell'Opera del Duomo, *voir p. 276*). Ses admirables **vantaux★★** romans, en bronze, ont été réalisés vers la fin du 12e s. par **Bonanno Pisano**. Avec une rigoureuse économie de personnages, mais un esprit inventif d'une prodigieuse liberté, l'artiste retrace, de manière très stylisée et gracieusement naïve, la vie du Christ en vingt petites scènes ; des panneaux traités sous forme de frises, en haut et en bas de chaque vantail, et un encadrement de torsades et de petites rosaces créent un bel effet décoratif.

Intérieur – Très imposant, avec ses 100 m de longueur, ses 5 vaisseaux, son abside profonde, son transept à triple travée et sa coupole légèrement ovale, il présente, par le jeu de ses 68 colonnes (toutes monolithes), une étonnante multiplicité de perspectives et moins d'unité que l'extérieur. L'effet de légèreté engendré par la présence de matronées s'ouvrant largement sur la nef et sur le transept, ainsi que par l'alternance des bandes claires et sombres de la partie haute de l'édifice, est quelque peu étouffé par le plafond à caissons en bois doré, qui a remplacé celui d'origine détruit dans l'incendie de la fin du 16e s., et par la décoration peinte des arcs du chœur.

Dans le bas-côté droit on remarque, au 3e autel, une *Madonna delle Grazie* par **Andrea del Sarto**. Le transept droit renferme l'urne de San Ranieri et, juste à gauche, le **mausolée d'Henri VII** de Luxembourg, œuvre du sculpteur Tino da Camaino (1315).

Le Christ pantocrator, à la voûte de l'abside, est une mosaïque datant du début du 14e s. Le crucifix sur le maître-autel est une œuvre de **Jean Bologne**, à qui l'on doit également les deux anges porte-cierges en bronze placés aux angles de la clôture du chœur. De part et d'autre de celui-ci, contre deux piliers se faisant face, on remarque deux tableaux exécutés au 16e s. : à droite une *Sainte Agnès* par Andrea del Sarto, à gauche une *Vierge à l'Enfant* d'Antonio Sogliani.

À gauche du presbytère se trouve la vénérée *Madonna di sotto gli Organi*, une Vierge à l'Enfant de style byzantin du 13e s.

★★★ **Chaire de Giovanni Pisano** – La splendide **chaire**, réalisation à laquelle l'artiste travailla pendant près de dix ans (1302-1311), est un chef-d'œuvre de puissance et de légèreté. La cuve est soutenue par des colonnes de porphyre et par cinq piliers ornés de statues : les figures de femmes qui constituent le pilier central symbolisent les vertus théologales (foi, espérance, charité) et reposent sur un socle où de petits personnages représentent les arts libéraux.

Près de la chaire est suspendue la reproduction de la **lampe dite « de Galilée »** (original dans le Camposanto). Les oscillations que lui imprimait le sacristain en l'allumant auraient, selon la tradition, inspiré au savant sa célèbre théorie ; en réalité, Galilée avait fait sa découverte quelques années avant que cette lampe ne fût placée dans la cathédrale.

★★★ Battistero A1

Avr.-sept. : 10h-20h (8h30 juin-août) ; oct. : 9h-19h ; nov.-fév. : 10h-17h ; mars : 9h-18h - 5 €.

Ce majestueux édifice élevé sur un plan circulaire, à la circonférence de près de 110 m, atteint une hauteur (un peu moins de 55 m) presque égale à celle de la tour. Sa construction s'échelonna sur 250 ans : commencée en 1153, près d'un siècle après celle de la cathédrale, elle dura (avec une interruption d'une cinquantaine d'années au 13e s.) jusqu'en 1400. Le projet et les premiers travaux furent exécutés par **Diotisalvi**. **Nicola** et **Giovanni Pisano** y travaillèrent également, réalisant une grande partie de la décoration sculptée.

Un singulier dôme, se terminant en forme de petite pyramide tronquée et coiffée d'une statue de saint Jean-Baptiste, couvre l'édifice.

Les portails ne sont pas l'un de ses moindres ornements. Celui qui s'ouvre face à la cathédrale, le plus riche des quatre, est encadré de colonnes remarquablement sculptées de motifs de feuillages au 13e s. ; au linteau sont représentés, dans un style d'inspiration encore byzantine, des épisodes de la vie de saint Jean-Baptiste et, au-dessus, Jésus entre la Vierge et saint Jean avec, de part et d'autre et alternant avec des anges, les quatre évangélistes. Sur les piédroits figurent les Travaux des mois *(à gauche)* et les Apôtres *(à droite)*.

Intérieur – Imposant, avec ses 35 m de diamètre, il frappe par sa noblesse, sa luminosité et son acoustique remarquable. L'alternance des bandes de marbre clair et sombre accentue la sobriété de la décoration. D'élégantes colonnes monolithes à chapiteaux joliment sculptés et de puissants piliers

La mer, la pierre et le ciel

LA RÉPUBLIQUE MARITIME

C'est au Moyen Âge que la ville, devenue république indépendante en 888, commence à tirer profit de ses avantages géographiques. Elle est, au même titre que Gênes et Venise, l'une de ces puissantes républiques maritimes dont les « marchands-guerriers » livrent, contre la domination musulmane, une lutte opiniâtre à travers le bassin méditerranéen. Elle se rend ainsi maîtresse de la Sardaigne (1015), puis de la Corse, sur laquelle elle finit par exercer, dans le dernier quart du 11e s., une autorité absolue, et enfin des îles Baléares (1114). Elle pousse ses conquêtes en Tunisie et, dans la partie orientale du bassin de la Méditerranée, fonde des comptoirs jusqu'en Syrie.

Devenue dès le 11e s. un port de commerce extrêmement actif, Pise atteint au 12e s. et dans la première moitié du 13e s. l'apogée de sa prospérité. C'est à cette époque que remontent la construction des plus beaux monuments de Pise et la fondation de son université, aujourd'hui encore réputée.

La grande querelle du sacerdoce et de l'empire ouverte *(voir p. 57)*, Pise se range – résolument gibeline – du côté de l'empereur face à la papauté. Elle soutient avec succès la lutte que lui mène sa grande rivale maritime, Gênes, à qui elle dispute la souveraineté commerciale en Méditerranée. Elle fait également face, sur terre, à ses deux adversaires guelfes, Lucca et Florence.

Privée du soutien de l'empereur Frédéric II, mort en 1250, puis de celui de son fils, le roi Manfred, tué en 1266, Pise amorce sa décadence. En août 1284, la grande **bataille de la Meloria** (petite île au large de Livourne), qui voit l'anéantissement de la flotte pisane par les navires génois, porte à la ville un coup funeste. Elle doit céder à Gênes tous ses droits sur la Corse et renoncer à la Sardaigne. Ruinée par des luttes internes, elle est finalement absorbée par Florence, en 1406.

Les Médicis lui portent une attention particulière. Laurent le Magnifique réorganise son université et entreprend d'en faire construire une nouvelle. Au 16e s., Pise, incorporée au grand-duché de Toscane, connaît un renouveau qui se manifeste essentiellement dans le domaine scientifique.

UN FOYER ARTISTIQUE

Alors que s'affirment la prospérité économique et la puissance politique de la ville, du 11e s. à la fin du 13e s., naît et se développe à Pise un art novateur, principalement en architecture et sculpture.

L'architecture

Original par rapport aux autres styles présents en Italie à l'époque romane, le **style roman pisan** atteint son apogée au 13e s. et rayonne à travers la Toscane, la Sardaigne et la Corse, alors possessions pisanes.

Ce style naît de l'harmonieuse conjugaison de plusieurs influences : essentiellement celle des architectes lombards, à laquelle s'ajoute une richesse décorative nourrie par les formes et les motifs des objets rapportés d'Orient ou du monde islamique par la flotte pisane.

Façade, flancs et abside sont appareillés avec recherche, en marbre vert et blanc, matériau précieux apprécié à Pise, comme ailleurs en Toscane, et à Florence en particulier. Mais, alors que les artistes florentins ont en quelque sorte tracé, en l'incrustant dans le marbre, le découpage géométrique qui orne les façades de leurs édifices religieux, les maîtres d'œuvre pisans ont essentiellement misé sur le relief: de hautes arcades aveugles de faible profondeur courent autour de l'édifice; des galeries à colonnettes strient la partie supérieure de la façade de hauts pignons, animant celle-ci de jeux d'ombre et de lumière. Rosaces, losanges ou autres petits motifs en marqueterie de marbre dénotent, par leur polychromie, une inspiration orientale.

La sculpture

C'est **Nicola Pisano** (vers 1220-1280), un sculpteur originaire vraisemblablement des Pouilles, qui va donner naissance, dans la seconde moitié du 13e s., à une lignée d'artistes auxquels Pise doit d'avoir été le foyer de la sculpture romane et surtout gothique italienne. Il étudie la sculpture antique, en assimile la noblesse et la puissance, mais avec une humanité et un réalisme qui se retrouvent dans la peinture de Giotto, son contemporain. Son fils, **Giovanni Pisano** (vers 1250, mort vers 1315-1320), sans doute le plus grand de tous, possède une technique plus souple et recherche avant tout l'expression du sentiment dramatique. Son art évolue vers la création de compositions toujours plus complexes et de personnages de plus en plus tourmentés, mais dotés d'une intensité de vie exceptionnelle.

Né à la fin du 13e s., **Andrea Pisano** travaille surtout à Florence, où il exécute notamment la première porte de bronze du baptistère: son style élégant et raffiné, dû à sa formation d'orfèvre, et ses scènes joliment dessinées le démarquent de ses prédécesseurs pisans. Le fils d'Andrea, **Nino Pisano**, mort vers 1365-1370, travaille quant à lui en ronde bosse. Maître dans l'art du modelé, il est l'auteur souriant de gracieuses Madones. Cette deuxième dynastie Pisano (à laquelle s'ajoute **Tommaso**, le frère de Nino) jouit à la fin du 14e s. d'une renommée qui fait de leur atelier une référence obligée où se forment plusieurs des grands sculpteurs florentins et siennois du début du 15e s. tels que Lorenzo Ghiberti ou Jacopo della Quercia.

GALILÉE

Né à Pise en 1564, Galileo Galilei abandonne des études de médecine pour se consacrer à la physique et à l'astronomie. Il a tout juste 19 ans lorsque, observant à l'intérieur de la cathédrale le balancement d'une lampe, il remarque que les oscillations en sont isochrones (c'est-à-dire de durée constante); tirant de cette observation les lois du mouvement du pendule, il décide d'appliquer cette théorie à la mesure du temps. Il se sert de la Tour penchée pour étudier les lois de la chute des corps et de l'accélération de la pesanteur.

Inventeur d'une lunette qui porte son nom, il entreprend d'observer les astres, mesure la hauteur des reliefs lunaires, découvre l'anneau de Saturne, les satellites de Jupiter, observe les taches solaires…

En 1610, le grand-duc de Toscane Cosme II fait de lui son philosophe officiel et le comble d'honneurs.

Prônant avec force le système de Copernic relatif au mouvement des planètes sur elles-mêmes et surtout du Soleil, en particulier la théorie de la double rotation de la Terre, il a des démêlés avec les scolastiques, qui le font comparaître en 1633 devant le tribunal de l'Inquisition. Au terme d'un procès de vingt jours, il est condamné et contraint d'abjurer, à genoux, sa doctrine. Il aurait, en se relevant, ajouté, désespéré, cette phrase restée célèbre: *« Eppur si muove! »* (« Et pourtant elle tourne! ») Il est alors âgé de 70 ans.

S'étant retiré près de Florence, il achève sa vie sous le contrôle de l'Inquisition, dans une sorte de liberté surveillée, et meurt, aveugle, en 1642.

forment, au niveau inférieur, un harmonieux péristyle au-dessus duquel court une large galerie où l'on peut monter *(escalier à gauche de l'entrée)*. De là-haut, la perfection de l'agencement des volumes s'apprécie pleinement : le plan circulaire du baptistère, rythmé par l'anneau des colonnes et des piliers, converge vers la magnifique **cuve baptismale★** octogonale, dont le tracé adroit et rigoureux est repris par le pavement. Il est ainsi répercuté au sol vers l'extérieur comme un écho. Cette cuve, réalisée par un artiste venu de Côme, Guido Bigarelli, qui l'exécuta en 1246, servait aux baptêmes par immersion ; à noter, contre la paroi interne, les petites cuves cylindriques dans lesquelles étaient plongés les nouveau-nés *(visibles de la galerie supérieure)*.

Le baptistère renferme lui aussi une admirable **chaire★★**, due à Nicola Pisano, qui l'acheva en 1260. Plus sobre que celle sculptée par son fils Giovanni pour la cathédrale, la chaire de Nicola repose sur de simples colonnes. Pour retracer la vie du Christ, l'artiste s'inspira de la sculpture antique dont il pouvait admirer la plénitude et la noblesse sur les sarcophages romains du *Camposanto* : cette influence est particulièrement visible dans les deux premiers panneaux *(à partir de l'entrée de la chaire et en tournant de gauche à droite)*, représentant la Nativité et l'Adoration des Mages et dans lesquels la Vierge revêt l'aspect d'une matrone romaine.

★★ Camposanto A1

Mêmes horaires que le baptistère - 5 €.

Sa construction fut entreprise en 1277 par le deuxième architecte du campanile, Giovanni di Simone. Une dizaine d'années plus tard, la guerre contre Gênes, avec son épilogue de la Meloria, interrompit les travaux, qui ne furent achevés qu'au 15e s. L'une des portes s'ouvrant dans la longue file d'arcades aveugles romanes qui constituent le mur méridional est surmontée d'un charmant édicule gothique ajouté au 14e s. ; à l'intérieur trône une *Vierge à l'Enfant* sculptée dans l'atelier de Giovanni Pisano.

Conçu à l'origine comme un vaisseau de cathédrale dont la nef centrale serait restée à ciel ouvert, ce cimetière monumental se présente aujourd'hui comme un vaste cloître, aux hautes arcades romanes transformées au 15e s. en fenêtres gothiques à quatre baies, d'une merveilleuse légèreté. Au milieu, le *camposanto* (qui signifie champ sacré) proprement dit serait formé avec de la terre du Golgotha rapportée par les croisés au début du 13e s. Cette terre avait, disait-on, la propriété de réduire en quelques jours à l'état de squelettes les morts qui y étaient ensevelis. Les galeries sont pavées de 600 pierres tombales. De très beaux sarcophages gréco-romains, dont la plupart furent réutilisés au Moyen Âge pour recevoir les dépouilles de nobles Pisans, y ont été placés.

Les murs des galeries étaient couverts d'admirables **fresques** exécutées dans la seconde moitié du 14e s. et au siècle suivant par des artistes tels que Benozzo Gozzoli, Taddeo Gaddi, Andrea di Buonaiuto et Antonio Veneziano. En juillet 1944, un tir d'artillerie provoqua un incendie et la fonte de la toiture en plomb, anéantissant ou endommageant considérablement la plupart d'entre elles. On a pu sauver et restaurer certaines de ces œuvres, dont la fameuse fresque du *Triomphe de la Mort*, attribuée à **Buffalmacco**, auteur également du *Jugement dernier*, de l'*Enfer* et de la *Thébaïde*.

Effectuer le tour par la droite.

La chapelle Aulla *(galerie nord, en face de l'entrée)* conserve l'original de la **lampe de Galilée**.

Salle des fresques – La grande salle qui fait suite abrite les fresques détachées des galeries. Parmi elles, occupant presque entièrement le mur de gauche,

Le baptistère.
Premium UIG/Getty Images

Le Triomphe de la Mort★★, qui est l'une des créations les plus intéressantes de la peinture italienne du 14ᵉ s. Les deux magnifiques fresques qui couvrent le mur du fond de la salle et une partie du mur suivant, représentant le **Jugement dernier★★** et l'**Enfer★**, faisaient partie du même cycle que la précédente. L'*Histoire des anachorètes en Thébaïde*, qui leur fait suite, décrit divers détails de la rude vie solitaire et ascétique de ces premiers chrétiens, persécutés et réfugiés en Égypte. Sur le dernier mur, à droite de l'entrée : *Le Pacte de Satan avec Dieu* et *Les Premières Mésaventures de Job* par **Taddeo Gaddi**.
Contre le mur de la **galerie ouest** sont accrochées les chaînes qui fermaient autrefois le port. Cette galerie fut la première à accueillir les fastueux monuments funéraires des notables pisans à partir du 16ᵉ s., mis en scène symétriquement les uns par rapport aux autres.

4

★ Museo delle Sinopie A1

050 38 72 211 - www.opapisa.it - mêmes horaires que le baptistère - 5 €.
À l'occasion des travaux de restauration des fresques du cimetière monumental, endommagées après le bombardement de 1944, les sinopies (ébauches préparatoires) des fresques furent à leur tour déposées et remises en état.

QUELQUES INSTANTS DEVANT « LE TRIOMPHE DE LA MORT »
Image reprise du tableau dit des « Trois Morts et des Trois Vifs », saint Macaire, tenant à gauche un rouleau déployé et désignant les cadavres décomposés de trois rois, explique à un groupe de seigneurs en route pour la chasse que, par son caractère inéluctable, seule la mort est une réalité ; au-dessus, des moines anachorètes s'y préparent avec sérénité, dans l'accomplissement des tâches quotidiennes ; à droite, la Mort, ignorant un groupe de mendiants qui l'implorent *(au centre)*, s'apprête à fondre, triomphante, sur une assemblée de jeunes gens insouciants réunis dans un riant verger.

Elles sont aujourd'hui rassemblées et présentées dans un édifice des 13e et 14e s., qui servit un temps d'hôpital, dans une haute salle, où elles font l'objet d'une remarquable mise en valeur.
Un système de plate-forme *(monter l'escalier au fond de la salle)* permet d'avoir une vision panoramique des gigantesques sinopies qui précédèrent les fresques les plus célèbres du *camposanto*. Au fond de la salle, la sinopie de la Crucifixion, la première à avoir été réalisée (vers 1320-1330), est due à **Francesco di Traino**, le peintre pisan le plus important du 14e s. Les grandioses compositions du *Triomphe de la Mort*, du *Jugement dernier* et de l'*Enfer* – ces deux dernières tracées d'un seul jet, à larges traits – ainsi que l'*Histoire des anachorètes en Thébaïde* révèlent, chez le décorateur inconnu et cependant le plus célèbre du *camposanto*, de remarquables talents de dessinateur, surtout dans les expressions des visages.

★★ Museo dell'Opera del Duomo A1

✆ 050 38 72 211 - www.opapisa.it - actuellement fermé pour travaux, réouverture prévue courant 2016 avec un nouveau parcours de visite ; se rens. sur le site Internet.
Les œuvres du musée proviennent du complexe monumental de la piazza dei Miracoli.
Rez-de-chaussée – Il accueille la célèbre **porte de San Ranieri★★** du transept droit de la cathédrale, réalisée vers la fin du 12e s. par **Bonanno Pisano**, et des œuvres étrangères qui faisaient partie du mobilier du dôme et dont l'origine lointaine permit au premier art roman, essentiellement classique, de s'enrichir. Le principal apport fut celui du monde islamique, que les Pisans connaissaient bien grâce aux échanges que permettait leur flotte (**griffon**). Des sculptures provençales *(Tête de David)* et bourguignonnes *(Christ en bois)* sont la preuve de contacts avec la plastique romane française. La salle d'angle, vestige d'une ancienne tour, accueille, sous les restes de fresques de la voûte (13e s.), une vingtaine de statues du baptistère de l'atelier de Giovanni Pisano. Les bustes couronnant la loggia du baptistère (1269-1279), œuvre de Nicola Pisano et de son fils Giovanni, sont exposés dans la galerie du cloître, d'où l'on peut jouir d'une **vue★** magnifique sur la Tour penchée.
Giovanni Pisano est également l'auteur de la *Madone d'Henri VII* (composition d'inspiration française avec la Vierge assise et l'Enfant debout sur son genou) et *Pise agenouillée* faisaient partie du même groupe, réalisé en 1312 en l'honneur de l'empereur ; la *Vierge à l'Enfant* (en buste), de goût très gothique, est en revanche caractéristique de Giovanni par cette conversation muette échangée par les regards.
Le Siennois Tino di Camaino, longtemps actif à Pise, fut l'un des plus illustres sculpteurs de tombeaux du 14e s. De son mausolée d'Henri VII de Luxembourg (*dans la cathédrale*) on peut voir les **statues** de l'empereur, de quatre de ses conseillers, une Annonciation et deux anges.
Nino Pisano, dans la seconde moitié du 14e s., réalisa aussi des monuments funéraires pour la cathédrale : celui de l'archevêque Giovanni Scherlatti plut tant à l'archevêque Francesco Moricotti que ce dernier réclama à Nino le même pour lui, ce qui explique la jeunesse du visage de son gisant alors qu'il mourut 27 ans après le sculpteur.
La section du **trésor** de la cathédrale accueille la merveilleuse petite **Vierge à l'Enfant** de Giovanni Pisano (1299), dont la cambrure épouse la courbe naturelle de la défense d'éléphant dans laquelle elle fut sculptée.
Premier étage – Outre les peintures et sculptures des 15e-18e s., on admirera les travaux de marqueterie ornant les stalles de la cathédrale. Les trois panneaux

Cosme Ier de Médicis surveille la piazza dei Cavalieri à Pise.
F. Guiziou/hemis.fr

de la Foi, l'Espérance et la Charité sont l'œuvre de Baccio et Piero Pontelli, sur un carton de Botticelli ; ceux de Guido da Seravallino représentent quant à eux des vues des quais de Pise au 15e s.
La section consacrée aux enluminures et antiphonaires recèle deux *Exultet* remarquables, l'un réalisé à Bénévent au 12e s., l'autre en Toscane au 13e s.

Se promener Plan de ville p. 278

★ DE LA PIAZZA DEI CAVALIERI À L'ARNO

Au départ de la piazza dei Miracoli, circuit 1 tracé en vert sur le plan de ville p. 278 – compter 3h. Suivre la via Santa Maria, puis tourner à gauche pour gagner la piazza dei Cavalieri.

4

★ Piazza dei Cavalieri AB1

Cœur de la cité médiévale, aujourd'hui fréquentée par les étudiants, cette place spacieuse et paisible est restée l'un des lieux les plus nobles et les mieux préservés de Pise. C'est là qu'en 1406 est annoncée la fin de la République pisane. Cosme Ier de Médicis transforme complètement l'aspect de la place et fait élever par son architecte Vasari les édifices destinés à accueillir les **chevaliers de St-Étienne** (cavalieri di Santo Stefano). Fondé en 1562, cet ordre sacré et militaire, soumis à la règle de saint Benoît, mène la lutte contre les infidèles et a pour principale mission de pourchasser à travers la Méditerranée les pirates musulmans. La confrérie disparaît en 1860.
Cernée d'édifices élevés aux 16e et 17e s., la place est dominée par le **palais dei Cavalieri**, dont la longue et singulière **façade★**, légèrement incurvée, est couverte d'une décoration en graffitis de grotesques et de feuillages réalisée par Giorgio Vasari. Une frise de niches abritant les bustes de six Médicis, grands-ducs de Toscane, sépare les étages supérieurs. On reconnaît en plusieurs endroits leur écusson (aux six boules) et la croix des Chevaliers, qui

SE LOGER	
B&B Relais dei Fiori	1
Hotel Bologna	4
Novecento	6

SE RESTAURER	
Il Colonnino	5
La Clessidra	7
Pizzeria Il Montino	8
Osteria dei Cavalieri	10
Osteria 050	12

reçoivent là leur instruction. Le palais est actuellement le siège de la très prestigieuse **Scuola Normale Superiore**, l'École normale créée par Napoléon Ier. Devant le perron se dresse la statue de Cosme Ier, exécutée en 1596 par le Florentin Francavilla.

Conçue par Vasari en 1569, l'**église Santo Stefano dei Cavalieri** est vouée à l'ordre militaire des Chevaliers de St-Étienne. Sa façade en marbre blanc, vert et rose, où, mêlés à une décoration de colonnes, de pilastres et d'effets de draperie, se retrouvent l'écusson des Médicis et la croix de St-Étienne, complète la douce harmonie de la place.

Le **palazzo dell'Orologio** (palais de l'Horloge) ou de la **Gherardesca** est reconstruit par **Vasari** en 1607 sur deux bâtiments anciens. Dans cet édifice sont incorporés les restes d'une tour (torre della Fame) dans laquelle, après la défaite de la Meloria, le comte **Ugolino della Gherardesca** (commandant de la flotte pisane), accusé de trahison, fut condamné à mourir de faim avec ses enfants. Dante a évoqué cet épisode dans *L'Enfer* de sa *Divine Comédie* (chant XXXIII).
Prendre la via Consoli del Mare puis, à gauche, la via Carducci et tourner à droite dans la via Santa Caterina.

Santa Caterina B1

Elle présente une **façade★** légère, en marbre blanc discrètement strié de sombre, où se marient harmonieusement un niveau inférieur de sobres et amples arcades romanes aveugles et deux étages de hautes galeries gothiques à colonnes graciles et arcs polylobés. L'intérieur, caractéristique de l'ordre des Dominicains par sa nef unique et charpentée, abrite deux tombeaux monumentaux de marbre blanc qui se font face : celui de gauche (milieu du 14e s.) a été sculpté par **Nino Pisano**, celui de droite date du début du 15e s. De part et d'autre du chœur, groupe de l'*Annonciation* par Nino Pisano.
Revenir et continuer sur la via Carducci.
On parvient sur le largo Palascio, qui conserve les restes d'un **édifice thermal** du 1er s., seul vestige en plein air de la ville romaine.
Reprendre la via Carducci en direction de l'Arno.
Borgo Stretto, l'une des plus anciennes rues de la ville, introduit dans la partie la plus ancienne et typique de Pise.

San Michele in Borgo B1

Sa **façade★** illustre remarquablement la transition entre les styles roman et gothique pisans : trois étages de galeries à arcs aigus trilobés et à colonnettes entrecoupées de masques y tranchent avec allégresse sur une partie inférieure robuste et, à la différence de la plupart des églises pisanes, dépourvue d'arcades aveugles.
De la piazza Garibaldi prendre à gauche l'étroite via Rigattieri, qui traverse le quartier médiéval et conduit à l'église **San Pierino**. Bâtie aux 11e et 12e s., elle conserve un pavement de style cosmatesque et un crucifix du 12e s. La crypte, très impressionnante, dévoile des colonnes qui ont peut-être appartenu aux anciennes structures du port romain.
La via Rigattieri devient ensuite **via delle Belle Torri**, dont le toponyme témoigne de l'existence de nombreuses maisons-tours.
Revenir sur le Borgo Stretto et prendre à gauche une ruelle qui mène à la très pittoresque **piazza delle Vettovaglie**, une place fermée où se tient un agréable marché animé.
Sur la voisine via del Campano s'élève la Torre del Campano, médiévale.
On arrive enfin sur la via Curtatone e Montanara, où se dresse le palais **della Sapienza**, l'université fondée au 12e s. et, à côté, sur la piazza **San Frediano**, l'église universitaire éponyme (11e-12e s.), qui abrite un très grand crucifix du 13e s.

★ LE LUNGARNO ET LA RIVE GAUCHE

Au départ de la piazza San Matteo, circuit 2 tracé en vert sur le plan de ville p. 278 – compter 4h.

★★ Museo nazionale di San Matteo B2

Piazza San Matteo in Soarta 1 - ✆ 050 54 18 65 - 8h30-19h, dim. 9h-13h30 - fermé lun. - 5 €, 8 € le billet combiné avec le Museo di Palazzo Reale.

Ses salles, disposées autour du cloître de l'ancien couvent San Matteo (15e s.), renferment entre autres une insigne collection de sculptures et de peintures (provenant d'églises et de couvents pisans), œuvres d'artistes locaux qui montrent à quel point la ville fut, du 13e au 15e s., un riche centre artistique.

Rez-de-chaussée – *Gagner à droite le cloître.* La ville, alimentée en céramique d'origine islamique, fut également un centre créatif entre le 13e s. et le 17e s. Dès le milieu du 13e s., les ateliers pisans (parmi les premiers en Toscane) réussirent à rendre leur **céramique** imperméable grâce à des vernis vitrifiés à base d'étain: cette « majolique archaïque » se caractérise par son décor peint brun et vert.

Premier étage – La galerie haute du cloître où débouche l'escalier conserve des sculptures architecturales datant pour les plus anciennes du 12e s. Le circuit sur la **peinture pisane** commence avec des œuvres des 12e et 13e s. Les grands crucifix sont tout à fait caractéristiques de cette époque encore sous influence gréco-byzantine. Le Christ y est tour à tour représenté triomphant, le visage serein, ou souffrant, la tête penchée et les yeux clos. **Giunta Pisano** (mort vers le milieu du 13e s.) accentue volontiers cet aspect humain de la douleur divine; en revanche, **Ranieri di Ugolino** (fin du 13e s.) témoigne d'un style novateur issu des recherches de Cimabue.

Les œuvres du 14e s. montrent combien Pise s'ouvre alors aux nouveaux courants artistiques. Le grand polyptyque peint d'un côté à la gloire de sainte Ursule et de l'autre à celle de saint Dominique est une œuvre de **Francesco di Traino** (1344). Influencé par le Siennois Simone Martini tout autant que par Giotto, il peint d'une manière précieuse et vigoureuse, comme en témoignent aussi sa *Vierge à l'Enfant* avec des saints et une *Sainte Catherine d'Alexandrie* resplendissante dans son riche manteau. Au fond de la salle se trouve le magnifique polyptyque représentant la *Vierge à l'Enfant*, peint vers 1320 par **Simone Martini** pour l'église Santa Caterina. Cette œuvre, attachante par l'humanité des visages, est empreinte d'une douceur triste caractéristique de Martini.

La salle au fond à droite est consacrée à la **sculpture pisane** du 14e s., alors largement dominée par l'atelier d'**Andrea Pisano** et de ses fils, Nino – le plus connu – et Tommaso. On y remarque une très jolie *Vierge à l'Enfant* en marbre, de Nino, et surtout la **Madone allaitant★** *(Madonna del Latte)* gracieusement infléchie et délicieusement souriante, qu'il sculpta avec son père.

Bien que la peste de 1348 marque une rupture dans l'élan des commandes et le choix des sujets, Pise reste un centre créatif important. Le chantier de fresques du *camposanto* permit à des peintres formés à Florence de travailler à Pise: Spinello Aretino *(Couronnement de la Vierge, Trois Saints)*, Agnolo Gaddi *(Quatre Saints)*, Taddeo di Bartolo (cinq ravissants panneaux contant la vie de saint Galgan) et Antonio Veneziano, dont le petit étendard processionnel porte sur une face une Crucifixion peuplée d'une foule de personnages dotés d'une vie extraordinaire et sur l'autre saint Rainier (patron de Pise) et des flagellants. La salle suivante est consacrée à **Turino Vanni** (mort en 1444) et à son influence. Au centre, une des dernières œuvres de l'artiste représente une *Crucifixion*, avec le donateur agenouillé à gauche devant les murs de Pise: on aperçoit la tour, déjà penchée, à gauche.

La visite permet ensuite de découvrir l'activité artistique de la ville au 15e s.: Pise, passée sous domination florentine en 1406, accueille de nombreux artistes prestigieux venus de la capitale toscane. On peut voir une *Vierge d'humilité* de

LE JEU DU PONT

Depuis 1569, les quartiers situés de part et d'autre du Ponte di Mezzo s'affrontent au **Gioco del Ponte** (« jeu du pont ») afin de conquérir le pont dans son intégralité. La lutte consiste à pousser à reculons vers la partie adverse un char de 7 t placé sur un rail. Les six quartiers de chacune des rives se défient deux à deux en manches successives, la victoire revenant à celui qui remporte au moins quatre manches. Auparavant, les participants défilaient de chaque côté des quais aux couleurs de chacun des quartiers. Le dimanche suivant a lieu la remise du *palio* (drapeau) aux vainqueurs.

Gentile da Fabriano, un *Saint Paul* d'une stupéfiante présence, qui faisait partie d'un polyptyque exécuté en 1426 par **Masaccio** – peint selon la tradition gothique sur fond doré, mais d'une manière totalement innovatrice –, une *Vierge à l'Enfant* (bas-relief de stuc) de **Michelozzo**, une ravissante *Vierge à l'Enfant,* aux tons un peu passés, de **Fra Angelico**, et un buste en bronze doré de saint Rossore par Donatello. Dans la pièce suivante, plusieurs œuvres de **Benozzo Gozzoli**, et enfin une *Sainte Conversation* de **Ghirlandaio**.

Lungarno Mediceo B2

Le **palais des Médicis** (siège de la préfecture), des 13e et 14e s. mais très remanié, a eu pour hôte Laurent le Magnifique. Au n° 17 se dresse le beau **palais Toscanelli**, à la noble façade Renaissance en pierre claire et au toit débordant au-dessus d'une corniche à caissons sculptée de rosaces ; Byron y écrivit, de l'automne 1821 à l'été 1822, une partie de son *Don Juan*. On passe à côté du **Ponte di Mezzo**, siège du traditionnel *Gioco del Ponte* *(voir encadré ci-dessus)*.

Lungarno Pacinotti AB2

Le **palais Agostini★** (nos 28 à 25), bâti au 15e s., déploie sa façade décorative entièrement en brique, percée de deux étages de fenêtres gothiques et couverte de médaillons, d'écussons et de guirlandes en terre cuite ; au rez-de-chaussée subsiste le célèbre **caffè dell'Ussero** (du Hussard), fondé en 1794 et fréquenté par les écrivains du Risorgimento.

Au n° 43 s'élève le **palais Upezzinghi** (17e s.), aujourd'hui occupé par l'université. Sa façade s'articule autour d'un large portail coiffé d'une fenêtre ouvrant sur un balcon, elle-même surmontée d'un grand écusson orné d'un lion.

4

Museo di Palazzo Reale A2

Lungarno Pacinotti 46 - ✆ 050 926 539 - 9h-14h30, sam. 9h-13h30 - fermé mar. et dim. - 5 €, 8 € le billet combiné avec Museo nazionale di San Matteo.

Installé dans un palais édifié au 16e s. par Bernardo Buontalenti pour François Ier de Médicis et ancien siège de la cour des Médicis, des ducs de Lorraine et des Savoie, ce musée a gardé l'aspect d'une demeure seigneuriale et évoque les grandes familles qui y habitèrent par de nombreux tableaux, portraits, mobilier, tapisseries, armures, etc. Parmi les pièces les plus importantes, on remarque les tapisseries des Médicis, les armures du Jeu du pont (15e et 16e s.) et la prédelle du polyptyque de San Nicola da Tolentino, du jeune Raphaël (1500).

Derrière le Palazzo Reale se dresse l'**église San Nicola** (11e-14e s.), dominée par un campanile couronné d'une petite loggia.

Des abords de la **piazza Solferino** et du pont du même nom, on embrasse, vers l'est, la boucle de l'Arno et les quais qui la bordent avec, en arrière-plan, le mont Pisano, tandis qu'à l'ouest se dresse la haute tour de brique de la vieille citadelle ; sur l'autre rive, l'église Santa Maria della Spina se détache, fine et blanche.

EN HONNEUR DU PATRON DE PISE

Sur les bords de l'Arno, le soir du 16 juin, veille de la **fête de saint Rainier**, patron de Pise, une multitude de petites loupiotes apparaissent, soulignant les quais, les encadrements de fenêtres, les lignes architecturales des palais et celles de la petite église Santa Maria della Spina. La nuit venue, un spectaculaire feu d'artifice clôture la fête. Le lendemain, en fin d'après-midi, une **régate** d'anciennes embarcations envahit l'Arno. Quatre quartiers *(rioni)* historiques de la ville se mesurent dans une course de 2 km à contre-courant conduite par des équipages de huit rameurs en costume traditionnel.

Lungarno Simonelli A2

Il abrite les **arsenaux médicéens**, construits sur l'ordre de Cosme Ier qui, avec ses fils François Ier et Ferdinand Ier, voulut faire de Pise un important centre maritime. Les travaux, entrepris vers la moitié du 16e s., furent achevés en 1588.
Traverser le Ponte della Cittadella.

San Paolo a Ripa d'Arno A2

Cette église date des 11e et 12e s. Sa jolie **façade★** à triple galerie de colonnes, ses parements où alternent des lits de marbre blanc et noir, et les arcades aveugles qui ornent ses côtés, caractéristiques du style roman pisan, évoquent, en plus modeste, la cathédrale. La **chapelle Ste-Agathe**, située derrière l'abside, est un curieux petit édifice en brique, de forme octogonale, coiffé d'un toit en pyramide élevé au 12e s. En raison de sa ressemblance avec l'église du San Sepolcro, elle est souvent attribuée à Diotisalvi.
Continuer sur le lungarno Sonnino.

★★ Santa Maria della Spina A2

Avr.-sept. : 10h-14h, 15h-18h (sam.-dim. 19h) ; reste de l'année : 10h-14h - fermé lun. - 2 €.

Isolée sur les quais de l'Arno, blanche et légère, cette petite église romano-gothique en marbre a l'apparence d'une châsse, toute ciselée de flèches, de gâbles, de pinacles, de niches et de rosaces. Elle abrita longtemps une épine de la couronne du Christ, d'où son nom.

Construite au début du 14e s. au niveau même du fleuve, elle fut, en raison des détériorations causées par la proximité de l'eau, démolie en 1871 et rebâtie pierre par pierre à l'endroit où elle se trouve aujourd'hui. Elle fit alors l'objet d'une importante restauration, notamment dans sa partie sculptée.

Plusieurs des statues qui l'ornaient extérieurement, œuvres de l'école des Pisano, ont été remplacées par des copies. Dans la façade s'ouvrent deux portails romans flanqués de délicats panneaux de marbre rose d'un heureux effet. Le flanc droit est le plus ouvragé : percé de fenêtres gothiques à triple et à quadruple baie inscrites dans des arcades romanes surbaissées et de deux portails eux aussi encadrés de piédroits à caissons, il est couronné d'une galerie de niches à l'intérieur desquelles figurent le Rédempteur et les Apôtres.

La simple salle rectangulaire tenant lieu de nef et de chœur, qui prend jour du côté de l'Arno par une série presque continue de baies gothiques géminées ouvertes sous un arc roman, abrite une *Vierge à l'Enfant*, œuvre de **Nino Pisano**.
Poursuivre encore le long de l'Arno.

Palazzo Blu A2

Lungarno Gambacorti 9 - ✆ 050 220 46 50 - www.palazzoblu.org - tlj sf lun. 10h-19h (w.-end 20h) - gratuit pour l'exposition permanente.

Santa Maria della Spina, sur la rive gauche de l'Arno.
Arco/J. Kruse/Arco Images/age fotostock

Avec sa belle façade bleue, le palais Giuli dell'Agnello, élevé vers la fin du 14e s. et agrandi au 16e s., marque l'alignement du Lungarno. Restauré et géré par la Cassa di Risparmio di Pisa, il accueille aujourd'hui la **collection d'art★** de la Fondazione CariPisa (œuvres du milieu pisan du 14e au 20e s.), un espace dédié aux plus importantes expositions temporaires de la ville et un auditorium.

Tout près se dressent, à proximité l'un de l'autre, la **loggia di Banchi** du 17e s., qui abritait à l'origine le marché des étoffes, et le sévère **palais Gambacorti**, palais communal, de la fin du 14e s., construit en pierre gris-vert et strié de quelques lits de pierre rose : très restaurés, ses trois niveaux s'ajourent de fenêtres biforées inscrites dans des arcs en plein cintre.

Suivre la **via San Martino,** ancienne route de Florence de la ville médiévale, le long de laquelle les marchands turcs et arabes tenaient jadis boutique.

San Sepolcro B2

Largo San Sepolcro, à gauche de la via San Martino.

Comme le Saint-Sépulcre de Jérusalem, cette église du même nom est construite sur plan centré. Sa construction octogonale à toit pyramidal, réalisée au 12e s. par **Diotisalvi**, est, à l'**intérieur★**, formée d'un déambulatoire et d'un chœur central de noble allure autour duquel de puissants piliers très élevés soutiennent de hautes arcades portant une profonde coupole entièrement appareillée de briques. Au pied de l'autel repose **Marie Mancini** qui, ayant inspiré à Louis XIV une vive passion, fut éloignée de la cour par son oncle Mazarin. Mariée à un prince Colonna, dont elle se sépara et qui la fit emprisonner, elle s'enfuit à Anvers puis en France ; veuve, elle revint en Italie et acheva sa malheureuse existence à Pise, où elle mourut en 1715.

Continuer sur la via San Martino.

Au bout de la rue se dresse l'**église San Martino** (14e s.), qui conserve des restes de fresques et un crucifix pisan (1250). La via Ceci aboutit à la piazza Toniolo sur laquelle donne l'agréable **Giardino Scotto**, récemment aménagé, qui s'étend à l'intérieur de la Cittadella Nuova bâtie par Giuliano da Sangallo.

Par le viale Benedetto Croce, on parvient à la piazza Vittorio Emanuele (*toute proche de la gare*), à l'angle de laquelle on peut admirer les couleurs fortes de la **peinture murale** *Tuttomondo* (1989) de Keith Haring.
Retourner vers l'Arno par le corso Italia.
Le **corso Italia** est une grande artère piétonne et commerçante sur laquelle s'élève l'église Santa Maria del Carmine (orgues du 17e s.).

À voir aussi Plan de ville p. 278

San Francesco B1

Piazza San Francesco.
Aménagée entre les 13e et 17e s. et caractérisée par le profil élancé du **campanile suspendu** qui domine le transept gauche de l'église, elle abrite un beau retable en marbre, sculpté par Tommaso Pisano au 15e s., et le tombeau du comte Ugolino della Gherardesca. Du cloître on accède à la salle du chapitre, couverte de fresques de la fin du 14e s.
Pour la visite de la salle du chapitre, demander la clé au café qui se trouve dans le cloître.

Ancienne église San Zeno B1

Piazza San Zeno.
Érigée aux 10e et 11e s. sur des bâtiments plus anciens (probablement romains), elle présente une belle façade précédée d'un porche sur piliers et décorée avec des bassins en céramique.
L'intérieur, divisé en 3 nefs par des colonnes à chapiteaux romans, accueille des expositions temporaires.

Museo degli Strumenti di Calcolo A1-2

Via Bonanno Pisano 2/b - ✆ 050 22 15 212 - www.fondazionegalileogalilei.it - 9h-17h (lun. 9h-13h) - fermé w.-end - 2,50 €.
Dans une ville où la science a toujours joué un rôle de premier plan, ce petit musée, géré par l'Université, retrace l'histoire des instruments de calcul, de l'époque de Galilée aux modernes ordinateurs, en passant par la gigantesque CEP (Calcolatrice Elettronica Pisana) utilisée par Enrico Fermi.

À proximité Carte de région p. 266

Museo Piaggio à Pontedera B1

25 km au sud-est de Pise, sur la superstrada FI PI LI en direction de Florence, ou par train (le musée se trouve à côté de la gare). Via Rinaldo Piaggio 7 - ✆ 0587 27 171 - www.museopiaggio.it - 10h-18h (sam. 10h-13h, 14h-18h) - fermé lun. et 1er et 3e dim. du mois - gratuit.
Voilà un musée incontournable pour les enfants et les amateurs de motos, de scooters et de moteurs en général. Dans le bâtiment historique de l'usine productrice de la mythique Vespa sont exposés tous les prototypes et les modèles commerciaux de Vespa et Gilera, une locomotive de 1936 et un avion Piaggio de 1951.

★ San Piero a Grado B1

Quitter Pise par l'ouest en restant sur la rive gauche de l'Arno, puis suivre les directions Mare et Marina di Pisa jusqu'au fléchage de San Piero (6,5 km par la SS 224).
La basilique romane, en belle pierre dorée (11e s.), est située, d'après la tradition, sur un ancien quai du port romain de Pise où saint Pierre aurait débarqué. Elle

se caractérise par ses deux absides opposées, celle située à l'est étant flanquée de deux absidioles. Les arcatures lombardes du chevet sont ornées de losanges et de cercles alternés, tandis qu'une frise de bols de céramique (décoration propre à la région pisane) agrémente le haut du flanc nord. À l'intérieur, les fresques du 14e s. relatant la vie de saint Pierre seraient une copie de celles qui ornaient la basilique primitive St-Pierre de Rome.

La deuxième route à droite après la basilique conduit à **Tirrenia**, élégante station balnéaire essentiellement réputée pour sa riche pinède ainsi que pour sa belle plage de sable blanc.

ROUTE DES VINS
La **Strada del Vino delle Colline Pisane** relie divers chais à travers un paysage vallonné, riche d'histoire. *Itinéraire et adresses sur www.stradadelvinocollinepisane.it*

Marina di Pisa B1

13 km au sud-ouest par la SS 224.

Cette station balnéaire très fréquentée en été est située à l'embouchure de l'Arno. On y pêche au printemps les jeunes anguilles à l'aide de vastes filets à mailles très fines. Depuis la plage, la vue s'étend jusqu'à Livourne.

Près de là s'étend l'immense pinède du domaine de **San Rossore**, propriété des Médicis puis de la maison de Savoie, aujourd'hui affectée à la présidence de la République; elle est comprise dans le parc naturel Migliarino-San Rossore-Massaciuccoli *(voir p. 254)*.

Circuit conseillé Carte de région p. 266

★ MONTE PISANO B1

Circuit de 60 km tracé en vert sur la carte de région p. 266 – compter 2h30.

Prolongement des Alpes apuanes, cette petite montagne sépare Pise et Lucca de sa masse qui culmine à 917 m au mont Serra.

Sortir de Pise en longeant les murs nord de la ville vers l'est. Suivre la direction Lucca (panneaux bleus) par la S 12r et Firenze par l'A 11 (panneaux verts).

La route fait rapidement face au mont Pisano, qui présente un versant rude et abrupt, en partie percé par les carrières qui y sont exploitées. Le parcours, étroit et bordé de platanes, s'approche curieusement du mont tout en restant dans la plaine comme s'il allait s'y heurter.

San Giuliano Terme B1

10 km au nord-est par la S 12r.

Cette petite station thermale a accueilli d'illustres personnalités comme Montaigne et le dramaturge Alfieri puis, au 19e s., Byron, Shelley, Louis Bonaparte et Pauline Borghèse. On aperçoit de loin le grand portique ocre jaune à cinq arches de l'établissement thermal, se détachant en hauteur sur un fond de sapins.

Tourner à gauche avant un petit pont pour entrer dans le village (non fléché). Longer un cours d'eau avant de prendre le premier pont sur votre droite.

L'**établissement thermal** *(rens. sur www.bagnidipisa.com)* se dresse sur une petite place où habita Shelley. À l'intérieur, deux sources d'eau chaude jaillissent à 38 et 41 °C. Connues depuis l'époque romaine, les eaux de San Giuliano permettent de soigner des affections des appareils respiratoire et digestif, l'arthrite et les rhumatismes.

Face à l'établissement thermal, prendre à droite vers la S 12r. Tourner à droite pour revenir au carrefour initial et bifurquer complètement à gauche, direction Calci.

Calci B1

La **paroisse** du 11e s. présente une belle façade de style roman pisan. L'intérieur, remanié au 19e s., conserve dans la première chapelle à gauche une vasque baptismale monolithe à immersion datant de la seconde moitié du 12e s.

Poursuivre la rue ; au feu, continuer tout droit jusqu'à la chartreuse (700 m).

★ **Certosa** – *Via Roma 79 - ✆ 050 93 84 30 - visite guidée ttes les heures 8h30-18h30, dim. 8h30-12h30 - fermé lun. - 5 €.* Fondée en 1366 puis rénovée au 17e s., cette **chartreuse** solidement ancrée à une colline couverte d'oliviers est conçue pour 15 moines chartreux, dont la vie se déroule entre la solitude de leur cellule et les offices où ils se réunissent ; 60 frères convers sont à leur service, assurant toute l'intendance des lieux. Au 18e s., aux prières des moines se substituent les voix des hôtes de l'appartement grand-ducal : Léopold Ier, Gustave II de Suède, l'empereur Joseph II ou le roi de Naples Ferdinand.

L'église baroque s'inscrit harmonieusement dans le corps principal de l'édifice, composé du **grand cloître★**, de l'appartement du prieur et des cellules. C'est un endroit évocateur, que ce soit dans la pharmacie ou les chapelles, dont le dallage géométrique, toujours gris, blanc ou noir, est différent de l'une à l'autre, dans le cimetière ou les jardins, dans les cellules ou le réfectoire, décoré de personnages portant des paniers de légumes (l'ordre était végétarien et n'admettait comme chair que celle du poisson) et illustrant chaque mois de l'année identifié en français.

★ **Museo di Storia Naturale** – *✆ 050 22 12 990 - www.msn.unipi.it - 9h-19h (10h-20h en été) - 8 €.* Une des ailes de la chartreuse abrite le musée d'Histoire naturelle de l'université de Pise, qui conserve des pièces dont les plus anciennes remontent à la riche collection de Ferdinand Ier de Médicis commencée en 1591. Le dernier étage constitue le clou de la collection avec sa magnifique **galerie des Cétacés**. Une étrange sensation se dégage de cette promenade parmi les énormes squelettes de la longue vitrine dont les parois de verre laissent filtrer l'image de la chartreuse et de son parc.

Revenir au carrefour de Calci et, au feu, tourner à droite vers le mont Serra.

La route commence à monter, puis zigzague et se resserre à mesure qu'elle gravit le **mont Pisano**. Les dernières habitations se font plus rurales, rapidement on pénètre dans une forêt de pins et de feuillus alternant avec des étendues de bruyères et de genêts. À droite s'ouvre la plaine de l'Arno, qui serpente majestueusement en contrebas : belle **vue★** à partir d'un terre-plein aménagé à 5,3 km du carrefour de Calci.

La route monte jusqu'au mont Serra (hérissé d'antennes de télévision), mais on peut la quitter environ 3 km avant le sommet pour poursuivre tout droit et redescendre en direction de Buti. Le versant opposé est moins sauvage.

Au niveau de Buti, prendre la SP 38 sur 5 km jusqu'à Vicopisano.

Vicopisano B1

Le vieux village médiéval conserve quelques éléments pittoresques de ses fortifications, dont trois tours : les tours de l'Horloge, des Quatre Portes (ouverte à la base par quatre arcs brisés) et celle dite de Brunelleschi, reliée au donjon par un mur à mâchicoulis. Au sommet se dresse la **Rocca del Brunelleschi**, donjon crénelé qui jouxte le Palazzo pretorio orné de nombreux blasons. L'**église** romane de type pisan (12e-13e s.) abrite un rare groupe en bois sculpté de la **Déposition★** remontant au 11e s.

Sortir par la SP 1 puis la R 67.

Cascina B1

D'abord pisane, elle devient florentine en 1364, après la bataille de Cascina, immortalisée par Michel-Ange. Il la choisit pour sujet de la grande fresque – jamais réalisée, mais connue par son splendide carton – qu'il devait peindre dans le salon des Cinq Cents du Palazzo Vecchio de Florence, face à celle de la *Bataille d'Anghiari* de Léonard de Vinci. Le peintre, passionné par le rendu de l'anatomie des corps, choisit cet épisode pour mettre en scène des soldats florentins surpris par les Pisans en train de se baigner nus dans l'Arno.

Depuis les années 1960, Cascina s'est spécialisée dans la fabrication artisanale et industrielle de meubles.

Régi par un plan en damier, le vieux centre est traversé par le **corso Matteotti**, bordé d'arcades. À une des extrémités, cette rue conserve une tour à horloge munie d'une petite cloche, vestige des murs qui cernaient la ville au Moyen Âge. À l'opposé du corso Matteotti, l'**oratoire San Giovanni** (fin du 14e s.) abrite au-dessus de son autel une *Crucifixion* de Martino di Bartolomeo (1398), d'où commence, en haut à droite, un cycle de fresques contant la Genèse.

Flanquée de deux autres églises, la **Pieve di Santa Maria**, du 12e s., présente, sur une petite place en retrait du corso Matteotti, une caractéristique **façade★** pisane en pierre locale, incrustée de motifs de marbre blanc.

Revenir à Pise par la R 67.

NOS ADRESSES À PISE

Plan de ville p. 278

ARRIVER/PARTIR

Bus – La compagnie **CTT Nord** (*www.pisa.cttnord.it)* dessert Pise et sa province, Lucca, Montecatini, Viareggio et Pietrasanta.

Aéroport Galileo Galilei – *Via dell'Aeroporto, à 3 km au sud du centre-ville - ✆ 050 849 300 - www.pisa-airport.com*. Ligne **LAM rouge** (*www.pisa.cttnord.it)* de l'aéroport à la piazza dei Miracoli, en passant par la gare (*1,20 €)*.

TRANSPORTS

Toscana in Tour – *Via Della Faggiola 41, angle via Capponi - ✆ 333 26 02 152 - www.toscanaintour.it*. Location de vélos et scooters, visites accompagnées.

Radio-taxi – *✆ 050 54 16 00.*

HÉBERGEMENT

BUDGET MOYEN

Novecento – A1 - *Via Roma 37 - ✆ 050 50 03 23 - www.hotelnovecento.pisa.it - 14 ch. - 120/140 €*. Dans le quartier universitaire de Santa Maria, proche de la piazza dei Miracoli, cet hôtel occupe une jolie résidence d'époque 1900. Chambres bien équipées, décoration élégante et mobilier raffiné avec des éléments de design contemporain. Agréable jardin situé dans la cour.

B&B Relais dei Fiori – B1 - *Via Carducci 35 - ✆ 050 83 03 61 - www.relaisdeifiori.com - 12 ch. - 120/150 €*. Raffiné bed & breakfast installé dans une maison Liberty aux chambres pastel, aux décorations d'inspiration florale, toutes uniques.

Hotel Bologna – A2 - *Via Mazzini 57 - ✆ 050 50 21 20 - www.hotelbologna.pisa.it - 64 ch. - 110/150 €*. Dans le quartier Sant'Antonio, proche des quais et du centre-ville, un hôtel tout confort, aménagé dans une ancienne demeure restaurée avec goût. Cadre très agréable.

À proximité

PREMIER PRIX

Agriturismo Podere Spazzavento – *Via Poggino 14 - Ponsacco, 5 km au sud de Pontedera - ✆ 0587 73 31 75 - www.poderespazzavento.it - 4 appart.* Au cœur des collines pisanes, jolie ferme où vous serez accueilli chaleureusement. Dégustation et vente de produits biologiques : vins, charcuteries, fromages.

RESTAURATION

PREMIER PRIX

Pizzeria Il Montino – B1 - *Vicolo del Monte 1 - ✆ 050 59 86 95 - www.pizzeriailmontino.com - fermé dim. - 10/15 €.* En plein centre, un endroit très prisé et fréquenté par les étudiants. *Cecína* (tarte de pois chiches), pizza ou fougasse farcie.

BUDGET MOYEN

Il Colonnino – B1 - *Via S. Andrea 37 - ✆ 050 54 49 54 - www.ristorantecolonnino.it - fermé merc. - 25/35 €.* Œnothèque-osteria installée dans une bâtisse du 15e s., où on a retrouvé une petite colonne *(colonnino)* étrusque. Produits et recettes typiques de la région servis avec du bon vin.

Osteria 050 – B1 - *Via San Francesco 36 - ✆ 050 54 31 06 - www.biosteria050.it - fermé dim. midi et lun. - 20/30 €.* Pourquoi 050 ? Parce que cette « biOsterie » va chercher ses produits *à 0,50 km*, dans les fermes des environs, pour des ingrédients frais et de saison.

La Clessidra – B1 - *Via Santa Cecilia 34 - ✆ 050 54 01 60 - www.ristorantelaclessidra.net - fermé à midi et dim. - réserv. conseillée - 30/40 €.* Dans l'un des quartiers les mieux préservés de la ville, le chef de cet établissement simple et agréable vous fera goûter aux saveurs typiques de la région ainsi qu'à quelques intéressantes variations de sa composition autour de la cuisine toscane.

Osteria dei Cavalieri – B1 - *Via San Frediano 16 - ✆ 050 580 858 - www.osteriacavalieri.pisa.it - fermé sam. midi et dim. - réserv. conseillée - 25/40 €.* Cette trattoria, lieu de prédilection des Pisans, propose une cuisine soignée et créative.

PETITE PAUSE

Pasticceria Salza – B1 - *Borgo Stretto 46 - ✆ 050 580 244.* Incontournable ! Ce café chic ouvert en 1898 a su conquérir les Pisans et les touristes grâce à ses délicieuses pâtisseries.

Gelateria de'Coltelli – B1-2 - *Lungarno Pacinotti 23 - ✆ 345 48 11 903 - www.decoltelli.it.* Au dire des Pisans, c'est LE glacier de la ville !

AGENDA

Gioco del Ponte – *Ponte di Mezzo - dernier sam. de juin ou premier de juil.* Défilé suivi d'une joute (*voir encadré p. 281*).

Régate historique des républiques maritimes – *Entre mai et juil.* Depuis 1955, la régate se déroule alternativement à Amalfi, Gênes, Venise et Pise. Avant la course d'aviron sur l'Arno, un défilé en costume d'époque mêle pages, demoiselles, capitaines et hommes d'armes.

« Luminara » et régate historique de saint Rainier – *Sur l'Arno - 16 et 17 juin.* Feu d'artifice, régate, etc. pour célébrer le patron de Pise (*voir encadré p. 282*).

San Miniato

★

28 250 habitants

Perchée sur une colline, San Miniato, ville de la bonne cuisine et de la truffe blanche, domine la plaine où coule l'Arno. Sa noblesse se reflète dans ses palais monumentaux, mais tout son charme réside dans les deux esplanades que forment l'inattendu Prato del Duomo et la place du château de Frédéric II. Le nom de San Miniato était autrefois suivi de l'appellation « al Tedesco » (de l'Allemand), car elle fut, dès le 10e s., la résidence toscane des empereurs germaniques.

NOS ADRESSES PAGE 290
Hébergement, restauration, achats, activités, etc.

S'INFORMER

Office de tourisme – *Piazza del Popolo 1 - ✆ 0571 42 745 - www.sanminiatopromozione.it.*

SE REPÉRER

Carte de région C1 (p. 266).
San Miniato se situe à mi-chemin entre Florence et Pise. Contourner San Miniato Basso avant de grimper jusqu'à San Miniato Alto.

À NE PAS MANQUER

L'ensemble du Prato del Duomo et le panorama depuis l'esplanade du château.

ORGANISER SON TEMPS

Une demi-journée.

Se promener

★ Prato del Duomo

Il rassemble divers monuments : le **dôme** remonte au 12e s., mais son campanile à mâchicoulis, tour de défense de l'ancien château, lui est antérieur. Remanié au 15e s. (et refait à l'intérieur aux 18e et 19e s.), il présente une façade romane relevée de quelques bols de céramique du 13e s. selon une tradition pisane ; les trois portes datent du 15e s. À gauche de la cathédrale, le **Museo Diocesano d'Arte sacra** conserve des œuvres de peintres et sculpteurs du 14e au 19e s. ainsi que des objets d'art sacré et des bassins de céramique du 11e s. provenant de la façade de la cathédrale. *Piazza del Duomo - ✆ 342 68 60 873 - 10h-13h, 14h-16h (en hiver le w.-end seult le mat.) - 2,50 €.*

Face au dôme, le **palais épiscopal** (12e s.) fut d'abord la résidence du capitaine des milices de la citadelle. Par la suite y résidèrent les *Signori Dodici* (les douze gouverneurs de la ville) et le capitaine du peuple. Depuis 1622, elle sert de demeure à l'évêque. Le **palais des Vicaires impériaux** (ancien palais impérial, désormais transformé en hôtel) lui fait pendant : il remonte au 12e s. et la tradition veut que la comtesse Mathilde de Toscane y soit née en 1046. En passant entre les deux, on accède à une petite terrasse d'où l'on profite d'un point de vue sur les toits de San Miniato et la campagne toscane. En contrebas, la **piazza della Repubblica** est bordée du **palazzo del Seminario★**, à façade concave, orné au début du 18e s. de fresques et d'aphorismes (en latin) des Pères de l'Église dans sa partie haute, et ouvert de devantures de boutiques médiévales dans sa partie basse (partiellement conservées). *De la terrasse à gauche de la cathédrale, monter par le sentier et l'escalier (15mn à pied AR).*

★ Prato della Rocca

Une haute tour de brique, refaite à l'identique de l'ancien **château** *(rocca)* de Frédéric Barberousse détruit pendant la dernière guerre, domine le sommet arasé d'une colline. C'est dans cette tour, dit-on, que Pierre des Vignes, chancelier de Frédéric II, accusé de trahison, se suicida après qu'on lui eut arraché les yeux (Dante, *L'Enfer*, chant XIII). De l'esplanade, beau **panorama★★** sur San Miniato, le val d'Arno, les collines de Pise, de Pistoia et de Florence, au-dessus desquelles apparaît la chaîne des Apennins.

Santuario del Crocifisso

Derrière la cathédrale s'élève le sanctuaire du Crucifix, du 17e s., surmonté d'un tambour circulaire. À l'intérieur, crucifix ottonien en bois du 10e s.

Un escalier quelque peu théâtral rejoint la via delle Vittime del Duomo.

Palazzo comunale

Il abrite des fresques de l'école de Giotto (*Vierge à l'Enfant entre les Vertus théologales* attribuée à Cenni di Francesco di Ser Cenni) ainsi qu'une petite église, la **chiesa del Loretino**, qui présente un précieux autel en bois marqueté, doré et peint, un tabernacle peint par Lanfranco et des fresques du 16e s. narrant la vie de Jésus.

Prendre la via Ser Ridolfo en direction de la piazza del Popolo.

San Domenico

L'église de 1194 fut plusieurs fois remaniée et sa façade jamais achevée. À l'intérieur, dans une chapelle au fond à droite, admirez le monument funéraire du médecin et humaniste Giovanni Chellini, attribué à Bernardo Rossellino (15e s.).

NOS ADRESSES À SAN MINIATO

HÉBERGEMENT

BUDGET MOYEN

Villa Sonnino – *Via Castelvecchio 9/1, Loc. Catena, 4 km à l'est de San Miniato - ✆ 0571 48 40 33 -www. villasonnino.com - 13 ch. - 85/100 €.* Une élégante villa, bâtie aux 15e et 17e s., qui propose un séjour tout confort et une bonne cuisine.

RESTAURATION

BUDGET MOYEN

Il Convio – *Via San Maiano 2 - 1,5 km au sud-est de San Miniato - ✆ 0571 40 81 14 - www.ristoranteilconvio.com - fermé merc. - 25/35 €.* Cette ferme nichée dans une vallée verdoyante vous réserve un accueil chaleureux et offre une vue magnifique à la belle saison, durant les repas en plein air. Spécialités du terroir.

ACHATS

Il Cantuccio di Federigo – *Via Maioli 67 - ✆ 0571 41 83 44 - fermé dim. apr.-midi.* Une adresse unique grâce à Paolo Gazzari et à son choix de pâtisseries et de vins.

AGENDA

Festa del Tartufo Bianco – *Trois derniers w.-ends de nov.* Les collines alentour recèlent des truffes blanches. Le précieux champignon donne lieu à une grande foire.

Festival del Teatro dello Spirito – Chaque année, en juillet, un drame inédit à caractère sacré ou spirituel est mis en scène.

Brocante – *1er dim. du mois.*

Livorno

Livourne

159 600 habitants

Fortement endommagée pendant la Seconde Guerre mondiale, au premier coup d'œil, Livourne peut déconcerter les touristes qui auront laissé derrière eux les petits villages perchés sur les collines, les champs d'oliviers et les alignements de cyprès, car elle ne reflète en rien l'image d'une ville de Toscane telle qu'on peut la concevoir. Mais si l'on s'attarde un peu, on découvre avec plaisir qu'elle a gardé tout son charme dans le pittoresque quartier la Venezia, sillonné de canaux. Son histoire évoque la tolérance ; elle a également le goût ainsi que le parfum de la mer et d'une cuisine savoureuse. Le port de la ville, un des plus importants de l'Italie, accueille les ferries au départ pour la Corse et la Sardaigne, mais aussi les grands paquebots comme le *Queen Mary 2*.

NOS ADRESSES PAGE 295
Hébergement, restauration, achats, activités, etc.

S'INFORMER

Office de tourisme – *Via Pieroni 18/20 - ✆ 0586 89 42 36 - www.comune.livorno.it/portaleturismo.*

SE REPÉRER

Carte de région B1-2 (p. 266). La ville, qui se trouve à 25 km au sud de Pise, est la porte d'accès septentrionale à la Côte des Étrusques *(voir p. 297).*

SE GARER

Une partie du centre historique constitue une zone à trafic limité, autorisée aux riverains mais interdite aux véhicules dépourvus d'un permis d'accès payant. Ce dernier vous sera fourni par votre hôtel si vous séjournez en centre-ville.

À NE PAS MANQUER

Les ruelles et les canaux du quartier de la Nouvelle Venise, le musée Giovanni Fattori, une promenade sur le viale Italia, dans son atmosphère fin de 19e s., prêtant à la rêverie.

ORGANISER SON TEMPS

Une demi-journée.

AVEC LES ENFANTS

L'Aquarium, une promenade en bateau sur les canaux.

Se promener

LE CENTRE HISTORIQUE

Départ depuis la piazza Micheli, qui s'ouvre sur la Darsena Vecchia, le vieux port de Livourne.

★ Monument « I quattro mori »

Sur la piazza Micheli, d'où l'on aperçoit la **vieille forteresse** (16e s.), fut érigé ce monument dédié à Ferdinand Ier de Médicis, en souvenir d'une victoire remportée sur les Maures par les chevaliers de St-Étienne *(voir p. 277)*. Les statues de bronze, représentant des pirates sarrasins faits prisonniers par l'ordre des Chevaliers, furent exécutées par Pietro Tacca entre 1623 et 1626.

La **Via Grande**, large avenue rassemblant de nombreux commerces, mène de piazza Micheli à **piazza della Repubblica**.

UNE VILLE COSMOPOLITE

En 1591 furent promulguées les « Lois livournaises » *(Leggi Livornine)*, qui prévoyaient l'immunité, des privilèges et des exonérations en faveur des marchands de toute nationalité, et garantissaient la liberté de culte. Ces lois firent de Livourne une ville cosmopolite, tolérante, multiethnique et multireligieuse. De nombreux lieux de culte et cimetières furent construits par les diverses communautés (les « Nazioni ») de la ville : Arméniens, Grecs, Hollandais, Anglais et surtout Juifs. Les Gorneyim (ou Granas), Juifs séfarades originaires de l'Espagne et du Portugal, vinrent s'établir à Livourne après la promulgation des Lois livournaises à la fin du 16e s. Leur nombre passa alors de 114, en 1601, à environ 3 000 en 1689. La **communauté juive** de Livourne comptait parmi les plus importantes d'Europe et vivait librement, en dehors de tout ghetto, autour de sa somptueuse synagogue. Elle utilisait le portugais pour les documents officiels, l'espagnol pour la littérature, l'italien pour les relations avec les autres communautés et le *bagitto*, un dialecte qui mélangeait italien et influences espagnoles, portugaises, hébraïques, arabes ainsi que traces de grec, de turc et de yiddish, pour la conversation quotidienne entre les membres de la communauté. Ce dialecte disparut après la Seconde Guerre mondiale, mais subsista dans quelques mots, comme la *roschetta*, la galette typique de la ville.
Au 18e s., la ville connaît une forte expansion et une floraison de l'édition, qui trouve un terrain fertile dans ce climat de tolérance : en 1770 est publié à Livourne le premier volume italien de l'*Encyclopédie* de Diderot et d'Alembert.

Duomo

Dressée sur piazza Grande, la cathédrale fut reconstruite après les bombardements de la Seconde Guerre mondiale. L'intérieur conserve un tableau de Fra Angelico (*Tête de Christ couronnée d'épines*, 1438).

Piazza del Municipio

De la piazza Grande on rejoint la piazza Municipio, un nouvel espace urbain créé après la guerre, qui, à l'origine, faisait partie de la piazza Grande. Cœur administratif de la ville, elle rassemble le palais della Camera di Commercio (ancien palais della Dogana, 17e s.), le Palais municipal (18e s., reconnaissable à son escalier en marbre) et le palais della Provincia, qui a investi le Palais Granducale (17e s.). Non loin, entre via San Giovanni et piazza Unità d'Italia, s'élève le palais del Governo (1939), édifice de style fonctionnaliste.

★ Quartiere della Venezia

En se dirigeant vers l'ouest, on découvre, entre la **vieille forteresse** *(Fortezza Vecchia)*, construite au 16e s. par Antonio da Sangallo l'Ancien (1455-1534), et la **nouvelle forteresse** *(Fortezza Nuova)*, édifiée à la fin du 16e s. avec la contribution de Buontalenti (1536-1608), le pittoresque **quartier de la Nouvelle Venise**, créé en 1629 par les Médicis en utilisant des solutions techniques déjà appliquées à Venise. Cette partie de la ville est caractérisée par le nombre de ses canaux, de ses ponts et de ses ruelles qui, autrefois, reliaient le port aux entrepôts et aux maisons du quartier. La principale et plus élégante rue du quartier était **via Borra**, siège au 19e s. de plusieurs consulats et habitée par les riches marchands de Livourne ; les palais de la rue (palais del Monte di Pietà, palais delle Colonne di Marmo, palais Huigens) en témoignent.
La via Borra mène à l'église **Santa Caterina** (1720), coiffée par une coupole imposante, qui abrite un tableau de Giorgio Vasari (*Couronnement de la Vierge*).

La vieille forteresse, ancienne tête du pont du quartiere della Venezia de Livorno.
S. Cellai/Sime/Photononstop

En suivant les Scali del Refugio, on parvient aux **Bottini dell'Olio,** ancien entrepôt à huile du 18e s. aujourd'hui reconverti en espace culturel.

En direction de la vieille forteresse se dresse l'église de **San Ferdinando** (1704), qui conserve sur son maître-autel un intéressant **groupe** du sculpteur baroque Giovanni Baratta *(Les Esclaves libérés)*.

Revenir sur la piazza del Municipio et la piazza Grande et remonter la via Grande jusqu'à la piazza Guerrazzi.

Avant d'arriver sur la piazza Guerrazzi, la via Grande croise la **via della Madonna**, où se dressent l'une à côté de l'autre trois églises qui témoignent du passé de Livourne comme ville des « Nations » : l'église de la SS. Annunziata ou des Grecs-Unis, l'église della Madonna et l'église de San Gregorio degli Armeni, aujourd'hui centre culturel.

Cisternone

Piazza Guerrazzi.

Le **château d'eau**, construit en 1837 pour l'alimentation des fontaines de la ville, n'assuma jamais sa fonction, mais fut aménagé vers 1950 en maison de la Culture. Des expositions d'art figuratif y sont organisées.

Environ 700 m à l'est, sur la via de Larderel, se trouve le **Cisternone**, imposant bâtiment néoclassique (1842), qui sert de citerne pour recueillir et purifier l'eau qui vient de l'aqueduc de Colognole.

La via Grande conduit à la **piazza della Repubblica**, esplanade dégagée en 1840, qui ouvre sur la promenade entourant la Fortezza Nuova.

Se diriger vers le Fosso Reale le long du Scalo Saffi.

On passe à côté des halles (**Mercato centrale**, 1894), qui offrent une agréable balade entre les étals de légumes, viande, poisson et produits de boulangerie. Sur l'autre côté du Fosso Reale se dresse la silhouette néogothique de l'ancienne église hollandaise.

La première partie du Fosso Reale aboutit à la piazza Cavour. Remonter la via Cairoli, qui jouxte, par la gauche, la piazza Benamozegh.

Synagogue

Piazza Benamozegh - ✆ 050 54 25 80 (réserv. visites guidées au ✆ 0586 83 97 72) - pisaebraica.it/cms - lun. et jeu. 9h30-13h30, 15h-17h.

La somptueuse synagogue baroque de Livourne fut détruite pendant la Seconde Guerre mondiale et remplacée, en 1962, par cet édifice rationaliste en béton, œuvre de l'architecte Angelo di Castro, dont la forme s'inspire de la tente de Moïse pendant l'exode.

L'intérieur, baigné par une belle lumière et ponctué de vitraux rouges qui rappellent la Shoah, conserve une précieuse armoire baroque (l'« Arche ») datant de 1708.

HORS DU CENTRE

Rejoindre le bord de mer et passer par les places Mazzini, puis Orlando et Vittime della Moby Prince pour arriver viale Italia.

Viale Italia

Reliant le centre au faubourg sud, **Ardenza**, l'élégante promenade aménagée à partir de 1835, offre de très belles vues sur la mer, les hôtels et les villas emblématiques du succès balnéaire de la ville de Livourne entre le 19e s. et le 20e s.

Aquarium

Piazzale Razzauti 1, Terrazza Mascagni - ✆ 0586 26 91 11 - www.acquariodilivorno.it - avr.-sept. : 10h-18h (juil.-août : 10h-21h) ; oct.-mars, w.-end et vac. de Noël 10h-18h ; 13 € (enf. 8 €), gratuit pour enf. de moins de 1 m.

Situé sur la belle Terrazza Mascagni, il propose un parcours de visite qui conjugue science et histoire, un espace dédié aux expositions temporaires et une terrasse avec vue panoramique sur le bord de mer.

Sur le viale Italia est également installée la prestigieuse **Accademia navale Italiana** (École navale italienne).

★ Museo civico Giovanni Fattori

Villa Mimbelli, Via San Jacopo in Acquaviva 65 - ✆ 0586 80 80 01 - 10h-13h, 16h-19h - fermé lun. - 4 €.

Ce musée abrite une belle collection des œuvres de Giovanni Fattori, né à Livourne en 1825, et de ses amis macchiaioli (*voir p. 179*), comme Telemaco Signorini, Giovanni Boldini, Silvestro Lega et Vittorio Corcos.

Museo Mascagni

Via Calzabigi 54- ✆ 0586 204 237 - actuellement fermé pour travaux.

Ce musée, qui fera la joie des mélomanes, rassemble de nombreuses partitions, des instruments de musique et des souvenirs du compositeur de Livourne **Pietro Mascagni** (1863-1945).

Museo Ebraico Yeshiva Marini

Via Micali 21 - ✆ 0586 83 97 72 ou 320 88 87 044 - www.amarantaservice.it - visites guidées sur réserv.

La synagogue de l'hôtel particulier du marchand Marini construit au 19e s. abrite aujourd'hui ce petit musée, qui présente des objets de culte de l'ancienne synagogue et des œuvres artisanales réalisées par la communauté juive de la ville (tissus, objets de corail).

Le bâtiment servit pendant quelques années de *scuolina* (école) pour les étudiants juifs qui étaient expulsés des écoles publiques au moment des lois raciales de 1938.

À proximité Carte de région p. 266

Casciana Terme B2

40 km à l'est. Quitter Livorno par la superstrada FI PI LI en direction de Florence et sortir à Pondera-Ponsacco.

Situé au cœur de collines plantées de vignes, d'oliviers et de pêchers, Casciana Terme jouit d'un climat doux et offre un cadre agréable pour faire une cure thermale et découvrir les villes d'art voisines. Ces **thermes**, appréciés par la comtesse Mathilde de Canossa vers l'an 1000, étaient déjà connus du temps de l'empereur Auguste et continuent d'être très fréquentés de nos jours. Leurs cures sont indiquées pour soigner les maladies veineuses, l'hypertension, l'arthrite, les rhumatismes, l'asthme et la bronchite.

NOS ADRESSES À LIVORNO

Carte de région p. 266

ARRIVER/PARTIR

En bateau – *Porto Mediceo* - Liaison avec l'île de Capraia. **Toremar** - *✆ 081 017 19 98 - www.toremar.it.*

HÉBERGEMENT

BUDGET MOYEN

Al Teatro – *Via Mayer 42 - ✆ 0586 89 87 05 - www.hotelalteatro.it - 8 ch. - 100/120 €.* Ce petit bâtiment du 19e s. se situe au cœur de la ville, à proximité du théâtre Goldoni. Chacune de ses chambres est consacrée à un musicien ou un compositeur et dotée de tableaux et de gravures anciennes. Atmosphère élégante et accueillante, agréable jardin privé.

Casciana Terme B2

BUDGET MOYEN

Villa Margherita – *Via Marconi 20 - ✆ 0587 64 61 13 - www.villamargheritahotel.net - ✕ - 45 ch. - 95/120 €.* À quelques mètres des thermes, au centre du village, niché au cœur d'un grand jardin ombragé, cet hôtel plein de charme saura sûrement satisfaire les voyageurs, même les plus exigeants.

RESTAURATION

À Livourne, nombreux restaurants de poisson sur la promenade du bord de mer, qui va de la forteresse à Antignano, et sur la route de Romito et de Quercianella.

BUDGET MOYEN

Da Galileo – *Via della Campana 20 - ✆ 0586 88 90 09 - trattoriadagalileo.blogspot.it - fermé merc. - 25/35 €.* À deux pas de la forteresse, cette trattoria est fréquentée par des habitués. Dans un cadre ancien, on déguste les spécialités livournaises : le *cacciuccio*, la soupe de poisson locale, et les *triglie alla livornese*, rougets à la mode de Livourne.

Osteria del mare – *Borgo dei Cappuccini 5 - ✆ 0586 88 10 27 - fermé jeu. - réserv. conseillée - 30/45 €.* Ambiance simple et agencement linéaire dans les deux petites salles accueillantes qui composent ce bistrot du quartier du port. Un large éventail de produits de la mer à des prix raisonnables.

Casciana Terme B2

PREMIER PRIX

Il Merlo Pizzorante – *Piazza Miniati 5 - ✆ 0587 64 40 40 - www.ristoranteilmerlo.it - fermé jeu. - 15/25 €.* Ce restaurant sert de délicieuses pizzas et des plats de la cuisine traditionnelle toscane, dans le cœur de Casciana Terme.

EN SOIRÉE

Bar Civili – *Via del Vigna 55 - ✆ 0586 40 13 32 - fermé dim.* « Football, punch et bonne humeur » pourrait être la devise de ce célèbre café décoré de fanions et de vieux tableaux. Depuis plus de cent ans, on s'y retrouve le soir autour du meilleur *ponce* livournais (café, rhum, zestes de citron, sucre…). À ne pas manquer !

Baracchina Rossa – *Viale Italia 106 - ✆ 0586 50 21 69 - www.baracchinarossa.it.* Dans un beau jardin fleuri, ce grand édifice rouge a été transformé en salon de thé-glacier. La qualité de l'accueil et les peintures du 19e s. ornant ses murs en font l'adresse préférée des Livournais.

ACTIVITÉS

Giro in Battello dei Fossi Medicei – *Départ via Pieroni 18 (office du tourisme)- ✆ 0586 89 45 63 - www.livornoinbattello.info.* Balade le long des canaux des Médicis et dans le quartier de la Nouvelle Venise pour découvrir Livourne sous un autre angle.

Terme di Casciana – *Piazza Garibaldi 9 - ✆ 0587 64 461 - www.termedicasciana.it.* Accordez-vous une agréable journée de relaxation dans ce bel établissement.

ACHATS

Antiquités – Vous trouverez de nombreux antiquaires dans le quartier de la Nouvelle Venise, dans la via Borra et Scali Rosciano.

Marché central – *Via del Cardinale - tlj sf dim. 7h-14h.* Dans cet édifice construit au 19e s., vous trouverez fruits, poissons, légumes et vêtements.

Nuovo Mercatino Americano – *Via della Cinta Esterna - ✆ 333 22 30 590.* Depuis l'après-guerre, l'un des lieux caractéristiques de Livourne (malgré son nom) est son marché américain : créé à l'origine pour vendre des vêtements et du matériel de camping utilisés par les militaires américains, il s'est diversifié depuis.

AGENDA

Trophée « Accademia Navale e Città di Livorno » – *Avr.-mai - www.trofeoaccademianavale.eu.* Depuis 1981, un rendez-vous international, avec régates et animations autour du port.

Côte des Étrusques

Costa degli Etruschi

La Côte des Étrusques est une bande de terre qui s'étire de Livourne à Piombino, dont le nom seul évoque déjà un passé digne d'intérêt. Les sites étrusques, la mer claire, les petits bourgs médiévaux, la campagne traversée par la route des Vins et les parcs naturels en font une destination attrayante pour tous.

NOS ADRESSES PAGE 302
Hébergement, restauration, achats, activités, etc.

S'INFORMER

Costa degli Etruschi – *www.costadeglietruschi.it.*

SE REPÉRER

Carte de région B2-3-4 (p. 266).
Il suffira de suivre la route S 1/E 80 via Aurelia pour atteindre Castiglioncello, point du départ de l'itinéraire proposé, à 27 km au sud de Livourne.

À NE PAS MANQUER

Le Parc archéologique et le Musée étrusque de Populonia, la campagne entre Bolgheri et Castagneto Carducci chantée par Giosuè Carducci.

ORGANISER SON TEMPS

Un à deux jours, selon si vous souhaitez faire tout le circuit ou vous concentrer sur une partie.

AVEC LES ENFANTS

Le refuge d'oiseaux de Bolgheri et le train minier du Parco archeominerario di San Silvestro

Circuit conseillé Carte de région p. 266

LA CÔTE DES ÉTRUSQUES

Circuit de 120 km tracé en vert clair sur la carte de région (p. 266). Départ de Castiglioncello : suivre la via Aurelia ou l'axe autoroutier vers le sud jusqu'à Piombino.

Castiglioncello B2

Élégante station balnéaire, Castiglioncello est connue pour ses agréables plages blotties dans des criques ombragées par les pins. Protégée par un promontoire et des collines descendant jusqu'à la mer, la station profite d'un climat favorable.

ENTRE NATURE ET HISTOIRE

La Côte des Étrusques est délimitée au sud par la zone des **six parcs du Val di Cornia**, qui regorge de richesses naturelles et de vestiges archéologiques : Parco costiero della Sterpaia, Parco costiero di Rimigliano, Parco archeologico di Baratti e Populonia, Parco archeominerario di San Silvestro, Parco naturale di Montioni, Parco forestale di Poggio Neri.

Parchi Val di Cornia - Via Giovanni Lerario 90 - Piombino - 0565 22 64 45 - www.parchivaldicornia.it.

Rosignano Marittimo B2

Dans la partie haute se dressent les vestiges du centre médiéval et le château qui abrite un **Musée archéologique** illustrant l'histoire de la région, de l'époque étrusque au Moyen Âge. *Palazzo Bombardieri, via del Castello 24 - ✆ 0586 72 42 88 - 9h-13h, en été aussi 17h-22h - 3 €.*

Cecina B2

Cecina est un centre agricole et industriel (briqueterie) né vers le milieu du 19e s.

Marina di Cecina (B2), prolongement de Cecina sur le littoral, est une station balnéaire ombragée par une belle pinède où subsistent encore de nombreux vestiges étrusques.

Musée archéologique étrusque romain – *Villa Guerrazzi, à 4 km au nord-ouest du centre de Cecina - ✆ 0586 68 01 45 - www.museoarcheologicocecina.it - juin et déb. sept. : tlj sf lun. 17h-20h (et 9h30-12h30 sam.-dim.) ; juil.-août : tlj sf lun. 9h30-12h30, 17h-20h ; reste de l'année : seult w.-end 15h30-19h - 4,50 €.* Ce musée abrite de la céramique étrusque en *bucchero*, des vases grecs à figures peintes des époques classique et hellénistique, des urnes du 6e s. av. J.-C. et du mobilier funéraire datant de la Rome impériale.

Bibbona B3

Bibbona est un joli village médiéval niché au milieu de la douce campagne toscane. La pieve di Sant'Ilario, fondée au 11e s. et agrandie au 14e s., recèle un bénitier du 13e s. À l'entrée du bourg se dresse Santa Maria della Pietà, édifice Renaissance datant de 1482, dont le plan en croix grecque est attribué à Ranieri Tripalle et Vittorio Ghiberti.

ROUTE DES VINS

Depuis le 15e s., la Côte des Étrusques est une région viticole, qui aujourd'hui vante parmi ses produits deux grands Supertuscans (*p. 53*) : le **Sassicaia** et l'**Ornellaia**. La route commence à **Rosignano Marittimo** et se termine à **Piombino**. Longue de 160 km, elle peut être parcourue à bicyclette (nous recommandons la portion entre Bibbona, Bolgheri et Castagneto Carducci). Les étapes sont : Castellina Marittima, Riparbella, Cecina, Montescudaio, Guardistallo, Casale Marittimo, Bibbona, Bolgheri, Castagneto Carducci, Sassetta, Suvereto, Campiglia Marittima.

Strada del vino e dell'olio - Loc. San Guido 45 - Bolgheri - ✆ 0565 74 97 05 - www.lastradadelvino.com.

Le village fortifié de Bolgheri s'est développé autour de son château de briques rouges.
M. Rock/Cephas/Photononstop

Bolgheri B3

C'est dans ce coquet petit village médiéval que vécut Carducci de 1838 à 1848. Le poète a immortalisé la longue **allée★** bordée de vieux cyprès qui y mène (en venant de l'oratoire de San Guido, plus à l'ouest) dans son élégie *Devant San Guido*, un classique pour les Italiens. Bolgheri est connu pour son vin de réputation mondiale et ses écuries.

Oasi WWF di Bolgheri – *Via Vecchia Aurelia, km 269,400- ✆ 338 41 41 698 ou 389 95 78 763 - www.wwf.it (rubrique « Oasi ») - visites guidées sur réserv.* À quelques kilomètres, dans les marais, ce **refuge d'oiseaux aquatiques** vaut le détour.

Castagneto Carducci B3

La route entre Bolgheri et Castagneto Carducci est bucolique à souhait. Niché au sommet d'une colline, dans une campagne plantée d'oliviers, le bourg appartenait autrefois aux comtes della Gherardesca. De leur château ne subsistent aujourd'hui que les ruines d'une tour (Torre di Donoratico, *3,5 km au sud*), où le tristement célèbre Ugolino della Gherardesca, accusé de trahison par Pise après la bataille de la Meloria (1284), aurait trouvé temporairement refuge avant de subir le châtiment de mourir de faim avec ses enfants en 1289. Pisan depuis le 12e s., Castagneto passa en 1406 sous la juridiction de Florence.

La renommée du village est cependant davantage liée au poète italien **Giosuè Carducci** (1835 -1907) : il y séjourna pendant sa jeunesse, célébrant la beauté de cette terre toscane. On peut y visiter sa **maison** et le **Museo archivio Giosuè Carducci** *(via Carducci 1 - ✆ 0565 76 50 32 - été : 10h-13h, 16h-19h ; reste de l'année : 10h-13h, w.-end 15h-18h - gratuit)* consacré à sa mémoire.

La **Marina di Castagneto-Donoratico** (B3 - *sur la SP 329*) est une station balnéaire dont la longue plage de sable est abritée par une belle pinède.

San Vincenzo B3

Station balnéaire bien équipée, connue pour sa longue plage de sable de 5 km de long, parfois interrompue par quelques rochers.

Campiglia Marittima B3

Perché au sommet d'une colline à 210 m, ce village, dont la fondation remonte au moins au 11e s., est ceint de murs autrefois infranchissables. Dès 1259, il fut gouverné par un capitaine pisan, un juge et un notaire et conserva ce type d'administration après la conquête de Pise par Florence en 1406.

Symbole de l'ancienne puissance militaire de Campiglia, le **Palazzo pretorio**, orné des blasons des capitaines du peuple qui y habitèrent jusqu'en 1406, est remarquable. La colonne à gauche servait de base à la cage où les malfaiteurs étaient exposés à la risée publique.

Au bout de la via Cavour se dresse la **Porta Fiorentina**. Les quatre blasons qui la décorent rappellent les vicissitudes de l'histoire du village : à côté du lévrier de Campiglia, on retrouve la croix de Pise, le lys de Florence et l'étoile des Gherardesca. Au-dessus de la Porta Fiorentina, les vestiges de la **rocca**, remontant aux 12e-13e s., se dressent à l'endroit où une première forteresse fut probablement bâtie dès le 8e s.

Par la via Roma, on atteint la **Porta a Mare** et la piazza della Vittoria, d'où l'on jouit d'une ample **vue** sur la côte.

Pieve di San Giovanni – *Dans le cimetière.* Église à plan en T, construite au 12e s. Sous son portail latéral, admirez le bas-relief représentant la *Chasse au sanglier de Méléagre*. Le toit de sa chapelle latérale abrite le mystérieux **carré magique**, dont l'origine remonte au moins au début de l'ère chrétienne. La signification des cinq mots (SATOR, AREPO, TENET, OPERA, ROTAS), disposés en carré sur cinq lignes, reste en effet obscure : lisible de la même façon dans n'importe quel sens, ce jeu de mots à consonance latine, connu dans tout le bassin méditerranéen, fut semble-t-il employé comme une formule magique pour conjurer le mauvais sort.

Parco archeominerario di San Silvestro – *0565 22 64 45 - www.parchivaldicornia.it - se renseigner sur le site pour les horaires - circuit sur un petit train minier (pour la mine, visite guidée).* Les 450 ha de ce très grand parc situé sur les collines au nord de Campiglia Marittima offrent la possibilité de parcourir des itinéraires passionnants illustrant l'activité extractive à l'époque étrusque. Au 10e s. naquit **Rocca San Silvestro**, petit village dédié à l'exploitation minière (que ce soit l'extraction du cuivre, du plomb ou de l'argent) et à la fusion des métaux.

Suvereto BC3

Ce charmant bourg médiéval, niché sur les collines surplombant la mer et entouré par les vestiges de ses remparts, recèle des ruelles pavées bordées de maisons en pierre, églises et palais historiques, comme le palais municipal du 13e s. Le cloître de l'ancienne église de San Francesco (13-16e s., aujourd'hui transformée en hôtel) présente une structure bien conservée.

Le village est dominé par les restes de la rocca fondée au 9e s. et remaniée par les Aldobrandeschi au 12e s.

Dans la campagne alentour, on trouve une multitude de propriétés agricoles et de caves, parmi lesquelles la **Cantina Petra** à San Lorenzo Alto, œuvre de l'architecte Mario Botta (2003).

★ Parco archeologico di Baratti e Populonia B3

Loc. Baratti 60 - 0565 22 64 45 - www.parchivaldicornia.it - 10h au coucher du soleil (juil.-août 9h30-20h) - fermé nov.-janv. - 9 €.

Face à la mer, la **nécropole** de l'étrusque *Pupluna*, dominée par son acropole, remonte à l'âge du fer (9e-8e s. av. J.-C.), quand le golfe de Baratti était le lieu d'implantation des grandes nécropoles. L'activité économique était probablement fondée sur le contrôle des gisements minéraux de l'île d'Elbe et des collines autour de Campiglia.

Quand, à partir du 4e s. av. J.-C., l'exploitation des gisements de fer de l'île se développa, la nécropole fut recouverte progressivement de scories ainsi que de restes provenant des hauts-fourneaux, dont elle ne fut dégagée qu'à la fin du 20e s.

On découvrit alors différents types de sépultures : les tombes à puits, fosse ou chambre, les plus anciennes, et celles à tumulus, d'influence orientalisante.

La **tombe aux Lits funèbres** *(Letti funebri)* et celle à **l'Aryballos piriforme** (petit vase grec en forme de poire) font partie des tombes à tumulus à socle cylindrique. La **tombe des Entonnoirs** *(dei Colatoi)* est à tumulus haut. Les seules tombes à tumulus intactes sont celle dite des **Orfèvreries** *(delle Oreficerie)* et celle des **Éventails** *(dei Flabelli)*, ainsi nommée en raison de ceux retrouvés dans le mobilier funéraire. La tombe du **Petit Bronze d'offrande** est un exemple de tombe à édicule.

Continuer sur 2 km après le parc de Baratti.

Populonia B3

Vous pouvez faire une halte sympathique après la visite des sites étrusques dans ce petit village aux trois ruelles bordées d'échoppes d'artisans et au petit **musée étrusque - Collezione Gasparri**. *Palazzo Gasparri, via di Sotto 8 - ☏ 0565 18 28 030 - 10h-13h, 15h-19h (été : tlj ; hiver : w.-end) - 2,50 €.*

De la route S 1, via Aurelia, emprunter la sortie Venturina.

Piombino B4

Construite sur un promontoire, cette cité a vu se succéder trois ports depuis l'Antiquité : le port Baratti, exploité par les Étrusques ; le port de Marina, actif du 12e s. au début du 20e s. ; le vieux port Falesia, appelé Portovecchio de nos jours, grand pôle industriel et centre du trafic commercial.

Piombino a souffert des bombardements de la Seconde Guerre mondiale, mais bénéficie néanmoins de l'attrait d'un littoral touristique et d'une histoire ancienne, qu'évoquent Baratti e Populonia et son musée. C'est aussi le point de départ pour les îles de l'archipel.

Sur la **piazza Verdi**, départ des promenades au cœur de la ville, s'élèvent le **Rivellino** (1447), ancienne porte principale de Piombino, et une grosse tour, le **Torrione**, construite en 1212.

Sur le corso Vittorio Emanuele, le **Palazzo comunale** (hôtel de ville), construit en 1444, a été complètement restauré en 1935. La salle du Conseil *(Sala consiliare)* abrite une statue de bois de la Vierge à l'Enfant de style gothique siennois (14e s.). Une copie se trouve dans la tour. Au bout du corso s'ouvre la **piazza Bovio**, en forme de proue de navire, qui offre une belle **vue★** sur les îles.

De la piazza Bovio, descendre à droite vers le petit port de Marina.

Attribuées à Nicola Pisano, les **Fonti dei Canali** (fontaines des Canaux) sont des fontaines publiques en marbre, du 13e s., qui ont fourni de l'eau au quartier pendant près de sept siècles.

Construite sur ordre de Jacopo III Appiani entre 1465 et 1470, la **cittadella** *(piazza della Cittadella)* se distingue par sa **citerne** de marbre, face à laquelle s'élève la chapelle familiale Renaissance, œuvre d'Andrea di Francesco Guardi.

Sur la place se dresse le **Museo archeologico del territorio di Populonia**, qui rassemble une riche collection de pièces archéologiques, liées au parc de Baratti e Populonia. *Palazzo Nuovo, piazza della Cittadella 8 - ☏ 0565 22 16 46 - www.parchivaldicornia.it - juin-sept : tlj sf lun. 10h-18h ; oct.-mai w.-end 10h-17h - 6 €.*

En allant vers la via Leonardo da Vinci, on aperçoit les bastions du mur d'enceinte. À l'est de la piazza Verdi, on peut voir le **donjon** *(cassero)* des 13e-16e s., et la **forteresse** construite à la demande de Cosme Ier de Médicis en 1552.

NOS ADRESSES SUR LA CÔTE DES ÉTRUSQUES

Carte de région p. 266

ARRIVER/PARTIR

En bateau – Depuis **Piombino**, bateaux pour Portoferraio, principale ville sur l'île d'Elbe, et les autres îles de l'archipel toscan avec les compagnies **Toremar** (*www.toremar.it*), **Moby Lines** (*www.moby.it*), **Blu Navy** (*www.blunavytraghetti.it*) et **Corsica-Ferries** (*www.corsica-ferries.fr*). *Voir aussi p. 315.*

HÉBERGEMENT

Bolgheri B3

BUDGET MOYEN

Agriturismo « Tra Gli Ulivi » – *Azienda Agrituristica Giovanni Chiappini - loc. Le Preselle - Podere Felciaino 189/B - ✆ 0565 76 52 01 - www.giovannichiappini.it - 7 appart.* Dans une propriété de 20 ha, appartements de 60 et 110 m², entre vignobles, oliviers et cyprès.

Il Chiassetto – *Via Lauretta 2 - ✆ 339 66 30 171 - www.ilchiassettobolgheri.it - 3 ch. - 100/140 €.* Ce chaleureux B&B situé dans le centre historique, au pied du château, propose des chambres coquettes.

Castagneto Carducci B3

BUDGET MOYEN

Podere La Cerreta – *Via Campagna Sud 143 - Sassetta - 9 km au sud de Castagneto Carducci sur la S 325, dir. Sassetta - ✆ 0565 79 43 52 - www.lacerreta.it - 11 ch.* À quelques kilomètres de la mer, chambres meublées à l'ancienne dans un agritourisme enchanteur. Vous goûterez les produits bio de la ferme et pourrez profiter des sources thermales à 36-38 °C.

Castiglioncello B2

BUDGET MOYEN

Albergo Miramare – *Via Marconi 8 - ✆ 0586 75 24 35 - www.albergo-miramare.it - fermé oct.-Pâques - 47 ch. - 110/130 €.* Ce palais couleur corail a accueilli Churchill, Pirandello et certains peintres du groupe des Macchiaioli. Le parc s'étend jusqu'à la promenade et la plage. Certaines chambres ont vue sur la mer.

Marina di Cecina B2

POUR SE FAIRE PLAISIR

Hotel Massimo – *Via Zaccaria 3 - ✆ 0586 62 02 16 - www.hotelmassimo.it - 34 ch. - 110/130 €.* Situé à deux pas de la plage, cet hôtel est l'endroit idéal pour passer des vacances au calme. Les chambres sont fonctionnelles et aménagées dans un style moderne, certaines avec terrasse. Vaste jardin pour les moments de détente.

RESTAURATION

Bolgheri B3

BUDGET MOYEN

Osteria Magona – *Piazza Ugo 2-3 - ✆ 347 88 13 143 - www.osteriamagona.com - fermé lun. - 25/35 €.* Tout au bout du village, sur une jolie placette, ce restaurant chaleureux sert la cuisine du terroir. Les amateurs de viande seront ravis : la *bistecca alla fiorentina* les attend.

Campiglia Marittima B3

BUDGET MOYEN

Locanda Il Canovaccio – *Via Vecchio Asilo 1 - ✆ 0565 83 84 49 - www.locandailcanovaccio.it -*

fermé à midi et mar. (sf en été) - réserv. conseillée - 3 ch. - 35/40 €. Ce bed & breakfast abrite un petit restaurant raffiné qui ne propose que des plats légers et sans viande. Goûtez au flan aux légumes et au *carpaccio* de poisson.

Piombino B4

BUDGET MOYEN

Il Garibaldi Innamorato – *Via Garibaldi 5 - ✆ 0586 49 410 - www.ristoranteilgaribaldinnamorato.com - 35/40 €.* Voilà une adresse toute simple qui propose les savoureuses spécialités locales de la mer : goûtez aux *spaghetti cozze e vongole* (pâtes aux moules et aux palourdes).

Rosignano Marittimo B2

BUDGET MOYEN

Osteria La Gattabuia – *Via A. Gramsci 32 - ✆ 0586 76 77 63 - http://osteriagattabuia.it - fermé mar. - réserv. conseillée - 25/35 €.* Ce restaurant vous proposera des plats de tradition : pâtes, desserts faits maison, poisson, le tout revisité avec originalité.

San Vincenzo B3

BUDGET MOYEN

Bagno Nettuno – *Via Costa 3 - ✆ 0565 70 10 95 - www.bagnoristorantenettuno.it - fermé nov.-mars - 35/40 €.* Une adresse idéale pour faire trempette puis se régaler de poisson sur une terrasse panoramique surplombant la mer.

Suvereto BC3

BUDGET MOYEN

I' Ciocio – *Piazza dei Giudici 1 - ✆ 0565 82 99 47 - www.osteriadisuvereto.it - fermé lun. - 25/35 €.* Dans le centre historique, un restaurant aménagé dans un ancien moulin du 14e s. Cuisine typique du coin et atmosphère accueillante.

ACHATS

Vitrium-Laura Pesce – B3 - *Via Roma 2f - Campiglia Marittima - ✆ 0565 83 70 95 - www.laurapesce.it.* Une galerie originale où Laura propose ses créations en verre : sculptures, lampes…

L'Argentiere di Bolgheri – B3 - *Via Lauretta 18 - Bolgheri - ✆ 0565 76 21 76.* Ravissants bijoux artisanaux à prix intéressants.

Île d'Elbe et parc national de l'archipel toscan

Isola d'Elba e Parco nazionale dell'Arcipelago Toscano

★★

Selon une jolie légende, Vénus sortant des eaux brisa son collier et fit tomber sept perles dans la mer, donnant ainsi naissance à l'archipel toscan. L'île d'Elbe (224 km²) est la plus importante et la plus connue. Soleil, plages, petites criques aux eaux limpides, avec en toile de fond de petits villages accrochés au flanc des montagnes, attirent chaque été de nombreux touristes essentiellement italiens. Les îles de Giglio, Capraia, Montecristo, Pianosa, Giannutri et Gorgona peuvent aussi toutes s'enorgueillir d'une nature encore intacte que la réglementation du parc national de l'archipel toscan préserve des débordements de l'exploitation du tourisme. Alors que les terres sont dominées par un relief escarpé et une végétation verdoyante, la mer, sanctuaire pour les dauphins et les baleines de la Méditerranée, est bien connue des amateurs de plongée.

NOS ADRESSES PAGE 315
Hébergement, restauration, achats, activités, etc.

S'INFORMER

Infopark – *Calata Italia 4 - Portoferraio - Isola d'Elba - ✆ 0565 90 82 31 - www.islepark.it - avr.-oct. 9h-19h, nov.-mars 9h-16h (15h le dim.).*

Isola del Giglio e Giannutri – *Via Provinciale, 9 - Isola del Giglio - ✆ 0564 80 94 00 - www.isoladelgiglio.it - juin-sept. 9h-17h, oct.-mai 10h-12h30 sauf sam. et dim.*

Sites Internet – *www.isoleditoscana.it ; www.infoelba.it ; www.elbalink.it ; www.isoladicapraia.it.*

SE REPÉRER

Carte de région AB4 (p. 266) - Carte Isola d'Elba (p. 309).

Les petites îles de Gorgona, Capraia, Pianosa, Montecristo, Giglio et Giannutri dessinent un arc dont la flèche serait l' île d'Elbe, la plus grande des îles de l'archipel toscan, située entre la Toscane et la Corse, à une quinzaine de kilomètres de la côte italienne en face du port de Piombino, au sud de Livourne.

À NE PAS MANQUER

À l'île d'Elbe : le panorama au sommet du Monte Capanne, les villages de Poggio et Marciana avec la montée à Madonna del Monte. À Pianosa, les fonds sous-marins de la Punta del Marchese. À Giglio, le village de Giglio Castello.

ORGANISER SON TEMPS

Compter au minimum trois jours pour l'île d'Elbe et deux jours pour Giglio. Capraia, Giannutri et Pianosa : une journée par île. Sachez que Gorgona et Montecristo ne sont pas accessibles aux visiteurs.

Pour vos déplacements sur l'île d'Elbe, il est conseillé de louer une voiture. L'été, se déplacer à scooter sur les routes de l'île est assez exaltant et vous aurez moins de mal à vous garer pendant la période la plus touristique (du 15 juillet au 15 août). Les meilleurs mois pour visiter les îles sont mai, juin et septembre.

Portoferraio, sur l'île d'Elbe, avec le fort Stella et la vieille ville.
B. Rieger/hemis.fr

Découvrir Carte Isola d'Elba p. 309

SUR LES TRACES DE NAPOLÉON

★ Portoferraio

L'arrivée à Portoferraio, capitale de l'île nichée au bout d'une petite péninsule qui s'avance dans une jolie baie, est spectaculaire, surtout en fin de journée. Ses maisons roses et jaunes étagées sur la pente entourent un port naturel où les yachts de luxe voisinent avec les *pescherecci* (bateaux de pêche) et où il fait bon se balader le soir pour regarder les bateaux en mangeant une glace. Protégée des pirates par des remparts et les deux forteresses que Cosme Ier de Médicis fit élever au 16e s., la capitale de l'île est une petite ville où le linge sèche dans le vent au-dessus des ruelles pavées de blocs de granit et qui a gardé beaucoup de souvenirs de son époque de grandeur sous le règne éphémère de Napoléon Ier.

De l'hôtel de ville (Via Garibaldi 17), prenez la Salita Napoleone, qui conduit à la Palazzina dei Mulini.

À 50 m sur la droite se trouve la **Chiesa della Misericordia,** où on célèbre encore aujourd'hui tous les ans, le 5 mai, une messe en souvenir de Napoléon et qui conserve le moulage de la main et une copie du masque funéraire de l'empereur.

★ **Palazzina dei Mulini** – *Piazzale Napoleone - ✆ 0565 91 58 46 - www.sbappsae-pi.beniculturali.it - tlj sf mar. et dim. apr.-midi 8h30- 9h30 - 5 €, 8 € le billet combiné avec le Museo nazionale di Villa San Martino.* À l'origine, deux baraques pour les officiers de l'artillerie et du génie, que Napoléon Ier réunit et transforma en « palais impérial » – comme on disait à l'époque – où il tenta de recréer un semblant de cour. Regardez, dans la petite pièce attenante à la salle de bal, le lit de camp de Napoléon (à baldaquin !), le seul meuble exposé ayant réellement appartenu à l'Empereur, et sous la galerie qui longe un côté

Une montagne dans la mer

Longue de 29 km et large de 18 km, l'île d'Elbe offre des paysages très variés sur une étendue relativement faible : rivages très découpés, petites criques de galets, longues plages de sable clair, reliefs escarpés de granit blanc qui se jettent dans la mer, plaines cultivées de vignobles et montagnes boisées peuplées de mouflons et de sangliers. Son point culminant est le **mont Capanne** (1019 m), qui domine à l'ouest tout un massif granitique creusé d'anciennes carrières. La végétation, de type méditerranéen, suit la variété de ses paysages. Trois cépages donnent des vins parfumés et puissants, le moscato dorato (muscat doré), l'aleatico rouge rubis et l'ansonica, à la belle couleur jaune paille. L'île est particulièrement belle en mai, lors de la floraison des genêts, des cistes et du romarin.

LE PLUS GRAND PARC MARIN D'EUROPE

Créé en 1996 afin de préserver les îles et les 60 000 ha de mer qui les entourent, le parc national de l'archipel toscan est le plus grand d'Europe. Les eaux de l'archipel, presque intactes, sont connues depuis longtemps des amateurs de plongée attirés par les extraordinaires faune et flore sous-marines. En haute mer, il n'est pas rare de voir des dauphins, des thons, des poissons volants, émerger une fraction de seconde avant de replonger vers les immenses pelouses de posidonies qui abritent une variété de poissons et crustacés unique au monde. À noter aussi la présence de baleines au large de Montecristo et de tortues de mer autour de Gorgona et Capraia. Les îles de l'archipel, notamment Giglio et Capraia, sont également une halte dans le grand voyage migratoire des oiseaux qui traversent la Méditerranée deux fois par an.

Les plages

Sable fin doré, sable granitique blanc, sable noir, galets… le choix est vaste ! Les plages de sable de la **Biodola, Procchio, Fetovaia, Cavoli** et **Straccoligno** sont particulièrement adaptées aux enfants. Si vous aimez faire du snorkeling ou de la plongée, préférez **Pomonte** et **Enfola**. Si vous préférez faire du farniente sur une plage idyllique, optez pour **Sansone**. Si vous cherchez le calme, chose assez rare en août, direction la plage del **Forno** (sur le versant nord), **Felciaio** (sur le versant sud près de Capoliveri) ou **Calanova**, à laquelle on accède par un chemin un peu raide. Les grands rochers plats de **Sant'Andrea** *(petit chemin aménagé à gauche de la plage)* constituent une bonne alternative aux galets. C'est uniquement en bateau que l'on atteint les plages de Remaiolo, Aquarilli et Cannello au sud de l'île, les criques de la côte nord-ouest et ouest, à partir de la Zanca jusqu'à Cavoli, le long de Capo Stella et autour des îles Gemini au sud.

LES COULEURS DE LA TERRE ET L'ÉCLAT DES CRISTAUX

L'île est un terrain de jeu pour les géologues et les minéralogistes. L'ouest est constitué d'une montagne de granit largement exploitée du 1er au 14e s. À l'est en revanche, c'est le minerai de fer qui prédomine. La teneur exceptionnelle de ce minerai et l'épaisseur de ses gisements ont attiré de tout temps la convoitise. L'activité minière de « l'île aux mille feux », surnom donné à Elbe par les anciens navigateurs en raison des nombreux fours utilisés pour extraire le fer, a commencé sous la domination des Étrusques, au 8e s. av J.-C., et ne s'est arrêtée qu'en 1950, avec l'essor du tourisme.

NAPOLÉON, SOUVERAIN DE L'ÎLE D'ELBE

Il était désespéré le pauvre Traditi, maire de Portoferraio, en cette fin d'après-midi du 3 mai 1814 à l'approche de la frégate l'*Undaunted* avec, à son bord, Napoléon Bonaparte. Rien n'était prêt, pas même un lit et une table pour loger le nouveau souverain de l'île d'Elbe. Pourtant, lorsque le lendemain on lui remit les clés de la cave à vin du maire en guise de clés de la ville, Napoléon fut accueilli sous les vivats d'une population en liesse qui ne savait pas encore qu'elle recevait l'homme qui allait devenir une source intarissable pour la gloire touristique de leur île. Il réembarqua le 26 février 1815, en laissant derrière lui une île profondément transformée : il avait, entre beaucoup d'autres choses, réorganisé les mines, augmenté la production du vin, tracé les routes, mis en place la distribution de l'eau et un système d'irrigation, planté des châtaigniers et des oliviers, fait construire un hôpital et même dessiné le drapeau qui flotte aujourd'hui devant les mairies de l'île.

du jardin, la baignoire réalisée pour Pauline Borghese, la sœur préférée de Napoléon, seul membre de sa famille, avec sa mère, à être venu le voir pendant son exil.

Quitter Portoferraio en prenant la direction de Procchio/Marciana, puis prendre à gauche la déviation pour la Villa San Martino.

★ Museo nazionale di Villa San Martino

Loc. San Martino - ✆ 0565 91 46 88 - www.sbappsae-pi.beniculturali.it - tlj sf lun. et dim. apr.-midi 8h30-19h30 - 5 €, 8 € le billet combiné avec la Palazzina dei Mulini.

Le cadre de collines silencieuses, plantées de chênes verts et de vignes en terrasses, n'a pas changé, la vue non plus. Malheureusement, le prince Demidoff, gendre du roi Jérôme, a fait construire, en 1851, une galerie de style néoclassique en contrebas de la modeste maison qui fut la résidence estivale de l'Empereur et dont le décor intérieur a été reconstitué. Celle-ci abrite l'original de la *Galatée* de Canova, pour laquelle Pauline Borghèse aurait servi de modèle. La terrasse offre un beau panorama sur la baie de Portoferraio.

Circuits conseillés Carte de région (p. 266)/Carte Isola d'Elba (p. 309)

★★ CIRCUIT DE L'OUEST : LA ROUTE DU GRANIT

Circuit d'env. 80 km au départ de Portoferraio tracé en orange sur les cartes p. 266 et p. 309 – compter environ 8h.

Toute la partie ouest, dominée par le Monte Capanne, point culminant de l'île, n'est qu'une énorme montagne de granit. C'est dans les profondeurs de ce granit qu'on trouve les tourmalines, les elbaïtes et les cristaux de quartz aujourd'hui exposés dans les plus grands musées de minéralogie du monde.

Quitter Portoferraio en prenant la direction de Procchio/Marciana.

La route offre des vues superbes sur deux golfes, celui de la **Biodola** d'abord puis celui de **Procchio**, et enfin sur le village de Marciana Marina, que l'on découvre au détour de la route.

Suivre la SP 24 et la SP 25 sur 17 km à l'ouest jusqu'à Marciana Marina.

Marciana Marina

Les couleurs pastel des maisons le long de la mer, la belle simplicité de la place de l'église pavée de galets, les reflets des habitations dans l'eau de l'ancien port romain du Cotone, l'alignement des lauriers-roses et des tamaris centenaires le long de la mer jusqu'à la tour Médicis, qui veille sur le port… une halte à Marciana Marina vous permettra de goûter à la douceur de ce village enchanteur.

De Marciana Marina, suivre la route menant au mont Capanne sur 6,5 km.

★ Poggio

Ce village, où la sévérité du granit est adoucie par les couleurs des maisons et des fleurs qui décorent les portails, a accueilli l'actrice Greta Garbo, l'homme d'État Winston Churchill et le peintre Giorgio De Chirico. C'est à Poggio aussi que le couturier français Pierre Balmain organisait, dans les années 1960, des fêtes très *dolce vita* dans sa maison aux allures de paquebot, qu'on aperçoit sur la gauche de la route un peu avant d'arriver au village. La petite **place** devant l'église fortifiée San Niccoló est une jolie halte. Sur la place principale, on a une très belle vue sur Marciana Marina et la mer, et, si le temps est au beau fixe, on peut apercevoir la côte italienne et même les taches blanches des carrières de marbre de Carrare.

Continuer vers Marciana. Après avoir dépassé la Fonte Napoleone, source de l'excellente eau que l'on retrouve sur toutes les tables de l'île, on arrive à gauche au départ des télécabines du Monte Capanne.

★★ Monte Capanne

Accès en 15mn par télécabine - ☏ 0565 90 10 20 - www.cabinovia-isoladelba.it - avr.-oct. 10h-17h30 - juil.-sept. 10h-18h - 18 € AR.

Si la visibilité est bonne, n'hésitez pas à monter dans l'un de ces paniers jaunes. Du sommet rocheux situé à 1 019 m d'altitude *(15mn à pied AR de la gare d'arrivée)*, le **panorama**★★ est époustouflant sur l'ensemble de l'île, l'archipel toscan, la côte italienne à l'est et la Corse à l'ouest. La descente à pied est une belle balade de difficulté moyenne dans les sous-bois de châtaigniers (environ 2h).

Continuer à l'ouest sur 3 km jusqu'à Marciana.

Le village de Marciana Marina.
Luca Da Ros/Sime/Photononstop

★ Marciana

Se garer à la Fortezza Pisana et traverser le village en descendant jusqu'à la Porta di Lorena.

Au pied de son imposante forteresse du 14e s., Marciana, une des localités les plus anciennes de l'île (1er s. av. J.-C.), a conservé sa structure et son ambiance médiévales, avec sa **Porta di Lorena** (porte d'entrée, souvenir des ducs de Lorraine auxquels l'île était rattachée au 18e s.) et ses rues pavées de granit. Le bourg offre une **vue magnifique★** sur Poggio, Marciana Marina et la mer. Le **Musée archéologique** probablement le plus intéressant musée de l'île, renferme des outils de l'âge du bronze (en particulier 4 haches datant du 8e s. av. J.-C.), des objets étrusques, ainsi que de nombreux éléments récupérés dans les épaves romaines de la partie nord de l'île. *Via del Pretorio 48 - ✆ 0565 90 10 30 - juin-sept. 10h-13h, 15h-18h ; le reste de l'année : s'adresser à la Casa del Parco près de la forteresse - 2 €.*

Non loin de là, on visite **la Zecca**, au sous-sol de la maison Appiani, résidence d'été des princes de Piombino, où l'on a frappé monnaie à la fin du 16°s. La structure de l'endroit indique qu'il s'agissait d'une sépulture étrusque.

★★Madonna del Monte

627 m - 1h30 AR à partir de la route qui mène à la forteresse de Marciana.

Un chemin rocheux, d'abord ombragé puis panoramique, monte à ce sanctuaire, une chapelle érigée en plusieurs étapes à partir du 14e s., qui abrite une fresque de l'*Assomption de la Vierge* de la fin du 15e s. et une petite fresque du Sodoma du 16e s. représentant l'*Exaltation à la Croix*. Le parvis de la chapelle *(Teatro delle Fonti)* est un hémicycle en granit datant du 17e s. où coulaient trois sources : seule la première à droite coule encore, prête à vous rafraîchir après la montée.

À côté de la chapelle se trouve un modeste bâtiment, le Romitorio (l'ermitage) où Napoléon a passé deux jours en compagnie de Marie Walewska et leur fils Alexandre début septembre 1814 *(non ouvert à la visite)*.

Poursuivez la promenade vers les rochers voisins pour profiter de la **vue★★** sur Capraia, Pianosa, Gorgona et la côte italienne.

Redescendre jusqu'à Marciana et, juste avant l'entrée dans le village, tourner à gauche presque à 180° pour prendre la via Provinciale per Pomonte, qui longe la côte occidentale de l'île.

★ L'Anello Occidentale (la boucle occidentale)

Le paysage devient aride et sauvage : ce sont des escarpements de granit presque blanc parsemés d'aloès et de figuiers de barbarie qui plongent dans le bleu profond de la mer. Arrêtez-vous de temps en temps sur le bord de la route et laissez votre regard se perdre à l'infini entre ciel et mer. Si la visibilité est bonne, vous reconnaîtrez Capraia, la Corse, Pianosa et derrière un voile de brume, comme un mirage, Montecristo. Cette route exceptionnelle passe au-dessus de la jolie plage de **Sant'Andrea**, puis rejoint une succession de petits villages de pêcheurs où il fait bon s'arrêter pour se baigner ou se restaurer, en particulier à **Pomonte** (où vous pourrez nager au-dessus de l'épave de l'*Eviscot*, petit cargo qui a coulé en 1972 et qui depuis a attiré des milliers de poissons), **Fetovaia**, pour sa baie splendide, et **Cavoli**, pour sa magnifique plage de sable granitique.

Avant d'arriver à Marina di Campo, prendre à gauche vers San Piero in Campo (32 km au sud-est de Marciana).

San Piero in Campo

Comme son voisin Sant'Ilario, San Piero reste à l'écart de l'agitation des vacanciers. Depuis 2014, il abrite le **MUM**. Ce musée minéralogique est consacré aux minéraux de cette partie de l'île (tourmalines et elbaïtes) ; il organise également des excursions à dos d'âne sur le chemin des anciennes carrières de granit et des visites dans les sites minéralogiques de la région. *Via Cavour 73 - ✆ 393 80 40 990 - www.museomum.it - mi avr.-oct. : tlj sf lun. 11h30-13h30, 14h30-18h30 (juin-15 sept. 12h-18h30, 21h-23h) ; reste de l'année : se renseigner - 3 €.*

Continuer sur 5 km à l'est de San Piero in Campo jusqu'à Marina di Campo.

Marina di Campo

De nombreuses structures hôtelières et touristiques ont fait de Marina di Campo la destination privilégiée de beaucoup de touristes, attirés par l'immense plage de sable fin, une des plus longues de l'île d'Elbe et, le soir, par l'animation de sa rue principale et de son *lungomare* (front de mer) où se succèdent boutiques, bars et restaurants.

Prendre la route en direction de Procchio et de là, repartir à droite vers Portoferraio.

★ CIRCUIT DE L'EST : LA ROUTE DU FER

Circuit de 75 km au départ de Portoferraio, tracé en violet sur les cartes p. 266 et p. 309 – compter environ 8h.

À l'est, c'est la présence du minerai de fer, parmi les plus riches au monde, qui colore la terre d'ocre rouge. C'est ici le royaume de la pyrite et de l'hématite, deux minéraux qui donnent au sable des plages, aux fonds sous-marins et aux façades des maisons le scintillement noir de leurs cristaux.

Quitter Portoferraio et prendre la direction de Porto Azzurro. La route contourne d'abord la rade de Portoferraio avant de couper vers le sud la partie la plus étroite de l'île, jusqu'à Capoliveri (13 km au sud-est de Portoferraio).

Capoliveri

Le village est très animé en fin de journée : il existe un service de navettes gratuites les soirs d'été depuis les parkings jusqu'à la partie haute du bourg.

Ce beau village ensoleillé s'enroule en spirale au sommet d'une colline qui domine le sud-est de l'île. On le découvre doucement, en flânant dans ses

La plage de Morcone, à Capoliveri.
Luca Da Ros/Sime/Photononstop

ruelles bordées de maisons aux couleurs délavées, en attendant le moment d'aller piazza Matteotti voir le soleil se coucher dans la mer du golfe Stella. Le **Museo del Mare** présente une exposition intéressante sur le naufrage du navire *Pollux*, survenu au large de Capoliveri le 17 juin 1841. *Via Palestro 1 - ✆ 0565 96 70 29 - mi-mai-mi-juin. et 15 jours en sept. 10h-13h, 16h30-20h - mi-juin-mi-sept. 17h-23h30 - fermé en hiver - 3 €.*

Depuis Capoliveri, continuer sur 10 km au sud pour rejoindre les mines.

★ Punta Calamita - Mines de Capoliveri

Le promontoire du Calamita est un des plus riches gisements de magnétite de toute l'Italie ; on y trouve une grande quantité de magnétite magnétopolaire, variété qui agit comme un aimant attirant le fer, au point qu'il a fallu installer des antennes au sommet du mont **Calamita** pour guider les avions hors de la zone d'influence de la magnétite, qui brouille les instruments de navigation. La route part de Capoliveri et se transforme assez vite en une piste qui traverse une région verdoyante avec des vues magnifiques sur le golfe Stella, avant d'arriver à la zone des mines et aux anciens bureaux aujourd'hui transformés en un émouvant petit **musée** *(Museo della Vecchia Ufficina - ✆ 0565 93 54 92 - www.minieredicalamita.it - réserv. conseillée - 7 €).*

On peut également visiter la seule **mine souterraine** de l'île ou participer à des excursions pédestres guidées à travers les **mines à ciel ouvert** à la recherche de minéraux, suivies d'une dégustation de produits locaux.

Reprendre la route de Porto Azzurro (à 3 km au nord-est de Capoliveri).

Porto Azzurro

On découvre Porto Azzurro au détour d'une route bordée d'agaves et de cactus, qui longe une jolie petite baie où viennent mouiller les bateaux qui n'ont pas trouvé de place au port. Fondé au début du 17[e]s. par les Espagnols, c'est un village animé, où l'on trouve plusieurs commerces intéressants, en particulier de minéraux. La **forteresse San Giacomo**, qui domine le port, est aujourd'hui un pénitencier.

Quitter Porto Azzurro en direction de Rio Marina. À 600 m se trouve le départ du chemin qui mène à la Madonna del Monserrato.

Madonna del Monserrato

20mn AR à partir du parking - tlj 9h30-12h, 15h-19h - entrée libre.
Le gouverneur espagnol José Pons fit édifier ce sanctuaire en 1606 en l'honneur de la Vierge de Montserrat (patronne de la Catalogne) qui l'avait sauvé d'un naufrage. Tenant miraculeusement en équilibre sur un éperon rocheux, la ravissante petite chapelle se niche au creux d'une vallée sauvage.
Depuis Porto Azzurro, continuer vers le nord sur 12 km jusqu'à Rio Marina.

Rio Marina

C'est de là que, pendant 2 500 ans, sont partis les bateaux chargés de minerai de fer vers les centres de transformation de Populonia et de Piombino. Même si l'exploitation des mines a cessé depuis 1950, elles restent la principale attraction touristique de la ville. Le **musée de Minéralogie** offre la possibilité de visiter les mines à ciel ouvert à bord d'un petit train qui ravit les enfants et comble les collectionneurs qui, marteau de géologue en main, partent à la recherche des pyrites, des hématites et des magnétites qui subsistent dans les anciens déblais. *Via Magenta 26 - ✆ 0565 96 20 88 - 9h30-12h30, 15h30-18h30 - fermé mi-oct.-mi-mars - 2,50 € - visite des mines sur réserv. 12,50 €.*
Sortir de Rio Marina vers le nord en direction de Cavo.
La route côtière allant jusqu'à Cavo est jonchée de bassins miniers abandonnés. Les vestiges des anciennes laveries, les pylônes rouillés de l'embarcadère, les plages aux galets bruns, rouges ou ocre selon le type de minerai présent dans la terre environnante donnent à ce versant une véritable ambiance de bout du monde.
Continuer sur 12 km au nord jusqu'à Cavo.

Cavo

C'est le port le plus proche du continent, protégé par le cap Castello, qui abrite de nombreuses villas résidentielles du début du 20e s.
Sortir de Cavo par la route en direction de Rio nell'Elba. Juste avant d'entrer dans le bourg, prendre à droite la SP vers Nisporto : à 800 m, on arrive au point de départ du chemin qui mène à l'eremo di Santa Caterina.

Eremo di Santa Caterina

20mn AR à partir du parking.
Cet ermitage miniature posé à flanc de montagne est composé d'une petite chapelle du 17e s. à laquelle étaient adossées deux cellules, une cuisine et une étable. Restauré dans les années 1970 par le photographe et écrivain allemand Hans Berger, l'endroit accueillit de nombreux artistes jusqu'à la fin des années 1980, dont l'écrivain Hervé Guibert, qui repose dans le cimetière de Rio nell'Elba. Derrière la chapelle, l'ancien potager des moines a été transformé en petit **jardin botanique** *(✆ 0565 94 34 28 - avr.-juin jeu.-dim. 11h-18h, juil.-sept. tlj. sf lun. 15h-20h, oct.-nov. vend.-dim. 10h-13h - fermé déc.-mars).*

Rio nell'Elba

Ce village austère, aux maisons hautes et étroites, est l'un des plus anciens de l'île. Son histoire a depuis toujours été liée à l'activité minière. Dans l'imposante **église Santi Giacomo e Quirico**, édifiée au 11e s. mais plusieurs fois détruite par les pirates, vous pourrez voir les *Noces mystiques de sainte Catherine*, tableau peint par Giovanni da San Giovanni en 1624.

Derrière l'église et en contrebas, le petit **Musée archéologique** renferme de nombreux objets témoignant de l'existence de communautés vivant à cet endroit dès l'âge du bronze et illustre l'histoire de l'extraction du minerai de fer. Une collection de minéraux complète la visite. *Terrazza del Barcocaio - ✆ 0565 94 34 28 - jeu.-sam. 10h30-12h30, 16h-19h, dim. 10h30-12h30 - 5 €.*
Redescendre vers Porto Azzurro ; au carrefour à la sortie de Rio nell'Elba, prendre immédiatement à droite en direction de Portoferraio par Volterraio.
La route du Volterraio★ est surtout belle en fin d'après-midi, pour ses vues remarquables sur la baie et la ville de Portoferraio. Les ruines du château du Volterraio, sentinelle de l'île érigée au 11e s., à l'emplacement d'une forteresse étrusque construite probablement entre le 4e et le 3e s. av. J.-C., sont accessibles à pied. La balade est réservée aux marcheurs expérimentés, bien équipés et courageux *(compter 2h AR).*

À voir aussi Carte de région p.266/Promontorio dell'Argentario p. 328

LES AUTRES ÎLES DE L'ARCHIPEL

★ Isola del Giglio Carte p. 266 Hors plan C4

Deuxième île de l'archipel par sa superficie (21,2 km^2), l'île du Giglio (ou île du Lys, dont elle a la forme) n'est habitée qu'en trois points : **Giglio Porto**, où arrivent les bateaux qui assurent les liaisons maritimes avec le continent ; Giglio Castello, bourg médiéval perché sur la colline la plus haute au centre de l'île ; et **Giglio Campesi**, station balnéaire donnant sur une jolie baie ourlée d'une plage de sable.
Le reste de l'île est intact, couvert d'un maquis bas peuplé de lapins sauvages qui se multiplient un peu trop vite au goût des habitants de l'île, qui voient leurs vignes et leurs jardins dévorés. Cette nature sauvage et préservée en fait un paradis pour les amateurs de plongée sous-marine et les randonneurs (il n'y a pas de vipères à Giglio).
L'île est devenue tristement célèbre en janvier 2012, lorsque le paquebot de croisière *Costa Concordia*, avec plus de 4000 passagers à bord, s'est échoué sur un récif à quelques dizaines de mètres de la côte en face de Giglio Porto. Le bilan définitif de la tragédie fut de 32 morts.
Giglio Castello – Autant les maisons de Giglio Porto sont bien alignées et de toutes les couleurs, autant celles de Giglio Castello sont grises, étroites et serrées les unes contre les autres à l'intérieur de leur ceinture de remparts. C'est que pendant 300 ans, jusqu'à la fin du 18e s., les pirates attaquaient Giglio à la recherche d'esclaves et d'eau douce (en 1534, Barberousse emmena carrément toute la population de l'île, soit 700 personnes, à Tunis). L'**église San Pietro Apostolo** renferme un remarquable Christ baroque en ivoire du 17e s.
Plages – Les plages de sable les plus grandes (**Giglio Campesi** et les plages d'**Arenelle** et **Cannelle** à Giglio Porto) sont accessibles par la route, mais les moins peuplées l'été sont accessibles à pied grâce aux nombreux sentiers de l'île (**Caldane** à 20mn de la plage des Cannelle, **Pozzarelli** à 25mn de Campesi de l'autre côté de la pointe du Faraglione). Sachez qu'il existe un bon réseau de bateaux-taxis qui vous mèneront aux innombrables petites criques (Cala dell'Allume, Cala del Corvo, Cala Calbugina…). Après une journée de plage, on finit la soirée en beauté en sirotant un verre d'*ansonaco*, l'excellent vin local à la belle couleur dorée, accompagné d'une *tonnina* (miettes de thon mariné) devant le coucher de soleil.

★ Isola di Giannutri Carte p. 266 Hors plan C4

De début juin à mi-octobre, l'accès à Giannutri est payant et autorisé à un nombre limité de personnes par jour. Sa visite est autorisée uniquement avec un guide, à l'exception du couloir qui relie Cala Spalmatoio à Cala Maestra. Possibilité d'acheter le billet d'entrée directement sur les bateaux qui assurent la liaison depuis Porto Santo Stefano ou Giglio Porto. Pour tout renseignement, Infopark à l'île d'Elbe ou Ufficio informazioni Isola del Giglio e Giannutri à l'île du Giglio (voir « S'informer » p. 304).

À Giannutri (2,6 km², 20 habitants l'hiver), le bleu de la mer est plus foncé, les oiseaux plus nombreux, le passé plus présent que dans les autres îles de l'archipel toscan. Il y a 2000 ans, c'était la destination de vacances de la famille de l'empereur romain Néron, qui fit construire la luxueuse Villa Domizia, dont on peut encore observer la belle colonne carrée, sur une terrasse qui surplombe la mer non loin du petit port.

Aujourd'hui, cette petite île truffée de grottes sous-marines (en particulier à la Cala dei Grottoni) et d'épaves de navires étrusques et romains est une destination très appréciée des plongeurs sous-marins.

★ Isola di Capraia A3

Plus proche de la Corse que de l'Italie, géographiquement mais aussi historiquement, Capraia (19,5 km²) est la seule île volcanique de l'archipel toscan. En plus des trois tours de guet et du fort édifiés au 16e s. pour surveiller les pirates, les seules constructions sont les maisons de l'unique village (200 habitants), relié au port par la seule route de l'île (800 m de long), et le pénitencier, aujourd'hui fermé. Le reste de l'île est intact, pour le plus grand bonheur des amateurs de trekking mais aussi de plongée sous-marine et de snorkeling (en particulier à la Cala del Ceppo).

La petite église toute jaune de **Santa Maria Assunta**, située sur le port, date du 11e s. C'est le seul vestige d'un ancien village abandonné au 15e s. pour fuir les attaques des pirates.

Le tour de l'île par bateau permet de rejoindre, au sud, l'impressionnante **Cala Rossa**, ancien cratère dont la paroi bicolore blanche et rouge tombe à pic dans la mer bleu turquoise.

Randonnée – *Difficulté moyenne - compter 5h.* Prenez le sentier qui démarre derrière l'église San Nicola jusqu'au **Stagnone**, petit lac formé dans un ancien cratère, et partez dans le **maquis de Capraia**, l'un des plus parfumés d'Italie, peuplé de mouflons, chèvres et lapins sauvages, et surtout une ahurissante diversité d'oiseaux: mouettes, perdrix, faucons, geais et bécasses. Le sentier atteint ensuite le **Monte delle Penne** puis traverse l'ancienne colonie pénitentiaire pour arriver au port.

★ Isola di Pianosa Carte p. 266 Hors plan B4

L'accès à Pianosa est payant et autorisé à un nombre limité de personnes par jour. Sa visite est autorisée uniquement avec un guide, à l'exception du village et de la plage San Giovanni. Possibilité d'acheter le billet d'entrée auprès des compagnies de navigation Toremar et Aquavision, qui assurent la liaison avec l'île d'Elbe. Pour tout renseignement, s'adresser à Infopark (voir « S'informer » p. 304).

La première chose qui saute aux yeux quand on arrive à Pianosa c'est la transparence de l'eau de la mer. En effet, cette petite île toute plate (10 km²), située au sud-ouest de l'île d'Elbe et occupée par un pénitencier de haute sécurité de 1858 à 1998, n'est ouverte à la visite que depuis 2011, ce qui a préservé l'île de toute forme de pollution. Ainsi, Pianosa est l'un des spots de plongée sous-marine les plus célèbres de la Méditerranée.

L'étonnant petit **port** du 12e s., époque où Pianosa appartenait à la République de Pise, et les maisons du village alentour sont restés identiques, comme figés dans le temps, ce qui donne la sensation très étonnante de se retrouver dans un film des années 1960. Une seule **plage** de l'île autorise la baignade, celle de **San Giovanni**, la plus proche du village, au bout de laquelle se trouvent les restes de la Villa d'Agrippa, exilée par son oncle à Pianosa en l'an 6 ap. J.-C. pour permettre l'accession au pouvoir de Néron. On peut également visiter des **catacombes** *(entrée par la rue principale - 5 €)* datant du 4e s. ap. J.-C., creusées le long de la côte et auxquelles on accédait à l'époque depuis la mer.

Gorgona et Montecristo A2/Carte p. 266 Hors plan B4

Gorgona et Montecristo ne sont accessibles que par des moyens privés et sur autorisation spéciale. Pour tout renseignement, s'adresser à l'Infopark (voir « S'informer » p. 304).

Gorgona (2,2 km²) est la plus petite et la plus verdoyante des îles de l'archipel toscan. Elle accueille un pénitencier qui occupe la presque totalité de l'île où une centaine de détenus travaillent la terre et les vignes. Quant à **Montecristo**, (10,3 km²), que l'on reconnaît depuis l'île d'Elbe ou Pianosa de par sa forme pyramidale souvent à moitié cachée par la brume, elle est classée « réserve naturelle », et n'est habitée que par un gardien, sa famille, deux gardes forestiers et des chèvres sauvages. Elle est célèbre pour le trésor qui permit à Edmond Dantès, le comte de Monte-Cristo, de se venger implacablement de ses ennemis dans le roman d'Alexandre Dumas père.

NOS ADRESSES SUR L'ÎLE D'ELBE ET DANS L'ARCHIPEL TOSCAN

Cartes de région p. 266

ARRIVER/PARTIR

Île d'Elbe AB4

En bateau – Liaisons régulières Piombino/Portoferraio avec les compagnies **Toremar, Moby Lines** et **Blu Navy** *(50mn)*. Liaisons assurées également avec Rio Marina et Cavo. De début juin à mi-sept., Corsica Ferries assure des liaisons Piombino/Portoferraio *(30mn)* ainsi que 2 liaisons par semaine Bastia/Portoferraio *(1h30)*.

Toremar – *✆ (0049) 611 14020 - www.toremar.it.*

Moby Lines – *✆ (0049) 611 14020 - www.moby.it.*

Blu Navy Traghetti – *✆ 0565 22 58 33 - www.blunavytraghetti.it.*

Corsica-Ferries – *✆ 0 825 095 095 - www.corsica-ferries.fr.*

En avion – *Loc. Pila, Campo nell'Elba - ✆ 0565 97 60 11 - www.elba-airport.it.*

Silverair – *✆ 0565 97 10 30 - www.silverairitalia.it.* Assure des liaisons régulières avec Pise, Florence et Milan et, l'été, aussi avec Lugano.

Taxis – À Portoferraio *✆ 0565 91 51 12*, à Marina di Campo *✆ 0565 97 71 50.*

Île du Giglio Hors plan B4

Taxis – *Ottavio Brizzi - ✆ 338 97 06 950.*

Bateaux-taxis – *Barcaiolo - Via Umberto I - Giglio Porto (comptoir bleu sur le port) - ✆ 349 39 41 731 - www.barcaiologiglio.it.*

Location de voitures et scooters – *Andrea Ansaldo - ✆ 340 87 32 865.*

Archipel Toscan

Vous pourrez aller à Capraia *(2h30)* de Livourne avec **Toremar**, et

à Giglio *(50mn)* de Porto Santo Stefano avec Toremar *(voir p. 315)* et **Maregiglio** *(✆ 0564 81 29 20 - www.maregiglio.it)*.
De juin à sept. Pianosa, Capraia et Giglio sont accessibles depuis l'île d'Elbe avec **Aquavision** *(✆ 0565 97 60 22 - www.aquavision.it)*.
Giannutri est accessible depuis Porto Santo Stefano avec Maregiglio et d'avril à sept. aussi depuis Giglio avec Maregiglio. Gorgona et Montecristo ne sont pas accessibles par des moyens publics.

HÉBERGEMENT

Île d'Elbe AB4

Associazione Albergatori Isola d'Elba – *✆ 0565 91 55 55 - www.elbapromotion.it.*

BUDGET MOYEN

Agriturismo Il Termine – *Loc. Il Termine* - **Rio Marina** - *✆ 0565 93 11 13 - www.agriturismoiltermine.it - fermé nov.-avr. - 5 ch. - 120 €.* Après une (très) longue montée au milieu des mines abandonnées, on tombe sur une belle maison en pierre entourée d'oliviers. Un décor simple et raffiné, pour des vacances de pure détente.

POUR SE FAIRE PLAISIR

Hotel Sardi – *Via del Maestrale 1* - **Pomonte** - *✆ 0565 90 60 45 - www.hotelsardi.it - fermé nov.-mars - 24 ch. - 120/160 €.* Vous serez très bien accueilli dans ce petit hôtel situé au bout de ce village calme sur la côte la plus sauvage de l'île.

UNE FOLIE

Da Giacomino – **Sant'Andrea** - *✆ 0565 90 80 10 - www.hoteldagiacomino.it - fermé nov.-Pâques - 33 ch. - 200/220 € - 1/2 pens. obligatoire en haute saison.* À quelques mètres de la mer et surplombant la jolie plage de Sant'Andrea, c'est l'endroit rêvé pour des vacances.

Hotel Brigantino – *Via Campo all'Aia 282* - **Procchio** - *✆ 0565 90 74 53 - www.hotelbrigantino.com - fermé fin oct.-fin mars - 43 ch. - 160/220 €.* Le vaste jardin situé à quelques centaines de mètres de la mer, ombragé et paisible, est l'atout majeur de cet hôtel.

Île du Giglio Hors plan B4

BUDGET MOYEN

Hotel Bahamas – *Via C. Oreglia 22* - **Giglio Porto** - *✆ 0564 80 92 54 - www.bahamashotel.it - 27 ch. - 90/130 €.* Le seul hôtel ouvert toute l'année à Giglio vous accueille à 100 m du port dans un cadre simple et confortable.

POUR SE FAIRE PLAISIR

Hotel Il Porticciolo – *Via della Torre 3* - **Giglio Campese** - *✆ 0564 80 42 21 - www.albergoilporticciolo.it - fermé oct.-mai - 7 ch. - 160/180 €, 1/2 pens. obligatoire.* Situé dans le coin le plus agréable de Giglio Campese, à deux pas de la tour et du petit port.

UNE FOLIE

Hermitage Pardini – *Loc.* **Cala degli Alberi** - *✆ 0564 80 90 34 - www.hermit.it - fermé oct.-avr. - 12 ch. - 300/360 € - pens. complète obligatoire.* On accède par bateau dans cette villa des années 1950 où vous passerez des vacances tout sauf ordinaires. Amateurs de bars et discothèques s'abstenir. Pour tous les autres, c'est le rêve.

RESTAURATION

Île d'Elbe AB4

PREMIER PRIX

La Guardiola – *Spiaggia di Campo all'Aia* - **Procchio** - *15/30 € - fermé le soir.* Ce minuscule restaurant quasi les pieds dans l'eau est l'un des endroits les plus agréables de l'île d'Elbe pour déjeuner d'un plat de spaghetti ou juste prendre un café.

BUDGET MOYEN

Libertaria – *Cala Matteotti 12* - **Portoferraio** - *✆ 0565 91 49 78 - 20/40 €* - Très bons fruits de mer à déguster sur les longues tables en bois installées sur le trottoir du port.

Affrichella – *Via Santa Chiara 7* - **Marciana Marina** - *✆ 0565 99 68 44 - fermé merc. - 25/50 € - réserv. conseillée.* Connu pour ses spécialités à base de thon, c'est le lieu idéal pour un dîner aux chandelles.

Il Noce – *Via della Madonna 14* - **Marciana** - *✆ 0565 90 12 84 - www.osteriadelnoce.it - fermé oct.-mars - réserv. conseillée - 25/40 €.* À quelques marches de la forteresse, Il Noce vous propose des spécialités elboises et ligures à base de poisson.

POUR SE FAIRE PLAISIR

Le Viste – *Spiaggia delle Viste* - **Portoferraio** - *✆ 0565 91 44 05 - réserv. conseillée - 40/70 €.* À gauche de la Palazzina dei Mulini, vous verrez à travers une grille en contrebas une petite plage de sable à laquelle on accède par une petite route. N'hésitez pas à descendre : Pierluigi vous y attend avec une extraordinaire soupe de poisson et… un caddie pour vous remonter ! Y aller de préférence le soir.

Île du Giglio Hors plan B4

BUDGET MOYEN

Da Meino – *Via Umberto I 11* - **Giglio Porto** - *✆ 0564 80 92 28 - 25/40 €.* Da Meino est présent partout à Giglio. Le premier de la saga est installé sur le port. Laissez-vous guider par les conseils du patron. Le poisson est exceptionnel et les plats généreux.

Da Maria – *Via Volta 3* - **Giglio Castello** - *✆ 0564 80 60 62 - fermé merc. et janv.-fév. - 35/40 €.* Dans le centre médiéval de Castello, ce restaurant, le plus typique de l'île, occupe une position panoramique avec une vue imprenable sur la baie de Campese.

PETITE PAUSE

Île d'Elbe AB4

Forno Bertelli – *Via Roma 15* - **Marina di Campo** - *✆ 0565 97 005.* Probablement les meilleures pizzas « al taglio » de l'île d'Elbe, à emporter pour un pique-nique à la plage.

Gelateria Gran Guardia - Nonna – *Piazza Cavour 30* - **Portoferraio** - *✆ 0565 917 622.* Une trentaine de parfums de glaces confectionnées avec des ingrédients de première qualité.

Gran Bar La Perla – *Piazza della Vittoria 29* - **Marciana Marina** - *✆ 0565 904 133.* L'endroit idéal pour prendre un cappuccino en lisant la presse du jour.

Bar Rodriguez – *Piazza Matteotti 5* - **Capoliveri** - *✆ 0565 938 352.* On dit que l'on boit ici le meilleur café de l'île d'Elbe, que le patron Rodriguez décline en dix versions différentes.

Île du Giglio Hors plan B4

Michele e Eleonora – *Via Provinciale 14* - **Giglio Campese** - *✆ 349 22 85 417.* Michele vous préparera des *schiacce* (sandwichs à base de focaccia) à emporter sur la plage.

EN SOIRÉE

Île d'Elbe AB4

La Tonnina – *Calata Mazzini 13* - **Portoferraio** - *✆ 335 52 39 617.* Un bistrot sympa pour prendre un verre de vin avec des tapas à base de poisson tout en observant les bateaux du port.

Garden Beach – *Lungomare Miribelli* - **Marina di Campo** -

✆ 0565 97 60 36 - www.gardenbeach.it. Pour boire un spritz dans un bar branché en écoutant du jazz et en regardant passer les gens sur le *lungomare*.
Club 64 – *Sur la route de Portoferraio à Marciana -* **Portoferraio** - *✆ 0565 96 99 88 - www.club64.net - Pâques-1er nov. 0h à 5h.* Rendez-vous de la jeunesse dorée de l'île, ce club mythique accueille les meilleurs DJ du moment dans une maison à l'architecture années 1960.

ACTIVITÉS

Île d'Elbe AB4

L'île est un petit paradis pour les sportifs, qui y trouveront de quoi pratiquer leurs activités dans un cadre naturel de toute beauté. Se renseigner à l'office du tourisme *(voir « s'informer » p. 304)* sur les activités proposées.
Nautilus – *Aquavision - Piazza dei Granatieri 3 -* **Marina di Campo** - *✆ 0565 97 60 22 - www.aquavision.it - fermé oct.-mi-avr. - 10/18 €.*Pour découvrir la faune et la flore sous-marines sans se mouiller. Départs de Marciana Marina et Portoferraio *(compter 2h).*

Île du Giglio Hors plan B4

Trekking – Les sentiers de randonnée sont bien entretenus et bien indiqués. Idéal, pour les amateurs de randonnée comme pour les néophytes ! S'adresser à l'office du tourisme *(voir « s'informer » p. 304)* pour obtenir la carte détaillée.

ACHATS

Île d'Elbe AB4

Acqua dell'Elba – *www.acquadellelba.it - 9h-13h et 14h30-19h30.* Une vingtaine de boutiques dispersées dans toute l'île où la marque propose des eaux de toilette et des produits de beauté fabriqués à partir des plantes de l'île.
Il Capepe – *Via del Pretorio 2 -* **Marciana** - *www.ilcapepe.com - 9h-13h, 16h-19h et 21h-23h30 en juil.-août.* Des confitures surprenantes cuisinées dans le laboratoire attenant à la boutique.
Sapori dell'Elba – *Scali Mazzini 5 -* **Marciana Marina** - *✆ 0565 99 109 - www.elbadigusto.it - 9h-13h et 16h30-20h.* Large choix de produits locaux (dont la fameuse *schiaccia briaca*, gâteau à base de noix, noisettes, pignons de pin, huile et vin, très nourrissant !)

AGENDA

Île d'Elbe AB4

Festa dell'Innamorata – *Capoliveri - 14 juillet.* Descente aux flambeaux vers la plage de l'Innamorata pour évoquer la légende tragique de Maria, qui a trouvé la mort en se jetant à la mer après l'enlèvement de son aimé Lorenzo par les pirates en 1534.
Festa di S. Chiara – *Marciana Marina - 12 août.* S. Chiara, la patronne de Marciana Marina, sort le soir en procession le long du *lungomare* illuminé de mille lampes à huile et va faire un tour en mer escortée par les *pescherecci*. La soirée se termine par un spectacle son et lumière.
Palio di San Agabito Marciana – *Marciana - 18 et 19 août.* Les habitants endossent de magnifiques costumes médiévaux pour célébrer leur village pendant deux jours avec défilés de gonfalonniers, lancers de drapeaux, démonstrations de jongleurs, représentations théâtrales, duels où s'affrontent les six *contrade* de Marciana.

Volterra

★★

10 650 habitants

Au cœur d'une région volcanique, Volterra est un coin de Moyen Âge posé dans un paysage qui se caractérise par les « balze », des particularités géologiques dues à l'argile et au sable. Ceinte de murailles étrusques et médiévales, Volterra contemple du haut de son tertre ce paysage tout aussi doux qu'insolite et fascinant.

NOS ADRESSES PAGE 325
Hébergement, restauration, achats, activités, etc.

S'INFORMER

Office du tourisme

Piazza dei Priori 19/20 - ✆ 0588 87 257 - www.volterratur.it - 9h30-13h, 14h-18h.

SE REPÉRER

Carte de région C2 (p. 266) - plan de ville (p. 322). Située à 25 km à l'ouest de San Gimignano, Volterra se dresse à 550 m entre les vallées de la Cecina et de l'Era.

SE GARER

Il est interdit de circuler en voiture dans la vieille ville, sauf pour déposer vos bagages (votre hôtelier vous remet alors une autorisation d'entrée). Trois parkings payants et de nombreux parkings gratuits près des portes, le plus proche du centre étant le n° 2. Attention, le samedi matin, le marché s'installe sur le parking Vallebona (n° 5).

À NE PAS MANQUER

La piazza dei Priori, le Duomo et le Battistero, le Museo Etrusco Guarnacci, la Pinacoteca.

ORGANISER SON TEMPS

Une bonne journée.

Se promener Plan de ville p. 322

Au départ de la piazza dei Priori, circuit tracé en vert sur le plan de ville p. 322.

4

★★ Piazza dei Priori A1-2

Ancien centre de la vie politique au Moyen Âge et encore aujourd'hui cœur de la ville, la place est dominée à l'est par le **Palazzo pretorio** (13e s.), percé de baies géminées, et par sa tour massive, crénelée, dite **del Porcellino** à cause du porcelet en pierre représenté dans sa partie supérieure.

En face s'élève l'austère **palazzo dei Priori** (1208-1254), siège de la municipalité et plus ancien palais communal de Toscane. Les terres cuites et les blasons accrochés au mur extérieur rappellent les commissaires qui gouvernèrent la ville ; les lions sur les piliers latéraux, la domination de Florence. Au milieu des fenêtres du rez-de-chaussée est gravée sur le tuf l'ancienne unité de mesure, la *canna volterrana*. On peut visiter l'intérieur et monter à la tour. *Mi-mars-oct. : 10h30-17h30 ; reste de l'année : w.-end et j. fériés 10h-17h - 1,50 €, 3,50 € le billet combiné avec la tour.*

À gauche du palais des Prieurs, prendre la via Turazza.

★ Duomo di Santa Maria Assunta A2

Sur la pittoresque piazza San Giovanni, qui s'ouvre sur les collines de la vallée, le **dôme**, de style roman pisan, a été plusieurs fois modifié. À l'**intérieur,** le plafond à caissons représente le Paradis avec les saints de Volterra, et, au-dessus du chœur, L'Assomption de la Vierge. Sur la gauche, on accède à la chapelle de l'Addolorata, qui abrite le **Cortège des Mages★**, fresque de **Benozzo Gozzoli** (1420-1497) servant de fond à la crèche en terre cuite polychrome de Zaccaria Zacchi da Volterra (1473-1544). En face de cette composition harmonieuse se trouve une autre terre cuite polychrome de Zacchi, l'*Adoration des Mages*. Au 3e autel gauche, on peut voir l'*Immaculée Conception* de Niccolò Circignani, dit le Pomarancio (vers 1530-1592). Dans le croisillon gauche, la chapelle Inghirami, ou de St-Paul, abrite la *Conversion de saint Paul* du Dominiquin (1581-1641) et le *Martyre de saint Paul*, du maniériste Francesco Curradi. Dans le même croisillon, *Vierge en bois* de l'école siennoise du 15e s. Dans le croisillon droit, on sera touché par une **Déposition★★** du 13e s., en peuplier polychrome, argenté et doré, représentant le Christ, Nicodème, Joseph d'Arimathie, Marie et Jean. La beauté de ce groupe statuaire, parmi les mieux conservés de cette époque, provient de la polychromie, de la richesse des figures et de la douce harmonie de l'ensemble, à laquelle contribuent l'escalier et la croix d'origine.

Battistero A2

Le baptistère, de plan octogonal, date de 1283. Son portail est en marbre, et un de ses côtés est décoré de bandes de marbre blanc et vert. L'intérieur abrite des fonts baptismaux sculptés par Andrea Sansovino. Sur la gauche, l'édifice précédé d'un portique était l'ancien hôpital de Santa Maria Maddalena.

Museo d'Arte Sacra A2

Palazzo vescovile, via Roma 13 - actuellement fermé pour travaux, se renseigner à l'office du tourisme (voir « s'informer » p. 319).

Le musée d'Art sacré conserve quelques belles statues et fresques provenant de la cathédrale et un beau reliquaire d'Andrea Pollaiolo.

Suivre la via Porta all'Arco.

★ Porta all'Arco A2

C'est la seule porte conservée de l'enceinte étrusque, qui était longue de 7 km. Datant du 4e s. av. J.-C., appareillée de blocs colossaux quadrangulaires, elle marque l'entrée de la ville côté sud. Édifié en tuf, sans mortier, l'arc est orné de trois têtes, rendues méconnaissables par l'érosion.

Revenir piazza dei Priori, prendre le « Sdruciolo di piazza », la ruelle en pente qui part de la place, et tourner dans la via Buonparenti.

Sur la rue se dressent les remarquables **maisons-tours Buonparenti** datant du 13e s., unies par un arc élancé.

LES ÉTRUSQUES ET L'ALBÂTRE

Habitée dès le néolithique, la ville connaît une période de grande splendeur avec la civilisation étrusque. Elle est une des douze *lucumonies* (cités puissantes) de la confédération étrusque, avant de passer, au 3e s. av. J.-C., sous la juridiction de Rome. Depuis le temps des Étrusques, une des activités les plus importantes de la ville est le travail de l'albâtre, pierre blanche très souple extraite du sous-sol de Castellina Marittima. Cette activité connut son apogée au 19e s., quand l'on comptait plus de 60 ateliers actifs. Pour en savoir davantage, on peut visiter les différents sites de l'Ecomuseo Diffuso dell'Alabastro *(voir ci-contre)*, son extraction *(à Castellina Marittima, 40 km à l'ouest de Volterra, et à Santa Luce, 50 km au nord-ouest)* et enfin le parcours dans une galerie de la Cava *(carrière)* del Massetto, dans la vallée du Marmolaio *(entre Castellina et Santa Luce)*.

Les étonnantes « balze » aux alentours de Volterra.
P. G. Trovo/age fotostock

Via dei Sarti A1

L'élégante via dei Sarti est bordée de palais, dont les plus intéressants sont : au nº 1, le palais Minucci-Solaini, attribué à Antonio da Sangallo et occupé par la pinacothèque, et, au nº 41, le palais Viti, dont la superbe façade Renaissance a été dessinée par Ammannati.

Ecomuseo dell'alabastro A1

Palazzo Minucci-Solaini, via dei Sarti 1 - ✆ 0588 87 580 - www.comune.volterra.pi.it - 16 mars-oct. : 9h30-19h, reste de l'année : 10h-16h30 - Volterra Card (voir p. 323).
La partie la plus ancienne du palais Minucci-Solaini accueille les trois étages de ce musée dédié à l'histoire du travail de l'albâtre, sa diffusion, les styles décoratifs et les aspects économiques.

4

★ Pinacoteca A1

Palazzo Minucci-Solaini, via dei Sarti 1 - ✆ 0588 87 580 - www.comune.volterra.pi.it - 16 mars-oct. : 9h-19h ; reste de l'année : 10h-16h30 - Volterra Card (voir p. 323).
Réalisé à la fin du 15e s. et attribué à Antonio da Sangallo, le remarquable palais Minucci-Solaini accueille les collections de la pinacothèque. Celle-ci présente d'intéressantes œuvres d'art sacré créées par des maîtres toscans du 14e au 17e s., notamment un grandiose **polyptyque**★ avec la *Vierge à l'Enfant parmi les saints*, de Taddeo di Bartolo (1362-1422), le groupe en bois de l'*Annonciation*, de Francesco Domenico Valdambrino (15e s.), un *Christ rédempteur* de **Domenico Ghirlandaio** (1449-1494), dont le paysage rappelle les *balze* qui se trouvent aux environs de Volterra, une belle **Annonciation**★ de **Luca Signorelli** (vers 1445-1523), et enfin le chef-d'œuvre du musée, la dramatique **Déposition de Croix**★★ aux silhouettes stylisées du Rosso (1495-1540). C'est l'œuvre la plus significative du maniérisme italien ; elle se compose de deux moments distincts : à la fixité de la partie basse, dont les figures, en partie cachées, pleurent la mort du Christ, s'oppose le dynamisme de la partie supérieure, donné par le mouvement nerveux et rapide des hommes à demi nues. Du 2e étage du palais on jouit d'une belle vue sur le théâtre romain.

Palazzo Viti A1

Via dei Sarti 41 - ✆ 0588 84 047 - www.palazzoviti.it - avr.-oct. : 10h-13h, 14h30-18h ; reste de l'année : sur demande préalable - 5 €.

C'est ici que Luchino Visconti tourna en 1964 quelques scènes de son film *Sandra*. Aujourd'hui, les douze salles du palais ouvertes à la visite nous parlent de la famille Viti, propriétaire de la fabrique d'albâtre la plus renommée de Volterra jusqu'à sa fermeture en 1874. Les magnifiques vêtements indiens de Giuseppe Viti, marchand d'albâtre ainsi que vizir et émir du Népal, sont ici exposés. Les stencils qui décorent les murs des salles et les délicates collections de dessins chinois et de porcelaines sont eux aussi saisissants. Les **caves** du palais (16e s.) abritent des éléments étrusques et romains ; on peut y déguster des vins et des produits locaux.

Gagner la **piazzetta San Michele**, sur laquelle s'élèvent la façade romane de l'église du même nom (qui abrite une *Vierge à l'Enfant* en terre cuite de Giovanni Della Robbia) et une singulière maison-tour.

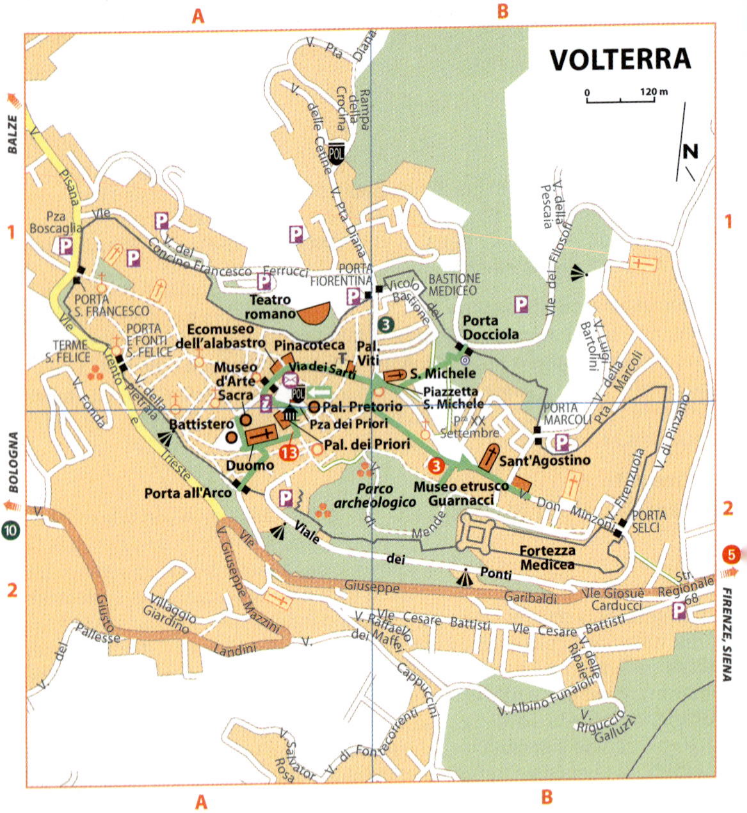

SE LOGER
- La Locanda 3
- Villa Rioddi 10

SE RESTAURER
- Il Sacco Fiorentino 3
- Osteria dei Poeti 13
- Trattoria Albana 5

De là, en passant par la Porta Fiorentina, on peut rejoindre le **théâtre romain** du 1er s. av. J.-C. *(☏ 328 07 07 834 - 10h30-17h30 (10h-16h30 en hiver) - Volterra Card, voir ci-dessous)*, visible également d'en haut, de la rue ouvrant à gauche, avant la porte. Revenir piazzetta San Michele et descendre le long escalier de la via di Docciola pour atteindre la **Porta Docciola**, porte fortifiée du 13e s. près de laquelle se trouve la fontaine de Docciola (1245).

Revenir piazzetta San Michele par le même escalier.

Dépasser l'étroite et pittoresque **via Matteotti** et prendre la via Gramsci. Une fois arrivé piazza XX Settembre, entrer dans la petite **église Sant'Agostino** pour voir l'*Assomption de la Vierge*, terre cuite dans le style des Della Robbia datant du 16e s.

★ Museo etrusco Guarnacci B2

Via Don Minzoni 15 - ☏ 0588 86 347 - 16 mars-oct. : 9h-19h ; reste de l'année : 10h-16h30 - Volterra Card (voir ci-dessous).

Volterra Card – Il existe un seul billet combiné *(14 €, à acheter sur place)* qui permet de visiter le Museo etrusco Guarnacci, la Pinacoteca, l'Ecomuseo dell'alabastro, le théâtre romain et le Parco archeologico.

Cette très riche collection de pièces étrusques date de 1761, quand monseigneur Mario Guarnacci offrit à la ville sa collection archéologique ainsi que sa bibliothèque privée. Aujourd'hui, le musée présente, chronologiquement ou par thème, des pièces allant de l'époque villanovienne (8e s. av. J.-C.) à la période hellénistique (du 4e au 1er s. av. J.-C.), phase de très grande créativité artistique, s'exprimant essentiellement à travers les quelque 600 **urnes cinéraires★** en tuf, en albâtre et, plus rarement, en terre cuite.

Parmi les chefs-d'œuvre du musée il faut signaler la célèbre et mystérieuse **Ombre du soir★** *(Ombra della Sera)*, bronze votif, probablement baptisée ainsi par le poète Gabriele D'Annunzio en raison de la forme allongée du corps, qui rappelle les sculptures d'Alberto Giacometti, et l'**urne des Époux★** (*Urna degli Sposi*), avec les vieux époux qui se regardent pour l'éternité.

Revenir sur ses pas et tourner à gaucher pour rejoindre la via di Castello.

Parco archeologico AB2

Via di Castello - ☏ 328 07 08 155 - 10h30-17h30 (seult w-end 10h-16h30 en hiver) - Volterra Card (voir ci-dessus).

En contrebas des remparts, ce vaste parc est un agréable jardin public parsemé de témoignages de l'**acropole étrusque**, qui garde les vestiges de deux temples des 3e et 2e s. av. J.-C. Du jardin, on jouit d'un beau **panorama** sur la campagne environnante et sur la forteresse qui domine le parc (*voir ci-dessous*).

Viale dei Ponti AB2

Cette promenade offre de superbes **vues★★** sur les collines métallifères. Au-dessus se dresse la **fortezza Medicea** : cet impressionnant ensemble d'architecture militaire, aujourd'hui transformé en prison, se compose de deux forteresses, l'ancienne, datant du 14e s., et la nouvelle, édifiée en 1472.

★ Balze Hors plan A1/Carte de région p. 266 C2

1,5 km de la Porta San Francesco, en direction de Pontedera.

Avant de quitter Volterra, cela vaut la peine de faire un tour vers ce gouffre profond, dominé – combien de temps encore ? – par le monastère désaffecté de la Badia. Creusé par l'érosion dans la terre argileuse, il a englouti des nécropoles étrusques et italiques et les églises les plus anciennes.

Circuit conseillé Carte de région p. 266

★ COLLINES MÉTALLIFÈRES C2-3

Circuit de 50 km au départ de Volterra tracé en rouge foncé sur la carte de région (p. 266).

Ainsi nommées en raison des mines de fer, de cuivre et de pyrite qui y étaient jadis exploitées, les collines métallifères revêtent un intérêt tout particulier à cause de la configuration singulière du paysage. Les douces ondulations des collines et la paisible culture des champs contrastent en effet avec l'ensemble presque fantasmatique formé par des tours fumantes d'où rayonnent d'énormes conduites d'acier brillant qui serpentent sur les collines, suivent ou enjambent les routes en déroulant leurs formes inquiétantes. Le secteur autrefois désolé où jaillissaient à l'air libre des fumerolles accompagnées d'une persistante odeur de soufre suffit à en expliquer la sinistre appellation de vallée du Diable.

Sortir de Volterra au sud-ouest par la R 68. À Saline di Volterra, à 9 km, prendre à gauche la route panoramique S 439, qui traverse en plein cœur les collines métallifères et relie Massa Marittima (voir p. 340).

La route passe par **Pomarance**, pays natal de deux peintres : Cristoforo Roncalli (1552-1626) et Niccolò Circignani (vers 1530-1592), appelés l'un et l'autre le **Pomarancio**.

On découvre, peu après la fourche de Canneto, un paysage qui petit à petit prend une allure tout à fait particulière due à l'exploitation des **soufflards**, jets de vapeur spontanés émis à hautes pression et température (jusqu'à 230 °C) des profondeurs de la terre, et qui contiennent de l'acide borique, de l'hydrogène sulfuré, de l'anhydride carbonique, du méthane, de l'ammoniaque et quelques gaz rares. Ils sont aujourd'hui utilisés pour la production d'énergie électrique. L'effet surréaliste de leur exploitation est particulièrement fort à **Larderello**, localité dont le nom dérive de celui de François de Larderel, qui, en 1818, commença l'extraction de l'acide borique des « lagons » de Montecerboli, eaux boueuses en ébullition. Le **palais de Larderel** accueille le **Museo della Geotermia**, qui retrace l'histoire des recherches géothermiques et explique les techniques utilisées dans les forages. *Piazza Leopolda - ✆ 0588 67 724 - 9h30-18h (10h-16h30 en hiver) - fermé lun. - gratuit.*

Près du bourg médiéval de **Monterotondo Marittimo** s'étend l'impressionnant **Parco delle Biancane** *(à explorer à pied ou en voiture)*, qui abrite un lagon naturel encore actif et d'autres manifestations géothermiques comme les soufflards et les fumerolles.

NOS ADRESSES À VOLTERRA

Plan de ville p. 322

HÉBERGEMENT

BUDGET MOYEN

La Locanda – B1 - *Via Guarnacci 4/28 - ✆ 0588 81 547 - www.hotel-lalocanda.com - 18 ch. - 90/110 €.* À quelques pas de la piazza dei Priori, cet hôtel occupe un ancien monastère restauré. Les chambres sont spacieuses et raffinées, agrémentées de petits espaces communs joliment agencés.

À proximité

Villa Rioddi – Hors plan A2 - *Rioddi, 2 km à l'ouest de Volterra sur la S 68 - ✆ 0588 88 053 - www.hotelvillarioddi.it - fermé nov.-mi-mars - 13 ch. - 80/100 €.* Cet ancien relais du 15e s. meublé dans un style sobre et fonctionnel, au cœur d'un grand jardin, offre une belle vue sur la ville et sur la val di Cecina.

RESTAURATION

BUDGET MOYEN

Il Sacco Fiorentino – B2 - *Via Giusto Turazza 13 - ✆ 0588 88 537 - fermé dim. soir et merc. - 25/40 €.* Ce restaurant, qui offre un cadre et une cuisine simples, est une bonne adresse pour découvrir et apprécier les spécialités culinaires de la Toscane.

Osteria dei Poeti – A2 - *Via Matteotti 55 - ✆ 0588 86 029 - osteriadeipoetivolterra.wordpress.com - fermé jeu. - 30/40 €.* Situé dans le centre historique, ce restaurant gastronomique est très aimé des Volterrans. Belle salle en pierres apparentes.

À proximité

BUDGET MOYEN

Trattoria Albana – Hors plan B2 - *Mazzolla, 2 km au sud de Volterra - ✆ 0588 39 001 - www.trattoriaalbanamazzolla.com - 20/30 €.* On accède à ce village minuscule par une route bordée de majestueux cyprès. Sur la petite place se dresse une trattoria accueillante, qui propose des spécialités peu communes préparées à base de gibier.

PETITE PAUSE

L'incontro – A2 - *Via Matteotti 18 - ✆ 0588 80 500 - fermé merc.* Un établissement où vous pourrez goûter à un assortiment de gâteaux faits maison ou déguster fromages, saucissons, potages et *bruschette*, ainsi que du vin servi au verre.

ACHATS

Arte in bottega – B1 - *Via Guarnacci 12 - ✆ 0588 86 184 - www.arteinbottegavolterra.it.* Une association qui propose un parcours à travers les ateliers des artisans de l'albâtre, du verre, de la céramique et du fer forgé.

Rossi – A1 - *Piazza della Pescheria - ✆ 0588 86 133 - www.rossialabastri.com.* Cet atelier de longue tradition, fondé au début du 20e s., est le siège de l'un des artisans les plus connus et ses œuvres sont exposées dans un petit musée privé.

AGENDA

Fête médiévale – *3e et 4e dim. d'août - www.volterra1398.it.*

Festival du théâtre romain – *juil.-août - www.teatroromanovolterra.it.*

Volterra Jazz – *Piazza dei Priori - en août - www.volterrajazz.it.*

VolterraTeatro – *En juil. - www.volterrateatro.it.* Festival international de théâtre.

La Maremma 5

Carte Michelin Regional Italie 563 – Province de Grosseto

Les thermes de Saturnia (*voir p. 351*).

M. Pavan/Sime/Photononstop

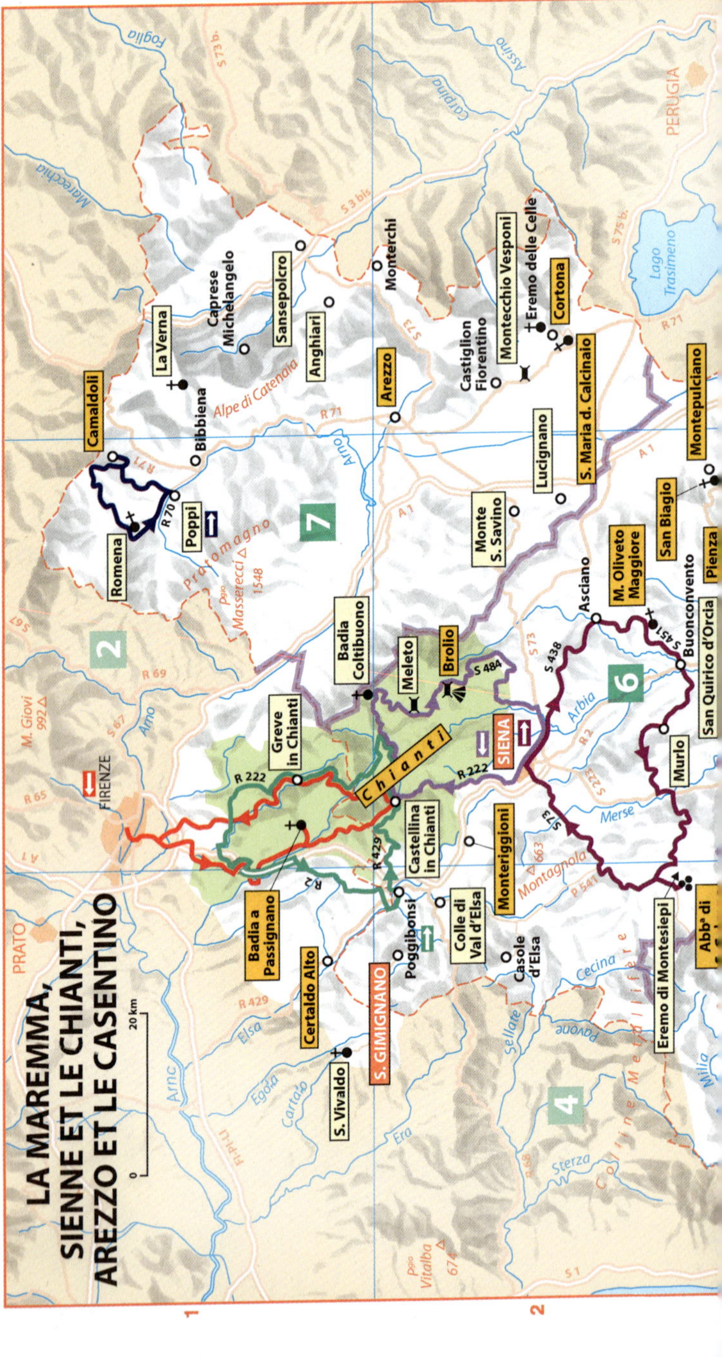
LA MAREMMA,
SIENNE ET LE CHIANTI,
AREZZO ET LE CASENTINO
0
20 km
A
B
C
1
2
PRATO
FIRENZE
M. Giovi 992
Arno
Camaldoli
Romena
Poppi
Bibbiena
La Verna
Caprese Michelangelo
Sansepolcro
Anghiari
Monterchi
Alpe di Catenaia
Pratomagno
Poggio Masserecci 1548
Arezzo
Castiglion Fiorentino
Montecchio Vesponi
Eremo delle Celle
Cortona
Lago Trasimeno
PERUGIA
Lucignano
Monte S. Savino
S. Maria d. Calcinaio
Montepulciano
San Biagio
Pienza
Badia Coltibuono
Greve in Chianti
Meleto
Brolio
Chianti
SIENA
Castellina in Chianti
Badia a Passignano
Monteriggioni
Poggibonsi
Colle di Val d'Elsa
Casole d'Elsa
Certaldo Alto
S. GIMIGNANO
S. Vivaldo
Asciano
M. Oliveto Maggiore
Buonconvento
San Quirico d'Orcia
Murlo
Eremo di Montesiepi
Abbª di
Montagnola
Merse
Arbia
Cecina
Elsa
Egola
Cartato
Era
Sterza
Pavone
Sellate
Foglia
Marecchia
Cerfone
Assino
Carpina
Colline Metallifere
Poggio Vitalba 674
2
4
6
7

Massa Marittima
Montemassi
Bagno Vignoni
Terme
Santa Caterina
S. Antimo
Rocca d'Orcia
Castiglione d'Orcia
Sarteano
Chiusi
Follonica
Golfo di Follonica
Vetulonia
M. Leoni 614
Radicofani
Monte Cetona
5
8
M. Amiata
Abbadia S. Salvatore
Roselle
Poggio Ballone 630
Punta Ala
Castiglione d. Pescaia
Grosseto
La Maremma
Pgi Alti 651
M. Bottigli 319
Sorano
Saturnia
Sovana
Principina a Mare
Alberese (Bureau du parc)
Pgio Lecci 415
Pitigliano
Lago di Bolsena
MARE
Parco Regionale della Maremma
S. Bruzio
Montemerano
Magliano in Toscana
Talamone
M. Cavallo 234
TIRRENO
Pgio del Leccio 353
Capalbio
Pta Lividonio
Orbetello
Cosa
Porto S. Stefano
Giardino dei Tarocchi
Ansedonia
Pta del Fenaio
Porto Ercole
I. del Giglio
Promontorio dell'Argentario
Pta del Capel rosso
I. di Giannutri
N
SIENA ★★★ Vaut le voyage
Arezzo ★★ Mérite un détour
Chiusi ★ Intéressant
Asciano À voir
Ville de départ du circuit
Le Casentino
Du Val di Pesa au Val di Greve
Au cœur de la Ligue du Chianti
De Sienne aux Monts du Chianti
De l'Abbaye du Mont Oliveto à l'Abbaye de San Galgano
Le Val d'Orcia
Le Mont Amiata
Campagne, Pinèdes et Mer
Des Monts de l'Uccellina à l'Argentario
A
B
C
3
4

La Maremma

La Maremme

★

Il existe deux Maremma : celle au riche passé historique avec ses sites archéologiques étrusques et romains, ses bourgs médiévaux construits dans le tuf et avec une densité d'à peine 48 habitants au kilomètre carré, et celle des grands espaces encore vierges, à découvrir à pied ou à cheval, véritables oasis de paix qui enchanteront grands et petits. En les unissant, on se promet un séjour des plus attrayants.

NOS ADRESSES PAGE 338
Hébergement, restauration, achats, activités, etc.

S'INFORMER

Offices de tourisme

Maremma – Agenzia Toscana Promozione - Ufficio Informazioni (call center) - ✆ 0564 48 48 48 - *www.turismoinmaremma.it.*

Turismo Verde – *Via Monterosa 130 - Grosseto - ✆ 0564 46 58 63 - www.agriturismoverde.com.* Pour faciliter votre recherche de gîtes ruraux *(agriturismi)* en Maremma.

Parco Regionale della Maremma – *Via del Bersagliere, 7/9 - Alberese - ✆ 0564 40 70 98 - www.parco-maremma.it.*

SE REPÉRER

Carte de région AB3-4 (p. 328).

La Maremma (4 500 km^2) se divise en trois zones : la Maremme pisane, qui s'étend des contreforts méridionaux des collines livournaises jusqu'à San Vincenzo ; la Maremme grossetaine, correspondant à la province de Grosseto ; et la Maremme latine, allant de Tarquinia à Cerveteri. Outre la bande côtière, la Maremma se déploie à l'est jusqu'aux collines métallifères.

À NE PAS MANQUER

La nécropole de Vetulonia, Castiglione della Pescaia au soleil couchant, le parc régional della Maremma, Talamone.

ORGANISER SON TEMPS

Une demi-journée pour Grosseto et alentours, une journée par circuit.

AVEC LES ENFANTS

Une balade à vélo ou à cheval dans le parc régional ; l'étonnant jardin des Tarots de Niki de Saint-Phalle.

Découvrir Carte de région p. 328

GROSSETO A3

Située à seulement 13 km de la mer, dans la plaine fertile de l'Ombrone, Grosseto est la capitale administrative de la Maremma.

Son origine remonte au Moyen Âge, époque durant laquelle elle vécut le moment le plus glorieux de son histoire, sous la domination de la famille Aldobrandeschi. Un peu à l'écart des routes touristiques, elle conserve un noyau ancien, plein de charme, entre les puissants remparts en brique, de forme hexagonale, érigés par les Médicis à la fin du 16e s. Ce cœur s'organise autour de la piazza Dante Alighieri, où veille avec dignité la statue de Léopold II de Lorraine.

Le « buttero » de la Maremma, version toscane du cowboy.
F. Guiziou/hemis.fr

Duomo

Consacrée à saint Laurent, sa construction remonte au 12e s. La galerie et la rosace datent de l'époque romane, mais la façade fut restaurée au 16e s. À l'angle droit, noter la colonne romaine où l'on affichait les bans au Moyen Âge. L'intérieur, en forme de croix latine, est divisé en trois nefs. On observera en particulier le bénitier de gauche (1506), les fonts baptismaux de 1470 et l'autel de Notre-Dame-des-Grâces, caractérisé par une *Annonciation* qui révèle un style influencé par Andrea Della Robbia.

Depuis la place, s'engager dans le corso Carducci jusqu'au croisement qui conduit à la piazza Baccarini, où se trouve le Musée archéologique, et à la piazza dell'Indipendenza, qui abrite l'église San Francesco. On aperçoit, encaissée dans une construction moderne, la belle abside romane de l'église **St-Pierre**, la plus vieille de Grosseto.

★ Museo archeologico e d'Arte della Maremma

Piazza Baccarini 3 - ✆ 0564 48 87 50 - juin-mi-sept. : mar.-vend. 10h30-17h30, sam.-dim. et j. fériés 10h-13h, 16h-20h ; reste de l'année : se renseigner - fermé lun. sf j. fériés - 5 €.

Réparti en cinq sections différentes, ce musée retrace l'histoire archéologique de Roselle, de la Maremma et de Grosseto. Partie intégrante de la collection, le musée d'Art sacré présente nombre d'œuvres d'artistes siennois. On sera agréablement surpris par la richesse et l'aménagement de cette structure, où de petites salles intimes mettent en valeur chaque détail. Parmi les pièces intéressantes, le bol en *bucchero* (terre cuite à pâte noire) du 6e s. av. J.-C., sur lequel est gravé l'un des premiers témoignages de l'alphabet étrusque.

San Francesco

Cette église conventuelle du 13e s., à la façade gothique à deux ressauts, conserve quelques petites fresques de l'école siennoise (14e-15e s.) et, au maître-autel, un beau crucifix peint du 13e s. attribué à Duccio di Buoninsegna. Dans le cloître attenant *(reconstruit)* se trouve un puits à portique datant des

Un territoire exceptionnel

UNE LONGUE HISTOIRE

Ce sont les Étrusques qui fondèrent en ces lieux Populonia, Roselle et Vetulonia et commencèrent à tenter d'assainir le secteur, mais les premiers travaux hydrauliques importants ne purent avoir lieu que pendant la période pacifique de la domination romaine. Après la chute de l'Empire romain, la région perdit le bénéfice de ces premiers assainissements, la malaria s'installant de surcroît dans les zones marécageuses incontrôlées.

Les incursions de pirates le long de la côte et les invasions barbares furent particulièrement dramatiques pendant le Moyen Âge ; Dante qualifia à plusieurs reprises la Maremma de « modèle terrestre du malheur éternel ». En 1826, les Lorraine, en particulier Léopold II, reprirent les travaux de bonification. Poursuivis à l'époque de l'unité italienne puis du fascisme, ces travaux assainirent un territoire dont l'agriculture est aujourd'hui la première ressource.

LA FAUNE ET LA FLORE DE LA MAREMMA (ET UN GARDIEN DE TROUPEAUX)

Symbole de la Maremma, le **sanglier** en est « citoyen d'honneur ». Également caractéristiques sont les « figures » du **bœuf de Maremme**, massif, aux cornes en forme de lyre, et du **cheval de Maremme**, petit et très résistant, descendant probablement du cheval berbère. Gardant les troupeaux, le *buttero* (proche de son cousin le gardian de Camargue) pratique son antique et dur labeur à cheval. Son activité connaît un moment très spectaculaire à l'époque du marquage des bêtes, la *merca*, qui a lieu le 1er Mai à Alberese *(voir l'encadré p. 334)*.

Le **daim** est un autre résident régulier des lieux. Son pelage est brun rougeâtre coupé de blanc en été, gris-brun durant l'hiver. Dans les bois vivent aussi des **chevreuils**, des **porcs-épics** et des **blaireaux**, ces deux derniers partageant souvent la même tanière. Le **renard**, quant à lui, est le seigneur incontesté de la Maremma, fréquentant indifféremment tous les milieux naturels. Il faut ajouter aux **chats sauvages**, aux **fouines**, aux **belettes** et autres mammifères de la Maremma une multitude d'oiseaux aux coloris extraordinaires : **faucons**, **buses**, **chouettes**, **canards souchets**, **mouettes**, **huppes**, **hérons**, **cormorans**, **martins-pêcheurs** et nombre d'espèces que toute personne patiente peut observer.

Comme la faune, la végétation varie selon les milieux. Entre les **lys marins** des dunes du littoral et la pinède, on trouve des **genêts** et des **lentisques**. Les rochers se couvrent de **thym** et de **barbes de Jupiter**, les collines sont le royaume du **maquis**, où pousse la **bruyère**.

UNE DESTINATION GOURMANDE

Dans l'assiette, la viande de race Maremmana le dispute au savoureux sanglier, les haricots blancs de Sorana aux châtaignes du mont Amiata, et dans le verre, les vins de qualité se succèdent *(voir p. 336)*. Voilà pourquoi la Maremma est devenue l'une des destinations privilégiées du tourisme œnogastronomique.

Médicis (1590), dit de la bufflonne parce que certains animaux de la Maremma, dont des buffles, venaient s'y abreuver. Un autre puits plus ancien (1465) est visible à l'extérieur, à droite de l'église.

Circuits conseillés Carte de région p. 328

CAMPAGNE, PINÈDES ET MER A3

Circuit de 135 km au départ de Grosseto tracé en vert clair sur la carte de région (p. 328) – compter une journée.

La province de Grosseto, retenue généralement comme la Maremma par excellence, est formée d'une plaine au-dessous du niveau de la mer qui, en s'enfonçant vers l'intérieur, prend du relief.

Les collines plantées d'oliviers et de vignes sont ponctuées de domaines agricoles ; près de la mer, le paysage de plaine se pare de couleurs intenses variant au fil des saisons ; la côte enfin est ourlée de pinèdes qui longent les plages de sable fin.

Quitter Grosseto à nord-est et suivre la S 223.

Ruines de Roselle A3

0564 40 24 03 - 10h-18h - 4 €.

Une des plus illustres villes de l'Étrurie septentrionale fut implantée non loin de l'actuelle Roselle, au sommet d'une colline séparée de Vetulonia par le *Lacus Prilius*, asséché dès l'Antiquité. Selon Tite-Live, en 294 av. J.-C., Russel (*Rusellae* en latin) fut colonisée par Rome. La ville déclina après la chute de l'Empire romain et fut pratiquement abandonnée après 1138, date où elle perdit son rang d'évêché.

Commencées en 1942 et toujours en cours, les fouilles ont dégagé une enceinte de pierre de plus de 3 km de long. Ces murs, qui furent précédés d'une première fortification en brique, furent bâtis au nord au 6e s. et à l'ouest au 2e s. av. J.-C. Seules trois portes monumentales ont été découvertes, même si les voies d'accès devaient être plus nombreuses. Des traces d'habitations et d'ateliers artisanaux remontant à la fin du 6e s. av. J.-C. ont aussi été mises au jour, ainsi que de notables vestiges de constructions romaines : amphithéâtre, forum impérial, rues pavées et villa d'époque impériale ornée au sol d'une mosaïque.

Revenir sur ses pas et prendre à droite la SP108 en direction de Buriano.

La route traverse la plaine que domine le village de Vetulonia, accroché à une colline sur laquelle on monte par paliers, et précédé par sa nécropole et le champ de fouilles.

Vetulonia A3

Vetulonia est un petit village accroché sur une colline. Les puissantes murailles de l'Arce sont les seuls vestiges de son enceinte originale des 6e et 5e s. av. J.-C. La ville, l'une des plus importantes de l'Étrurie septentrionale, est citée par Diogène d'Alicarnasse et par Pline. Ses richesses archéologiques témoignent de la vie de cette cité du 8e au 2e s. av. J.-C. Aujourd'hui, son apparente tranquillité cache le glorieux passé de cette célèbre ville étrusque, dont l'emblème du faisceau contenant une hache fut repris par les Romains.

★ **Nécropole** – *0564 94 95 87 - été : 10h-18h50 ; hiver : tlj 8h-17h, sf mar. et vend. - suivre l'indication « Tombe etrusche » et prendre ensuite avec précaution le sentier carrossable non asphalté sur environ 800 m.* Parmi les vestiges les plus intéressants, le **tumulus della Pietrera** (7e s. av. J.-C.) est une tombe formée de deux chambres superposées : la chambre supérieure, couverte d'une pseudo-coupole, est de plan quadrangulaire, et celle inférieure, munie au centre d'un pilier, était à l'origine de plan probablement circulaire. À voir également la **tombe « del Diavolino »** (du Petit Diable), à chambre quadrangulaire et couverture en pseudo-coupole, qui conserve la base de son pilier central.

Outre la nécropole, on peut visiter les **fouilles** *(mars-oct.: 10h-19h; nov.-fév.: 9h-17h)* de la ville hellénistique et étrusco-romaine, au nord-est du village, révélant une rue pavée le long de laquelle se trouvaient échoppes et habitations.

En ville – Au bout de la via Garibaldi, une ruelle à gauche mène à la place du cimetière: ici se trouvent les sites archéologiques de Costa dei Lippi et de Costa Murata. Au premier appartiennent une rue et des ouvrages de maçonnerie des 3e et 2e s. av. J.-C., tandis qu'une rue et une maison des 2e et 1er s. av. J.-C., situées dans une zone sacrée plus ancienne (des céramiques grecques des 6e et 5e s. av. J.-C. et étrusques y ont été retrouvées), font partie du deuxième site.

Sur la piazza Vetluna, le **Musée archéologique** *(✆ 0564 94 80 58 - oct.-mai: 10h-18h, juin-sept. 10h-14h, 16h-20h - 5 €)* expose, dans sept salles, une grande partie des trousseaux funéraires retrouvés dans les tombes de la nécropole, notamment de belles pièces d'orfèvrerie.

Rejoindre Follonica en suivant la route menant à Gavorrano ou en utilisant, pour gagner du temps, la voie rapide (superstrada). À partir de là, la côte égrène de jolies villes de bord de mer.

Follonica A3

Ancienne cité sidérurgique et agréable station balnéaire bénéficiant d'un climat doux, de fraîches pinèdes et de la proximité de sites artistiques, Follonica se trouve au centre d'un ample golfe situé entre Piombino et Punta Ala, face à l'île d'Elbe.

Continuer sur la SP 158, jusqu'à Pian d'Alma, puis tourner à droite sur la Strada Provinciale Punta Ala.

Punta Ala A3

Récente et luxueuse station résidentielle aménagée dans une belle pinède sur la corne sud du golfe de Follonica, Punta Ala, la mondaine, offre une superbe plage abritée, un important port de plaisance (base opérationnelle de la *Luna Rossa*, le bateau italien qui a pris part à l'America's Cup) et des infrastructures sportives (sports aquatiques et équestres dont le polo); son terrain de golf accueille des compétitions internationales.

Revenir sur ses pas jusqu'au croisement avec la SP 158, puis tourner à droite en direction de Castiglione della Pescaia.

LE « BUTTERO » ET LA « MERCA »

Même si de nos jours le travail du *buttero* s'est profondément modifié, il requiert, comme par le passé, un effort quotidien enraciné dans les rythmes de la nature. Auparavant, la journée de ce gardian de la Maremma commençait à l'aube avec le choix du cheval et se poursuivait par de multiples tâches: contrôle du bétail et des clôtures, aide à la mise bas des bêtes en difficulté.

Le point culminant de l'année de travail du buttero est la *merca*, cérémonie – plutôt que pratique – du marquage du bétail par le feu, garantie de propriété. Pour faciliter le marquage et accélérer la cicatrisation, la *merca* a lieu au printemps, quand les animaux ont perdu leur pelage d'hiver. Jadis, ce travail exténuant et risqué était également l'occasion d'un spectacle. La « glorieuse » conclusion de cette journée est confiée aux femmes de la ferme qui, après avoir travaillé des journées entières à la préparation des pâtes, des viandes et des gâteaux, servent une table somptueuse.

Le village de Castiglione della Pescaia.
Tuul et Bruno Morandi/hemis.fr

★ Castiglione della Pescaia A3

Port de pêche et station balnéaire, Castiglione se présente comme un port-canal au pied d'une éminence que recouvre la partie médiévale du bourg ceinte de remparts. Celle-ci mérite une visite pour ses rues escarpées et dallées, ses maisons à fenêtres grillagées, ses passages couverts et ses portes fortifiées. Du point culminant, que coiffe un petit château à grosses tours carrées, vue intéressante sur le port-canal et les plages de sable fin bordant le promontoire. Après Castiglione, la route longe la pinède du Tombolo, longue étendue de pins parasols.

Continuer sur la SP 158.

Principina a Mare A3

Cette tranquille localité balnéaire est située au cœur de la pinède qui borde la mer depuis Follonica. Possibilité de belles promenades sous les pins ou sur la très longue plage de sable fin.

5

DES MONTS DE L'UCCELLINA À L'ARGENTARIO AB3-4

Circuit de 160 km au départ de Grosseto tracé en rose sur la carte de région (p. 328) – une journée. Suivre la via Aurelia (S 1) jusqu'à la sortie d'Alberese.

Le paysage au sud de Grosseto devient progressivement plus varié, mettant en évidence les caractéristiques de la Maremma. Une fois à **Alberese**, se garer devant le **centre d'accueil** des visiteurs du **parc régional della Maremma**, où l'on peut acheter les billets d'entrée au parc et d'où partent les visites en autocar.

★ Parco Regionale della Maremma A3-4

Bureau du parc (Centro Visite di Alberese) - ✆ 0564 40 70 98 (horaires variables selon la saison) - www.parco-maremma.it - 10 €. L'accès aux voitures est interdit à l'intérieur du parc, parking gratuit face à l'accueil. Une navette conduit les visiteurs aux points de départ des différentes randonnées.

Le parc est presque entièrement occupé par les **monti dell'Uccellina** et recouvert de forêts (maquis méditerranéen) sur près de 4000 ha s'étendant parallèlement au littoral de Principina a Mare à Talamone.

Les très nombreuses espèces constituant la flore et la faune locales sont influencées par un climat varié aux caractéristiques continentales, méditerranéennes et, dans certains cas particuliers, subdésertiques.

Les témoignages des tout premiers établissements humains sont très nombreux, du paléolithique à l'âge du bronze, jusqu'à l'époque romaine. Dès l'Antiquité, l'homme a pu y chasser, grâce à la présence de grands mammifères qui ont depuis toujours été une caractéristique de la Maremma, même si, dans le passé, les zones côtières empestées par la malaria ne permettaient pas que l'on s'y installât durablement.

Les visites, guidées ou non, s'effectuent le long de 11 itinéraires thématiques *(entre 2 et 6h de marche, carte des sentiers disponible à l'accueil)*, qui permettent de découvrir les différents aspects du parc, sa végétation, ses animaux ainsi que ses panoramas époustouflants *(voir « Activités » p. 339)*.

Parmi les promenades qui réservent les plus beaux paysages, on peut citer celle de **San Rabano**, menant à l'intérieur des terres jusqu'aux ruines d'une abbaye du 11e s. *(5h)*, celle **delle Torri** *(« des Tours » – 3h)*, qui conduit vers la jolie plage de Collelungo, ou encore celle plus simple mais non moins intéressante, centrée sur la faune et la forêt autour d'Alberese.

Rejoindre la S 1 vers le sud.

Fonteblanda, où se détache la route pour Talamone, est connue pour ses thermes, les **terme dell'Osa**.

ROUTE DES VINS

La Maremma jouit d'un terroir magnifique, avec les qualités du Bordelais pour le sol et tous les grands noms de l'œnologie italienne : sovana, montecucco, monteregio di Massa Marittima, capalbio, ansonica Costa dell'Argentario, bianco di Pitigliano, et surtout le **morellino di Scansano**, joli village dont le musée de la Vigne et du Vin dévoile toutes les étapes de fabrication.

★ Talamone A4

Petit port de pêche caractéristique, dominé par une forteresse du 15e s., Talamone a des origines étrusques et même légendaires. La colline qui le surplombe serait le tumulus de Télamon, qui avait participé à l'expédition des Argonautes en Colchide, à la recherche de la Toison d'or. En 225 av. J.-C., les consuls Æmilius Papus et Attilius Regulus remportèrent, dans la plaine voisine de Campo Regio, une importante victoire contre les Gaulois. Le port, classé abri naturel, accueille plus de 600 bateaux.

La route suit la pinède jusqu'à la zone lagunaire.

★ Argentario et Orbetello *(voir p. 344)* AB4

Pour la visite de l'Argentario, il est conseillé de l'aborder par le Tombolo della Giannella et de passer à Orbetello au terme du circuit sur le promontoire.

★ Rovine di Cosa B4

10 km au sud-est d'Orbetello, à la base du tombolo méridional.

Situés près d'**Ansedonia**, les **vestiges de Cosa** couvrent le sommet d'un promontoire en vue de l'Argentario. Les cigales y chantent parmi les plantes aromatiques et les oliviers.

La cité antique – *✆ 0564 88 14 21 - de 9h à 1h av. le coucher du soleil - gratuit.* Proche de la via Aurelia, elle fut colonie romaine du 3e s. av. J.-C. jusqu'au 4e s. de notre ère. Les parties exhumées forment deux pôles distincts. Sur la crête du promontoire, l'acropole élève ses murailles de blocs colossaux autour des murs et colonnes du capitole, d'un temple et d'autres édifices plus petits. Plus au nord s'étend la ville proprement dite, avec ses intersections de rues pavées, les fondations des édifices du forum (basilique, temples, curie, boutiques…), de nombreuses citernes, la zone d'habitation; la porte d'entrée nord *(Porta Romana)* dresse encore sa structure massive de blocs équarris. Un **Musée archéologique** a été aménagé à Ansedonia *✆ 0564 88 14 21 - 8h30-19h30 - 2 €.*
Prendre la S 1 à Ansedonia en direction de Rome (2,5 km), puis à gauche la SP 63.

Capalbio B4

Non loin de la mer se dresse ce petit village médiéval cerné de remparts et perché sur une colline que domine une forteresse. Après avoir pâti, aux 18e et 19e s., de la dégradation des terres cultivées redevenues marécageuses, de la malaria et de l'appauvrissement général du secteur, il s'est repeuplé au 20e s., grâce au nouveau développement agricole.
On y accède par la Porta Senese et la Porticina (Petite Porte). À l'intérieur, l'église romane **San Nicola** recèle des fresques du 14e s. *(chapelles de gauche)* et du 15e s. *(chapelles de droite)*. Le campanile, ajouré de baies géminées, remonte au 12e s. La forteresse *(rocca)* des Aldobrandeschi se dresse à proximité. À l'extérieur des murs, piazza Providenza, l'**oratoire de la Providence** conserve une fresque du 15e s. inspirée de l'art du Pérugin et du Pinturicchio.
À 6 km au sud-est de Capalbio par la SP 75, à **Garavicchio**, les amateurs d'art contemporain apprécieront le **jardin des Tarots** (Giardino dei Tarocchi – *✆ 0564 895 122 - www.giardinodeitarocchi.it - avr.-mi-oct.: 14h30-19h30 - 12 €*), créé par **Niki de Saint-Phalle** à partir de 1979. Dans cet immense jardin privé, l'artiste française (1930-2002) a réalisé des sculptures géantes de 12 à 15 m en béton armé et polyester peints, revêtues de superbes mosaïques en céramique, verres de Murano et miroirs qui représentent les vingt-deux arcanes majeures du tarot divinatoire de Marseille. Elle travailla avec des artisans locaux et certaines pièces furent imaginées par Jean Tinguely. Autour de ce jardin fantastique, l'architecte Mario Botta a érigé une enceinte symbolisant la séparation entre le monde réel et la magie intemporelle du jardin.
Revenir à Capalbio.
La dernière partie de l'itinéraire se poursuit entre Capalbio et Magliano, parmi de douces collines plantées de vignes et d'oliviers.

★ Ruines de l'église San Bruzio B4

À droite de la route, les vestiges de cette église du 12e s. surgissent solitaires. L'harmonie entre la paisible beauté des ruines romanes et la nature, aux couleurs changeantes et d'une douceur aquarellée, y est particulièrement suggestive.

Magliano in Toscana B4

Au sommet d'une colline plantée d'oliviers, Magliano se blottit à l'intérieur de ses murs du 14e s. et de la Renaissance. La rue principale, la séculaire via di Mezzo (rue du Milieu), conserve deux églises: San Giovanni Battista, à la façade Renaissance, et San Martino, d'époque romane.
À l'origine s'élevait, à proximité de là, une cité étrusque (on peut visiter les **tombes** – *Visite uniquement sur demande préalable - ✆ 0564 59 21 02*), qui devint par la suite colonie romaine sous le nom d'Heba.

NOS ADRESSES DANS LA MAREMMA

Carte de région p. 328

ARRIVER/PARTIR

En bus – Depuis Grosseto, **Tiemme** (*℘ 0564 47 51 11, www.tiemmespa.it)* dessert la Maremma.

HÉBERGEMENT

Capalbio B4

BUDGET MOYEN

Azienda Agrituristica Ghiaccio Bosco – *Strada della Sgrilla 4 - 4 km au nord-est de Capalbio - ℘ 0564 89 65 39 - www.ghiacciobosco.com - fermé janv.-mars - 14 ch. - 90/130 €.* Au cœur de la campagne de la Maremma, parmi les pins maritimes qui témoignent de la proximité du littoral, cette ferme de grand standing est décorée avec soin dans un style classique. Le petit-déjeuner copieux se compose de tartes et de délicieuses confitures maison.

Castiglione della Pescaia A3

PREMIER PRIX

Agriturismo La Rombaia – *La Rombaia, 4 km au nord-est de Castiglione della Pescaia ; ℘ 0564 94 40 12 - www.larombaia.it - 10 ch. - 80/90 €.* La décoration soignée et originale de chaque appartement a pour thème l'activité agricole. Pour un séjour champêtre sous le signe du confort et de la sérénité. Impressionnante autant qu'intéressante, la collection de *memorabilia bellica*.

UNE FOLIE

L'Andana – *Tenuta La Badiola, Loc. Badiola, 10 km au nord-est de Castiglione della Pescaia - ℘ 0564 94 48 00 - www.andana.it - ✕ - 20 ch. - à partir de 300 €.* Un petit coin de paradis en pleine campagne. L'ancienne propriété du grand-duc de Toscane a été merveilleusement réaménagée en un établissement de grand standing. Au restaurant, les recettes régionales sont réinterprétées avec talent par l'équipe d'Alain Ducasse. Dans la même propriété, les charmants appartements de la **Casa Badiola** *(www.casabadiola.it)* sauront satisfaire les familles avec enfants.

Magliano in Toscana B4

BUDGET MOYEN

Fattoria del Collecchio – *Loc. Collecchio, Cala di Forno, Magliano in Toscana - ℘ 0335 60 69 675 - www.fattoriadelcollecchio.it - 8 appart. - 100 €.* Superbe propriété agricole du début du 20e s. ayant gardé tout son cachet, dont les appartements (6 à l'intérieur des terres et 2 en bords de mer) sont disponibles en location. Sa valeur ajoutée ? Être située en pleine nature, au cœur du parc régional della Maremma.

RESTAURATION

Capalbio B4

BUDGET MOYEN

Tullio – *Via Nuova 27 - ℘ 0564 89 61 96 - fermé merc. - 30/40 €.* Si vous êtes lassé de l'atmosphère maritime et un peu paresseux pour vous déplacer, cet établissement traditionnel à direction familiale vous conviendra. Il propose avant tout des plats de l'arrière-pays. En été, repas servis en terrasse.

Castiglione della Pescaia A3

BUDGET MOYEN

Taverna Osteria « nel Buco » – *Via del Recinto 11 - ℘ 0564 93 44 60 -*

fermé midi sf dim. - réserv. conseillée - 25/35 €. Ce restaurant est situé dans la rue qui encercle le village, au pied des remparts. Il est réputé tant pour ses plats typiques que pour l'énergique propriétaire qui divertit ses hôtes avec des intermèdes musicaux.

Osteria del Mare già il Votapentole – *Via IV Novembre 11/15 - ✆ 0564 93 47 63 - fermé lun. - 30/40 €.* Une adresse sympathique en plein centre, connue pour ses spécialités de poisson. La poêlée de fruits de mer et la traditionnelle soupe *caciucco* sont recommandées !

Grosseto A3

PREMIER PRIX

Romolo – *Via Vinzaglio 18 - ✆ 0564 27 551 - fermé mar. - 15/25 €.* Au cœur de Grosseto, cette trattoria traditionnelle est une véritable institution en ville. Un cadre chaleureux et informel où déguster des grillades et des pizzas au feu de bois.

BUDGET MOYEN

Il Canto del Gallo – *Via Mazzini 29 - ✆ 0564 41 45 89 - fermé dim. - réserv. conseillée - 25/30 €.* Situé dans la « rue des remparts », ce restaurant a choisi le coq comme emblème et se pare de plus de 300 figurines du gallinacé venues du monde entier. Les produits proviennent de la culture biologique et l'on sert de nombreux plats végétariens. Rien d'étonnant à ce que la spécialité soit le *galletto alla diavola* (coquelet à la diable).

ACTIVITÉS

Spectacle équestre de la Maremma – *Rens. et réserv. au centre équestre Equinus - Via dell'Unione 37 - Grosseto - ✆ 335 65 11 774 - www.cavallomaremmano.com.* Spectacles inoubliables avec pour acteurs les gardians, les chevaux et le bétail de la Maremma. Après le spectacle, vous pouvez dîner, si vous le souhaitez, dans une des plus anciennes fermes de la Maremma. Également cours d'équitation avec les *butteri* et organisation de trekkingb de 3 à 7 jours dans la Maremma.

Parco Regionale della Maremma – *✆ 0564 40 70 98 - www.parco-maremma.it.* Plusieurs formules proposées pour découvrir le parc : randonnées guidées de jour et de nuit *(environ 110 €/4h)*, excursions en canoë sur la rivière Ombrone *(10 €)*, promenades en calèche *(14 €)*, itinéraires cyclables. Un plan détaillé et le calendrier des événements saisonniers sont disponibles à l'accueil du parc.

AGENDA

International Short Film Festival – *Capalbio - fin juin.* Festival de courts-métrages.

Palio des Ânes – *Vetulonia - sept.* Avec des figurants en costumes du Moyen Âge.

Festa dell'uva – *Scansano, dernier w.-end de sept.* Une bonne occasion de déguster les excellents vins de la Maremma. Théâtre et musique accompagnent la manifestation.

5

Massa Marittima

★★

8 500 habitants

Sur la route qui va de Follonica à Sienne, perchée à 400 m d'altitude dans un écrin naturel préservé et par endroits encore sauvage, Massa Marittima séduit d'emblée le visiteur qui s'y rend pour la première fois. L'adjectif « marittima », associé au nom de Massa, indiquerait selon certains que son territoire s'étendait jadis jusqu'à la mer et, selon d'autres, sa relation avec le secteur proche de la Maremma, dont il serait synonyme.

NOS ADRESSES PAGE 343
Hébergement, restauration, achats, activités, etc.

S'INFORMER

A.MA.TUR – *Via Todini 3-5 (angle du Musée archéologique) - ✆ 0566 90 27 56 - www.altamaremmaturismo.it.* Service de réservations hôtelières, visites guidées, excursions à cheval ou à VTT et parcours d'aventure. Également toutes les informations pour une visite des exploitations associées de la « Route du vin Monteregio di Massa Marittima ».

SE REPÉRER

Carte de région A3 (p. 328).
À 50 km au nord-ouest de Grosseto.

À NE PAS MANQUER

Les bâtiments sur la piazza Garibaldi, dont le Duomo.

ORGANISER SON TEMPS

Une demi-journée pour la ville, mais prenez le temps de vous promener dans les collines environnantes.

Se promener

★★ Piazza Garibaldi

Son esthétisme fortement médiéval s'accompagne de trois constructions romanes : le palais du podestat (siège du Musée archéologique) percé de baies géminées, le palais communal couronné de merlons et la cathédrale (Duomo).

★★ Duomo

Datant probablement du début du 11e s., ce majestueux édifice roman de style pisan, habillé d'arcatures aveugles, fut agrandi en 1287 par **Giovanni Pisano** et sa façade coiffée d'un fronton à trois flèches. Remarquer les lions rugissants, les chapiteaux délicatement fouillés et le linteau du portail central contant la vie de saint Cerbone, évêque de Populonia et saint patron de la ville à qui est dédiée l'église. Son beau **campanile**★, autrefois crénelé, surmonté de quatre clochetons, est percé de baies dont le nombre croît avec la hauteur. À l'intérieur (plan basilical), noter : les chapiteaux variés de la nef ; au revers de la façade, des vestiges de fresques (14e s.) et des fragments de bas-reliefs (10e s.) d'influence byzantine ; près de la porte d'entrée, un bas-relief en marbre provenant d'un sarcophage romain du 3e s., dominé par une fresque de *Vierge à l'Enfant* de la fin du 13e s. ; de curieux fonts baptismaux dont la cuve romane monolithe est ornée de bas-reliefs évoquant l'Ancien et le Nouveau Testament. La chapelle à gauche du chœur abrite la **Vierge des grâces** attribuée à Duccio di Buoninsegna (vers 1255-vers 1318) et des fragments de la *Présentation de Jésus au Temple*, œuvre de **Sano di Pietro** (1406-1481), mutilée au 20e s. ; celle de droite,

Le Duomo, sur la piazza Garibaldi.
A. Pistolesi/hemis.fr

la *Crucifixion* de Segna di Bonaventura (début 14e s.). Le chœur recèle l'*arca* de saint Cerbone, sarcophage en marbre sculpté en 1324 par Goro di Gregorio.

Palazzo del Podestà

Piazza Garibaldi - ✆ 0566 90 22 89 - 10h-12h30, 15h30-19h (17h en hiver) - fermé lun. - 3 €.

Le **palais du podestat** (1225-1230), résidence du plus haut magistrat de la commune, détenteur du pouvoir exécutif, arbore en façade les blasons de ses différents occupants. Il est le siège du **Musée archéologique** qui abrite une intéressante stèle de Vado all'Arancio (exemplaire unique retrouvé en Étrurie d'un style caractéristique du nord-ouest de la Toscane et du sud de la France), des collections étrusques issues de la nécropole du lac de l'Accesa. Dans la pinacothèque, belle *Vierge en majesté* d'**Ambrogio Lorenzetti** (1285-1348).

★ Fortezza dei Senesi et torre del Candeliere

Piazza Matteotti - ✆ 0566 90 22 89 - avr.-oct. 10h-13h, 15h-18h ; nov.-mars : 11h-13h, 14h30-16h30 - fermé lun. - 2,50 €.

Massa est fortifiée depuis le début du 13e s. En partie détruite en 1337 par les Siennois, l'enceinte fut reconstruite par leurs soins au cours du 14e s., d'où le nom de **forteresse des Siennois**. Élevée en 1335 et dotée de cinq tours, la citadelle partage la ville en deux secteurs unis par la Porta alle Silici. Elle est reliée par un arc de 22 m de portée à la **tour du Chandelier**, réduite au tiers de sa hauteur par les Siennois et seul vestige de la forteresse antérieure (1228).

Museo di Storia e Arte delle Miniere

Palazzetto delle Armi, piazza Matteotti - ✆ 0566 90 22 89 - avr.-sept. : 15h30-18h ; reste de l'année : sur réserv. - 2 €.

À proximité de la forteresse des Siennois, le **musée d'Art et d'Histoire des mines** expose des outils de travail – certains d'époque médiévale –, des minéraux, des maquettes de puits d'extraction et une intéressante documentation sur l'activité minière séculaire de Massa Marittima.

Antico frantoio

Via Populonia - ✆ 0566 90 22 89 - actuellement fermé pour restauration.
Joli **pressoir** ancien en bois (18e s.).

Sant'Agostino

Vers la piazza XXIV Maggio, au nord.
Cette église du début du 14e s. montre une large façade romane sans ornement, une belle abside gothique et un campanile crénelé ajouté au 17e s. À sa gauche subsistent deux ailes du **cloître** roman d'origine. À l'intérieur, voûté de bois, noter les vitraux de l'abside aux rouges et aux bleus intenses.

> **ROUTE DES VINS**
> La **Strada del Vino e dei Sapori Monteregio di Massa Marittima** invite à passer de caves en paysages, avec un point de passage obligé au musée de la Vigne et du Vin de Roccastrada, où une dégustation est de rigueur. *Infos à l'OT de Massa Maritima (voir « s'informer » p. 340).*

San Francesco

Au bout de la via San Francesco au sud-ouest de la piazza Matteotti.
Soumise à d'importants travaux de restauration, cette église gothique fait partie du couvent (et séminaire) fondé selon la tradition par saint François vers 1220. Même si seule la partie absidiale est restée presque intacte, ce bel édifice distille le charme simple propre aux églises franciscaines. Vitraux modernes (belle tonalité verte) évoquant saint François, saint Cerbone ainsi que saint Bernardin.

Museo della Miniera

Via Corridoni - ✆ 0566 90 22 89 - avr.-oct. : 10h-13h, 15h-18h, reste de l'année : 10h-12h, 15h-16h30 (visite guidée ttes les heures) - 5 €.
Cet intéressant **musée de la Mine** évoque l'exploitation du minerai de fer local dans une galerie de 700 m où sont reproduites les différentes armatures de soutènement (bois, fer, béton) successivement utilisées et les alvéoles abritant les bennes, machines et outils d'extraction ainsi que des échantillons de minéraux.

À proximité Carte de région p. 328

Roccatederighi A3

25 km au sud-est de Massa Marittima.
Ce bourg médiéval caractéristique, creusé dans la roche volcanique et entouré de remparts, révèle des ruelles et des placettes pleines de charme. Du haut du rocher, où se dresse l'**église San Martino**, s'offre une belle vue sur la campagne environnante.

Montemassi A3

8 km au sud de Roccatederighi.
La silhouette de ce bourg semblera familière à tous les passionnés d'art : elle renvoie en effet à la célèbre fresque *Guidoriccio da Fogliano à la prise de Montemassi* de Simone Martini, qui est abritée au Palazzo pubblico de Sienne *(voir p. 355)*. Au-delà de ces réminiscences, l'atmosphère du site incite à la flânerie.

NOS ADRESSES À MASSA MARITTIMA

Carte de région p. 328

HÉBERGEMENT

BUDGET MOYEN

Albergo Il Girifalco – *Via Massetana Nord 25 - ✆ 0566 90 21 77 - www.ilgirifalco.com - fermé déc.-mars - 🏊 - 30 ch.* Situé non loin du centre-ville, cet hôtel offre des chambres simples aux tons clairs, entourées par un joli jardin avec piscine. Belle vue de la vallée qui descend jusqu'à la mer.

À proximité

BUDGET MOYEN

Agriturismo tenuta del Fontino – Accesa, *12 km au sud de Massa Marittima - ✆ 0566 91 92 32 - www.tenutafontino.it - fermé déc.-Pâques - 23 ch. - 110/140 €.* Le domaine de Fontino se trouve dans les collines métallifères, au milieu des vignes et des oliviers, au sud-est de Massa Marittima. Pour les plus sportifs, réseau de sentiers pour randonnée et VTT.

Agriturismo Azienda Pereti – *Loc. Pereti, 580 36 -* **Roccatederighi** (A3) - *✆ 334 34 85 100 - www.agriturismo-pereti.com - 3 ch. - 120 €.* De cette auberge romantique, située à 130 m d'altitude, se dégage une vue panoramique sur la mer. Les propriétaires ont aménagé avec beaucoup de goût les chambres et le jardin de cette ancienne ferme. Pain et confitures fabriqués sur place. Un charmant petit coin de paradis !

RESTAURATION

PREMIER PRIX

Osteria da Tronca – *Vicolo Porte 5 - ✆ 0566 90 19 91 - fermé merc. - 20/25 €.* « J'aime tellement le vin que je maudis celui qui mange le raisin » : telle est la devise qui accueille l'hôte et lui révèle l'esprit de l'établissement. Au menu : cuisine du terroir, ambiance rustique et service sans prétention… Ripaille garantie.

BUDGET MOYEN

Ristoro il Gatto e la Volpe – *Vicolo Ciambellano 12 - ✆ 0566 90 35 75 - fermé lun. - 20/30 €.* Ce sympathique petit restaurant se cache dans une pittoresque ruelle médiévale du cœur de la cité. La cuisine est familiale et l'œnothèque comblera les amateurs de bon vin. À deux pas, une alléchante boutique d'artisanat (vannerie, céramique), associée.

EN SOIRÉE

I Tre Archi – *Piazza Garibaldi 7 - ✆ 0566 90 22 74 - fermé lun. hors saison.* Le jour, grande terrasse sur la belle place pavée au pied de la cathédrale ; le soir, petites tables sous les arcades centenaires pour se protéger de la fraîcheur.

AGENDA

Balestro del girifalco – *Piazza Garibaldi - 4e dim. de mai et 2e dim. d'août.* Cortège historique médiéval : des lanceurs de drapeaux en costumes du 14e s. réalisent de spectaculaires démonstrations sur fond de tambours et trompettes.

Lirica in piazza – *août - www.liricainpiazza.it.* Festival lyrique sur le parvis du Duomo San Cerbone.

Promontorio dell'Argentario

Promontoire de l'Argentario

★

Petit massif calcaire du mont Argentario, cette ancienne île est reliée à la terre ferme par des cordons sablonneux, les tombolos de la Feniglia au sud et de la Giannella au nord. Ce promontoire entouré d'une lagune, aujourd'hui réserve naturelle, est devenu un des lieux de villégiature préférés des Italiens. Une route panoramique permet d'en découvrir les sites les plus attrayants.

NOS ADRESSES PAGE 346
Hébergement, restauration, achats, activités, etc.

S'INFORMER
Office de tourisme
Orbetello – ✆ *0564 86 12 40 - www.orbetelloturismo.it.*

SE REPÉRER
Carte de région AB4 (p. 328). Prendre la via Aurelia et sortir à Albinia ou Orbetello. Porto Santo Stefano en est la principale agglomération.

À NE PAS MANQUER
Porto Santo Stefano, le coucher du soleil à Porto Ercole.

ORGANISER SON TEMPS
Deux jours pour le promontoire et une excursion dans une île.
Attention : on ne peut pas faire le tour du site, puisque la route non goudronnée qui relie Santo Stefano à Porto Ercole n'est pas entièrement accessible aux voitures.

AVEC LES ENFANTS
L'aquarium méditerranéen de Porto Santo Stefano.

Découvrir Carte de région p. 328

Orbetello B4
La ville, telle la proue d'un navire, se dresse sur une péninsule, entourée de lagunes divisées par une digue artificielle qui, depuis 1841, la réunit au promontoire du Monte Argentario. La chaussée médiane livre aussi passage à la

Porto Ercole.
R. Mattes/hemis.fr

principale voie d'accès à la presqu'île *(route S 440)*. La ville portait autrefois le nom latin d'**Urbis Tellus** (Territoire de l'Urbs, c'est-à-dire de Rome), peut-être parce qu'elle fut cédée par Charlemagne en 805 à l'abbaye romaine des Trois-Fontaines. Les **fortifications** remontent à l'époque de la domination siennoise, puis espagnole, quand Orbetello devint capitale de l'État des Présides *(voir p. 62)*. La **cathédrale** se dresse sur un ancien temple étrusco-romain. La façade de style gothique tardif a subi des transformations en 1376, sous la domination de Niccolò Orsini, ce que révèle une inscription sur l'architrave du portail central. Les deux ailes latérales remontent à l'époque espagnole. L'église conserve une balustrade de chancel de facture lombarde, décorée de sarments de vigne entrelacés.

★ Porto Santo Stefano A4

10 km à l'ouest d'Orbetello.

Au nord-ouest de la presqu'île, cette station balnéaire pittoresque et animée est le centre le plus important du Monte Argentario et le port d'embarquement pour les îles voisines de Giglio et Giannutri *(voir p. 313-314)*. Porto Santo Stefano étage ses maisons à flanc de colline, de part et d'autre de sa citadelle *(rocca)* aragonaise du 17e s., d'où la **vue★** est superbe sur le port et le golfe de Talamone. Avec ses deux ports de plaisance, Porto Nuovo et Porto Vecchio, il attire une clientèle huppée de Romains qui viennent volontiers y séjourner.

Acquario Mediterraneo – *Lungomare dei Navigatori 44-48 - ✆ 0564 81 59 33 - www.acquarioargentario.org - mar.-vend. 15h-19h ; sam. et dim. 10h30-12h30, 15h-19h - 5 €.* Situé sur le front de mer, il a également vocation à être un centre didactique de biologie marine. Vous y découvrirez 12 aquariums géants peuplés des nombreuses espèces typiques de la Méditerranée et de certaines plus rares, comme le mérou de bas-fonds, le poisson hirondelle qui peut voler hors de l'eau, les crabes de hauts-fonds…

Quitter Porto Santo Stefano par la strada Panoramica (route panoramique), au nord.

Passé la pointe Lividonia, on découvre la côte ouest et l'île du Giglio. La route, bordée de cyprès, descend en corniche au-dessus de la baie de Cala Grande, qu'agrémente l'îlot de l'Argentarola, puis au-dessus de la petite station balnéaire de Cala Piccola et de sa baie, que ferme au sud le cap d'Uomo. On aperçoit ensuite, loin au sud, l'île de Giannutri.

Après le croisement avec une route intérieure reliant Porto Santo Stefano, la route devient dangereuse et non accessible aux voitures. Revenir à Santo Stefano par la route intérieure et suivre la côte jusqu'à Porto Ercole.

★ Porto Ercole B4

13 km au sud-est de Porto Santo Stefano.

Au pied de la Rocca spagnola, à laquelle le relient deux murs crénelés parallèles, le minuscule quartier ancien de ce petit port de pêche et station balnéaire, situé dans le sud-est de la presqu'île, a pour entrée une porte médiévale avec hourd et mâchicoulis. De la piazza Santa Barbara, que bordent les arcades de l'ancien palais du Gouverneur (16e s.), vue sur le port de plaisance, la baie et les deux anciens forts espagnols juchés en face sur le mont Filippo.

NOS ADRESSES DANS LE PROMONTORIO DELL'ARGENTARIO

Carte de région p. 328

ARRIVER/PARTIR

Archipel Toscan – Îles du **Giglio** *(50mn)* et de **Giannutri** *(50mn)* accessibles de Porto Santo Stefano avec **Toremar** – *199 11 77 33 - www.toremar.it* ou **Maregiglio** – *0564 81 29 20 - www.maregiglio.it.*

HÉBERGEMENT

Orbetello B4

PREMIER PRIX

Argentario Camping village – *Albinia, 10 km au nord d'Orbetello - 0564 87 03 02 - www.argentariocampingvillage.com.* Directement sur la mer, en face de la baie entre l'Argentario et Talamone, sous une belle pinède, à proximité de l'oasis du WWF d'Orbetello. Aussi location de bungalows ou de villas en dur.

BUDGET MOYEN

Agriturismo Grazia – *Via Aurelia 4/b km 140,100- 7 km à l'est d'Orbetello en direction de Rome - 0564 88 11 82 - www.agriturismograzia.com - - 6 appart. - 100/130 €.* Dans une réserve où cerfs, daims, sangliers et mouflons évoluent en liberté, appartements au mobilier rustico-moderne, lumineux et bien équipés. Pour les amoureux d'activités équestres et de plein air.

UNE FOLIE

Antica fattoria La Parrina – *Parrina, Albinia - Via Aurelia km 146 - 10 km au nord d'Orbetello, en dir. de Florence - 0564 86 26 26 - www.parrina.it - - 12 ch. - 130/210 €.* Vivre en grand seigneur à la campagne, à des prix de grand seigneur : voilà ce que propose cette ferme installée dans une demeure du 19e s. de grand standing pourvue de mobilier d'époque. Sa véranda vous attend pour les petits-déjeuners et les dîners d'été (produits de l'exploitation).

Porto Ercole B4

BUDGET MOYEN

Bi Hotel – *Lungomare Andrea Doria 30 - 0564 833 055 - www.bi-hotel.it - 12 ch. - 90/130 €.* Au milieu du front de mer de Porto Ercole, cet hôtel agréable, rénové, propose des chambres confortables au goût contemporain, la plupart avec vue sur le port. À disposition aussi un centre de bien-être.

Porto Santo Stefano A4

UNE FOLIE

Hotel Vittoria – *Via del Sole 103 - 0564 17 68 171 - www.hvittoria.com - 28 ch. - 150/200 €.* Très bien situé dans un quartier paisible, à

150 m au-dessus de la mer et de l'animation du petit port, cet hôtel offre une vue panoramique et un restaurant raffiné avec terrasse. Excellent rapport qualité-prix dans cette station huppée.

RESTAURATION

Orbetello B4

POUR SE FAIRE PLAISIR

Il Cavaliere – *Via Pantini 3, Orbetello Scalo, après le pont de chemin de fer - ✆ 0564 86 21 87 - fermé merc. - réserv. conseillée - 35/50 €.* Loin de la foule des touristes, ce restaurant familial accueille une clientèle locale gourmande de hors-d'œuvre, de pâtes et de plats de résistance à base de poisson dans une ambiance très simple, un peu bruyante à cause des trains en transit.

Porto Ercole B4

POUR SE FAIRE PLAISIR

Osteria dei Nobili Santi – *Via dell'Ospizio 8 - ✆ 0564 833 015 - fermé à midi - 35/50 €.* Dans une ruelle derrière le port, une adresse qui célèbre les produits de la mer avec des plats soignés et originaux.

Porto Santo Stefano A4

POUR SE FAIRE PLAISIR

La Fontanina – *Loc. San Pietro, 3 km au sud de Porto Santo Stefano - ✆ 0564 82 52 61 - www.lafontanina.com - fermé merc. - 40/60 €.* Pour varier les plaisirs de la plage, faites une petite halte bucolique au milieu des vignes et des vergers, avec cigales et grillons, pour savourer des plats à base de produits de la mer.

ACTIVITÉS

Location de bateaux – *Zeurino, Piazzale Candi 9-10 - Porto Santo Stefano - ✆ 0564 818 728 - www.zeurinobarche.com.* Location de petits bateaux à moteur, voilier Dufour 31, pêche sportive, plongée sous-marine.

Plongée – *Obiblu - Via del Molo 56 - Porto Santo Stefano - ✆ 349 83 79 885 - www.obiblu.it.* Ce centre « Padi » peut vous initier à la plongée sous-marine ou organiser pour vous des plongées, accompagnées ou libres selon votre niveau, dans les plus beaux sites de l'Argentario.

Crociere del Sole – *Porto Santo Stefano - ✆ 0564 81 80 22 - www.veganavi.it.* Croisières d'une journée pour les îles d'Elbe, Montecristo et Giglio avec visites, baignades et repas tout au poisson !

AGENDA

Palio Marinaro dell'Argentario – *Porto Santo Stefano - 15 août - www.palioargentario.it.* En commémoration d'un bateau de pêche échappé à l'assaut des sarrasins, les quatre quartiers du village font une course à la rame précédée d'un cortège de figurants en costumes espagnols du 16e s.

Pitigliano

★

4 050 habitants

L'arrivée à Pitigliano par la S 74 est particulièrement saisissante : les restes de l'enceinte et l'aqueduc, au sud de la cité, sollicitent le regard. Perché sur un éperon de tuf volcanique dominant le confluent de deux torrents, la Lente et le Meleta, le bourg, d'origine étrusque puis romanisé, fut du 13e s. au début du 17e s. le fief de la famille Aldobrandeschi puis des comtes romains Orsini. Avant d'entrer dans le village, un arrêt devant la petite église de la Madonna delle Grazie s'impose pour profiter de la magnifique vue d'ensemble.

NOS ADRESSES PAGE 351
Hébergement, restauration, achats, activités, etc.

S'INFORMER

Office de tourisme – *Piazza Garibaldi 12 - ✆ 0564 61 71 11 - www.comune.pitigliano.it.*

SE REPÉRER

Carte de région B3 (p. 328).
On y accède par la route S 74 qui se détache de la Via Aurelia.

À NE PAS MANQUER

Les Vie Cave, la petite Jérusalem, le nid d'aigle de Sorano, Sovana et sa nécropole étrusque.

ORGANISER SON TEMPS

Une demi-journée.

Se promener

Le bourg médiéval

Une fois les remparts franchis, la **piazza della Repubblica** réserve un beau point de vue sur la vallée en contrebas. Tout en longueur et en pente, le vieux Pitigliano se compose d'une soixantaine de petites places pittoresques, de charmants passages couverts, d'escaliers étroits et de ruelles pavées ayant conservé tout leur cachet. Dans le bas du bourg, la petite **église San Rocco**, du 12e s., au clocher ajouré d'arcatures, arbore une façade Renaissance. Son flanc gauche porte, encastré, un bas-relief du 11e s. (homme ayant les mains prises dans les gueules de deux dragons). En poursuivant jusqu'au bout de la via Aldobrandeschi, vous aurez, du haut des remparts, l'un des plus beaux **panoramas** sur la région.

« LA PETITE JÉRUSALEM »

Dès la seconde moitié du 16e s., Pitigliano compta une importante communauté hébraïque à la culture florissante. Le **Museo ebraico★** *(Vicolo Marghera - ✆ 0564 61 42 30 - www.lapiccolagerusalemme.it - avr.-sept. 10h-13h, 14h30-18h, oct.-mars 10h-12h, 15h-18h, fermé sam. - 5 €)* et la **synagogue** de 1598 témoignent de la vie à l'intérieur de celle qui fut surnommée « la petite Jérusalem ». Le ghetto a également conservé le traditionnel four à pain azyme, la boucherie kasher et une tannerie d'époque.

La cité de Pitigliano.
Tuul et Bruno Morandi/hemis.fr

★★ Les Vie Cave

Sous la ville de Pitigliano s'étend un dense réseau de galeries et de grottes creusées dans le rocher de tuf. Habitats rupestres dans un premier temps, ces cavités furent par la suite employées en tant que caves, étables ou entrepôts à marchandises. Larges de 2 ou 3 m et souvent hautes de plus de 15 m, certaines galeries sortent de la limite des remparts vers les forêts et la campagne environnante, jusqu'à rejoindre les nécropoles étrusques des alentours.

Aujourd'hui, les Vie Cave sont devenues d'agréables itinéraires de randonnée. Certaines d'entre elles, comme la **via cava Poggio Cani** *(à l'extrémité ouest, via Porta di Sovana)* sont directement accessibles depuis le centre du bourg ; d'autres, comme la **via cava di San Giuseppe** et la spectaculaire **via cava dei Fratenuti**, se trouvent en contrebas de la colline de tuf *(indications depuis la S 74 avant d'accéder au centre-ville)*.

Palazzo Orsini

Ce vaste bâtiment en équerre a gardé, en façade, son aspect du 14ᵉ s. L'arrière fut transformé au 16ᵉ s., tandis que l'autre aile du palais montre un portail Renaissance finement sculpté. Les salles accueillent aujourd'hui deux importantes collections : le **Museo archeologico della civilità etrusca** *(✆ 0564 61 40 67 - 10h-17h, w.-end 10h-18h - fermé mar. et merc. - 3 €)* qui expose les vestiges découverts dans les nécropoles voisines, notamment une remarquable série de vases funéraires *(Sala dei buccheri)* ; et le **Museo Diocesano di arte sacra** *(✆ 0564 61 60 74 - www.palazzo-orsini-pitigliano.it - mai-juil. 10h-13h, 15h-18h, août 10h-19h, horaires variables le reste de l'année, fermé lun. - 4,50 €)*, qui conserve deux précieuses toiles de Francesco Zuccarelli.

Duomo

Sa façade baroque du 18ᵉ s. contraste avec son puissant campanile fortifié, ancien beffroi médiéval. À proximité se dresse une colonne en travertin (1490), sculptée d'armoiries et surmontée d'un ours, emblème des Orsini.

Museo archeologico all'aperto A. Manzi
Via Cava del Gradone, sur la SP 127 Pantano - ✆ 0564 61 40 67 - lun., jeu., vend. 10h-17h, sam.-dim. 10h-18h - 4 €.
Aux abords de la ville, ce **parc archéologique** reconstitue avec justesse un habitat traditionnel étrusque et une nécropole.

À proximité Carte de région p. 328

★ Sorano B3

9 km au nord-est par la SP 4.
Piazza Busatti 11 - ✆ 0564 63 30 99 - www.comune.sorano.gr.it
Ce curieux bourg est situé en à-pic sur les superbes **gorges★** calcaires et boisées de la Lente, criblées de cavernes naturelles ou artificielles (tombes étrusques). Au Moyen Âge, il fait partie du fief des Aldobrandeschi, puis passe aux mains des Orsini en 1293 et, enfin, entre dans le grand-duché de Toscane en 1608. Dominé par l'austère **forteresse Orsini** du 15e s., siège du **Museo del Medioevo e del Rinascimento** *(Piazza Cairoli 3 - 10h-13h, 15h-19h - 4 €)*, Sorano a gardé un quartier surélevé du 18e s., le Masso Leopoldino, bâti sur un rocher au sommet arasé ; de là, belle vue sur les gorges en contrebas. Dans le quartier moderne a été aménagé un agréable parc public en terrasses d'où la vue est intéressante sur les gorges, le bourg et la citadelle.

★ Sovana B3

8 km au nord par la SP 46, puis à gauche la SP 22.
Lieu natal de **Grégoire VII** – né vers l'an 1020 et élu pape en 1073 –, ce village conserve, jalonnant sa longue rue principale du 16e s. à pavement de briques en arête de poisson, d'intéressants témoins de sa gloire passée. Au début de celle-ci se dressent les ruines de sa **Rocca** féodale. À mi-parcours s'élève, sur une gracieuse petite place, l'église Santa Maria, du 12e s., dont l'intérieur typiquement roman abrite un **ciborium★** du 9e s. finement sculpté et des fresques du 16e s.

À quelques pas, sur la pittoresque piazza del Pretorio, le **Museo di San Mamiliano** mérite une visite pour admirer, parmi différentes pièces antiques, un véritable « trésor », un chaudron rempli de monnaies en or datées du 5e s. *10h-13h, 15h-17h, fermé merc. - 2 €.*

À l'extrémité de la rue, la **cathédrale★** est une massive construction romano-gothique au flanc gauche orné d'un joli portail et de petites baies à colonnettes, et au chevet semi-circulaire décoré de colonnades et de bas-reliefs ; l'intérieur, sous coupole, possède des piliers quadrilobés aux amusants chapiteaux du 12e s. de style lombard

Nécropole étrusque – *1,5 km à l'ouest de Sovana (route de San Martino) - 10h-18h30 - 5 €.* De nombreuses sépultures étrusques, du 7e au 2e s. av. J.-C., sont nichées dans les falaises calcaires, de part et d'autre de la route. On accède aux principales d'entre elles par des sentiers se détachant de la route elle-même ou d'étroits et sombres **défilés★** (les *tagliate*) fracturant la falaise, anciens chemins étrusques longs de plusieurs centaines de mètres et parfois profonds de plus de 30 m. Se visitent successivement : la tombe de la Sirène, à la façade en forme de temple ; la **tombe Ildebranda**, la plus intéressante, majestueux ensemble de terrasses et de cavités dominé par un temple à piliers cannelés et vestiges de bas-reliefs ; la tombe du Tifone, dont le porche est orné d'une grosse tête hirsute ; et enfin la tombe Pola, grand hypogée coudé et creusé dans la falaise.

Saturnia B3

À 30 km à l'ouest de Pitigliano par la S 74, puis à droite la SP 10.

La route passe à côté du petit bourg en pierre de **Montemerano** (B4). C'est l'occasion de profiter de son atmosphère médiévale en se promenant et d'aller admirer le polyptyque de Sano di Pietro dans l'église de San Giorgio.

Connue pour ses vestiges étrusques et romains et sa station thermale fréquentée, **Saturnia** est érigée sur un rocher de travertin. À gauche de l'église se dressent les restes du donjon d'époque siennoise (15e s.). Le long de la via Italia, sur le piazzale Bagno Secco, des vestiges d'un bain romain – asséché, d'où son nom de *bagno secco* – sont visibles à quelques mètres de l'église.

NOS ADRESSES AUTOUR DE PITIGLIANO

Carte de région p. 328

HÉBERGEMENT

Montemerano B4

PREMIER PRIX

Agriturismo Le Fontanelle – *Loc. Poderi di Montemerano - ✆ 0564 60 27 62 - www.lefontanelle.net - 11 ch. - 90 €.* Entourée de bosquets verdoyants, cette maison de campagne alliant simplicité et calme est agrémentée d'un petit lac peuplé de gibier d'eau. Les petites chambres offrent un bon confort. Pour les amoureux de nature et de tranquillité.

Sorano B3

BUDGET MOYEN

Hotel della Fortezza – *Piazza Cairoli 5 - ✆ 0564 63 35 49 - www.fortezzahotel.it - 16 ch. - 100/140 €.* Cadre insolite pour cet hôtel situé à l'intérieur de la forteresse médiévale. Si le décor reste plutôt classique, la vue sur le bourg tient de l'exceptionnel. Le petit-déjeuner est copieux.

RESTAURATION

Montemerano B4

POUR SE FAIRE PLAISIR

Passaparola nell'antico Frantoio – *Via delle Mura 21 - ✆ 0564 60 28 35 - fermé jeu. - 30/50 €.* Vous aurez le choix entre l'*osteria* pour savourer des plats traditionnels ou le restaurant situé à l'autre extrémité du village, qui vous proposera des plats plus élaborés dans un cadre élégant.

Sovana B3

BUDGET MOYEN

La Taverna Etrusca – *Piazza del Pretorio 16 - ✆ 0564 61 65 31 - www.tavernaetrusca.com - 30/40 €.* Un palais du 13e s. abrite ce restaurant de spécialités régionales.

ACTIVITÉS

Terme di Saturnia – *✆ 0564 60 10 62/01 11 - www.termedisaturnia.it.* Ses eaux sulfureuses à 37 °C sont indiquées pour soigner les maladies de la peau ou des voies respiratoires. La ville dispose aussi d'un institut médical d'esthétique et de cosmétologie thermale.

AGENDA

Torciata di San Giuseppe – *Mars.* Des habitants, en vêtements médiévaux, transportent à travers la ville des fagots allumés, destinés à enflammer l'immense marionnette symbolisant l'hiver, l'*invernacciu*, dressée sur la place principale. Autrefois étrusque, le rituel s'opère depuis le christianisme sous la protection du saint patron de la cité, saint Joseph.

Sienne et le Chianti 6

Carte Michelin Regional Italie 563 – Province de Sienne

Val d'Orcia.

Tuul et Bruno Morandi/hemis.fr

Sienne

Siena

★★★

53 950 habitants

Cité d'art mystique et douce, passionnée et généreuse, Sienne accueille quelque 300 000 touristes chaque année, avec sa devise « Cor magis tibi Sena pandit » – Sienne t'ouvre encore plus grand son cœur – inscrite sur sa Porte Camollia. Ville ocre (couleur terre de Sienne) au relief capricieux, où il est facile de se perdre en voiture, Sienne désoriente avant de fasciner. Accrochées à trois collines d'argile rougeâtre, ses rues serpentent à l'intérieur de remparts d'une ampleur surprenante avant d'aboutir, dans la houle fauve des toits, à une merveille : la piazza del Campo, magique, où bat le cœur de la cité. Coup de foudre assuré !

NOS ADRESSES PAGE 382
Hébergement, restauration, achats, activités, etc.

S'INFORMER

Office du tourisme de Sienne – *Piazza del Campo 56 - ✆ 0577 28 05 51 - www.terresiena.it.*

SE REPÉRER

Carte de région B2 (p. 328) - plans de ville (p. 373 et p. 377). Sienne se situe à 75 km au sud de Florence, à laquelle elle est reliée par l'axe autoroutier R 2, ou la pittoresque R 222 à travers le Chianti.

SE GARER

Le centre historique est interdit aux non-résidents et vous n'êtes autorisé à franchir les portes des remparts que pour vous rendre à votre hôtel, en présentant le bon de réservation fourni par l'hôtelier, ou pour accéder à l'un des parkings payants situés juste derrière.

Les bus desservent toutes les 15mn le centre-ville à partir de chacune des portes où sont situés la plupart des parkings. Parking gratuit près de la Fortezza Medicea. Attention, ne vous garez jamais un mardi soir à la Lizza, car un marché s'y tient chaque mercredi matin et les voitures en stationnement partent à la fourrière.

À NE PAS MANQUER

La piazza del Campo au coucher du soleil, la vue du haut de la torre del Mangia ou de la terrasse du Museo dell'Opera (plus accessible), le Duomo et son exceptionnel pavement.

ORGANISER SON TEMPS

Deux jours minimum.

AVEC LES ENFANTS

Le Museo d'Arte per Bambini du complexe de Santa Maria della Scala et une escapade en Trenonatura, un train qui fait découvrir la région.

Découvrir Plan de ville II

★★★ PIAZZA DEL CAMPO D1-2

Visite : compter une demi-journée.

Le « Campo », l'une des plus célèbres places du monde, compose un ensemble monumental d'une harmonie presque insurpassable. Rose et blanc, doucement

Le Palio, sur la piazza del Campo.
M. Rellini/Sime/Photononstop

inclinée, « coquille » ou « éventail », elle constitue un exemple accompli de ces « places-salons » qui sont l'une des gloires des villes italiennes et qui représentent moins la convergence des artères de la cité qu'une sorte de champ clos, foyer de sa vie et de son histoire. C'est là qu'au cours des siècles sont prononcées les grandes proclamations au peuple, là que s'affrontent avec violence les factions qui déchirent la ville, là que, du haut d'une chaire érigée devant le palais public, **saint Bernardin** stigmatise la frivolité des femmes siennoises et les luttes destructrices auxquelles se livrent les partis.

Au milieu du 14ᵉ s., la place reçoit son pavement de brique, que cerne un anneau dallé de pierre. À sa base se déploie, mariant elle aussi la pierre et la brique, la longue façade du Palazzo pubblico. De là rayonnent huit lignes blanches divisant le Campo en neuf parties, symbole du gouvernement dit « des Neuf », composé de neuf membres issus de la petite bourgeoisie des artisans, des commerçants et des banquiers qui, de 1287 à 1355, fait connaître à la ville sa plus grande prospérité.

Dans le haut de la place, la **fontaine de la Joie** (fonte Gaia - D1), ainsi nommée en raison de la liesse que déchaîne en 1348 son inauguration, reçoit en 1419 des panneaux de marbre sculptés par **Jacopo della Quercia** ; ceux-ci sont remplacés par des copies réalisées en 1868 et exposés à Santa Maria della Scala. Derrière la fontaine, sur la droite, surmonté d'une petite tour, se dresse le **palais Sansedoni**, élevé au 13ᵉ s. et très remanié à la fin du siècle suivant.

★★★ Palazzo pubblico D2

C'est l'un des plus beaux monuments civils d'Italie. D'une élégance et d'une sobriété exceptionnelles, il présente une synthèse du gothique siennois et sert de modèle à la plupart des autres palais de la ville.

Sa construction est entreprise à la fin du 13ᵉ s. Vers le milieu du siècle suivant, elle est pratiquement achevée, à l'exception du second étage des deux ailes ajouté en 1680. La teinte claire du travertin dans lequel est bâti le niveau inférieur et qui contraste avec l'ocre soutenu du reste de l'édifice, les multiples

Une rivalité toute toscane

Au 12e s., Sienne s'érige en république indépendante. Enrichie par son commerce avec l'Europe entière et ses banques, elle devient une concurrente redoutable pour sa voisine, **Florence**.

GRANDEUR ET DÉCLIN

D'autant que se développent les rivalités politiques entre les deux cités, la première étant le fief du parti gibelin, la seconde celui des guelfes *(voir p. 60)*. Ainsi, jusqu'au 15e s., leur histoire est-elle marquée par une alternance de succès et de revers, mais l'épisode le plus mémorable reste la sanglante défaite que Sienne, après s'être vouée à la Vierge, inflige aux Florentins le 4 septembre 1260 à **Montaperti**, petite hauteur située à une dizaine de kilomètres à l'est. C'est pourtant du milieu du 13e s. au milieu du 14e s. que se situe la grande époque de Sienne, qui voit la construction de ses plus prestigieux monuments et de la plupart de ses palais et maisons patriciennes. Mais, entre 1348 et 1350, la Grande Peste, qui ravage l'Occident, réduit à un tiers sa population. Les dissensions internes finissent, dès le début du 15e s., de l'acheminer vers son déclin.
Ayant accepté de Charles Quint une ingérence « pacificatrice » et fêté l'empereur en avril 1536, la ville finit par se rebeller contre cette tutelle et se place sous la protection du roi de France Henri II. Investie par les troupes impériales, défendue par un général français, le Gascon **Blaise de Montluc**, elle oppose une résistance héroïque, à laquelle participent aussi les femmes siennoises. Sortie exsangue de ce siège (1554-1555), la ville rejoint quatre ans plus tard le grand-duché de Toscane.

L'ART SIENNOIS

À la différence de Florence, ville de la Renaissance avant tout, Sienne vit son apogée artistique dans l'épanouissement de l'art gothique, qui s'y exprime d'une manière particulièrement élégante, précieuse et fleurie.

Architecture

Les architectes qui œuvrent à Sienne sont, pour la plupart, originaires d'autres villes. Toutefois, le style gothique y revêt, dans le domaine civil, certains aspects particuliers : association de la brique et de la pierre au niveau inférieur, ouvertures à arc double (arc aigu sous-tendu par un arc surbaissé) dit **arc siennois**, abondance des fenêtres et couronnement de merlons. Sienne donne à la Renaissance un talentueux architecte, **Francesco di Giorgio Martini** (1439-1502), qui laisse peu de traces dans sa cité natale, mais qui travaille dans d'autres villes de Toscane, en Ombrie et dans les Marches, en particulier à Urbino.

Sculpture

Le Siennois **Tino di Camaino** (1280-1337) fait montre, sinon d'une personnalité aussi forte que celle de Giovanni Pisano, son maître, tout au moins d'un talent à la fois robuste et délicat ; il est l'un des maîtres d'œuvre de la cathédrale et s'impose par la réalisation de tombeaux monumentaux, d'une structure complexe et ciselés comme des châsses. Toutefois, la grande figure de la sculpture à Sienne est, au 15e s., **Jacopo della Quercia** (1371-1438), qui rivalise avec les plus grands artistes de son époque et est en compétition avec Brunelleschi et Ghiberti pour l'exécution des portes du baptistère de Florence. Nourri de tradition gothique, mais ouvert à la culture florentine de la Renaissance, il en réalise une synthèse très personnelle. Sa manière sobre et pure, vigoureuse et équilibrée, est fort éloignée de la grâce exquise qui a jusqu'alors caractérisé l'art de ses concitoyens.

L'école siennoise de peinture

Sienne doit surtout sa renommée artistique à ses peintres primitifs des 13e et 14e s. Animés d'une piété fervente, ils peignent, tout d'abord dans la manière byzantine, des personnages hiératiques sur fonds dorés et gravés. L'expression, soucieuse de beauté et empreinte de tendresse, touche souvent à la préciosité. Le dessin fin, la vivacité des couleurs, le goût du détail, rappellent la miniature. Leur thème favori est la Vierge à l'Enfant, dont il ne faut pas oublier qu'elle demeure pour les Siennois, durant plusieurs siècles, la suprême salvatrice.

C'est avec **Duccio di Buoninsegna** (1250-1318) que Sienne fait sa brillante entrée dans l'histoire de la peinture. Il représente pour sa ville ce qu'est à Florence son contemporain Cimabue : un glissement, à partir de la tradition byzantine, vers un art nouveau de sensibilité gothique. Ses œuvres, encore imprégnées de byzantinisme, commencent à s'en dégager par un sens exquis des lignes et des couleurs, et font déjà montre de cette grâce naïve et de ce charme maniéré qui, avec l'héritage byzantin des fonds or, caractériseront l'école siennoise de peinture. Son disciple, **Simone Martini** (1285-1344), est l'une des grandes figures de la peinture gothique et exerce son influence dans toute l'Europe. Il travaille dans la ligne de son maître, mais en se libérant du hiératisme byzantin pour tendre vers un art plus naturel. Avec lui, la couleur revêt une délicatesse sans égale et la ligne, sinueuse et pure, une insurpassable élégance. Ce peintre, d'une préciosité raffinée, laisse des œuvres d'une douceur indicible et d'une poésie presque musicale. Il est l'artiste préféré de Robert d'Anjou, qui l'appelle à Naples. En 1339, il s'établit en Avignon, où il devient le peintre officiel de la cour pontificale et où il meurt en 1344 ; là, il se lie d'amitié avec Pétrarque, autre exilé venu de Toscane, d'une sensibilité artistique proche de la sienne.

Contemporains de Simone Martini, tous deux formés à l'école de Duccio, les frères **Lorenzetti** subissent à la fois l'influence du sculpteur Giovanni Pisano, à la manière expressive et tourmentée, et celle de l'art sobre, naturaliste et souverainement dramatique de Giotto, sans toutefois se départir du sens de la couleur et du goût du détail, traits spécifiquement siennois. Le premier, **Pietro** (né vers 1280), proche encore de la sévérité byzantine, emprunte à la sculpture pisane l'art de représenter ces Madones qu'un tendre dialogue semble relier à l'Enfant Jésus. **Ambrogio**, d'une personnalité plus forte que son aîné et plus ouvert aussi à la peinture florentine, finit par se dégager de toute influence et par révéler un style très personnel. Tous deux meurent victimes de la Grande Peste de 1348.

La Renaissance siennoise

À l'heure où la Renaissance éclôt à Florence, l'art siennois entretient un attachement fondamental aux valeurs gothiques. **Lorenzo Monaco** (1370-1425), d'origine siennoise, s'impose encore – justement à Florence où il est le maître de Fra Angelico – avec des compositions d'une finesse de miniaturiste et des couleurs d'enluminures qui font de lui l'un des brillants représentants du style gothique international. C'est Lorenzo di Pietro, dit **Vecchietta** (vers 1410-1480), qui assure véritablement une transition : peintre, mais aussi sculpteur, il est en étroit contact avec les Florentins. Avec lui, la perspective fait tardivement son entrée dans la peinture siennoise, qui s'enrichit d'une vigueur nouvelle. Au 16e s., avec l'Ombrien **Pinturicchio**, venu s'établir à Sienne en 1502 et qui y réalise la brillante décoration de la libreria Piccolomini, la ville connaît un renouveau artistique.

ouvertures qui ajourent même le rez-de-chaussée, le mouvement légèrement incurvé qui parcourt toute la façade donnent à ce considérable volume une grande légèreté. Deux clochetons crénelés (aujourd'hui vides) flanquent le sommet du corps principal, au centre duquel flamboie un grand cercle de cuivre portant le trigramme du Christ (I.H.S. – *Iesus Hominum Salvator* : Jésus Sauveur des Hommes) qui accompagnait toujours saint Bernardin. Les fenêtres à trois baies trilobées réunies sous un arc de décharge ont leur tympan marqué de l'écusson de Sienne.

Torre del Mangia D2

Entrée par le cortile del Podestà - ✆ 0577 22 62 30 - www.terresiena.it - 10h-19h (10h-16h nov.-mi-mars) - 7 €.

De l'une des extrémités du palais jaillit, projetant vers le ciel son couronnement de pierre blanche dessiné avec une rare élégance par **Lippo Memmi**, cette svelte tour, haute de 88 m. Sa construction, qui demanda dix années, est tout juste achevée lorsque se déclare la Grande Peste. Son nom lui vient du surnom donné au premier de ses sonneurs de cloche. En haut se révèle un superbe **panorama★★★** sur la ville entière, avec le stupéfiant imbroglio de ses toits, et sur la campagne siennoise, doucement ondulée.

Au pied de la tour se trouve la **cappella di Piazza**, chapelle en forme de loggia, élevée en 1352, au lendemain de la Grande Peste, en témoignage de reconnaissance des Siennois délivrés du fléau. Elle fut transformée et décorée un siècle plus tard dans le style Renaissance.

À droite de la chapelle, un portail s'ouvre sur l'étroite et austère cour du Podestat (Cortile del Podestà).

★★★ **Museo civico** Plan du Palazzo pubblico ci-contre

✆ 0577 22 62 30 - www.terresiena.it - 10h-19h (10h-18h nov.-mi-mars) - 7,50 €.

Le palais, siège des gouvernements successifs de Sienne, et qui abrite les services de l'administration municipale, est décoré intérieurement par la plupart des grands peintres de l'école siennoise.

Le **premier étage** abrite les anciens appartements des podestats et membres du Conseil. Les premières salles (**2-5**) accueillent une collection de peintures du 16e au 18e s. (**Quadreria**).

Salle du Risorgimento (**6**) – Son nom provient de sa décoration, peinte entre 1886 et 1891, évoquant la vie du premier roi d'Italie, Victor-Emmanuel II.

Salle de la Balía (**7**) – Appelée aussi **salle des Prieurs** car, à partir de 1445, s'y réunissaient les membres de la *Balía*, très ancienne institution siennoise composée de puissants magistrats. Ses murs, sa voûte et l'arc qui la divise en deux parties sont couverts de fresques : Spinello Aretino exécute entre 1405 et 1407, avec un sens très vif de la narration, celles qui, autour de la pièce, relatent la lutte victorieuse menée au 12e s. par le pape Alexandre III (originaire de Sienne) contre l'empereur Frédéric Barberousse ; les épisodes les plus remarquables sont la bataille navale remportée par les Vénitiens sur les Impériaux *(mur mitoyen avec la salle* **8***)* et, en face, le retour du pape à Rome.

Antichambre du Consistoire (**8**) – Elle présente des restes de fresques détachées et des instruments utilisés pour l'administration de la ville.

Salle du Consistoire (**9**) – On y accède par un beau portail en marbre réalisé par Bernardo Rosselino (1448). Les fresques à sujet allégorique qui ornent la voûte furent peintes vers 1530 par **Domenico Beccafumi** : les sujets antiques qui y sont évoqués sont autant d'allusions aux vertus civiques et patriotiques du gouvernement siennois.

Dans la salle qui précède le vestibule de la chapelle, ne ratez pas la fameuse *Lupa senese* (louve siennoise), œuvre de Giovanni di Turino (15e s.).

Vestibule de la chapelle (10) – Parmi les précieuses pièces d'orfèvrerie (12e-17e s.) qui sont présentées dans ce vestibule, on remarque en particulier un petit rosier en or d'une grande finesse, œuvre de Simone da Firenze, offert à la ville par le pape Pie II Piccolomini.

★ **Chapelle** – Fermée par une très belle **grille**★ en fer forgé (dont le dessin serait de Jacopo della Quercia), la chapelle compose un ensemble remarquable avec ses fresques de Taddeo di Bartolo contant la vie de la Vierge (1407-1414) et, surtout, ses **stalles**★★, dont les splendides marqueteries des dossiers illustrent le Credo et demandèrent cinq ans de travail, de 1425 à 1429, à **Domenico di Niccolò** aidé de Matteo Vanni. L'autel est surmonté d'une *Sainte Famille*, par Sodoma.

★★ **Sala del Mappamondo** – La salle de la Mappemonde, qui tient son nom de la carte peinte par Ambrogio Lorenzetti (autrefois située sous le portrait équestre de Guidoriccio et aujourd'hui disparue), est célèbre pour les deux fresques qu'y réalisa **Simone Martini**. Inattendue à l'intérieur d'un édifice civil, l'admirable **Vierge en majesté**★★, assise sous un baldaquin et entourée des apôtres, d'anges et de saints, est la première œuvre connue de l'artiste (**a**). Exécutée en 1315, elle fut très endommagée par l'humidité que dégageait un dépôt de sel installé au-dessous et offre cette particularité d'avoir été restaurée par son auteur lui-même en 1321. La souplesse de la composition, l'expressivité des visages, la merveilleuse fluidité des vêtements, la délicatesse des couleurs et la préciosité de la décoration font de cette œuvre l'une des plus gracieuses et des plus poétiques de la peinture gothique siennoise. En face se détache le fameux portrait équestre de **Guidoriccio da Fogliano**★★ (**b**). Le général siennois est représenté entre les deux places fortes dont, en 1328, il mate la rébellion. Bien que la république de Sienne ait dépêché l'artiste à ses frais afin que les lieux soient reproduits avec vérité, le paysage âpre et crayeux de la Maremme, contrastant avec un ciel d'un bleu d'encre, frappe par

Les 17 "contrade" de Sienne

Bien que la ville
ait un blason,
ce sont les couleurs
de ses quartiers
ou "contrade"
qui forment
son vrai visage

Onde

Coquille

Porc-épic

Aigle

Licorne

Forêt

Chouette

Tortue

Bélier

Louve

Escargot

Oie

Girafe

Chenille

Dragon

Panthère

Tour

Le « Palio delle contrade »

Cette fête, dont les origines remonteraient au 13e s., est la plus célèbre d'Italie. Elle a lieu tous les ans le 2 juillet et le 16 août, et constitue un spectacle superbe.

LA CONTRADA

Aux trois collines sur lesquelles la ville est bâtie correspondent les trois quartiers de Città, Camollia et San Martino, scindés en 59 *contrade* (paroisses) dont 17 subsistent aujourd'hui, avec à leur tête un *capitano*, encore investi de pouvoirs administratifs, judiciaires et territoriaux. Le *carroccio*, char de la Liberté, était le symbole de la communauté, jusque sur le champ de bataille. Chaque *contrada* possède une maison, c'est-à-dire un siège avec un **musée** conservant les trophées remportés au fil des courses, une église, une fontaine publique à son effigie, une écurie et des magasins (ancien entrepôt d'armes), une fanfare et un emblème lié à une vertu. Ces 17 vertus et quartiers composent la cité siennoise : l'Onde la joie, la Coquille la discrétion, le Porc-Épic pour l'acuité, l'Aigle la combativité, la Licorne la science, la Forêt la puissance, la Chouette la finesse, la Tortue la fermeté, le Bélier la persévérance, la Louve la fidélité, l'Escargot la prudence, l'Oie la perspicacité, la Girafe l'élégance, la Chenille l'habileté, le Dragon l'ardeur, la Panthère l'audace et la Tour la résistance. À l'intérieur de la *contrada*, à laquelle on appartient par sa naissance, s'organisent soirées gastronomiques, bals et les préparatifs liés aux *Palii*.

TOUS LES COUPS SONT PERMIS

Chaque année, à tour de rôle, 10 *contrade* seulement prennent part à la compétition. Quelques jours avant, alors que se trament les intrigues et que les paris vont bon train, les préparatifs commencent : rues pavoisées aux couleurs de chacune d'elles, entraînement au lancer de drapeau, sablage du pourtour de la piazza del Campo (futur terrain de course), installation de gradins, et de matelas aux angles dangereux. Le centre, en revanche, reste libre pour le public. La fébrilité s'accroît deux jours avant, avec le solennel tirage au sort, sur le Campo, des chevaux attribués aux *contrade* participantes ; dès lors, les animaux font l'objet de tous les soins (le dopage étant admis) ; si l'un d'eux vient à mourir, la *contrada* qu'il représente doit renoncer à concourir. De leur côté, les cavaliers *(fantini)* sont logés dans les locaux de la *contrada* et surveillés nuit et jour afin d'éviter qu'ils ne soient achetés par un concurrent.

Le jour de la fête, le cheval et son jockey sont bénis lors d'une messe dite dans l'église de la *contrada*. L'après-midi, autour du Campo, un somptueux défilé met en scène les représentants des *contrade*, en costume du 15e s., portant leurs emblèmes, tandis que les *alfieri* (porte-drapeaux) manient leurs étendards avec virtuosité ; suivent six chevaux noirs montés par des cavaliers en deuil, qui défilent en souvenir de six *contrade* disparues au cours des siècles ; le cortège s'achève avec le char triomphal (l'antique *carroccio*), suivi par les arbalétriers de la garde de la commune.

En fin d'après-midi, la fête culmine avec la fameuse compétition du *Palio*. Cette dangereuse course de chevaux, où tous les coups sont permis, se déroule en quelques minutes, le temps aux *fantini*, qui montent à cru, de faire trois fois le tour du Campo.

Au vainqueur est remis le *palio* du jour, une bannière à l'effigie de la Vierge qui a donné son nom à la course et qui est peinte par un grand artiste. Ensuite, toutes les *contrade* poursuivent les festivités dans leurs rues et maisons de quartier, où a lieu un dîner, dans la liesse – ou l'amertume, suivant le sort.

son caractère d'irréalité. En revanche, le condottiere, fièrement juché sur un cheval comme lui paré d'une somptueuse étoffe dont les motifs sont minutieusement détaillés, est dépeint avec un certain réalisme.

La fresque située juste au-dessous, représentant deux hommes et un château, fut redécouverte vers 1980. Elle daterait du début du 14e s. et serait la dernière œuvre de **Duccio di Buoninsegna**. On y décèle très nettement des sillons concentriques, marques laissées par la rotation de l'ancienne mappemonde. D'autres artistes de premier plan ont travaillé à la décoration de cette salle. Sur le même mur, les deux autres fresques représentant deux saints sont l'œuvre de **Sodoma**. Face aux fenêtres, sur l'un des piliers, **Vecchietta** a représenté en 1461 sainte Catherine (**c**); sur celui d'à côté figure saint Bernardin (**d**), par **Sano di Pietro** (1460).

★★ **Sala della Pace (ou Sala dei Nove)**– La salle de la Paix (ou des Neuf) renferme elle aussi de précieuses peintures, malheureusement très abîmées. C'est là que siégeait le gouvernement des Neuf, auquel **Ambrogio Lorenzetti** a dédié les deux grandes compositions qu'il exécuta entre 1335 et 1340, les **Effets du bon et du mauvais gouvernement**. Mêlant avec verve et naturel le ton noble et doctrinal propre à l'allégorie et celui de la narration minutieuse en faveur de laquelle il multiplie les notations précises, amusantes ou poétiques, le peintre réalise ici une œuvre avant tout didactique; mais celle-ci, unique à l'époque médiévale par son inspiration profane, est d'une remarquable valeur artistique et présente un inestimable intérêt documentaire.

Au mur qui fait face à la fenêtre trône, sous les traits d'un noble vieillard habillé aux couleurs de Sienne, le Bon Gouvernement; les Vertus cardinales (Tempérance, Justice, Force et Prudence), en compagnie de la Magnanimité et de la Paix, sont assises à ses côtés (cette dernière, l'une des plus belles figures de la fresque, vêtue de blanc et nonchalamment accoudée, a donné son nom à la salle); au-dessus volent les Vertus théologales (Foi, Espérance et Charité). La Justice est figurée une seconde fois, majestueuse sur son trône, à l'extrémité gauche de la scène; à ses pieds est assise la Concorde, un rabot posé sur les genoux, allusion à l'égalité qui doit régner entre les citoyens représentés en rang et tenant tous des cordes (symboles de l'entente) émanant des plateaux de la Justice.

Au-dessus de la porte d'entrée sont exaltés les effets du bon gouvernement à la ville et à la campagne. Dans la Sienne médiévale, toute hérissée de tours, on voit cheminer d'élégants cavaliers, des jeunes gens jouer dans une taverne où dansent des jeunes filles, le savetier travailler dans son échoppe, des maçons construire une maison. Dans les champs qui apparaissent aux deux meilleurs moments de l'année – le printemps et l'été –, les paysans s'activent, tandis que des seigneurs partent pour la chasse au sanglier.

La fresque qui couvre le mur faisant face à l'entrée est la plus endommagée. Le Mauvais Gouvernement, figuré par un Lucifer entouré de personnages représentant les Vices, a pour effet de semer la discorde dans la ville où les citoyens sont arrêtés ou tués. La campagne, quant à elle, apparaît dans ses saisons les plus sombres, l'automne et l'hiver.

Salle des Piliers (**11**) – Elle rassemble des œuvres de peinture siennoise des 13e, 14e et 15e s. et un **vitrail** peint par Ambrogio Lorenzetti qui représente l'archange Michel.

Loggia – Du corridor qui sépare la salle de la Balía (**7**) de la salle du Risorgimento (**6**), un escalier conduit à l'étage supérieur, où se trouve une belle loggia. De là, surplombant la place du Marché située en fort contrebas, on profite d'une large ouverture sur la campagne, qui pénètre profondément entre les quartiers de Santa Maria dei Servi à gauche et de Sant'Agostino à droite.

★★★ ENSEMBLE MONUMENTAL DE LA CATHÉDRALE Plan II

Horaires cathédrale, Museo dell'Opera, panorama depuis le Facciatone, crypte et baptistère : mars-oct. : 10h30-19h30 ; reste de l'année : 10h30-17h30 ; cathédrale : dim. à partir de 13h30 sf lorsque le pavement du dôme est à découvert (sept.-oct.) 9h30-18h - dernière entrée 30mn avant la fermeture.

OPA SI PASS – Ce billet combiné est valable 3 j. pour les monuments gérés par l'OPA Siena **(cathédrale, musée, baptistère et crypte)** : *12 € mars-oct., 8 € le reste de l'année (10 € vac. de Noël).* Le billet **Porta del Cielo** donne accès à une visite guidée *(sur réserv.)* à l'étage supérieur de la cathédrale à travers les escaliers des tours : *15 € ; billet OPA SI PASS + Porta del Cielo : 20 €.* ✆ 0577 28 63 00 - *www.operaduomo.siena.it.*

★ Piazza del Duomo C2

Située au point le plus haut de la ville, la place est bordée par la longue façade de l'hôpital Santa Maria della Scala, en partie du 13e s. Les deux plus petits côtés de la place sont occupés, à gauche par le palais néogothique de l'Archevêque, à droite par le palais de la Préfecture, construit au 16e s. En surplomb s'élève le célèbre dôme, orné de striures de marbre bicolore, que les Siennois avaient voulu le plus vaste édifice du monde chrétien.

★★★ Duomo di Santa Maria Assunta C2

4 € (2 € nov.-fév.), 7 € pendant la période de visite du pavement (sept.-oct.) - site inclus dans l'OPA SI PASS (voir ci-dessus).

L'histoire de sa construction est complexe. Commencé vers le milieu du 12e s., le dôme est achevé au début du 14e s., en grande partie grâce à l'œuvre des moines cisterciens de San Galgano *(voir p. 381)* qui, pour cette réalisation, s'inspirent de l'église de leur abbaye. Plus tard, Sienne, à l'apogée de sa prospérité, décide d'élever à la gloire de la Vierge une cathédrale immense, plus vaste que celle de sa rivale Florence, et dont l'édifice déjà existant (à peu de chose près la cathédrale actuelle) aurait constitué le transept. Les travaux entrepris en 1339 et menés avec une exceptionnelle célérité sont brutalement interrompus en 1348 par la Grande Peste. Gravement amputée de ses forces vives, Sienne décide de renoncer à ce gigantesque projet. Une partie des nouvelles constructions jugées dangereuses, le sol ayant été insuffisamment préparé à recevoir une telle charge, est abattue, et on achève dans le dernier quart du 14e s. l'ancienne cathédrale (partie supérieure de la façade, surélévation de la nef principale, construction de l'abside). De cette formidable entreprise subsistent à côté du flanc droit les structures de ce qui devait être la façade du nouvel édifice et une partie des grandioses arcades de la nef.

Façade – Elle séduit par sa richesse et la douce polychromie de ses marbres. Sa partie inférieure, encore romane mais où pointe une influence gothique, est due à **Giovanni Pisano**, qui y travaille de 1285 à 1296 et l'orne de statues aujourd'hui remplacées par des copies (originaux au musée de l'Œuvre de la cathédrale). Dans la partie supérieure, construite un siècle plus tard et fortement inspirée de la façade du dôme d'Orvieto, s'épanouit avec exubérance le style gothique. Quant aux mosaïques des pinacles, elles datent de la fin du 19e s.

Campanile – Élevé en 1313, il est d'une sobriété toute romane. L'effet d'horizontalité créé par les assises de marbres blanc et sombre est compensé par l'impression de légèreté due à l'ampleur croissante des baies.

Intérieur – La dense alternance des lignes horizontales de marbres clair et sombre, l'importance du transept (bien que peu saillant) et de l'abside rectangulaire, la multiplication des piliers suscitant, au fur et à mesure que l'on se déplace à l'intérieur du transept et du chœur, une infinité de perspectives, tels sont les éléments enivrants les plus caractéristiques de cet édifice qui produisit sur Taine une « impression incomparable » : « La plus admirable fleur gothique, écrivait-il en 1864 dans son *Voyage en Italie*, et qui est à nos cathédrales ce que les poèmes de Dante et de Pétrarque sont aux chansons de nos trouvères. » Sous la corniche du vaisseau central s'alignent 172 bustes de papes et un du Christ, sculptés aux 15e et 16e s., tandis que des bustes d'empereurs s'inscrivent en médaillon entre les arcs.

★★★ **Pavement** – *Le pavement est recouvert à 60 % environ d'un plancher amovible, périodiquement déplacé afin d'offrir la possibilité d'en admirer par roulement les différents panneaux et d'éviter l'usure localisée de certains d'entre eux.* Il est unique au monde. Formé de 56 panneaux de marbre figurant des personnages mythiques (sibylles, Vertus, allégories) ou des scènes tirées pour la plupart de l'Ancien Testament, prodigieuses de finesse et de vie, il est réalisé de 1369 à 1547 par une quarantaine d'artistes, parmi lesquels Matteo di Giovanni, le Pinturicchio et **Beccafumi**, qui crée avec un remarquable talent de dessinateur et de décorateur les cartons de 35 panneaux. Certains d'entre eux ont fait l'objet d'une restauration, d'autres ont été remplacés par des copies. Les plus anciens ont été réalisés selon la technique dite *agraffito*, c'est-à-dire composés de silhouettes blanches sur fond noir où les détails et le relief sont gravés dans le marbre puis noircis à l'asphalte naturel ; à partir de 1518, quand Beccafumi reprend les travaux, il utilise la technique de la marqueterie de marbre de différentes couleurs.

Cappella della Madonna del Voto – *Croisillon droit.* Cette chapelle baroque réalisée en 1661 abrite, de part et d'autre de l'entrée, un Saint Jérôme et une Sainte Madeleine en marbre exécutés au 17e s. par **Bernin**, à qui l'on doit également l'autel et les deux anges qui le surmontent. Sur l'autel, une Vierge du 13e s.

Chœur – Le bel autel de marbre, du 16e s., présente un fin tabernacle en bronze réalisé vers 1470 par **Vecchietta** et quatre anges porte-cierges exécutés quelques années plus tard par **Francesco di Giorgio Martini** *(les deux du bas)* et Giovanni di Stefano.

Les **stalles**★★ constituent un précieux ensemble de boiseries sculptées et marquetées : celles du fond datent du 16e s., celles des côtés, les plus belles, de style gothique, remontent au 14e s. et ont été enrichies de merveilleux panneaux de marqueterie, œuvre de Fra Giovanni da Verona (1503).

Le **vitrail** en rosace qui éclaire le chœur et illustre l'Annonciation, le Couronnement et la Mort de la Vierge est une copie de l'œuvre exécutée en 1288 par Duccio *(original au musée)*.

Chapelle Sant'Ansano – *À gauche du chœur.* Dédiée au premier patron de Sienne, elle renferme, encastrée dans son pavement, la pierre tombale de l'évêque Pecci, sculptée par **Donatello** (1426), et, à côté de l'autel, un monument funéraire gothique (1318) en marbre dû à Tino di Camaino et son père, Camaino di Crescentino.

★★★ **Chaire** – La splendide chaire en marbre sculpté est un chef-d'œuvre de **Nicola Pisano** réalisé six années après celle du baptistère de Pise, de 1266 à 1268, avec le concours de son fils Giovanni et de quelques aides, dont Arnolfo di Cambio. Assez semblable à la précédente, elle témoigne toutefois d'un esprit plus nettement gothique dans ses lignes légères et dans le souple modelé de ses sculptures.

L'artiste conte ici en sept panneaux, avec le même sens de la grandeur et la même puissance qu'à Pise, mais en apportant à ses scènes un souffle dramatique, des épisodes de la vie du Christ ; de gauche à droite : Nativité, Adoration

Le Duomo di Santa Maria Assunta de Sienne et son campanile roman.
H. Krinitz/hemis.fr

des Mages, Fuite en Égypte et Présentation de Jésus au Temple, Massacre des Innocents, Crucifixion, Jugement dernier (en deux parties). Des statues de prophètes et d'anges séparent les différents panneaux que surmonte l'aigle porte-Évangile, attribut de saint Jean. Entre les arcs trilobés, des femmes assises figurent les Vertus. Neuf colonnes en marbre, granit et porphyre supportent la cuve; celle du centre s'appuie sur un groupe de petits personnages représentant les Arts libéraux.

Chapelle San Giovanni Battista – *Croisillon gauche.* De style Renaissance, en forme de rotonde, elle renferme, dans la niche du fond, une statue du saint par **Donatello** (1457) et est décorée de fresques par le **Pinturicchio**.

★★ **Libreria Piccolomini** – Cette fameuse salle, que précède un très décoratif portail de marbre surmonté d'une fresque du Pinturicchio *(Couronnement de Pio III)*, fut bâtie vers 1495 sur l'ordre du cardinal Francesco Piccolomini (futur pape Pio III) pour accueillir la bibliothèque de son oncle **Enea Silvio Piccolomini**, pape sous le nom de Pio II *(voir Pienza, p. 417)*. Sur le sol et dans les frises du plafond figure le croissant de lune sur fond bleu, emblème des Piccolomini. D'élégantes proportions, ses murs sont entièrement peints. C'est l'Ombrien Pinturicchio qui est appelé à Sienne pour célébrer ce pontife qui y exerce plusieurs années d'épiscopat.

Les **fresques**★★ qu'il exécute de 1502 à 1509 ont la finesse du dessin propre aux miniaturistes et les couleurs éclatantes des enluminures. Dans un luxe de personnages et d'architecture et avec un talent narratif léger et plein de séduction, il relate en dix panneaux les épisodes marquants de la vie du prélat. Le cycle se lit de gauche à droite à partir des fenêtres: départ de Gênes pour le concile de Bâle; au retour de ce concile, rencontre avec Jacques Ier d'Écosse; Enea sacré poète par Frédéric III; soumission au pape Eugène II; *mur d'entrée*: Enea présentant près de la Porte Camollia l'empereur Frédéric III à sa fiancée Éléonore d'Aragon; Enea recevant des mains du pape Callixte III le chapeau de cardinal; *mur de droite*: Enea élu pape; décision de partir en guerre contre les Turcs au concile de Mantoue, canonisation de Catherine de

Sienne ; réception de la flotte chrétienne de retour de Turquie. Le plafond porte une décoration d'allégories, de scènes mythologiques et de grotesques. Un groupe en marbre représentant les trois Grâces, sculpture romaine (3e s.) d'influence hellénistique, occupe le centre de la salle. Les vitrines situées sous les fresques renferment des psautiers du 15e s.
Après la bibliothèque, on voit l'imposant **autel Piccolomini**, de la fin du 15e s., orné de statues réalisées par le jeune **Michel-Ange**.

★★ Museo dell'Opera del Duomo C2

7 € avec le panorama depuis le Facciatone - site inclus dans l'OPA SI PASS (voir p. 363).
Le **musée** est installé derrière les arcades murées de ce qui devait constituer le bas-côté droit de la nouvelle cathédrale.
Rez-de-chaussée – De chaque côté de la galerie des statues sont disposées les **œuvres★ de Giovanni Pisano** qui ornaient à l'origine la façade du dôme : prophètes, sages de l'Antiquité et sibylles, représentés avec une singulière puissance d'expression. Le grand *tondo* de la Vierge à l'Enfant est une œuvre de Donatello. Le taureau, le lion (symboles des évangélistes), ainsi que la louve allaitant Rémus et Romulus (emblème de Sienne), sont également dus à **Giovanni Pisano**, assisté de ses élèves.
La salle accueille aussi un très beau **haut-relief** représentant la Vierge, saint Antoine abbé et un cardinal, sculpté par **Jacopo della Quercia** l'année même de sa mort (1438). Au fond de la salle, on découvre l'original du **vitrail★** réalisé en 1288 par **Duccio** pour le chœur de la cathédrale, et qui représente l'Annonciation, le Couronnement et la Mort de la Vierge.
Premier étage – Il abrite, admirablement mise en valeur par l'écrin d'une obscurité ambiante, la célèbre **Maestà★★★** – Vierge en majesté – que Duccio peint sur la fin de sa vie pour le maître-autel de la cathédrale. Ce retable, historié sur ses deux faces (aujourd'hui séparées), lui est commandé en 1308 par la ville de Sienne qui, pour sa réalisation, fait à l'artiste un pont d'or. Il y travaille pendant près de trois années au terme desquelles la *Maestà*, qui demeure son chef-d'œuvre, est portée en grande pompe, au milieu d'une ville en liesse, de l'atelier du peintre à la cathédrale. Outre le charme qu'elle exerce par le chatoiement de ses ors, la rutilance de ses couleurs et la tendre ferveur dont elle est empreinte, cette œuvre présente un intérêt exceptionnel pour l'influence déterminante qu'elle eut dans l'orientation de la peinture siennoise : représentée sur fond doré, selon la tradition médiévale byzantine, de face et impassible, la Vierge est toutefois traitée avec une certaine souplesse (manifeste dans le mouvement de son vêtement), qui préfigure l'esprit gothique ; de même, le geste plein d'abandon des anges marque chez l'artiste une distance prise à l'égard de la rigidité héritée de l'art de Byzance.
À gauche de l'entrée est exposé le revers du retable, à l'origine composé d'une quarantaine de panneaux (dispersés en 1771, plusieurs d'entre eux sont aujourd'hui à Londres et à New York) ; les quatorze panneaux rassemblés ici relatent, avec une exceptionnelle richesse narrative et un sens charmant de l'observation, des épisodes de la Passion. Dans sa *Naissance de la Vierge*, placée contre le mur à droite de l'entrée, **Pietro Lorenzetti** a de façon originale utilisé, pour représenter une unique scène, la composition en triptyque. À côté, Vierge à l'Enfant par Duccio.
À proximité de la salle de Duccio s'ouvre une pièce qui accueille de très belles statues toutes en bois de Jacopo della Quercia, provenant de l'église San Martino.

Tesoro del Maestro di Tressa – Conservé dans deux pièces situées entre le 1er et le 2e étage, il compte, exposés dans la grande salle : le reliquaire de la tête de saint Galgan, en forme de clocheton, très beau travail d'orfèvrerie de la fin du 13e s. en vermeil repoussé, illustrant la vie du saint ; le « Rosier d'or » offert en 1658 à la cathédrale de sa ville natale par le pape Alexandre VII Chigi ; un splendide **parement d'autel** du 15e s., en fils d'argent et d'or, merveilleusement brodé de scènes de la vie du Christ (l'Annonciation, l'Entrée de Jésus à Jérusalem et la Cène sont d'une extrême finesse).

Deuxième étage – Dans la salle faisant face à l'escalier sont rassemblées quelques belles œuvres de primitifs, parmi lesquelles, au centre, la **Vierge aux gros yeux** *(Madonna dagli occhi grossi)* exécutée par le Maître de Tressa, l'une des plus anciennes peintures siennoises (moitié du 13e s.), que caractérisent une technique de léger relief et une touchante gaucherie d'exécution. C'est devant cette image que les Siennois se vouèrent solennellement à la Vierge, avant la bataille de Montaperti (1260). Le **Saint Bernardin★** de Sano di Pietro est encadré de deux scènes représentant le saint prêchant devant des foules piazza del Campo et piazza San Francesco à Sienne. L'émouvant Crucifix en bois peint (1280) est une œuvre forte de Giovanni Pisano.

La salle à droite de l'escalier (Sala dei Conversari) réunit la peinture italienne des 16e et 17e s., dont un *Saint Paul* de Beccafumi où l'on aperçoit, à l'arrière-plan, la chute du saint sur le chemin de Damas et sa décollation.

Panorama del Duomo Nuovo – La Sala dei Parati, qui présente des vêtements sacerdotaux richement brodés, donne sur l'escalier d'accès au sommet du **Facciatone,** la façade inachevée de la cathédrale, d'où l'on profite d'un magnifique **panorama★★**.

On quitte le musée en traversant l'église baroque San Niccolò in Sasso.

★ Crypte de la cathédrale C2

6 € - site inclus dans l'OPA SI PASS (voir p. 363).

Située sous le chœur de la cathédrale, elle a été découverte lors de récents travaux de restauration. La visite est un véritable « voyage dans le monde des couleurs » : ses magnifiques **fresques,** réalisées par des artistes siennois de la 2e moitié du 13e s., apportent un éclairage détaillé et fondamental sur la genèse et le développement de l'école de peinture siennoise. La crypte ayant été ensablée et comblée de pierres pour consolider le sol de la cathédrale, les panneaux sont remarquablement conservés et étonnent par la vivacité de leur chromatisme.

★ Battistero di San Giovanni C2

4 € - site inclus dans l'OPA SI PASS (voir p. 363).

Le baptistère St-Jean a été aménagé en contrebas de la cathédrale, au-dessous de l'abside. Sa construction date du début du 14e s. ; la façade en marbre blanc, d'un style gothique plus sévère que celui du Duomo, réalisée en 1382, est restée inachevée.

L'intérieur, voûté et divisé en trois nefs, est décoré de fresques au 15e s. Les **fonts baptismaux★★**, de la même époque, en occupent le centre. Composés d'une cuve hexagonale ornée de panneaux en bronze doré que surmonte un ravissant tabernacle en marbre, ils représentent l'une des plus jolies réussites de la sculpture toscane dans son passage du style gothique à celui de la Renaissance. Le dessin en est attribué à Jacopo della Quercia.

Plusieurs maîtres ont travaillé à la réalisation des panneaux de la cuve, évoquant des épisodes de la vie du précurseur : la scène montrant Zacharie chassé du Temple *(du côté de l'autel)* a pour auteur le même Jacopo ; la Naissance de saint Jean-Baptiste *(en poursuivant vers la droite)*, un autre Siennois, Turino di Sano ; la Prédication de saint Jean-Baptiste, Giovanni di Turino, élève de **Jacopo della Quercia** ; le Baptême de Jésus et l'Arrestation de saint Jean-Baptiste, le créateur de la célèbre Porte du Paradis au baptistère de Florence, **Lorenzo Ghiberti** ; le Festin d'Hérode, **Donatello** : remarquer la profondeur que l'auteur est parvenu à suggérer en multipliant les arrière-plans. Ce dernier a également sculpté deux des Vertus en ronde-bosse qui se trouvent à chacun des angles de la cuve : la Foi, séparant les deux panneaux de Ghiberti, et l'Espérance, précédant le Festin d'Hérode.

★ Complesso museale di Santa Maria della Scala (SMS) C2

Piazza Duomo 1 - ✆ 0577 53 45 71 - www.santamariadellascala.com - 10h30-18h30 - 9 €.

L'édifice, bâti au 10e s. en face des escaliers de la cathédrale (d'où son nom Sainte-Marie-des-Escaliers), était destiné aux pèlerins de la via Francigena (qui traversait la ville de la Porta Romana à la Porta Camollia), aux pauvres et aux enfants abandonnés. Au fil des siècles, l'hospice devient un véritable hôpital, en activité jusqu'aux années 1990, quand il fut transformé en musée et pôle culturel. Aujourd'hui, il abrite des expositions, le **SMS Contemporanea**, centre d'art contemporain auparavant installé dans le palais delle Papesse, le **Museo d'Arte per Bambini**, un riche parcours muséal dédié aux enfants, le chantier de restauration de la Fonte Gaia de piazza del Campo et une section archéologique.

On entre par le Pellegrinaio delle Donne, la section de l'hôpital réservée aux femmes. Aujourd'hui, il accueille la billetterie et la librairie sur fond de fresques du 15e s. Après avoir traversé la Sagrestia Vecchia (fresques de Vecchietta et *Madonna del Manto* par Domenico di Bartolo, 1444) et la Cappella della Madonna (*Strage degli Innocenti* par Matteo di Giovanni, 1482), on parvient à l'**église de la SS. Annunziata**, fondée au 15e s. mais remaniée aux 17e et 18e s. Au-dessus de l'autel, le bronze du *Cristo Risorto*, réalisé par Vecchietta (1476), se détache sur le fond de l'abside ornée d'une œuvre de Sebastiano Conca, la *Probatica Piscina* (18e s.). La cappella del Manto (fresques du 14e s. représentant saints et docteurs de l'Église et *Rencontre à la Porte dorée* de Beccafumi, 1512, icône du musée) et le Passeggio (statues du 14e au 16e s.) mènent à la salle la plus surprenante du complexe, le **Pellegrinaio★★**, datant de la fin du 14e s. et du début du 15e s. Les fresques qui couvrent ses murs, réalisées pour la plupart par **Vecchietta** (vers 1412-1480) et **Domenico di Bartolo** (1428-1447), illustrent les fonctions de l'établissement. Ces représentations variées traitent le plus souvent de la misère humaine et surprennent par leur réalisme et leur souci du détail. Notez les qualités de composition de *L'Aumône du veuf*, ou du *« Pansement » et le traitement des infirmes*, la fresque la plus connue, dans laquelle, au milieu de l'activité frénétique de l'hôpital, l'œil est captivé par les objets : le flacon à urine, les pantoufles, un bas rouge, les bassins, la grenade.

De la galerie du Passeggio, on accède au musée d'art pour les enfants.

Au niveau -1, les greniers de l'hôpital abritent aujourd'hui les panneaux de la **Fonte Gaia★** de Jacopo della Quercia, les oratoires de différentes confréries et le riche **trésor** de Santa Maria della Scala.

Le niveau -2 accueille le vaste **Musée archéologique** ; les pièces présentées, mises au jour en Toscane, servent d'appui à l'historique régional, qui court de la préhistoire à l'époque romaine.

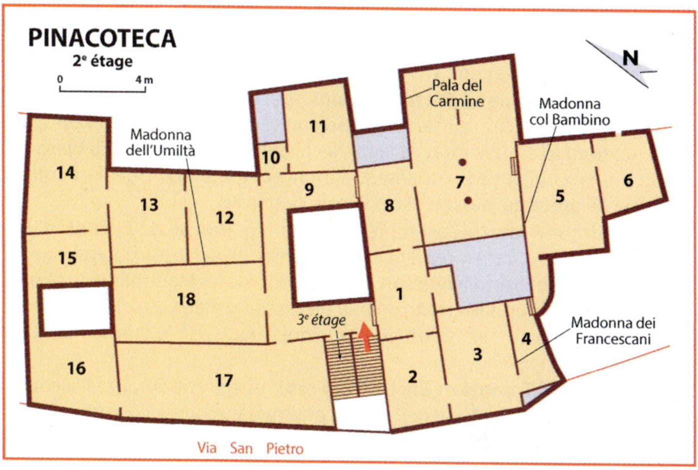

★★★ **PINACOTECA** Plan de la pinacothèque ci-dessus

Via San Pietro 29 - ✆ 0577 28 61 43 - www.pinacotecanazionale.siena.it - 8h15-19h15 (dernière entrée 18h45), lun. et dim. 9h-13h - 4 €.
La pinacothèque occupe le **palais Buonsignori★**, édifié au milieu du 15e s. et dont l'imposante façade en briques rouges rappelle celle du Palazzo pubblico. Elle offre un intérêt exceptionnel, ses collections extrêmement complètes permettant de suivre l'évolution de la peinture siennoise du 13e au 16e s.

Deuxième étage

La visite commence par les salles des primitifs. Les crucifix peints qui ornaient les églises romanes de la région sont les seules manifestations picturales rencontrées à la fin du 12e s. et au début du 13e s.

Salles 1 et 2 – La première salle abrite une magnifique **Vierge à l'Enfant,** œuvre de **Duccio** et emblème du musée, ainsi qu'un exemplaire de crucifix d'inspiration toute byzantine dans son hiératisme et la rutilance de ses couleurs : le Christ y est représenté triomphant et non pas, comme par la suite, souffrant. Le premier peintre siennois connu est **Guido da Siena** ; les trois scènes de la vie du Christ exposées contre le mur faisant face à l'entrée et qui comptent parmi les premières peintures sur toile sont attribuées à son école. La deuxième salle abrite d'autres œuvres de Guido da Siena. **Guido da Graziano** montre, avec son célèbre *Saint François*, combien l'influence byzantine a perduré jusque pendant la seconde moitié du 13e s. Ses œuvres sont toujours très marquées par la manière grecque : personnages de face (quoique les têtes soient parfois penchées ou vues de trois quarts) ; modelé suggéré par la ligne (remarquer l'accentuation systématique de l'arête du nez, le jeu des lignes concentriques pour rendre le volume des joues…) ; plis du vêtement très cassés et soulignés de sombre ou de doré.

Salles 3 et 4 – La fin du 13e s. marque toutefois une évolution : le modelé des visages s'adoucit, les attitudes gagnent en naturel et le rendu des étoffes en volume. **Niccolò di Segna** *(salle* **3***)* recherche un plus grand naturel : les yeux de ses personnages ne sont plus fardés, leurs cheveux et leurs barbes sont plus soyeux ; son grand *crucifix (face à la fenêtre)* présente un Christ souffrant. La salle 3 accueille aussi les œuvres des deux grands maîtres de la peinture

6

siennoise : un **polyptyque** mettant en scène la Vierge et les saints de **Duccio**, la célèbre **Vierge de la Miséricorde**, dont le grand manteau protège les fidèles, de **Simone Martini**, et une *Vierge à l'Enfant*, également de Simone Martini.
La délicate petite **Madone des franciscains** *(salle* **4**, *à gauche de l'entrée)*, œuvre de jeunesse de Duccio, conserve une solennité et une rigidité d'expression qui se réfèrent à l'art byzantin ; le léger fléchissement du corps de la Vierge et le trait sinueux qui ourle son manteau annoncent toutefois la manière souple et pleine de grâce qui caractérisera l'école siennoise.
Salle 5 – **Simone Martini** est représenté par une **Vierge à l'Enfant**, d'une douceur et d'une pureté rarement égalées, ainsi que par le joli polyptyque du **Bienheureux Agostino Novello**. On retrouve dans les Madones de son plus proche disciple, **Lippo Memmi**, un peu de la même élégance et de la même grâce, mais sans cette vibration poétique qui caractérise le grand maître de la peinture siennoise.
Salle 6 – **Luca di Tommé** et **Bartolo di Fredi** œuvrèrent durant la seconde moitié du 14e s. dans la ligne des grands maîtres, avec un style toujours plus raffiné : on remarque, du second, une **Adoration des Mages**, d'une verve narrative brillante et d'un coloris exquis. Le ciel d'or se résume à presque rien, tandis que foisonnent les détails pittoresques d'un cortège et que s'impose la notion de paysage avec la représentation de deux villes.
Salle 7 – Elle est aussi très importante pour la remarquable série d'œuvres des frères **Lorenzetti** (morts lors de la peste de 1348) qu'elle renferme. De l'aîné, **Pietro**, on remarque surtout – occupant en partie le mur à droite de la porte d'accès à la salle **8** – le grand **retable du Carmel**, qui lui fut commandé en 1329 par les carmélites de Sienne. Les scènes de la prédelle évoquant l'histoire de l'ordre du Carmel témoignent d'un sens très vif de la narration, à l'authenticité de laquelle participent le paysage et les perspectives d'architecture. Du même artiste, le **polyptyque de San Giusto.**
En face, l'exquise petite *Vierge en majesté* du frère de Pietro, **Ambrogio**, est une œuvre plus précieuse, plus raffinée, plus tendre aussi, comme ses autres Madones, dont la salle abrite plusieurs exemplaires. Parmi les peintres siennois, Ambrogio fait figure de précurseur en introduisant dans son **Annonciation** une recherche de la perspective.
Salles 10 à 13 – Parmi les derniers primitifs siennois travaillant dans un style gothique tardif au cours du 15e s., on note : **Taddeo di Bartolo** *(salles* **10** *et* **11***)*, mort vers 1425, représenté par une Annonciation *(mur de droite)* ; **Giovanni di Paolo** (vers 1403-1482, *salles* **12** *et* **13***)*, quelque peu maniériste comme le prouve son *Assomption de la Vierge entourée de quatre saints (salle* **12**, *mur de l'entrée)* par les ondulations des draperies, la curieuse flexion des genoux du Baptiste (dont les veines sont très marquées), l'affliction presque outrée de l'*Ecce Homo* et des saints de la prédelle ; quant à sa ravissante **Vierge d'humilité**, à la silhouette longue et sinueuse et qu'un poétique rideau de rosiers sépare d'un fond de paysage aux notations minutieuses, elle manifeste une exquise irréalité. Dans la même salle, on peut observer les deux charmantes petites vues d'une *Ville dominant la mer* et d'un *Château au bord du lac*, œuvres d'un artiste siennois du début du 15e s.
Salles 14 et 15 – Le 15e s. siennois voit pourtant pénétrer les innovations de la Renaissance tout en conservant cette grâce dont la cité du *Palio* ne sait se départir : **Francesco di Giorgio** (1439-1502) montre dans ses représentations religieuses les débuts de cette influence florentine ; quant à Matteo di Giovanni (vers 1430-1495), peintre au dessin vigoureux, il accentue et varie volontiers les attitudes et les expressions (plusieurs *Vierges à l'Enfant*, *salle* **14**, et une *Adoration des bergers*, *salle* **15**).

Salles 16 et 17 – **Sano di Pietro** (1406-1481), peintre très fécond, mais resté à cette époque le plus fidèle aux modèles gothiques ; voir son grand polyptyque représentant la Vierge à l'Enfant avec des saints aux tons rutilants et raffinés, d'une bonne qualité de dessin, ainsi que les somptueux polyptyques d'architecture gothique. Également des sculptures de Jacopo della Quercia.
Salle 18 – Les innovations esthétiques de la Renaissance florentine sont également visibles chez **le Vecchietta** (vers 1400-1480), dont le grand panneau à caissons *(au centre)*, provenant d'une armoire à reliques, présente de nets effets de perspective ; chez Girolamo di Benvenuto et Benvenuto di Giovanni, cette ouverture s'accompagne d'une certaine dureté.

Troisième étage - Collection Spannocchi

Magnifique ensemble de peintures des 16e et 17e s. d'origines diverses, dont le *San Girolamo* de Dürer, des œuvres du Vénète Paris Bordon et une *Nativité* de L. Lotto.

Premier étage

Des œuvres de Pomarancio et de Giorgio Vasari en salle 22. Dans la salle 23, une *Sainte Famille avec le petit saint Jean*, composition en *tondo* du **Pinturicchio**, sur un arrière-fond de très doux paysage que baigne la caractéristique lumière des ciels ombriens. La belle loggia couverte de la salle 26 abrite des sculptures du 14e s. tout en offrant une belle **vue★** sur les toits de Sienne.
Les deux autres peintres qui marquent de leur personnalité la peinture siennoise du 16e s., **Beccafumi** et **Sodoma**, sont amplement représentés. Du premier (1486-1551), on note surtout une **Naissance de la Vierge** *(salle 29)*, aux audacieux dégradés de couleurs dépeints dans une obscurité où les coloris semblent comme absorbés par d'irréels éclairages. Le second (1477-1549) a réalisé un pathétique **Christ à la colonne** *(salle 31)*, d'une étonnante beauté plastique, et, dans la salle suivante, une grande *Déposition de Croix* aux draperies bouillonnantes et aux couleurs chatoyantes.

Se promener Plan de ville II p. 373

Circuit au départ de la Loggia del Papa tracé en vert sur le plan de ville p. 373.

Loggia del Papa D1-2

Cette loge aux grandes arcades Renaissance soutenues par des colonnes corinthiennes rappelle par son nom qu'elle fut édifiée à la demande du pape Pie II Piccolomini.
Prendre la via Banchi di Sotto.

★ Via Banchi di Sotto D1

Prolongeant la via di Città pour enlacer les palais de la piazza del Campo, cette rue abrite l'université historique de Sienne.
En face de cette dernière s'élève, au n° 52, le **palais Piccolomini★**, bel édifice Renaissance dessiné par **Bernardo Rossellino** : façade à léger bossage s'atténuant vers le haut, petites corniches soulignant les niveaux, toit débordant où se logent entre les consoles les armes des Piccolomini (croissant de lune). Le palais abrite l'Archivio di Stato (les archives de la ville) et l'intéressant **Museo delle Tavolette di Biccherna** *(Palazzo Piccolomini, Archivio di Stato - 4e étage - ☏ 0577 24 71 45 - visites guidées - se renseigner)*, dont la collection de tablettes en bois, peintes par les plus fameux artistes siennois du 13e au 17e s., provient des couvertures des registres des bilans administratifs et des livres de

comptes de la *Biccherna*, la principale magistrature financière de la ville. Elle compose un intéressant témoignage sur l'histoire et les costumes de Sienne. De la terrasse panoramique s'ouvre une **vue★** superbe sur la piazza del Campo.
Prendre la via Banchi di Sopra.

★ Via Banchi di Sopra CD1

Sur la place du même nom s'élève, à gauche, le **palais Tolomei** *(occupé par la Cassa di Risparmio di Firenze)*, dont la construction remonte au début du 13e s. C'est le plus ancien palais privé de Sienne. Sa façade entièrement en pierre, aux deux étages de baies gothiques géminées sur un rez-de-chaussée d'une exceptionnelle hauteur, est empreinte d'austérité mais aussi d'élégance ; Robert d'Anjou, roi de Naples, y logea en 1310.

★ Piazza Salimbeni C1

Cette place, l'une des plus nobles places de Sienne, est close sur trois côtés par trois édifices, représentatifs de trois styles d'architecture. Au fond, le **palais Salimbeni**, élevé au 14e s., très restauré en 1879, présente une façade en pierre claire percée d'une série de belles fenêtres gothiques à triples baies surmontées d'un arc aigu ; son nom est celui d'une puissante famille siennoise, grands marchands et grands banquiers au Moyen Âge.
Le **palais Spannocchi**, à droite, fut commencé en 1470 par l'architecte florentin Giuliano da Maiano pour le trésorier du pape Pie II Piccolomini ; sa façade Renaissance, à baies géminées et à trois niveaux de bossage lisse que délimitent des corniches, est semblable à celle des palais bâtis à cette époque à Florence. Le **palais Tantucci** fut dessiné près d'un siècle plus tard par le Siennois Riccio. Tous trois abritent les services du fameux **Monte dei Paschi**, une très ancienne institution siennoise – organisme de crédit d'initiative publique – dont les origines remontent à 1472 et dont l'existence fut étroitement liée à la prospérité de la ville : son nom lui vient des pâturages *(pascoli*, ou *paschi)* de la Maremme toscane, alors propriété domaniale, dont les revenus constituaient une garantie à ses activités ; le Monte dei Paschi se place aujourd'hui au rang des grandes banques italiennes.
Prendre la via della Sapienza, puis à gauche la via della Galluzza.

Via della Galluzza C1

Très étroite et en forte pente, bordée de vieilles maisons aux murs de brique percés de furtives ouvertures, c'est l'une des rues médiévales les plus pittoresques de Sienne, avec ses huit arches dont l'une est joliment ajourée d'une triple baie.
Prendre à droite la via Santa Caterina, qui mène au Santuario Cateriniano.

Santuario Cateriniano C1

Costa di S. Antonio 6 - ✆ 0577 288 175/0577 28 08 01 - 9h-13h, 15h-19h30 - gratuit.
La **maison natale de sainte Catherine**, transformée en sanctuaire en 1465, forme aujourd'hui, avec les constructions édifiées tout autour, un ensemble d'oratoires superposés. On visite au niveau inférieur *(prendre au fond l'escalier à gauche)*, là où se trouvait l'atelier de teinturerie du père de Catherine, l'église consacrée à la sainte, patronne d'Italie et d'Europe. Au niveau supérieur, l'oratoire de gauche, richement orné de boiseries or et bleu, aménagé à l'emplacement de la cuisine, possède un beau pavement en majolique du 17e s. ; celui de droite abrite le crucifix peint (13e s.) devant lequel la sainte aurait, à Pise, reçu les stigmates.
Continuer sur la via Santa Caterina.

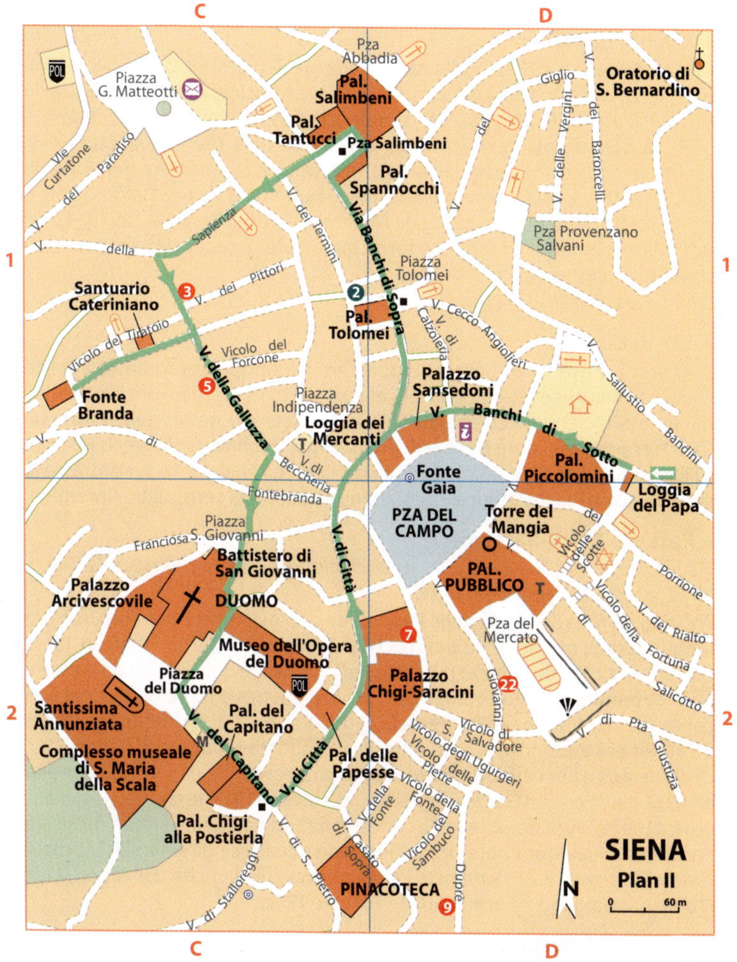

SE LOGER
Antica Residenza Cicogna 2

SE RESTAURER
Grotta di Santa Caterina-Da Bagoga 5
Osteria Il Carroccio 7
La Taverna di San Giuseppe 9
Trattoria Papei 22
Zest 3

★ Fonte Branda C1

En contrebas de l'église San Domenico, la fontaine Branda, toute de brique et à la surprenante architecture, est la plus ancienne de la ville. Elle existait déjà en 1080, mais c'est en 1246 que lui fut donnée sa forme actuelle, qui rappelle les façades des palais gothiques siennois par son couronnement crénelé et ses trois arches amples comme des portails. L'eau a toujours été un bien précieux pour la ville. Le réseau souterrain des *bottini*, de grands canaux qui déjà au 14e s. parcouraient plus de 25 km sous la ville, alimentait les puits des palais nobiliaires et les nombreuses fontaines publiques.

Revenir sur ses pas puis se diriger vers le Duomo (voir p. 363). Sur la place, prendre la via del Capitano.

★ Via del Capitano C2

Cette très belle rue relie la piazza Postierla (ou lieu-dit des Quattro Cantoni) à la piazza del Duomo. À gauche *(n° 1)* s'élève le **palais Chigi alla Postierla** du 16e s., attribué à l'architecte siennois Riccio. Toujours à gauche *(nos 15 à 19)*, l'ancien **palais del Capitano**, de la fin du 13e s. *(très restauré au 19e s.)*, est un bel édifice gothique bâti en pierre et brique, à la manière siennoise ; le niveau inférieur, puissant et austère, percé seulement de très hautes portes, contraste fortement avec le haut de l'édifice, allégé par sa succession de baies gothiques géminées, sa corniche sur de minuscules arcades abritant des écussons et son couronnement de merlons.

Prendre la via di Città.

★ Via di Città C2

Elle constitue avec la via Banchi di Sopra l'artère principale et commerçante de Sienne. Sinueuses et étroites, dallées et sans trottoirs, ces rues sont bordées de maisons patriciennes et de **palais★**. Au n° 126 s'élève le **palais delle Papesse**. C'est très probablement **Bernardo Rossellino**, l'architecte du palais Rucellai à Florence, qui dessina les plans de ce bel édifice Renaissance sur ordre de la sœur du pape Pie II, Caterina Piccolomini, et lui donna cette allure florentine.

★ Palazzo Chigi-Saracini D2

Via di Città 89 - ✆ 366 86 42 092 - www.chigiana.it - visites à 10h30 et 12h, sam. sur réserv. à 12h - fermé dim. - 10 €.

Presque en face du palais delle Papesse se déploie, légèrement incurvée, la longue façade gothique du **palais Chigi-Saracini**, en partie rebâti au 18e s., qui rappelle celle du Palazzo pubblico par le mélange qui y est fait de la pierre et de la brique, ses deux étages d'élégantes fenêtres à triple baie et par son couronnement de merlons. C'est du haut de sa tour, aujourd'hui tronquée, qu'aurait été annoncée aux Siennois la victoire de Montaperti *(voir p. 356)*. L'édifice abrite l'**Accademia Chigiana**, illustre académie de musique fondée en 1932 par le comte Guido Chigi Saracini. Déjà en 1923, le comte avait inauguré dans la magnifique salle de concerts de son palais une saison musicale encore active aujourd'hui et intitulée, d'après la devise de la famille, *Micat in vertice (resplendit sur le sommet)*. Le palais accueille la riche collection d'art réunie par Galgano Saracini entre le 18e et le 19e s.

Loggia dei Mercanti D1

Plus loin à droite, au lieu-dit la Croce del Travaglio, la loggia dei Mercanti servait de siège au tribunal de commerce. Bâtie durant la première moitié du 15e s., elle est Renaissance dans son architecture, mais porte encore dans sa décoration (niches abritant des statues) des traces du style gothique. Des bancs de marbre sculptés de bas-reliefs représentant des philosophes et des généraux de l'Antiquité courent le long de deux de ses côtés. L'étage supérieur a été ajouté au 17e s.

Ici, la rue rejoint la via Banchi di Sotto.

À voir aussi Plan de ville I p. 377

★ San Domenico A2

Dans cette église conventuelle proche de sa demeure, **sainte Catherine** *(voir encadré ci-contre)* eut ses extases. La construction de l'édifice, d'un style gothique puissant et sévère, s'échelonne du 13e au 15e s.

L'intérieur, en forme de T, spacieux et clair, ouvre sur une large nef prolongée d'un très petit chœur. En légère surélévation au fond de la nef, la cappella

DEUX SAINTS SIENNOIS

Sainte Catherine naît à Sienne en 1347. Elle est la fille d'un teinturier-foulon qui a 25 enfants. Ayant, selon la tradition, décidé à l'âge de 7 ans qu'elle n'aurait d'autre époux que le Christ, elle embrasse à 16 ans la règle dominicaine. Son mariage mystique avec le Christ (qu'il ne faut pas confondre avec celui de sainte Catherine d'Alexandrie, à laquelle l'anneau nuptial est remis non pas par un Christ adulte mais par l'Enfant Jésus) a été l'un des sujets préférés des peintres. Sa légende dorée est l'une des plus riches de l'hagiographie : elle a de nombreuses visions, des extases et reçoit les stigmates à Pise en 1375. Elle écrit un traité religieux et, en 1377, contribue au retour à Rome de la cour pontificale installée depuis 1309 en Avignon. C'est à Rome qu'elle meurt, en 1380.
La même année, à Massa Marittima, naît **saint Bernardin**, lui aussi très vénéré des Siennois. Ayant abandonné des études universitaires pour assister, à Sienne, les pestiférés de l'hôpital de Santa Maria della Scala, dont il devient le directeur, il revêt à l'âge de 22 ans la bure franciscaine. Il fonde la congrégation des frères de l'Observance, strictement fidèles à la règle dictée par saint François, et fait du couvent de l'Osservanza *(voir p. 376)*, au nord de la ville, le haut lieu de son enseignement. Réformateur éloquent, il parcourt l'Italie, dispense des sermons qu'il charge volontiers d'une certaine causticité ; deux d'entre eux, prononcés à Sienne, sont restés célèbres. Il meurt en 1440 à L'Aquila.

delle Volte conserve, au-dessus de l'autel, le seul portrait authentique de la sainte, exécuté par un de ses contemporains, l'artiste siennois Andrea Vanni. Vers le milieu de la nef, à droite, s'ouvre la **chapelle Ste-Catherine** : le **tabernacle★** Renaissance, en marbre, sculpté en 1466 par un autre Siennois, Giovanni di Stefano, conserve la tête de la sainte ; sur les murs du fond et de gauche, **Sodoma** a représenté des épisodes de sa vie dans des **fresques★** devenues célèbres (sainte Catherine en extase ; recevant les stigmates ; assistant un condamné à mort).
Les vitraux contemporains (1982) du chœur ont été réalisés par B. Cassinari. Le tabernacle et les deux anges du maître-autel furent sculptés au 15e s. par Benedetto da Maiano. La 1re chapelle à droite de l'autel renferme un joli triptyque *(Vierge à l'Enfant entourée de saints)* de Matteo di Giovanni ; la 2e à gauche, par le même artiste, une exquise *Sainte Barbe entre deux anges* et deux autres saintes, surmontée d'une *Adoration des Mages* dans la lunette *(mur de droite)*.

San Francesco B1

Bâtie sur l'extrême avancée de l'une des collines qui portent la ville, l'église St-François est un édifice gothique très restauré (façade du 19e s.).
C'est sur son parvis que prêcha en 1425 **saint Bernardin** (1380-1440), moine franciscain. La basilique, pavoisée en permanence aux couleurs des *contrade*, comprend une **nef★** unique d'une magnifique ampleur, dont le parement peint imite l'alternance de marbre blanc et noir du dôme, et un chœur flanqué de petites chapelles. De très beaux vitraux historiés y diffusent une agréable lumière. On y remarque, dans la 1re chapelle à gauche de l'autel, une fresque de **Pietro Lorenzetti** représentant la Crucifixion et, dans la 3e, d'autres fresques exécutées par son frère Ambrogio, qui a figuré *(au mur de droite)* saint Louis de Toulouse (petit-neveu de Saint Louis et frère du roi de Naples Robert d'Anjou) devant Boniface VIII, et *(en face)* le Martyre des franciscains à Ceuta.

C'est ici que Verdi fit jouer pour la première fois son *Requiem* avec 400 choristes, comme le rappelle une plaque en haut de la nef à gauche.
À droite de l'église se trouve le **couvent de San Francesco**, aujourd'hui siège de l'université.

★ Oratorio di San Bernardino - Musée d'Art sacré B1

Piazza San Francesco - ✆ 0577 28 30 48 - actuellement fermé pour travaux.
C'est dans ce lieu que saint Bernardin prononçait les prêches passionnés qui ont rendu son éloquence célèbre. L'oratoire inférieur, avec sa voûte étoilée, conserve une belle *Vierge à l'Enfant* de Sano di Pietro. L'oratoire supérieur, magnifique, possède un beau cycle de **fresques★** dédiées à la Vierge et réalisées par Sodoma, Domenico Beccafumi et Girolamo Pacchia.
Le musée d'Art sacré rassemble des œuvres remarquables, datées du 13e au 19e s., parmi lesquelles une belle *Vierge à l'Enfant* en terre cuite de Jacopo della Quercia, une fresque comprenant la *Résurrection* d'Ambrogio Lorenzetti et la suave *Madonna del Latte* de Pietro Lorenzetti.

Sant'Agostino B2

L'église St-Augustin date du 13e s. L'intérieur, refait au 18e s. par Vanvitelli, est baroque. Au 2e autel à droite, on admire une **Adoration du crucifix★** sur un très beau fond de paysage, exécutée en 1506 par **le Pérugin**. La chapelle Piccolomini *(porte aussitôt après)* renferme d'intéressantes **œuvres★** peintes : une *Madone avec des saints*, fresque d'une grande fraîcheur, par A. Lorenzetti, et, au-dessus de l'autel, une *Adoration des Mages* par Sodoma.

Santa Maria dei Servi Hors plan B2

Sa rustique façade de briques, inachevée, se détache au sommet d'une courte allée de cyprès. Un joli clocher romano-gothique la domine. Du haut de l'escalier qui la précède, on jouit d'une magnifique **vue★★★** sur la colline escarpée du dôme et la façade postérieure de l'hôtel de ville.
À l'intérieur, où cohabitent les styles gothique et Renaissance, on note de remarquables **œuvres d'art★** : une *Vierge en majesté* (1261) du Florentin Coppo di Marcovaldo qui, fait prisonnier à Montaperti, aurait peint cette œuvre en échange de sa liberté *(2e autel à droite)* ; un *Massacre des Innocents*, très expressionniste, par Matteo di Giovanni *(5e autel)*, dans la 2e chapelle à gauche du chœur, des fresques de **Pietro Lorenzetti** évoquant à droite la danse de Salomé et la mort de saint Jean-Baptiste et, à l'autel, une *Adoration des bergers* (1404) de Taddeo di Bartolo ; au fond du transept gauche, incorporée à un autre tableau, une très douce *Vierge de miséricorde* par **Lippo Memmi**.

À proximité Plan de ville I p. 377/Carte de région p. 328

Convento dell'Osservanza Plan de ville I Hors plan B1

3 km au nord-est. Quitter Sienne par la Porta Ovile et rejoindre la route de Montevarchi (S 408) ; dès que l'on atteint cette route, après avoir traversé le passage à niveau, suivre le fléchage jaune « Basilica dell'Osservanza ».
Fondé par **saint Bernardin** *(voir p. 375)*, le **couvent de l'Observance** est situé sur le faîte d'une colline, d'où l'on a une jolie vue sur Sienne.
La **basilique**, en brique, restituée dans son style du 15e s. après sa destruction en 1944, abrite d'intéressantes **œuvres d'art★**, dont un Couronnement de la Vierge en terre cuite, par **Andrea Della Robbia** *(2e chapelle gauche)*, un triptyque de la Vierge à l'Enfant, par **Sano di Pietro** *(1re chapelle gauche)* et, dans la 2e chapelle de droite, une belle Pietà sculptée par le Siennois G. Cozzarelli (1453-1515). Sous l'église s'étend une immense crypte à voûtes d'arêtes.

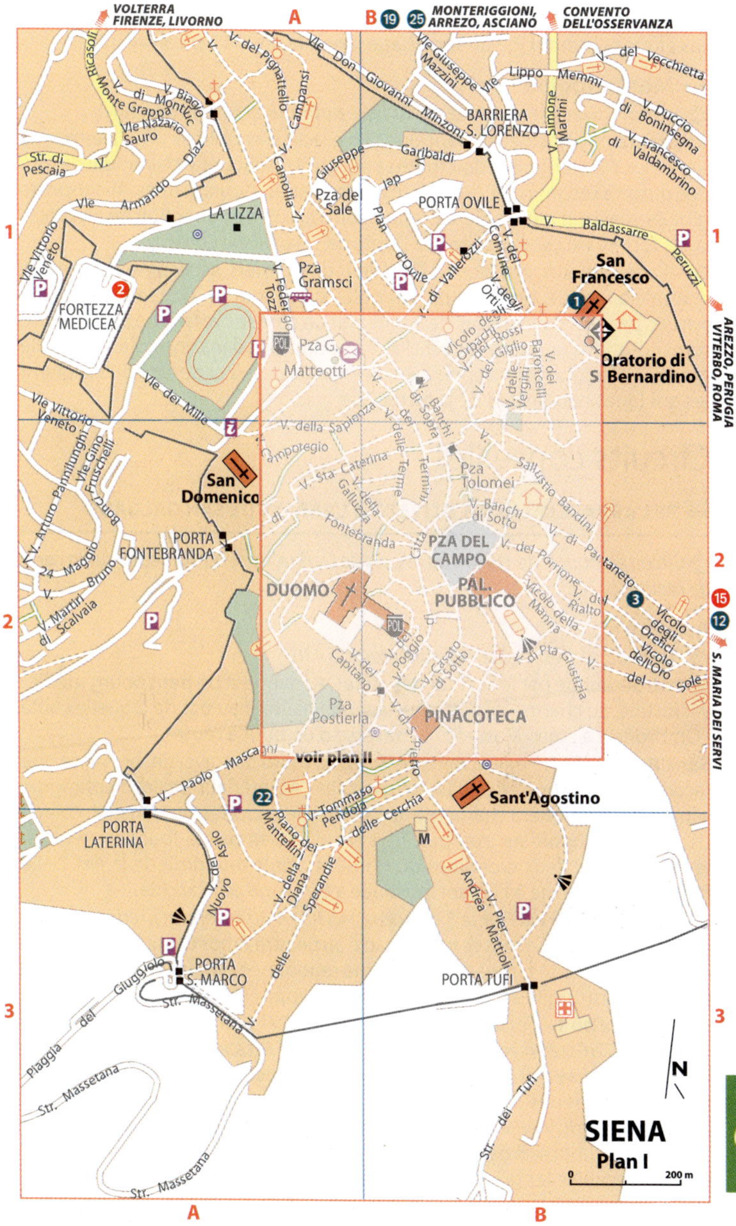

SE LOGER

B&B Palazzo Bulgarini 3
Casa per Ferie San Francesco 1
Santa Caterina 12
Siena Hostel 19
Palazzo Ravizza 22
Villa Scacciapensieri 25

SE RESTAURER

Mille Vini...................................... 2
Trattoria Fòri Porta-Enoteca-Bruschetteria ... 15

Dans le bâtiment conventuel, on visite la cellule du saint où sont conservés ses effets et le moulage de son visage, exécuté en 1443, un an avant sa mort.

★★ Monteriggioni Carte de région B2

Environ 15 km au nord-ouest, par l'axe autoroutier Florence-Sienne.
Couronnant majestueusement une des gracieuses collines de la campagne siennoise, Monteriggioni doit toute sa beauté à la silhouette clairement découpée qu'offre son mur d'enceinte hérissé de quatorze tours carrées. Avant-poste gibelin construit par les Siennois au début du 13e s. en direction de Florence, cette forteresse est évoquée par Dante dans sa *Divine Comédie*.
Le village, entièrement blotti à l'intérieur de ses murs, se résume à une place centrale allongée, occupée par un puits, où se font pratiquement face, de part en part, les deux portes de la ville. Sur un côté se dresse une petite église romano-gothique, tandis que de l'autre se détache, dans un angle, une ruelle qui rejoint l'angle suivant après avoir dessiné un croissant de lune où s'alignent les quelques habitations de la forteresse.

Circuits conseillés Carte de région p. 328

★★ DE L'ABBAYE DU MONT OLIVETO À L'ABBAYE DE SAN GALGANO

Circuit en boucle de 115 km au départ de Sienne, tracé en bordeaux sur la carte de région (p. 328).

Asciano B2

20 km au sud-est de Sienne, sur la route S 438.
Séparé de Sienne par le secteur des crêtes, Asciano est un petit bourg médiéval fortifié, au charme désuet, situé sur une hauteur au bas de laquelle coule l'Ombrone. Le corso Matteotti le traverse d'un bout à l'autre.
Sant'Agata – Cette église romane du 12e s., toute de travertin, présente une façade gothique précédée d'un large escalier. À l'intérieur, un arc diaphragme sépare la nef unique, à charpente apparente, de la croisée du transept, coiffée d'une belle coupole sur trompes. Trois absidioles en cul-de-four s'ouvrent sur le chœur et les deux croisillons du transept. Sur le mur droit de la nef, belle fresque de la Vierge à l'Enfant attribuée à Girolamo del Pacchia.
Museo Cassioli – *Via Fiume 8 - tlj sf lun. 14h30-17h30, w.-end et j. fériés 10h-13h, 14h30-18h - 4,50 €.* Ce musée est consacré au peintre Amos Cassioli (1832-1892), qui jouissait en son temps d'une certaine renommée pour ses portraits et ses peintures historiques, ainsi qu'à son fils Giuseppe (1865-1942).
Palazzo Corboli – *Corso Matteotti 122 - ✆ 0577 71 95 24 - tlj sf lun. 10h30-13h, 15h-18h30 (17h30 en hiver) - 5 €.* Il abrite le musée d'Art sacré et le Musée archéologique. Le **Museo di Arte sacra** expose une collection de peintures et sculptures siennoises des 14e et 15e s. dont une *Annonciation* de Taddeo di Bartolo, la *Naissance de la Vierge* de Sassetta et un polyptyque représentant au centre *Saint Michel tuant le dragon* d'Ambrogio Lorenzetti. Le **Museo archeologico Corboli** recueille les pièces de la nécropole étrusque voisine de Poggio Pinci (céramiques, urnes) datant du 5e au 1er s. av. J.-C.
Prendre la route S 451 sur 8 km.

★★ Abbazia di Monte Oliveto Maggiore B2

✆ 0577 70 76 11 - www.monteolivetomaggiore.it - 9h15-12h, 15h15-18h (17h en hiver).
La route qui mène au mont Oliveto Maggiore peut apparaître comme un chemin de préparation à la vie monastique. Les maisons, les visages, les voix, le bruit et l'activité disparaissent progressivement. C'est peut-être à ce

Les ruines de l'abbaye de San Galgano.
S. Wasek/age fotostock

moment-là, seul au milieu de la nature, que l'on commence à percevoir le sens de ce « désert » évoqué par les moines, même lorsqu'ils vivent aux abords de nos grandes villes. La majestueuse silhouette de l'abbaye surgit alors, dissimulée derrière son rideau de verdure. Elle ne se dévoilera qu'à ceux qui, après avoir franchi la porte fortifiée ornée de terres cuites de l'atelier de Luca Della Robbia, parcourront la grande allée bordée de cyprès pour atteindre l'église, le cloître et… une véritable tentation : la boutique riche en huiles, vins, eaux-de-vie, baumes, crèmes et autres herbes médicinales !

Chiostro grande – Le **grand cloître** s'orne d'une série de 36 **fresques★★**, superbes, contant la vie de saint Benoît, réalisée par **Luca Signorelli** dès 1498, et par Sodoma de 1505 à 1508. Le cycle, que l'on lit de gauche à droite, commence près de l'entrée de l'église, au grand arc où sont peints le Christ à la colonne et le Christ portant sa croix, chefs-d'œuvre de Sodoma. Tout comme le dernier côté *(au nord)*, les 19 premières scènes (à partir du *Départ de saint Benoît de la maison paternelle*) sont également de ce peintre ; viennent ensuite une fresque de Riccio, puis huit de Signorelli.

Esprit raffiné, influencé par Vinci et le Pérugin, **Sodoma** s'est représenté dans la 3e fresque, tourné vers le spectateur, les cheveux tombant sur les épaules. Peu religieux, il est surtout attiré par l'évocation séduisante des types humains, du paysage et du détail pittoresque, comme en témoignent la 4e fresque, où saint Benoît reçoit l'habit d'ermite, la 12e *(première du côté sud)*, où le saint accueille deux jeunes gens au milieu d'une foule de personnages aux attitudes variées, ou encore la 19e *(dernière côté sud)*, où de langoureuses courtisanes sont envoyées pour tenter les moines (magnifiques détails d'architecture).

Quant à **Signorelli**, ses travaux se distinguent par la puissance sculpturale de ses figures et la mise en place dramatique des scènes choisies, où les paysages se réduisent à une simple évocation spatiale, comme dans la 24e fresque où saint Benoît ressuscite un moine tombé du haut d'un mur.

À partir du cloître, on visite aussi le réfectoire du 15e s., orné de fresques de la même époque (Cène), et la bibliothèque, dessinée par Fra Giovanni da Verona en 1518, dans laquelle sont réunis des antiphonaires enluminés du 15e s., la pharmacie et ses précieux pots de céramique, et une petite pinacothèque dans la salle capitulaire.

Chiesa abbaziale – L'intérieur, refait en style baroque au 18e s., contient des vitraux modernes. Dans la chapelle à gauche de l'entrée extérieure a été placé le crucifix en bois, apporté à l'abbaye par son fondateur en 1313. Les **stalles★★** (1505) de **Fra Giovanni da Verona**, marquetées d'oiseaux, de perspectives architecturales, de tabernacles, d'instruments de musique…, épousent le pourtour de la nef. À droite du chœur, un escalier permet d'accéder à la crèche.

Prendre la S 451 sur 10 km pour rejoindre Buonconvento.

Buonconvento B2

Serré à l'intérieur de son enceinte médiévale du 14e s., Buonconvento est un petit bourg agricole, aux maisons de brique, qui se dresse sur l'antique via Cassia reliant Sienne à Rome, au confluent de l'Arbia et de l'Ombrone. L'empereur Henri VII, en qui Dante bâtissait l'espoir d'une Italie unifiée et pacifiée, y mourut en 1313. La grande Porte Senese, surmontée de petits arcs de décharge et de créneaux, s'ouvre au nord des fortifications, face à Sienne. De là, la via Soccini traverse tout le village : à gauche s'élèvent, sur une petite place, l'église Santi Piero e Paolo, à façade jésuite et, plus loin, le Palazzo pretorio surmonté d'une élégante tour inspirée de celle de Sienne.

★ **Museo di Arte sacra della val d'Arbia** – *Via Soccini 18 - ✆ 0577 80 71 90 - tlj sf lun. 10h-13h, 15h-18h (17h en hiver) - 3,50 €.* Ce petit musée présente un ensemble intéressant de peintures siennoises, datées du 14e au 17e s., ainsi que de l'orfèvrerie et des ornements liturgiques provenant de la région de Buonconvento et du val d'Arbia.

Prendre la SP 34 sur 12 km.

★ Murlo B2

Murlo est un petit bijou cerné de remparts et perché sur une colline. Fief des évêques de Sienne du Moyen Âge au 18e s., le village est minuscule mais il possède un musée très intéressant.

★ **Antiquarium di Poggio Civitate** – *Piazza della Cattedrale - ✆ 0577 81 40 99 - avr.-sept. : jeu.-dim. 10h-13h, 15h-19h ; reste de l'année : vend.-dim. 10h30-13h30, 14h30-17h30 - 5 €.* Installé dans le **Palazzo vescovile**, appelé aussi *palazzone* (ex-palais épiscopal), et à l'étage supérieur d'un édifice adjacent, la « Palazzina », ce musée rassemble dans douze salles les vestiges d'une demeure patricienne des 7e et 6e s. av. J.-C. découverts à Poggio Civitate. Cette villa étrusque d'époque archaïque, de forme quadrangulaire, était occupée au centre par une cour à portiques. Elle a livré de rares témoignages sur l'architecture domestique, dont le système de toiture, qu'elle a conservé presque intact.

LES MOINES, L'HOSPITALITÉ ET LES CHANTS GRÉGORIENS

La congrégation de Monte Oliveto, fondée en 1313 par le bienheureux Bernard Tolomei de Sienne, suit la règle bénédictine cénobitique, instaurée par saint Benoît et qui impose aux moines la vie communautaire. Les moines entretiennent les règles d'hospitalité et organisent des congrès et des rencontres. Si vous le pouvez, ne manquez pas les **chants grégoriens**, « un chant qui fait vibrer l'inexprimable, qui suscite la nostalgie de Dieu et des valeurs de la foi, qui apaise et renforce l'esprit et le cœur » *(sem. 18h15, dim. 11h et 18h30)*. L'hôtellerie monastique est réservée de préférence aux retraitants. *Foresteria Monastica di Monte Oliveto Maggiore - Chiusure (SI) - ✆ 0577 707 652 - www.monteolivetomaggiore.it.*

GALGANO GUIDOTTI

Galgano Guidotti, issu de la noblesse siennoise et originaire d'une localité toute proche, Chiusdino, doit sa vocation à une apparition de l'archange Michel. Il abandonne une vie agitée pour revêtir l'habit cistercien. Il finit ses jours en ermite, dans une petite chapelle édifiée par ses soins, là où s'élève aujourd'hui l'abbaye, œuvre des moines cisterciens de Casamari.

La reconstitution du toit et de sa riche ornementation de terre cuite permet de mesurer l'importance attachée à cet élément architectural en tant que reflet de la situation sociale de la famille : une série de statues de plus de 1,50 m de haut en ornaient le faîte (une vingtaine de figures humaines et animales environ), dont un homme coiffé d'un chapeau à large bord, portant une barbe de type pharaonique ; le toit était ensuite souligné par une bordure d'antéfixes à têtes de gorgone et une large frise décorée de scènes de banquet et de courses de chevaux, sur des modèles grecs.
À ce matériel s'ajoutent de beaux vases de céramique importés de Grèce ou réalisés localement en *bucchero* *(voir p. 68)*, de la vaisselle réservée à la cuisine et aux serviteurs, des objets de décoration et des bijoux en ivoire et en bronze, reflets de la vie d'une famille princière étrusque entre le milieu du 7e s. et la fin du 6e s. av. J.-C.
De Murlo, prendre la SP 33.

★★ Abbazia di San Galgano A2

✆ 0577 75 67 38 - avr.-oct. : 9h-18h (juil.-août 20h) ; reste de l'année : 9h30-17h30 - 2 €.
Les ruines à ciel ouvert, si majestueuses et impressionnantes qu'elles laisseront dans vos mémoires un souvenir indélébile, sont les seuls vestiges de cette abbaye cistercienne. De style romano-gothique, elle fut érigée entre 1224 et 1288, en l'honneur de **saint Galgan** (1148-1181). Première église gothique toscane, elle inspire la construction de la cathédrale de Sienne. Sa visite permet de reconnaître les conceptions traditionnelles de l'art cistercien. De l'ancien monastère, seuls restent l'angle du cloître, la salle capitulaire et le scriptorium.

★ Eremo di Montesiepi A2

✆ 0577 75 67 00 - 9h- av. coucher du soleil. Un petit sentier permet de relier à pied l'abbaye et l'ermitage.
L'abbaye est dominée, à 200 m de là, par l'**ermitage**, curieuse construction romane en rotonde datant du 12e s., dont l'étonnant **dôme** (1181-1185) sans nervures s'inspire des tombes étrusco-romaines et qu'il faut comprendre comme une liaison idéale entre les périodes de l'Antiquité et de la Renaissance. Celui-ci est caractérisé par 24 cercles de brique et de pierre, blancs et rouges. Multiple de douze, ce nombre a des connotations sacrées (on pense notamment aux Apôtres et aux tribus d'Israël). L'église a été érigée pour abriter la dépouille de Galgano Guidotti et conserver le rocher où il planta, en 1180, son épée de chevalier, symbolisant dès lors une croix. Comme certains temples païens, l'église est orientée en fonction des astres. Dans la chapelle située à gauche de l'autel, fresques d'**Ambrogio Lorenzetti** (vers 1285-1348).
Reprendre la S 73 pour revenir à Sienne.

DE SIENNE AUX MONTS DU CHIANTI

Circuit de 100 km tracé en violet sur les cartes de région (p. 328) et du Chianti (p. 389), et décrit dans le chapitre Le Chianti (voir p. 393).

NOS ADRESSES À SIENNE

Plan I p. 377 et plan II p. 373

ARRIVER/PARTIR

Bus – Liaisons avec Florence, la province de Sienne ainsi que celles d'Arezzo, Grosseto, Piombino avec la compagnie **TIEMME** - *www.tiemmespa.it.*
Train – Sienne n'est pas desservie par les lignes à grande vitesse ; il faut donc compter 1h30-1h45 pour parcourir les 75 km qui la séparent de Florence *(www.trenitalia.com).*

TRANSPORTS

En deux-roues – Circuler à vélo dans les rues de Sienne est déconseillé, à moins d'aimer les montagnes russes, mais la beauté des paysages des environs, aux couleurs si intenses, offre un cadre unique pour pratiquer ce sport. Beaucoup de parcours sillonnent la région. De nombreuses informations sur le site Internet www.terresiena.it/it/bici.
Radio-taxi – *✆ 0577 49 222.*

VISITES

Billets combinés – Billet **Musei Comunali** *(valable 2 j.)* (Museo civico + Complexe de Santa Maria della Scala) 13 € ; billet Musei Comunali + Torre del Mangia 20 €. Pour le billet combiné **OPA SI PASS** *(valable 3 j.)*, voir encadré p. 363.

HÉBERGEMENT

PREMIER PRIX

Casa per Ferie San Francesco – plan I B1 - *Piazza San Francesco 5-6 - ✆ 0577 49 406 - 16 ch.*
Siena Hostel – Hors plan I B1 - *Via Fiorentina 89 - Stellino - 6 km au nord de Sienne - ✆ 0577 169 81 77 - www.sienahostel.it - dortoirs et ch. doubles.* Avec un parking en face et un arrêt de bus à quelques mètres, c'est une adresse parfaite pour ceux qui voyagent en voiture ou en autobus. Fraîchement rénovées, les chambres de cette auberge de jeunesse sont simples (petits lavabos, lits superposés et sanitaires en commun) mais propres. Le petit-déjeuner sous forme de buffet est servi dans une grande salle.

BUDGET MOYEN

Antica Residenza Cicogna – plan II C1 - *Via delle Terme 67 - ✆ 0577 28 56 13 - www.anticaresidenzacicogna.it - 7 ch. - 90/110 €.* Au premier étage d'un édifice médiéval, ce bed &breakfast propose des chambres élégantes et joliment aménagées pour un séjour de charme dans un palais nobiliaire.
B&B Palazzo Bulgarini – plan I B2 - *Via Pantaneto 93 - ✆ 0577 15 24 466 - www.bbpalazzobulgarini.com - 6 ch. 95/110 €.* Dans un ancien palais situé à 300 m de la piazza del Campo, ce bed & breakfast dispose de chambres confortables, récemment rénovées et bien équipées.

POUR SE FAIRE PLAISIR

Santa Caterina – Hors plan I B2 - *Via Enea Silvio Piccolomini 7 - ✆ 0577 22 11 05 - www.hscsiena.it - 22 ch. - 140/170 €.* Cet hôtel de charme, meublé en style toscan, est installé dans une belle demeure patricienne du 18e s., à quelques mètres de la Porta Romana et à 15mn à pied de la célèbre piazza del Campo. Vous pourrez prendre votre petit-déjeuner ou contempler le coucher du soleil sur la campagne dans un jardin luxuriant.

UNE FOLIE

Palazzo Ravizza – plan I A2 - *Piano dei Mantellini 34 - ✆ 0577 28 04 62 -www.palazzoravizza.it - 39 ch. - 150/200 €.* À 5mn du centre historique, ce palais Renaissance, aux plafonds à caissons ou ornés de fresques, exhale la sobriété et l'élégance raffinée toscanes. Très apprécié pour son atmosphère début de siècle et son mobilier d'époque. En été, le jardin ombragé, où l'on se restaure, offre une belle vue sur les collines environnantes.

À proximité

Fattoria di Cavaglioni – *Via del Poggetto 1 - San Rocco a Pilli - 9 km au sud-ouest de Sienne, sur la SS 223, dir. Grosseto - ✆ 0577 34 77 23 - www.anfamtos.com - fermé 2 mois en hiver - 7 ch.- 110/130 €.* Ce domaine comprend une demeure du 17e s. et un petit hameau, à l'écart, offrant tranquillité et simplicité. Les champs alentour invitent à la promenade, et l'atmosphère des chambres promet le repos.

UNE FOLIE

Villa Scacciapensieri – Hors plan I B1 - *Strada di Scacciapensieri 10 - 2 km au nord du centre-ville - ✆ 0577 41 441 - www.villascacciapensieri.it - fermé janv.-fév. - 28 ch. - 150/230 €.* Située au sommet d'une des collines autour de Sienne, cette maison de maître du 19e s., élégante et raffinée, où règne l'agréable atmosphère de la famille Nardy depuis 1934, domine la ville. Très appréciée pour ses espaces communs, son jardin à l'italienne et son parc bien entretenu, à la végétation luxuriante. Bus pour Sienne.

Ancaiano

BUDGET MOYEN

Il Ficareto – *Strada Ficareto 6 - Ancaiano, 17 km au sud-ouest de Sienne dir. Sovicille-Ancaiano, sur la SS 73 - ✆ 0577 31 10 20 - www.poderficareto.it - 6 ch. - 110/130 €.* À l'écart des itinéraires touristiques les plus connus, cette ferme est le lieu idéal pour un séjour de tout repos, au contact direct de la nature. L'endroit est tenu par un couple charmant, aux petits soins pour ses hôtes.

Asciano

BUDGET MOYEN

Piccolo Hotel San Valentino – *Asciano, SP 451 di Monteoliveto - ✆ 0577 70 71 53 - www.piccolohotelsanvalentino.com - fermé janv. - ✕ - 9 ch. - 120/130 €.* Si vous tombez amoureux des crêtes siennoises, faites étape dans ce délicieux petit hôtel, à quelques kilomètres de l'abbaye, sur la route de Buonconvento. Restaurant ouvert le soir.

RESTAURATION

PREMIER PRIX

Osteria Il Carroccio – plan II D2 - *Casato di Sotto 32 - ✆ 0577 41 165 - fermé mar. soir, merc. - réserv. conseillée - 20/25 €.* Proche de la piazza del Campo, ce restaurant attire une clientèle locale séduite par l'authenticité de sa cuisine siennoise. Dans la petite salle accueillante et rustique, on déguste plats typiques et salades appétissantes.

BUDGET MOYEN

Trattoria Papei – plan II D2 - *Piazza del Mercato 6 - ✆ 0577 28 08 94 - 25/35 €.* Atmosphère animée et conviviale dans cette trattoria typique, simple et bien tenue. En été, on mange sur la piazza grouillante de monde, avec en toile de fond la partie postérieure de la torre del Mangia.

Grotta di Santa Caterina - Da Bagoga – plan II C1 - *Via della Galluzza 26 - ✆ 0577 28 22 08 -*

www.bagoga.it - fermé dim. soir et lun. - 30/35 €. Une adresse traditionnelle gérée avec passion par Bagoga, *fantino* du Palio en retraite. Cuisine typique et ambiance très agréable.

Trattoria Fòri Porta – Hors plan I B2 - *Via Claudio Tolomei 1 (loc. Valli) - ✆ 0577 22 21 00 - www.foriportasiena.it - fermé à midi et lun. - 25/35 €.* À proximité de la Porta Romana, une trattoria moderne aux tons vifs où vous pourrez déguster de délicieuses *bruschette* et les plats typiques de la région.

Mille Vini – plan I A1 - *Fortezza Medicea 1 - ✆ 0577 24 71 21 - www.ristorantemillevini.it - 25/35 €.* À l'intérieur du bastion de la Fortezza Medicea, sous les hauts plafonds en brique, vous dégusterez une cuisine axée sur les produits du terroir.

Zest – plan II C1 - *Costa di Sant'Antonio 13 - ✆ 0577 74 71 39 - www.zestsiena.com - fermé mar. - 30/40 €.* Non loin du sanctuaire de sainte Catherine, un endroit tendance, à la fois restaurant, bistrot et wine-bar, au cadre contemporain.

La Taverna di San Giuseppe – plan II D2 - *Via Giovanni Duprè 132 - ✆ 0577 74 22 86 - www.tavernasangiuseppe.it - fermé dim. - 35/40 €.* En plein cœur de Sienne, voici une belle salle rustique où déguster une vraie cuisine siennoise. Ne manquez pas également les splendides caves creusées dans le tuf d'une ancienne maison étrusque.

Asciano

PREMIER PRIX

Ristorante La Torre – *Loc. Monte Oliveto Maggiore - ✆ 0577 70 70 22 - fermé mar.* Sympathique restaurant dans la tour de l'abbaye, tenu depuis 40 ans par la famille Giustarini.

PETITE PAUSE

La Costarella – plan II C2 - *Via di Città 31-33 - ✆ 0577 28 80 76.* Avec son intérieur en marbre beige, cet artisan glacier dispose d'un élégant petit salon de thé qui donne sur la piazza del Campo. Idéal après une visite au Museo civico pour se reposer et profiter du lieu.

Torrefazione Fiorella – plan II C2 - *Via di Città 13 - ✆ 0577 27 12 55 - www.torrefazionefiorella.it.* Une maison du café dont l'arôme se répand dans toute la rue.

Enoteca Italiana – plan I A1 - *Fortezza Medicea - Piazza Libertà 1 - ✆ 0577 228 811 - www.enoteca-italiana.it - tlj sf dim.* Située dans les bastions de la forteresse médicéenne, cette œnothèque propose 1 000 vins italiens, à dénomination d'origine. Dégustation et conférences données par de grands viticulteurs.

Nannini – plan II C1 - *Via Banchi di Sopra 22-24 - ✆ 0577 23 60 09* L'enseigne de ce producteur du *panforte* le plus connu d'Italie, figure dans tous les commerces de Sienne. La maison mère a pris place dans cette coquette pâtisserie, qui fait également salon de thé. Une institution et une bonne adresse pour un petit café accompagné d'un délicieux *ricciarello*.

Pasticceria Bini – plan I A2 - *Via Stalloreggi 91 - ✆ 0577 28 02 07 - tlj sf lun.* Fondée en 1943, cette pâtisserie demeure l'une des meilleures de Sienne et propose les *ricciarelli* et le fameux *panforte* : *panforte margherita* (aux cédrats confits), *panforte oro* (au melon confit), *copate* (gaufrettes blanches) ou *cannoli* (rouleaux de pâte feuilletée fourrés aux amandes).

EN SOIRÉE

La Birreria di Piazza del Campo – plan II D1 - *Piazza del Campo 58 - ✆ 0577 28 44 24*. Un des cafés de la piazza del Campo. Vous y croiserez des touristes, mais aussi des Siennois qui aiment se retrouver là vers 18h30 pour boire l'apéritif, accompagné de délicieux « amuse-gueules » à l'italienne, gratuits. Cocktails de fruits et légumes centrifugés pour les amateurs.

ACHATS

Antica Drogheria Manganelli – plan II C2 - *Via di Città 71-73 - ✆ 0577 28 00 02 - fermé dim.* D'une riche facture, le mobilier de cette épicerie fine fondée en 1879 renferme des produits sélectionnés auprès des meilleurs artisans. Vins, *cantucci*, pâtes… et un étonnant vinaigre balsamique à la noisette de 80 ans d'âge !

Al Palazzo della Chigiana – plan II C2 - *Via di Città 93-95 - ✆ 0577 28 91 64*. Difficile de résister aux fromages, *porcini* (cèpes), saucissons, mortadelles et autres victuailles présentes dans la vitrine de cette alléchante boutique.

Marché – plan I A1 - *Merc. 8h-13h - autour de la Lizza, au nord du stade.* Un des plus vastes de Toscane, idéal pour les vêtements bon marché.

ACTIVITÉS

Trekking urbain – *✆ 0577 292 128 - www.trekkingurbano.info*. Ce sport consiste à parcourir des itinéraires empruntés par les gens du pays, dans des villes d'art caractérisées par de forts dénivelés. Il propose de vivre la ville comme un lieu à parcourir à pied, en regardant vers le ciel, et associe sport, art et saveurs. Différents parcours, aussi pour enfants.

Trenonatura – *✆ 0577 28 18 34 - www.terresiena.it/trenonatura*. Une ligne spéciale, en service périodiquement (sept.-mai), permet de découvrir le paysage de la région, sur un long parcours circulaire : Sienne-Asciano-Monte Antico-Sienne. Sorties en train d'époque à vapeur, selon le calendrier.

AGENDA

Palio delle contrade – *Voir p. 361.*

Estate musicale chigiana – *Fondazione Accademia Musicale Chigiana, via di Città 89, Siena - ✆ 0577 22 091- www.chigiana.it - juil.-sept.* Festival de musique qui se déroule à Sienne et dans d'autres lieux évocateurs du territoire, comme l'abbaye de San Galgano et Monte Oliveto Maggiore.

Fête médiévale de Monteriggioni - *15 premiers jours de juillet - www.monteriggionimedievale.com*. Spectacles de théâtre, danse, musique et évocations historiques en costumes d'époque en compagnie de bouffons, ménestrels, jongleurs et cracheurs de feu.

6

Le Chianti

★★

Le Chianti n'est pas seulement une terre de vignobles, c'est aussi des paysages enchanteurs, notamment au printemps, quand le rouge des coquelicots et le bleu violacé des iris rehaussent le vert argenté des oliviers, quand l'obscurité des forêts de châtaigniers, de chênes verts, de pins et de sapins s'interrompt soudainement au détour de la route, laissant apparaître, dans une éclatante luminosité, une abbaye, un château, des espaces infinis de champs de terre labourée, des collines couronnées de fermes et des enfilades de cyprès. Et lorsque l'on atteint enfin un village, ce sont les places dallées où se dressent d'anciennes églises qui accueillent le doux effort du voyage. Il est alors temps de s'asseoir à une table et d'accompagner sa « bruschetta » d'un verre de « chianti classico ».

NOS ADRESSES PAGE 396
Hébergement, restauration, achats, activités, etc.

S'INFORMER

Offices du tourisme

Castellina in Chianti – *Via Ferruccio 40 - ✆ 0577 74 23 38 - www.comune.castellina.si.it.*

Castelnuovo Berardenga – *Via Chianti 61 - ✆ 0577 35 13 37 - www.comune.castelnuovo.si.it.*

Colle di Val d'Elsa – *Via del Castello 33/b - ✆ 0577 922 791.*

Gaiole in Chianti – *Via Ricasoli 18 - ✆ 0577 74 94 11.*

Impruneta – *Via Mazzini 1 - piazza Buondelmonti - ✆ 055 23 13 729.*

Greve in Chianti – *Palazzo del Fiorino, piazza Matteotti 11 - ✆ 0558 54 62 99.*

Poggibonsi – *Piazza Mazzini 6 - ✆ 0577 93 51 13.*

Radda in Chianti – *Piazza Castello - ✆ 0577 73 84 94.*

SE REPÉRER

Carte de région AB1-2 (p. 328) - carte du Chianti (p. 389). Situé entre Florence et Sienne, délimité à l'est par le massif des monts du Chianti au pied duquel coule l'Arno, il s'étend à l'ouest et au sud dans les vallées du Greve, de la Pesa, de l'Elsa et de l'Arbia. Il est traversé du nord au sud par la via Chiantigiana (R 222).

À NE PAS MANQUER

La visite d'une cave à vin et une dégustation ; les villages de Volpaia et Montefioralle ; une festivité en été.

ORGANISER SON TEMPS

Compter un jour et demi par circuit. Radda in Chianti est un bon point de départ pour une excursion de deux jours dans les environs.

AVEC LES ENFANTS

Les châteaux de Meleto et Brolio ; le parc des Sculptures du Chianti.

Circuits conseillés Carte de région p. 328 et carte du Chianti p. 389

Les trois circuits présentés ci-après empruntent chacun partiellement la **via Chiantigiana** *(R 222)*. Il va sans dire qu'à l'occasion d'un voyage rapide en Toscane incluant la visite de Florence et de Sienne, il est conseillé d'aller de l'une à l'autre des deux villes par cette route, qui offre un bel aperçu des paysages forestiers et vinicoles de la région. La Firenze-Siena (voie rapide), qui

Couleurs d'automne sur les vignobles, près de Castellina in Chianti.
S. Caporali/Tips/Photononstop

longe le Chianti par l'ouest, a néanmoins un parcours très agréable dans les vallées de la Pesa et de la Staggia.

DEPUIS FLORENCE : DU VAL DI PESA AU VAL DI GREVE

Carte de région B1-2 p. 328 et carte du Chianti p. 389

Circuit d'environ 100 km tracé en rouge sur les cartes de région (p. 328) et du Chianti (p. 389).

★★★ **Florence** *(voir p. 110)*
De Florence, emprunter la via Senese pour gagner Galluzzo (voir plan I p. 199).

★★ **Certosa del Galluzzo** *(voir p. 198)*
Se diriger vers Sienne par la R 2 et non l'axe autoroutier. Traverser Tavarnuzze et passer sous l'autoroute. À environ 1,5 km de là, tourner à droite vers Sant'Andrea in Percussina en traversant le Greve, que l'on longeait depuis Certosa del Galluzzo.
La route, d'aspect forestier, se dégage peu à peu et permet d'entrevoir les premières vignes. En traversant le hameau de **Sant'Andrea in Percussina**, on longe à gauche l'albergaccio di Machiavelli (aujourd'hui restaurant), où vécut **Machiavel**, banni de Florence au retour des Médicis pour avoir servi la République de 1498 à 1512. Il y écrivit *Le Prince* en 1513 et ne put retourner à Florence qu'en 1526, un an avant sa mort.

San Casciano in Val di Pesa
Situé sur une hauteur entre les vallées du Greve et de la Pesa, San Casciano conserve une partie de ses murs des 14e et 16e s. De la petite piazza Orazio Pierozzi centrale *(carrefour entre la via Roma et la via 4 novembre)*, la via Morrocchesi conduit à l'**église de la Miséricorde** de style romano-gothique : à l'intérieur, intéressantes œuvres toscanes des 14e et 15e s. Sur la via Lucardesi, le **Museo Giuliano Ghelli**, situé dans l'ancienne église **Santa Maria del Gesù** et dans des espaces adjacents, expose des peintures, des sculptures toscanes, des pièces d'orfèvrerie et de beaux ornements d'autel.

UN VIGNOBLE MONDIALEMENT CONNU

Célèbre grâce à son excellent vin, le vignoble du **chianti** s'étend bien au-delà des limites géographiques de la région éponyme. Le territoire de ce vin à dénomination d'origine contrôlée et garantie (DOCG) comprend également le mont Albano, au sud de Pistoia, les collines au sud de la province de Pise, le Mugello, les pentes du Pratomagno longeant l'Arno, les environs d'Arezzo, la rive ouest du Val di Chiana et les environs de Montepulciano, le sud siennois autour de Montalcino, la Montagnola à l'ouest de Sienne et les environs de San Gimignano *(voir p. 402)*.

Le secteur de production, dit du *chianti classico* (réunissant les communes qui fondèrent la ligue du Chianti au 13e s.), correspond presque au territoire géographique qui lui donna son nom.

La **Strada del Vino e dell'Olio Chianti Classico** regroupe 9 territoires autour de leur production viticole ou oléicole et de leur histoire communes *(voir « Nos adresses » p. 399)*.

Via Lucardesi 6 - 055 8256385 - www.chiantivaldarno.it - avr.-oct. : lun.-mar. 10h-13h, jeu.-dim. 10h-13h, 16h-19h, reste de l'année : lun. 10h-13h, vend. 15h-18h, sam. - dim. 10h-13h, 15h-18h.

Un peu plus loin, le grand jardin public de la piazza della Repubblica est bordé par les restes des fortifications, dont une tour du 14e s. De la terrasse, belle **vue** sur le Val di Pesa.

La SR 2 descend dans la vallée de la Pesa, que l'on suit longuement. Avant d'entrer dans Sambuca, prendre à gauche en direction de Passignano.

★★ Badia a Passignano

Pour informations sur les visites 055 807 78 32.

Splendide abbaye vallombrosienne située au sommet d'une douce colline plantée de vignes et de cyprès, Passignano fut fondée en 1049 par **Jean Gualbert**, qui y mourut en 1073 et y est enterré.

De loin, les bâtiments crénelés de l'abbaye, ponctués de tours et contre lesquels se sont blotties les quelques maisons du village, ressemblent à un bourg fortifié. *Se garer à l'arrière de l'ensemble.*

On accède à l'église San Michele en montant une rampe bordée de cyprès. Au sommet de la façade, statue de marbre de l'archange saint Michel (13e s.) et, à l'intérieur, œuvres du 16e s. peintes par Domenico Cresti, dit **le Passignano**, en souvenir de son village natal.

En retournant vers la Pesa, on traverse des bosquets, puis des champs d'oliviers et de vignes ainsi que de céréales. Au creux de la vallée, on longe le vieux village de Sambuca, avant de regagner les hauteurs en parcourant un secteur sauvage et boisé.

San Donato in Poggio

Ce village médiéval encore partiellement fortifié couronne une petite colline. Sur la place centrale s'élèvent le palais Malaspina (beaux encadrements de fenêtres en bossage rustique) ainsi qu'une citerne Renaissance.

En contrebas des habitations, l'**église San Donato**, *pieve* dont l'appareillage régulier et soigné souligne l'élégante sobriété romane, date de la seconde moitié du 12e s. Elle conserve sa structure basilicale d'origine, à trois nefs charpentées fermées par trois absides en cul-de-four. Le campanile, dont les créneaux trahissent la fonction défensive originelle, contraste dans sa partie haute de pierre sombre avec le reste de l'édifice construit en calcaire blanc.

LE CHIANTI

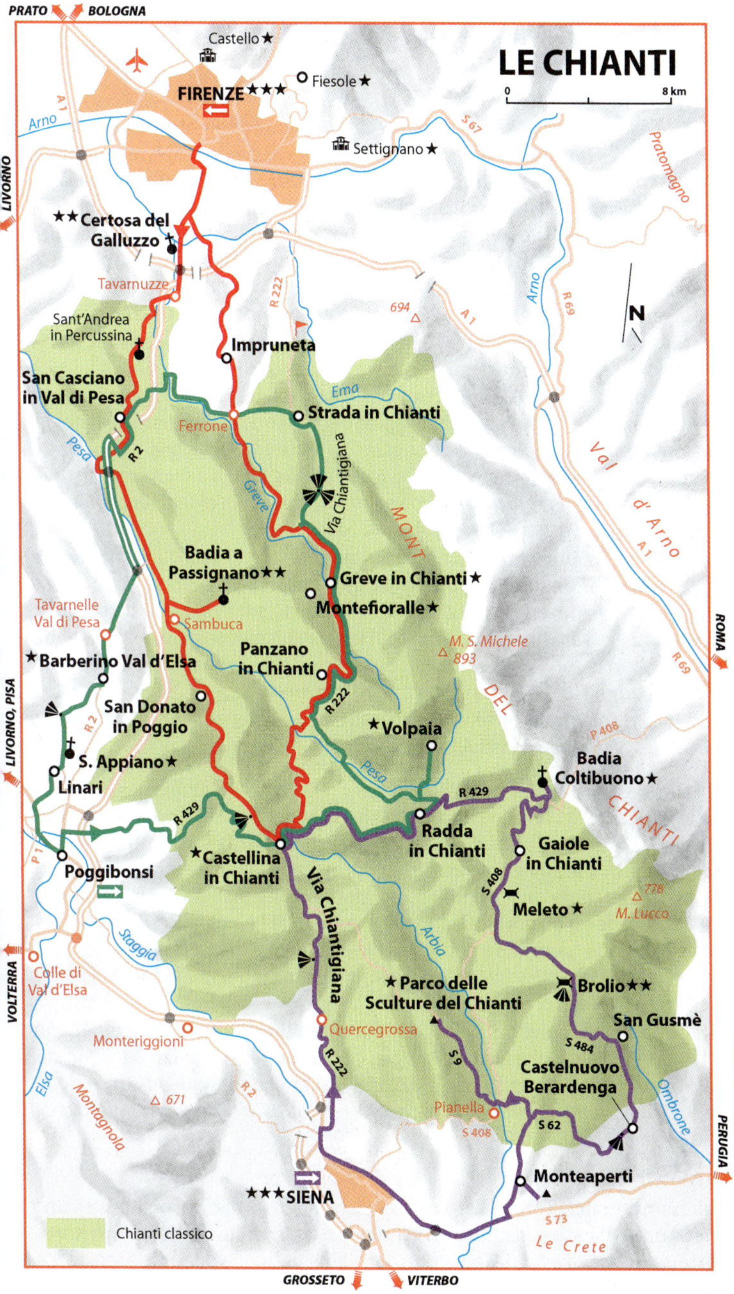

PRATO
BOLOGNA
LE CHIANTI
0
8 km
Castello ★
Fiesole ★
FIRENZE ★★★
Settignano ★
Arno
A 1
S 67
Pratomagno
LIVORNO
★★ Certosa del Galluzzo
Tavarnuzze
R 222
694
A 1
Arno
R 69
N
Sant'Andrea in Percussina
Impruneta
San Casciano in Val di Pesa
Ema
Strada in Chianti
Ferrone
Pesa
R 2
Via Chiantigiana
Greve
Val
d' Arno
A 1
MONT
Badia a Passignano ★★
Greve in Chianti ★
Montefioralle ★
Tavarnelle Val di Pesa
Sambuca
ROMA
M. S. Michele 893
★ Barberino Val d'Elsa
Panzano in Chianti
R 69
R 222
DEL
LIVORNO, PISA
San Donato in Poggio
R 2
★ Volpaia
P 408
S. Appiano ★
Badia Coltibuono ★
Linari
Pesa
R 429
R 429
CHIANTI
Radda in Chianti
★ Castellina in Chianti
Gaiole in Chianti
Poggibonsi
P 1
S 408
778
Meleto ★
M. Lucco
Via Chiantigiana
Staggia
Arbia
VOLTERRA
Colle di Val d'Elsa
★ Parco delle Sculture del Chianti
Brolio ★★
San Gusmè
Quercegrossa
Monteriggioni
S 484
S 9
R 222
Castelnuovo Berardenga
Elsa
R 2
671
Montagnola
Pianella
S 62
S 408
Ombrone
PERUGIA
Monteaperti
★★★ SIENA
S 73
Chianti classico
Le Crete
GROSSETO
VITERBO

6

Pour gagner Castellina, la route poursuit la traversée d'importantes étendues boisées, où la vue est limitée par les bosquets et les genêts. À 7 km de San Donato, profitant de la crête dénudée d'une colline, large **vue★** à droite sur la vallée de l'Elsa et au-delà.

★ Castellina in Chianti

Situé, dès la fin du 13e s., à la frontière des territoires florentin et siennois, ce bourg passa alternativement sous l'autorité de ces deux parties, en raison de sa position stratégique entre les vallées de l'Elsa, de la Pesa et de l'Arbia. À l'entrée, face à l'église néoromane du Très-Saint-Sauveur, s'ouvre la curieuse **via delle Volte★**, rue presque entièrement voûtée: aménagée le long des remparts, elle permettait autrefois de faire le tour de la forteresse à cheval. À partir du 16e s., quand la Toscane unifiée devint grand-duché des Médicis, on y perça des ouvertures, d'où l'on voit les collines boisées du Chianti.

En revenant sur ses pas par la via Ferruccio, on découvre l'imposant palais Ugolino *(n° 26)* qui abrite depuis la Renaissance des caves à vin. Face à lui, une ruelle monte à la place de la **Rocca**, forteresse crénelée du 15e s. *(restaurée)* : au rez-de-chaussée, le **Museo archeologico del Chianti senese** expose les objets découverts dans la nécropole étrusque de Montecalvario (6e s. av. J.-C.) ; du 2e étage, une belle vue panoramique s'offre à vous. *Piazza del Comune - ✆ 0577 74 20 90 - www.museoarcheologicochianti.it - tlj. avr.-mai et sept.-oct. : 10h-18h, juin-août : 11h-19h, nov.-mars : sam.-dim. 10h-17h - 5 €.*

La route, très sinueuse, redescend dans la vallée de la Pesa, que l'on traverse pour rejoindre **Panzano**. À l'approche du village, le paysage, beaucoup moins boisé, s'ouvre, devenant plus hospitalier. Dressé sur la gauche de la route, Panzano se repère de loin en raison de la position élevée de son église et de son campanile (portail moderne avec une porte de bronze surmontée d'un tympan orné d'une Assomption de la Vierge en stuc).

La **via Chiantigiana** offre ensuite un très agréable tronçon où alternent oliveraies, vignobles, bosquets et cyprès.

★ Greve in Chianti

Le village, situé au fond de la vallée de la rivière éponyme, s'organise autour d'une jolie place en forme de grand entonnoir, la piazza Matteotti *(marché le sam. mat.)*, bordée de portiques irréguliers supportant des terrasses fleuries. La place s'étrangle pour aboutir à une petite église (Santa Croce), refaite au 19e s., précédée d'un portique. À l'intérieur, de style Renaissance, on remarque dans l'abside à gauche du chœur, sur le mur de gauche, un triptyque de la *Madone à l'Enfant et les saints*, et sur le mur de droite, une petite *Annonciation* de **Bicci di Lorenzo**.

Grande fierté de Greve in Chianti, le **Museo del Vino** *(musée du Vin)*, aménagé à l'intérieur d'anciennes caves voûtées de la propriété de la famille Bencistà Falorni, décrit minutieusement l'activité, pilier économique et social de la région du Chianti. *Piazza N. Tirinnanzi 10 - ✆ 055 85 46 275 - www.museovino.it - tlj sf mar. 11h-18h - 6 €.*

★ Montefioralle

Faites un détour *(2 km à l'ouest)* par ce village fleuri fortifié qui pointe au sommet d'une colline pour admirer son unique rue circulaire bordée de maisons, de tours médiévales et de la pittoresque église gothique de Santo Stefano. Le navigateur-explorateur Amerigo Vespucci, qui donna son nom à l'Amérique, est né dans une des maisons reconnaissables au V des Vespucci sur la façade.
Revenir à Greve in Chianti.

UNE NOTORIÉTÉ LIÉE À SAINT LUC
Le village d'Impruneta profita dès le Moyen Âge de la renommée d'un portrait de la Vierge (conservé dans l'église), que l'on attribuait à l'évangéliste saint Luc. La tradition raconte que ce portrait antique aurait été apporté en Toscane par saint Romulus, qui fut contraint en raison des persécutions d'enterrer le tableau. De nombreuses années plus tard, les habitants, ne parvenant pas à construire leur église – les murs élevés le jour tombaient chaque nuit –, laissèrent le soin à des bœufs transportant les premières pierres du monument d'indiquer la volonté divine quant au lieu d'édification. Les bœufs s'agenouillèrent là où s'élève aujourd'hui l'église. En creusant les fondations, les habitants retrouvèrent le portrait de la Vierge. Très vénéré par la suite, le tableau, but de pèlerinages, fut aussi mené plusieurs fois en procession jusqu'à Florence lors de grandes calamités (épidémies de peste, guerres, inondations...).

On poursuit vers le nord en suivant assez longtemps le cours du Greve dans un secteur relativement sauvage ; puis, passé la rivière, une route se détache à gauche, se dirigeant vers Florence.
À Ferrone, la route monte vers Impruneta entre des alignements de cyprès, de pins et de chênes verts *(sur environ 500 m, cette route n'est pas asphaltée).*

Impruneta

Agréable bourg (anciennement appelé *In Prunetis* en raison des pinèdes qui l'entouraient), Impruneta est réputé depuis des siècles pour le travail de la terre cuite. On dit même qu'au 15e s., l'architecte Brunelleschi aurait exigé des tuiles d'Impruneta pour recouvrir la coupole du dôme de Florence.
★ **Basilica di Santa Maria dell'Impruneta** – *✆ 055 20 11 072 - 7h30-11h30, 16h30-19h.* Son portique Renaissance ouvre ses cinq arcs sur la grande place centrale. De l'époque romane, il ne reste guère que le campanile du 13e s. L'intérieur, à nef unique, présente de part et d'autre du chœur deux **édicules**★★ dessinés par **Michelozzo** sur le modèle de celui de la Santissima Annunziata de Florence (1456). L'édicule de droite est orné de céramiques vernissées des Della Robbia, tandis que celui de gauche abrite le fameux portrait de la Vierge, qui ne daterait que du 13e s. L'ensemble fut bombardé en 1944 *(voir les photos dans le baptistère en entrant à gauche)* et reconstitué avec les éléments non détruits.
Museo del Tesoro – *✆ 055 203 648 - actuellement fermé pour travaux.* Fruit de plusieurs siècles de dévotion à la Vierge d'Impruneta et de la générosité de grandes familles florentines, dont les Médicis, le **trésor** de la basilique rassemble des pièces d'orfèvrerie, des reliquaires, des ornements de culte et de nombreux ex-voto datant du 14e au 19e s., ainsi qu'une belle collection d'ouvrages liturgiques enluminés (14e-16e s.).

DE POGGIBONSI (OU SAN GIMIGNANO) AU CŒUR DE LA « LIGUE DU CHIANTI » Carte de région AB1-2 p. 328 et carte du Chianti p. 389

Circuit de 100 km en vert sur les cartes de région (p. 328) et du Chianti (p. 389).

Poggibonsi

Cette ville moderne et dynamique doit sa forte extension à son activité industrielle. Dans son quartier ancien, légèrement en hauteur par rapport à la vallée, elle conserve *(piazza Cavour)* un petit **Palazzo pretorio**, orné de blasons et dominé d'une tour crénelée gothique, le tout encastré dans des constructions plus récentes. À côté, une collégiale refaite au 19e s. présente des formes néoclassiques : son campanile crénelé serait le vestige d'un ancien château.

À la **Fonte delle Fate** (fontaine des Fées, *1 km au sud du centre en dir. San Lucchese*), grand abreuvoir du 13e s. ouvert par six arcades ogivales, s'est installée depuis l'an 2000 l'œuvre de **Mimmo Paladino**, *I Dormienti* (Les Dormeurs) : 25 sculptures, à mi-chemin entre figures humaines et crocodiles en bronze, couchées sur des plaques posées directement sur l'eau.

Descendre dans la zone d'activité industrielle pour pouvoir atteindre les collines situées de l'autre côté de la vallée.

En gravissant petit à petit les monts du Chianti, le relief s'accentue et la courbe des collines devient moins douce, quoique le vignoble soit encore très présent. La route devient particulièrement sinueuse lorsqu'elle rejoint presque la crête du massif : on traverse alors des étendues boisées avec quelques magnifiques échappées sur les collines en contrebas, en particulier sur les 2 km qui précèdent Castellina.

★ Castellina in Chianti *(voir p. 390)*

À mesure que l'on approche de Radda, le paysage s'ouvre et les collines, toujours en partie boisées, se couvrent peu à peu de cultures variées et de belles vignes.

Radda in Chianti

Bon point de départ pour une découverte de deux jours dans les environs.

Village médiéval tout en longueur qui constituait un des trois *terzieri* (avec Castellina et Gaiole) de l'antique ligue du Chianti. Radda en devint le chef-lieu en 1415. Il conserve encore un côté de son mur d'enceinte et son palais communal du 15e s., orné sous son porche à deux arcs d'une fresque de l'école florentine.

★ Volpaia

À 6 km vers le nord, au bout d'une route en lacet qui dévoile de beaux paysages, on parvient à ce joli hameau médiéval fortifié. Des vestiges du mur d'enceinte subsistent. Sur la place, le donjon n'a pas flanché. L'endroit est idéal pour une escapade buissonnière, qui trouvera son apothéose dans l'un des restaurants ou des bars du village.

Revenir vers la SR 222, au nord-ouest de Radda, en suivant la haute vallée de la Pesa, ou emprunter un chemin de terre blanche pour rejoindre directement Panzano (de Panzano à Greve in Chianti, voir circuit rouge, p. 389).

La campagne entre Greve et Strada est l'une des plus riantes du Chianti. Ce magnifique parcours emprunte à diverses reprises la ligne de crête des collines et offre ainsi un large **panorama★★** sur le vignoble.

LA LIGUE DU CHIANTI

Au début du 13e s., Florence crée la **ligue du Chianti**, ligue à caractère militaire destinée à lutter contre les prétentions territoriales de Sienne. Cette ligue, qui réunissait les villes de Castellina, Gaiole et Radda, prit pour emblème un coq noir, le *gallo nero* (qui est repris aujourd'hui par le consortium vinicole du *chianti classico*). Les *terzieri* (chacun des trois territoires formant la ligue) étaient administrés par un podestat qui, à l'origine, se trouvait à Castellina ; en 1415, son siège fut déplacé à Radda. Avec le rattachement, au milieu du 16e s., de la république de Sienne au grand-duché de Toscane, la ligue perdit sa raison d'être.

Strada in Chianti

Ancien lieu de passage obligé pour gagner le Chianti depuis Florence, d'où son nom de Strada (route), ce village moderne ne conserve de son passé que l'église romane San Cristoforo, dont la façade ornée d'une rosace est précédée d'un porche à trois arcades soutenues par deux élégantes colonnes.
Rejoindre la vallée du Greve en passant par Ferrone.

San Casciano in Val di Pesa *(voir p. 387)*

Emprunter la voie rapide direction Sienne : dans la descente, belle vue sur le Val di Pesa, bordé de collines. Quitter la voie rapide en direction de Tavarnelle pour rejoindre la crête des collines. Après la traversée de Tavarnelle s'étendent à droite les colli Fiorentini et à gauche le Val di Pesa.

★ Barberino Val d'Elsa

Aujourd'hui assez étendu, Barberino conserve son village haut fortifié, largement restauré. La Porte Senese, seule ouverture des fortifications des 13e et 14e s., permet d'entrer dans la rue principale, la via Francesco da Barberino, ponctuée immédiatement à gauche par une belle maison à encorbellement et, un peu plus loin, par la piazza Barberini. Sur cette place, à droite, s'ouvrent le *Palazzo pretorio*, à la belle façade Renaissance ornée de blasons, et, juste à côté, le chevet plat de l'église. Contourner celle-ci pour admirer depuis son perron une ravissante vue sur le Val di Pesa.
À la sortie de Barberino, quitter la SR 2 à droite en direction de **Sant'Appiano** : la route qui permet d'accéder à ce hameau offre de très belles **vues★★** sur les colli Fiorentini parmi les vignes et les oliviers.

★ Pieve di Sant'Appiano

Strada di S. Appiano - ✆ 055 805 22 90 - avr.-oct. : sam. et dim. 16h30-19h ; reste de l'année : sur réserv. - entrée libre, laisser une offrande.
Construite au cours des 10e et 11e s., cette église préromane *(pieve)* conserve de cette époque son abside et une partie de sa nef gauche, épargnées par l'écroulement du clocher en 1171 ; le reste fut reconstruit à la fin du 12e s. Devant la façade subsistent également quatre piliers de grès, vestiges d'un baptistère octogonal indépendant comme celui de Florence (détruit par un tremblement de terre au début du 19e s.). Ces piliers fasciculés, ainsi que les lésènes qui ornent le chevet, dénotent une influence lombarde.
À droite de l'église, un ensemble de constructions renferme un pittoresque petit cloître auquel on accède par l'**Antiquarium** situé à l'arrière du monument.
En poursuivant la route, après un tronçon sinueux et boisé, on voit s'élever en face à droite un promontoire où s'est construit le village de **Linari** *(accès par une petite côte pentue à 25 %)* : près de l'église, on peut voir un petit château restauré. Descendre ensuite vers la R 429 pour rejoindre l'industrieuse Poggibonsi.

DE SIENNE AUX MONTS DU CHIANTI Carte de région B2 p. 328 et carte du Chianti p. 389

Circuit d'environ 100 km tracé en violet sur la carte de région (p. 328) et sur celle du Chianti (p. 389).
Entre Sienne et Castellina, la R 222 suit un parcours très boisé de petits chênes verts et de sapins laissant peu de place à la vigne. Jusqu'à Quercegrossa, le relief est néanmoins peu accentué et la route suit le doux profil des collines. Elle monte ensuite lentement, offrant de magnifiques **vues★★** à gauche sur la vallée de la Staggia.

★ Castellina in Chianti *(voir p. 390)*

(voir p. 390)

Radda in Chianti *(voir p. 392)*

Après Radda, les parcelles bien peignées de rangs de vignes alternent avec le sombre moutonnement des collines restées boisées, offrant un paysage soigné.

Arrivé à un carrefour à cinq branches, prendre à l'extrême gauche la jolie route qui mène à l'abbaye Coltibuono, qui s'élève 900 m au-delà.

★ Badia Coltibuono

Entrée devant l'église - ✆ 0577 74 481- www.coltibuono.com - visites guidées (50mn) - avr.-oct. : ttes les heures 14h-17h - 5 € (8 € avec dégustation pour la visite de 17h).

Cette prospère abbaye vallombrosienne du 11e s., dont le nom signifie « bonne récolte », agrandie aux 15e et 18e s., dut être abandonnée par ses moines, suite à l'édit napoléonien de 1810. Elle fut dès lors transformée en exploitation agricole. La belle église romane à nef unique de San Lorenzo, surmontée d'un clocher crénelé, ainsi que les bâtiments qui la cernent permettent d'imaginer sa grandeur passée. Du plateau de l'abbaye s'ouvre un superbe **panorama★** sur la moyenne vallée de l'Arno et, au-delà, sur les hauteurs boisées du Pratomagno. La route menant à Gaiole reste assez sinueuse et fortement boisée *(5 km)*.

Gaiole in Chianti

Ce village est un lieu de villégiature situé dans une petite vallée entourée de collines plantées de vignes.

Suivre la S 408 pendant 2 km, prendre ensuite à gauche vers Meleto et, 400 m plus loin, à droite un chemin non asphalté pendant 700 m jusqu'au château.

★ Castello di Meleto

Propriété privée - ✆ 0577 74 92 17 - www.castellomeleto.it - visites guidées (30mn) du domaine, se renseigner - visite des caves sur réserv.

Ce petit château médiéval, avec ses quatre tours d'angle rondes rappelant sa fonction avant tout défensive, semble tout droit sorti d'un conte de fées. Construit au 12e s., il subit de graves dommages lors de multiples assauts au cours des siècles, mais fut restauré et transformé en demeure nobiliaire au 18e s. Outre les jardins, on visite les appartements du premier étage, décorés en style baroque, et un joli théâtre du 18e s.

En poursuivant vers le sud-est, on arrive bientôt sur le territoire de **Brolio**, planté de vignes et d'oliviers, dont le château, énorme masse crénelée, domine le paysage.

★★ Castello di Brolio

De l'entrée du domaine, poursuivre en voiture sur 1 km pour gagner la porte du château. ✆ 0577 73 01 - www.ricasoli.it - visites sur réserv.

Ce grand château crénelé appartient depuis 1141 à la famille Ricasoli, et l'illustre homme politique italien Bettino Ricasoli, né à Florence en 1809, y mourut en 1880.

Démantelé en 1478, il fut reconstruit en 1484 par les Florentins ; ses fortifications pentagonales, munies des tout premiers bastions d'Italie, seraient une œuvre de jeunesse de Giuliano da Sangallo. On peut entrer dans son enceinte et en faire le tour par le jardin, puis le chemin de ronde. À côté du château proprement dit (largement restauré en brique au 19e s. et toujours habité), la chapelle San Jacopo abrite dans sa crypte le caveau des Ricasoli.

Du haut des murs, côté sud, s'étend une magnifique **vue★★★** sur la vallée de l'Arbia; on aperçoit le sommet du mont Amiata, précédé par les tours de Sienne et, à l'ouest, en contrebas, les bâtiments de l'exploitation vinicole du château. Le château abrite un **musée** qui retrace l'histoire des Ricasoli, du 13e au 19e s.

Reprendre la voiture. Pour redescendre, emprunter un chemin non asphalté qui décrit une large boucle *(4 km)* dans le vignoble de Brolio, avec le château à main droite. Belles vues en contrebas sur celui-ci. Peu après avoir longé les bâtiments agricoles de la propriété, reprendre à droite la S 484, par laquelle on passe à nouveau devant l'entrée du domaine.

Sur les 7 km qui séparent Brolio de San Gusmè, le parcours est assez boisé, sauf en arrivant sur San Gusme, où le paysage s'ouvre. Quitter à gauche la S 484 pour une petite route de 700 m menant au village.

San Gusmè

Situé à proximité de la source de l'Ombrone, ce bourg agricole entièrement en pierre conserve tout son caractère médiéval: murs d'enceinte, portes, ruelles étroites, parfois surmontées d'arcs. Du village, joli panorama sur le sud de la province siennoise, avec, à l'arrière-plan, le mont Amiata, la forteresse de Radicofani, élevée sur un sommet aplati et, devant, le moutonnement dénudé des crêtes siennoises.

Reprendre la S 484 à gauche en direction de Castelnuovo Berardenga.

Castelnuovo Berardenga

Village le plus méridional du Chianti, Castelnuovo Berardenga couronne une colline qui surplombe la haute vallée de l'Ombrone. En contournant le village, on arrive, plein sud, dans l'axe de la majestueuse **Villa Chigi Saraceni★** *(via Berardenga 29 - ✆ 0577 35 13 03 - visite du parc le dim. - été: 10h-20h; hiver: 10h-17h - gratuit)*, construite au début du 19e s. sur des soubassements médiévaux; elle est entourée d'un beau **parc** orné d'arbres centenaires, dont on a eu un premier aperçu en arrivant de San Gusmè.

Le château de Brolio et ses vignobles.
J. A. Moreno/age fotostock

Jouxtant une place aux belles dimensions ornée d'une fontaine centrale, l'église Sts-Juste-et-Clément se caractérise par sa façade à portique néoclassique et son petit clocher latéral à peigne ; à l'intérieur, *Vierge à l'Enfant et les anges*, de Giovanni di Paolo (1426).

Au sortir de Castelnuovo, splendide **vue★★** sur l'ondoiement très doux des collines dénudées de la campagne siennoise.

Quitter le village à l'ouest par la SP 62 en direction de Pianella (12 km) ; après le pont sur l'Arbia, suivre à droite l'indication « Parco delle Sculture del Chianti ».

★ Parco delle Sculture del Chianti

SP 9, Loc. La Fornace 48/49 - Pievasciata - ✆ 0577 357 151 - www.chiantisculpturepark.it - de 10h au coucher du soleil, nov.-mars : sur réserv. - 10 €.

Des œuvres d'art monumentales d'artistes du monde entier décorent le bourg de Pievasciata, « village d'art contemporain ». Le **parc des Sculptures du Chianti** en rassemble la majorité, visibles à travers un parcours ludique balisé.

Revenir à Pianella, franchir l'Arbia et tourner à droite afin de rejoindre Monteaperti.

Montaperti (ou Monteaperti)

C'est à proximité qu'eut lieu la fameuse **bataille** remportée le 4 septembre 1260 par les gibelins de Sienne sur les guelfes de Florence.

En sortant du village, prendre à gauche, en face du monument aux Morts, un chemin *(1,5 km non revêtu)*, menant au promontoire coiffé d'une petite pyramide cernée de cyprès, qui commémore le fait d'armes.

Regagner Sienne par la S 73.

NOS ADRESSES DANS LE CHIANTI

Carte du Chianti p. 389

TRANSPORTS

Castellina in Chianti

Noleggio Chianti 500 – *Via IV Novembre 35 - ✆ 0577 14 81 001 - www.noleggiochianti500.it.* Une façon agréable de sillonner cette région pleine de charme est de louer une Fiat 500 – neuve ou d'époque – ou une mythique Vespa. Compter env. 55 €/j pour la Vespa et 80 €/j pour une Fiat 500 neuve (160 € la version d'époque).

HÉBERGEMENT

Castellina in Chianti

BUDGET MOYEN

Locanda La Casina di Lilliano – *Loc. Casina, aire de Macie - 5 km au sud-ouest de Castellina in Chianti sur la SP 51 - ✆ 0577 74 07 45 - www.lacasinadililliano.com - 90/110 €.* Entourée de vignobles et d'oliviers, cette belle bâtisse rurale transformée en agriturismo propose des chambres au décor de style campagnard et dotées de tout confort. La piscine et le jardin sont un vrai havre de paix. Excellent restaurant.

POUR SE FAIRE PLAISIR

Palazzo Squarcialupi – *Via Ferrucio 22 - ✆ 0577 74 11 86 - www.palazzosquarcialupi.com - 17 ch. - 120/150 €.* Au cœur du village, ce palais du 14e s. offre des chambres spacieuses et confortables.

Castello di Fonterutoli – *Via Puccini 4 - 5 km au sud de Castellina in Chianti sur la*

R 222 - ✆ 0577 741 385 - www.mazzei.it - 11 ch. et 6 appart. - 130/170 €. Charme et authenticité caractérisent l'adresse, unique : chambres et appartements sont en effet dispersés à travers le hameau médiéval de Fonterutoli, tandis que le petit-déjeuner est servi à l'Osteria du même nom, dans les vignobles et les oliveraies.

Castelnuovo Berardenga

BUDGET MOYEN

Villa di Sotto – *Via di Sta Caterina 30/40 - ✆ 0577 33 02 20 - www.villadisotto.it - ✕ - 8 ch. 3 appart. - 90/110 €.* Idéal pour explorer le versant sud de la région du Chianti. Les chambres et les appartements, donnant sur les vignes et les oliviers, baignent dans le silence de la campagne. Gestion jeune, efficace et passionnée.

POUR SE FAIRE PLAISIR

Villa Curina – *Loc. Curina - 2,4 km à l'est de Castelnuovo Berardenga sur la SP 62 - ✆ 0577 35 56 30 - fermé nov.-15 mars. - ✕ ⛱ - 21 ch. -150/180 €.* Élégante villa du 18e s. qui allie caractère et confort moderne. Mobilier ancien dans les chambres, réparties entre le corps principal et les dépendances. La piscine et le restaurant sont entourés par un jardin à l'italienne très soigné. Le plus : une vue à couper le souffle sur le Chianti jusqu'à Sienne.

Greve in Chianti

BUDGET MOYEN

Giovanni da Verrazzano – *Piazza G. Matteotti 28 - ✆ 055 85 31 89 - www.albergoverrazzano.it - fermé 10 janv.-20 fév. - 10 ch. - 90/110 €.* Sur la célèbre place de Greve se dresse cet hôtel soigné, fréquenté par une clientèle de touristes et d'hommes d'affaires. Chambres avec vue sur la place ou dotées d'une petite terrasse.

Impruneta

BUDGET MOYEN

Albergo Bellavista – *Vicolo della Croce 2 - ✆ 055 20 11 083 - www.bellavistaimpruneta.it - 12 ch. - 110/130 €.* Toute la famille participe avec enthousiasme à la gestion de cet hôtel-restaurant qui se dresse sur la place d'Impruneta. Les services offerts attirent touristes et hommes d'affaires. Belle terrasse pour le petit-déjeuner.

Panzano in Chianti

BUDGET MOYEN

I Fagiolari – *Via Case Sparse 25 - 2,5 km au sud-ouest de Panzano in Chianti par la SP 118 - ✆ 055 85 23 51 - www.fagiolari.it - 7 ch.* Perdu entre les oliviers et les bouquets de lavande, voici un lieu où « relaxation » n'est pas un vain mot. Pavement en terre cuite, poutres apparentes et mobilier rustique décorent la bâtisse à l'atmosphère familiale. Cours de cuisine et peinture sur céramique à la demande.

UNE FOLIE

Villa le Barone –*Via San Leolino 19 - ✆ 055 85 26 21 - www.villalebarone.com - avr.-oct. - 28 ch. -190/300 €.* Dans une demeure de campagne, une villa de maître appartenant aux Della Robbia : entre les oliviers et la vigne, berceau du *chianti classico*, distinction et atmosphère.

Radda in Chianti

BUDGET MOYEN

Agriturismo Castelvecchi – *Loc. Castelvecchi - 6 km au nord de Radda in Chianti, en direction de Volpaia - ✆ 0577 73 80 50 - www.castelvecchi.com - fermé nov.-mi-avr. - ✕ - 11 ch. - 120/140 €.* Au cœur de la ligue du Chianti, une exploitation viticole du 18e s. propose des chambres soignées et des appartements dans un style rustique.

San Casciano in Val di Pesa

UNE FOLIE

Villa Il Poggiale – *Via Empolese 69 - 2 km au nord-ouest en direction de Cerbaia-Empoli - ☏ 055 82 83 11 - www.villailpoggiale.it - fermé fév. - 26 ch. - 170/300 €.* Dans ce coin ravissant de la Toscane règnent l'harmonie et la perfection : une magnifique villa historique, entourée de nombreux oliviers, restaurée avec goût et raffinement pour accueillir des hôtes en quête de tranquillité, de charme mais aussi d'atmosphère typique.

Tavarnelle in Val di Pesa

UNE FOLIE

Fonte de Medici – *Via Santa Maria a Macerata 31, Montefiridolfi - 9 km au nord de Tavarnelle Val di Pesa - ☏ 055 82 44 700 - appart. et suites - 170/230 €.* Ce petit hameau du 15e s., entouré par les vignobles du groupe Antinori, est aujourd'hui transformé en agriturismo de caractère avec trattoria annexe. Tout est soigné dans les moindres détails ; possibilité de louer des petits appartements plus indépendants.

RESTAURATION

Castellina in Chianti

PREMIER PRIX

Viligiardi Sabrina – *Via Ferruccio 5 - Castellina in Chianti - ☏ 0577 740 337.* Marchand de primeurs proposant de délicieux sandwichs, salades et salades de fruits à manger sur le pouce. À déguster tranquillement en face, sur les marches de l'église.

BUDGET MOYEN

Antica trattoria La Torre – *Piazza del Comune 15 - ☏ 0577 74 02 36 - www.anticatrattorialatorre.com - fermé vend. - réserv. conseillée - 25/35 €.* Cette auberge, au style résolument classique, est prolongée en saison par une véranda. Cuisine toscane, service attentionné.

Osteria di Fonterutoli – *Via Puccini, 4,5 km de Castellina in Chianti sur la R 222 - ☏ 0577 741 125 - www.mazzei.it - 25/40 €.* Une ancienne remise accueille cette brasserie à la fois chic et informelle. Dans la jolie salle aux tons pastel ou en terrasse, qualité et créativité caractérisent les classiques de la cuisine toscane comme la planche de *fiorentina*, celle de *pecorino*, ou le *pici* à la joue de porc. Côté vins, les crus des caves Mazzei sont à l'honneur.

Castelnuovo Berardenga

BUDGET MOYEN

Quei 2 – *Via Chianti 34 - ☏ 0577 35 54 33 - www.ristorantequei2.com - fermé merc. - 20/30 €.* Une cuisine simple et savoureuse qui rend honneur à la tradition toscane. Les spécialités : grillades (dont la célèbre *fiorentina*), *pici* au ragoût et l'incontournable planche d'antipasti de la région.

Gaiole in Chianti

POUR SE FAIRE PLAISIR

Badia a Coltibuono – *Coltibuono, 5,5 km au nord-est de Gaiole in Chianti - ☏ 0577 74 90 31 - www.coltibuono.com- fermé nov.-mars - 35/50 €.* Lieu parfait pour un après-midi bistrot avec restauration légère et succulents desserts. L'abbaye de Coltibuono abrite dans ses anciennes écuries un restaurant élégant. Vous pourrez déguster des plats toscans mitonnés à la manière de Laurent le Magnifique. En été, service en terrasse avec vue splendide sur les collines.

Greve in Chianti

BUDGET MOYEN

Mangiando, Mangiando – *Piazza Matteotti 80 - ✆ 055 85 46 372 - www.mangiandomangiando.it - 20/30 €.* Sur la place centrale, une brasserie sympathique qui propose une savoureuse cuisine du terroir. L'endroit idéal pour s'initier aux grands classiques de la tradition culinaire locale comme la *pappa al pomodoro* et les *pappardelle* au ragoût de sanglier.

Villa San Michele – *Via Casole 42 - Lucolena, 8 km à l'est de Greve in Chianti - ✆ 0558 51 034 - www.villasanmichele.it - fermé nov.-Pâques - réserv. conseillée - 20/30 €.* À 900 m d'altitude, la Villa San Michele occupe le « toit » de la région du Chianti et offre une magnifique vue. Une bonne raison pour se rendre jusqu'à ce grand restaurant, muni de chambres (auberge pour groupes) et apprécié des randonneurs.

Impruneta

BUDGET MOYEN

Da Padellina – *Corso del Popolo 54, Strada in Chianti - 8 km au sud-est d'Impruneta - ✆ 0558 58 388 - www.ristorantedapadellina.com - fermé jeu. - réserv. conseillée. - 20/30 €.* Vous mangerez des plats consistants et savoureux de la région du Chianti et écouterez du Dante déclamé par le propriétaire, membre actif du club Dante Alighieri, qui a son siège dans le restaurant même.

San Casciano in Val di Pesa

BUDGET MOYEN

Rinuccio 1180 – *Via Cassia per Siena 133 - Loc. Bargino - ✆ 055 23 59 720 - www.antinorichianticlassico.it - fermé le soir - 25/40 €.* Sur le toit des nouvelles caves Antinori, ce bistrot branché jouit déjà d'une solide réputation. Bien sûr, le vin y est roi. Les mets rigoureusement cuisinés à l'huile d'olive extra vierge subliment les parfums des différents cépages.

PETITE PAUSE

Radda in Chianti

La Bottega – *Piazza della Torre 2 - ✆ 0577 73 80 01 - www.labottegadivolpaia.it - fermé mar.* C'est l'endroit idéal pour un goûter toscan, à base de petites tartines, de charcuterie et de fromages. Sur la place, le propriétaire a ouvert un restaurant.

LES CAVES

Dans le Chianti, pas de château, villa ou ferme qui ne possède sa propre cave. La plupart des domaines allient leur activité viticole à de l'hôtellerie ou de la restauration. Cours de cuisine et collections d'art contemporain sont les dernières valeurs ajoutées d'un patrimoine culturel chargé d'histoire.

Castellina in Chianti

Castello di Fonterutoli – *Marchesi Mazzei Spa Agricola - Via Ottone III di Sassonia 5, Loc. Fonterutoli - ✆ 0577 73 571 - www.mazzei.it - réserv. obligatoire.* Le domaine couvre plus de 650 ha, dont 117 exploités en vignobles sur les terroirs de Fonterutoli, Badiola, Siepi, Belvedere et Caggio. On surnomme leurs crus « Vins des pierres », en raison de leur minéralité. Le *sangiovese* trouve ici l'environnement idéal pour développer tout son potentiel. Les caves sont un exploit aussi bien scientifique qu'architectural. Productions d'huile d'olive et de lavande.

Gaiole in Chianti

Barone Ricasoli – *Via Cantine del Castello di Brolio - ✆ 0577 73 02 20 - www.ricasoli.it.* L'un des premiers vignobles du Chianti (*voir aussi p. 394*).

Castello di Ama – *Loc. Ama - Gaiole in Chianti - ✆ 0577 74 60 31 - www.castellodiama.com - réserv. obligatoire.* Au-delà du prestige des vins et de la beauté du site, Ama mérite le détour pour sa collection d'art contemporain. Les œuvres conçues par Buren, Chen Zen, Louise Bourgeois, Pistoletto et d'autres grands sont éparpillées à travers tout le domaine. Premier du Chianti à introduire le concept de « cru » avec le vignoble Bellavista dans les années 1970, Ama produit des vins élégants, harmonieux et puissants.

Castello di Cacchiano – *Monti in Chianti, Loc. Cacchiano - Gaiole in Chianti - ✆ 0577 747 018 - www.castellodicacchiano.it - réserv. obligatoire.* Propriété de la famille Ricasoli-Firidolfi, le château perché sur une hauteur qui domine la belle vallée environnante a conservé sa structure médiévale. Plus de 200 ha de terrain sont dédiés aux vignobles, oliviers, céréales et bois. Motif d'orgueil du château : le Chianti Classico DOCG.

Greve in Chianti

Villa Vignamaggio – *Via Petrolio 5 - ✆ 055 854 44 68 - www.vignamaggio.it - réserv. conseillée.* La légende veut qu'ici Léonard de Vinci peignit le portrait de Mona Lisa ; bien plus tard, Kenneth Branagh réalisa sur place la mise en scène du shakespearien *Beaucoup de bruit pour rien*. Merveilleuse villa Renaissance, aujourd'hui agriturismo de luxe, Vignamaggio séduit experts et curieux. La visite de ses caves est un voyage à travers le temps.

Villa Calcinaia – Conti Capponi – *Via Citille 84 - ✆ 055 85 40 08 - www.villacalcinaia.it - réserv. obligatoire.* Ce domaine appartient depuis 1524 aux Capponi, illustre famille comtale dont l'ancêtre Pier reste célèbre pour avoir repoussé les prétentions de Charles VIII sur Florence en 1494. Sa production viticole se distingue pour son Chianti Classico Riserva DOCG, ainsi que pour son blanc Comitale à base des cépages vernaccia et grechetto très fruités.

Castello di Verrazzano – *Via San Martino in Valle 12 - ✆ 055 854 243 - www.verrazzano.com - visites guidées tlj sf w.-end.* Patrie de Verrazzano, l'explorateur qui découvrit le site de Manhattan, ce château appartient depuis 1960 à la famille Cappellini, qui se consacre à la valorisation des nombreux cépages de *sangiovese*, spécialité de ce beau vignoble.

Castello di Querceto – *Via A. François 2 - Dudda - 14 km à l'ouest de Greve in Chianti - ✆ 055 85 921 - www.castellodiquerceto.it - visites guidées (10 €) lun.-vend. (11h, 14h et 17h).* Propriété de la famille François depuis un siècle, ce château occupe un site d'exception. La renommée de ce grand vignoble est assurée par la qualité de son vin et par la beauté du lieu, sur lequel veillent de grands paons.

Panzano

Azienda Agricola Fontodi – *Loc. San Leolino 87 - Panzano in Chianti sur la R 222 - ✆ 055 85 20 05 - www.fontodi.com.* L'expérience entrepreneuriale de la famille Manetti a contribué à l'essor d'une production viticole de grande qualité. Les 70 ha de vignobles sont cultivés suivant de stricts critères de protection de l'environnement. Particulièrement intense, le *vin santo* n'atteint sa pleine maturation qu'après cinq ans de fermentation.

San Casciano in Val di Pesa

Antinori nel Chianti Classico – *Via Cassia per Siena 133, Loc. Bargino - ✆ 055 23 59 700 - www.antinorichianticlassico.it - tlj 10h-18h sf dim. 10h-14h - réserv. conseillée.* Les Antinori (26 générations de producteurs et un nom bien établi) ont créé l'événement avec leur intéressant quartier général : une cave parabolique, un musée qui retrace l'histoire du domaine, des salles de dégustation futuristes et un bistrot gastronomique. Parmi les grands crus, ne manquez pas de goûter au célèbre Tignanello et au Chianti Classico Riserva.

Tavarnelle Val di Pesa

Osteria di Passignano – *Via Passignano 33, Loc. Badia a Passignano - Tavarnelle Val di Pesa - ✆ 055 8071 278 - www.osteriadipassignano.com - fermé janv. et dim. - réserv. obligatoire.* Caves et restaurant étoilé s'élèvent au pied d'un monastère du 4e s. encore habité par les moines vallombrosiens. C'est dans cette propriété de la famille Antinori, que naît le grand Chianti Classico Riserva Badia a Passignano.

ACHATS

Antica Macelleria Cecchini – *Via XX Luglio 11 - Panzano in Chianti - ✆ 055 85 20 20 - www.dariocecchini.com - 9h-16h.* Nul ne sait si cette boucherie doit sa célébrité à la viande ou à son propriétaire, Dario Cecchini, toujours est-il que sa réputation a fait le tour des connaisseurs du monde entier. À ne pas manquer aussi les restaurants qui lui sont associés : **Officina della Bistecca** *(tlj dès 20h, dim. à midi)* ; **Solo Ciccia** *(jeu.-sam. à 19h ou 21h, dim. à 13h).*

Antica macelleria Falorni – *Piazza G. Matteotti 71 - Greve in Chianti - ✆ 055 85 30 29 - www.falorni.it - ouv. tlj.* La boucherie la plus connue de la Toscane est un paradis pour les amateurs de charcuterie fine. Qualité, tradition et produits naturels garantis depuis trois siècles. Petite restauration sur place.

AGENDA

Chianti Festival – *Castelnuovo Berardenga et autres localités - juin-juil.* Musique, danse et théâtre.

Chianti d'Autunno – *Toutes les localités du Chianti - derniers w.-ends. sept.-nov. - www.chiantidautunno.it.* Dégustations, conférences, événements, concerts et marchés.

Calici di stelle – *10 août, nuit de San Lorenzo (étoiles filantes) - www.cittadelvino.it.* Manifestations et visites des caves organisées par l'Associazione Città del Vino dans toutes les communes qui produisent des DOC ou des DOCG.

Foire de St-Luc – *Impruneta, dernière sem. oct.* Célèbre de longue date, son marché aux chevaux, ânes et mulets drainait des acheteurs de toute l'Europe. Aujourd'hui, c'est l'occasion d'une course de chevaux et d'une exposition de machines agricoles.

Castellina in Chianti – *Pentecôte.* Dégustation des crus locaux, artisanat, concerts.

Radda nel Bicchiere – *Radda in Chianti - 1er w.-end juin - ✆ 0577 738 494 - www.raddanelbicchiere.net.* Pour découvrir les crus de Radda et faire la fête sur la piazza Ferruci et la via Roma.

Chianti Star Festival – *San Donato in Poggio - www.chiantistarfestival.com - juil.-août.* Célèbre rencontre entre art et science.

San Gimignano

★★★

7 660 habitants

Dans le val d'Elsa, les quinze tours féodales de San Gimignano pointées vers le ciel attirent comme un aimant. Une fois la Porte San Giovanni franchie et tout au long de la promenade vers la piazza della Cisterna, vous vous demanderez si une machine à remonter le temps ne vous a pas transporté au cœur du Moyen Âge. Imaginez ces gigantesques constructions en pierre, à une époque au nombre de soixante-douze, agrémentées de précieux tissus teintés de safran, comme seule cette ville savait le faire ! Victime de son succès, San Gimignano est très fréquentée par les touristes, mais la magie opère toujours.

NOS ADRESSES PAGE 411
Hébergement, restauration, achats, activités, etc.

S'INFORMER

Office de tourisme
Piazza Duomo 1 - ☎ 0577 94 00 08 - www.sangimignano.com. Audioguide, itinéraires pédestres, horaires de train et vente de billets de bus.

SE REPÉRER

Carte de région A2 (p. 328) - plan de ville (p. 406). San Gimignano se trouve à 55 km au sud de Florence et à 45 km au nord-ouest de Sienne, sur l'axe autoroutier Florence-Sienne.

SE GARER

Circulation interdite aux non-résidents dans la vieille ville, sauf pour déposer vos bagages (si besoin, penser à demander une autorisation d'entrée à votre hôtel pour déposer les bagages). Les parkings sont payants *(2 €/h ou 20 €/j)*, le plus proche est celui de Montemaggio.Un peu éloigné du centre se trouve le parking Giubileo *(1,50 €/h ou 6 €/j)* ; une navette fait régulièrement la liaison avec le centre-ville *(départ au-dessus du parking)*.

À NE PAS MANQUER

L'ambiance médiévale de la piazza della Cisterna ; la piazza del Duomo dominée par ses sept tours et la basilique ; la vue sur les toits de la Torre Grossa ; et au nord le petit village Certaldo alto, berceau du poète Boccace.

ORGANISER SON TEMPS

Prévoir la balade dans le village tôt le matin ou au coucher du soleil, sans le flot des touristes ; compter une journée avec les alentours.

Se promener Plan de ville p. 406

Itinéraire au départ de la Porta San Giovanni tracé en vert sur le plan de ville p. 406.

Porta San Giovanni B2

La massive Porte San Giovanni (13e s.), à bretèche et arc siennois, a donné son nom à la pittoresque rue bordée de maisons médiévales. Avant d'atteindre la place, on remarque les vestiges de la façade, de style roman pisan, d'une église élevée au 13e s.

Concours de « gratte-ciel » médiévaux au cœur de la vieille ville de San Gimignano.
H. Krinitz/hemis.fr

★★ Piazza della Cisterna B2

De forme irrégulière, pavée comme au Moyen Âge de briques disposées de chant et en arête de poisson, la piazza della Cisterna est ceinte d'austères demeures élevées aux 13e et 14e s., dont plusieurs sont surmontées de tours ; c'est l'un des lieux les plus surprenants d'Italie. Son centre est, depuis le 13e s., occupé par un **puits** *(cisterna)* qui lui a valu son nom. Sur le côté sud, la **maison Salvestrini** *(occupée par un hôtel)* date du 13e s. ; aussitôt après, à l'entrée de la via del Castello, s'élève le **palais Tortoli**, à deux étages de fenêtres gothiques géminées, construit au 14e s. Presque en face se dresse la **tour du Diable** (torre del Diavolo). L'angle nord-ouest de la place, par lequel on accède à la piazza del Duomo, est dominé par les **tours jumelles des Ardinghelli**, la plus puissante famille guelfe de la ville.

★★ Piazza del Duomo B1

La sobre collégiale, de très anciens palais et sept tours forment le cadre majestueux de cette place, située à proximité de la piazza della Cisterna.

UNE CITÉ PROSPÈRE ALLIÉE DE FLORENCE

Les origines de San Gimignano sont incertaines, et les raisons qui lui firent prendre pour nom celui d'un évêque qui vécut à Modène au 4e s. relèvent de la légende. Devenue libre commune au milieu du 12e s., la cité ne cessa de prospérer durant 200 ans, n'échappant toutefois pas à la lutte qui opposait guelfes et gibelins *(voir p. 60)*, représentés respectivement à l'intérieur de la ville par les familles rivales des Ardinghelli et des Salvucci. Ayant pris parti pour le pape, la ville se rangea aux côtés de Florence dans les guerres menées par cette dernière contre Pise, Sienne, Pistoia, Arezzo, Volterra… et, en 1353, lui fit allégeance. De grands peintres, siennois puis florentins, travaillèrent à San Gimignano, où ils ont laissé des chefs-d'œuvre.

★ Collegiata di Santa Maria Assunta B1

✆ 0577 28 63 00 - avr.-oct. : 10h-19h (sam. 17h), dim. 12h30-19h ; reste de l'année : 10h-16h30, dim. 12h30-16h30 - fermé 16-30 nov., 16-31 janv. - 4 €, 6 € le billet combiné avec le Museo d'Arte sacra. Pas de visites pendant les offices.

La collégiale ou dôme de San Gimignano est un édifice roman, élevé au 12e s. Il fut agrandi au 15e s. par l'architecte et sculpteur Giuliano da Maiano, qui remania le chœur. La façade a été très restaurée au 19e s. L'intérieur est couvert de fresques.

Dans la partie inférieure, le Florentin **Benozzo Gozzoli** a évoqué le martyre de saint Sébastien (1465) qu'encadrent deux statues en bois peint, représentant la Vierge et l'ange de l'Annonciation, sculptées vers 1420 par le Siennois **Jacopo della Quercia**. Au-dessus, un autre artiste siennois, Taddeo di Bartolo, a peint en 1393 un Jugement dernier débordant de part et d'autre sur la première travée de la nef, avec à droite l'Enfer et à gauche le Paradis.

Le bas-côté gauche a été, dans la seconde moitié du 14e s., couvert d'un cycle de **fresques★** illustrant l'Ancien Testament, par le Siennois **Bartolo di Fredi**. Avec une verve un peu naïve et très colorée, cet artiste, qui fut influencé par la manière de Simone Martini et des frères Lorenzetti, a représenté :

– **en haut**, la Création du monde, celle de l'homme, Adam au Paradis terrestre, la Création d'Ève, le Fruit défendu ;

– **au niveau intermédiaire**, après deux premières scènes illisibles (Adam et Ève chassés du Paradis et Caïn tuant Abel), la Construction de l'arche de Noé, les Animaux pénétrant dans l'arche, la Sortie de l'arche, l'Ivresse de Noé, le Départ d'Abraham et de Loth, Loth se séparant d'Abraham, le Songe de Joseph, Joseph descendu dans la citerne ;

– **en bas**, de nouveau après la première travée illisible (Joseph faisant arrêter ses frères et Joseph reconnu par eux), on peut voir : Moïse et le serpent d'airain, l'Armée du pharaon emportée par la mer Rouge, le Passage de la mer Rouge par les Juifs, Moïse sur le mont Sinaï, Satan obtenant de Dieu la permission de tenter Job, le Meurtre des serviteurs de Job et l'Enlèvement de ses troupeaux, l'Effondrement de la maison de Job, Job rendant grâce à Dieu, Job malade réconforté par ses amis.

Face à l'Ancien Testament, la vie du Christ a été évoquée dans une série de **fresques★★** *(bas-côté droit)* brossées vers 1335-1340, à une époque antérieure à celle de Bartolo di Fredi, par un certain **Barna da Siena** travaillant dans l'atelier de Simone Martini. D'après Vasari, l'artiste serait mort en tombant des échafaudages peu avant que son œuvre ne soit achevée. Ce cycle n'en demeure pas moins, par son ampleur, un témoignage de première importance dans l'histoire de la peinture gothique italienne. Dans ces scènes réparties sur trois registres, l'artiste a mêlé, à une élégance du dessin et à une délicatesse de coloris qui sont l'apanage du style gothique siennois (Duccio et Simone Martini), une humanité, une vigueur dans la manière dont sont typés les personnages mais aussi une concentration dramatique qui révèlent l'importante influence de Giotto.

On reconnaît, en partant des **lunettes** en haut à droite : l'Annonciation, la Nativité, l'Adoration des Mages, la Circoncision, le Massacre des Innocents et la Fuite en Égypte ; au **registre médian**, de gauche à droite à partir de la grande Crucifixion : Jésus et les docteurs de l'Église, le Baptême du Christ, la Vocation de saint Pierre, les Noces de Cana, la Transfiguration, la Résurrection de Lazare et l'Entrée de Jésus à Jérusalem *(sur deux panneaux)* ; enfin, au **registre inférieur** en repartant vers la gauche : la Dernière Cène, Judas recevant le prix de sa trahison, la Prière au jardin des Oliviers, le Baiser de Judas, la Comparution

LA « CASA TORRE »

C'est de l'époque « communale » que datent les murailles qui enserrent San Gimignano et les fameuses **maisons-tours** qui font sa célébrité. Des 72 tours que la ville comptait au Moyen Âge, seules 15 subsistent aujourd'hui.

Conçues comme des donjons, ces tours féodales furent construites dans de nombreuses villes d'Italie par les grandes familles, au moment des luttes entre guelfes et gibelins, puis entre tyrans locaux. Les trous encore visibles sur leurs murs auraient servi à fixer un réseau de passerelles reliant les demeures des familles alliées, qui pouvaient ainsi se réunir rapidement en cas d'alerte.

Ces constructions témoignent aussi du prestigieux passé économique de la ville, grand centre textile détenteur du secret de la teinture jaune au safran (épice dérivée de la culture d'une variété de crocus). Afin de fixer, à l'abri de la poussière et du soleil, la couleur sur les précieuses étoffes dont la valeur était proportionnelle à la longueur, les riches fabricants auraient édifié ces hautes tours ; les trous dans les murs seraient la trace d'escaliers fixés à l'extérieur pour ne pas réduire l'espace intérieur utile.

de Jésus devant Caïphe, la Flagellation, le Couronnement d'épines et la Montée au Calvaire qui aboutit à la Crucifixion. À gauche de ce grand panneau ont été peintes, en bas, la Déposition au tombeau *(presque entièrement disparue)* et la Descente du Christ aux Enfers *(très abîmée)*, surmontées de la Résurrection *(en partie abîmée)* et de la Pentecôte.

Chapelle Santa Fina – *Au fond de la nef droite.* La chapelle est dédiée à la sainte locale, Serafina di Ciardi, qui, paralysée, mourut en 1254, dans sa quinzième année. Le jour de sa mort, toutes les cloches se mirent à sonner et sa couche ainsi que le sommet des tours de la ville se couvrirent de fleurs. Pour l'honorer, ses concitoyens firent venir de Florence, en 1468, **Giuliano da Maiano**, qui construisit cette élégante chapelle, dont l'**autel★** de marbre et d'albâtre très finement sculpté et rehaussé d'or est l'œuvre du neveu de Giuliano, **Benedetto**. **Domenico Ghirlandaio** y brossa en 1475 de remarquables **fresques★** relatant la vie de la sainte, dans le style descriptif et précis qui le caractérise, mais avec une certaine naïveté et une élégance moins raffinée que dans son chef-d'œuvre réalisé quelques années plus tard à Santa Maria Novella (Florence).

★ Palazzo del Popolo - Museo civico B2

✆ 0577 28 63 00 - avr.-oct. : 9h30-18h30 ; reste de l'année : 11h-17h - 6 € le billet combiné pour tous les musées de la ville.

Le palais du Peuple (ou Nouveau Palais du podestat) date des 13e et 14e s. Une tour haute de 54 m, dite **Torre Grossa**, le domine. Il abrite une petite cour intérieure répartie sur deux niveaux et bordée d'un portique ; un puits octogonal se blottit dans l'angle sud-ouest tandis qu'un escalier extérieur conduit au **Musée municipal★**. Dominant la piazza del Duomo, la grande salle du Conseil (où Dante, en 1300, prononça un discours) est ornée de fresques, œuvres de l'école siennoise du 14e s. représentant des scènes de chasse et Charles d'Anjou, roi de Naples. Le primitif siennois **Lippo Memmi** y a brossé, en 1317, une magistrale **Maestà★** qui fut restaurée vers 1467 par Benozzo Gozzoli.

Avant d'atteindre le deuxième étage, un escalier sur la droite permet d'accéder au sommet de la **Torre grossa**, d'où l'on découvre une curieuse **vue★★** sur les tours et les toits couleur pain brûlé.

Au deuxième étage, une salle à gauche est ornée de fresques décrivant la vie d'un couple, tandis qu'à droite s'ouvrent les collections de peintures. La plupart de celles-ci sont l'œuvre des écoles florentine et siennoise du 12e au 15e s. On remarque : dans la première salle, un *crucifix* avec des scènes de la Passion par Coppo di Marcovaldo, et – gloire du musée – une **Annonciation** en deux **tondi** (compositions en rond), par **Filippino Lippi** ; dans la deuxième salle, deux Vierges à l'Enfant et des saints par **Benozzo Gozzoli**, et dans la troisième, une Vierge en gloire de l'Ombrien Pinturicchio (1512), et deux polyptyques de Taddeo di Bartolo *(Vierge à l'Enfant* et *Scènes de la vie de saint Gimignano).*

Palazzo del Podestà B2

Construit au 13e s., il s'ouvre sur la piazza del Duomo par un vaste porche, la « loggia », que surmonte une large arcade. La puissante **tour Rognosa** le domine de ses 51 m. À gauche de la tour s'élève le palais Chigi, du 13e s., lui-même flanqué de sa propre tour.

SE LOGER		
Agriturismo Il Casale del Cotone 1	La Cisterna 16	Osteria del Carcere 4
Bel Soggiorno 4	**SE RESTAURER**	
Casa de' Potenti 7	Cum Quibus 2	**Santa Maria Assunta ...... E**
	Dulcis in Fundo 1	**□ Casa torre**

Piazza Pecori B2

Accès par un passage voûté s'ouvrant à gauche de la collégiale.

Cette place au charme naïf, est bordée par un portique ou **loggia du baptistère**, reste d'un cloître du 14e s. au fond duquel Domenico Ghirlandaio peignit à fresque en 1482 une harmonieuse *Annonciation*. À gauche du passage voûté, le palais della Prepositura (13e s.) abrite le musée d'Art sacré.

Museo d'Arte sacra B2

Piazza Pecori - ✆ 0577 28 63 00 - mêmes horaires que pour la collegiata di Santa Maria Assunta - 3,50 €, 6 € le billet combiné avec la collegiata.

Au 1er étage, le **musée d'Art sacré** présente, en particulier, le buste de marbre très expressif d'Onofrio di Pietro par Benedetto da Maiano (vers 1493) dans la première salle, et dans la seconde un crucifix en bois de Giuliano da Maiano *(sous verre)* ainsi que la *Madone à la rose* sur fond or de Bartolomeo di Fredi.

Suivre la pittoresque **via San Matteo**, bordée de palais et de maisons-tours.

Tourner à droite dans la via 20 Settembre, qui se prolonge par la via Folgore da San Gimignano.

Complesso museale di Santa Chiara B1

Via Folgore da San Gimignano 11 - ✆ 0577 28 63 00 - mêmes horaires que pour le Museo civico - 6 € le billet combiné pour tous les musées de la ville.

L'ancien monastère de Santa Chiara, transformé ensuite en conservatoire, accueille aujourd'hui trois musées.

Le **Musée archéologique** expose une collection de pièces étrusques, romaines et médiévales, parmi lesquelles des urnes funéraires et des céramiques étrusques, trouvées aux environs de San Gimignano.

Dans la **Spezieria di Santa Fina** (boutique d'apothicaire de Sainte Fina), on préparait tisanes et décoctions pour les malades. Aujourd'hui, on peut y admirer une collection composée des bocaux en céramique et en verre de l'ancienne pharmacie de l'hôpital de la ville.

La **galerie d'Art moderne** propose une intéressante collection de toiles abstraites et organise des expositions temporaires.

Revenir sur ses pas, puis s'engager à droite dans la via delle Romite.

Sant'Agostino A1

Piazza Sant'Agostino - avr.-oct. : 10h-12h, 15h-19h ; nov.-mars : 10h-12h, 15h-18h (lun. 16h-18h).

On s'y rend en empruntant la pittoresque et commerçante **via San Matteo** bordée de palais et de maisons-tours. Bâti au 13e s., l'édifice de style romano-gothique présente l'aspect austère des églises à nef unique propre aux ordres mendiants. Son chœur est néanmoins couvert de 17 **fresques★★** exécutées en 1464 et 1465 par l'un des maîtres du Quattrocento florentin (15e s.), **Benozzo Gozzoli**. Avec la fraîcheur des couleurs, le sens de la perspective, le goût du détail intime et familier qui lui sont habituels, l'artiste a évoqué la vie du célèbre théologien. Les scènes les plus remarquables sont, au bas du mur gauche, Augustin présenté à l'école par sa mère, sainte Monique ; au bas du mur de droite, Augustin enseignant la philosophie à Rome et son départ pour Milan ; et, à la lunette du même mur, ses funérailles.

Au maître-autel, *Couronnement de la Vierge* (1485), par Piero Pollaiolo.

À gauche de l'entrée actuelle, la chapelle San Bartolo, clôturée d'une grille, renferme un autel de marbre réalisé en 1494 avec une extrême finesse par **Benedetto da Maiano** : l'autel monumental s'articule autour du tombeau de saint Bartolo que surmontent les statues des trois Vertus théologales.

À gauche de l'église *(accès par la sacristie)*, ne manquez pas le gracieux petit cloître Renaissance.

Revenir sur ses pas et depuis la via San Matteo tourner à droite pour rejoindre la via della Rocca et la Rocca di Montestaffoli.

Rocca di Montestaffoli A1-2

Cette forteresse à la belle architecture militaire, fondée en 1353, domine la ville. On y accède à pied par les ruelles qui contournent la collégiale. Du haut des remparts, le **panorama** sur les environs est exceptionnel, et l'endroit est particulièrement romantique au coucher du soleil.

En contrebas est aménagé le **Museo della Vernaccia di San Gimignano** *(se renseigner au ✆ 0577 94 00 08)*. Premier vin italien à avoir obtenu la DOC en 1966, ce grand vin blanc, sec, fin et pénétrant, produit à partir du 13e s. sur les collines de tuf et d'argile autour de San Gimignano, est même cité dans *La Divine Comédie* de Dante Alighieri.

À proximité Carte de région p. 328

★ San Vivaldo A1

17 km au nord-ouest de San Gimignano. Suivre la SP 1 vers Certaldo, puis prendre la direction de Montaione.

Dans ce lieu boisé, vers 1300, Vivaldo Stricchi, franciscain séculier originaire de San Gimignano, se retira comme ermite. Il fut retrouvé mort le 1er mai 1320 au creux d'un châtaignier. Dès la mort de Vivaldo, un petit oratoire fut construit en ces lieux et flanqué au 15e s. d'une **église** qui honore, dans sa première chapelle à droite, l'endroit où le corps de saint Vivaldo fut retrouvé. En 1500, des franciscains s'installèrent dans cette forêt pour garder le corps du saint. Au-dessus de l'autel, douce Nativité de Giovanni Della Robbia.

Convento del Sacro Monte – *✆ 0571 68 01 14*. Autour de leur couvent, profitant de la configuration du terrain, les franciscains construisirent de 1500 à 1520 environ 33 chapelles dont seulement 17 subsistent. Ces chapelles reproduisent en miniature les Lieux saints de Jérusalem et abritent de remarquables terres cuites peintes représentant presque grandeur nature les scènes évangéliques de la Passion à la Pentecôte. Leurs auteurs ont travaillé dans la tradition des Della Robbia.

★★ Certaldo Alto A1

12 km au nord de San Gimignano par la SP 1.

La route qui mène à Certaldo Alto n'est accessible qu'aux véhicules munis d'un laissez-passer. Il faudra donc recourir au funiculaire (ttes les 15mn - 7h-0h) ou monter à pied (10mn).

ROUTE DES VINS

La production de Vernaccia est mentionnée dès le 13e s. à San Gimignano. Autant dire que l'excellence de ce vin blanc DOCG n'est plus à prouver ! La **Strada del Vino Vernaccia di San Gimignano** permet d'en arpenter la terre de prédilection. *Informations sur les visites et réservations à l'office de tourisme de San Gimignano (voir « s'informer » p. 402).* Le prix comprend le transport en minibus depuis la piazza del Duomo, un guide-accompagnateur, la visite du vignoble et des caves suivie d'une dégustation.

BOCCACE (1313-1375), UN CONTEUR GÉNIAL ET SUBTIL

Commentateur de Dante et grand ami de Pétrarque, ce précurseur de l'humanisme reste connu comme la troisième « couronne » de la littérature italienne médiévale. Né des amours illégitimes du marchand Boccaccino di Chellino de Certaldo avec une Française de haute condition, **Giovanni Boccaccio** fut envoyé adolescent à Naples, où son père voulait qu'il s'initiât aux affaires. Il y fréquenta durant une douzaine d'années la cour brillante et cultivée de Robert d'Anjou, où il s'éprit de la fille naturelle du bon roi, la blonde Maria d'Aquino, célébrée sous le nom charmant de Fiammetta (petite flamme). À la fois gracieux et cynique, Boccace, devenu chanoine, compose à Florence, dans un style cadencé et limpide, son chef-d'œuvre, le *Décaméron* (Dix Jours) : l'auteur présente ce recueil de cent nouvelles comme l'œuvre de trois jeunes gens et sept jeunes filles qui, pendant la peste de 1348 à Florence, s'étant retirés loin de la ville, décident de passer le temps en se racontant des nouvelles. D'une verve parfois satirique, le *Décaméron* évoque le charme des paysages toscans et de la vie cultivée de l'humanisme naissant. Plusieurs de ses contes ont été repris par La Fontaine et portés à l'écran par Pasolini.

L'ascension au bourg sera généreusement récompensée par la vue qui embrasse ce village médiéval de briques roses, ceint de remparts, où **Boccace** vit le jour. Sa maison, la **Casa Boccaccio**, presque entièrement détruite pendant la guerre, a été reconstruite. *Via Boccaccio 18 - ✆ 0571 66 12 19 - www.casaboccaccio.it - avr.-oct. : 9h30-13h30, 14h30-19h ; reste de l'année : tlj sf mar. 9h30-13h30, 14h30-16h30 - 4 € le billet combiné avec le Palazzo pretorio.*

Plus haut se trouve la charmante **église Santi Jacopo e Filippo**, du 13e s., qui attire l'attention par sa simplicité. En son centre, dans le pavement, on peut admirer la pierre tombale de Boccace. À gauche de l'église, un joli petit cloître du 15e s. donne accès au musée d'Art sacré.

Au fond de la rue se dresse le *Palazzo pretorio*.

Palazzo pretorio – *Piazza del Vicariato 5 - ✆ 0571 66 12 65 - www.comune.certaldo.fi.it - mêmes horaires que pour la Casa Boccaccio - 4 € le billet combiné avec la Casa Boccaccio.* Reconstruit au 16e s., ce palais présente une façade ornée d'armoiries en terre cuite ou en marbre et une cour à arcades. La visite des différentes pièces plongera le visiteur dans un passé envoûtant. On traverse les petites prisons du palais vicarial *(prigioni del Palazzo vicariale)*, qui conservent encore les écrits mélancoliques et emplis de sagesse des prisonniers. L'intérieur de l'église des saints Thomas et Prospère accueille le tabernacle des Exécutes et les *sinopias* de **Benozzo Gozzoli** (15e s.). Dans les prisons pour criminels, observer le soleil gravé par un détenu, dont les rayons représentent les jours passés dans ce lieu sinistre. Du haut de la tour, beau panorama sur la ville et la vallée de l'Elsa.

★ Colle di Val d'Elsa A2

14 km au sud-est de San Gimignano, prendre la SP 1, continuer par la SP 36 jusqu'au croisement avec la SS 68 et tourner à gauche jusqu'à Colle di Val d'Elsa.

Comme de nombreuses anciennes cités italiennes, Colle di Val d'Elsa présente une ville basse, dans la plaine le long du fleuve Elsa, et une ville haute accrochée à la colline et cernée de remparts du 16e s., à laquelle on accède par la monumentale porte fortifiée. Depuis le Moyen Âge, Colle di Val d'Elsa est spécialisée dans la production du verre et aujourd'hui, c'est pas moins de 95 % du cristal italien qui est produit ici.

Colle Alta (ville haute) – On accède au château en passant par le haut du bourg sous une arche du palais Campana (16e s.), et en suivant la rue centrale, via del Castello, dallée et bordée de maisons-tours médiévales (aux tours tronquées) et de palais du 16e s.
La **cathédrale**, édifiée au 17e s., présente une façade néoclassique, un solide campanile quadrangulaire et un mobilier intérieur de style baroque (restauré). En face du campanile s'élève l'ancien palais communal (13e s.), à la gauche duquel se succèdent le palais Renieri et le palais épiscopal.
À gauche du campanile, le Palazzo pretorio du 13e s. abrite le **Museo archeologico Ranuccio Bianchi Bandinelli**, qui présente des pièces archéologiques provenant de Monteriggioni et Volterra, notamment d'intéressantes collections étrusques. *Piazza Duomo 42 - ✆ 0577 922 954 - www.museisenesi.org - mai-sept. : 10h30-12h30, 16h30 (w.-end 15h)-19h30 ; reste de l'année : 15h30-17h30, w.-end 10h30-12h30, 15h-18h30 - fermé lun. - 4 €, 6 € le billet combiné pour les 3 musées.* Suivent le palais Giusti et le vieux séminaire ; partant d'un angle de la place, une curieuse rue (via delle Volte) des 14e et 15e s. est voûtée sur 110 m.
Sur la **via del Castello** *(accès depuis la piazza del Duomo),* on remarque le palazzo dei Priori (15e s.), qui abrite le Museo civico e d'Arte sacra, le Teatro dei Varii (18e s.), aménagé dans les locaux du 13e s. de l'hôpital du Saint-Esprit, la maison de Lorenzo Lippi, poète et humaniste du 15e s., et la maison-tour qui aurait vu naître vers 1245 l'architecte et sculpteur **Arnolfo di Cambio**, concepteur de la cathédrale de Florence.
Museo civico e d'Arte sacra – *Via del Castello 33 - ✆ 0577 923 888 - www.museisenesi.org - vend.-dim. 11h30-17h - 4 €, 6 € le billet combiné pour les 3 musées.* La collection comprend plusieurs toiles des écoles florentine et siennoise des 16e et 17e s. Noter également les pièces évoquant la vie d'une communauté ostrogothe chrétienne du 6e s.
Du bastion le plus proche, belvédère offrant une vue dominante sur Colle Bassa, les collines siennoises, le Chianti et la campagne environnante.
Museo del Cristallo – *Via de' Fossi 8/a - Colle Bassa - ✆ 0577 924 135 - www.museisenesi.org - mai-sept. : 10h30-12h30, 16h30 (w.-end 15h)-19h30 ; reste de l'année : 15h-17h, w.-end 10h30-12h30, 15h-18h30 - fermé lun. - 4 €, 6 € le billet combiné pour les 3 musées.* Il présente des pièces sélectionnées en verre et cristal de Colle produites du Moyen Âge à nos jours, des instruments pour le travail du verre et du cristal ainsi qu'une collection de pièces de designers italiens et étrangers.

Casole d'Elsa A2

22 km au sud de San Gimignano.
Érigé sur un coteau qui domine la partie sud-ouest du Val d'Elsa, ce joli bourg a gardé les tours rondes de ses remparts médiévaux. Le centre historique mêle l'ancien et le contemporain, avec de nombreuses et insolites sculptures parsemées ici et là. La visite commence avec la forteresse siennoise, qui est probablement l'œuvre de Francesco di Giorgio Martini. Au centre du bourg se dresse la **collégiale**, qui conserve les vestiges d'une fresque sur le *Jugement dernier*, de l'école de Duccio, et surtout le cénotaphe de Beltramo Aringhieri, chef-d'œuvre de Marco Romano (14e s.). Le **Museo archeologico e della Collegiata** *(Piazza della Libertà 5 - ✆ 0577 948 705 - www.museisenesi.org - avr.-oct. : tlj sf merc. 10h-13h30, 15h30-18h ; reste de l'année : w.-end 10h-13h30, 15h30-17h30 - 3 €)* la jouxte : importants restes étrusques découverts sur le territoire ; dans la section d'Art sacré, des tableaux du 13e au 17e s., parmi lesquels une *Vierge à l'Enfant* de l'école de Duccio, une *Madonna dell'Umiltà* de Domenico di Michelino (15e s.), un tableau attribué au Pinturicchio et une salle dédiée au peintre de Casole Alessandro Casolani (1552-1607).

NOS ADRESSES À SAN GIMIGNANO

Plan de ville p. 406

ARRIVER/PARTIR

En bus – Pour atteindre San Gimignano, rejoindre Poggibonsi par le train, puis prendre un autobus de la compagnie **TIEMME** *(www.tiemmespa.it)*.

HÉBERGEMENT

PREMIER PRIX

Casa de'Potenti – B1 - *Piazza delle Erbe 10 - ✆ 327 18 33 950 - www.casadeipotenti.com - 9 ch. - 80/100 €.* Ce palais datant du 14e s. est niché dans le centre de la ville. Certaines de ses chambres offrent une vue directe sur le Duomo. Son cadre particulier et ses tarifs raisonnables vous donneront entière satisfaction.

BUDGET MOYEN

Bel Soggiorno – B2 - *Via San Giovanni 91 - ✆ 0577 940 375 - www.hotelbelsoggiorno.it - ✕ - 21 ch. - fermé nov.-15 mars - 90/110 €.* À proximité de la Porta San Giovanni, cet établissement est une affaire de famille depuis 1886. Son restaurant réputé vous permettra de découvrir les mystères et les saveurs des cuisines étrusque et médiévale.

La Cisterna – B2 - *Piazza della Cisterna 24 - ✆ 0577 94 03 28 - www.hotelcisterna.it - fermé 6 janv.-20 mars - 48 ch. - 100/140 €.* Dans un bel édifice au cœur de la cité, des chambres spacieuses offrent des vues sur la place ou la vallée.

À proximité

BUDGET MOYEN

Le Volpaie – *Via Nuova 9 - Castel San Gimignano, à 13 km au sud de San Gimignano - ✆ 0577 95 31 40 - www.hotellevolpaie.it - fermé 5 nov.-20 mars - ≋ - 15 ch. - 90/130 €.* Un hôtel très agréable, orné d'un jardin et d'une piscine, idéalement situé entre San Gimignano, Colle di Val d'Elsa et Volterra. Parmi ses chambres, quatre, plus spacieuses et onéreuses, sont installées dans une dépendance, « la Cappellina ». Délicieux et copieux petit-déjeuner.

POUR SE FAIRE PLAISIR

Il Casale del Cotone – Hors plan A1 - *Via Cellone 59 - 3 km au nord de San Gimignano, dir. Certaldo - ✆ 0577 94 32 36 - www.casaledelcotone.it - fermé nov.-15 mars - 19 ch. - 120/150 €.* Vacances reposantes garanties dans cette ferme du 18e s. nichée au milieu des vignes et des oliviers. La bâtisse allie avec bonheur objets anciens et art campagnard.

Certaldo Alto Carte p. 328 A1

BUDGET MOYEN

Osteria del Vicario – *Via Rivellino 3 - ✆ 0571 66 78 09 - www.osteriadelvicario.com - 5 ch. - 85/100 €.* À deux pas de la maison de Boccace, dans un bâtiment de brique, les chambres décorées avec goût sont aménagées dans les anciennes cellules de moines. La terrasse panoramique du restaurant étoilé offre une vue agréable sur la campagne.

RESTAURATION

BUDGET MOYEN

Osteria del Carcere – B1-2 - *Via del Castello 13 - ✆ 0577 94 19 05 - fermé merc., jeu. midi - 25/35 €.* Près de la piazza della Cisterna, ce restaurant au cadre rustique et accueillant vous propose des plats du jour. La viande, particulièrement exquise, provient de la célèbre boucherie de Panzano in Chianti. Vous pourrez l'accompagner en choisissant parmi une bonne sélection de vins et de fromages.

Dulcis in Fundo – B2 - *Vicolo degli Innocenti 21 - ✆ 0577 94 19 19 - fermé merc. - 25/35 €.* Derrière la très animée piazza della Cisterna, ce restaurant offre aux beaux jours un havre de paix sur le chemin de ronde où sont installées quelques tables avec vue sur les collines. Cuisine toscane traditionnelle.

Cum Quibus – A1 - *Via San Martino 17 - ✆ 0577 94 31 99 - www.cumquibus.it - fermé mar. - 30/45 €.* Une patronne jeune et passionnée pour cette adresse qui propose une cuisine traditionnelle réinterprétée avec goût.

PETITE PAUSE

Pasticceria Armando e Marcella – B2 - *Via San Giovanni 88 - San Gimignano - ✆ 0577 94 10 51 - fermé merc.* Dans la rue principale, ce café-pâtisserie propose un vaste assortiment de gâteaux et de chocolats.

Caffè delle Erbe – B1 - *Piazza delle Erbe - San Gimignano - ✆ 0577 94 04 78 - www.caffedelleerbesangimignano.it - fermé mar.* Le café le plus élégant de la ville où règne la bonne humeur.

Gelateria Dondoli – B2 - *Piazza della Cisterna 4 - San Gimignano - ✆ 0577 94 22 44 - www.gelateriadipiazza.com.* On y déguste des glaces parmi les meilleures d'Italie, élaborées par Sergio Dondoli, sacré plusieurs fois champion dans sa catégorie.

EN SOIRÉE

Enoteca di Vinorum – B2 - *Piazza della Cisterna 30 - San Gimignano - ✆ 0577 90 71 92.* Idéal pour déguster un verre de Vernaccia, le vin blanc sec de San Gimignano.

ACHATS

Sur la via San Giovanni, magasins de souvenirs, caves et *pizzicherie* (charcuteries-fromageries) spécialisées dans la viande de sanglier.

Namsce Bazar – A2 - *Via Roma 21 - ✆ 0577 94 31 44 - www.namscebazar.com.* Depuis 25 ans, Andrea et Antonella créent de la maroquinerie au design original.

Ceramica Balducci – B1 - *Piazza delle Erbe 5 - ✆ 0577 94 31 88 - http://balducciceramica.com - fermé dim.* Créations en terre cuite de Franco et d'Esther (vases, sculptures, etc.).

Colle di Val d'Elsa Carte p. 328 A2

Cristallerie Mezzetti – *Via Oberdan 13 - ✆ 0577 92 03 95 - www.cristalleriemezzetti.com - fermé dim. et lun. mat.* Vous y trouverez les célèbres *calici degustazione* (marque Primavera), magnifiques verres à pied en cristal.

AGENDA

San Gimignano

Ferie delle Messi – *3e w.-end de juin - www.cavalieridisantafina.it.* Grande manifestation historique médiévale, avec cavaliers et figurants en costumes d'époque.

San Gimignano Estate – *Juin-sept.* Festival de cinéma en plein air, concerts, saison lyrique, théâtre et danse.

Colle di Val d'Elsa Carte p. 328 A2

Cristallo fra le Mura – *Sept.* Dans les ateliers et les laboratoires artisanaux, on peut admirer les objets les plus raffinés des célèbres cristalleries de Colle.

Montalcino

★

5 155 habitants

Accroché au flanc d'une colline, Montalcino est encore aujourd'hui protégé par une partie de son enceinte datant du 13e s. et par son imposante forteresse bâtie en 1361. Les terres qui l'entourent témoignent de la présence d'anciens campements étrusques et invitent à la contemplation (ce n'est pas un hasard si la silhouette aux lignes si pures de l'abbaye de Sant'Antimo se dresse dans la campagne voisine), qu'un verre de l'excellent cru local, le « Brunello », rendra d'autant plus agréable.

NOS ADRESSES PAGE 415
Hébergement, restauration, achats, activités, etc.

S'INFORMER

Office de tourisme – *Costa del Municipio 1 - ✆ 0577 84 93 31 - www.prolocomontalcino.it - fermé lun.*

SE REPÉRER

Carte de région B3 (p. 328).
Montalcino se situe non loin de la route R 2 Cassia, entre Sienne et San Quirico d'Orcia.

À NE PAS MANQUER

L'impressionnante forteresse di Montalcino, la façade du Palazzo comunale et, aux alentours, l'abbaye de Sant'Antimo.

ORGANISER SON TEMPS

Une demi-journée.

Se promener

★★ Fortezza di Montalcino

Piazzale della Fortezza - ✆ 0577 84 60 14 - mars-oct. : 9h-20h ; reste de l'année : 10h-13h, 14h-17h50 - fermé lun. - 4 €, 6 € le billet combiné avec le Museo civico e diocesano.

Bel exemple de **forteresse** du 14e s., admirablement conservée, bien que, dès le siècle suivant, le développement de l'artillerie rendît ce type de système défensif vulnérable. De hauts murs surmontés d'un chemin de ronde et munis de mâchicoulis délimitent une grande enceinte pentagonale où la population pouvait se réfugier. Cinq tours polygonales (dont une est partiellement détruite) dominent les angles de l'ouvrage. À l'intérieur, on peut voir, à gauche en entrant, les restes d'une basilique et, au fond à droite, le donjon qui était

LE ROI DES VINS TOSCANS

Le Brunello di Montalcino est un grand vin rouge DOCG d'Italie produit dans la région. Le Brunello est assez récent, comparé à l'histoire millénaire de l'œnologie italienne. Dans les années 1870, un jeune viticulteur, Ferruccio Biondi-Santi, replante son cépage à partir d'une variété de Sangiovese, tout en cherchant à s'éloigner des traditions locales : il impose à son vin un long vieillissement en fût de chêne, suivi d'une nouvelle période d'affinage en bouteille. Ainsi, le premier millésime officiel de Brunello date de 1888 (avis aux amateurs : il n'en resterait plus que 5 bouteilles…).

destiné au logement des officiers et de la noblesse en cas de siège. Il est possible d'accéder au **chemin de ronde**, qui offre un large **panorama** embrassant tant les demeures de la ville que la beauté de la campagne environnante. Au rez-de-chaussée, une prestigieuse œnothèque propose les vins locaux à la vente et en dégustation (*voir « Nos adresses », p. 416*).

★ Palazzo comunale

Dominant la piazza del Popolo, l'**hôtel de ville** occupe un palais bâti au 13e s., flanqué d'une loggia à arcades (14e-15e s.) et surmonté d'un haut beffroi.

Sant'Egidio

Piazza Garibaldi, derrière l'hôtel de ville.

Intérieur à nef unique et lambrissée, rythmée par trois arcs. Près de l'entrée, grand tabernacle en bois doré du 16e s.

Museo civico e diocesano

Via Ricasoli 31 - ✆ 0577 846 014 - www.prolocomontalcino.com - tlj sf lun. 10h-13h, 14h-17h50 - 4,50 €, 6 € le billet combiné avec la Fortezza.

Situé dans l'ancien couvent de Sant'Agostino in Montalcino, ce **Musée municipal** expose des peintures et des statues en bois polychrome de l'école siennoise (14e et 15e s.), ainsi qu'une bible en deux volumes et un crucifix (tous deux du 12e s.) provenant de la proche abbaye de Sant'Antimo. Quelques vestiges préhistoriques et étrusques et un ensemble de céramiques de Montalcino (13e-18e s.) complètent les collections.

Sant'Agostino

À proximité du musée, là où la via Ricasoli s'élargit en une petite place.

La façade de cette église romano-gothique construite au 14e s. est ornée d'une rosace et d'un élégant portail de marbre. L'intérieur est décoré de fresques de l'école siennoise du 14e s.

À proximité Carte de région p. 328

★★ Abbazia di Sant'Antimo B3

10 km au sud par la SP 55 à Castelnuovo dell'Abate. Pour les visites guidées ✆ 349 479 63 74 - www.antimo.it - 7h30-20h30 - pas de visites pendant les offices - offices en grégorien - laisser une offrande.

L'ancienne **abbaye bénédictine de Sant'Antimo** se dresse solitaire et très évocatrice dans la campagne toscane. Selon la légende, Anthime de Sienne aurait converti les soldats avec lesquels il était prisonnier. Plus tard, Charlemagne le vit en songe. C'est en son honneur que fut fondée, au 9e s., cette abbaye qui atteignit son apogée au 12e s., date à laquelle fut bâtie l'église, très bel exemple d'architecture cistercienne romane d'inspiration bourguignonne, comme en témoigne le déambulatoire à chapelles rayonnantes. Le porche et les lésènes qui ornent le campanile et les différentes façades sont en revanche typiquement lombards. À l'intérieur, sobre et spacieux, la nef principale à charpente est séparée des bas-côtés voûtés d'arêtes par des colonnes surmontées de beaux chapiteaux d'albâtre. On remarquera le **déambulatoire** aux harmonieuses proportions, la lumineuse abside à baie géminée, les fresques du 14e au 17e s. et les chapiteaux (ceux de la seconde colonne à droite sont attribués au maître de Cabestany et représentent Daniel dans la fosse aux lions). L'abbaye est de nos jours confiée aux soins et aux prières (en **grégorien**) d'une communauté de prémontrés, communauté fondée en France au 12e s. par saint Norbert, à Prémontré (Aisne). Ses chanoines réguliers étaient soumis à la règle de saint Augustin.

Abbaye de Sant'Antimo.
P. Zelei/Images/Getty Images

NOS ADRESSES À MONTALCINO

ARRIVER/PARTIR

En bus – Depuis les villes de Florence et de Sienne, les compagnies **TIEMME** *(www.tiemmespa.it)* et **SITA** *(www.sitabus.it)* desservent Montalcino. À Montalcino, 4 bus par jour *(sf dim.)* de la compagnie Peschiera (✆ 0564 95 31 34) permettent de rallier l'abbaye bénédictine de Sant'Antimo.

HÉBERGEMENT

PREMIER PRIX

Albergo Giardino – *Piazza Cavour 4 - ✆ 0577 84 82 57 - www.albergoilgiardino.it - 10 ch. - 60 €.* Vous pourrez goûter au charme médiéval de Montalcino en séjournant dans ce petit hôtel simple, aux prix modérés.

POUR SE FAIRE PLAISIR

Hotel dei Capitani – *Via Lapini 6 - ✆ 0577 84 72 27 - www.deicapitani.it - 29 ch - 130/160 €.* Cet établissement de charme, édifié en 1700, propose tous les avantages du confort moderne. Veillez à demander l'une des chambres possédant une vue sur le val d'Orcia et le val d'Arbia, un spectacle agréable pour commencer la journée…

À proximité

PREMIER PRIX

Foresteria dell'Abbazia di Sant'Antimo – *Sant'Antimo 222 - Castelnuovo dell'Abate - ✆ 0577 83 56 59 - www.antimo.it -* ⌧. Faire une halte ici revient à plonger en plein Moyen Âge. La vue sur l'abbaye et les chants grégoriens évocateurs resteront longtemps gravés dans les mémoires. Uniquement pour qui recherche l'introspection.

POUR SE FAIRE PLAISIR

La Pieve di Poggio alle Mura – *Poggio alle Mura, Strada Prov. Maremmana, 12 km au sud-ouest de*

Montalcino - ✆ 0577 816 604 - www.lapievedimontalcino.it - ✕ ⛱ *-5 appart. - 140/170 €.* Cette adresse de charme comprend un bar à vins, un restaurant, 5 appart., un terrain de tennis, une piscine et même une église. Les appartements, de tailles variées, sont décorés avec soin et dotés de cuisines. Le restaurant-buffet propose une cuisine traditionnelle revue de manière moderne.

RESTAURATION

BUDGET MOYEN

Il Grappolo Blu – *Scale di Via Moglio 1 - ✆ 0577 84 71 50 - www.grappoloblu.it - 25/35 €.* Ambiance familiale raffinée dans ce petit restaurant au cœur de Montalcino. Raviolis au *pecorino* et à la tomate, lapin au Brunello… Maria Pia vous fera partager son amour de la bonne cuisine traditionnelle et Luciano son « nez » pour les bons vins.

Vineria Le Potazzine – *Piazza Garibaldi 9 - ✆ 0577 84 60 54 - www.lepotazzine.it - fermé le soir sf en juil.-août - 20/35 €.* Bistrot et bar à vins où déguster des plats régionaux de saison, installé en terrasse ou à des tables rustiques à l'intérieur. Les vins sont représentatifs de la célèbre région de production, avec un clin d'œil pour ceux du domaine *Le Potazzine*, gérant et producteur.

À proximité

BUDGET MOYEN

Taverna dei Barbi – *Loc. Podernovi 170 - 5 km au sud-est de Montalcino sur la route S 2 - ✆ 0577 841 111- www.fattoriadeibarbi.it - fermé merc. - réserv. conseillée. - 30/40 €.* Dans un cadre qui allie rusticité et élégance, découvrez tous les aspects de la vie rurale en visitant le domaine et sa cave chargée d'histoire… Vous pouvez déguster (ou acheter) les produits aux saveurs authentiques de la ferme.

UNE FOLIE

Taverna Banfi – *Poggio alle Mura - 19 km au sud de Montalcino, en direction de Sant'Angelo Scalo - ✆ 0577 81 60 54 - www.castellobanfi.it - fermé dim. à midi et nov.-20 mars - réserv. conseillée - 50/90 €.* Dans un des domaines viticoles les plus ravissants du pays, au cœur des terres du Brunello, cette charmante « taverne » propose une excellente cuisine traditionnelle. L'ambiance y est très pittoresque.

PETITE PAUSE

Enoteca La Fortezza di Montalcino – *Piazzale Fortezza - ✆ 0577 84 92 11 - www.enotecalafortezza.it - fermé 25 déc.* Ce superbe bar-cave à vins occupe l'ancienne salle des gardes et possède une terrasse dans la cour pittoresque de la forteresse. Sous de grandes voûtes de briques rouges sont exposés la plupart des vins et des produits de la région de Montalcino.

Caffè Fiaschetteria Italiana – *Piazza del Popolo 6 - ✆ 0577 84 60 47 - www.caffefiaschetteriaitaliana.com - fermé jeu.* Ferruccio Biondi Santi, le créateur du Brunello, fonda en 1888 ce bar à vins dont le mobilier d'époque est composé de tables en marbre jaune, de sièges en velours et de miroirs anciens.

AGENDA

Sagra del tordo – *Dernière sem. d'oct.* Les quatre quartiers de Montalcino renouent avec leur passé médiéval en défilant en costumes d'époque et en s'affrontant dans un concours de tir à l'arc.

Pienza

★★

2 134 habitants

Tout comme dans le tableau de la ville idéale peint par Laurana, cette petite cité dominant les collines des vallées de l'Asso et de l'Orcia offre une pureté de lignes irréelle. La perfection de la Renaissance se fond toutefois dans les tendres sentiments qui ont inspiré des noms de rues pour le moins insolites. Franco Zeffirelli a choisi ce joyau pour tourner quelques scènes de son film « Roméo et Juliette ».

NOS ADRESSES PAGE 421
Hébergement, restauration, achats, activités, etc.

S'INFORMER

Office du Tourisme – *Corso Rossellino 30 - 0578 74 99 05 - www.comune.pienza.siena.it - 15 mars-5 nov. : tlj sf mar. 10h30-13h30, 14h30-18h ; reste de l'année : w.-end et j. fériés 10h-16h.*

SE REPÉRER

Carte de région B2 (p. 328).
Pienza se situe sur la route S 146, entre San Quirico d'Orcia et Montepulciano.

À NE PAS MANQUER

La piazza Pio II, le Duomo et ses peintures, le palais Piccolomini, point d'orgue de la carrière de l'architecte Bernardo Rossellino.

ORGANISER SON TEMPS

Une demi-journée pour Pienza, une journée avec les alentours.

Découvrir

★★ Piazza Pio II

Inscrite depuis 1996 au Patrimoine mondial de l'Unesco, Pienza s'articule autour d'une délicieuse place Renaissance, la piazza Pio II. Sur un pavement en parcelles rectangulaires s'élèvent les principaux monuments, œuvres de Bernardo Rossellino, le meilleur disciple d'Alberti. L'harmonie architecturale de la ville est le reflet de l'équilibre des pouvoirs civil et religieux, rassemblés ici en un même lieu. Au sud s'élève la cathédrale et, face à elle, l'**hôtel de ville**, en travertin, ouvert au rez-de-chaussée par un porche soutenu par des colonnes ioniques ; à l'est, le **Palazzo vescovile** (palais épiscopal, appelé aussi palais Borgia), érigé par le cardinal Borgia, abrite le Musée diocésain, et, à l'ouest, le **palais Piccolomini**, devant lequel un charmant puits Renaissance, surmonté d'une architrave, porte le blason de l'illustre famille.
En contournant la cathédrale, on a une jolie **vue**★ sur le val d'Orcia.

UN PAPE HUMANISTE

Enea Silvio Piccolomini (1405-1464) assuma des missions diplomatiques avant de devenir pape en 1458 sous le nom de **Pie II**. Ses écrits le rendirent célèbre et, en 1442, l'empereur Frédéric III lui décerna le « laurier poétique ». À peine élu au trône de saint Pierre, il confia au Florentin **Bernardo Rossellino**, élève d'Alberti, le soin de remodeler son village natal, Corsignano, rebaptisé Pienza en souvenir du nom pontifical du plus illustre de ses enfants.

★ Duomo di Santa Maria Assunta

La cathédrale, terminée en 1462, présente une façade Renaissance en travertin clair d'une noble simplicité. Inspiré des églises gothiques allemandes, l'intérieur, très lumineux, comporte trois nefs d'égale hauteur et une abside à cinq chapelles rayonnantes.

Elle renferme d'importantes peintures de l'école siennoise du 15e s. : le retable de la nef droite est l'œuvre de Giovanni di Paolo et celui du transept droit de Matteo di Giovanni, mais les plus remarquables sont, dans le transept gauche, une *Madone à l'Enfant avec des Saints* par **Sano di Pietro** et, dans l'abside gauche, le chef-d'œuvre de **Vecchietta**, une **Assomption★★** entre sainte Agathe (tenant une coupe qui contient ses seins arrachés par le bourreau), les papes Pie Ier et Calixte, et sainte Catherine de Sienne ; noter les fonds dorés, le relief, le charme de la couleur et la justesse du dessin de cette composition. Dans le chœur, lutrin et stalles gothiques en bois, aux armes des Piccolomini.

★ Museo Diocesano

Corso Rossellino 30 - ✆ 0578 74 99 05 - mars-oct. : tlj sf mar. 10h-19h ; nov.-fév. : w.-end 10h-18h - 4,10 €.

Le Musée diocésain expose une collection de peintures de l'école siennoise des 14e et 15e s., des tapisseries flamandes (15e et 16e s.), un retable du 14e s. illustrant 48 épisodes de la vie du Christ, une étonnante chape (14e s.) offerte à Pie II par un prince oriental, des objets liturgiques et des manuscrits enluminés.

★ Palazzo Piccolomini

Piazza Pio II 1 - ✆ 0578 748 392 - www.palazzopiccolominipienza.it - 10h-18h (16h en hiver) - fermé lun., 14-28 fév., 16-30 nov. - 7 €.

Fortement inspiré par le palais Rucellai de Florence, c'est l'œuvre majeure de Rossellino. Les trois façades côté ville sont semblables, caractérisées par le rythme rigoureux donné verticalement par les pilastres et horizontalement par les entablements. La cour doit son élégance à des colonnes corinthiennes très élancées. À l'intérieur, on remarque la salle d'armes, les incunables de la bibliothèque, le lit baroque de la chambre papale. Le quatrième côté de ce palais conçu, pour la première fois, pour ouvrir sur un large paysage profite, au sud, depuis la loggia à trois étages et le jardin suspendu, d'une vue sur le val d'Orcia.

À proximité Carte de région p. 328

★ San Quirico d'Orcia B2

10 km au sud-ouest par la S 146.

Palazzo Chigi - Piazza Chigi 2 - ✆ 0577 89 97 28 - www.comunesanquirico.it.

En sillonnant des routes qui, partant de la via Cassia, épousent les contours ondulés des collines et franchissent des cols aux noms étrangement sinistres,

DES RUES POÉTIQUES

Cité idéale espérant pouvoir choisir entre l'amour et la guerre, Pienza modifia, à la fin du 19e s., la toponymie de ses rues situées en particulier à l'est de la place principale, en s'inspirant des jeux de Vénus et des destinées amoureuses. À droite de l'axe central se succèdent en effet les rues de la Chance (via della Fortuna), de l'Amour (dell'Amore), du Baiser (del Bacio), la rue Sombre (via Buia) et la ruelle Aveugle (vicolo Cieco), lesquelles permettent d'accéder à une promenade panoramique du haut des murs de la ville.

Bagno Vignoni, la place principale avec le bassin d'eau thermale.
Luca Da Ros/Sime/Photononstop

tels que le col de la Lampe éteinte (passo del Lume Spento), on pénètre alors dans le val d'Orcia. San Quirico, niché sur une petite éminence, a gardé ses remparts du 12e s. et ses portes monumentales. Très tôt au Moyen Âge, le bourg acquit de l'importance grâce à la via Francigena (ancienne voie de pèlerinage reliant Rome au nord de l'Italie), qui empruntait alors le val d'Orcia et passait par la ville.

★★ **Collegiata** – Cette admirable collégiale romano-gothique fut élevée entre le 12e et le 13e s. Sous un couronnement d'arcatures, la façade, dont l'élégante simplicité est ponctuée par une belle rosace sculptée, met en relief la richesse du majestueux portail roman qui s'y encastre : ses colonnes et son linteau sculpté de monstres affrontés s'inscrivent dans un grand arc à voussures retombant sur un jeu de colonnes nouées supportées par des lions.

Sur le flanc droit de l'église s'ouvrent deux portails gothiques, le plus large encadré de statues-colonnes reposant sur des lions, d'une facture plus élaborée qu'au portail roman de la façade principale ; remarquer également l'atlante agenouillé et riant soutenant la division de la double baie à droite.

À l'intérieur, on remarque : entre les deux derniers piliers de la nef à gauche, le gisant du comte Henri de Nassau (mort à San Quirico en février 1451, de retour du jubilé de Rome) ; dans le chœur, les boiseries sculptées et marquetées du début du 16e s. ; dans le transept gauche, un **retable★** peint par Sano di Pietro (15e s.) – composé en triptyque, il représente la Vierge, l'Enfant et quatre saints, sur fond or, avec, à la lunette, la Résurrection et la Descente aux Limbes, et, à la prédelle (partie inférieure du retable), des scènes de la vie de la Vierge.

Palazzo Chigi – Fermant la place de la collégiale au niveau du chœur, il remonte au 17e s. Noter la régularité rythmique de ses ouvertures et de son magnifique blason, où l'on reconnaît les six monticules des Chigi et le chêne aux branches en couronne des Della Rovere.

Porta ai Cappuccini – En longeant à droite le palais Chigi, la via Poliziano, ruelle médiévale, mène à cette porte du 13e s. qui, à l'extérieur, se présente comme une tour polygonale.

Se diriger à nouveau vers le palais et prendre la **via Dante Alighieri**. S'arrêter sur la place principale où se dresse l'église Notre-Dame. Pénétrer pour une courte promenade dans le parc **Horti Leonini**, datant du 16e s.
Retourner dans la rue et la parcourir jusqu'au bout. Jeter un coup d'œil, sur la gauche, dans la cour de l'ancien **spedale della Scala** du 13e s., agrémentée d'un puits et d'une galerie. Cet édifice, qui dépendait de l'hôpital de Sienne, était autrefois destiné aux pèlerins et aux voyageurs. En face s'élève la charmante église de **Maria Assunta** du 12e s., avec son clocher surmonté d'une coupole sur pendentifs.

Circuit conseillé Carte de région p. 328

LE VAL D'ORCIA B3

Circuit d'environ 10 km, de San Quirico à Rocca d'Orcia, tracé en gris sur la carte de région (p. 328) – compter 1h30 sans la visite de la forteresse de Tentennano. Sortir de San Quirico vers le sud par la via Cassia R 2, en direction de Rome.
S'amorce une paisible descente dans le val d'Orcia au sein d'un paysage de collines aux ondulations douces et aux contours soulignés de rangées d'arbres et de bosquets, ou ponctués par la silhouette isolée d'un cyprès. Au printemps, coquelicots et fleurs des champs jaunes et roses donnent un caractère riant à l'ensemble.
Sur l'éminence la plus proche se dresse déjà distinctement la puissante forteresse de Rocca d'Orcia, tandis qu'au loin se distinguent le mont Amiata et la forteresse de Radicofani.
Juste avant le pont sur l'Orcia, tourner à droite vers Bagno Vignoni. La route en forte montée longe la vallée abrupte du fleuve et offre une belle vue sur la forteresse voisine.

★ Bagno Vignoni B3

Ce hameau est fréquenté pour ses eaux thermales, dont l'efficacité contre l'arthrite et les rhumatismes est connue depuis les Romains. Les habitations se serrent autour d'une antique piscine d'eau chaude, d'autant plus pittoresque qu'elle tient lieu de place centrale. L'un des côtés est longé par le portique de sainte Catherine, ainsi nommé pour rappeler que la sainte serait venue ici à la fin de sa vie.
De là, suivre les eaux fumantes qui, acheminées vers de petits canaux, descendent au fond de la vallée. Le parc des Moulins offre alors à la vue un étonnant spectacle : il évoque le souvenir de l'époque (jusque vers 1950) où les moulins de Bagno Vignoni, qui pouvaient être alimentés en eau thermale, fonctionnaient tout au long de l'année.
Redescendre jusqu'au pont sur l'Orcia, que l'on traverse. À 350 m plus loin, prendre à droite la route S 323 de Castiglione.

Castiglione d'Orcia B3

Ancien fief des Aldobrandini (dit aussi Aldobrandeschi en Italie), Castiglione passe sous le joug siennois au début du 14e s.
Place centrale de ce bourg médiéval rustique, la **piazza Vecchietta** célèbre le souvenir du peintre Lorenzo di Pietro, dit le Vecchietta, qui serait né à Castiglione vers 1412. Triangulaire

STRADA DEL VINO ORCIA
Ce consortium propose différents itinéraires à la découverte des meilleures **caves du val d'Orcia**. *✆ 0577 88 74 71 - www.stradavinorcia.com.*

et pentue, elle est pavée de gros galets et de briques. Au centre, puits en travertin du 17e s.
En contrebas, l'église paroissiale abrite une *Vierge à l'Enfant* de Pietro Lorenzetti. Au sommet du village, la **Rocca degli Aldobrandeschi** a conservé peu de vestiges. De l'esplanade située au-dessus du mur d'enceinte *(accès par un escalier)*, on peut voir les quelques ruines du château et jouir du panorama sur le mont Amiata et le val d'Orcia.
Suivre « Rocca di Tentennano » et se garer sur le parking en contrebas de la forteresse.

Rocca d'Orcia

Rocca d'Orcia est un bourg médiéval qui s'étire au pied de la Rocca di Tentennano dont il dépendait (d'où son nom). Au centre de ses ruelles, encore en partie pavées de galets, se trouve une grande citerne polygonale surmontée d'un puits.
★ **Rocca di Tentennano** – *✆ 0577 89 83 03 - 10h-13h, 15h30-18h30 ; 3 €.* Le promontoire surplombant la via Francigena et les gorges de l'Orcia aurait été occupé et construit dès le 9e s. Œuvre d'un certain Tignoso di Tentennano, la forteresse reste entre les mains des Tignosi jusqu'au milieu du 13e s., quand la république de Sienne, alléchée par sa position stratégique, s'en empare. La puissante tour visible aujourd'hui date de cette époque. Gravement endommagée par le temps, elle est restaurée dans les années 1970 et les parties manquantes remplacées par de la brique. Sa **visite** offre de splendides points de vue sur le val d'Orcia et le mont Amiata, et révèle l'organisation d'un système défensif médiéval : les fortifications de plan pentagonal renferment une cour à usage militaire dans laquelle s'élève la grosse tour polygonale, dotée d'une grande citerne et d'un four.

NOS ADRESSES À PIENZA

Carte de région p. 328

ARRIVER/PARTIR

En bus – Liaison entre Sienne, San Quirico d'Orcia et Montepulciano via Pienza (ligne 112, *www.tiemmespa.it*). Depuis la gare de Chiusi-Chianciano Terme, bus pour Pienza.

HÉBERGEMENT

Pienza B2

PREMIER PRIX

Il Giardino Segreto – *Via Condotti 12 - ✆ 0578 748 539 - www.ilgiardinosegretopienza.it - 2 ch. et 3 appart.- 70/80 €.* Dans un beau jardin, aux portes de la vieille ville, des chambres coquettement meublées.

BUDGET MOYEN

Relais Il Chiostro di Pienza – *C.so Rossellino 26 - ✆ 0578 74 84 00 - www.relaisilchiostrodipienza.com - fermé nov.-mars - 37 ch. - 100/140 €.* Au cœur de Pienza, un ancien couvent voulu par Pie II Piccolomini accueille aujourd'hui ce très bel hôtel aux services irréprochables. Vue merveilleuse du restaurant *La Terrazza del Chiostro*.

À proximité

BUDGET MOYEN

Agriturismo Bagnolo – *Podere Bagnolo 132 - 3 km de Pienza par la SP 71 - ✆ 339 65 69 632 - www.agriturismobagnolo.it - 2 ch. et 3 appart.* Pour qui souhaite profiter de la nature, cet agriturismo se distingue par sa tranquillité. Confortables et bien meublés, les appartements jouissent d'une très belle vue sur le mont Amiata. Petit-déjeuner à base de produits locaux. Possibilité de participer aux activités de la ferme.

Castiglione d'Orcia B3

BUDGET MOYEN

Agriturismo Aiole – *Strada Provinciale della Grossola 22 - Poggio Rosa - 8,5 km au sud-ouest de Castiglione d'Orcia - ✆ 0577 88 74 54 - www.agriturismo-aiole.com - fermé mi-janv.-mi-fév. - 6 ch. - 100/120 €.* Protégée des clameurs estivales par un calme absolu, cette ferme en pierre particulièrement bien tenue vous accueille dans un intérieur rustique toscan : meubles en bois sombre, sols en terre cuite et plafonds aux poutres apparentes.

San Quirico d'Orcia B2

BUDGET MOYEN

Agriturismo il Rigo – *Loc. Casabianca - 4,5 km au sud-ouest de San Quirico d'Orcia - ✆ 0577 89 72 91 - www.ilrigo.com - fermé 10 janv.-13 fév. - 14 ch. - 100/120 €.* En pleine nature, dans le val d'Orcia, cette ferme du 17e s. baigne dans une ambiance familiale et conviviale. Possibilité de suivre des cours de cuisine sur place, d'assister à la récolte du safran courant octobre, ou de visiter un pressoir à olives dans les environs.

RESTAURATION

Pienza B2

BUDGET MOYEN

La Buca delle Fate – *Corso Rossellino 38 - ✆ 0578 74 82 72 - www.ristorantelabucadellefatepienza.it - fermé lun. - 20/35 €.* Au cœur du centre historique, le palais Gonzaga (15e s.) vous accueille dans de grandes salles aux plafonds voûtés, en briques apparentes, décorées dans un style rustique et élégant. Vous goûterez aux saveurs traditionnelles à des prix intéressants.

Trattoria Latte di Luna – *Via San Carlo 2 - ✆ 0578 74 86 06 - fermé mar. - 20/35 €.* Au bout du corso il Rossellino, près de la Porta al Ciglio et de la piazza San Carlo, une bonne adresse pour un agréable repas toscan sur une terrasse ombragée, à des prix raisonnables.

À proximité

BUDGET MOYEN

La Porta – *Via del Piano 3 - Monticchiello, 6 km au sud-est de Pienza - ✆ 0578 75 51 63 - www.osterialaporta.it - fermé jeu., 10 janv.-5 fév. - réserv. conseillée. - 20/35 €.* Depuis la superbe terrasse, vous aurez une vue sur les douces collines environnantes parsemées de cyprès, en dégustant les délicieuses spécialités du jour. Bonne carte des vins et vente de produits régionaux.

San Quirico d'Orcia B2

BUDGET MOYEN

Trattoria al Vecchio Forno – *Via Poliziano 18 - ✆ 0577 89 73 80 - www.palazzodelcapitano.com - fermé merc. - réserv. conseillée - 25/35 €.* Menu composé de spécialités locales, servi dans une salle agrémentée d'une ancienne cheminée : que rechercher de plus dans un bourg médiéval ? Sinon, prenez place dans le jardin où tables en bois brut et chaises taillées dans des troncs d'arbres vous attendent.

PETITE PAUSE

San Quirico d'Orcia B2

Il Pozzo – *Via Dante Alighieri 24 - ✆ 0577 89 72 91 - www.caffeilpozzo.com - fermé mar.-merc. en hiver.* Ce bar sympathique, ouvert par les propriétaires de l'*Agriturismo il Rigo*, propose une dégustation de vins avec petits en-cas toscans. Soirées musicales. Également American bar, œnothèque et salon de thé.

ACHATS

Ceramiche Sbarluzzi – *Sur SS 146, 35,5 km, en venant de Chianciano Terme - Pienza - ✆ 0578 74 86 02 - www.sbarluzzi.com - fermé w.-end. déc.-mars.* Vous serez à coup sûr attiré par l'exposition à l'extérieur des œuvres, toutes différentes, exécutées à la main par la famille Sbarluzzi, qui, des grands-parents aux petits-fils, perpétue la tradition. À l'intérieur des locaux, deux étages d'exposition de poterie et céramique. Expédition à l'étranger possible.

Il Salotto – *Corso Rossellino 25 - - Pienza - ✆ 0578 74 87 77.* Une sélection intéressante d'artisanat local : céramiques, bijouterie et linge de maison brodé, pour des idées de cadeaux authentiquement toscans.

Azienda Agricola San Polo – *Podere San Polo - 3 km au nord de Pienza, sur la SP71, dir. Trequanda - ✆ 0577 66 53 21 - www.degustazioni.net.* Production artisanale de *pecorino*. Visite guidée de la ferme *(1h30)* sur réservation, pour illustrer les étapes de production du célèbre fromage. Dégustation et vente sur place.

AGENDA

Festival Internazionale di Montalcino et Festival della Val d'Orcia – *Juil.-août, dans plusieurs localités.* Festival de musique, théâtre, danse et cinéma.

Festa del Barbarossa – *San Quirico d'Orcia - 3ᵉ sam. et dim. de juin.* En 1154, Frédéric Iᵉʳ de Souabe, dit Barberousse, accueillit dans cette bourgade les ambassadeurs du pape Adrien IV. Chaque année, la Festa del Barbarossa rappelle cet épisode historique.

Fiera del Cacio – *Pienza - 1ᵉʳ dim. de sept.* Une sorte de pétanque où les formes pour *pecorino* remplacent les boules ! Dégustations et festivités.

Montepulciano

★★

14 188 habitants

Montepulciano, perchée sur la crête du mont Poliziano, est une petite ville pleine de charme. D'origine étrusque, la capitale incontestée du « vino nobile » couleur de rubis, un des crus les plus cotés de Toscane, est un excellent point de départ pour qui veut goûter au charme du sud de la Toscane. Isolée à ses pieds, l'église San Biagio, aux chaudes couleurs du travertin, justifie à elle seule le déplacement.

NOS ADRESSES PAGE 428
Hébergement, restauration, achats, activités, etc.

S'INFORMER
Office de tourisme – *Piazza Don Minzoni 1 (près de l'église Sant'Agnese) - ✆ 0578 75 73 41 - www.prolocomontepulciano.it.*

SE REPÉRER
Carte de région B2 (p. 328). À 605 m d'altitude, sur la S 146 qui va de San Quirico d'Orcia à Chianciano Terme.

À NE PAS MANQUER
L'ensemble hétéroclite et harmonieux de la piazza Grande, l'église de la Madonna di San Biagio, chef-d'œuvre du 16e s., et son site.

ORGANISER SON TEMPS
Une journée pour avoir le temps de goûter au charme de la cité et à son vin !

Se promener

Promenade de 2h environ au départ de la piazza Don Minzoni. De la place, se diriger, par le viale Sangallo, vers la Porta al Prato.

Derrière vous, notez le jardin Poggofianti, du 19e s., et l'église Sant'Agnese, du 14e s. Vous entrez dans la vieille ville par la **porte** fortifiée **al Prato** érigée au 16e s. par Antonio da Sangallo, qui porte l'écusson toscan. Sur la piazza Savonarola, vous passez devant l'élégante **colonne du Marzocco**. Depuis 1511, le lion de Florence remplace au sommet la louve de Sienne, en signe d'allégeance de la cité aux Médicis. Le **corso**, véritable épine dorsale de la cité est

UN POLITIEN, DES POLITIENS
Occupant sur la crête d'une colline de tuf séparant les vallées de la Chiana et de l'Orcia un **site**★★ remarquable, Montepulciano est une attachante petite cité, typiquement Renaissance, qui a gardé son âme moyenâgeuse. Des habitants de Chiusi, fuyant les invasions barbares, la fondent au 6e s. et l'appellent Mons Politianus, ce qui explique le nom des habitants, *Poliziani* (Politiens). La ville s'enorgueillit également d'avoir vu naître en 1454 le célèbre poète Angelo Ambrogini, dit le Politien (« Il Poliziano »). Ami de Laurent le Magnifique (que le Politien avait sauvé des assassins de son frère Julien de Médicis lors de la conjuration des Pazzi, *p. 61)*, il fut l'un des plus exquis poètes de la Renaissance, dont l'art correspond, en peinture, à celui de son ami Botticelli.

bordé de nombreux et intéressants **palais★** ou églises. Au n° 91, le beau **palais Avignonesi,** fin Renaissance (16e s.), est attribué à Iacopo Barozzi, dit il Vignola ; au n° 73, le **palais de l'antiquaire Bucelli** est reconnaissable aux fragments lapidaires étrusques et romains ; plus loin, à droite, l'église **Sant'Agostino** offre une **façade★** Renaissance dessinée au 15e s. par le Florentin **Michelozzo.** En face s'élève la **Torre del Pulcinella**, médiévale, dont le jaquemart, polichinelle en bois, sonne les heures et les demi-heures.

À la halle au Blé, prendre à gauche la via di Voltaia nel Corso.

Au n° 21, **le palais Cervini**, œuvre d'**Antonio da Sangallo l'Ancien**, est un bon exemple du style Renaissance florentin, avec ses bossages, ses frontons curvilignes et triangulaires. Suivre ensuite les rues dell'Opio nel Corso et Poliziano. Au n° 1 de la rue Poliziano se trouve la maison natale du poète Politien. Tout au bout de la rue, l'**église Santa Maria dei Servi** abrite une *Madone à l'Enfant* de **Duccio di Buoninsegna.**

Contourner la forteresse et prendre la via San Donato jusqu'à la piazza Grande.

★★ PIAZZA GRANDE

C'est le cœur politique et religieux de la ville. D'origine médiévale, remaniée pendant la Renaissance, elle offre un plan irrégulier et ses façades de styles différents se fondent dans un ensemble architectural harmonieux.

★ Palazzo comunale

✆ 0578 75 73 41 - fin avr.-oct. : 10h-13h, 14h-18h - 5 €.

Cette austère bâtisse gothique a été remaniée au 15e s. par le Florentin Michelozzo. Avec ses mâchicoulis, ses créneaux et sa belle tour carrée, elle rappelle le Palazzo Vecchio de Florence.

Du sommet de la **tour** *(accès à la terrasse de la tour par un escalier raide et étroit)* s'ouvre un fabuleux **panorama★★★** sur la cité, l'église de la Madonna di San Biagio, la campagne toscane, le lac Trasimène et Cortona à l'est, Sienne au nord-ouest, Pienza à l'ouest, le mont Amiata au sud.

À l'est de la place, le **palais Contucci**, commencé en 1519 par Sangallo l'Ancien et achevé au 18e s., abrite la **Cantine Contucci** *(✆ 0578 75 70 06 - www.contucci.it)* où vous pourrez goûter ou acheter du *vino nobile*.

★ Palazzo Nobili-Tarugi

Situé face à la cathédrale, sur la droite, ce majestueux palais Renaissance, attribué à Sangallo l'Ancien, comporte un portique et un grand portail à arcs en plein cintre ; six colonnes ioniques posées sur une base très haute supportent les pilastres de l'étage supérieur où se trouvait, à gauche, une belle loggia aujourd'hui aveugle.

Les baies, à frontons curvilignes, s'appuient sur de petites consoles. Remarquer, à gauche et au-dessus du portail central, l'ouverture destinée à observer les arrivants.

À côté s'élève le palais del Capitano del Popolo *(voir encadré ci-contre).*

LE PALAIS DEL CAPITANO

Dans le plus beau palais de la Piazza Grande, l'association **La Strada del Vino Nobile** *(www.stradadelvinonobile.com)* propose des itinéraires de dégustation intra-muros ou à travers le vignoble. Dans le même bâtiment, le **Consorzio Vino Nobile di Montepulciano** *(✆ 0578 757 812 - www.consorziovinonobile.it - avr.-fin oct. 13h-17h)* organise des dégustations payantes dans de belles caves voûtées.

LE « VINO NOBILE »
Le vin semble avoir toujours existé à Montepulciano. En 1759, Voltaire mentionnait le Montepulciano dans *Candide*. Malgré ses fréquentations littéraires, le vin tomba progressivement dans l'oubli. Mais au 20e s., les producteurs nouvellement associés reprirent du poil de la bête. Le *vino nobile* obtint la DOC, équivalant à l'AOC française, en 1966. En 1980, il fut le premier vin italien à recevoir la DOCG, une sorte de super AOC réservée à une vingtaine de vins, dont six en Toscane. L'appellation rassemble 300 producteurs sur la commune de Montepulciano, et plus de 500 en tout. Le cépage prugnolo gentile, qui dérive du sangiovese, entre pour 50 à 70 % dans la composition ; il est cultivé entre 250 et 600 m d'altitude.

★ Pozzo dei Grifi e dei Leoni

Le pittoresque Puits des Griffons et des Lions est remarquable par son couronnement constitué de deux lions supportant le blason des Médicis.

Duomo di Santa Maria

La façade de ce Duomo, érigé de 1592 à 1630 par Ippolito Scalza, n'a jamais reçu son revêtement de marbre. L'intérieur, de lignes sobres et pures, est à trois nefs. À gauche du portail central, en entrant, est placé le gisant de **Bartolomeo Aragazzi**, secrétaire du pape Martin V ; cette statue faisait partie du tombeau du personnage, conçu par l'architecte florentin **Michelozzo** au 15e s. et dont les éléments furent démontés au 17e s. Les deux élégantes statues qui encadrent le maître-autel et les bas-reliefs des deux premiers piliers en proviennent. Les fonts baptismaux (14e s.) sont surmontés d'une belle terre cuite d'**Andrea Della Robbia**. L'un des piliers du bas-côté gauche porte une *Madone* peinte au 15e s. par **Sano di Pietro**. Sur le maître-autel est exposé un monumental **retable★** peint en 1401 par le Siennois **Taddeo di Bartolo**, représentant l'Assomption, l'Annonciation et le Couronnement de la Vierge.
Poursuivre par la via Ricci jusqu'à la piazza San Francesco : belle **vue** sur la campagne environnante et sur l'église San Biagio. Descendre la via del Poggiolo jusqu'à la **piazza delle Erbe** et retrouver les arches du 15e s. de la **halle au Blé** *(Loggia del Grano)*.

Museo civico e pinacoteca Crociani

Près de la piazza Grande - Via Ricci 10 - ✆ 0578 71 73 00 - www.museocivicomontepulciano.it- avr.-nov. : 10h-20h, fermé lun. ; reste de l'année : 10h-13h, 15h-18h - 8 €.
Situé dans le **palais Neri-Orselli**, de style gothique siennois, ce musée expose une collection de terres cuites de l'atelier de Della Robbia, des objets d'art sacré, une pinacothèque d'œuvres du 13e au 18e s.

À proximité Carte de région p. 328

★★ Madonna di San Biagio B2

En contrebas de la ville, à 2 km au sud-ouest. Redescendre par la SP 17 pour prendre la route de Chianciano et tourner à droite par le viale della Rimembranza. ✆ 0578 75 75 56 - 8h-19h.
Au milieu d'un terre-plein herbeux en à-pic sur la vallée, cette magnifique église bâtie en pierre blonde occupe un site très séduisant. C'est le chef-d'œuvre d'**Antonio da Sangallo l'Ancien**. L'église fut inaugurée en 1529 par le pape Clément VII de Médicis. Fortement influencé par le projet de Bramante

pour la reconstruction de St-Pierre de Rome – qui ne vit pas le jour sous cette forme en raison de la mort de l'artiste –, l'édifice de Sangallo, réalisé entre 1518 et 1540, est un témoignage précieux des conceptions de l'architecte du pape. Quoique simplifié, San Biagio reprend l'idée du plan centré en forme de croix grecque surmontée d'une coupole. La façade principale est magnifiée par deux campaniles logés dans les creux de la croix : l'un est inachevé, l'autre comporte les trois ordres dorique, ionique et corinthien. Le bras sud est ici prolongé par une sacristie semi-circulaire. Par l'harmonie de ses lignes et la maîtrise des motifs architecturaux qui soulignent la structure du monument, l'œuvre de Sangallo procure au visiteur un sentiment de plénitude.
L'intérieur diffuse la même sensation de majesté et de noblesse. À noter, à gauche de l'entrée, une *Annonciation* du 14e s., ainsi que l'imposant maître-autel en marbre (1584). Une note de fantaisie, le plafond, attribué aux frères Zuccari. Face à l'église, la **Canonica** réservée aux chanoines est un élégant palais à portique, édifié d'après un projet de Sangallo l'Ancien.

★ Chianciano Terme B3

10 km au sud par la SP 17, puis la S 146 sur la route de Chiusi.
Chianciano, ville tout en longueur, garde un intérêt culturel dû à sa position attrayante du point de vue archéologique et à son extraordinaire musée, qui recèle des pièces uniques. Elle esr réputée également pour ses eaux sulfatées et calciques, qui étaient déjà connues des Étrusques et des Romains (Horace les cite) : ses quatre complexes thermaux distincts, disséminés entre parcs et jardins, traitent les affections hépatiques et biliaires (sources Acqua Santa, Acqua Fucoli et Acqua Sillene), ainsi que les maladies des reins, des voies urinaires, du métabolisme et de l'appareil digestif (Acqua Sant'Elena).
★ **Museo civico archeologico delle Acque** – *Via Dante 80, en face de la bibliothèque municipale - ✆ 0578 30 471 - www.museoetrusco.it - avr.-oct. : tlj sf lun. 10h-13h, 16h-19h ; reste de l'année : sam. et dim. 10h-13h, 16h-19h - 5 €.*
Le musée d'Archéologie abrite une extraordinaire collection de pièces découvertes dans la campagne autour de Chiusi, dont l'œuvre principale est un **tombeau princier** du 7e s. av. J.-C.
L'aménagement du musée rend la visite agréable, surtout à l'étage inférieur, où les anciennes caves de la villa rassemblent aujourd'hui une collection extrêmement riche de vases canopes étrusques (7e s. av. J.-C.) provenant de la nécropole de Tolle. L'ordre chronologique de leur disposition révèle un certain affinage du trait : les premiers dessins rudimentaires sont progressivement remplacés par des portraits plus distincts (le plus remarquable est le dernier au fond du couloir). Parmi la magnifique collection de bijoux, admirer la splendide oie minuscule qui orne une broche.
Au 1er étage, on peut voir une reconstitution de la ferme étrusque de Poggio Bacherina (3e-2e s. av. J.-C.) : observez le vase en forme de botte servant au foulage du raisin.
Vous pourrez également contempler les restes du temple de Silène (5e s. av. J.-C.). Ce dernier est caractérisé par les symboles du dauphin et de la Lune (la déesse principale étant Séléné, déesse de la Lune). Quant aux vestiges du temple de Fucoli (3e s. av. J.-C.), ils sont particulièrement élégants du point de vue stylistique.
La maquette présentée au dernier étage permet de se faire une idée de la composition des thermes romains.

NOS ADRESSES À MONTEPULCIANO

Carte de région p. 328

ARRIVER/PARTIR

En bus – *Gare ferroviaire de Chiusi - Chianciano Terme.* Poursuivre vers Montepulciano par le car de la compagnie **TIEMME** (*www.tiemmespa.it)*, qui assure aussi les liaisons entre Montepulciano, Sienne, Sinalunga et les environs.

HÉBERGEMENT

BUDGET MOYEN

Il Marzocco – *Piazza Savonarola 18 - ✆ 0578 75 72 62 - www.albergoilmarzocco.it - fermé 10 janv.-15 fév. - 16 ch. - 95 €.* Cet ancien palais du 16e s., situé dans la vieille ville, garde une ambiance rétro à souhait. Il est tenu par la même famille depuis 1900. Certaines chambres ont des balcons ou une vue sur la vallée.

Camere Bellavista – *Via Ricci 25 - ✆ 0578 75 73 48 - www.camerebellavista.it - 10 ch. - 100/110 €.* À quelques pas de la piazza Grande, une dizaine de jolies chambres simples mais soignées. Mobilier campagnard et poutres apparentes donnent du cachet à l'ensemble. Vue à couper le souffle depuis le balcon de la chambre n° 6.

RESTAURATION

BUDGET MOYEN

Trattoria Diva e Maceo – *Via di Gracciano nel Corso 90 - ✆ 0578 71 69 51 - fermé mar. - 25/35 €.* Dans la rue principale, près de la Porta al Prato, une trattoria appréciée des habitants. Savoureuse cuisine toscane.

Borgo Buio – *Via Borgo Buio 10 - ✆ 0578 71 70 40 - www.borgobuioofficinadelgusto.com - fermé dim. - réserv. conseillée - 30/40 €.* Borgo Buio propose une cuisine toscane traditionnelle revisitée, sous une belle voûte aux briques apparentes.

Le Logge del Vignola – *Via delle Erbe 6 - ✆ 0578 71 72 90 - www.leloggedelvignola.com - fermé mar.- réserv. conseillée - 30/45 €.* Jolie salle accueillante où l'architecture laisse apparaître briques et poutres en bois. À table défilent les plats de la tradition culinaire locale, au fil des arrivages du marché. Petite terrasse estivale.

POUR SE FAIRE PLAISIR

La Grotta – *San Biagio 16, 1 km à l'ouest de Montepulciano - ✆ 0578 75 74 79 - www.lagrottamontepulciano.it - fermé merc. - réserv. conseillée - 40/55 €.* Le meilleur restaurant de la ville se trouve en face de la ravissante église San Biagio. Jardin, menu dégustation de cuisine toscane, belle carte des vins.

Chianciano Terme B3

BUDGET MOYEN

Hostaria Il Buco – *Via della Pace 39 - ✆ 0578 30 230 - fermé merc. - 25/35 €.* Deux petites salles où des tables rondes et des fauteuils confortables créent une atmosphère originale. L'accueil est sympathique, on y sert en toute simplicité pâtes faites maison, viandes rouges, pizzas, champignons et truffes pendant la saison.

PETITE PAUSE

Antico Caffè Poliziano – *Via Voltaia del Corso 27-29 - ✆ 0578 75 86 15 - www.caffepoliziano.it.* Depuis 1868, ce beau café de style Liberty (Art nouveau en France), fréquenté par d'innombrables artistes tels que Luigi Pirandello, Curzio Malaparte,

Federico Fellini et Giulietta Masina…, est l'endroit idéal pour déguster une des trente sortes de chocolats chauds ou pour découvrir les excellents *nobile* et *rosso* de Montepulciano tout en se délectant d'une vue imprenable sur le Val di Chiana.

Chianciano Terme B3

Bar pasticceria Centro Storico – *Via A. Casini 22 - ✆ 0578 31 444 - www.barpasticceriacentrostorico.it - fermé lun.* Cette pâtisserie-salon de thé au charme discret et rétro, avec sa petite terrasse qui donne sur les toits de la vieille ville et sur la vallée de Chianciano, est située au cœur du centre historique, juste en face de l'horloge.

ACHATS

À proximité

Avignonesi Fattoria Le Capezzine – *Via Colonica 4 - Valiano di Montepulciano, 15 km à l'est de Montepulciano - ✆ 0578 72 43 04 - www.avignonesi.it - tlj sf w.-end. 10h-18h.* Ettore Falvo fut l'un des principaux acteurs de la revalorisation du vignoble de Montepulciano. Son magasin à la décoration sobre et élégante reflète parfaitement la qualité des vins qu'il produit. Ne pas manquer le *vin santo* Occhio di Pernice.

Cantina De Ricci – *Via Ricci 11 - ✆ 0578 75 71 66 - www.dericci.it - visites guidées sur réserv.* Cave historique à l'allure de cathédrale, parmi les plus célèbres producteurs du circuit « Vino Nobile ».

ACTIVITÉS

Chianciano Terme B3

Thermes de Chianciano – *Via delle Rose 12 - ✆ 0578 68 111 - www.termechianciano.it.* Large choix de soins bien-être et d'activités.

AGENDA

Il Bruscello – *Piazza Grande - Montepulciano - 12-15 août - ✆ 0578 75 85 29 - www.bruscello.it.* Sous un arbre symbolique, des pièces de théâtre populaire mettent en scène des histoires qui puisent leur inspiration dans la tradition italienne ou locale.

« Bravìo delle botti » – *Montepulciano - dernier dim. d'août.* Les huit quartiers *(contrade)* du bourg s'affrontent dans une course de tonneaux effrénée dans les rues. Une compétition qui fera tourner la tête des petits et des grands !

Cantiere Internazionale d'Arte – *Piazza Grande - Montepulciano - ✆ 0578 757 089 - www.fondazionecantiere.it - juil.-août.* Festival de musique : opéra et concerts.

Chiusi

★

8 813 habitants

Campée au sommet d'une colline dominant le Val di Chiana, cette petite ville de montagne à l'allure tranquille et discrète cache un passé glorieux : la ville fut en effet l'une des douze cités souveraines de l'Étrurie, dont la prospérité était assurée par la Chiana, alors affluent du Tibre, qui la reliait à Rome, à la mer et aux ressources agricoles de la fertile plaine qui l'environnait. Devenue au Moyen Âge un important duché, Chiusi déclina peu à peu car, au 16e s., la Chiana ensablée n'était plus navigable.

NOS ADRESSES PAGE 435
Hébergement, restauration, achats, activités, etc.

S'INFORMER
Office de tourisme – *Via Porsenna 79 - ✆ 0578 227 667 - www.prolocochiusi.it.*

SE REPÉRER
Carte de région C3 (p. 328).
Chiusi se situe entre Chianciano Terme et Città della Pieve.

À NE PAS MANQUER
Les collections étrusques du Musée archéologique ; une balade dans les forêts du mont Amiata.

ORGANISER SON TEMPS
Une journée avec les alentours.

Se promener

★ Museo archeologico

Via Porsenna 93 - ✆ 0578 20 177 - www.prolocochiusi.it - 9h-20h - 6 €.

Il rassemble de nombreux objets provenant des nécropoles des environs et présente l'art et la civilisation étrusques propres à la région de Chiusi.

On constate que les **urnes funéraires** en poterie de forme biconique, d'époque villanovienne, puis les canopes (urnes anthropomorphes) introduits au 7e s. av. J.-C. sont remplacés au 6e s. av. J.-C. par des bustes sculptés (la tête servant de couvercle) en pierre fétide, calcaire local qui doit son nom à la mauvaise odeur qu'il dégage quand on le travaille. À la fin du siècle apparaissent de très nombreux cippes (pierres tombales), des urnes au couvercle à deux pentes et quelques rares sarcophages. Le décor, qui dénote une progressive hellénisation, est consacré à des cortèges, des événements familiaux (mariage, funérailles) ou des scènes de danse, de chasse…

À la fin du 5e s. av. J.-C. s'affirme l'iconographie du défunt allongé sur l'urne ou le sarcophage ; au cours des siècles, ce modèle évoluera par les matériaux utilisés (albâtre, pierre fétide, travertin, argile), par la représentation même du défunt et le décor des faces du support, mais perdurera dans sa structure.

Parmi les décors choisis pour orner l'urne ou le sarcophage, la mythologie grecque prend une place très importante, certaines scènes comme le fratricide des fils d'Œdipe devenant de véritables décors de série pour les classes moins fortunées. Du reste, à partir du 2e s. av. J.-C., Chiusi se distingue par son importante production d'urnes d'argile au décor moulé.

Sarcophage étrusque au Musée archéologique de Chiusi.
A. Pistolesi/AGF Foto/Photononstop

Chiusi est un centre de production de *bucchero*, cette poterie noire et brillante qui, au 6e s. av. J.-C., est ornée de motifs en bas-relief et, à partir du 5e s. av. J.-C., reste sans décor. On admire aussi des vases attiques à figures noires puis rouges, dus à l'importation, puis à la venue en Étrurie méridionale d'artistes grecs ; parallèlement se développe une céramique d'imitation de bien moindre qualité.
Enfin, la peinture, rare dans le nord de l'Étrurie, est représentée par la reconstitution de la tombe delle Tassinaie (postérieure au milieu du 2e s. av. J.-C.), décorée probablement par des artistes venus de Tarquinia.
Visite des tombeaux – *Si l'on dispose d'une voiture, il est possible de visiter les tombeaux qui subsistent, à environ 3 km de la ville par la route du lac de Chiusi. Tombes de la Pèlerine et du Lion : mars-oct. 11h-16h, reste de l'année 11h-14h. Entrée comprise dans le billet du musée.*
On visite, le plus fréquemment, la **tombe du Lion**, autrefois peinte et dont les chambres sépulcrales (munies de banquettes) se distribuent en croix autour d'un espace central, et la **tombe de la Pèlerine**, desservie par un couloir (le *dromos*) et contenant des urnes et des sarcophages des 3e et 2e s. ornés de reliefs inspirés par la mythologie grecque et, pour les plus récents, par la guerre entre les Galates et les Romains.

San Secondiano

Piazza del Duomo.
Plusieurs édifices se sont succédé en ces lieux. Une première basilique paléochrétienne du 4e ou 5e s. fut détruite par les Goths et reconstruite au 6e s. par l'évêque de Florence. De nouveau détruite lors des invasions barbares, elle fut rebâtie à l'identique au 12e s. Les colonnes torses du baptistère *(à droite en entrant)* sont un vestige de la basilique du 6e s. Ses trois nefs sont séparées par 18 colonnes antiques différentes, trahissant le réemploi de matériaux romains de diverses provenances. Une fausse mosaïque, peinte de 1887 à 1894 par le Siennois Viligiardi, imite le décor d'une église romaine dans la partie haute. Dans le transept droit, corps de sainte Mustiola, placé ici au 17e s.

MUSTIOLA, SAINTE PATRONNE DE CHIUSI
Amoureux d'une jeune aristocrate romaine prénommée Mustiola, l'empereur romain Aurélien voulut l'épouser. Celle-ci, chrétienne fervente, refusant cette union, s'enfuit avec un prêtre, Félix, et un diacre, Irénée, jusqu'à Chiusi, où sa famille avait des terres. La colère de l'empereur, qui du reste avait ordonné la persécution des chrétiens, fut impitoyable. Félix fut tué et Irénée martyrisé à Chiusi par le vicaire impérial, Turcio. Mustiola, douloureusement affectée, se rebella contre Turcio, qui la fit fouetter à mort avec des cordes plombées en juillet 274. Son corps fut recueilli par l'évêque et enterré près de la ville, dans des catacombes qui prirent par la suite son nom.

Le **clocher** est une tour du 12e s. appartenant à l'origine au système défensif de la ville et transformée en clocher dans sa partie haute au 16e s. De l'intérieur, on accède à une citerne du 2e-1er s. av. J.-C.

Museo della Cattedrale

Piazza Carlo Baldini 7 - ✆ 0578 22 64 90 - juin-15 oct. : 9h45-12h45, 15h45-18h15 ; reste de l'année : 9h45-12h45, se renseigner pour l'apr.-midi ; labyrinthe de Porsenna : visite guidée à 10h10, 10h50, 11h30, 12h10 (se renseigner pour l'apr.-midi) - 5 €.

Au rez-de-chaussée sont exposés des vestiges étrusco-romains et paléochrétiens découverts sous la cathédrale. Du jardin : vue sur un tronçon de la muraille étrusque datant du 3e s. av. J.-C. À l'étage : mobilier, ornements sacrés et reliquaires, dont deux magnifiques coffrets du 15e s. (atelier des Embriachi) entièrement marquetés et ornés de plaquettes d'ivoire historiées. Précieuse collection d'antiphonaires, psautiers et graduels enluminés, des 15e-16e s., provenant de l'abbaye de Monte Oliveto Maggiore. Belles pièces d'orfèvrerie (essentiellement siennoises) du 14e au 18e s. Quelques tableaux siennois et florentins.

Labyrinthe de Porsenna – Des fouilles ont révélé un système complexe de galeries souterraines, utilisées à l'origine par les Étrusques pour approvisionner la ville en eau : ils exploitaient le filtre naturel formé par les dépôts laissés par la mer. Ce système fut repris ultérieurement par les Romains. Cependant, Pline rappelle que le célèbre Porsenna « fut inhumé sous la ville de Chiusi, dans un monument à soubassement carré d'environ 90 m de côté, qui renfermait un labyrinthe inextricable ». Il est séduisant d'imaginer que ces galeries puissent être une partie de la tombe du roi étrusque.

La visite de ce système hydrique antique, qui débute dans le musée de la cathédrale, s'achève dans la citerne étrusco-romaine, du 2e-1er s. av. J.-C., qui pourrait avoir servi de réserve d'eau en cas d'incendie. La sortie s'effectue par la base de la tour médiévale, transformée en clocher à la fin du 16e s.

À proximité Carte de région p. 328

Catacomba di Santa Mustiola e di Santa Caterina C3

Sur la route du lac. Réserv. obligatoire au musée de la cathédrale ✆ 0578 22 64 90 - www.prolocochiusi.it - visite guidée à 11h et 16h - 5 € pour chaque catacombe.

Découvertes respectivement en 1634 et 1848, ces catacombes, les seules connues de Toscane, témoignent de la vitalité du christianisme local. Datant du 3e s., elles servaient encore de cimetière au 5e s. Celles où fut enterrée

Mustiola présentent un important réseau de galeries et de nombreuses inscriptions ; les autres, moins vastes, doivent leur nom à une petite chapelle dédiée à sainte Catherine d'Alexandrie, située au-dessus.

Monte Cetona et parc archéologique de Belverde C3

Au sud-ouest de Cetona ; 5,5 km en voiture puis montée à pied.

Ce mont rocheux dépourvu de végétation culmine à 1 148 m. Du sommet, que l'on atteint par de multiples sentiers, on jouit d'un beau **panorama**. Les nombreuses grottes naturelles qui s'ouvrent sur ses pentes ont favorisé une occupation humaine dès le paléolithique (il y a environ 50 000 ans), en particulier celle de l'homme de Neandertal. Le site fut ensuite abandonné quand ce peuple passa à une économie plus agricole que pastorale.

Autour du secteur de **Belverde** *(voir le Museo civico pour les horaires)* des chemins fléchés conduisent à certaines cavités, éclairées et aménagées pour la visite. Jouxtant le parc archéologique, l'**archéodrome** présente la reconstitution d'un village paléolithique et de l'âge du bronze ; on y trouve également des ateliers et des itinéraires pour d'agréables balades dans la forêt.

Circuit conseillé Carte de région p. 328

★ LE MONT AMIATA BC3

Circuit de 59 km avec le tour du mont Amiata, tracé en orange sur la carte de région (p. 328). Depuis Chiusi, prendre la SS 146, puis à gauche la SS 478 ; Sarteano se situe à 10 km au sud-ouest.

Sarteano C3

Localité de villégiature où trois piscines sont alimentées par une source thermale (connue depuis l'Antiquité), riche en minéraux et qui jaillit à 24 °C. Le village est dominé par une éminence boisée où fut construite au 11e s. une **forteresse**, remaniée au 15e s. par les Siennois ; ses murs et sa forte tour carrée, munis de mâchicoulis, sont bien conservés.

L'intérieur à nef unique de l'**église San Martino** recèle d'intéressants tableaux : à gauche, grande **Annonciation★★** de **Beccafumi** et *Vierge à l'Enfant entre saint Roch et saint Sébastien* d'Andrea di Niccolò ; à droite, *Visitation* de Vanni et deux œuvres de Giacomo di Mino del Pellicciaio, une *Vierge à l'Enfant* signée et datée 1342 et un triptyque.

Continuer sur 20 km au sud-ouest de Sarteano par la SS 478.

★ Radicofani B3

Perchée sur un promontoire naturel de plus de 800 m de haut, la forteresse de Radicofani s'impose dans tout le paysage alentour, reconnaissable à sa puissante tour fièrement dressée vers le ciel. Tenant tête à la fois au souverain pontife et à la république de Sienne, le hors-la-loi **Ghino di Tacco**, condamné par Dante et célébré par Boccace, s'y était établi au tournant du 13e et du 14e s., faisant le bien ou semant la terreur de Pienza à Chiusi et dans tout le val d'Orcia. Ayant juré de venger son père et son frère aîné, assassinés devant ses yeux par le podestat de Sienne, il entra dans la clandestinité en tuant à son tour le coupable. La légende rapporte également qu'il emprisonna l'abbé de Cluny venu soigner en cure des maux d'estomac à San Casciano dei Bagni *(à 18 km à l'est de Radicofani)*. Gâtant la suite du prélat et ses soldats, il laissa l'abbé dans un cachot où il venait quotidiennement le voir, lui prodiguant un régime alimentaire sévère tout en se faisant passer pour un simple serviteur. Pris de compassion et d'amitié pour son prisonnier qu'il finit par guérir, il le

libéra. Le prélat lui en fut infiniment reconnaissant et plaida sa cause avec succès auprès du pape.
Construit dans la même pierre brun foncé que la forteresse qui le domine, le village de Radicofani serre contre celle-ci ses maisons médiévales et ses rues abruptes. En montant la rue principale s'ouvre, à gauche, une petite place où se font face deux églises. Du jardin public adjacent, belle **vue★** sur le mont Amiata et la campagne alentour où affleurent çà et là les arêtes vives et nues des **crete d'Orcia** (phénomène équivalent à celui des crêtes siennoises).
La rue centrale mène ensuite au *Palazzo pretorio* du 16e s., orné de blasons, et à la **forteresse★** elle-même *(parking à proximité)* : construite au 13e s. et remaniée au 16e s., elle fut détruite au 18e s. par une explosion ; ses majestueuses ruines ont été consolidées vers 1990.
Sortir de Radicofani vers le sud-ouest par la SS 478, prendre à droite la SP 24 sur 7 km, la SR 2 sur 1,7 km et à gauche la SP 39 jusqu'à Abbadia San Salvatore.

Abbadia San Salvatore B3

Séjour estival et de sports d'hiver au pied du mont Amiata, la petite ville d'Abbadia San Salvatore conserve un important quartier médiéval, dédale de rues et ruelles traversées d'arcs, un château fort et, surtout, le sanctuaire d'une abbaye disparue qui donna son nom à la ville après avoir été le plus riche monastère de Toscane.
Chiesa abbaziale – Seul vestige de l'abbaye fondée en 743 par Rachis, roi lombard converti au catholicisme, l'**église abbatiale** fut achevée au 11e s. et légèrement remaniée au 16e s. Elle présente une sobre façade percée d'une grande baie à colonnettes et un haut clocher à couronnement crénelé.
L'intérieur, à nef unique, possède un chœur surélevé dont les arcades en plein cintre sont peintes de frises Renaissance. Le transept a été décoré de fresques à la fin du 17e s. et au début du 18e s. Un grand crucifix en bois peint du 12e s. orne le mur droit de la nef. Sous le chœur, on visite la **crypte★** (8e s.) de l'église primitive : cruciforme (l'un des bras a été reconstitué), elle est soutenue par une profusion de colonnes à chapiteaux ornés.
À gauche de l'église se trouvent les vestiges du cloître.

★ Autour du mont Amiata B3

Le **mont Amiata★** est cerné au nord par le val d'Orcia, à l'est par les collines siennoises, au sud-ouest par la Maremme. Cet ancien volcan, la plus haute montagne de Toscane au sud de l'Arno (1 738 m), donne naissance à plusieurs cours d'eau et à d'abondantes sources alimentant aussi bien Sienne que Grosseto. L'Amiata recèle également de nombreux gisements de mercure, ainsi que d'antimoine, bien connus déjà des Étrusques et des Romains.
Une route sinueuse de 13 km de long fait le tour du mont *(à partir d'Abbadia San Salvatore, suivre les panneaux marron « Vetta Amiata »)*, offrant d'impressionnants points de vue. Au fur et à mesure que la route s'élève, les vignes et les oliviers laissent la place aux forêts de châtaigniers, de hêtres et de pins. Il est difficile d'imaginer aujourd'hui que, de cette montagne, agréable lieu de vacances, surtout en hiver, jaillissaient autrefois de la cendre et des pierres volcaniques.
Du versant sud, le plus beau, on accède au sommet signalé par une croix de fer de 22 m de haut *(environ 15mn à pied AR)* en empruntant un chemin pavé qu'encadrent un télésiège ainsi que des remonte-pentes. Là-haut, on trouve un belvédère offrant une **vue★** intéressante sur les hauteurs, vallées et localités situées au sud-ouest.

NOS ADRESSES À CHIUSI

Carte de région p. 328

HÉBERGEMENT

Radicofani B3

UNE FOLIE

Il Poggio – *Celle sul Rigo, San Casciano dei Bagni, à 18 km à l'est de Radicofani sur la SP 321 - ✆ 0578 53 748 - www.ilpoggio.net - 5 ch. 3 appart. - 140/220 €.* Un agriturismo soigné avec un centre équestre homologué pour les amateurs de balades à cheval dans le calme de la campagne siennoise ou tout simplement pour déguster une cuisine typiquement toscane. Demi-pension possible.

RESTAURATION

Le poisson du lac entre dans la composition de la cuisine locale. On savoure en particulier le *brustico*, perche cuite directement sur des roseaux du lac et servie avec de l'huile et du citron, et le *tegamaccio*, comprenant divers poissons du lac cuits dans de la sauce tomate et servis sur des tranches de pain grillées et parfumées d'ail.

BUDGET MOYEN

Osteria La Solita Zuppa – *Via Porsenna 21 - ✆ 0578 21 006 - www.lasolitazuppa.it - fermé mar. - réserv. conseillée - 25/35 €.* Très accueillants, les gérants prennent plaisir à mettre leurs hôtes à l'aise. Dans la grande salle pourvue d'un mobilier campagnard, on déguste une cuisine toscane traditionnelle où les soupes et les fromages sont à l'honneur.

ACTIVITÉS

Lago di Chiusi – *5 km au nord.* Ce lieu calme offre la possibilité de faire du bateau, de l'aviron et de pratiquer la pêche.

Monte Amiata – Le mont Amiata offre aux sportifs un grand choix d'activités. L'**Anello della Montagna** est un circuit de randonnée de 28 km qui contourne la montagne *(environ 12h pour le tour complet).* Plusieurs circuits de trekking, comme le sentier Florence-Sienne-Rome qui traverse le mont Amiata et permet d'atteindre Rome en 25 étapes. Des randonnées à cheval sont également possibles. *Rens. auprès du site Internet de l'office de tourisme dédié au mont Amiata : www.amiataturismo.it.*

AGENDA

Offerta dei Censi – *Abbadia San Salvatore - 2e w.-end de juil.* Fête médiévale.

Festa di San Marco Papa – *Abbadia San Salvatore - 2e sem. de sept.* Pour la fête du saint patron de la ville, une semaine de festivités, concerts de musique classique, exposition d'artisanat et de produits locaux.

Festa di Santa Mustiola – *Chiusi - 25 juin-3 juil.* Festivités en l'honneur de la sainte patronne de la ville, cérémonies religieuses, courses sur le lac, feux d'artifice.

Tria Turris – *Chiusi - 3e w.-end de juin - www.triaturris.it.* Fête médiévale. S'y déroule le *Palio delle Torri*, course à pied entre les trois quartiers de la ville avec une tour en bois sur le dos.

Festa dell'uva e del vino – *Chiusi - dernière sem. de sept. - www.festadelluvaedelvino.com.* Événements culturels associés à la dégustation de vins et produits locaux dans les rues du bourg.

Arezzo et le Casentino 7

Carte Michelin Regional Italie 563 – Province d'Arezzo

Poppi, le château médiéval des comtes Guidi.
Tuul et Bruno Morandi/hemis.fr

Arezzo

★★

99 400 habitants

Si la ville basse ne présente guère d'intérêt, il suffit de grimper droit devant soi pour qu'Arezzo dévoile toute sa poésie. C'est celle-là même dont Pétrarque s'est nourri et que l'on respire encore sur la piazza Grande, cette drôle de place hétéroclite, aux formes indéfinissables et au sol pentu. Vous plongerez au cœur d'une époque révolue, que ce soit en assistant à la Joute du sarrasin ou en imaginant les courses à vélo de Roberto Benigni dans *La vie est belle*. Enfin, la vision des fresques de la « Légende de la sainte Croix » de Piero della Francesca justifiera à elle seule votre venue dans cette Toscane ombrienne.

NOS ADRESSES PAGE 446
Hébergement, restauration, achats, activités, etc.

S'INFORMER

Office de tourisme – *Piazza della Libertà 3 - ✆ 0575 39 21 - www.turismo.provincia.arezzo.it.*

SE REPÉRER

Carte de région C2 (p. 328) - plan de ville (p. 444). Arezzo est située à 80 km au sud-est de Florence.

SE GARER

Le centre historique est interdit à la circulation. Laissez votre voiture dans un des parkings autour des enceintes, notamment à proximité de la gare (ils sont tous payants). Le parking Pietri est la bonne affaire. Situé à l'est, derrière le Duomo, il a 162 emplacements gratuits et il est relié à la ville par des escalators. Le mieux est d'arriver en fin d'après-midi pour être sûr de trouver de la place.

À NE PAS MANQUER

Les fresques de Piero della Francesca, la façade sculptée de la Santa Maria della Pieve, une balade sur la piazza Grande et sur le corso Italia à l'heure de la passeggiata des Arétins.

ORGANISER SON TEMPS

Une journée. Réserv. obligatoire pour les fresques de Piero della Francesca à la basilique St-François.

Arezzo, la piazza Grande.
G. Cozzi/Sime/Photononstop

Découvrir Plan de ville p. 444

Il existe un **billet combiné** pour la cappella Bacci (fresques de Piero della Francesca), la Casa del Vasari, le Museo archeologico et le Museo d'Arte Medievale e Moderna. Comptez 12 €.

★★★ LES ŒUVRES DE PIERO DELLA FRANCESCA

Basilica di San Francesco B2

Piazza San Francesco - ✆ 0575 35 27 27 - 8h30-19h.
Vaste, car destinée à la prédication, la basilique St-François fut élevée dans le style gothique du 14e s. par les franciscains, puis transformée aux 17e et 18e s. Une restauration lui a rendu sa sobriété originelle. La façade, composée de pierres et de briques, ne fut jamais achevée. Elle aurait dû être recouverte de *pietrame* (« pierraille »). L'oculus sert d'écrin à un superbe vitrail de Guillaume de Marcillat qui représente saint François offrant des roses au pape Honorius III en plein mois de janvier.
Les moines franciscains, gardiens des Lieux saints à Jérusalem, vénéraient particulièrement la sainte Croix. Ils demandèrent à Piero della Francesca de décorer le chœur de leur église, la **cappella Bacci**.
★★★ **Fresques de Piero della Francesca** – *Cappella Bacci - ✆ 0575 35 27 27 - www.pierodellafrancesca.it - réserv. obligatoire - visites ttes les 30mn, groupe de 25 pers. max - avr.-oct. : 9h-19h (sam. 18h), dim. 13h-18h ; nov.-mars : 9h-18h (sam. 17h30), dim. 13h-17h30 - 8 €, 12 € le billet combiné (voir ci-dessus).* Exécutées sur les murs du chœur entre 1452 et 1466, elles sont considérées comme l'un des sommets de la peinture toscane de la Renaissance. Illustrant la **Légende de la sainte Croix**, thème courant chez les franciscains au Moyen Âge, le cycle s'inspire du texte de Jacques de Voragine, *La Légende dorée* (13e s.). Le peintre n'a pas cherché ici à suivre rigoureusement l'ordre du récit de la légende, qui s'articule comme suit :
I Mort d'Adam *(à droite)* et son ensevelissement *(à gauche)* : son fils Seth lui dépose dans la bouche trois graines dont naîtra l'arbre de la Croix, qui, ayant déjà poussé, divise la scène.
II Adoration de la sainte Croix. La reine de Saba, éclairée par une révélation divine, se refuse à traverser le pont construit avec la sainte Croix *(à gauche)* ; s'étant rendue à Jérusalem, elle révèle sa vision à Salomon *(à droite)*.
III Transfert du Bois saint, que Salomon fait enterrer.

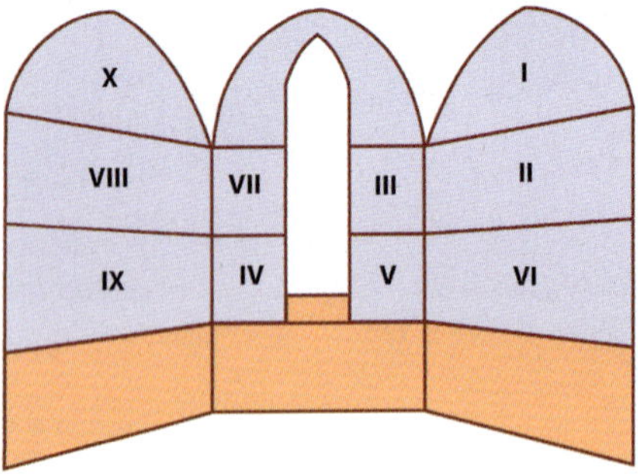

IV L'ange annonce à Marie la crucifixion de son Fils (il tient la palme des martyrs et non le lys de la virginité). Cette scène permet l'articulation du récit du bois de la Croix (avant et après la Crucifixion) sans avoir à représenter l'épisode central de l'histoire.

V À la veille de livrer bataille à Maxence, qui lui dispute le titre d'Auguste, Constantin (futur premier empereur chrétien) est avisé en songe par un ange qu'il vaincra sous le signe de la Croix. Il s'agit du premier exemple de

PIERO DELLA FRANCESCA

Piero della Francesca (1416-1492), qui partagea essentiellement son activité entre sa ville natale, Borgo Sansepolcro, les cours de Ferrara et d'Urbino (*voir p. 546*), et Arezzo, où il réalisa son chef-d'œuvre, fut par son art austère et puissamment sincère l'une des personnalités les plus originales et les plus marquantes du Quattrocento. Tout d'abord influencé par les Siennois, il reçut de ceux-ci son goût pour l'harmonie des couleurs et pour un dessin précis qui, dans ses portraits surtout, donne aux personnages une réalité aiguë. Jeune, il travailla à Florence pendant plus de cinq ans en compagnie d'un Vénitien, Domenico Veneziano, de qui il tient sa science de la lumière douce et irréelle et des coloris clairs et légers. Là, il reçut aussi de Masaccio la révélation de la perspective, liée à une rigoureuse géométrie, et d'Uccello le sens du rendu des volumes. Enfin, son admiration pour la peinture flamande est probablement à l'origine de ses jeux de lumière et de clairs-obscurs rendant certains détails de ses fresques comparables au rendu de l'huile.

De ses figures sculpturales et impassibles, d'une solidité paysanne et comme animées d'un lent mouvement, de ses compositions fortement structurées selon des règles géométriques, de ses tonalités tendres, parfois légèrement passées (gris cendré, bleu terni, brun lavé), se dégage une rare impression d'équilibre et de solennité.

Le circuit **Terre di Piero** *(www.terredipiero.it)* propose un voyage sur les traces de Piero della Francesca à travers quatre régions italiennes : l'Émilie-Romagne (Rimini), les Marches (Urbino, *p. 546*), la Toscane (Sansepolcro, *p. 448* ; Monterchi, *p. 451* et Arezzo *p. 438*) et l'Ombrie (Pérouse, *p. 472*).

LA LÉGENDE DE LA CROIX SELON JACQUES DE VORAGINE

L'idée mère de la légende est de rattacher la Rédemption au péché originel. À sa mort, Adam demande à son fils Seth l'onction miséricordieuse; celui-ci dépose sous la langue de son père trois graines de l'arbre de Science, d'où naîtra l'arbre qui servira plus tard à façonner la croix de Jésus, nouvel Adam.

Une planche taillée dans l'arbre sert de pont, que la reine de Saba refuse de franchir après avoir vu en esprit que le Sauveur y serait attaché un jour; Salomon fait enfouir la planche. Elle est à nouveau enfouie après la Crucifixion avec celles des larrons, et c'est Hélène, mère de l'empereur Constantin, qui la retrouve et reconnaît, parmi les trois croix du Calvaire, la Vraie Croix, car un garçon ressuscite à son contact.

Dérobée par le roi des Perses Chosroès, elle est reconquise par Héraclius Ier, qui la rapporte à Jérusalem.

clair-obscur dans l'art italien.

VI Victoire de Constantin, qui brandit la Croix, sur Maxence au pont Milvius (312 apr. J.-C.).

VII La torture de Judas. La mère de Constantin, sainte Hélène, désireuse de retrouver le bois de la Croix à Jérusalem, avait appris qu'un certain Judas était seul dépositaire du secret concernant l'endroit où était ensevelie la relique. Comme l'homme ne voulait pas parler, Hélène le fit descendre dans un puits où il resta six jours avant de se décider.

VIII L'impératrice Hélène fait déterrer les trois croix, à l'extérieur des murs d'une Jérusalem qui s'avère être, en vérité, une version quelque peu exotique d'Arezzo *(à gauche)*. Assistée de Judas, l'impératrice découvre les trois croix du Calvaire; la résurrection d'un mort *(à droite)* lui permet de reconnaître celle du Christ.

IX Trois cents ans plus tard: victoire d'Héraclius sur le roi des Perses Chosroès, qui s'était emparé de la Croix pour en orner son trône.

X Exaltation de la Croix: après que les portes de Jérusalem se furent refermées sur son passage, Héraclius, simplement en s'humiliant, parvint à restituer la Croix.

★ **Autres œuvres d'art** – De nombreuses autres fresques décorent le reste des murs de San Francesco: on remarque sur le mur de droite une **Annonciation** de Spinello Aretino (début 15e s.). Dans la chapelle absidiale droite, triptyque de l'**Assomption** par Nicolò di Pietro Gerini (début 15e s.). À l'avant du chœur, grand crucifix peint sur bois, de la fin du 13e s.

Se promener Plan de ville p. 444

Itinéraire tracé en vert sur le plan de ville p. 444. Départ piazza Grande.

★ Piazza Grande B2

Bordée à l'est par un alignement de maisons médiévales, la belle place carrée et inclinée, sur laquelle roulait à vélo Roberto Benigni dans *La vie est belle* (1997), compte quelques édifices remarquables: précédé d'un grand escalier (1780), le **palais du Tribunal** (fin 17e s.) jouxte l'abside romane à arcades et petites loggias de l'église de Santa Maria della Pieve (remarquer la bizarre colonne « brisée »).

Attenant au précédent, le palais de la **Fraternité des Laïcs**★ (14e-15e s.) arbore, sur le tympan du portail, une fresque représentant le Christ entre la Vierge et

saint Jean ; au niveau supérieur, un haut-relief met en scène une *Vierge à l'Enfant* signée Bernardo Rossellino (15e s.) ; la tour, réalisée d'après un projet de Vasari, accueille une belle horloge astronomique datant de 1552. Perpendiculairement s'étire le **palais delle Logge Vasariane** (16e s.), conçu par Vasari et caractérisé par son portique où fleurissent les tables de restaurants. En face du palais se dresse la **Casa-Torre Cofani** (maison-tour Cofani) au sommet crénelé.
Rejoindre par la via Seteria le corso Italia.

★ Santa Maria della Pieve B2

Corso Italia 7 - ✆ 0575 226 29 - mai-sept. : 8h-19h ; oct.-avr. : 8h-12h, 15h-18h.
Un **campanile** altier, dit des Cent Trous en raison de ses nombreuses baies géminées (en fait au nombre de 40), domine cette belle église romane dont la construction, entreprise vers le milieu du 12e s., se poursuivit jusqu'au 14e s. Elle a été remaniée, notamment par Vasari, au 16e s. La **façade★★**, un pur enchantement inspiré du style roman pisan, est très décorative avec ses trois étages de colonnettes ornées de motifs variés. Les symboles des douze mois de l'année, traités avec verve, parent la voussure supérieure du portail.
L'intérieur comporte une abside en cul-de-four et un chœur surélevé dont les piliers s'ornent de chapiteaux sculptés de grosses têtes humaines. Parmi les œuvres d'art, on remarque deux bas-reliefs en marbre : l'un, byzantin (Épiphanie), fixé au revers de la façade ; l'autre, du 13e s. (Nativité), au mur du bas-côté gauche.
Sur le maître-autel, remarquable **polyptyque★** (1320-1324) du Siennois **Pietro Lorenzetti**. Le **reliquaire de San Donato** (dans le chœur), ouvrage en argent doré, fut exécuté en 1346.
Continuer sur le corso Italia.

Casa Museo di Ivan Bruschi B2

Corso Italia 14 - ✆ 0575 35 41 26 - www.fondazionebruschi.it - avr.-oct. : 10h-18h ; nov.-mars : 10h-13h, 14h-18h - fermé lun. - 5 €.
Ivan Bruschi est le fondateur de la célèbre foire aux antiquaires d'Arezzo. Grand collectionneur, il a vécu avec sa sœur dans ce palais du 14e s. qu'il a restauré. Vous y découvrirez une collection variée des plus belles œuvres d'art rassemblées ici par cet homme de goût.
Continuer sur le corso Italia qui devient la via dei Pileati.

Via dei Pileati B1

Cette rue est curieuse avec ses palais, ses tours gothiques et ses maisons anciennes. À l'angle d'un carrefour, le **Palazzo pretorio** (14e-15e s.) est chargé de blasons de podestats.
Non loin se trouve la **casa del Petrarca,** maison natale du poète Pétrarque, qui accueille l'Accademia Petrarca di Lettere Arti e Scienze et une riche bibliothèque. *Via dell'Orto 28 - ✆ 0575 18 22 770 - www.arezzoturismo.it - lun. et vend. : 11h30 -15h30 ; sam. et dim. : 10h30-17h30 - 4 €.*
Au bout de la via dei Pileati, dans le **Passeggio del Prato** (aussi appelé le « Praticino »), se dressent les vestiges de l'ancien palais du Capitaine du peuple (13e s.), détruit au 16e s. Au faîte de la colline subsistent les remparts de la **Fortezza Medicea**, construite en 1538 par Cosme Ier de Médicis.
Prendre sur la gauche la via Ricasoli qui conduit à la piazza Duomo.

Duomo B1

Piazza Duomo - 6h30-12h30, 15h-18h30.
Cet édifice, construit de 1278 à 1511, sauf sa façade néogothique achevée au 20e s., possède sur le flanc droit un joli portail romano-gothique datant de la première moitié du 14e s.

Histoire d'une cité

DES ÉTRUSQUES AUX FLORENTINS

Comme Perugia et Cortona, Arezzo fut l'une des douze principales cités-États étrusques. Son apogée au 3ᵉ s. av. J.-C. coïncide avec l'expansion de Rome, dont elle est l'alliée. Les invasions barbares puis la domination lombarde qui suivent la chute de l'Empire romain nuisent durablement au rayonnement de la ville. Commune libre dès la fin du 11ᵉ s., gibeline, Arezzo soutint une longue lutte contre la guelfe Florence avant d'être absorbée par celle-ci, en 1384. La domination florentine ne prendra fin qu'au moment de l'unité italienne (1860). Au cours de la Seconde Guerre mondiale, une partie de la ville est détruite par des bombardements.

UN CREUSET ARTISTIQUE

Antiquités romaines

Après avoir été l'un des centres de la civilisation étrusque (c'est à Arezzo que fut retrouvée la splendide et célèbre *Chimère* conservée au Musée archéologique de Florence, *voir p. 165*), l'antique Arretium fut une riche cité romaine, connue pour sa production de vases, dits **« vases arétins »**. Ce type de céramique en très fine argile vernie, d'un brun rougeâtre, lisse ou portant un décor en relief ton sur ton, fut créé par un habitant d'Arezzo, Marcus Perennius, qui se spécialisa dans la reproduction de pièces hellénistiques en métal. La grande période de cette « industrie » qui, d'Arezzo, s'étendit rapidement à d'autres centres de la péninsule et alimenta une exportation vers tout le monde romain, de la Gaule à la Syrie, semble avoir fleuri pendant près d'un siècle, entre les années 30 av. J.-C. et 40 de notre ère.

Piero, Giorgio et les autres...

Il est probable que Mécène (69-8 av. J.-C.), le légendaire protecteur des artistes et des écrivains (Virgile, Horace, Properce...), lui-même poète, ami et ministre d'Auguste, était originaire d'Arezzo.

Au-delà de l'Antiquité, la ville peut se targuer d'avoir donné naissance à de nombreuses figures importantes dans le domaine des arts : tout d'abord le moine bénédictin **Guido d'Arezzo** (né vers 990, mort vers 1050), considéré comme l'inventeur du système de notation musicale ; le poète **Pétrarque** en 1304 ; l'écrivain Pietro Aretino, dit l'**Arétin**, en 1492 ; et le peintre et historien d'art **Giorgio Vasari** en 1511 (on peut visiter sa maison). C'est toutefois **Piero della Francesca**, natif de Sansepolcro, à une quarantaine de kilomètres de là, qui donna à Arezzo ses véritables lettres de noblesse.

Le peintre verrier français **Guillaume de Marcillat** (1467-1529), tout d'abord appelé par le pape Jules II à Rome, où il œuvra au Vatican en compagnie de Raphaël et de Michel-Ange, s'installa à Arezzo. Il y exécuta de nombreuses verrières aux compositions harmonieuses, faisant preuve d'un savoir consommé en matière de perspective et d'anatomie. Vasari disait de ses œuvres : « Ce ne sont pas des vitraux mais des merveilles tombées du ciel pour la consolation des hommes. »

Beaucoup plus contemporain, un autre Arétin s'est fait connaître de par le monde, **Roberto Benigni**. Il a tourné son film aux deux Oscars, *La vie est belle* (1997), en grande partie dans sa ville natale.

L'intérieur contient de **belles œuvres d'art★** : vitraux de Marcillat *(Les Profanateurs chassés du Temple, au milieu du collatéral droit)* ; dans le bas-côté gauche, cénotaphe de Guido Tarlati et fresque de **Piero della Francesca** *(près de la sacristie)* représentant la *Madeleine*, admirable exemple de « noblesse paysanne » ; chaire en marbre du 16e s. au centre de l'église et, derrière le maître-autel, tombeau (**arca**) de saint Donat, du 13e s.

Du parvis du Duomo on peut admirer le **Palazzo del Comune,** bâti au 14e s., mais remanié aux 16e-17e s.

Continuer sur la via Ricasoli et tourner à droite dans la via Sasso Verde.

San Domenico B1

Piazza San Domenico 7 - 8h30-19h. Cette église de style gothique du 13e s., restaurée, présente une façade asymétrique. Elle abrite des fresques de l'école de Duccio et de Spinello Aretino et ses disciples. Au maître-autel domine un admirable **crucifix★★** de **Cimabue** : dans cette œuvre de jeunesse, de tradition

SE LOGER
Badia di Pomaio............ 2
B&B Palazzo dei Bostoli...... 10
Casa Volpi 1
L'Aretino 4

SE RESTAURER
Antica Osteria l'Agania 1
Il Cantuccio 7
Lancia d'Oro 13
La Torre di Gnicche 2

Casa del Petrarca.......... C
Casa Museo di Ivan Bruschi.............. B

encore très byzantine, l'artiste – que Vasari situe à l'aube du renouveau de la peinture italienne – laisse d'ores et déjà transparaître une sensibilité dramatique et un sens du relief inconnus jusqu'alors.
Poursuivre le long de la via San Domenico et tourner à gauche dans la via XX Settembre.

Casa del Vasari A1

Via XX Settembre 55 - ✆ 0575 40 90 40 - www.sbappsae-ar.beniculturali.it - 9h-19h, dim. : 9h-13h - fermé mar. - 4 €, 12 € le billet combiné (voir p. 439).
Vasari, à la fois peintre, sculpteur, architecte et écrivain, symbole de la Renaissance par l'aspect protéiforme de son talent, décora fastueusement sa maison en 1540. Œuvres de peintres maniéristes toscans ; terre cuite (portrait de Galba, le successeur de Néron) par A. Sansovino.

> **DES CRUS DOC**
> Héritière d'une longue tradition viticole, la région d'Arezzo compte pas moins de 2 Chianti DOCG, dont le Chianti Colli Aretini, et 6 crus DOC parmi lesquels le Valdichiana, le Valdarno di Sopra ou le Cortona. Les 200 km de la **Strada del Vino Terre di Arezzo** en traversent les territoires. *Rens. auprès de l'office de tourisme d'Arezzo (voir « S'informer » p. 438).*

Continuer sur la via XX Settembre, puis tourner à droite sur la via San Lorentino.

★ Museo d'Arte medievale e moderna A1

Via San Lorentino 8 - ✆ 0575 40 90 50 - www.museistataliarezzo.it - visite guidée à 10h, 12h, 16h et 18h ; 1er sam. et 1er dim. du mois : 8h30-18h30 - fermé lun. - gratuit, 12 € le billet combiné (voir p. 439).
Le palais Bruni-Ciocchi, meublé, abrite des sculptures, de l'orfèvrerie et des peintures du Moyen Âge au 19e s. : de Margaritone d'Arezzo, Guido da Siena, Parri di Spinello, Bartolomeo della Gatta, Luca Signorelli, Andrea Della Robbia, Cigoli, Vasari, Salvator Rosa, Gaspard Dughet ; le 19e s. est représenté par quelques-uns des principaux peintres Macchiaioli : Fattori, Signorini... Une remarquable collection de **majoliques★★** d'Ombrie datant de la Renaissance, des céramiques des 17e et 18e s., de la verrerie, des armes, des ivoires et de nombreuses monnaies complètent ce riche ensemble.
Suivre la via Garibaldi, sur laquelle se dresse l'**église de la Santissima Annunziata,** conçue au 16e s. par Giuliano da Sangallo. L'intérieur conserve des vitraux par Guillaume de Marcillat et une *Déposition* par le jeune Vasari.
Au bout de la via Garibaldi, on parvient à la piazza della Badia.

La Badia A1-2

Piazza della Badia 3 - 8h-12h, 16h-19h - fermé dim. apr.-midi.
Cette église, érigée au 13e s., fut complètement remaniée au 16e s. sur un projet de Vasari ; le campanile date de 1650. L'intérieur présente une fausse coupole en trompe-l'œil (1702), réalisée par **Andrea Pozzo** (artiste-peintre de l'église de Sant'Ignazio à Rome), et conserve un crucifix, œuvre de Segna di Bonaventura (1319) ainsi que le majestueux autel de Vasari, qui est l'auteur également d'une *Assomption de la Vierge*.

À voir aussi Plan de ville ci-contre

Museo archeologico Mecenate B2

Via Margaritone 10 - ✆ 0575 20 882 - www.museistataliarezzo.it - 8h30-19h30 - 6 €, 12 € le billet combiné (voir p. 439).

Il borde l'**amphithéâtre romain**, ovale, des 1er et 2e s. Ses collections de statuettes étrusques et romaines en bronze (du 6e s. av. J.-C. au 3e s. de notre ère), ses vases grecs (cratère d'Euphronios), ses vases arétins et ses céramiques d'époques hellénistique et romaine sont intéressants.

Santa Maria delle Grazie Hors plan B2

Via Santa Maria delle Grazie 1 (1 km au sud par le viale Mecenate) - ✆ 0575 32 31 40 - 8h-19h. Cette église du milieu du 15e s. est précédée d'un **portique★** gracieux et léger, œuvre du Florentin **Benedetto da Maiano** (15e s.). À l'intérieur, au maître-autel, un ravissant **retable★** en marbre d'**Andrea Della Robbia** encadre une *Vierge de miséricorde* de Parri di Spinello.

NOS ADRESSES À AREZZO

Plan de ville p. 444

ARRIVER/PARTIR

Gare ferroviaire – A2 - *Piazza della Repubblica - ✆* 0575 89 20 21. 1 train/h pour Florence et Rome.

Gare routière – A2 - *Piazza della Repubblica*. Bus 138 depuis Sienne, de la compagnie **TRA-IN** (*www.trainspa.it, 1h30*).

TRANSPORTS

Taxis – *✆ 0575 38 26 26 ou 0575 31 42 11.*

HÉBERGEMENT

PREMIER PRIX

B&B Palazzo dei Bostoli – B2 - *Via Mazzini 1, 2e étage - ✆ 334 14 90 558 - www.palazzobostoli.it - 5 ch. - 75/90 €.* Chambres coquettes d'un palais rénové du 13e s. Le petit-déjeuner se prend au café à côté.

BUDGET MOYEN

L'Aretino – A2 - *Via Madonna del Prato 83 - ✆ 0575 29 40 03 - www.hotelaretino.it - 27 ch. - 110 €.* Au cœur de la vieille ville, cet hôtel offre le charme des bâtiments anciens avec tout le confort moderne.

À proximité

BUDGET MOYEN

Casa Volpi – Hors plan B2 - *Via Simone Martini 29 - 1,5 km au sud-est d'Arezzo, en direction de Sansepolcro - ✆ 0575 35 43 64 - www.casavolpi.it - ✕ - 14 ch. - 90/110 €.* Aux portes de la ville, nichée dans un grand parc paisible, élégante demeure du 19e s. aménagée dans un style rustique. Lits en fer forgé et plafonds aux poutres apparentes ou ornés de fresques dans les chambres. Accueil chaleureux.

Badia di Pomaio – *Loc. Badia di Pomaio, à 7 km au nord-est par via Tarlati - ✆ 0575 37 14 07 - www.badiadipomaio.it - ✕ ⛱ - 17 ch. - 120/150 €.* Une abbaye du 17e s. restaurée avec soin, qui offre un cadre charmant. Du jardin avec piscine, on jouit d'un panorama merveilleux sur la ville et les alentours. Au menu sont proposés les plats typiques du terroir.

RESTAURATION

PREMIER PRIX

Antica Osteria l'Agania – B2 - *Via Mazzini 10 - ✆ 0575 29 53 81 - www.agania.com - fermé lun. - 15/25 €.* Dans une atmosphère familiale, goûtez des plats typiques accompagnés de vins toscans.

BUDGET MOYEN

Il Cantuccio – A2 - *Via Madonna del Prato 76 - ✆ 0575 26 830 - www.il-cantuccio.it - fermé* *merc. - 25/30 €.* Sympathique trattoria où l'on sert des plats traditionnels dans une salle voûtée.

La Torre di Gnicche – B2 - *Piaggia San Martino 8 - ✆ 0575 35 20 35 - www.latorredignicche.it - fermé merc. - 25/30 €.* Au cœur du centre-ville, un bistrot/œnothèque accueillant qui propose des vins du terroir et la savoureuse cuisine locale : soupe aux oignons au four, *ribollita*, ou les typiques *grifi*, préparés avec différents morceaux de veau.

POUR SE FAIRE PLAISIR

Lancia d'Oro – B2 - *Piazza Grande 18-19 - ✆ 0575 210 33 - www.ristorantelanciadoro.it - fermé dim. soir et lun. - 40/55 €.* Ambiance élégante et cuisine toscane raffinée, dans un beau cadre historique.

À proximité

BUDGET MOYEN

Antica Trattoria Al Principe – *Piazza Giovi 25, Giovi, à 8 km au nord sur la route pour Cesena (SR71) - ✆ 0575 36 20 46 - www.ristorantealprincipe.it - 9 ch. - 30/40 €.* Une adresse traditionnelle récemment rénovée, où on peut goûter les spécialités locales, parmi lesquelles l'*anguilla al tegamaccio*, l'anguille cuite en casserole.

PETITE PAUSE

Vita Bella – B2 - *Piazza San Francesco 22.* Devant San Francesco, ce petit café offre une halte sympathique sur sa terrasse. Restauration légère et de qualité.

ACHATS

Al Canto de' Bacci – B2 - *Corso Italia 65 - ✆ 0575 35 58 04 - fermé lun. et dim.* Épicerie fine avec un grand choix de spécialités toscanes : pâtes, fromages, charcuteries, vins. La succursale, **piazza Grande**, propose des vins de qualité.

Galleria Cesalpino – B1 - *Via Cesalpino 29 (en montant de la piazza San Francesco vers le Duomo) - ✆ 0575 182 24 94 - fermé lun.* Galerie originale où trouver de l'artisanat de qualité et des créations artistiques : vêtements en laine du Casentino, bijoux originaux, art contemporain, vin et produits locaux.

AGENDA

Giostra del Saracino *(Joute du sarrasin) – Piazza Grande - www.giostradelsaracino.arezzo.it - 3e sam. de juin le soir et le 1er dim. de sept. l'apr.-midi.* Les meilleurs cavaliers d'Arezzo, de 4 quartiers de la ville, après avoir été bénis sur le parvis du Duomo, s'affrontent à la lance contre un mannequin, le *Buratto*, représentant un sarrasin, parmi 350 figurants en costumes des 14e et 15e s. L'équipe gagnante remporte la célèbre « Lance d'Or ».

Foire aux antiquaires – *Fiera antiquaria - www.fieraantiquaria.org.* Le premier week-end de chaque mois, des centaines d'étals et de vitrines d'antiquaires se déploient sur la piazza San Francesco, la piazza Grande et les logge Vasari, les rues Cavour, Cesalpino et la piazza della Badia : meubles, tableaux, livres anciens, instruments scientifiques, objets et verreries Art nouveau et Art déco, meubles et objets des années 1950 et 1960.

Sansepolcro

★

16 100 habitants

Cette petite cité industrielle (lieu de fondation en 1827 de la fabrique de pâtes Buitoni) est célèbre pour être la ville natale de l'artiste de génie Piero della Francesca, dont elle a gardé plusieurs chefs-d'œuvre. Dans son centre historique, derrière ses remparts, Sansepolcro a conservé de nombreux édifices de la Renaissance, qui témoignent de sa précoce et durable prospérité, au centre de la haute vallée du Tibre.

NOS ADRESSES PAGE 452
Hébergement, restauration, achats, activités, etc.

S'INFORMER

Office de tourisme – *Via Matteotti 8 - ✆ 0575 74 05 36.*

SE REPÉRER

Carte de région C1 (p. 328).

Aux confins de la Toscane et à quelques pas de l'Ombrie, Sansepolcro se situe sur l'axe autoroutier S3bis/E 45 qui va de Cesena à Perugia.

À NE PAS MANQUER

La visite du Museo civico pour les œuvres de Piero della Francesca, Anghiari pour ses musées et ses vues.

ORGANISER SON TEMPS

Une demi-journée.

Se promener

★ Les rues patriciennes

Au cœur de la vieille ville, la **piazza Torre di Berta** offre un bel espace où les gens se rencontrent volontiers ; en son centre se dressait autrefois une tour médiévale du même nom, détruite par un obus allemand lors de la Seconde Guerre mondiale. La place conserve néanmoins, sur un côté, une autre tour du 13e s. qui fait face à un palais aux fenêtres cernées de bossages. Avant de se prolonger en partie sur la très large via Matteotti, la place est traversée perpendiculairement par la **via XX Settembre**, bordée de nombreux palais gothiques, Renaissance et maniéristes, et ponctuée de quelques tours médiévales tronquées. Le tronçon de droite en offre de très beaux exemples dont les nos 127 et 131 qui encadrent la curieuse **via del Buon Umore** surmontée de cinq arcs ; l'autre tronçon, animé de jolies boutiques, mène *(en empruntant à gauche la via Luca Pacioli)* à l'**église San Lorenzo**, qui conserve une superbe **Deposizione**★ (Descente de croix) du maniériste **Rosso Fiorentino**. De retour sur la piazza Torre di Berta se détache donc à gauche l'ample **via Matteotti**, qui sert de parvis au dôme.

Duomo di San Giovanni

La cathédrale St-Jean-l'Évangéliste remonte au début du 11e s., mais offre une structure romane (intérieur très simple, à trois nefs, charpenté au centre) et des éléments gothiques comme le chœur polygonal. Sa sobre façade est percée de trois portes à caissons et d'une rosace d'albâtre. Son clocher carré et pointu a été refait au 14e s., dans l'esprit franciscain, et ressemble à celui de la toute proche église San Francesco.

Concours de clochers entre le Duomo et San Francesco, au-dessus des toits de Sansepolcro.
S. Raccanello/Sime/Photononstop

À gauche du dôme, le **palais delle Laudi** abrite l'administration de la ville ; il présente des formes maniéristes (fin 16e-début 17e s.), tout comme le **palais Aggiunti**, qui lui fait face. De la via Matteotti, on accède à la piazza San Francesco en passant sous la porte de la Pesa.

★★ Museo civico

Via Aggiunti 65, à gauche en sortant par la Porta della Pesa - ✆ 0575 73 22 18 - www.museocivicosansepolcro.it - 15 juin-15 sept. : 10h-13h30, 14h30-19h ; reste de l'année : 10h-13h, 14h30-18h - 8 €.

Son atout majeur est de conserver plusieurs **œuvres**★★★ admirables de **Piero della Francesca** : le très beau polyptyque de la **Vierge de miséricorde**, où les réminiscences à Masaccio sont manifestes, surtout dans la Crucifixion. Deux fragments de fresques, un *Saint Julien* et un *Saint Ludovic*, et la **Résurrection**, sont des témoignages impressionnants d'un art parvenu à maturité. On peut y voir également des œuvres d'artistes natifs de Sansepolcro (Santi di Tito, Matteo di Giovanni, Raffaellino del Colle...), de Leandro Bassano, de Signorelli et de l'école des Della Robbia. À l'étage, belle vue sur la via Matteotti et fragments de fresques et de sinopies du 14e s.

Le sous-sol abrite la section archéologique.

Piazza San Francesco

Face à l'**église San Francesco** (12e-18e s.), qui présente un clocher pointu, se trouve, flanquée d'une petite loge à deux arcs, l'**église Santa Maria delle Grazie** : les deux caissons hauts de la porte sont ornés de squelettes tandis que les consoles du tympan reposent sur deux crânes.

Dans la rue qui longe la piazza, à droite, se trouve au n° 71 la **casa di Piero della Francesca**, maison où demeura l'artiste (15e s.).

À la sortie de la ville *(en direction de Perugia)*, vestiges de la **forteresse médicéenne**.

À proximité Carte de région p. 328

★ Anghiari C1

8,5 km au sud-ouest de Sansepolcro, par la S 73 en direction d'Arezzo, puis à droite par la SP 43. Se garer, dans le centre, sur la grande piazza Baldoccio qui domine la via Matteotti. Face à cette dernière, s'enfoncer à droite dans le dédale de rues.

Site d'une fameuse bataille *(voir encadré ci-contre)*, cette cité médiévale perchée sur une colline au-dessus de la haute vallée du Tibre, offre des vues **pittoresques★** et vit encore de sa riche histoire. Ses artisans perpétuent la tradition de l'annuel **marché de l'artisanat de la Valtiberina** *(voir « Agenda » p. 452).*

★ **Museo Taglieschi** – *Piazza Mameli 16 (à mi-parcours de la via Garibaldi, sur une minuscule place triangulaire) - ✆ 0575 78 80 01 - www.sbappsae-ar.beniculturali.it - mar.-jeu. : 9h-18h ; vend.-dim. : 10h-19h - fermé lun. - 4 €.* Le palais Taglieschi, datant du 15e s., abrite principalement, dans 20 salles, des œuvres d'art et de tradition populaire de la haute vallée du Tibre, relevant de la vie domestique et religieuse et des travaux agricoles : des éléments architecturaux romans et gothiques, des fragments de fresques, du mobilier, des peintures des 15e et 16e s. et des sculptures de la Renaissance, dont la très belle Vierge polychrome de **Jacopo della Quercia** et une Nativité de l'école des Della Robbia.

Museo della Battaglia d'Anghiari – *Piazza Mameli 1-2 - ✆ 0575 78 70 23 - www.anghiari.it - 9h30-13h, 14h30-18h30 (17h30 en hiver) - 3,50 €.* Vous y découvrirez, à travers des manuscrits précieux, l'évolution de la vie politique, militaire et architecturale d'Anghiari. Une salle est entièrement dédiée à la célèbre bataille avec 2 200 soldats de plomb peints à la main, des reproductions des dessins de Léonard de Vinci *(voir encadré ci-contre)*. Quant à la dextérité des artisans de la ville, elle est démontrée à travers une exposition d'armes à feu du 18e s. produites sur place.

Monterchi, Vierge de l'enfantement, par Piero della Francesca.
J. Richter/Look/age fotostock

CHEF-D'ŒUVRE PERDU

Entre Sansepolcro et Anghiari, la large plaine du Tibre vit s'affronter en 1440 Florentins et Milanais. Machiavel en relate les faits dans *Histoires florentines*. L'issue du combat, favorable aux premiers, obligea la bourgade à se soumettre à Florence. Le choix de la **bataille d'Anghiari** comme sujet pour décorer le salon des Cinq Cents du Palazzo Vecchio de Florence assura à la ville sa notoriété, d'autant que l'on commanda l'œuvre à Léonard de Vinci, qui y travailla de 1503 à 1506. Aujourd'hui, seuls quelques dessins en témoignent: l'artiste ayant voulu innover dans la technique de la fresque, celle-ci coula le long du mur au moment du séchage.

On débouche sur la piazza del **Palazzo comunale**, reconnaissable à ses multiples écussons. La ruelle en face du palais mène à une placette où se trouve une petite église, dite **chiesa di Badia**. De l'époque romane, mais remaniée à maintes reprises, cette église présente à l'intérieur un plan asymétrique très curieux: le décor du deuxième autel à gauche serait l'œuvre de Desiderio da Settignano, beau travail Renaissance en *pietra serena*.

Monterchi C2

17 km au sud par la S 73 en direction d'Arezzo, puis à gauche la S 221.
Monterchi est le village natal de la mère de Piero della Francesca.

★**Museo Madonna del Parto** – *Via della Reglia 1 - ✆ 0575 70 713 - www.madonnadelparto.it - 9h-13h, 14h-19h - fermé mar. en hiver - 6,50 €.* Une petite salle d'exposition abrite depuis sa restauration une œuvre singulière de Piero della Francesca, la **Vierge de l'enfantement**★ *(Madonna del Parto)*. Cette fresque, détachée, fut exécutée à peu près à la même époque que le cycle de la *Légende de la Sainte Croix* à Arezzo *(voir p. 441)*, qu'elle rappelle par son caractère majestueux. Nimbés de doré, les bruns et les verts s'y répondent autour de la lumineuse tache bleue que forme la grande robe de la Vierge, dans une harmonie et un équilibre remarquables.

Caprese Michelangelo C1

Prendre la E 45, direction Cesena jusqu'à Pieve Santo Stefano et suivre la direction Caprese Michelangelo (environ 25 km). Se garer en haut du village. Une rue pavée (interdite à la circulation) mène directement au château.
Le doute qui opposait Chiusi della Verna à Caprese pour revendiquer l'honneur d'avoir vu naître **Michel-Ange** le 6 mars 1475 fut levé en 1875 grâce à la découverte d'une copie de l'acte de naissance de l'artiste, l'original étant perdu. C'est le hasard des affectations de son père, podestat florentin, qui fit naître Michel-Ange en ces lieux.

Museo Michelangiolesco – *Via Capoluogo - ✆ 0575 79 37 76 - www.caprese michelangelo.net - se renseigner pour les horaires - 4 €.* Située à l'intérieur de l'ancien **château** du 14e s. dont elle fait partie, la maison du podestat, où était logée la famille de Michel-Ange, conserve encore quelques blasons en façade. D'architecture relativement modeste, elle abrite aujourd'hui un musée dédié à l'artiste. Au rez-de-chaussée, quelques plâtres et photos évoquent l'œuvre sculptée et peinte de l'artiste. À l'étage, des reproductions de tableaux rappellent sa vie, tandis que la petite salle du fond serait celle où il vit le jour. Dans le jardin à gauche: diverses statues d'artistes.

Au pied du château, la petite **église San Giovanni Battista** (13e s.), aux modestes murs de pierres nues, serait celle où Michel-Ange fut baptisé.

NOS ADRESSES À SANSEPOLCRO

Carte de région p. 328

ARRIVER/PARTIR

En bus – La **SITA** *(www.sitabus.it)* dessert Sansepolcro et Anghiari depuis Arezzo *(1h)*.

HÉBERGEMENT

BUDGET MOYEN

Relais Palazzo di Luglio – *Via Marechiese 35 - Frazione Cignano, à 2 km au nord-ouest de Sansepolcro - ✆ 0575 75 00 26 - www.relaispalazzodiluglio.com - 14 ch. - 120/130 €.* Cette élégante villa du 18e s. se situe au sommet de la colline et offre une vue magnifique sur la haute vallée du Tibre. Le bâtiment principal et les trois annexes ont été restaurés en respectant les caractéristiques originelles du site. Douze hectares d'oliveraies et un ancien parc entourent l'hôtel.

Anghiari C1

PREMIER PRIX

La Meridiana – *Piazza 4 novembre 8 - ✆ 0575 78 81 02 - www.hotellameridiana.it - 25 ch. - ✕ - 65/75 €.* Un hôtel-restaurant à gestion familiale et avec tout le confort, dans le centre historique.

UNE FOLIE

Relais La Commenda – *Loc. Commenda 6 - Tavernelle di Anghiari - ✆ 0575 72 33 56 - www.relaislacommenda.com - 🏊 - 140/200 €.* Ancien monastère des moines camaldules, au cœur d'un parc aux arbres pluricentenaires, ce relais comprend trois demeures de campagne, une piscine et un patio. Atmosphère raffinée.

RESTAURATION

BUDGET MOYEN

Il Convivio – *Via Traversari 1 - ✆ 0575 73 65 43 - fermé mar. - réserv. conseillée - 25/35 €.* Ce beau restaurant du centre historique offre des plats exquis de la cuisine des Apennins, dans un cadre élégant et intime. Les anciennes murailles de la tour divisent le restaurant en petites salles pittoresques. Bonne carte des vins.

Da Ventura – *Via Aggiunti 30 - ✆ 0575 74 25 60 - www.albergodaventura.it - fermé dim. soir et lun. - 5 ch. - 25/35 €.* Établissement traditionnel à gestion familiale. Ambiance campagne et cuisine du terroir, avec des viandes bouillies, rôties, des champignons et des truffes en saison. Chambres simples à l'étage.

AGENDA

Sansepolcro C1

Palio della Balestra – *2e dim. de sept.* Concours de tir à l'arbalète ; les participants et les personnages du cortège défilent en costumes Renaissance.

Anghiari C1

Marché de l'artisanat de la Valtiberina – *25 avr.-1er Mai - www.entemostravaltiberina.it.* Grande foire d'artisanat dans la vieille ville.

Palio della Vittoria – *29 juin.* Course de chevaux au coucher du soleil, commémorant la bataille d'Anghiari.

Cortona

Cortone

★★

22 500 habitants

Sur une colline plantée d'oliviers et de cyprès, la ville natale du peintre Luca Signorelli (1450-1523) domine fièrement le Val di Chiana et le lac Trasimène, formant une magnifique terrasse naturelle, au panorama inoubliable. Le cœur de la cité médiévale bat autour de la piazza della Repubblica et de la piazza Signorelli.

NOS ADRESSES PAGE 459
Hébergement, restauration, achats, activités, etc.

S'INFORMER

Office de tourisme – *Piazza Signorelli - ✆ 0575 63 72 21*

SE REPÉRER

Carte de région C2 (p. 328) - plan de ville (p. 455).

Cortona est tout près de la route R 71, qui mène d'Arezzo au lac Trasimène, en Ombrie.

SE GARER

Un parking avec escalator *(piazza Garibaldi)* facilite l'accès à la ville. Si vous vous garez du côté des Giardini del Mercato, la rue d'accès est pentue. L'accès le plus aisé est de la piazza Mazzini.

À NE PAS MANQUER

Flâner dans les ruelles autour des piazze della Repubblica et Signorelli, s'asseoir sur l'une des 24 marches du Palazzo comunale et déguster un *gelato* en regardant le spectacle de la place, visiter le MAEC.

ORGANISER SON TEMPS

Une demi-journée, une journée avec les alentours.

Se promener Plan de ville p. 455

Itinéraire tracé en vert sur le plan de ville p. 455. Départ piazza Garibaldi.
Commencer la promenade depuis la **piazza Garibaldi**. De cette esplanade, on découvre une **vue**★★ sur le Val di Chiana s'étendant jusqu'au lac Trasimène et à Montepulciano.

S'engager dans la via Santa Margherita pour atteindre l'église San Domenico.

San Domenico B2

Largo Beato Angelico - avr.-oct. : 9h-12h, 15h-18h30 ; nov.-mars : 10h-12h, 15h-17h.
Cet édifice gothique du début du 15e s. abrite, dans l'abside droite, une *Madone avec des anges et des saints* de Luca Signorelli ; au maître-autel, un triptyque du *Couronnement de la Vierge* (1402) par Lorenzo di Niccolò Gerini ; près de l'abside gauche, une *Assomption* de Bartolomeo della Gatta (1480-1485), surmontée d'une *Vierge à l'Enfant entre deux dominicains*, fresque de Fra Angelico.

Après l'église, la promenade procure de jolies vues sur le lac Trasimène.
Retourner sur la piazza Garibaldi pour continuer sur la via Nazionale.

SOUS LE SOLEIL DE CORTONA

En 1997, *Sous le soleil de Toscane*, roman de l'auteure américaine, Frances Mayes, connaît un succès imprévu : 3 millions d'exemplaires vendus, 126 semaines sur la liste des *best-sellers* du *New York Times*, et une adaptation au cinéma en 2003. Ce récit autobiographique – suite à un divorce, une Californienne se réfugie en Toscane, tombe sous le charme des paysages, de la cuisine… et d'un Italien, et s'achète une maison en ruine à Cortona – met la petite cité toscane à la mode. Depuis, les Américains s'y rendent nombreux pour un pèlerinage d'un nouveau genre et achètent à leur tour des pied-à-terre, le phénomène n'étant pas sans conséquences sur les prix de l'immobilier local ! Malgré tout, la ville n'a rien perdu de son caractère, sauf peut-être dans la rue principale, qui a malheureusement un peu pris des allures de galerie marchande.

Commerçante, la **via Nazionale** – la seule résolument plate (les habitants l'appellent « *Rugapiana* ») – est bordée de ruelles pittoresques, en escalier, qui épousent la pente. Du **vicolo Vagnucci**, jolie vue sur le paysage en contrebas.
La via Nazionale débouche sur la piazza della Repubblica.

Palazzo Comunale A1

Piazza della Repubblica - ✆ 0575 63 71 - tlj sf dim. 8h-13h - gratuit.
Datant du 13e s., il fut complété au 16e s. par un clocher et un puissant escalier donnant sur la piazza della Repubblica. La **sala del Consiglio★** (salle du Conseil) domine la piazza Signorelli, où se situe la façade d'origine du palais. Hormis la cheminée du 16e s., elle conserve son caractère médiéval, avec un plafond à poutres richement peint, des murs aux pierres nues sur trois côtés et une grande fresque sur le quatrième côté.
Faire un détour par la via Guelfa.
Au nº 40 de la via Guelfa, siège du Centro Convegni Sant'Agostino, se dresse un beau cloître. Sous chaque arcade, une fresque relate un épisode de la vie de saint Augustin.
Retourner sur la piazza della Repubblica et rejoindre la piazza Signorelli.

★ Palazzo Casali A1

Portant le nom de ses anciens propriétaires, seigneurs de la ville, il fut édifié au 13e s. et remanié ensuite : la façade sur la piazza Signorelli est du début du 17e s., mais celle du côté droit, ornée de blasons de podestats, est gothique. Ce palais abrite le Museo dell'Accademia Etrusca e della città di Cortona.

★ Museo dell'Accademia Etrusca e della città di Cortona A1

Piazza Signorelli 9 - ✆ 0575 63 72 35 - www.cortonamaec.org - mars-oct. 10h-19h ; reste de l'année : tlj sf lun. 10h-17h - 10 €, 13 € le billet combiné avec le Museo Diocesano. Ce joli musée, installé dans le palais Casali et complètement réaménagé, offre une section consacrée à l'histoire de la ville et de ses environs et s'est enrichi d'un étage, mettant en valeur le résultat d'années de fouilles dans les environs – fouilles qui se poursuivent toujours. Parmi les objets étrusques, signalons une étonnante **lampe à huile★★** en bronze (seconde moitié du 4e s. av. J.-C.) constituée à sa base par une tête de Gorgone qu'entourent seize figures de silènes et de divinités féminines soutenant seize becs de lumière. À noter aussi la collection de statuettes étrusques et romaines en bronze, les céramiques et les ivoires italiens du 15e s. Peintures de Signorelli et de son entourage, superbe *Miracle de saint Benoît* d'Andrea Commodi (17e s.), *Madone* du Pinturicchio et grande *Vierge à l'Enfant et saints* de **Pierre de Cortone** (17e s.).

SE LOGER

Hotel San Luca 4

SE RESTAURER

La Grotta 1
Hostaria La Bucaccia 2
Osteria del Teatro 4

D'autres salles exposent une collection égyptienne, des peintures du 14e s., une collection lapidaire antique et des urnes funéraires, tandis que la salle dédiée à **Severini** (1883-1966), peintre futuriste né à Cortona, abrite *La Bohémienne* (1905) et la **Maternité★** (1906).
Se diriger vers le Duomo.

Piazza del Duomo A1

En bordure des remparts, elle offre une jolie vue sur la vallée. Le **Duomo**, roman à l'origine, fut remanié à la Renaissance; il abrite un mobilier intéressant et de nombreuses peintures du 16e au 18e s.

★★ Museo Diocesano A1

Piazza Duomo 1 - ✆ 0575 62 830 - 10h-19h (nov.-mars tlj sf lun. 10h-17h) - 5 €, 13 € le billet combiné avec le MAEC.

Face au dôme, l'église du Jésus (au beau plafond sculpté de 1536) et ses annexes abritent ce petit musée aux collections de valeur.

Le « **divin Angelico** », qui vint peindre dix ans à Cortona, y a laissé deux de ses meilleures œuvres: une *Annonciation*, remarquable par la finesse générale du dessin et l'intensité du regard qu'échangent l'ange dictant la volonté divine et la Vierge entièrement soumise; une *Madone entourée de saints*, qui vaut plus par la tendresse de la physionomie de Marie que par l'expressionnisme des scènes de la vie de saint Dominique traitées à la prédelle.

De remarquables peintures de l'école siennoise sont exposées: de **Duccio**, une *Madone*; par **Pietro Lorenzetti** (fin 14e s.), une *Madone aux anges* et un grand *Christ en croix* aux chairs livides; par **Sassetta**, un triptyque de *Madone à l'Enfant* (1434), restauré.

Le musée rassemble aussi un ensemble choisi de peintures de **Luca Signorelli** : les meilleures sont une *Communion des apôtres* et une *Déposition de croix*, dont l'intensité est soulignée par la douceur des fonds de paysages. Parmi les sculptures, beau sarcophage romain du 2e s. à bas-reliefs *(Combat des Centaures et des Lapithes)*.

Des pièces d'orfèvrerie religieuse font l'ornement de l'ancienne sacristie, dont le reliquaire Vagnucci, travail de Juste de Florence (1458).

La petite église inférieure est couverte de fresques du 16e s., d'après un projet de Vasari ; elle abrite une expressive *Pietà* en terre cuite polychrome, de la même époque.

Retourner sur la piazza Signorelli et s'engager dans la via Berrettini.

San Cristoforo B1

Cette petite église tout en longueur remonterait à la fin du 12e s. Sa sacristie (que l'on prend pour l'entrée) est surmontée d'un clocher-peigne. À l'intérieur, fresque du 14e s. représentant la Crucifixion, l'Annonciation et l'Ascension.

Prendre la via San Niccolò.

San Niccolò B1

L'église remonte au 15e s. Un gracieux porche longe la façade et un côté. L'intérieur, baroque, abrite deux œuvres de **Luca Signorelli** : une *Vierge entourée de saints (à gauche en entrant)* et une **Mise au tombeau★** d'un grand recueillement *(au maître-autel)*.

Revenir sur ses pas et tourner dans la via Santa Margherita.

Santuario di Santa Margherita B1

Piazzale Santa Margherita 1 - ✆ 0575 60 31 16 - été : 8h-19h ; hiver : se renseigner.

Cette église a été édifiée dans la partie supérieure de la ville au 19e s., mais son campanile date du 17e s. Elle renferme, à gauche du chœur, le **tombeau★** gothique (1362) de la sainte, surmonté de gâbles, d'un dessin très original ; son corps est exposé au maître-autel. À droite du chœur, émouvant *Christ décharné*, du 13e s. De l'esplanade, jolies **vues★** sur la ville, la vallée en contrebas et le lac Trasimène.

À droite du sanctuaire aboutit la **via Santa Margherita**, longue et pentue, que Severini a ornée de mosaïques représentant les stations du **chemin de croix**.

À proximité Plan de ville p. 455/Carte de région p. 328

Santa Maria Nuova Plan de ville Hors plan B1

Fièrement dressée en contrebas de la Porta Colonia, elle présente un plan carré, idéal de la Renaissance, surmonté d'un dôme légèrement postérieur, dû à Vasari : l'ensemble date du 16e s. À l'intérieur, nombreux tableaux dont *La Naissance de la Vierge* par Allori *(autel à droite de l'entrée)*.

★★ Santuario di Santa Maria delle Grazie al Calcinaio
Plan de ville Hors plan B2/Carte de région C2

3 km à l'est. Quitter Cortona par la via alla Madonna del Calcinaio et prendre la R 71, direction Camucia.

✆ 349 12 15 401 - www.calcinaio.org - été : 16h-20h ; hiver : 15h-19h.

Construite entre 1485 et 1513 dans le style de Brunelleschi, Santa Maria est l'œuvre du Siennois **Francesco di Giorgio Martini.** En pierre sombre, peu entretenue, elle reste élégante et harmonieuse par l'équilibre de ses

Cortona et Santa Maria Nuova.
H.-J. Ellerbrock/Bilderberg/Photononstop

proportions. Une coupole surmonte l'intérieur, lumineux et élancé, au plan en croix latine. À l'oculus de la façade, le remarquable vitrail (1516) montrant la *Madone de miséricorde* est dû au Berrichon Guillaume de Marcillat *(voir p. 443)*; une petite fresque du 15e s., détachée, honore cette même Madone au-dessus du maître-autel.

Eremo delle Celle (Ermitage delle Celle) Carte de région C2

3,5 km au nord-est de Cortona. En sortant de la ville, prendre en direction de Portole. À 1,5 km, dans un virage à droite, prendre une petite route à gauche. Strada dei Cappuccini 1 - ✆ 0575 60 33 62.

La route offre de belles vues sur le Val di Chiana. De retour de Rome, où le pape venait de reconnaître sa règle (1210), saint François s'arrêta à Cortona. De là, il se retira aux **Celle**, où il fonda sa première communauté.

Il choisit ce lieu pour son silence et son dénuement naturels (encore très suggestifs aujourd'hui). Formé de maisons de différentes hauteurs, le couvent franciscain conserve l'oratoire primitif des premiers compagnons de saint François et, derrière l'autel, la minuscule cellule du Poverello où il revint après avoir reçu les stigmates.

★ Castello di Montecchio Vesponi Carte de région C2

8,5 km au nord par la SP 37 et à droite, par la SS 71 - www.castellodimontecchiovesponi.it - visites sur réserv. par e-mail info@castellodimontecchiovesponi.it ou au ✆ 366 72 24 770.

Surplombant à gauche la route menant de Castiglion Fiorentino à Cortona, ce château se signale par l'importance de son mur d'enceinte crénelé, rythmé par huit petites tours, et son donjon de 30 m de haut servant de demeure au châtelain. Partageant tout d'abord le sort de Castiglion, Montecchio fut par la suite élevé au rang de commune et abrita dans son enceinte diverses habitations, une église et un palais communal (aujourd'hui disparus). Cette forteresse, la plus grande du Val di Chiana, conserva son importance militaire jusqu'au 17e s.

Castiglion Fiorentino Carte de région C2
10 km au nord par la SP 37 et à droite la SS 71.
Piazza Risorgimento 19 - 0575 65 82 78 - www.prolococastiglionfiorentino.it.
Non loin de l'Ombrie, ce bourg s'étage sur une colline surplombant la vallée du Chio. Le sommet, déjà habité par les Étrusques, vit se construire au 5e s., au moment des invasions barbares, une première place forte. L'actuel aspect de la ville et, surtout le Cassero, témoignent d'un passé médiéval. La belle piazza del Municipio (cœur animé de la ville) est bordée, côté vallée, face à la mairie du 16e s., par les arcades du portique appelées logge del Vasari (16e s.), en raison de leur style et non de l'intervention du maître. Le mur du fond, tapissé d'armoiries, est percé de trois baies permettant de bénéficier d'une vue agréable sur la collégiale St-Julien et la campagne baignée par le Chio. De là, on peut monter au Cassero et au musée.

VINS ET CULTURE
En plus des chais, les 12 itinéraires proposés par la **Strada dei vini di Cortona** mettent aussi en valeur le patrimoine historique, architectural ou naturel de la région. *Renseignements et adresses sur www. stradavinicortona.it.*

★ **Pinacoteca comunale** – *Via del Cassero 5. Prendre la rue qui grimpe derrière le palais communal sur la droite - 0575 65 74 66 - 10h-12h30, 16h-18h30 (15h30-18h en hiver) - fermé lun. - 3 €.* Aménagée dans la chapelle Sant'Angelo accolée à la citadelle, la pinacothèque abrite plusieurs peintures de valeur : deux *Christ* ombriens sur bois, du 13e et du 14e s., un *Saint François d'Assise* par Margaritone d'Arezzo (13e s.), une *Vierge en majesté* du 14e s. par Taddeo Gaddi, deux panneaux de retable par Giovanni di Paolo (15e s.), etc. On y voit aussi de belles pièces d'orfèvrerie religieuse, dont un buste reliquaire de sainte Ursule (art rhénan du 14e s.), une croix reliquaire mosellane de la fin du 12e s. et un crucifix français de la seconde moitié du 13e s. De la salle la plus élevée (saletta della Torre), belle vue sur la collégiale San Giuliano, la campagne et la montagne.

Collegiata di San Giuliano – *Piazza della Collegiata 1.* Cette collégiale reconstruite au 19e s., coiffée d'un dôme et précédée d'un portique, renferme un avant-chœur en bois sculpté du 17e s. et d'intéressantes œuvres d'art : dans la nef droite, un *Saint Antoine abbé*, terre cuite polychrome de l'atelier des Della Robbia, une *Vierge en majesté* de Bartolomeo della Gatta et *Marie et Joseph adorant l'Enfant* de Lorenzo di Credi (15e s.) ; dans le transept droit, une *Annonciation* de l'atelier des Della Robbia et, dans le transept gauche, une *Vierge en majesté* de Segna di Bonaventura (14e s.).
Contiguë à la collégiale, la **chiesa del Gesú** (16e s.), elle aussi précédée d'un portique, présente un riche intérieur baroque.

Cloître San Francesco – Attenant à la fruste église St-François (13e s.), ce petit cloître refait au 17e s., avec un étage formant loggia à colonnettes, est orné d'un cycle de fresques *(en assez mauvais état)* illustrant la vie de saint François d'Assise.

NOS ADRESSES À CORTONA

Plan de ville p. 455

HÉBERGEMENT

BUDGET MOYEN

Hotel San Luca – A2 - *Piazza Garibaldi 1 - ✆ 0575 63 04 60 - www.sanlucacortona.com - 60 ch. - 90/120 €.* En plein centre historique, cet établissement coquet et moderne offre un intérieur élégant. Préférez les chambres des 4e et 5e étages pour la vue. On peut prendre une légère collation sur la terrasse panoramique.

À proximité

POUR SE FAIRE PLAISIR

Relais Villa Baldelli – *San Pietro a Cegliolo, à 5 km au nord-ouest de Cortona - ✆ 0575 63 04 60 - www.villabaldelli.it - fermé déc.-mars - 15 ch. - 130/170 €.* Une villa du 18e s. pleine de charme, entourée par un grand jardin luxuriant, vous propose ses chambres à la décoration raffinée.

RESTAURATION

BUDGET MOYEN

La Grotta – A2 - *Piazzetta Baldelli 3 - ✆ 0575 63 02 71 - www.trattorialagrotta.it - fermé mar. - 25/35 €.* Cette petite trattoria familiale concocte une délicieuse cuisine du terroir.

Osteria del Teatro – A1 - *Via Maffei 2 - ✆ 0575 63 05 56 - www.osteria-del-teatro.it - fermé merc. - réserv. conseillée - 20/40 €.* Une atmosphère intime règne dans ce restaurant, aux murs ornés de belles photos en noir et blanc, qui propose de savoureux plats traditionnels. En face, à la **Fiaschetteria Fett'unta** (*✆ 0575 63 05 82*), vous trouverez des assiettes de charcuterie et de bons plats du jour.

Hostaria La Bucaccia – A2 - *Via Ghibellina 17 - ✆ 0575 60 60 39 - www.labucaccia.it - fermé lun. - 25/35 €.* Une cuisine délicieusement familiale et régionale, servie dans un édifice du 13e s. Édifié sur une route romaine, ce dernier en a conservé le dallage au sol.

À proximité

BUDGET MOYEN

La Locanda del Molino – *Loc. Montanare 8, à 9 km à l'est de Cortona - ✆ 0575 61 40 16 - www.locandadelmolino.com - fermé mar. et à midi sf dim. - 8 ch. - 25/40 €.* Un vieux moulin transformé en restaurant à l'ambiance agréablement rustique. Au menu, de délicieuses recettes locales : lapin frit et *gnudi di ortica* à la sauce tomate (raviolis farcis à l'ortie).

PETITE PAUSE

Pasticceria Banchelli – A2 - *Via Nazionale 64 - ✆ 0575 60 10 52.* Le sucre règne en roi dans cette pâtisserie, célèbre tant pour son pain d'épice ou étrusque que pour ses glaces artisanales. Petit salon de thé.

Caffè degli Artisti – A2 - *Via Nazionale 18 - ✆ 0575 60 12 37 - fermé jeu.* Ce café doit son nom aux nombreuses stars américaines qui, jadis, s'y sont donné rendez-vous. Le secret de son succès ? Bonne humeur, atmosphère familiale et le cocktail… fait maison !

AGENDA

Joute de l'Archidado – *Piazza Signorelli - fin mai.* Concours d'arbalète.

Monte San Savino

★

8 700 habitants

Comme dans la plupart des bourgs de Toscane, une porte creusée dans les remparts permet d'accéder au cœur de Monte San Savino. L'atmosphère rassurante et familière du centre historique donne l'impression de se promener tranquillement chez soi. Et lorsqu'on franchit le seuil le mercredi, jour de marché, on se sent comme l'un des nombreux invités qui animent joyeusement chaque recoin de la maison.

S'INFORMER

Office de tourisme – *Piazza Gamurrini 25 - ✆ 0575 84 94 18 - www.monteturismo.it.*

SE REPÉRER

Carte de région B2 (p. 328).

Monte San Savino se situe à 20 km au sud-ouest d'Arezzo, sur la route SS 73.

SE GARER

Les parkings se trouvent au pied de l'enceinte de Monte San Savino, dans sa partie extérieure.

À NE PAS MANQUER

La façade de la loggia dei Mercanti, puis, face à elle, le Palazzo comunale.

ORGANISER SON TEMPS

Une demi-journée.

Se promener

Ville natale du sculpteur et architecte Andrea Contucci, dit **Sansovino** (1460-1529), Monte San Savino est enserrée dans son enceinte s'ouvrant par la Porta Fiorentina qui, une fois franchie, donne accès au corso Antonio da Sangallo, agrémenté de beaux monuments. En s'engageant dans la première rue à gauche, puis dans la seconde à droite *(Via Salomon Fiorentino 13)*, on remarquera les restes de la **synagogue**. Jusqu'en 1799 vivait en effet à Monte San Savino une importante communauté juive. Considérés comme des « jacobins » par le mouvement antifrançais du Viva Maria, les juifs furent massacrés en grand nombre et contraints de fuir la ville.

Piazza Gamurrini

À proximité de la Porta Fiorentina s'ouvre cette place ponctuée à son entrée par un obélisque érigé en 1644. À côté de l'ancien **donjon**, construit par les Siennois en 1383, la modeste église **Santa Chiara** du 17e s. conserve deux terres cuites de Sansovino : *Saint Sébastien, saint Laurent et saint Roch* et une *Vierge à l'Enfant entre quatre saints*.

Museo della Ceramica del Cassero

Piazza Gamurrini - ✆ 0575 84 30 98 - avr.-oct. : 9h-13h, 16h-19h (w.-end 14h30-19h30) ; reste de l'année : 9h-13h (w.-end 9h-13h, 16h-19h) - fermé lun. et mar. - gratuit.

La **cassero** *(forteresse)* abrite ce musée de la Céramique : œuvres locales de San Savino et du Val di Chiana des 18e et 19e s., céramiques et majoliques médiévales et céramiques contemporaines.

★ Loggia dei Mercanti

Les lignes de ce majestueux édifice attribué à Sansovino (1518-1520) sont soulignées par l'utilisation de la *pietra serena*. Ses chapiteaux corinthiens sont d'une remarquable finesse.

SE LOGER

Logge dei Mercanti – *Corso San Gallo 40 - ✆ 0575 81 07 10 - www.loggedeimercanti.it - 13 ch. - 70/90 €.* En face de la Loggia dei Mercanti, l'ancienne pharmacie a été transformée en hôtel. Les chambres bénéficient d'une belle vue sur les collines.

★ Palazzo comunale

En face de la loggia, l'**hôtel de ville** occupe un palais construit de 1515 à 1517 par **Sangallo l'Ancien** pour la famille Del Monte. Il se compose d'un premier niveau à bossage rustique et, prenant appui sur ce socle, d'un étage noble ordonnancé, à fenêtres surmontées de frontons ronds ou rectangulaires. À l'intérieur, la cour caractéristique de la Renaissance est ornée de deux puits, tandis qu'à l'étage les fenêtres sont munies de meneaux.

Chiesa della Misericordia

Cette église romane à une seule nef a été entièrement redécorée dans le goût baroque aux 17e et 18e s. On remarque immédiatement à gauche de l'entrée principale un tombeau, œuvre de jeunesse de Sansovino (1498).

Palazzo pretorio

Les nombreux blasons des podestats florentins qui résidèrent dans ce palais du 14e s. témoignent de son ancienne fonction.

Sant'Agostino

Cette église du 14e s. (agrandie aux 16e et 17e s.) est ornée d'un beau portail gothique et d'une rosace dont le vitrail est l'œuvre du Berrichon **Guillaume de Marcillat**. À l'intérieur, plusieurs fresques du début du 15e s.
À gauche de l'église, l'entrée d'un petit cloître à arcades en plein cintre, réalisé d'après un dessin de Sansovino, précède le **baptistère San Giovanni**, dont la belle porte est du même artiste.

À proximité Carte de région p. 328

★ Lucignano B2

8 km au sud par la E 78, puis la SP 9.
Il suffira de franchir la Porta San Giusto pour se retrouver, le temps d'une promenade décrivant une ellipse, au cœur du Moyen Âge.
Les restes du **cassero** *(château)* du 14e s. accolé à l'enceinte font face à la **collégiale San Michele**. Construite à la fin du 16e s., cette dernière s'élève en haut d'un escalier joliment dessiné, d'abord concave puis convexe, articulé autour d'un palier ovale. À l'intérieur, la voûte en berceau est soulignée par la *pietra serena* des piliers et des arcs ; monumental autel baroque d'Andrea Pozzo.
En longeant la collégiale à gauche, on atteint la piazza del Tribunale, où s'élève, au fond, le petit **Palazzo comunale** orné de blasons.
Le **musée**, aménagé au rez-de-chaussée, s'honore de conserver, outre quelques peintures siennoises (13e-15e s.), un remarquable reliquaire d'or orné de pierres précieuses, dit, en raison de sa forme, l'**Arbre de saint François★★**, chef-d'œuvre d'orfèvrerie siennoise des 14e et 15e s. *Piazza del Tribunale 22 - ✆ 0575 83 80 01 - été : jeu.-dim. 10h30-13h, 14h30-18h ; hiver : vend.-dim. 10h-13h, 14h30-17h30 - 5 €.*
À droite de l'hôtel de ville, la **chiesa di San Francesco** déploie son harmonieuse façade romane où alternent des lits de pierres blanches et noires. À l'intérieur, noter les belles fresques qui comptent, parmi leurs auteurs, **Bartolo di Fredi** (1330-1410) et **Taddeo di Bartolo** (1362-1422).

Poppi

★

6 200 habitants

Perché sur une colline, ce petit bourg fortifié, autrefois capitale du Casentino, attire le regard par son coquet petit château de contes de fées, dont donjon, remparts, pont et douves sont illuminés le soir. C'est un point de départ idéal pour aller à la découverte des lieux de la foi, chers à saint François et saint Romuald, blottis dans les montagnes du beau parc national des forêts du Casentino.

NOS ADRESSES PAGE 467
Hébergement, restauration, achats, activités, etc.

S'INFORMER

Office de tourisme – *Via Camillo Conte di Cavour 11 - ✆ 0575 50 21.*

SE REPÉRER

Carte de région B1 (p. 328).

À 38 km au nord d'Arezzo, par la S 71 jusqu'à Bibbiena, puis la S 70.

À NE PAS MANQUER

Une visite du château de Poppi, déambuler dans le sanctuaire de la Verna, découvrir le monastère et l'ermitage de Camaldoli, le panorama de la *pieve* di Romena, et les promenades à toute heure dans les forêts du Casentino.

ORGANISER SON TEMPS

Une journée pour Poppi et les alentours, une journée pour le circuit de découverte du Casentino.

Se promener

La ville haute

Après une longue montée, on y pénètre en passant sous une porte imbriquée dans les habitations. La petite piazza Amerighi, ornée au centre d'une fontaine de marbre, est dominée par l'église à plan centré de la **Madonna del Morbo** (17e s.), surmontée d'un dôme et cernée sur trois côtés de portiques. Face à elle, la **via Cavour**, également bordée de portiques ombragés, aboutit sur le flanc droit de la **badia di San Fedele**, construite au 13e s. par les moines de Vallombreuse. L'intérieur à une seule nef charpentée conserve dans le chœur un crucifix peint datant de la seconde moitié du 14e s.

★ Castello dei Conti Guidi

Piazza Repubblica 1 - ✆ 0575 52 05 16 - www.castellodipoppi.it - mars-nov.: 10h-18h (juil.-août 19h); reste de l'année: 10h-17h - 5 €.

Situé au sommet de la ville haute de Poppi et précédé d'une esplanade agréablement ombragée, ce **château** de style gothique du 13e s., à fenêtres trilobées, conserve châtelet, donjon et merlons.

Après avoir servi de palais des Prieurs, il abrite aujourd'hui l'hôtel de ville. L'intérieur s'ouvre sur une **cour★** élégante, décorée de blasons, et conserve à l'arrière une table en pierre où la justice était rendue; deux étages de balcons de bois (couverts) et un escalier extérieur en pierre en agrémentent l'élévation. Au 1er étage, on découvre la bibliothèque Rilliana riche de 20 000 volumes et 800 incunables, dont certains d'entre eux datent des 13e et 14e s., et le grand salon d'apparat. Son plafond à poutres a conservé ses peintures d'origine : au fond de la pièce, un **tondo** de l'école de Botticelli représentant une *Vierge à l'Enfant* et, à droite de l'entrée, une terre cuite vernissée réalisée dans la tradition des Della Robbia.

Au 2e étage, le salon d'angle, qui donne accès à une chapelle ornée de fresques attribuées à Taddeo Gaddi, élève de Giotto, conserve une belle cheminée de 1512 portant l'écusson des comtes Gondi. Des fenêtres, belle vue sur le val et les montagnes vers Camaldoli et la Verna.

À proximité Carte de région p. 328

Bibbiena B1

7 km au sud-est de Poppi par la SP 70.

Bibbiena, tout comme Poppi, domine le val d'Arno. C'est la ville la plus importante du Casentino. Perchée en position panoramique, la vieille ville, aux rues étroites et pentues, respire le charme discret de ces pays un peu rudes où l'ostentation n'a pas lieu d'être.

★ **Palazzo Dovizi** – *Via Dovizi n° 26.* C'est la demeure que le cardinal Bernardo Dovizi, dit **Bibbiena** (1470-1520), secrétaire de Léon X et ami de Raphaël, se fit construire au début du 16e s. dans sa ville natale. Son aspect assez sobre, au simple parement de brique, dégage néanmoins une certaine élégance. La régularité des fenêtres des deux premiers niveaux met en valeur la porte centrale coiffée d'un écusson, tandis que la loggia couronnant le tout apporte une touche de légèreté et d'originalité.

San Lorenzo – Située en face du palais, cette église remonte au 15e s. Sa façade en pierre naturelle, également très sobre, cache un intérieur à trois nefs aux harmonieuses formes Renaissance où alternent le blanc et le gris. Deux **terres cuites vernissées★★** des **Della Robbia** en ornent les nefs latérales : au troisième autel droit, **Adoration des bergers**, et au troisième autel gauche, **Déposition de croix**.

Plus haut, la via Dovizi aboutit à la piazza Roma. De là se détache, au fond à droite de la petite rue qui s'ouvre en face, la **mairie** datant du 16e s.

De la place, tourner à gauche et monter jusqu'à la piazza Tarlati.

Piazza Tarlati – Le nom de cette place rappelle le souvenir de la famille Tarlati, dont l'un des membres, Pier Saccone, fit construire en cet endroit précis une des quatre tours de la forteresse *(cassero)*, dont il reste fort peu de vestiges significatifs hormis, à droite du palais ouvert par un joli portique à cinq arches, la **tour de l'horloge** au couronnement crénelé. À l'arrière est conservé un mur de la forteresse reliant cette tour à une tour plus basse, en face de laquelle se dresse l'église **Santi Ippolito e Donato**, érigée au début du 12e s. comme grande chapelle du château des Tarlati. De style roman, elle présente une croisée du transept très large, flanquée de croisillons en revanche très courts. Sur les murs, nombreuses fresques du 14e au 16e s. : en entrant à droite, Croix peinte par le maître de San Polo in Rosso (13e s.) suivie d'une sculpture de la *Vierge à l'Enfant* (école toscane du 14e s.) et, dans le transept gauche, *Crucifixion* de l'école de Giotto (seconde moitié du 14e s.). Dans l'abside, triptyque de la *Vierge à l'Enfant et saints* de **Bicci di Lorenzo** (1435), et, dans le transept droit, **Vierge à l'Enfant et anges★**, rare tableau d'**Arcangelo di Cola da Camerino**.

Sur la gauche de la piazza Tarlati, une terrasse offre une belle **vue★** sur la vallée avec, à droite, le château de Poppi et, dans le fond, les douces ondulations des collines boisées du Pratomagno.

7

★ Sanctuaire de la Verna C1

25 km à l'est de Bibbiena par la SP 208.
Sentiers balisés.
0575 53 41 - www.santuariolaverna.org - sanctuaire : 6h30-22h (19h en hiver) ; chapelle des Stigmates : 8h-19h (17h en hiver). Procession des Stigmates à 15h - gratuit.

Le comte Cattani de Chiusi donna à saint François, en 1213, le mont de la Verna, et c'est ainsi que commence l'histoire du sanctuaire, blotti « sur ce dur rocher entre le Tibre et l'Arno » (Dante : *Le Paradis*, chant XI). Il s'y installe avec ses frères et y reçoit les stigmates en 1224. Perché sur son roc, au milieu d'une grande forêt de hêtres blancs et de sapins, c'est aujourd'hui un complexe très évocateur par sa **position★★** et son atmosphère de sérénité et de recueillement.

TOUT SUR LES MOINES

À **Chiusi della Verna**, vous pourrez visiter le **Museo della Verna** (*0575 53 41 - juil.-août : 10h-12h, 13h-17h ; reste de l'année : 10h-12h30, 13h30-16h - gratuit*) exposant œuvres d'art, objets sacrés, alambics et vases de la pharmacie des moines.

Cappella delle Stimmate – Les franciscains du couvent se rendent quotidiennement en procession à la chapelle des Stigmates par le **Corridoio delle Stimmate** (couloir des Stigmates). Il est orné de fresques par Baccio Bacci et *(dans le fond)*, à la fin du 17e s., par Fra Emanuele da Como. À mi-parcours s'ouvre une porte qui indique l'entrée de la grotte où François dormait sur la pierre nue. Élevée sur le lieu où saint François reçut les marques divines, la chapelle occupe le cœur du sanctuaire et abrite, sur les parois, une **Crucifixion** d'**Andrea Della Robbia**. Sur les stalles marquetées du 15e s., restaurées à la fin du 19e s., sont représentés des saints, des papes ainsi que des hommes illustres, témoins du prodige.

On arrive ensuite au **précipice** où, selon les *Fioretti*, le Diable chercha à précipiter le saint. La basilique et l'église Santa Maria degli Angeli se dressent sur la grande place, dite le *Quadrante* en raison du méridien autrefois gravé sur le sol de la chapelle Santa Maria degli Angeli.

Basilica Santa Maria Assunta (ou chiesa Maggiore) – Cette basilique abrite un portique Renaissance et, de chaque côté du maître-autel, deux reliefs en céramique d'**Andrea Della Robbia,** la *Nativité* et l'*Annonciation*, considérée comme son chef-d'œuvre.

Cappella di Santa Maria degli Angeli – Fondée par saint François lui-même, cette chapelle est le noyau le plus ancien du sanctuaire. Elle recèle deux terres cuites vernissées de **Giovanni Della Robbia** *(de part et d'autre de la grille qui divise l'église en deux parties distinctes)* et un parement d'autel en terre cuite *(au maître-autel)* d'Andrea Della Robbia, représentant l'Assomption de la Vierge. Sous le couloir des Stigmates se dissimule la **Sasso Spico**, énorme roche en surplomb où François se rendait pour prier.

Circuit conseillé Carte de région p. 328

LE CASENTINO : NATURE ET SPIRITUALITÉ

Circuit en boucle d'environ 50 km, à travers le Casentino, tracé en bleu foncé sur la carte de région (p. 328). Départ de Poppi.
Bureau du parc - Palazzo Vigiani, via Guido Brocchi 7 - Pratovecchio - 0575 50 301 - www.parcoforestecasentinesi.it.

Le sanctuaire de la Verna.
J. Richter/Look/Photononstop

Le Casentino couvre environ 700 km² et compte 35 000 habitants. Cette haute vallée au centre de laquelle s'écoule l'Arno, qui la traverse jusqu'à la plaine d'Arezzo avant de se diriger sur Florence, est délimitée par le mont Falterona, où l'Arno prend sa source, le Pratomagno, qui sépare le Casentino et le Chianti, et l'Alpe de Catenaia, chaîne secondaire des Apennins entre le Tibre et l'Arno. Il abrite le **Parco Nazionale del Monte Falterona e delle Foreste Casentinesi** qui s'étend sur plus de 36 000 ha sur la ligne de faîte des Apennins et de la Romagne. À moins de 50 km de la capitale toscane, cette région préservée reste peu visitée, même par les Italiens. La nature généreuse avec ses forêts denses de sapins et de châtaigniers, qui regorgent à l'automne des fameux *porcini* (cèpes), ses sources, ses torrents et ruisseaux, ses alpages aux belles vaches blanches, ses collines sauvages offrent au visiteur, outre la richesse de sa faune et de sa flore, deux des plus grands monastères de Toscane, ses *pieve* romanes, ses châteaux moyenâgeux et une cinquantaine d'œuvres de terre cuite vernissée des Della Robbia.

Continuer sur 13 km au nord-est de Poppi, par la SP 66 puis à droite la SP 67.

★★ Camaldoli B1

La **route★★** venant de Poppi, sinueuse et pittoresque, offre des vues sur la cité au fier château et sur le val d'Arno. Arrêtez-vous un instant avant de gravir les pentes d'un vallon et de vous enfoncer dans la forêt du Casentino, où se trouve le berceau de l'ordre des Camaldules, fondé au 11e s. par un moine bénédictin de Ravenne, saint Romuald. Le « foyer » des moines de l'ordre des Camaldules est composé d'un **monastère**, où l'on offre l'hospitalité, et d'un **ermitage**, où vivent ceux qui ont fait le choix radical de se retirer du monde. La vie des moines se fond ainsi de façon harmonieuse dans l'architecture de Camaldoli.

★ **Monastère** – *✆ 0575 55 60 12 - www.monasterodicamaldoli.it - se renseigner pour les horaires.* Reconstruit plusieurs fois, c'est un ensemble religieux imposant, au fond d'une sombre vallée aux versants plantés de sapins. Les seuls lieux accessibles au public sont, dans la partie convertie en hospice, une cour à portique du 11e s. et un petit cloître du 15e s. sur lesquels se greffent diverses salles et chapelles ; l'entrée gauche sur la grande façade conduit à l'église du 16e s. dont l'intérieur baroque abrite plusieurs toiles de **Vasari**, dont la *Déposition de croix* au-dessus du maître-autel. La partie réservée aux moines se trouve à l'étage.

En longeant le bâtiment sur la gauche, vous découvrez la **pharmacie**★★ du 15e s. dont les origines remontent au 11e s., époque où les moines, après avoir construit un hôpital, commencent à accueillir et soigner gratuitement les malades. Cette activité hospitalière ne s'achève qu'au début du siècle dernier. Les moines y vendent toujours le fruit de leur travail.

★★ **Eremo** – *✆ 0575 55 60 21 - fermé pendant les messes. Possibilité de rejoindre l'ermitage à pied en suivant le sentier des moines.* Continuant sur 3 km en forte montée le long du torrent et au milieu de la forêt, la route atteint l'ermitage, bâti dans un site austère et retiré à 1 027 m d'altitude. Véritable village de moines, composé d'une vingtaine de maisonnettes construites entre les 13e et 17e s. et entourées d'un mur, l'**ermitage** est précédé de quelques bâtiments ouverts au public. Sur la cour intérieure se dresse à droite la belle **église** du 18e s., aux deux clochers et à la façade ornée de statues. Sous l'atrium d'entrée, beau bas-relief de **Mino da Fiesole**. De style baroque napolitain, la décoration intérieure mêle stucs, ors, marbres, tableaux, bois sculptés, statues, tout en conservant quelques œuvres plus anciennes : dans la chapelle St-Antoine *(à gauche en entrant)*, terre cuite vernissée d'Andrea Della Robbia (15e s.) ; de part et d'autre de l'abside, deux **tabernacles**★★ en marbre de **Desiderio da Settignano** (15e s.) et, à l'intérieur, *Crucifixion* attribuée au Bronzino. Face à l'église, on peut visiter le minuscule jardin et la cellule de saint Romuald, petit appartement aux sombres boiseries qui présente le même plan que les autres maisonnettes de moines : une pièce où vivre, dormir et travailler, un oratoire, un abri à bois, un coin toilette et une petite remise, le tout desservi par un couloir.

Revenir jusqu'à Pratovecchio et prendre à droite la SP 73 jusqu'à Pieve di Romena.

★ Romena B1

Petit hameau de la haute vallée du Casentino caractérisé par une charmante chapelle ou *pieve*, Romena dépend administrativement de Pratovecchio, commune voisine qui vit naître Paolo Uccello, peintre de compositions et de volumes presque abstraits.

★ **Pieve di San Pietro** – La route permet d'embrasser tout d'abord le ravissant chevet de la **pieve di San Pietro**, entièrement orné d'arcatures sur deux niveaux. Très bel exemple d'art roman du début du 12e s., cette église fut amputée au 17e s., à la suite d'un glissement de terrain, de ses deux premières travées, perdant sa façade d'origine. À l'intérieur, les trois vaisseaux charpentés, supportés par des colonnes monolithes à beaux chapiteaux sculptés, sont surélevés dans leur partie terminale. Au centre, l'abside présente une jolie voûte en cul-de-four.

De l'église, en retournant vers Pratovecchio, prendre un chemin asphalté à quelques mètres sur la gauche.

★ **Castello** – Dressées sur le haut d'une colline dominant toute la campagne du Casentino et visibles des environs, les imposantes ruines du **château** sont précédées d'une magnifique allée de cyprès. Construit par les comtes Guidi au 11e s., le château ne conserve que trois de ses quatorze tours d'origine : le donjon, la poterne et celle des prisons.

Du chemin d'accès face au château, se diriger vers la S 70 *(Poppi - 9,5 km)* afin de profiter sur quelques centaines de mètres des magnifiques **vues**★★ rétrospectives sur les pittoresques ruines du château et l'allée de cyprès.

NOS ADRESSES À POPPI

Carte de région p. 328

HÉBERGEMENT

PREMIER PRIX

Albergo Ristorante La Torricella – *Località Torricella 14 - Ponte a Poppi - ✆ 0575 52 70 45 - www.latorricella.com* - ✕ - *19 ch. - 60/90 €.* Situé sur la colline en face du château, ce gîte toscan offre des chambres confortables et un restaurant panoramique.

Campaldino – *Via Roma 95 - Ponte a Poppi - ✆ 0575 529 008 - www. campaldino.it* - ✕ - *10 ch. - 80 €.* Ancien relais de poste dont le nom évoque la plaine historique, célébrée par Dante, cadre de la bataille entre guelfes et gibelins.

À proximité

Casa Pastor Angelicus – *Chiusi della Verna - ✆ 0575 53 41 - www.santuariolaverna. org* - ⊭ - *72 ch.* Accroché à un col accidenté, en harmonie avec l'esprit franciscain qui l'anime, le sanctuaire de la Verna accueille ses hôtes dans sa grande auberge, dans des chambres avec douche.

Hotel Ristorante I Tre Baroni – *Via di Camaldoli 52 - Moggiona, à 5 km au sud-ouest de Poppi - ✆ 0575 55 62 04 - www.itrebaroni. it* - ✕ - *23 ch. - 60/85 €.* Spécialités revisitées avec des vins de qualité. Charme et élégance pour cet hôtel idéal pour partir à la découverte du Casentino.

Camaldoli B1

PREMIER PRIX

Foresteria del monastero di Camaldoli – *Loc. Camaldoli - ✆ 0575 556 013 - www.camaldoli. it* - ⊭. Possibilité de louer des studios à la semaine. La tradition bénédictine confère à l'hospitalité un rôle fondamental. Idéal pour ceux qui sont intéressés par les rencontres s'y déroulant.

RESTAURATION

À proximité

BUDGET MOYEN

Il Cedro – *Via di Camaldoli - Moggiona, à 5 km au sud-ouest de Poppi - ✆ 0575 55 60 80 - fermé lun. et le soir en hiver - 25/35 €.* Au cœur du village, ce restaurant familial propose une cuisine du terroir.

ACHATS

T.A.C.S. Casentino Mania – *Via Conti Guidi 9 à Poppi - ✆ 389 80 26 810 - www.tacs.it.* Vous trouverez l'inimitable *panno del Casentino*, étoffe de laine épaisse, portée par les moines et les montagnards, appréciée des Médicis, aujourd'hui élément de mode.

Antica farmacia dei Monaci Camaldolesi – *Camaldoli - ✆ 0575 556 143 - www. camaldoli. it - tlj sf dim. et merc. en hiver.* Liqueurs, tisanes et cosmétiques.

ACTIVITÉS

Si vous souhaitez découvrir cette belle région tout en apprenant l'italien, la cuisine italienne ou l'art de travailler la pierre, adressez-vous au **Centro di Cultura Italiana Casentino** – *Via Cesare Battisti 5 - Poppi - ✆ 0575 5297 74 - www.parlital.it.*

AGENDA

Strada in Casentino – *Sept.* Exposition de la pierre taillée. De génération en génération, les maîtres se transmettent les secrets des techniques de creusage et du travail de la pierre.

Festival international d'orgue de la Verna – *Juil.-août : merc. 21h.*

Ombrie 8

Carte Michelin Régional Italie 563 – Provinces de Perugia et Terni

L'abbaye de San Pietro in Valle, à Ferentillo.

G. Bertolissio/hemis.fr

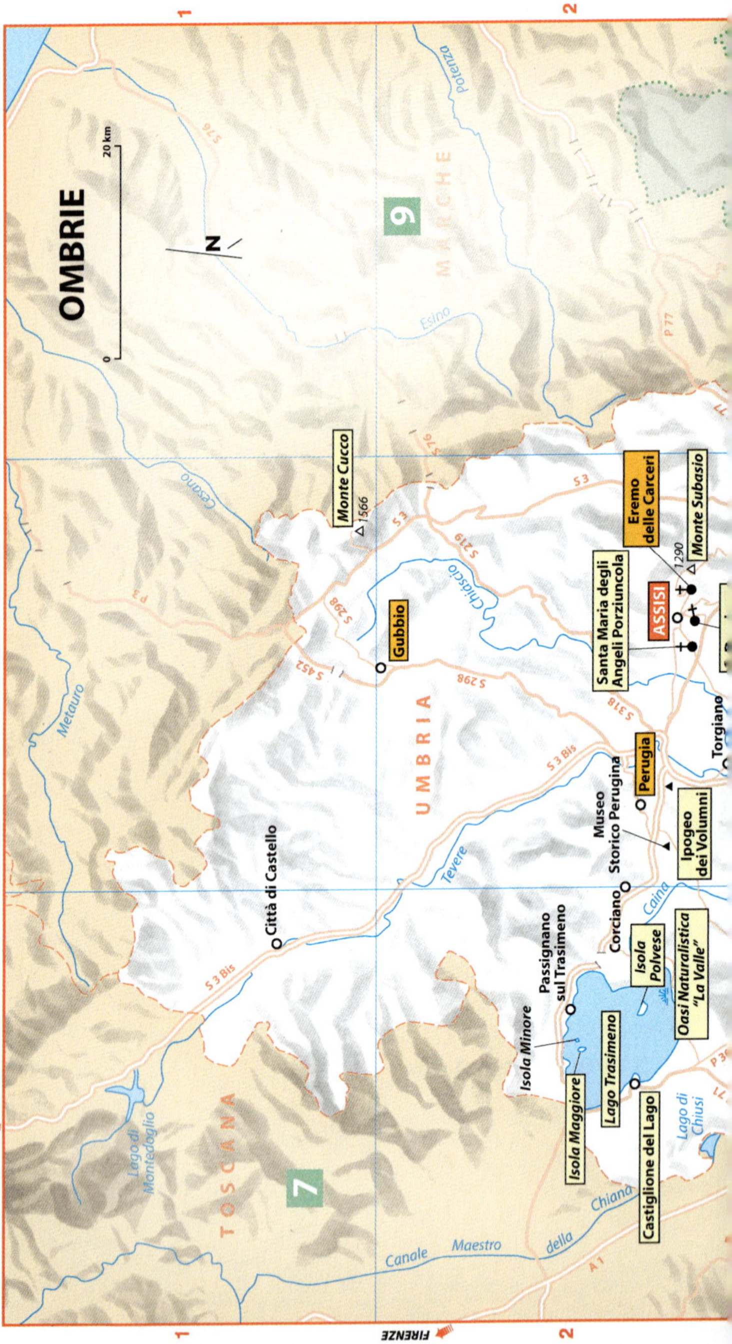
OMBRIE
0
20 km
N
RAVENNA
FIRENZE
A
B
C
1
2
TOSCANA
UMBRIA
MARCHE
7
9
Lago di Montedoglio
Metauro
Cesano
Esino
Potenza
Tevere
Chiascio
Caina
Canale Maestro della Chiana
Lago di Chiusi
S 76
P 77
P 3
S 3
S 219
S 298
S 452
S 318
S 3 Bis
A1
Città di Castello
Monte Cucco
1566
Gubbio
Eremo delle Carceri
1290
Monte Subasio
ASSISI
Santa Maria degli Angeli Porziuncola
Torgiano
Perugia
Museo Storico Perugina
Ipogeo dei Volumni
Corciano
Passignano sul Trasimeno
Isola Polvese
Oasi Naturalistica "La Valle"
Isola Minore
Isola Maggiore
Lago Trasimeno
Castiglione del Lago

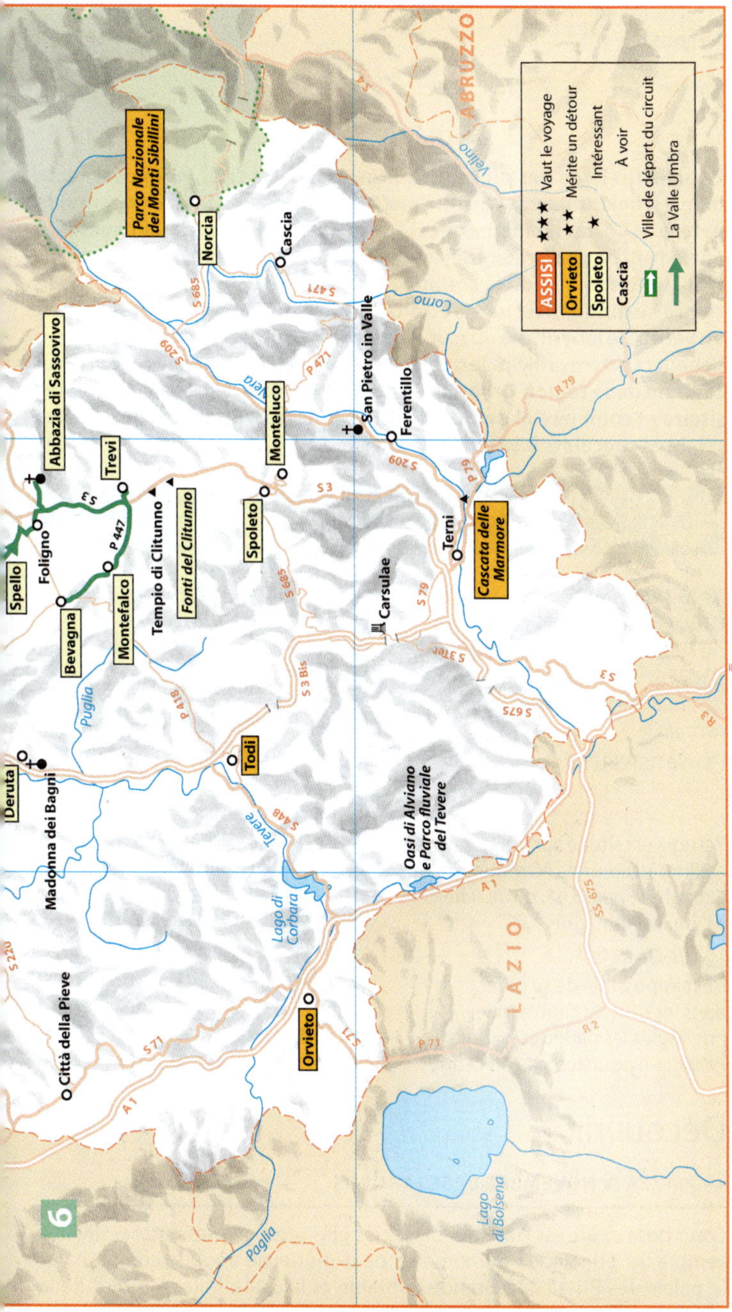
6
ASSISI ★★★ Vaut le voyage
Orvieto ★★ Mérite un détour
Spoleto ★ Intéressant
Cascia À voir
Ville de départ du circuit
La Valle Umbra
Parco Nazionale dei Monti Sibillini
ABRUZZO
LAZIO
Norcia
Cascia
Abbazia di Sassovivo
Spello
Foligno
Trevi
Bevagna
Montefalco
Tempio di Clitunno
Fonti del Clitunno
Spoleto
Monteluco
San Pietro in Valle
Ferentillo
Terni
Cascata delle Marmore
Carsulae
Deruta
Madonna dei Bagni
Todi
Oasi di Alviano e Parco fluviale del Tevere
Lago di Corbara
Città della Pieve
Orvieto
Lago di Bolsena
Paglia
Tevere
Puglia
Velino
Corno
ROMA
A1
S3
S 209
P 447
S 685
S 471
P 471
P 79
R 79
S 79
S 3 Bis
S 3ter
S 675
SS 675
S 448
P 418
S 71
P 71
S 220
R 2
R 3
S 4
A
B
C
3
4

Perugia

Pérouse

★★

165 670 habitants

Perugia fut l'une des plus puissantes des douze cités, nommées lucumonies, qui formaient l'Étrurie aux 7e et 6e s. av. J.-C. Une forte muraille percée de portes témoigne de cet âge de splendeur, mais la ville conserve également de nombreux édifices religieux et civils du Moyen Âge concentrés sur le sommet de la colline qui domine la ville moderne. Dans le centre historique, les ruelles étroites bordées de hautes façades forment un véritable labyrinthe obscur qui s'articule autour du très animé corso Vannucci, artère principale de la ville et ancien cardo romain. Aujourd'hui capitale de la région Ombrie, Perugia est un centre industriel, universitaire et commercial de premier plan. C'est ici que sont fabriqués les célèbres chocolats Baci !

NOS ADRESSES PAGE 481
Hébergement, restauration, achats, activités, etc.

S'INFORMER
Office de tourisme – *Loggia dei Lanari - Piazza Matteotti 18 - 075 57 36 458 - tlj sf dim. apr.-midi 9h-19h - turismo.comune.perugia.it.*

SE REPÉRER
Carte de région B2 (p. 470) - plan de ville p. 475.
Perugia est située sur une colline, au cœur de l'Ombrie. On y arrive par l'E 45, qui la relie à l'Émilie-Romagne.

SE GARER
Il est impossible de se garer dans les rues du centre-ville. Privilégiez les parkings : piazza Partigiani pour accéder au centre (piazza Italia) *(1,40 €/h, 15 €/j)* ; viale P. Pellini (A2), avec un escalator pour se hisser jusqu'à la via dei Priori *(mêmes tarifs que le précédent)*. Les parkings Porta Nova et piazzale Cupa sont gratuits. Un « minimétro » aérien automatique vous conduira jusqu'en centre-ville.

À NE PAS MANQUER
La majestueuse piazza IV Novembre de Perugia, pour déambuler parmi ses nombreux et somptueux monuments.

ORGANISER SON TEMPS
Compter une journée.

AVEC LES ENFANTS
Voir les artisans de Deruta.

Découvrir Plan de ville p. 475

★★ PIAZZA IV NOVEMBRE ET SES ABORDS

Cœur de la cité, c'est l'une des places les plus prestigieuses d'Italie. Elle rassemble les principaux monuments de la glorieuse époque communale : le palais des Prieurs, la Grande Fontaine et la cathédrale. Au fond de la place descend la pittoresque **via Maestà delle Volte★** avec ses maisons médiévales.

Le palazzo dei Priori, sur la piazza IV Novembre.
G. Bertolissio/hemis.fr

★★ Fontana Maggiore A2

Dessinée en 1278 pour parachever la construction de l'aqueduc qui apportait l'eau du mont Pacciano jusqu'au centre de Perugia, cette grande fontaine fut conçue d'après des plans de Fra Bevignate : deux bassins polygonaux en marbre superposés avec, au sommet, une vasque en bronze. Nicola Pisano *(vasque inférieure)* et son fils Giovanni *(bassin supérieur)* se chargèrent de la décoration en prenant pour thèmes le savoir universel, l'histoire de l'humanité et la vie de l'homme au Moyen Âge. Le **bassin inférieur** comporte 25 doubles panneaux, ornés de bas-reliefs : ceux qui font face au palazzo dei Priori symbolisent les mois de l'année en présentant des scènes de travaux agricoles inhérents à chacun d'eux ; se succèdent ensuite le Lion des guelfes et le Griffon pérugin, les Arts libéraux ou encore les fables d'Ésope (dont s'est inspiré La Fontaine). Sur le **bassin supérieur,** entre des panneaux lisses s'intercalent 24 statuettes figurant des saints, des personnages de l'Ancien Testament, les villes de Chiusi et Perugia ainsi que le lac Trasimène (lago Trasimeno). Au sommet, la vasque de bronze accueille trois nymphes, qui portent une amphore d'où jaillit l'eau. Les panneaux ont été en partie remplacés par des copies, les originaux se trouvant à la Galerie nationale de l'Ombrie.

★★ Palazzo dei Priori A2

Piazza IV Novembre - ✆ 075 57 72 339 - tlj sf lun. 9h-13h, 15h-19h - gratuit.

Le palais fut érigé entre 1293 et 1443 avec du travertin, du marbre blanc et du marbre rose. Il forme un ensemble imposant et austère. La façade tournée vers la fontaine, la plus ancienne, est ornée d'un majestueux escalier conduisant à la chaire des harangues. Celle donnant sur le corso Vannucci présente un beau portail du 14e s. Un grand escalier mène à la **Sala dei Notari** où se tenaient les audiences populaires. Les voûtes et murs sont décorés de fresques relatant des scènes bibliques et des légendes (13e s., remaniées au 19e s.). Deux bronzes jaillissant de la façade surplombent le portail gothique de l'entrée : le Griffon pérugin (symbole de Perugia) et le Lion des guelfes.

Emprunter le corso Vannucci

★ Collegio della Mercanzia

Corso Vannucci 15 - ✆ 075 57 30 366 - www.perugiacittamuseo.it - se rens. sur le site Internet pour les horaires - fermé lun. - 1,50 €, 5,50 € le billet combiné avec le Collegio del Cambio.

Le rez-de-chaussée du **Palazzo dei Priori**, donnant sur le corso Vannucci, abritait autrefois les entrepôts des marchands. À l'intérieur de l'édifice, la Sala delle Udienze, une salle décorée de précieux panneaux de bois sculptés, a été conservée intacte. C'est ici que siégeait le conseil des Marchands à partir de 1390.

★★ Galleria nazionale dell'Umbria

Corso Vannucci 19 - ✆ 075 58 66 84 10 - www.gallerianazionaleumbria.it - fin oct.-mars : 9h30-19h30 ; avr.-oct. : tlj sf lun. 8h30-19h30 (la billetterie ferme à 18h30) - 6,50 €.

Installée au dernier étage du **Palazzo dei Priori**, elle présente la collection la plus importante pour la connaissance de l'art ombrien et permet d'en suivre l'évolution dans un parcours, qui, sur deux étages, vous mènera du 13e s. jusqu'à la fin du 18e s.

Elle réunit des œuvres de **Duccio** *(Madone)*, du maître de San Francesco *(Crucifix)*, de Fra Angelico, de **Piero della Francesca** *(Polyptyque de saint Antoine)*, de Boccati, de Fiorenzo di Lorenzo. Du **Pinturicchio** et du **Pérugin**, on peut admirer un *Christ mort* et une très belle *Madone de la consolation*.

À voir également : les statuettes de marbre originales de Nicola et Giovanni Pisano, provenant de la Grande Fontaine de la piazza IV Novembre, et les sculptures d'Arnolfo di Cambio. Le 17e s. est représenté par des œuvres de Federico Barocci, de Pietro da Cortona, d'Orazio Gentileschi, etc.

La chapelle des Prieurs (15e s.) est dédiée aux patrons de la ville, saint Ercolano et saint Louis de Toulouse, dont Benedetto Bonfigli (mort en 1496) a conté l'histoire dans des **fresques** captivantes. En outre, le musée possède de beaux ivoires et émaux français (13e-14e s.).

★ Collegio del Cambio A2

Corso Vannucci 25 - ✆ 075 57 28 599 - www.perugiacittamuseo.it - 9h-12h30, 14h30-17h30, dim. 9h-13h - nov.-fin mars : fermé lun. apr.-midi, 1er janv. et 25 déc. - 4,50 €, 5,50 € le billet combiné avec le Collegio della Mercanzia.

Édifié au 15e s. pour abriter les changeurs de monnaie, le collège conserve une salle d'audience décorée de **fresques★★** par **le Pérugin** et ses élèves. Dans ces peintures s'exprime un humanisme cherchant à concilier la culture antique et la doctrine chrétienne. On peut également admirer dans cet édifice une statue de la Justice de Benedetto da Maiano (15e s.).

★ Duomo di San Lorenzo AB2

Piazza IV Novembre - ✆ 075 57 23 832 - www.cattedrale.perugia.it - tlj sf sam.-dim. 8h-12h, 15h-19h.

Édifié entre 1437 et 1487, à l'endroit où s'élevait une basilique du 10e s., le Duomo, dont la façade reste inachevée, s'ouvre à l'est sur la piazza Danti, mais c'est son flanc gauche, tourné vers la piazza IV Novembre, qui force l'admiration. Dans l'imposant mur, où alternent marbres blanc et rose, se découpe une porte monumentale (1568), dessinée par Galeazzo Alessi. La niche, encastrée au-dessus du fronton, renferme le crucifix qui fut l'emblème de la résistance des Pérugins durant la « guerre du Sel » contre le pape Paul III en 1540. À gauche de la porte se dresse une statue en bronze réalisée en 1555 par Vincenzo Danti. Elle représente le pape Jules III, lequel avait redonné à la cité une partie de ses pouvoirs communaux abolis par Paul III.

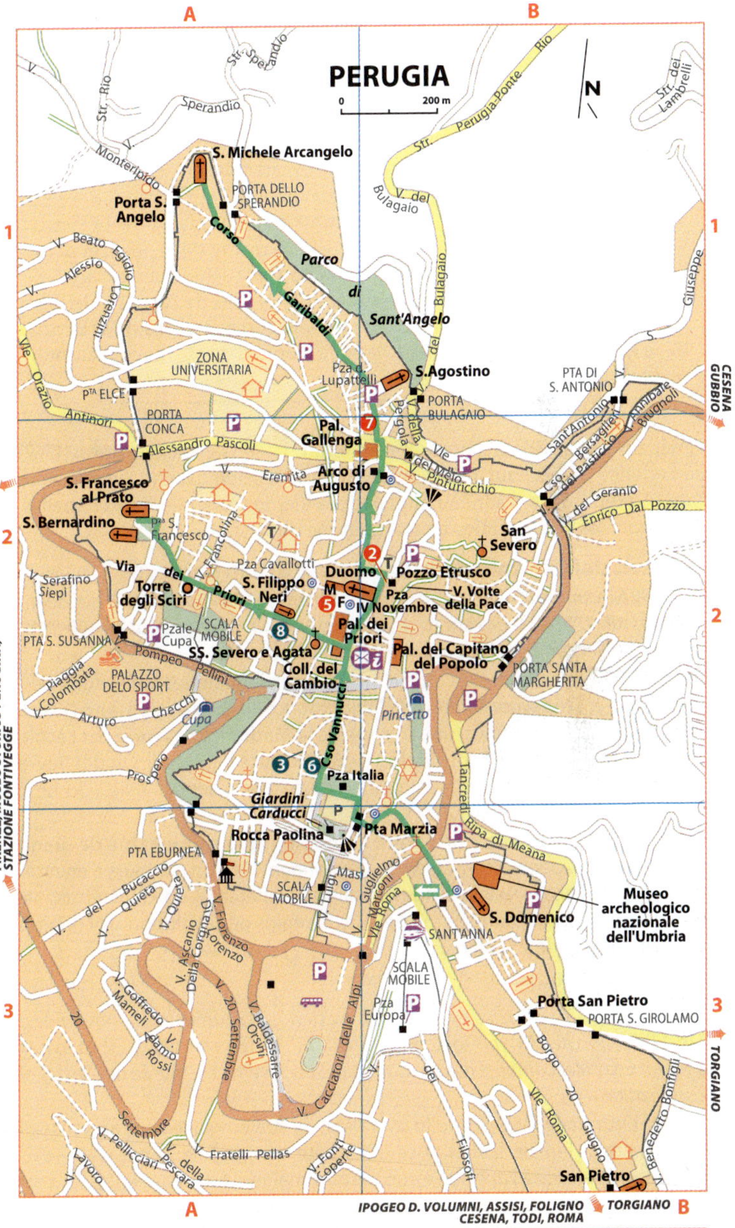

SE LOGER

Fortuna 3
La Rosetta 6
Priori 8

SE RESTAURER

Antica trattoria San Lorenzo 2
Da Cesarino 5
Dal Mi' Cocco 7

Museo del Capitolo della Cattedrale di San Lorenzo .... **M**
Fontana Maggiore .... **F**

TERRE D'ARTISTES

À l'image de leur terre, les peintres ombriens ont l'âme mystique et douce. Amoureux des paysages aux lignes pures, rythmés par des arbres au feuillage léger, ils y inscrivent des compositions stylisées et donnent aux visages de femmes une grâce tendre, parfois un peu mièvre ; un dessin d'une extrême finesse et des couleurs caressantes caractérisent leur technique. Les principaux représentants de cette manière sont Giovanni Boccati (1410-vers 1485). Fiorenzo di Lorenzo (mort en 1520), mais surtout Pietro Vannucci, dit **le Pérugin** (1445-1523), qui fut le maître de Raphaël et dont les œuvres, à caractère plutôt religieux et parfois quelque peu entachées de maniérisme, témoignent d'un exceptionnel sens de l'espace, de l'atmosphère et des paysages. Influencé par le Pérugin, Bernardino di Betto, dit **le Pinturicchio** (1454-1518), auteur de scènes d'un charmant réalisme, peint de façon plus naïve que son aîné.

L'intérieur abrite, dans la chapelle de droite, une intéressante **Déposition** (1567) de Federico Barocci qui inspira Rubens. Dans celle de gauche, on conserve l'anneau réputé être l'anneau nuptial de la Vierge. Dans ces deux chapelles, remarquer les belles **stalles** en marqueterie du 16e s.

★ Museo del Capitolo della Cattedrale di San Lorenzo A2

Piazza IV Novembre (Chiostro Cattedrale S. Lorenzo) - ✆ 075 57 24 853 - avr.-sept. : tlj sf lun. 10h-17h ; reste de l'année : mar.-vend. 9h-14h, w.-end et j. fériés 10h-17h - 6 €, 8 € le billet combiné avec la zone archéologique.

Juste derrière la cathédrale, ce petit musée réserve quelques belles surprises, dont *Adam et Ève devant l'arbre de la Connaissance* de **Giovanni Pisano** (13e s.), de riches codex enluminés, une fresque de la **Madonna in Trono** par l'école du Pérugin et la *Pala di Sant'Onofrio* (1484) de Luca Signorelli. On découvre aussi quelques primitifs ombriens d'une grande tenue, des bas-reliefs du 12e s. et de splendides **ex-voto** du 17e s.

Par le musée, on accède à une **zone archéologique souterraine** de grand intérêt *(visite guidée seult en italien, sur réservation - 6 €)*. Un parcours d'environ 1 km permet d'observer les vestiges urbains des différentes époques (étrusque, romaine, paléochrétienne et médiévale), témoins de l'évolution de l'habitat sur une période de 2 500 ans.

Pozzo Etrusco B2

Piazza Danti 18 - ✆ 075 573 36 69 - www.perugiacittamuseo.it - nov.-mars : 11h-13h30, 14h30-17h ; mai-oct. : 10h-13h30, 14h30-18h - fermé lun. sf en avr. et août - 3 € le billet combiné avec la Cappella San Severo et le musée des Portes et Fortifications.

Souvent nommé pozzo Sorbello (en raison de son emplacement au sous-sol du palais de la famille Sorbello), ce puits a été la principale source d'approvisionnement en eau à l'époque étrusque et romaine. Il fut creusé entre les 3e et 2e s. av. J.-C., à une profondeur de 36 m et consolidé par des blocs de travertin. ☺ On y jette traditionnellement une pièce de monnaie afin d'exaucer un vœu.

★ Cappella San Severo B2

Piazza Raffaello - ✆ 075 57 33 864 - www.perugiacittamuseo.it - nov.-mars : 11h-13h30, 14h30-17h ; avr.-oct. : 10h-13h30, 14h30-18h - fermé lun. sf avr. et août - 3 € le billet combiné avec le puits étrusque et le musée des Portes et Fortifications.

Cette minuscule chapelle du 14e s. est célèbre pour sa grande **fresque** représentant *La Trinité et les Saints*, dont Raphaël réalisa la partie supérieure entre 1505 et 1508. La partie inférieure fut achevée par le Pérugin en 1521, après la mort de son élève.

★ Via Volte della Pace

La pittoresque rue médiévale, formée par un long portique gothique du 14e s. suit la muraille étrusque.

Palazzo del Capitano del Popolo B2

Ne se visite pas.

Faisant face à l'**Arco dei Priori** – passage sous voûtes du palais éponyme –, la via Fani, en s'éloignant du corso Vannucci, rejoint à 150 m la piazza Matteotti, où se dresse le palais du Capitaine du peuple, édifice Renaissance (1473-1481) orné d'un portail sculpté de deux griffons, dont le tympan abrite une statue de la Justice. Par un porche latéral, on accède, derrière, à la terrasse du marché couvert (1932). Très belle **vue** sur la vallée Umbra, le mont Subasio et Assise.

Se promener Plan de ville p. 475

Au départ de l'église San Domenico, circuit tracé en vert sur le plan de ville p. 475, qui traverse la ville du sud au nord. Compter 3h.

★ San Domenico B3

Piazza Giordano Bruno - ✆ 075 57 24 136 - tlj 7h-12h, 16h-19h.

L'église gothique fut construite au cours du 14e s. Suite à l'effondrement de la nef en 1614, elle fut rénovée dans le style baroque à partir de 1632. Admirez la grande verrière gothique réalisée en 1411 ; haute de 23 m, elle compte parmi les plus imposantes de l'époque. À droite du chœur, **monument funéraire de Benoît XI** (14e s.), mort à Perugia en 1304.

★★ Museo archeologico nazionale dell'Umbria (M.A.N.U.) B3

Piazza Giordano Bruno 10 - ✆ 075 57 27 141 - www.perugiacittamuseo.it - 8h30-19h30, lun. 10h-19h30 - fermé 1er janv. et 25 déc. - 4 €.

Il est installé dans un couvent annexe de l'église San Domenico. En 1983, on découvrit, dans la localité de Monteluce, sur la commune de Perugia, la tombe des Cai Cutu, une sépulture étrusque inviolée, utilisée entre le 3e et le 1er s. av. J.-C. Elle contenait 51 urnes et un sarcophage. La restauration de chacune des pièces, façonnées à même la terre, fut une nécessité ; elles sont conservées au Musée archéologique dans un hypogée reconstitué. La collection d'antiquités possède le **cippo di Perugia** (3e-2e s. av. J.C.), une stèle en pierre dont les deux faces présentent l'un des plus longs textes écrits en langue étrusque parvenus jusqu'à nous, établissant un contrat de propriété d'un terrain entre deux familles. Plus insolite, la collection de Giuseppe Bellucci (1844-1921) rassemble environ 3 000 **amulettes** utilisées contre la foudre, la grêle, le mauvais œil et des porte-bonheur garantissant fiançailles, mariage, fertilité.

Prenez le corso Cavour vers le nord.

★★ Rocca Paolina A3

Accès Piazza Italia - Viale Indipendenza - ✆ 075 57 25 778 - avr.-oct. : 10h30-13h30, 14h30-18h ; reste de l'année : 11h-13h30, 14h30-17h - fermé lun. sf avr. et août - 3 €.

En 1540, le pape Paul III mate une rébellion des Pérugins, révoltés par les taxes abusives sur le sel. Au lendemain de la guerre du Sel, la ville, mise à sac, tombe définitivement sous la coupe de l'État pontifical. L'architecte Antonio da Sangallo le Jeune est chargé de construire une forteresse. La Rocca Paolina est édifiée en trois ans sur les décombres d'édifices médiévaux. La rage ressentie par les habitants se libérera trois siècles plus tard, sitôt leur indépendance acquise (1860). Ils s'empresseront alors de détruire l'édifice, dont ne subsistent aujourd'hui que les gigantesques enceintes qui englobaient une partie de l'ancien quartier médiéval.

Pour accéder à la Rocca, vous pourrez également emprunter l'**escalator** *(scala mobile)* qui relie la piazza Partigiani *(en contrebas de la ville haute)* à la **piazza Italia** (A2) où s'élèvent aujourd'hui le palais della Provincia (1870) et les **jardins Carducci,** qui bénéficient d'une **vue★★** superbe sur la vallée du Tibre. La visite, très évocatrice, vous fera voyager dans le temps pour découvrir une véritable « ville ensevelie ». Le long de la via Baglioni souterraine, vous reconnaîtrez les anciennes rues, les habitations médiévales et la **Porta Marzia** (B3), vestige étrusque de la seconde moitié du 3e s. av. J.-C., déplacée et intégrée ici.

Remonter le corso Vannucci jusqu'au palazzo dei Priori. Prendre à gauche la via dei Priori.

★ Via dei Priori A2

De l'Arco dei Priori, elle descend à pic jusqu'à la piazza San Francesco. Sur la gauche se dresse l'**église de Santi Severo e Agata** (fin 13e s.) au portail romano-gothique. Plus bas, à droite, l'**église San Filippo Neri** (1647-1663), dont l'intérieur est décoré de fresques exécutées entre les 17e et 18e s., reste la plus remarquable architecture religieuse baroque de la ville.

Avant la piazza San Francesco, un peu plus vers la gauche, s'élève la **Torre degli Sciri**, culminant à 46 m et restée la seule intacte parmi les tours du Moyen Âge qui symbolisaient le pouvoir et la richesse des grandes familles. La rue débouche sur la piazza San Francesco, occupée par une grande pelouse sur laquelle se retrouvent les étudiants. Au-delà se dresse l'**église San Francesco al Prato** (13e s.), en partie détruite et, à sa gauche, l'oratoire de San Bernardino.

★★ Oratorio di San Bernardino A2

C'est un joyau de l'architecture Renaissance (1461), dû à **Agostino di Duccio**, qui sut mêler harmonieusement à la pureté des lignes une délicate décoration de fines sculptures et de marbres de couleur. Les bas-reliefs de la façade montrent, au tympan, saint Bernardin en gloire et, au linteau, des scènes de sa vie ; dans les piédroits, ravissants anges musiciens. À l'intérieur, l'autel est constitué d'un sarcophage paléochrétien du 4e s.

Revenir sur la piazza IV Novembre, contourner le Duomo et emprunter la via Ulisse Rocchi qui mène à l'arc d'Auguste.

★ Arco di Augusto (Arco Etrusco) B2

Antique porte nord de la ville, cet arc colossal fut élevé par les Étrusques au 3e s. av. J.-C. et modifié ensuite par les Romains. On peut encore y lire l'inscription « *Augusta Perusia* » en référence à l'empereur Octave Auguste. La loggia surmontant la tour, à gauche, date du 16e s. À côté, le majestueux **palais Gallenga** (AB2), du 18e s., abrite l'université pour étudiants étrangers, nombreux en été.

Suivre le corso Garibaldi.

À droite du corso Garibaldi, sur une placette, se dresse l'**église Sant'Agostino** (B1 - 15e s.) qui abrite une fresque de la *Crucifixion* datant de 1377.

En suivant le corso Garibaldi jusqu'au bout, on atteint la **Porta Sant'Angelo** (A1 - 1326), surmontée depuis 1479 d'une tour dans laquelle est installé le **Museo delle Porte e delle Mura Urbiche** (musée des Portes et des Fortifications). Il retrace les phases d'édification du système défensif de la cité. À défaut de comprendre les explications en italien, allez vite au sommet pour profiter de la vue.

☎ 075 41 670 - avr.-sept. : 10h30-13h30, 15h-18h ; reste de l'année : 11h-13h, 15h-17h - fermé lun. sf avr. et août - 3 € le billet combiné avec le puits étrusque et la Cappella San Severo.

★ **San Michele Arcangelo** A1

☎ 075 57 22 624 - 9h-17h. Nichée dans un recoin des remparts, l'église Sant'Angelo, une des plus anciennes églises paléochrétiennes d'Italie (fin du 5e s. apr. J.-C.) a été construite selon un plan circulaire ; elle est dotée, à l'intérieur, de seize colonnes antiques.

Dehors, une pelouse en pente douce cernée de cyprès invite à la pause.
De même le **parco di Sant'Angelo** (AB1), planté d'oliviers, d'arbres de Judée, de pommiers, de cyprès, de tilleuls… un peu plus bas à l'extérieur des remparts.

À voir aussi

★★ **San Pietro** B3

Borgo XX Giugno 74 - ☎ 075 351 52 - 8h-12h, 15h30-18h.

Depuis la moitié du 10e s. se dresse, sur les restes d'un cimetière étrusque, puis romain, le monastère bénédictin de San Pietro, qui fait partie aujourd'hui de la faculté d'agronomie. On y accède par la magnifique **Porta San Pietro★**, œuvre du Florentin Agostino di Duccio, qui la laissa inachevée.

L'intérieur de l'église, remanié à la Renaissance, abrite des œuvres d'artistes de renom comme **le Pérugin** (notamment cinq petits tableaux dans la sacristie), Guercino, Guido Reni et Sassoferrato, onze excellentes toiles d'Antonio Vassillachi dit l'Aliense (1556-1629), un **tabernacle sculpté** par Mino da Fiesole et des **stalles★★** du 16e s.

À découvrir aussi, l'**Orto Medievale** (*☎ 075 58 56 432 - lun.-vend. 8h-17h*), un jardin où les arbres et les plantes ont pris place selon leur valeur symbolique médiévale. Au fond, table d'orientation et magnifique vue sur le mont Subasio, avec Assise accrochée à son flanc.

À proximité Plan de ville p. 475/Carte de région p. 470

★★ **Ipogeo dei Volumni** Plan de ville Hors plan B3/Carte de région B2

▶ Via Assisana 53 - Loc. Ponte San Giovanni, 6 km au sud-est - ☎ 075 39 33 29 - www.perugiacittamuseo.it - juil.-août : 9h-12h30, 16h30-19h ; reste de l'année : 9h-13h, 15h30-18h30 - 3 €.

L'hypogée, faisant partie de la nécropole de Palazzone, représente l'une des plus importantes sépultures étrusques conservées à ce jour. Creusé dans le roc, il se compose d'un atrium et de neuf salles. La plus remarquable d'entre elles comporte la **tombe des Volumni**, qui recèle pas moins de sept urnes funéraires de la famille portant ce nom. Celle de Arunte (2e s. av. J.-C.) est la plus impressionnante. La sculpture du chef de famille est représentée allongée sur un triclinium recouvert de drapés, tandis que deux démons ailés montent la garde à ses pieds, assis face à la porte de l'au-delà peinte sur le cercueil.

Casa del Cioccolato - Museo Storico Perugina Plan de ville Hors plan A2/Carte de région B2

▶ Loc. San Sisto (usine Nestlé), 9 km au sud-ouest - ☎ 075 52 761 - www.perugina.it - lun.-vend. 9h-13h, 14h-17h30 ; mars-mai, oct.-déc. et août : sam. 10h-16h - 9 €.

Avis aux gourmands ! Un vrai voyage à travers l'histoire du chocolat vous attend. Le parcours débute par la découverte de documents, archives, objets

DE VIN ET D'HUILE
Couvrant douze communes, dont Assise ou Perugia, la **Strada dei vini Cantico** sillonne le territoire de production des cinq vins DOC d'Ombrie, celui du très réputé Torgiano Rosso Riserva (DOCG), et ceux des cinq huiles d'olive labellisées de la région. Elle permet aussi de découvrir d'autres produits comme l'oignon de Cannara, le safran de Cascia ou le veau blanc des Apennins.

anciens et vidéos racontant plus d'un siècle d'histoire de la chocolaterie italienne. Il se poursuit par une visite de l'usine de production *(horaires variables, se renseigner)*, accompagnée d'une dégustation des produits Perugina.
Une boutique vous permettra enfin de faire vos emplettes en petites douceurs, dont les légendaires Baci (baisers), chocolats des amoureux.

Torgiano Carte de région B2

15 km au sud-est de Perugia.
Dans un agréable village dominant la vallée du Tibre, on retrouve deux charmants musées gérés par la Fondazione Lungarotti :
★ **Museo del Vino Torgiano (MUVIT)** – *Corso Vittorio Emanuele 31 – 075 98 80 200 - www.lungarotti.it - été : 10h-18h ; reste de l'année : 10h-13h, 15h-17h, fermé lun. - 7 € le billet combiné avec le MOO.* Le musée de la fondation met en scène des objets liés aux traditions vinicoles ombriennes et italiennes.
Museo dell'Olivo e dell'Olio (MOO) – *Via Garibaldi 10 - 075 98 80 300 - www.lungarotti.it - été : 10h-18h ; reste de l'année : 10h-13h, 15h-17h - fermé lun. - 7 € le billet combiné avec le MUVIT.* À quelques pas du musée du vin, celui-ci est consacré à l'olivier et à l'huile, autre produit phare de la région.

★ Deruta Carte de région B3

20 km au sud de Perugia.
La Porta di San Michele Archangelo ouvre sur cette paisible bourgade aux charmantes placettes bordées d'échoppes de **céramistes**. Il n'est pas rare de pouvoir observer les artisans peindre les décors qu'ils créent à la main ; le choix peut ensuite s'avérer difficile. Le musée est au bout de la rue principale.
★ **Museo regionale della Ceramica** – *Largo San Francesco - 075 97 11 000 - www.museoceramicaderuta.it - avr.-sept. : 10h30-13h, 15h-18h ; reste de l'année 10h30-13h, 14h30-16h30 - fermé lun. et mar. - 5 €.*
Installé dans l'ancien couvent San Francesco, ce riche musée conserve quelque 6 000 pièces de céramique rivalisant de beauté. Présentés dans de vastes salles par époque, par thème (les grotesques, les flammes…) et par technique (majolique, céramique, engobes…), ces objets, vestiges de la vie quotidienne, nous invitent à un véritable voyage dans le temps. Enfin, de nombreux pots et bocaux (15e-19e s.) reconstituent une ancienne pharmacie. Au cœur des trois étages du musée se trouvent les réserves qui sont visibles pour le public.

Santuario della Madonna dei Bagni Carte de région B3

22 km au sud de Perugia.
Noyé dans la nature, ce paisible sanctuaire élevé au 17e s. célèbre la découverte sur le lieu d'un tesson peint d'une Vierge à l'Enfant. Les murs sont aujourd'hui couverts d'ex-voto commandités aux artisans de Deruta, en remerciement pour un vœu exaucé. Expression d'un art naïf et populaire, cette visite complète parfaitement la découverte de Deruta.

Corciano Carte de région AB2

13 km à l'ouest de Perugia en direction du lago Trasimeno.

Cette cité médiévale ceinte de murailles et de tours massives possède son palais del Capitano et son palazzo dei Priori dei Mercanti, souvenirs de sa gloire passée. Le **Museo della Casa Contadina** *(via Tarragone 16 - ✆ 075 51 88 255 - entrée libre)* restitue bien l'ambiance de la vie paysanne d'autrefois.

NOS ADRESSES À PERUGIA

Plan de ville p. 475

ARRIVER/PARTIR

En train – La gare **Fontivegge**, d'où partent et arrivent les grandes lignes nationales, est à 2 km du centre-ville, piazza Vittorio Veneto 1 (Hors plan A3). Nombreuses liaisons directes avec Florence (2h). Le Minimetrò relie la gare au centre-ville.
La gare **Sant'Anna** se trouve piazzale Bellucci 8 (B3). Les trains de la compagnie régionale FCU, qui desservent notamment Sansepolcro et Città di Castello, partent de cette gare - *www.fcu.it*.
En bus – La compagnie Sulga relie la ville à Florence. Départ de la gare routière, piazza dei Partigiani (A3). *✆ 075 500 96 41 - www.sulga.it*.

TRANSPORTS

Radio Taxi – *✆ 075 50 04 888*.
Escalators – Les plus pratiques pour le centre-ville desservent piazza Partigiani-piazza Italia et via Pellini-via dei Priori.

VISITES

La **Perugia Card** *(www.perugiacittamuseo.it - 13 €, valable 48h)* donne accès à cinq musées du circuit Perugia Città Museo. Elle permet aussi d'obtenir des réductions sur d'autres sites, quelques parkings et dans les restaurants partenaires.

HÉBERGEMENT

BUDGET MOYEN

Priori – A2 - *Via Vermiglioni 3 - ✆ 075 57 23 378 - www.hotelpriori.it - 60 ch. - 100/120 €.*
Hôtel simple et agréable, avec une magnifique terrasse donnant sur les ruelles et les toits du centre historique. Chambres sobres, parfois avec vue.
Fortuna – A2 - *Via Bonazzi 19 - ✆ 075 57 22 845 - www.hotelfortunaperugia.com - 52 ch. - 90/130 €.* Noyé sous le lierre, dans une ruelle calme proche de la piazza IV Novembre. Chambres au charme désuet, confortables et bien équipées. Salon de lecture sous les fresques du 3e étage. Terrasse sur le toit.
La Rosetta – A2 - *Piazza Italia 19 - ✆ 075 57 20 841 - www.larosetta.eu - ✕ - 86 ch. - 90/130 €.* Certaines chambres possèdent un plafond décoré de fresques et des meubles d'époque ; d'autres sont simplement agréables et spacieuses.

À proximité

BUDGET MOYEN

Agriturismo Manzoni – *Strada Lidarno Petrignano, 9 km à l'est de Perugia - ✆ 333 28 00 938 - www.agrimanzoni.it - ✕ 🏊 - 8 appart. - 90/130 €.* À mi-chemin entre Perugia et Assise, cette belle bâtisse en pierre a beaucoup de cachet. Le cadre est bucolique et l'accueil chaleureux ; les appartements, de style rustique, sont confortables et bien équipés. Piscine et restaurant sur réservation.

RESTAURATION

PREMIER PRIX

Dal Mi' Cocco – *Corso Garibaldi 12* - B2 - *075 57 32 511 - fermé lun. - réserv. conseillée - 15/20 €.* « Comme chez des amis », c'est la devise de cette adresse originale, située dans une ancienne étable. Accueilli par un petit verre de vin rouge et salué par un verre de vino santo, vous y dégusterez un menu unique composé de spécialités de la région. Pain et pâtes faits maison.

BUDGET MOYEN

Da Cesarino – A2 - *Piazza IV Novembre 4/5 - 075 57 28 974 - fermé merc. - 25/30 €.* Délicieux repas à déguster dans une vaste salle claire au sol en damier, très fréquentée par les Pérugins. N'hésitez pas à vous aventurer du côté des *crostini* nappés de divers pâtés d'Ombrie (aux champignons, au foie, aux oignons). Les pâtes aux légumes frais de saison sont délicieuses.

POUR SE FAIRE PLAISIR

Antica trattoria San Lorenzo – B2 - *Piazza Danti 19/a - 075 57 21 956 - www.anticatrattoria sanlorenzo.com - fermé dim. - réserv. conseillée - 40/60 €.* Face au Duomo, dans une salle intime et voûtée, le chef propose une cuisine ombrienne ultra-fraîche, raffinée et pleine d'audace.

PETITE PAUSE

Augusta Perusia – B2 - *Via Pinturicchio 2 - 075 57 34 577 - www. cioccolatoaugustaperusia.it.* Minuscule glacier exceptionnel spécialiste en chocolat.

Sandri – *Corso Vannucci 32* - A2 - *075 57 24 112 - fermé lun.* Merveilleuse pâtisserie à l'ancienne. Savoureux gâteaux à la pâte d'amande en forme de poisson.

ACHATS

Torgiano Hors plan B3

Cantine Lungarotti – *Via Lungarotti 2 - 075 98 86 649 - www.lungarotti.it - lun.-vend. 9h-13h, 15h-19h, sam. 9h30-13h, 15h30-18h30.* L'un des meilleurs vignobles de la région. Visite des caves, dégustations et vente directe.

AGENDA

Umbria Jazz – *www.umbriajazz. com - juillet.* Créé en 1974, il compte parmi les plus grands festivals européens de jazz.

Eurochocolate Perugia – *www.eurochocolate.com - oct.* Manifestations fortes en chocolat, organisées dans le centre-ville.

Assisi

Assise

★★★

27 370 habitants

La ville d'Assise, encore entourée de ses remparts, n'a guère changé depuis le Moyen Âge. Sous l'influence de l'ordre des Franciscains, fondé par saint François, la cité a vu s'épanouir un art nouveau qui marque un tournant dans l'histoire esthétique de l'Italie. Dès la fin du 14e s., Assise réunit les maîtres de Rome, de Sienne et de Florence qui, sur le chantier de la basilique San Francesco, infléchirent définitivement la rigueur byzantine vers un art plus dramatique et empreint d'une émotion spirituelle dont Cimabue, d'abord, puis Giotto furent les interprètes les plus puissants. Ce n'est donc pas un hasard si la ville a été inscrite au Patrimoine mondial de l'Unesco en 2000.

NOS ADRESSES PAGE 493
Hébergement, restauration, achats, activités, etc.

S'INFORMER

Office de tourisme – *Piazza del Comune 22* - ✆ *075 81 38 680* - *www.comune.assisi.pg.it* ou *www.visit-assisi.it.*

SE REPÉRER

Carte de région B2 (p. 470) - plan de ville p. 487. Bâtie sur les pentes du mont Subasio, Assise se situe entre Perugia et Foligno, le long de la S 75.

SE GARER

Le centre-ville est intégralement interdit aux voitures (sauf en cas de dépose des bagages à l'hôtel). Vous pourrez stationner dans un des parkings payants : San Pietro, Basilique, Porta Nuova, Matteotti *(proche San Rufino)*, Porta San Giacomo, Moiano *(proche Santa Chiara)*, etc.

À NE PAS MANQUER

Les fastes de la basilique San Francesco.

ORGANISER SON TEMPS

Compter deux jours et un de plus pour les environs.

Découvrir Plan de ville p. 487

★★★ Basilica di San Francesco A1

Piazza San Francesco - ✆ *075 81 90 084 ou 075 81 90 01 - www.sanfrancescoassisi.org - basilique inférieure 6h-18h45 ; basilique supérieure 8h30-18h45 - fermé dim. mat. - entrée libre.*

De l'esplanade, où est dessinée la croix, ou de la route qui mène d'Assise à la plaine, la basilique apparaît imposante et austère comme un imprenable bastion, à toute heure de la journée. La façade est ornée d'une simple rosace de conception cosmate.

L'ensemble, consacré en 1253, se présente comme une superposition de deux édifices reposant sur d'immenses arcades. Son plan, imaginé aussitôt après la mort du saint, est l'œuvre du frère Élie, qui orienta l'ordre des Franciscains vers le faste et la décoration.

Un centre d'art et de foi

Le parcours exemplaire de **saint François** a définitivement modifié le destin d'Assise. Figure intègre dans une période politiquement aussi complexe qu'agitée, son humble leçon spirituelle a marqué les esprits par la force de son message. On pourrait donc s'étonner du faste de la basilique et des autres lieux saints des environs d'Assise, mais ce serait oublier que ces chantiers ont tous été entrepris après la mort du saint et largement financés par la puissante Église romaine.

UNE RÉVOLUTION PICTURALE

D'un point de vue à la fois spirituel et politique, saint François marquait un retour à l'esprit de pauvreté du Christ. Une nouvelle manière de peindre naquit en effet sur le chantier de la basilique où l'expressivité des personnages, la richesse chromatique et l'introduction d'éléments naturalistes ont définitivement rompu avec le canon byzantin.

Depuis que **Giorgio Vasari** avait désigné **Giotto** (1266-1337) comme grand maître de la basilique, la paternité de ces innovations était incontestable. Mais, après une longue et minutieuse enquête, le restaurateur italien Bruno Zanardi et le critique d'art Federico Zeri ont attribué une partie des fresques à des maîtres romains, ouvrant ainsi une bruyante polémique qui remet en question la suprématie du Florentin (et donc de sa ville) dans l'art de la Renaissance…

Suite au tremblement de terre en 1997 et à l'effondrement du toit de la basilique, les restaurateurs durent assembler près de 300 000 pièces (notamment des fresques de Cimabue) pour reconstituer ces chefs-d'œuvre.

SAINT FRANÇOIS

Fils d'un riche marchand drapier et d'une mère française, François d'Assise (1182-1226) vécut une jeunesse agitée, animée d'idéaux chevaleresques. Sa conversion remonterait à l'année 1206, lorsque dans la chapelle du couvent de saint Damien, au pied du crucifix, il s'entendit confier une mission : « François, va et répare ma maison qui tombe en ruine. » Se dépouillant littéralement des richesses et des habits paternels, François fonda l'ordre des Frères mineurs ou Franciscains, inspiré de l'esprit de **fraternité** entre tous les êtres de la Création, de **minorité**, comprise comme utile à tous, et d'absolue **pauvreté**. Suivi dans son existence de prière et de pénitence par de nombreux fidèles, il encouragea une jeune fille de la noblesse d'Assise, Claire, à fonder l'ordre des Clarisses. Les épisodes réels ou légendaires de sa vie et de celle de ses disciples sont relatés par un auteur anonyme du 14e s. dans un recueil célèbre, les *Fioretti*.

La simplicité de sa vie se traduit dans un langage adapté aux plus humbles. Son *Cantique des créatures* (1224), écrit en ombrien vulgaire, est l'un des premiers grands poèmes de la langue italienne. Aimant la beauté de la nature, prêchant l'amour des créatures, il célèbre la valeur de la joie au service de Dieu et est surnommé le jongleur de Dieu. On trouve cette simplicité dans la joie d'inventer des méthodes efficaces et toujours nouvelles pour chercher à sauver les autres : la reconstitution de la crèche étant peut-être son intuition la plus chère à l'esprit populaire.

Assisi, la basilica di San Francesco du 12e s. et la place inférieure.
G. Bertolissio/hemis.fr

Basilique inférieure – L'intérieur, sombre et trapu, à nef unique précédée d'un narthex allongé, est composé de quatre travées sur plan carré que recouvrent entièrement des **fresques★★★** des 13e et 14e s. La première chapelle gauche présente des **peintures★★** de **Simone Martini** (vers 1284-1344) évoquant la vie de saint Martin, fresques remarquables par la finesse du dessin, l'harmonie de la composition et le jeu varié des couleurs. Plus loin, au-dessus de la chaire, *Couronnement de la Vierge*, fresque due à Maso, élève de Giotto (14e s.). La **voûte★★** du chœur est ornée de scènes symbolisant le Triomphe de saint François et les Vertus qu'il pratiqua, œuvres d'un disciple de Giotto.

Le croisillon gauche est décoré de **fresques★★** figurant, à la voûte, l'histoire de la Passion : riches d'invention narrative et de détails, elles sont attribuées à l'école de **Pietro Lorenzetti** ; aux parois, les fresques, dues au maître lui-même, frappent par leur expression dramatique *(Descente de croix)*. Dans le croisillon droit, on admire une **Madone avec quatre anges et saint François★★**, majestueuse composition de **Cimabue**. Depuis le cloître Sixte IV, on accède au **trésor★★**, abritant de nombreux objets de culte, et à la **collection Perkins** (peintures du 14e au 16e s.).

Au bas de l'escalier, sous le centre de la croisée du transept, se trouve le **tombeau de saint François**.

Basilique supérieure – Contrastant avec les volumes trapus de l'église inférieure, le vaisseau élancé de cette haute nef unique offre le spectacle d'une structure gothique accomplie, baignée de lumière grâce aux fenêtres élevées qui trouent les parois. L'abside et le transept sont décorés de fresques (malheureusement abîmées) par Cimabue et son école. Dans le croisillon gauche, on admire une **Crucifixion★★★** du maître, d'une grande intensité tragique.

De 1296 à 1304, **Giotto** et ses aides ont représenté sur les parois de la nef un cycle de 28 **fresques★★★** évoquant la *Vie de saint François*. Par la définition claire et aérée de chaque scène et le souci toujours plus affirmé de réalisme, ces peintures ouvrent une nouvelle voie au langage figuratif de l'art italien que la Renaissance va porter, deux siècles plus tard, à son sommet.

Se promener Plan de ville ci-contre

Au départ de la basilica di San Francesco, circuit tracé en vert sur le plan de ville ci-contre. Compter 2h.

★ Via San Francesco AB1

Pittoresque rue bordée de maisons médiévales et Renaissance. Au n° 13 A, l'**oratoire des Pèlerins** (*075 81 22 67 - tlj sf dim., sam. matin et j. fériés 9h-12h, 16h-18h*) contient des fresques du 15e s., notamment de Matteo da Gualdo.

Pinacoteca comunale B1

Palazzo Vallemani, via San Francesco 12 - 075 81 55 234 - 10h-13h, 14h30-19h, (17h hors saison) - 3 €, 8 € le billet combiné avec la Rocca Maggiore (voir p. 488).
La pinacothèque réunit des œuvres de l'école d'Ombrie du 12e au 17e s. À noter, la *Madone en majesté* des disciples de Giotto et les fresques de Tiberio d'Assisi.
Continuer sur la via San Francesco, la via Arnaldo Fortini, son prolongement, et la via Portica, qui conduit à la piazza del Comune.

★ Piazza del Comune B1

Elle occupe l'emplacement de l'ancien **forum**. On peut y voir le **tempio di Minerva**★ (temple de Minerve), datant du 1er s. av. J.-C. Logement de moines, puis prison communale au Moyen Âge, il devint une église en 1539, sous le nom de Santa Maria sopra Minerva. Sa façade tournée vers la place arbore six colonnes corinthiennes. À sa gauche, le **palazzo del Capitano del Popolo** (palais du Capitaine du peuple) : construit au milieu du 13e s., puis restauré et doté d'un crénelage en 1937, il est flanqué de la Torre del Popolo.
Après une montée bien raide, la via San Rufino s'élargit en une belle place. Au fond se dresse la façade romane de San Rufino.

★ Cattedrale di San Rufino B1-2

Piazza San Rufino - 075 81 27 12 - 7h-13h, 14h30-18h.
Fondée probablement au 8e s., l'église fut reconstruite à partir de 1036 par l'évêque Ugone. Les travaux ne s'achevèrent qu'en 1253, année où le pape Innocent IV la consacra. Sa **façade**★★ romane, l'une des plus belles d'Ombrie, est harmonieusement rythmée par ses ouvertures et ses ornementations. Elle s'ouvre sur le parvis par trois portails aux voussures et piédroits sculptés d'animaux fantastiques. Sur la gauche, un campanile à fenêtres géminées s'impose avec majesté.
L'**intérieur**, entièrement refait en 1571 par Galeazzo Alessi, recèle, à droite en entrant, derrière une rambarde en fer forgé, les fonts baptismaux sur lesquels furent tenus saint François, sainte Claire et l'empereur Frédéric II. Admirez, dans l'abside, le chœur en bois gravé et marqueté par Giovanni di Pieriacopo da San Severino (1520). Au fond de la sacristie, une sorte de grotte, dite l'« Oratorio di San Francesco », servait de refuge au saint pour méditer avant son prêche.
Jouxtant l'église, le palais dei Canonici abrite le **Museo Diocesano**, qui présente une collection d'art sacré du 13e au 19e s. et donne accès au cloître et à la **crypte de San Rufino** (11e s.). *Piazza San Rufino 3 - 075 81 27 12 - www.assisimuseodiocesano.com - tlj sf merc. 10h-13h, 15h-18h (14h30-17h30 en hiver) - 3,50 €.*
Revenir sur ses pas sur la via San Rufino jusqu'au croisement avec la via Arco dei Priori. Traverser ensuite la piazza Chiesa Nuova.

Oratorio di San Francesco Piccolino B1-2

Jouxtant la Chiesa Nuova, l'entrée de l'oratoire arbore cette inscription : « Cet oratoire était l'étable d'un bœuf et d'un âne où naquit saint François, miroir du monde. » Selon une légende, la mère de François se serait réfugiée dans

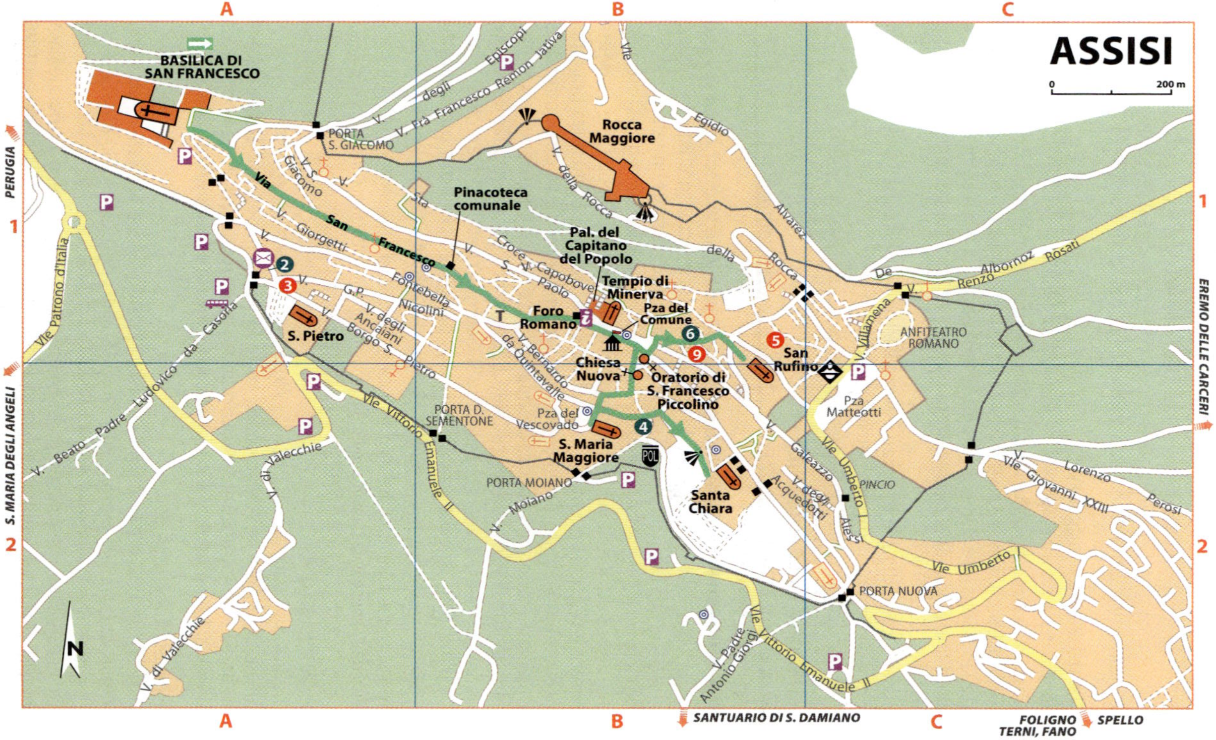

SE LOGER

Berti 2
Casa di Santa Brigida 4
Pallotta 6

SE RESTAURER

Da Cecco 3
Da Erminio 5
Piazzetta dell'Erba 9

cette pièce transformée en étable pour accoucher, ce qui établirait une correspondance entre la vie de Jésus et celle de saint François. Le lieu est en fait connu comme oratoire depuis le 13e s. et est très probablement la maison natale de saint François. À l'intérieur, sous une voûte en berceau en ogive, il reste, dans un état déplorable, quelques fresques peintes entre le 13e et le 15e s.

Chiesa Nuova B2

Piazza Chiesa Nuova - ✆ 075 81 23 39 - www.assisiofm.it - 6h30-18h30.
D'après la tradition, cette église fut érigée en 1615 sur l'emplacement de la maison où vécut la famille de saint François. L'intérieur, conçu selon le plan d'une croix grecque, est entièrement recouvert de fresques réalisées autour de 1621.
Prendre la via Sant'Antonio puis tourner à gauche sur la piazza del Vescovado.

Santa Maria Maggiore B2

Piazza del Vescovado - ✆ 075 81 30 85 - 8h30-18h30.
Cette ravissante église fut la cathédrale d'Assise avant d'être détrônée par San Rufino. Elle fut fondée au 9e s., puis reconstruite dans un style roman autour de 1163. Sous les solives, les murs portent encore d'intéressantes **fresques★** dont une émouvante *Madone de tous les saints*. Sous l'autel, la crypte romane est bien conservée.
Juste à côté, dans le **Palazzo vescovile** (palais épiscopal) attenant, saint François renonça aux biens qu'il tenait de son père.
Prendre à droite la via Sant'Agnese, qui aboutit sur la piazza Santa Chiara.

★★ Basilica di Santa Chiara B2

Piazza Santa Chiara - ✆ 075 58 12 216 - www.assisisantachiara.it - 6h30-12h, 14h-19h (18h en hiver).
Précédée d'une terrasse d'où se dégage une jolie vue sur la campagne ombrienne, cette église datée de 1265 reprend la structure gothique de l'église supérieure de la basilique San Francesco. Sa façade présente une alternance de calcaires roses et blancs, un appareillage commun à plusieurs églises toscanes. Au-dessus du portail, veillée par deux lions de pierre, s'épanouit une gracieuse rosace à cercles concentriques. Sur la gauche, trois imposants arcs-boutants accentuent la majesté de l'ensemble. L'intérieur conserve de nombreuses œuvres d'art, notamment des fresques du 14e s. d'inspiration giottesque, relatant la vie et l'histoire de sainte Claire. L'auteur, inconnu, est appellé le « maître de Santa Chiara ». Dans la petite église St-Georges, contiguë *(côté droit de la nef)*, on peut voir le crucifix byzantin qui aurait parlé à saint François, provenant du couvent St-Damien *(voir ci-contre)*, et, dans la crypte, le tombeau de sainte Claire.

À voir aussi Plan de ville p. 487

★ San Pietro A1

Piazza San Pietro - ✆ 075 81 23 11 - 7h-12h, de 14h au coucher du soleil.
Située à l'entrée de la ville basse, cette église romane a été érigée par les bénédictins entre 1029 et 1268. La grande façade rectangulaire comporte trois portails. À l'intérieur, trois nefs qui conservent des fresques des 12e et 13e s.

Rocca Maggiore B1

Piazza delle Libertà Comunali - ✆ 075 81 55 234 - nov.-fév. 10h-15h45, mars 10h-17h30, avr.-mai et sept.-oct. 10h-19h, juin-août 10h-19h30 - 5,50 €, 8 € le billet combiné avec la Pinacoteca (voir p. 486).
Du centre-ville, une jolie promenade mène jusqu'au château. Depuis le haut Moyen Âge, il se cramponne à la roche au-dessus d'Assise. Détruite en 1198

par un soulèvement populaire, la forteresse fut rebâtie en 1367 par le cardinal Albornoz. La tour polygonale fut ajoutée en 1458, la ronde entre 1553 et 1558. Toutes deux offrent une **vue★★★** grandiose sur la vallée et le mont Subasio. Dès le 16e s., la place perdit sa vocation défensive et devint une prison.

À proximité Plan de ville p. 487/Carte de région p. 470

★★ Eremo delle Carceri Plan de ville Hors plan C2/Carte de région B2

4 km à l'est - ✆ 075 81 23 01 - www.assisiofm.it - Pâques-nov.: 8h30-18h30; reste de l'année: 8h30-17h30.

Cet **ermitage** est situé au cœur d'un bois de chênes verts millénaires. L'énorme ermitage fut fondé par **saint Bernardin de Sienne** (1380-1444) dans ce lieu mélancolique où François et ses disciples aimaient se retirer comme en une prison (*carcere* en italien) pour, selon un de ses biographes, chasser « de l'âme le plus petit grain de poussière, que le contact avec les hommes y aurait laissé ». Par des passages étroits qui soulignent la structure du couvent (construit selon les contours de la roche), on arrive à la grotte de saint François et à l'ancien réfectoire (tables du 15e s.). Quand ils sont praticables, les sentiers alentour permettent une agréable et fraîche promenade.

★ Monte Subasio Carte de région B2

Accès en voiture par des chemins de terre en bon état. De la Porta Cappuccini, prendre la direction Eremo delle Carceri-Monte Subasio (10mn).

Le mont Subasio (1 290 m), au sommet bien tonsuré, paraît échoué dans la plaine. Dans sa partie supérieure, il est recouvert de prairies et, de là-haut, le regard porte très loin sur la plaine alentour. Au-dessous s'étale une forêt dense où prospèrent chênes, hêtres, frênes, érables et résineux. Encore plus bas, entre Assise et Spello, les bois cèdent la place aux oliveraies. À hauteur de ces deux villes, une charmante **route départementale** *(SP 249)* se tortille pour faire le tour de la montagne à l'ombre des frondaisons. Elle passe par **Collepino**, village médiéval qui a été récemment rénové, et **Armenzano**, qui fut fortifié à la même époque.

★ Santuario di S. Damiano Plan de ville Hors plan B2/Carte de région B2

2 km au sud par la Porta Nuova - ✆ 075 81 22 73 - www.assisiofm.it - 10h-12h, 14h-18h (16h30 en hiver).

Isolés au milieu des cyprès et des oliviers, le couvent et la petite église attenante sont intimement liés à l'histoire de saint François, qui y reçut sa vocation au cours d'une « conversation » avec le crucifix et y composa le *Cantique des créatures*, et celle de sainte Claire, qui y mourut en 1253. L'intérieur, humble et austère, constitue un émouvant exemple de couvent franciscain au 13e s.

★ S. Maria degli Angeli Porziuncola Plan de ville Hors plan A2/Carte de région B2

5 km au sud-ouest, dans la plaine - ✆ 075 80 51 430 - www.porziuncola.org - 6h15-12h30, 14h30-19h30, 21h15 le sam. soir pour le rosaire et la procession aux flambeaux.

Cette gigantesque basilique (la septième au monde par sa taille) fut construite entre 1569 et 1679 autour de la chapelle de la **Portioncule** (Porziuncola), dont le nom dérive du terrain (petite portion) où elle fut édifiée avant l'an mil. Dans la Portioncule, où François consacra Claire « épouse du Christ », se trouve une **fresque★** (1393) représentant des épisodes de l'histoire des franciscains *(au-dessus de l'autel)*. Dans la chapelle voisine, dite du Transit, François mourut le 3 octobre 1226. Dans la crypte de Ste-Marie-Majeure, **polyptyque★** en terre cuite vernissée d'**Andrea Della Robbia** (vers 1490). Près de l'église se trouve la **Cappella del Roseto** où l'on peut admirer des fresques de Tiberio d'Assisi (1506). La légende veut qu'ici un rosier ait instantanément perdu ses épines le jour où le saint, qui priait dans une grotte voisine, s'y jeta pour échapper à la tentation. Dans le corridor qui mène au rosier, on remarque une statue du saint portant un nid où se posent de vraies colombes.

Circuit conseillé Carte de région p. 470

LA VALLE UMBRA B2-3

Circuit de 65 km au départ de Spello (à 13 km au sud-est d'Assise), tracé en vert sur la carte de région (p. 470).

★ Spello B3

Via Garibaldi 9 - ✆ 0742 30 001 - www.comune.spello.pg.it - parking gratuit en haut de la ville.

Cette ville pittoresque et tranquille, qui s'inscrit dans un paysage de vastes champs d'oliviers et de petits bois, dégage un charme ineffable. Les balcons abondamment fleuris des demeures médiévales qui bordent l'artère principale (très pentue) font écho aux Fêtes des fleurs de Spello. Deux portes romaines y sont encore debout : la **Porta Venere** *(entre la via Torri di Properzio et la via Porta Sant'Angelo)*, érigée au temps d'Auguste, fut flanquée au Moyen Âge de deux tours dodécagonales, restaurées au cours du 20e s. ; la **Porta dell'Arce** (ou Porta dei Capuccini, *à l'intersection de la via San Severino et de la via Cappuccini*), l'une des plus anciennes entrées de Spello, donne sur un belvédère qui permet d'admirer la plaine jusqu'à Santa Maria degli Angeli et Assise.

★★ Santa Maria Maggiore – *Piazza Matteotti - ✆ 0742 30 17 92 - www.smaria-maggiore.com - oct.-mars : tlj sf lun. 10h30-12h30, 15h30-17h30 ; avr.-sept. : tlj sf lun. 10h30-13h, 15h-18h30.* L'église fut édifiée entre les 11e et 12e s. Sur le transept gauche, la **Cappella Baglioni** conserve les plus belles des **fresques★★** réalisées par Bernardino di Betto, dit **le Pinturicchio**, représentant l'Annonciation, la Naissance de Jésus et la Prédication au Temple *(parois)*, ainsi que les sibylles *(voûte)*. De part et d'autre du maître-autel, fresques du Pérugin. Le pavement est en majolique de Deruta.

Pinacoteca civica – *Piazza Matteotti 10 - ✆ 0742 30 14 97 - avr.-sept. : vend.-dim. 10h30-12h30, 15h-17h ; reste de l'année : se renseigner.* Le Musée municipal est implanté dans le palais dei Canonici, qui jouxte sur sa gauche l'église Santa Maria Maggiore. La collection rassemble des œuvres locales exécutées entre les 13e et 18e s. La *Vierge à l'Enfant* (début du 16e s.) est attribuée au Pinturicchio.

Non loin de là, la sobre église **Sant'Andrea** (1025) abrite un tableau du Pinturicchio. Le crucifix est attribué à Giotto ou à son entourage.

Continuer sur la SS 75 sur 7 km.

Foligno B3

Corso Cavour 126 - ✆ 0742 35 44 59 - www.comune.foligno.pg.it.

Jadis important carrefour commercial, la ville conserve quelques beaux monuments. Sur la piazza della Repubblica s'élèvent le **palais Trinci**, bâti au 14e s. par les seigneurs de la ville, ainsi que la cathédrale d'origine romane, ornée d'un portail à décor géométrique de style lombard. Chaque année en juin a lieu la **Giostra della Quintana**, une spectaculaire joute à cheval et en costumes.

★ Palazzo Trinci – *Piazza della Repubblica - ✆ 0742 35 79 89 - tlj sf lun. 10h-13h, 15h-19h - 6 €.* L'attrait du palais réside dans ses **fresques★** où la représentation

de la perspective semble presque parfaite. Celles de la loggia illustrent la légende de Romulus et Rémus et semblent être en relief. Celles du cabinet d'études (dit la chambre des Roses car les Trinci, comme tout vicaire apostolique, avaient reçu cet emblème) sont attribuées à Gentile da Fabriano et consacrées aux deux cycles des arts libéraux de l'enseignement médiéval : le *trivium* (grammaire, rhétorique, dialectique) et le *quadrivium* (arithmétique, géométrie, musique, astronomie). Les fresques et dessins du couloir conduisant à la cathédrale figurent les grands personnages de l'Antiquité d'un côté, les sept âges de l'homme de l'autre. Seules les fresques de la chapelle, présentant la vie de la Vierge, sont signées : c'est Ottaviano Nelli qui les acheva en 1424.
Suivre la S 77 à l'est sur 6 km.

★ Abbazia di Sassovivo B3

Visite libre, laisser une offrande.
Construite sur les hauteurs de Foligno, dans une forêt splendide, l'abbaye fut fondée aux alentours de l'an mil par deux ermites, Mainard et Dionisio. Une communauté se réclamant de la règle de saint Benoît y vit ensuite le jour. Cette puissante abbaye ne comptait pas moins de 152 bâtiments au 12e s. Habitée jusqu'au début du 19e s., elle fut officiellement fermée par le pape Pie VII. Mais entre 1951 et 1957, un groupe de moines attaché à l'exemple de Charles de Foucauld, ayant fui le régime communiste de Prague, s'y installa et y vit encore actuellement. Bien qu'ayant souffert du tremblement de terre de 1997, l'ensemble reste bien conservé. Le **cloître★** est un pur joyau de l'art roman avec ses 128 colonnes fines et délicatement ouvragées soutenant 56 arcs en plein cintre. Le réfectoire conserve quelques fresques et, par la cour, on accède à la loggia del Paradiso, portant des fresques *(abîmées)* du 15e s. On peut également visiter la crypte et la chapelle des moines.
Revenir sur la S 3 et la suivre en direction du sud sur 16 km.

★ Trevi B3

Piazza Mazzini - ✆ 0742 33 22 69 - www.treviturismo.it.
Au sud du mont Serano, enroulée sur elle-même comme un escargot et dominant une magnifique plaine plantée de milliers d'oliviers, Trevi est un véritable havre de paix. Entre églises et palais, une harmonie très particulière se dégage de ce lacis de ruelles médiévales, aux tons ocre clair, qui semblent toutes aboutir à l'élégante **piazza Mazzini★**. Les spécialités gastronomiques de la ville sont l'**huile d'olive** et le **céleri noir**, que l'on peut goûter lors du pique-nique organisé chaque année fin avril dans les oliveraies *(se rens. sur www.comune.trevi.pg.it)*.
★ **Museo della Civiltà dell'Ulivo e Pinacoteca** – *✆ 0742 38 16 28 - se rens. pour les horaires - 5 €.* Installé dans l'ancienne église San Francesco, ce lieu pédagogique, à la muséographie particulièrement réussie, illustre tous les aspects de la culture de « l'or vert » : récolte des olives, travail aux champs, pression à froid, symbolisme de l'olivier à travers l'histoire *(textes en italien et en anglais)*. La seconde section présente les toiles de petits maîtres ombriens des 13e-15e s.
Suivre la SP 447 vers l'ouest sur 9 km.

★ Montefalco B3

Piazza del Comune 17 - ✆ 0742 37 84 90 - www.promontefalco.com.
Des remparts du 14e s. entourent cette charmante bourgade située au milieu des vignes et des oliviers. Perchée comme un faucon sur son repaire (d'où son nom « mont Faucon »), elle a été surnommée le « balcon de l'Ombrie ». Évangélisée en 390 par saint Fortunat, la ville a sa sainte, Claire, mystique du Moyen Âge qu'il ne faut pas confondre avec la disciple de saint François

d'Assise. Montefalco est le cœur d'un parcours œno-gastronomique célébrant le **Sagrantino**, l'un des vins les plus réputés du centre de l'Italie *(voir encadré ci-contre)*. De la Porte Sant'Agostino (13e s.), coiffée d'une tour crénelée, le corso Mameli conduit jusqu'à la piazza del Comune, où se dressent le palazzo del Comune, le théâtre San Filipo Neri et l'oratoire de Santa Maria. Du haut de la **tour communale** (110 marches), splendide **panorama★★★** sur presque toute l'Ombrie. De là, la via Ringhiera Umbria mène à l'ex-église San Francesco, qui abrite le Musée municipal.

Museo civico – *Via Ringhiera Umbra 6 - ✆ 0742 37 95 98 - se renseigner pour les horaires - 7 €.* L'ancienne église San Francesco, à présent désacralisée, offre un lieu d'exposition idéal pour des **fresques★★** relatant l'histoire de saint François et de saint Jérôme, réalisées au milieu du 16e s. par **Benozzo Gozzoli**. On y remarque aussi une *Nativité* du **Pérugin**, et surtout un impressionnant Crucifix, œuvre du Maître expressionniste de Sainte-Claire (actif en Ombrie à la fin du 13e s. et au début du 14e s.).

LE SAGRANTINO DE MONTEFALCO

Sur la commune de Montefalco ainsi qu'à Bevagna, Gualdo Cattaneo, Castel Ritaldi et Giano dell'Umbria, on produit le Sagrantino (DOCG), un des vins rouges les plus réputés du centre de l'Italie.
Un parcours culturel et œno-gastronomique, la **Strada del Sagrantino** reliant les 5 villages, a été créé. Visites guidées et dégustations chez les producteurs de vins et d'huiles d'olive.

Pieve di San Fortunato – *1 km au sud.* Précédée d'un petit cloître du 14e s., cette église est ornée à son tympan d'une remarquable **fresque★** de Benozzo Gozzoli représentant la Madone, saint François et saint Bernardin. À l'intérieur, à l'autel de droite, un saint Fortunat, par le même artiste.
Suivre la SP 443 au nord sur 7 km jusqu'à Bevagna.

★ Bevagna B3

L'antique Mevania connaît la prospérité à l'époque romaine en profitant du trafic généré par la via Flaminia, qui reliait Rome à l'Adriatique en traversant l'Ombrie. Blottie derrière ses murailles, elle est aujourd'hui un bourg médiéval paisible connu pour sa **piazza Filippo Silvestri★**, l'une des plus charmantes d'Ombrie, ceinturée par le **palais dei Consoli** (qui héberge le théâtre Torti) et les façades de trois églises : **San Michele** (fin du 11e s.) ; **San Silvestro** (fin du 12e s., remarquer l'épigraphe sur la façade) ; **Santi Domenico e Giacomo** (1292). Au centre se dresse une fontaine datée de 1896, non loin de la colonne dite « de San Rocco ». Le bourg, divisé en quatre *guaite* ou quartiers, regorge de vestiges de l'époque romaine (certains du 2e s. apr. J.-C.) : promenoir du théâtre romain, temple, **thermes de Mevania** où se trouvent de très belles mosaïques d'animaux marins, cachées derrière la porte d'une maison *(en descendant de la piazza Garibaldi, tout de suite à droite)*.

Durant la dernière semaine de juin, Bevagna revit à l'heure médiévale lors du **Mercato delle Gaite**. Des ateliers traditionnels reconstitués dans les ruelles exposent petits métiers et savoir-faire tandis que d'incroyables menus composés de mets oubliés s'affichent dans les tavernes *(www.tuttobevagna.it)*.

NOS ADRESSES À ASSISI ET ALENTOURS

Plan de ville p. 487

ARRIVER/PARTIR

En train – Lignes Florence-Rome et Rome-Ancône. La gare se trouve en contrebas de la ville médiévale (hors plan A2 - 3 km environ). Service de bus-navette *(ligne C, départ ttes les 30mn).*

En bus – La compagnie **Sulga** *(www.sulga.it)* relie Assise à Rome, Florence et Pérouse.

HÉBERGEMENT

PREMIER PRIX

Casa di Santa Brigida – B2 - *Via Moiano 1 - ✆ 075 81 26 93 - www.brigidine.org - ✕ - 18 ch. - réserv. min. 2 nuits.* Une paisible institution religieuse avec joli jardin ombragé et fleuri.

Pallotta – B1 - *Via San Rufino 6 - ✆ 075 81 23 07 - www.hotelpallotta.it - 7 ch. - 70/90 €.* Ancienne maison particulière médiévale, où les chambres sont réparties sur 3 étages couronnés par un belvédère. Certaines donnent sur San Rufino.

Berti – A1 - *Piazza San Pietro 24 - ✆ 075 81 34 66 - www.hotelberti.it - fermé janv. et fév. - 10 ch. - 80/100 €.* Ancien relais de poste pour les bêtes de somme des pèlerins qui se rendaient à l'ermitage (Eremo delle Carceri), ce petit hôtel de charme à gestion familiale et à l'accueil chaleureux propose des chambres agréables, bien tenues.

À proximité

POUR SE FAIRE PLAISIR

Castello di Petrata – *Via Petrata 25, à 9 km à l'est d'Assise - ✆ 0075 815 451 - www.castellopetrata.it - ≋ - 20 ch. - 150/180 €.* Un château du 14e s., un jardin avec piscine, des chambres charmantes et une vue à couper le souffle : voici le cadre idyllique d'un séjour où détente est le maître-mot.

Bevagna Carte p. 470 B3

PREMIER PRIX

Il Chiostro di Bevagna – *Corso Matteotti 107 - ✆ 0742 36 19 87 - www.ilchiostrodibevagna.com - 14 ch. - 80/100 €.* À deux pas de la piazza Silvestri, l'ancien monastère s'est transformé en hôtel.

POUR SE FAIRE PLAISIR

L'Orto degli Angeli – *Via Dante Alighieri 1 - ✆ 0742 36 01 30 - www.ortoangeli.it - ✕ -14 ch.- 150/180 €.* Au cœur du vieux Bevagna, deux palais Renaissance unis entre eux par un jardin suspendu. Mobilier ancien et restaurant gastronomique.

Montefalco Carte p. 470 B3

BUDGET MOYEN

Agriturismo Camiano Piccolo – *Via Camiano Piccolo 5 - ✆ 0742 37 94 92 - www.camianopiccolo.com - ≋ - 23 ch. - 80/120 €.* En contrebas des remparts de Montefalco, d'anciens corps de ferme, entourés par des oliviers, ont été joliment restaurés et transformés en appartements.

Spello Carte p. 470 B3

BUDGET MOYEN

Albergo del Teatro – *Via Giulia 24 - ✆ 0742 30 11 40 - www.hoteldelteatro.it - 12 ch. - 95/110 €.* Au milieu de la via Giulia, un petit hôtel confortable installé dans un édifice du 18e s. Chambres agréables et belle terrasse.

RESTAURATION

PREMIER PRIX

Da Erminio – B1 - *Via Montecavallo 19 - ✆ 075 81 25 06 - www.trattoriadaerminio.it -*

fermé jeu. - 20/25 €. Non loin de San Rufino, cuisine régionale traditionnelle, dont les fameux *strangozzi al tartufo* (sorte de spaghetti épais, aux truffes). Agréable cheminée.

BUDGET MOYEN

Da Cecco – A1 - *Piazza San Pietro 8 - ✆ 075 81 24 37 - www.hotelberti.it - fermé merc. - 25/35 €.* Au restaurant de l'hôtel Berti, la cuisine est familiale. Ambiance agréable, rustique et médiévale.

Piazzetta dell'Erba – B1 - *Via San Gabriele dell'Addolorata 15 - ✆ 075 81 53 52 - www.osteria lapiazzetta.it - fermé lun. - réserv. conseillée - 25/40 €.* Quatre tables sur une placette ou dans une jolie salle pourpre, selon la météo. Cuisine de saison inventive et soignée. Ne manquez pas le flan de ricotta au thym.

Bevagna Carte p. 470 B3

PREMIER PRIX

La Bottega di Assù – *Corso Matteotti 102 - ✆ 0742 36 09 78 - fermé merc. - 15/25 €.* Charmant petit bistrot au cœur du bourg. Entourées par un fourre-tout de livres, de photos et d'affiches vintage, quelques tables pour déguster les produits locaux bien cuisinés. Bons vins.

Spello Carte p. 470 B3

PREMIER PRIX

Il Trombone – *Via Fontanelle 1 - ✆ 0742 65 10 69 ou 347 977 70 31 - fermé mar. - 15/25 €.* Tout en haut de la ville *(accès par la via Giulia)*, une immense terrasse odorante donnant sur les oliviers. Spécialité de raviolis aux noix, succulents ! Pizza uniquement le soir.

PETITE PAUSE

Enoteca San Pietro – *Via Borgo San Pietro 18b - Assise - ✆ 075 81 33 03 - www.enotecasanpietro.com.* Deux bancs dehors ou des tables dans une mini-salle pour déguster un cru d'Ombrie accompagné d'une *torta al testo*, galette salée fourrée cuite au feu de bois.

ACHATS

Antica Norcineria – *Piazza del Comune 10 - Montefalco - ✆ 0742 37 88 04.* Excellents fromages et charcuterie de la région. N'hésitez pas à vous faire préparer un sandwich à manger sur le pouce.

Tessitura Pardi – *Via Ringhiera Umbra 25 - Montefalco - ✆ 0742 37 81 19 - www.tessiturapardi.com.* Une adresse réputée pour le linge de maison. L'ancienne tradition du tissage artisanal produit des pièces de très grande qualité.

ACTIVITÉS

Passeggiata tra gli Ulivi – *Carte à l'OT.* Balade de 8 km entre Spello et Assise, sur les flancs du mont Subasio, parmi les oliviers et sans jamais vraiment grimper. Également possible : le tour du mont Subasio au départ de Spello.

AGENDA

Settimana Santa – *Assise.* Jeu. saint : dépôt de Croix à San Rufino. Vend. saint : procession puis heures d'agonie à Santa Maria Maggiore et retraite aux flambeaux.

Festa di Calendimaggio – *Assise* - Cette fête célèbre les Calendes de mai dans une ambiance médiévale et Renaissance. Théâtre, danse, concerts et joutes.

Infiorate del Corpus Domini – *Spello - entre mai et juin.* La procession du Corpus Domini se déroule sur des tapis de fleurs, composés en tableaux. Arriver dès 7h30 pour jouir du spectacle des œuvres encore fraîches.

Spoleto

Spolète

★

36 600 habitants

Ancien municipe romain, puis siège d'un important duché lombard (6e et 8e s.), Spoleto étage ses constructions sur les pentes d'une colline dominée par l'imposante forteresse des Papes (Rocca Albornoziana). Le caractère martial et sévère de la cité, chère à saint François qui y séjourna, est tempéré par la grâce des ruelles étroites et tortueuses, des palais et des monuments médiévaux qui l'ornent. Un cadre qui chaque année devient le scénario du Festival dei Due Mondi, rendez-vous incontournable des amoureux de musique et de ballet.

NOS ADRESSES PAGE 500
Hébergement, restauration, achats, activités, etc.

S'INFORMER
Office de tourisme – *Piazza della Libertà 7 - ✆ 0743 21 86 20 - www.comunespoleto.gov.it.*

SE REPÉRER
Carte de région B3 (p. 470).
Spoleto se trouve le long de la S 3, la via Flaminia, qui relie Foligno à Terni.

À NE PAS MANQUER
Le Duomo, une promenade dans les ruelles, sans oublier la basilique San Salvatore.

ORGANISER SON TEMPS
Compter une journée.

AVEC LES ENFANTS
Le parc national des monts Sibyllins.

Se promener

Rejoindre la ville haute et commencer le circuit depuis la piazza della Libertà.

Museo archeologico - Teatro Romano

Via di Sant'Agata 18/A - ✆ 0743 22 32 77 - tlj 8h30-19h30 - 4 €.

L'ancien monastère de Sant'Agata, construit au 14e s. sur les vestiges du théâtre romain de Spoleto, accueille aujourd'hui le Musée archéologique. La collection rassemble des pièces de l'âge du bronze à l'époque romaine. Remarquables, les stèles en pierre calcaire du 3e s. av. J.-C., où sont transcrites les *Lex Spoletina*, lois interdisant l'exploitation des bois sacrés de Jupiter.

La visite se poursuit par la découverte du **théâtre romain** (visible également depuis la piazza della Libertà), datant du 1er s. av. J.-C. Sa construction, très endommagée par des éboulements de terrain, fut recouverte au 13e s. par les bâtiments du monastère. Des fouilles en 1938 permirent de retrouver la structure d'origine.

Remonter vers la piazza del Mercato et prendre la via del Municipio pour rejoindre le Duomo.

SPOLETO CARD
Un pass *(9,50 €, valable 1 sem.)* qui garantit l'entrée aux 7 musées municipaux, ainsi que plusieurs réductions dans les établissements partenaires.

★★ Duomo di Santa Maria Assunta

Piazza Duomo - ✆ 0743 23 10 63 - www.spoletonorcia.it - 8h30-12h30, 15h30-19h (17h30 en hiver).

Flanquée d'un baptistère, la cathédrale ferme l'harmonieuse et tranquille **piazza del Duomo★**. Sa façade s'orne d'un beau portique Renaissance, d'une rosace et d'une mosaïque (13e s.). À l'intérieur, on admirera la croix d'autel (1187), peinte sur parchemin et appliquée sur une planche, d'Alberto Sozio *(immédiatement à gauche)*, des fresques du **Pinturicchio** *(1re chapelle droite)*, le monument funéraire de **Filippo Lippi** *(transept droit)* et surtout, dans l'abside, les **fresques★** où le peintre, son fils Filippino et ses aides représentèrent la Vie de la Vierge, livrant une réalisation d'une grande harmonie et d'une belle profondeur chromatique. Pour sa dernière œuvre, Lippi s'est représenté sur la droite de *La Dormition de la Vierge*, vêtu en dominicain.

Rocca Albornoziana - Museo nazionale del Ducato di Spoleto

Piazza Campello 1 - Museo : ✆ 0743 22 30 55 - Rocca : ✆ 0743 22 49 52 - tlj sf lun. 9h30-18h30 - 7,50 €.

La forteresse édifiée sur le mont Elia à partir de 1360 pour servir de siège aux opérations de reconquête des territoires pontificaux après la « parenthèse » avignonnaise fut achevée en 1370 par son architecte, Matteo di Giovannello da Gubbio, dit le **Gattapone**. La cour d'honneur, la cour des armes, les salons et une chambre de la Torre Maestra se visitent.

Musée – Il est organisé sur deux étages autour de la cour d'honneur et rassemble les collections de l'ancienne pinacothèque. Les dix premières salles sont consacrées à des témoignages historiques de l'évolution de la ville et les cinq dernières aux peintres Renaissance notablement influencés par les travaux des Florentins comme Benozzo Gozzoli à Montefalco *(voir p. 492)* et Filippo Lippi dans le Duomo.

★★ Ponte delle Torri

Cet impressionnant pont-aqueduc a eut pendant des siècles une double fonction : d'une part de conduire l'eau à la ville haute de Spoleto, et d'autre part de faciliter l'accès au hameau Monteluco. Long de 230 m et formé de neuf arches gothiques, il domine du haut de ses 76 m le cours d'un torrent et surmonte l'aqueduc romain qui servit de base à sa construction au 13e s. D'ici part une promenade panoramique connue sous le nom *giro dei condotti* (tour des conduits), qui contourne Monteluco et revient vers la ville basse sur une distance de 1 km *(1h environ)*.

Revenir sur la piazza Duomo et rejoindre la via Saffi.

Museo Diocesano - Sant'Eufemia

Via Saffi 13 - ✆ 0743 23 10 22 - merc.-dim. 11h-18h (horaires réduits en hiver) - 6 €.

Situé à l'intérieur de l'ancien palais épiscopal, le musée du diocèse expose une collection d'objets liturgiques provenant de différentes églises aux alentours de Spoleto. Parmi les œuvres les plus intéressantes, une très belle série de sculptures en bois et un buste du pape Urbain VIII par **le Bernin** (1640). Depuis la salle dénommée chapelle du Cardinal, on rejoint la basilique romane de **Sant'Eufemia**, dont la construction remonte au 10e s. (remaniée au 12e s.). Admirez ici un très bel autel en marbre décoré de bas-reliefs (13e s.).

Casa Romana

Via di Visiale 9 - ✆ 0743 23 42 50 - tlj sf mar. 11h-16h30 - 3 €.

La bonne conservation de cette maison romaine du 1er s. av. J.-C. permet de se faire une idée assez précise d'une habitation antique. Autour de l'atrium

Spoleto, Rocca Albornoziana.
J. Arnold/hemis.fr

se répartissent les chambres à coucher, le tablinium et le jardin intérieur. **Mosaïques** à décors géométriques au sol et ingénieux système de **citerne** et collecte des eaux de pluie.
Traverser la piazza del Mercato.

Arco di Druso

Témoin du passé romain de Spoleto, l'arc monumental marquait l'entrée du forum. Érigé en 23 apr. J.-C. en l'honneur du fils et neveu de Tibère, Drusus, il fut en partie enterré au Moyen Âge.
Suivre la via del Mercato et son prolongement, la via Plinio il Giovane.

Palazzo Collicola Arti Visive - Museo Carandente

Piazza Collicola 1 - ✆ 0743 46 434 - www.palazzocollicola.it - tlj sf mar. 10h30-13h, 14h30-17h30 - 9 €.
L'élégant palais du 18e s. accueille au rez-de-chaussée le musée Carandente, un centre d'art contemporain dédié à l'art de la deuxième moitié du 20e s. : on y trouve les œuvres de Calder, Henry Moore, Roy Lichtenstein, Alberto Burri, Leonardi Leoncillo et Sol LeWitt *(Band of Colors)*. L'étage noble a été réaménagé avec du mobilier d'époque ; vous pourrez admirer ici une collection de peintures anciennes du 14e au 19e s.
Avis aux amateurs de **Sol LeWitt** : n'hésitez pas à pousser la porte du hall du prestigieux Albornoz Palace Hotel au sud de la ville *(via Matteotti 10)*, dont il a décoré les murs.

Santi Domenico e Francesco

Piazza San Domenico - ✆ 0743 22 32 40 - 9h30-12h, 15h30-17h.
Belle église (13e-14e s.), aux murs de pierres blanches et roses typiques de la région, disposées en couches alternées. Dans la nef, fresques des 14e et 15e s. et, dans le croisillon droit, toile de Lanfranco.
Prendre la via Pierleone puis le corso Garibaldi.

★ San Gregorio Maggiore

Piazza Garibaldi - ✆ 0743 44 140 - 8h-12h, 15h30-18h.

Cette église romane du 12e s. a été modifiée au 14e s. À gauche du portique d'entrée, des fresques *(Massacre des innocents)* couvrent les murs du baptistère (14e s.). Le campanile est formé de blocs provenant d'édifices antiques. Trois nefs sobres et austères reposent sur de lourdes colonnes à chapiteaux épannelés. Dans l'arrière-chœur, fresque du 15e s. et armoire en pierre sculptée de la même époque.

★★ Basilica di San Salvatore

Au nord-est, à côté du cimetière, en direction de Norcia - ✆ 0743 21 86 20 - oct.-mars 10h-12h, 15h-18h, avr.-sept. 9h30-12h30, 15h-19h.

Cette basilique, élevée entre le 7e et le 8e s. par des moines venus d'Orient et modifiée au 9e s., fut l'une des premières églises chrétiennes d'Italie.

Son architecture reflète le mariage réussi entre classicisme et influences orientales, une originalité qui lui a valu le classement au Patrimoine mondial de l'Unesco en 2011. Remarquez la façade, avec ses portails en marbre ainsi que trois fenêtres superbement décorées.

L'intérieur frappe par son élégante sobriété; ici, de nombreux matériaux romains furent réutilisés pour sa construction, notamment les colonnes.

Dans l'abside, une fresque représentant une croix se rattache à la plus ancienne tradition picturale, tandis que dans la partie supérieure, une *Crucifixion* du 15e s. complète l'ensemble.

À proximité Carte de région p. 470

★ Route de Monteluco B3

7 km au sud-est de Spoleto.

Cette jolie route en lacet conduit à **Monteluco★** (850 m), lieu d'un culte antique, aujourd'hui station climatique où l'on peut encore admirer un couvent fondé par saint François au milieu d'une forêt de chênes verts. Au début de la montée, l'**église San Pietro** offre une belle et intéressante façade romane du 13e s. à reliefs sculptés.

★ Fonti del Clitunno (sources du Clitumne) B3

13 km au nord de Spoleto. Via Flaminia 7, Loc. Fonti del Clitunno, Campello sul Clitunno - ✆ 0743 52 11 41 - www.fontidelclitunno.it - avr.-sept.: 9h-19h, reste de l'année: fermeture entre 13h et 14h - 3 €.

Jadis sacrées aux yeux des Romains, qui y purifiaient les animaux destinés aux sacrifices, les eaux limpides du Clitumne surgissent au milieu d'une végétation aquatique. Ère industrielle oblige, elles ne sont plus si claires, mais l'endroit peut toujours faire l'objet d'une jolie promenade sous les arbres. À 1 km en contrebas s'élève le **temple de Clitumne**, minuscule édifice paléochrétien du 5e s., à colonnes et à fronton sculpté, inscrit au Patrimoine mondial de l'Unesco.

Ruines romaines de Carsulae B4

15 km au sud-ouest de Spoleto. Accès par San Gemini et San Gemini Fonte par la S 418 - 8h30-19h30 (17h30 en hiver) - 5 €.

Vestiges d'une ville romaine qui s'élevait sur la via Flaminia, abandonnée au 6e s. à la suite d'un tremblement de terre. On distingue encore bien le quartier des spectacles, avec le théâtre et l'amphithéâtre, et le quartier funéraire au tumulus monumental.

Sources du Clitumne.
Flavio Vallenari/iStock

Terni B4

33 km au sud de Spoleto.

Terni est un centre industriel important qui a conservé un noyau ancien où l'on peut admirer quelques beaux palais, l'**église San Francesco** avec son clocher du 15e s. et l'**église San Salvatore**, d'origine paléochrétienne (5e s.). La piazza della Repubblica et la via Roma en constituent le centre animé.

Suivre ensuite la S 79 jusqu'à la cascade (bien indiquée Cascata delle Marmore*).*

★★ Cascata delle Marmore B4

Piazzale F. Fatati 6 - Terni et Voc. Cascata 30 - Terni - 0744 62 982 - www.marmorefalls.it - Parc : juin-sept. : 10h-22h ; reste de l'année : env. 10h-18h - se renseigner pour les horaires précis d'ouverture du parc et du lâcher des eaux - 9 €.

Cette chute d'eau artificielle, créée par les Romains et renforcée entre le 15e et le 17e s., effectue trois bonds successifs dans des abrupts de marbre, avant de disparaître au fond d'un ravin boisé.

Ferentillo C4

18 km au sud-est de Spoleto.

Village pittoresque dominé par deux châteaux en ruine. De là, on peut atteindre la solitaire **abbaye de San Pietro in Valle** noyée dans la verdure. Fondée au 7e s. et reconstruite au 12e s., elle est en partie occupée par une résidence de luxe. Elle possède un beau **cloître**, des fresques du 12e s. ainsi que des sarcophages romains. *Été : 10h-13h, 14h30-17h - si fermé, appeler le 0744 38 00 18 - visite libre, laisser une offrande.*

Reprendre la S 209 jusqu'au croisement avec la SR 320 et remonter vers Norcia.

★★ PARCO NAZIONALE DEI MONTI SIBILLINI C2-3

Piazza del Forno 1 - 0737 97 27 11 - www.sibillini.net.

Sur 70 000 ha, ce **parc** est un paradis des amoureux de la nature que se partagent l'Ombrie et les Marches. Loups, chats sauvages, chamois et cerfs y sont entre autres présents en compagnie de l'autour, de l'épervier et du faucon pèlerin. Les monts Sibyllins sont connus depuis l'Antiquité comme un refuge de mages et de sibylles. On dit que la dépouille de Pilate aurait sombré dans les eaux du **lac Pilato★**. Est-ce pour cela que c'est le seul endroit au monde où l'on trouve le *Chirocephalus Marchesonii*, minuscule crustacé qui en teinte les eaux de rouge ? Quoi qu'il en soit, légendes et nature célèbrent ici leurs épousailles et de nombreux sentiers permettent d'en découvrir les trésors. Sur le chemin, les villages affichent dignement les produits de leur terroir, comme la fameuse truffe de Norcia, les salaisons, les lentilles ou l'épeautre.

Une carte des sentiers est disponible à la maison du parc à Norcia.

★ Norcia C3

60 km à l'est de Spoleto par la SS 395 et la SS 685.

C'est dans cette ville, entourée de remparts, que naquit en 480 saint Benoît, père du monachisme occidental et patron de l'Europe depuis 1964. La promenade sur le **corso Sertorio★** pour rejoindre la piazza San Benedetto est particulièrement plaisante. Sur cette place se trouve la **Castellina**, résidence fortifiée érigée par Vignole, qui accueille le **Museo civico diocesano** (*0743 81 70 30 - mai-sept. : 10h-13h, 16h-19h30 ; reste de l'année : tlj sf lun. 10h-13h, 15h-17h - 4 €*), et la **basilique San Benedetto**, construite à la fin du 13e s., qui a conservé sa façade gothique. À l'intérieur, l'église est décorée de **fresques** (14e s.).

Cascia C3

60 km au sud-ouest de Spoleto par la SS 685.

Plongé dans la nature, le bourg est un peu écrasé par la silhouette massive du sanctuaire de **sainte Rita** (1381-1457), native des lieux. C'est à son existence dévote que la ville doit sa notoriété, et des milliers de pèlerins viennent chaque année demander à la sainte d'intercéder en leur faveur ou déposer un ex-voto en remerciement. Parmi les centaines de milliers d'ex-voto, on peut voir celui déposé en secret en 1960 par le peintre français **Yves Klein** (1928-1962) et retrouvé lors du tremblement de terre de 1979. La boîte en plexiglas contient de l'or et des pigments ainsi qu'une émouvante prière : « [...] Que tout ce qui sort de moi soit beau. »

NOS ADRESSES À SPOLETO ET ALENTOURS

Carte de région p. 470.

HÉBERGEMENT

PREMIER PRIX

Hotel Aurora – *Via Apollinare 3 - 0743 22 03 15 - www.hotelauroraspoleto.it - 23 ch. - 60/100 €.* Dans une ruelle tranquille du centre, petit hôtel familial qui propose des chambres modernes et fonctionnelles pour un excellent rapport qualité-prix. Pour les repas, l'hôtel est partenaire du restaurant contigu **Apollinare** (*voir ci-contre*).

Cascia C3

BUDGET MOYEN

La Reggia – *Via Bartolomeo Lucangeli - 0743 76 142 - www.hotelcascialareggia.com - 30 ch. - 90/140 €.* En pleine campagne, au calme, cet hôtel dispose d'une grande piscine, d'un tennis et d'une salle de sport. Belles chambres modernes et immaculées réchauffées par le teck. Donnant sur la piscine, le restaurant ne démérite pas avec ses spaghettis à la truffe noire.

Ferentillo C4

POUR SE FAIRE PLAISIR

Abbazia San Pietro in Valle – *SS 209 Valnerina km 20, à 3,5 km au nord-est de Ferentillo - ✆ 0744 78 01 29 - www.sanpietroinvalle.com - 21 ch. - fermé nov.-Pâques. - 125/155 €.* L'abbaye, fondée au 7e s., se trouve sur un plateau à 365 m au-dessus du niveau de la mer, entourée par la végétation qui couvre toute la vallée de la Nera. Chambres de sobre élégance, en harmonie avec le mysticisme du lieu.

RESTAURATION

BUDGET MOYEN

Apollinare – *Hotel Aurora - Via Sant'Agata 14 - ✆ 0743 22 32 56 - www.ristoranteapollinare.it - fermé mar. - réserv. conseillée - 30/45 €.* Dans un cadre élégant et très soigné, voici un restaurant réputé dans la région pour sa savoureuse cuisine traditionnelle. La salle aux poutres apparentes et murs de briques anciennes est mise en valeur par un joli contraste de couleurs. Service attentionné.

Il Tempio del Gusto – *Via Arco di Druso 11 - ✆ 0743 47 121- www.iltempiodelgusto.com - fermé jeu. - 25/35 €.* Au cœur de la ville, le chef de ce charmant restaurant déploie ses talents dans de savantes combinaisons de saveurs locales. Vous dégusterez ici les produits de la région, préparés avec soin et un brin de brio. Honneur aux champignons.

Norcia C3

BUDGET MOYEN

Casale nel Parco dei Monti Sibillini – *Loc. Fontevena, à 1 km au nord de Norcia - ✆ 335 65 86 736 - www.casalenelparco.com - 🍴 🏊 - 15 ch. - fermé lun. et à midi sf mai-oct. - 25/40 €.* Grand restaurant familial situé au milieu des montagnes. Vous goûterez ici à une copieuse cuisine traditionnelle à base de produits locaux. Fait également hôtel mais les clients du restaurant peuvent aussi profiter de l'agréable piscine et des chevaux (n'hésitez pas à demander si vous pouvez faire une promenade).

AGENDA

Festival dei Due Mondi – *www.festivaldispoleto.com.* Chaque été, le **Festival des Deux Mondes** est un rendez-vous incontournable depuis 1958 pour tous les passionnés de musique. Toutes les places et tous les lieux d'exception se transforment en salles de spectacle.

San Benedetto – *Norcia - 11 juil.* La St-Benoît est fêtée par un cortège historique.

Santa Rita – *Cascia - 21 mai.* On célèbre sainte Rita par une procession de flambeaux et de roses (sa fleur).

San Valentino – *Terni - 14 fév.* Pour la St-Valentin, des dizaines de mariages sont célébrés dans la ville dont Valentin est le saint patron.

Sagra del Tartufo – *Norcia - fin janv.-déb. fév.* Les truffes, l'or noir du pays, donnent lieu à trois jours de fête.

Todi

★★

16 900 habitants

Le développement de Todi, construite sur deux collines réunies par les Romains, a connu trois périodes successives dont témoignent ses trois enceintes concentriques : l'étrusque (Porte Marzia), la romaine et enfin la médiévale. Faisant partie du duché de Spoleto, passée au rang de commune au 13e s. puis aux mains des États pontificaux dès le 16e s., la ville a peu à peu perdu de son importance. Au milieu d'un paysage de plaine enchanteur, Todi est l'une des villes les plus agréables de la région d'Ombrie.

NOS ADRESSES PAGE 504
Hébergement, restauration, achats, activités, etc.

S'INFORMER
Office de tourisme – *Piazza del Popolo 38 - ✆ 075 89 56 227 - www.comune.todi.pg.it.*

SE REPÉRER
Carte de région B3 (p. 470).
Todi se trouve presque à égale distance de Perugia, Terni, Orvieto et Spoleto. Elle est reliée à Perugia par la S 3bis.

À NE PAS MANQUER
Une promenade sur la piazza del Popolo, la surprenante église de San Fortunato.

ORGANISER SON TEMPS
Compter une journée en flânant.

Se promener

Todi Unica – Un billet combiné *(10 €, valable vend.-dim. et j. fériés)* offre l'accès à la plupart des sites de Todi : Museo civico, Museo lapidario, crypte du Duomo, église San Fortunato et citernes romaines.

★★ Piazza del Popolo

Au pied du Duomo, cette place centrale est cernée de monuments illustrant la vitalité de la vie communale au Moyen Âge. Le **palais des Prieurs★** (13e s.), gothique, est l'ancien siège du podestat ; ses baies ont été refaites à la Renaissance ; une curieuse tour trapézoïdale du 14e s. le domine. Le **palazzo del Capitano e della Giustizia★** (13e s.) s'orne de baies à colonnettes et repose sur de puissants piliers surmontés d'arcs en plein cintre. Relié au précédent et également sur arcades, le **palazzo del Popolo★** (hôtel de ville) est l'un des plus anciens d'Italie (1213) ; il abrite le principal musée de la ville. Un complexe de **citernes romaines** (1er s. av. J.-C.) a également été retrouvé sous la place.

Museo civico e pinacoteca

Palazzo del Popolo (3e étage, accès par un ascenseur sous la voûte) - ✆ 075 89 44 148 - www.sistemamuseo.it - avr.-oct. : 10h-13h30, 15h-18h ; reste de l'année : 10h30-13h, 14h30-17h - fermé lun. - 4 € ou avec le billet combiné Todi Unica. La pinacothèque est fermée pour travaux ; date de réouverture non déterminée.

La section archéologique présente le sceau de la ville étrusque de Porsenna, qui lui donna l'aigle comme symbole. Belles salles de céramiques, de bronzes votifs et de monnaies anciennes. Puis les cartes et manuscrits témoignent de sa puissance au 13e s., la ville étant alors à son apogée, sous la conduite de Pandolfo Savelli, Amelia et Terni. Intéressants objets du culte et de la vie politique communale : clepsydre (13e s.) ou coffre à bulletins de vote (18e s.). Surtout religieuses, les œuvres de la pinacothèque sont d'un intérêt relatif.

★ Duomo

Accès avec le billet combiné Todi Unica.

C'est un important édifice flanqué d'une seule tour et élevé au début du 12e s. sur les ruines du temple qui coiffait la colline. Un majestueux escalier précède son harmonieuse façade en marbre rose et blanc ornée d'une grande rosace. Contournez l'édifice afin d'admirer l'abside romane. L'intérieur recèle des chapiteaux gothiques, des fonts baptismaux Renaissance et de belles stalles en marqueterie (1530). Dans la **crypte** sont conservées trois sculptures décoratives provenant de la façade, œuvres de Giovanni Pisano et de Rubens.

Museo lapidario

Via Rolli 12 - ✆ 334 60 22 209 - vend.-dim. avr.-oct. : 10h-13h30, 15h-18h ; reste de l'année : 10h30-13h, 14h30-17h - 5 €, 10 € le billet combiné Todi Unica.

À l'intérieur d'un ancien couvent franciscain du 15e s., intéressante collection de stèles et de pierres sculptées de l'Antiquité à la Renaissance.

Piazza Garibaldi

Contiguë à la piazza del Popolo, cette place est ornée d'un monument à la gloire du grand homme ; de la terrasse, très jolie **vue★★** sur la vallée.

★★ San Fortunato

Piazza della Repubblica.

Élevée de 1292 à 1460 sur l'autre colline de la ville, cette église, accessible par un escalier en zigzag, mêle éléments gothiques et style Renaissance. Son **portail central★★** offre un décor sculpté riche et tout en finesse, illustrant notamment des épisodes de la vie de saint François. Intérieur clair et élancé. **Fresques** *(abîmées)* de Masolino da Panicale (1432, *3e chapelle à droite*), et dans la crypte, tombeau de **Jacopone da Todi** (1230-1307), frère franciscain et poète mystique, auteur du *Stabat Mater*. Du **campanile**, on jouit d'une très belle **vue★** sur la ville. *✆ 075 89 44 148 - www.sistemamuseo.it - avr.-oct. : 10h-13h30, 15h-18h ; reste de l'année : 10h30-13h, 14h30-17h - fermé lun. - 2 € ou avec le billet combiné Todi Unica.*

Rocca

En passant à droite de l'église San Fortunato, on monte aux ruines de la **forteresse** (14e s.). Agréable jardin public, ombragé.

À proximité

★ Tempio di Santa Maria della Consolazione

▶ 1 km à l'ouest, sur la route d'Orvieto.

Cette église de la Renaissance a été bâtie, de 1508 à 1609, en pierre blonde, d'après un dessin de **Bramante**. Elle fut construite sur un plan en croix grecque pour honorer une image miraculeuse de sainte Catherine d'Alexandrie et comporte quatre absides polygonales renforcées par des pilastres à chapiteaux composites. Au centre s'élève le dôme, dont le tambour est conçu selon la fameuse « travée rythmique » de Bramante. L'intérieur est lumineux et sobre ; la coupole a été décorée par **Scalza** au 16e s. avec 12 statues d'apôtres.

NOS ADRESSES À TODI

VISITE

Parco Culturale della Città di Todi – *Renseignements au musée : ✆ 075 89 44 148 - www.sistemamuseo.it.* Visites guidées des monuments de Todi, y compris des lieux normalement fermés au public.

HÉBERGEMENT

PREMIER PRIX

Residenza d'Epoca San Lorenzo Tre – *Via San Lorenzo 3 (2e étage) - ✆ 075 89 44 555 - www.sanlorenzo3.it - fermé 7 janv.-10 mars - 6 ch. - 80/100 €.* Meubles d'époque, bibelots, livres et décoration soignée dans des chambres personnalisées avec goût. Certaines (moins chères) partagent une salle de bains. Ambiance familiale.

POUR SE FAIRE PLAISIR

Fonte Cesia – *Via Lorenzo Leoni 3 - ✆ 075 89 43 737 - www.fontecesia.it - ✕ - 36 ch. - 130/170 €.* Ce palace, installé dans une demeure historique, a opté pour les meubles d'époque, les pierres apparentes et les tentures. D'un très grand raffinement, le confort y est absolu et l'accueil remarquable. Certaines chambres disposent d'une terrasse donnant sur les toits et la campagne.

À proximité

PREMIER PRIX

Agriturismo Tra Cielo e Terra – *Fraz. Frontignano, à 8 km de Todi (suivre la dir. Perugia puis Ponte Rio) - ✆ 075 88 52 567 - www.tracieloeterra.org - ⛱ - 5 ch. - 65/70 €.* Sur deux étages, les chambres simples et colorées donnent sur la campagne. Production de céréales et huile d'olive bio, piscine dans les oliviers, cours de cuisine et de yoga.

RESTAURATION

PREMIER PRIX

La Mulinella – *Loc. Pontenaia 29 - ✆ 075 89 44 779 - www.ristorantelamulinellatodi.com - fermé merc. - 15/25 €.* À l'écart du centre, près du stade, ce restaurant est réputé pour ses viandes et ses recettes aux champignons.

Vineria San Fortunato – *Piazza Umberto I5 - ✆ 075 37 21 180 - 15/25 €.* Au pied de l'église, ce bistrot et bar à vins sympathique propose une bonne cuisine régionale et des planches de toute sorte à déguster accompagnées d'excellents vins.

BUDGET MOYEN

Pane e Vino – *Via Ciuffelli 33 - ✆ 075 89 45 448 - www.panevinotodi.com - fermé merc. - 25/30 €.* Déco intimiste et sobre, service chaleureux et attentif et dans l'assiette… des trésors. *Crostini* au roquefort et au miel, succulent *risotto zucca e zafferano* (courge et safran), sans parler des desserts… Une adresse *Slow Food.*

ACHATS

Ab Ovo – *Via del Forno 4 - ✆ 075 89 45 526 - www.abovogallery.com.* Retrouvez ici une sélection éclectique de la grande tradition de l'artisanat italien mais pas seulement…

AGENDA

Todi Arte Festival – *www.todiartefestival.com - août-sept.* Le festival d'été de la ville. Au programme : concerts, théâtre, lectures.

Orvieto

★★

21 000 habitants

Posée sur un socle de tuf volcanique qui prend des couleurs de feu au soleil couchant, la ville d'Orvieto jouit d'une position particulièrement attrayante pour qui arrive de Bolsena ou de Montefiascone. Important centre étrusque au cours de l'Antiquité, rivale de Sienne au temps des communes libres, puis place forte papale où se réfugia Clément VII durant le sac de Rome (1527), Orvieto est une agréable cité aux ruelles fraîches, riche en monuments. La région produit un agréable vin blanc DOC, frais et bouqueté, l'orvieto.

NOS ADRESSES PAGE 510
Hébergement, restauration, achats, activités, etc.

S'INFORMER
Office de tourisme – *Piazza del Duomo 24 - 0763 34 17 72 - www.umbriatourism.com.*

SE REPÉRER
Carte de région A3 (p. 470). Orvieto est dans le sud-ouest de l'Ombrie, près du lac de Bolsena. Accès par l'A 1.

SE GARER
Parking au pied du funiculaire.

À NE PAS MANQUER
Le Duomo et les fresques de Signorelli dans la chapelle San Brizio.

ORGANISER SON TEMPS
Compter 2 jours.

AVEC LES ENFANTS
« Orvieto Underground » et le puits de San Patrizio.

Découvrir Plan de ville p. 508

★★★ DUOMO B2

Piazza Duomo - 0763 34 35 92 - www.opsm.it - avr.-sept. : 7h30-19h30 ; mars et oct. : 7h30-18h30 ; nov.-fév. : 7h30-13h, 14h30-17h30 - fermé pendant les offices - 3 € Duomo et chapelle Brizio, 5 € le billet combiné avec le musée MODO et l'église Sant'Agostino. Le « Duomo Tour » (90mn, 10 €) propose une visite commentée de l'intérieur et de l'extérieur du Duomo, vend.-dim. à 15h.

S'élevant sur une tranquille et majestueuse place, le Duomo, bâti en tuf constitue un parfait exemple du style de transition romano-gothique. Fondé en 1290 pour accueillir les reliques du miracle de Bolsena *(voir Guide Vert Italie du Sud)*, il nécessita la collaboration d'une centaine d'architectes, sculpteurs, peintres et mosaïstes pour sa finalisation, qui n'intervint qu'en 1600.

★★★ La façade

C'est la plus hardie et la plus riche en couleurs de tout le gothique italien. La verticalité des lignes répond à l'élancement des gâbles et au jaillissement des contreforts, composés de petits panneaux de marbre coloré et surmontés de pinacles. Mais c'est surtout sa somptueuse décoration, sculptures en partie inférieure, marbres et mosaïques polychromes en haut, qui fait sa rareté.

DEVANT LES FRESQUES DE SIGNORELLI
La scénographie de la chapelle San Brizio, destinée à suggérer ce que pourrait être l'Apocalypse, se révèle plus inquiétante que touchante. Les monstres, les tortures infligées aux damnés, l'aspect cadavérique des démons ajoutent à l'angoisse. Tout y atteint le comble de la laideur, voire du grotesque. À partir du mur de gauche, la première fresque est consacrée aux sermons et aux actes de l'Antéchrist, qui, conseillé par Satan, a pris les traits de Jésus. Signorelli s'est représenté dans le noble personnage sombre apparaissant à l'extrême gauche. Suit l'appel des Élus.
Sur le mur de l'autel, à gauche, les anges guident les Élus vers le paradis ; à droite, ils chassent les réprouvés vers l'Enfer, où coule l'Achéron.
Sur le mur de droite : les damnés en Enfer, et la résurrection des morts.
Sur le mur de l'entrée se déroule la fin du monde : le soleil et la lune sont devenus hostiles, la terre est agitée de mouvements telluriques, sur la scène apparaissent une sibylle, un prophète et les démons.

Le Siennois **Lorenzo Maitani** (1270 ?-1330) établit le premier projet, repris par Andrea Pisano, Orcagna et Sanmicheli. Maitani est également l'auteur des étonnants **bas-reliefs★★** qui ornent les piliers : remarquer, de gauche à droite, la Genèse, l'Arbre de Jessé, les scènes du Nouveau Testament et le Jugement dernier. La rosace, inscrite dans un carré lui-même entouré de statues des apôtres et des prophètes, est due à Orcagna. La mosaïque de la flèche, qui traite le Couronnement de Marie, est une œuvre de la fin du 18e s. Les **portes en bronze** sont dues au sculpteur sicilien Emilio Greco (1970) : sur celle du milieu sont représentées les sept Œuvres de la Miséricorde.

Intérieur

Trois vaisseaux à assises de pierres noires et blanches reposent sur des arcades en plein cintre soutenues par de beaux chapiteaux à crochets ; au-dessus des arcades, une coursière fait saillie. Les plafonds des vaisseaux sont couverts de bois, tandis que des voûtes gothiques surmontent le transept et le chœur. Le pavement monte vers le chœur, rétrécissant la perspective. Des vitraux d'albâtre livrent passage à une abondante lumière.
À l'entrée, bénitier du 15e s. et fonts baptismaux gothiques. Dans le collatéral gauche, fresque *(Vierge à l'Enfant)* due à Gentile da Fabriano (1425). Dans le bras gauche du transept, sous l'orgue monumental (16e s.), s'ouvre la **chapelle du Corporal**, qui abrite les reliques du miracle de Bolsena : un tabernacle renferme le **reliquaire★★**, chef-d'œuvre d'orfèvrerie médiévale (1338) enrichi d'émaux et de gemmes, du corporal qui enveloppa l'hostie ensanglantée. Dans la chapelle à droite, *Madone de miséricorde*, du peintre siennois Lippo Memmi (1320). Dans le chœur, le **vitrail★** gothique figure des scènes de la vie de la Vierge, des prophètes, des évangélistes et des docteurs de l'Église.
Du transept droit, on accède, au-delà d'une grille en fer forgé (1516), à la célèbre **chapelle de la Madone de St-Brice (San Brizio)**, dont les admirables **fresques★★** furent ébauchées *(voûte)* en 1447 par Fra Angelico. Inachevées par celui-ci, elles furent reprises en 1499 par **Luca Signorelli**. Ayant toujours montré plus d'intérêt pour les personnages que pour le paysage et pour la couleur, celui-ci trouva là l'occasion de porter son art à un épanouissement total. Bien qu'il n'ait pas la profondeur spirituelle de Michel-Ange, on peut le considérer comme son précurseur par la touche presque sculpturale, le souci de vérité anatomique, le sens dramatique de la composition, l'expressivité des visages et la fluidité du mouvement.

Orvieto.
J. A. Moreno/age fotostock

Se promener Plan de ville p. 508

Au départ de la piazza Duomo, circuit tracé en vert sur le plan de ville p. 508. Compter 3h.

Museo dell'Opera del Duomo (MODO)

Piazza Duomo - ✆ 0763 34 35 92 - www.museomodo.it - avr.-sept. : 9h30-19h ; nov.-fév. : tlj sf mar. 10h-13h, 14h-17h, oct. et mars 10h-17h - 4 €, 5 € le billet combiné avec le Duomo et l'église Sant'Agostino.

Situé dans l'austère **palazzo dei Papi★** (B2 - palais des Papes), ce musée de l'Œuvre présente au rez-de-chaussée des fresques qui ornaient jadis églises et cloîtres de la région. Au 1er étage, la Vierge à l'Enfant placée à l'origine sur la façade du Duomo. Noter un intense **portrait** de L. Signorelli et N. di Agnolo (1503). Non loin se dresse la fascinante église baroque **San Bernardino** (B2) de forme elliptique, très richement décorée.

Revenir sur la piazza Duomo.

★ Museo archeologico C. Faina B2

Piazza Duomo 29 - Palazzo Faina - ✆ 0763 34 15 11 - www.museofaina.it - avr.-sept. : 9h30-18h ; reste de l'année : 10h-17h - fermé lun. de nov. à fév. - 4,50 €.

Cinq vastes salles présentent les résultats des fouilles des tombes étrusques (5e-4e s. av. J.-C.) de la région, comme celles de Castellonchio et Cannicella. Abritant de véritables trésors archéologiques, les sépultures livrèrent quelques pièces admirables, notamment des bronzes, des vases peints, des acrotères, un rare sarcophage et des armures.

« Orvieto Underground »

Piazza Duomo 23 - ✆ 0763 34 06 88 ou 339 733 27 64 - www.orvietounderground.it - visite guidée 11h, 12h15, 16h et 17h15 ; fév. seult sam. et dim. - 6 €.

Une visite fascinante à la découverte des souterrains de la ville creusés dans le tuf et la pouzzolane, des matériaux volcaniques extrêmement friables.

On comprendra mieux l'histoire d'Orvieto et sa conformation en descendant à la « cave », ce qui n'est pas ici un euphémisme… En effet, une grande partie de ces fabuleux souterrains ont toujours été utilisés comme caves, et ce, dès la période étrusque. Au cours de la visite de ces multiples grottes (on en a dénombré plus de mille !), on pourra voir des pigeonniers du Moyen Âge, les fondations et les meules d'un moulin à huile du 14ᵉ s., et des puits du 6ᵉ s. av. J.-C., creusés jusqu'à la nappe phréatique et « équipés » d'un système sommaire de descente.

Suivre la via del Duomo.

★ Palazzo del Popolo A2

Cet édifice de style romano-gothique, en tuf volcanique, possède un grandiose balcon, d'élégantes fenêtres et de curieux merlons à volutes.

Revenir sur ses pas et tourner à droite sur le corso Cavour.

Piazza della Repubblica A2

Installée sur l'emplacement de l'ancien forum, elle est dominée par l'église **Sant'Andrea**, dont le curieux campanile roman compte douze côtés.

Continuer sur la via Malabranca.

★ Quartiere Vecchio A2

Désert et silencieux, le vieux quartier a gardé ses édifices médiévaux. À son extrémité ouest s'élève l'**église San Giovenale**, dont l'abside s'orne de fresques des 13ᵉ-15ᵉ s.

SE LOGER		SE RESTAURER	
Corso	1	I Sette Consoli	2
Filippeschi	3	Palomba (La)	4
Villa degli Ulivi	2		

UNE CIVILISATION ENCORE MYSTÉRIEUSE

La civilisation étrusque vit le jour vers 800 av. J.-C. sur le territoire de l'actuelle Toscane, du Latium et d'une partie de l'Ombrie. D'après les nombreux témoignages archéologiques, les **Étrusques** formaient un peuple joyeux et pieux, où la femme était l'égale de l'homme. Ils possédaient leur propre langue (demeurée indéchiffrable) et maîtrisaient l'art de la fresque et de la terre cuite. Regroupés autour de douze puissantes cités indépendantes formant l'Étrurie *(voir carte p. 55)* mais souvent en lutte les unes contre les autres, ils furent, pour cette raison, complètement décimés par les Romains, en 200 av. J.-C. Ces derniers reprirent nombre de leurs coutumes. *Urbs Vetus* était le nom que les habitants étrusques d'Orvieto déportés à Bolsena donnèrent à leur cité perdue. Baptisée « Volsinii » par les Romains, son nom étrusque était en réalité *Velzna*.

Sant'Agostino A2

Piazza S. Giovenale - ✆ 0763 34 44 45 - avr.-sept. : 9h30-19h ; nov.-fév. : tlj sf mar. 10h-13h, 14h-17h, oct. et mars 10h-17h - 5 € le billet combiné avec le Duomo et le musée MODO.

Fondée au 13e s., l'église a été largement rebâtie entre le 16e et le 18e s. Elle abrite les statues originales de la cathédrale et des expositions temporaires.

À voir aussi

Necropoli etrusca del Crocifisso A1

Loc. Le Conce - ✆ 0763 34 36 11 - 8h30-19h (17h en hiver) - 3 €.

Située sur le versant nord du socle rocheux d'Orvieto, cette nécropole étrusque creusée dans le tuf remonte au 6e s. av. J.-C. Elle tire son nom d'un crucifix du 1er s. conservé dans une chapelle du quartier. Le site funéraire s'articule selon une stricte planimétrie orthogonale qui n'est pas sans rappeler de véritables quartiers urbains. À l'intérieur des chambres funéraires subsistent de nombreuses inscriptions gravées dans la pierre indiquant l'identité du défunt. Les artefacts retrouvés lors des fouilles sont aujourd'hui conservés au musée archéologique de la ville.

★★ Pozzo di San Patrizio B1

Viale Sangallo - ✆ 0763 34 37 68 - janv.-fév., nov.-déc. : 10h-16h45 ; mars-avr., sept.-oct. : 9h-18h45 ; mai-août : 9h-19h45 - 5 €.

Creusé sur l'ordre de Clément VII de Médicis pour pourvoir la ville en eau au cas où elle serait assiégée, le **puits de St-Patrice** est l'œuvre d'Antonio Cordiani da Sangallo, dit **Antonio da Sangallo le Jeune** ; deux escaliers en spirale, éclairés par 72 fenêtres et superposés de telle sorte que deux personnes – l'une montant, l'autre descendant – ne puissent se croiser, atteignent une eau très pure à 62 m de profondeur.

À proximité Carte de région p. 470

Oasi di Alviano e Parco fluviale del Tevere AB4

30 km au sud-est d'Orvieto - ✆ 0744 90 32 22 - de 10h au coucher du soleil - visite guidée avec le centre de documentation du château d'Alviano.

Paradis de verdure formé à la création du barrage du Tibre, le lac d'Alviano abrite un milieu palustre d'une richesse exceptionnelle. De nombreuses espèces protégées d'oiseaux y nichent.

NOS ADRESSES À ORVIETO

Plan de ville p. 508

VISITES

Orvieto Walk – B2 - *Piazza Duomo 23 - vend.-dim. à 13h15 - durée 90mn - 10 €.* Visite guidée de la ville, possible en plusieurs langues.

Carta Unica Orvieto – *20 €, valable 1 an.* Une carte qui garantit l'accès aux principaux sites et musées de la ville, la gratuité sur les transports urbains, ainsi que des réductions dans les commerces et restaurants partenaires. Elle est vendue à l'office de tourisme et dans tous les sites concernés.

HÉBERGEMENT

PREMIER PRIX

Villa degli Ulivi – Hors plan A1 - *Via Adige 23 - ✆ 0763 39 34 36 - 339 8191823 - www.hotelpicchio.it/it/bed_breakfast. - 6 ch. - 65/95 €.* Au pied de la colline de tuf sur laquelle s'élève Orvieto, ce charmant bed & breakfast permet de profiter à la fois des beautés de la ville et des joies de la campagne. Chambres rustiques mais confortables ; belle terrasse pour le petit-déjeuner.

BUDGET MOYEN

Filippeschi – A2 - *Via Filippeschi 19 - ✆ 0763 34 32 75 - www.hotelfilippeschi.it - 15 ch. - 85/110 €.* Un hôtel familial simple, abrité dans un ancien palais et très bien situé. Idéal pour découvrir la ville.

Corso – B1 - *Corso Cavour 343 - ✆ 0763 34 20 20 - www.hotelcorso.net - 16 ch. - 85/110 €.* Dans cette bâtisse en pierre s'est niché un hôtel familial et confortable. Jolie petite terrasse sur le toit où l'on prend le petit-déjeuner.

RESTAURATION

BUDGET MOYEN

La Palomba – A2 - *Via Cipriano Menente 16 - ✆ 0763 34 33 95 - fermé merc. - 30/35 €.* Deux salles joliment lambrissées pour goûter aux trésors de la cuisine ombrienne. Une gestion immuable explique les nombreux habitués. Utilisation exclusive de produits locaux : tout est délicieux.

POUR SE FAIRE PLAISIR

I Sette Consoli – B2 - *Piazza Sant'Angelo 1/a - ✆ 0763 34 39 11 - www.isetteconsoli.it - fermé merc. et dim. soir - réserv. conseillée - 40/55 €.* Cuisine gastronomique créative, avec des plats de poisson originaux. Si l'intérieur rustique, aux détails très soignés et empreint d'une certaine noblesse, ne manque pas de charme, rien ne vaut néanmoins le jardin, pour sa vue superbe sur le Duomo.

PETITE PAUSE

Pasticceria Adriano – B1 - *Via della Pace 36 - ✆ 0763 34 25 27 - www.labirintodiadriano.it - fermé mar. et dim.* Voici une curieuse pâtisserie où gourmandise et découverte inattendue font la paire. Entre deux petits-fours, demandez à visiter les souterrains étrusques…

ACTIVITÉS

Strada dei Vini Etrusco Romana – *www.stradadeivinietruscoromana.com.* Cette route combine vin, histoire et géologie.

AGENDA

Umbria Jazz Winter – *fin déc.-début janv. - www.umbriajazz.com.* Ce festival accueille les grandes pointures du jazz international.

Lago Trasimeno

Le lac Trasimène

★

Le quatrième plus grand lac d'Italie semble un léger voile d'eau posé sur un champ. Autour, quelques collines ondulent. Trois îles renforcent la délicatesse de ce paysage qui inspira peintres et écrivains. Beauté fragile cependant, puisque le lac dépend avant tout des nuages et de la pluie pour son approvisionnement en eau, faute de rivières et de nappes phréatiques généreuses. Qu'il pleuve, il grossit, qu'il ne pleuve pas, il maigrit. En fait, il faut prendre le lac Trasimène pour ce qu'il est : un cadeau du ciel !

NOS ADRESSES PAGE 514
Hébergement, restauration, achats, activités, etc.

S'INFORMER

Office du tourisme de Castiglione del Lago – *Piazza Mazzini 10 - ✆ 075 965 24 84 - www.regioneumbria.eu.* Ce bureau administre également Panicale, Città della Pieve, Magione et Passignano.

SE REPÉRER

Carte de région A2 (p. 470).
Le lac est situé à une trentaine de kilomètres à l'ouest de Perugia par la S 75bis.

À NE PAS MANQUER

Castiglione del Lago et son château du Lion, une croisière sur le lac suivie d'une balade dans les îles, les œuvres du Pérugin à Panicale et à Città della Pieve.

ORGANISER SON TEMPS

Compter une journée.

Découvrir Carte de région p. 470

LE LAC A2

Les îles

Trois îles flottent sur le lac : l'île Polvese, au sud-est, en face de San Feliciano ; l'île Maggiore, au nord, en face de Tuoro ; et l'île Minore.

L'**île Polvese**★ est la plus grande des trois îles. Elle appartient à la province de Perugia, qui y a installé un centre de recherche dédié à la biodiversité. Une oliveraie expérimentale occupe près de la moitié de la surface. On y teste

LA BATAILLE DU LAGO TRASIMENO

Le 23 juin 217 av. J.-C., **Hannibal** anéantit l'armée du consul Flaminius non loin de l'endroit où se trouve aujourd'hui Tuoro sul Trasimeno. Les légions cheminaient en colonne le long du lac quand elles tombèrent dans l'embuscade tendue par le général carthaginois. L'attaque, brutale et décisive, figea les Romains, incapables de se déployer. Après quelques heures de combat, on dénombra la mort de 15 000 légionnaires, dont leur chef ; 10 000 autres furent faits prisonniers.

8

d'anciennes espèces d'olives nécessitant moins d'engrais, donc d'azote qui pollue les eaux. Un chemin, le plus souvent à couvert, fait le tour de l'île *(compter 50mn)* et réserve de belles vues sur Castiglione del Lago.

L'**île Maggiore**★ est la seule qui comporte des résidents, une trentaine. Saint François fit carême sur l'île en 1211. On y trouve l'église San Giuliano et le Castello Guglielmi du 14e s. La marquise du même nom créa en 1904 un atelier de dentelle à « points d'Irlande », dont la technique perdure. Deux autres églises sont visibles : Sant'Arcangelo, la gothique, et San Salvatore, la romane.

Rien à signaler sur l'**île Minore**, qui est la plus petite des trois îles. Elle n'est pas même desservie par le ferry.

★ Castiglione del Lago

50 km à l'ouest de Perugia. Une piste cyclable est aménagée autour du lac, sur la partie nord, de Castiglione del Lago à Torricella via Passignano (24 km). Le dépliant de l'itinéraire (Itinerario Ciclabile Percorribile) est disponible dans les offices de tourisme.

Castiglione del Lago est juchée sur un promontoire qui, au temps des Étrusques et des Romains, était une île. Longtemps disputée entre Florence et Perugia, la cité fut plusieurs fois détruite et reconstruite jusqu'à ce que l'empereur Frédéric II y fasse construire le « château du Lion » *(voir ci-après)*. La famille della Corgna, qui a obtenu la seigneurie de Trasimène au 16e s., lui donna l'aspect qu'on lui connaît aujourd'hui.

Le bourg médiéval est minuscule, parcouru seulement par deux rues parallèles. À un bout, la Porta Senese et la piazza Mazzini, à l'autre, la piazza Gramsci et le château trônant au-dessus du lac.

Palazzo della Corgna – *Piazza Gramsci 1 - 075 965 82 10 - juin-août : 9h30-19h30 ; reste de l'année : se renseigner - 5 €.* Édifié au 16e s. par Ascanio della Corgna, le palais présente des salles décorées de fresques par Niccolò Circignani, adepte du maniérisme. Le passage d'Hannibal est illustré notamment par la bataille du lago Trasimeno *(voir encadré p. 511)*. Plusieurs œuvres relatent la geste d'Ascanio, ici en duel, là devant le pape ; les autres s'inspirent de la mythologie.

Castello del Leone – *Voir palazzo della Corgna pour les informations pratiques.* De forme pentagonale, le « château du Lion » aux gracieux remparts crénelés fut construit au 13e s. par Frédéric II. Il est flanqué aux angles de quatre tours et d'un donjon triangulaire avoisinant les 30 m de haut. Où qu'on se tourne, la **vue** sur la campagne alentour est très belle. Le Castello del Leone aurait donné son nom à Castiglione.

★ Oasi Naturalistica « La Valle »

24 km à l'est de Castiglione del Lago, sur l'autre côté du lac. De Castiglione, s'arrêter devant la maison jaune à gauche de la route, avant une fourche Passignano-Magione. Via dell'Emissario - San Savino di Magione. 075 84 72 865 - www.oasinaturalisticalavalle.it - juin-sept. : 9h-13h, 16h-20h ; reste de l'année : tlj sf lun. 9h-13h, 15h-18h - 3 €.

Il s'agit d'une zone humide protégée, la plus propre du lac, où prospère une roseraie dans laquelle trouvent refuge quantité d'oiseaux et d'animaux.

Armé de jumelles, on peut tenter d'apercevoir hérons, aigrettes, martins-pêcheurs, et même des ragondins. Importés d'Amérique du Sud dans les années 1950 pour faire des manteaux de fourrure, ceux-ci ont proliféré dans le lac après que la pelleterie a périclité. Leur goût pour les nénuphars oblige la direction du parc à en protéger les derniers spécimens derrière des enclos.

Passignano sul Trasimeno.
M. Rellini/Sime/Photononstop

Passignano sul Trasimeno

20 km au nord-est de Castiglione del Lago.
C'est le Saint-Tropez du lac, avec hôtels et restaurants qui, l'été venu, attirent la foule. La route de la corniche est alors saturée, tout comme la promenade en bord de lac. Pour oublier la foule, montez au village médiéval de **Castel Rigone** (653 m). La vue est magnifique et les balades dans les bois, rafraîchissantes.

À proximité Carte de région p. 470

Panicale A2

15 km au sud-est de Castiglione del Lago.
Ce village médiéval domine les collines environnantes qui plongent en douceur jusqu'au lac. Le panorama est incomparable. Édifié du 13e au 14e s., le village a gardé son noyau historique. Son nom dérive du dieu Pan (*Panis Callis* ou « sentier de Pan »). Sur la piazza Umberto Ier, on peut admirer la fontaine réalisée en 1473 sur le modèle de la Fontana Maggiore de Perugia. L'**église San Sebastiano** (15e s.) recèle le *Martyre de saint Sébastien* peint par **le Pérugin** en 1505 : sur fond de lac, quatre archers exécutent comme une ronde légère autour du saint attaché à une colonne. Les flèches qu'ils lui décochent ne font pas couler de sang. Le **Teatro Cesare Caporali**, petit théâtre à balcon (154 places), fut construit au 18e s. puis réaménagé. L'ancienne église Sant'Agostino (1er s.) abrite le **Museo del Tulle Anita Belleschi Grifoni**, qui porte le nom d'une Panicalaise qui, au 20e s., redonna ses lettres de noblesse à la traditionnelle broderie à la main sur tulle. *Piazza Umberto I 19 - visites sur RV auprès de l'office du tourisme, piazza dell'ospedale di Panicale - ✆ 075 83 78 017.*

Città della Pieve A3

23 km au sud de Castiglione del Lago.
L'ancien *Castrum Plebis* fondé hypothétiquement vers les 7e-8e s., qui a la chaude couleur ocre de la terre ombrienne, a vu naître Pietro Vannucci,

devenu célèbre sous le nom du **Pérugin**. Il a laissé à la **cathédrale** de sa cité natale un *Baptême de Jésus* et une *Vierge entre les saints Pierre et Paul, Gervais et Protais*. L'**oratoire Santa Maria dei Bianchi** est doté, quant à lui, d'une élégante composition, *L'Adoration des Mages*, en harmonie avec la douceur des paysages ombriens, tandis que l'église Santa Maria dei Servi abrite une *Descente de croix*.

NOS ADRESSES PRÈS DU LAGO TRASIMENO

Carte de région p. 470.

ARRIVER/PARTIR

Accès en ferry aux îles – *Umbria Mobilità - SS Flaminia 127,7 km - ✆ 0759 637 637 - www.umbriamobilita.it.* Chaque ligne effectue une dizaine de traversées par jour. Compter 10mn de l'embarcadère le plus proche. Pour Polvese, départ de San Feliciano. Pour Maggiore, départ de Castiglione del Lago, Passignano et Tuoro. Les deux îles sont reliées entre elles. Liaisons directes entre Castiglione del Lago et Passignano.

HÉBERGEMENT

Castiglione del Lago A2

PREMIER PRIX

B&B Il Torrione – *Via delle Mura 4-8 - ✆ 075 95 32 36 - www.iltorrionetrasimeno.com - 5 ch. - 70/80 €.* À deux pas de la piazza Mazzini, charmant B&B dont les chambres sont dotées d'un coin cuisine. Le propriétaire a suspendu aux murs ses œuvres peintes. Le ravissant jardin, qui intègre une des tours des remparts, est l'endroit idéal pour se relaxer en contemplant le lac. Petit vin de bienvenue fort plaisant.

Passignano sul Trasimeno A2

BUDGET MOYEN

Del Pescatore – *Via San Bernardino 5 - ✆ 075 82 96 063 - www.delpescatore.com -* ✕. Six appartements dans le centre (disposés sur trois niveaux) et dotés de belles terrasses. Le restaurant de l'hôtel est réputé, notamment pour ses spécialités lacustres.

Relais la Fattoria – *Via Rigone 1, Castel Rigone, à 10 km à l'est de Passignano - ✆ 075 845 197 - www.relaislafattoria.com - 30 ch. - 90/130 €.* Dans le bourg médiéval de Castel Rigone, au-dessus de Passignano, l'imposante villa du 17e s. aux boiseries pleines de chaleur donne l'agréable sensation d'être châtelain pour un soir.

ACTIVITÉS

Strada dei Colli di Trasimeno– *www.stradadelvinotrasimeno.* Cinq itinéraires à thèmes permettent d'allier la gastronomie au patrimoine, grâce aux caves répertoriées. Une façon agréable de découvrir le trasimeno rosso DOC.

AGENDA

Palio delle Barche – *Passignano.* Tous les ans, le dernier dimanche de juillet, la ville revit le *Palio delle Barche*, un « triathlon » où les participants des quatre quartiers de la cité rament, courent à travers les rues, leur barque sur le dos, puis rament encore. La fête évoque le conflit du 15e s. entre les deux familles pérugines : les Baglioni et les Oddi.

Città di Castello

40 035 habitants

Tout au nord de l'Ombrie, la ville se situe un peu à l'écart de ses prestigieuses – et touristiques – voisines. Ceinte d'une imposante muraille derrière laquelle se tient un grand marché, Città di Castello est une ville très authentique, dotée d'un agréable centre historique de style Renaissance. Le célèbre artiste contemporain Alberto Burri y vit le jour et deux musées sont consacrés à son œuvre. Plus glamour, l'actrice Monica Bellucci est également native de la ville.

NOS ADRESSES PAGE 516
Hébergement, restauration, achats, activités, etc.

S'INFORMER
Office de tourisme – *Corso Cavour 5 - ✆ 075 85 54 922 - www.cittadicastelloturismo.it.*

SE REPÉRER
Carte de région A1 (p. 470).
À 53 km au nord-est de Perugia, Città di Castello est desservie par la E 3 Bis.

SE GARER
Parkings gratuits tout autour de la ville, à proximité des remparts. Au sud, via Nazario Sauro, le parking Ferri est relié au centre (piazza Matteotti) par un escalator.

À NE PAS MANQUER
La collection de l'artiste contemporain Alberto Burri.

ORGANISER SON TEMPS
Compter une petite journée pour visiter la ville.

Se promener

★★ Collezioni Burri
La collection réunit 257 œuvres réparties dans le **palais Albizzini** et dans l'**Ex Seccatoi del Tabacco**, les anciens séchoirs à tabac, près de la gare.

Palazzo Albizzini – *Via Albizzini 1 - ✆ 075 85 54 649 - www.fondazioneburri.org - 9h30-12h30, 14h30-18h30 ; dim. et j. fériés : 10h30-12h30, 14h30-18h30 - fermé lun. - 6 €, 8 € le billet combiné pour les deux collections*

Ex Seccatoi del Tabacco – *Via Francesco Pierucci - avr.-oct. : 9h30-12h30, 14h30-18h30, dim. 10h30-12h30, 14h30-18h30 ; reste de l'année : fermé lun., 25 déc. et 1er janv.*

Médecin militaire, **Alberto Burri** (1915-1995) est fait prisonnier en 1943 par les Alliés en Tunisie, puis envoyé dans un camp au Texas. C'est là qu'il commence à peindre. À son retour en 1946, il s'installe à Rome, où il ne tarde pas à exposer. Fasciné par la potentialité d'expression des matériaux, il expérimente le goudron, la moisissure et la toile de jute. Il fait figure de précurseur de l'**arte povera** en privilégiant des composants de basse extraction. Chez lui, la matière prend le pouvoir sur la couleur et la forme. Au début des années 1950, sa recherche aboutit à la série des sacs *(sacchi)*, très en vue dans les galeries américaines et européennes. À partir de 1957, il travaille à la flamme des feuilles de plastique *(combustioni)*, du bois *(legni)* et du fer *(ferri)*. Sa recherche l'amène à utiliser ensemble sciure et colle *(Cellotex)* et des résines dont le traitement au soleil fait apparaître des fissures *(cretti)*, comme la terre qui se craquelle sous l'effet de la sécheresse. Ces fissures illustrent le processus et la participation minimale de l'artiste.

D'un palais à l'autre

Le long d'un itinéraire est-ouest, la visite débute sur la piazza Garibaldi par le **palais Vitelli a Sant'Egidio**. Cet édifice construit au 16e s. est aujourd'hui le principal pôle d'expositions temporaires de la ville.

Non loin, au-delà du palais Albizzini, se dresse l'église **San Francesco**, dont la chapelle Vitelli a été conçue par Giorgio Vasari.

Sur la piazza Matteotti, le palais Vitelli all'Abbondanza côtoie le **palazzo del Podestà**, dont la façade côté place est de style baroque. Le long du corso Cavour, le palais est de style gothique, avec des fenêtres géminées.

★ Duomo

Piazza Gabriotti.

Dédiée aux saints Florido et Amanzio, la cathédrale d'origine romane (11es.) fut remaniée à plusieurs reprises entre le 14e et le 16e s. La façade inachevée date quant à elle du 17es. Le curieux **clocher cylindrique** est le seul vestige roman parvenu jusqu'à nous. À l'intérieur, remarquez le beau plafond à caissons de bois du 18e s.

Museo del Duomo – *Piazza Gabriotti 3/a - ✆ 075 855 47 05 - www.museoduomocdc.it - avr.-sept. : 10h-13h, 15h-18h ; reste de l'année : 10h-13h, 15h-17h30 - fermé lun. - 5 €.* Il s'illustre par une vaste collection d'art sacré, allant de l'ère paléochrétienne jusqu'au 19e s. Parmi les toiles les plus représentatives, on retient une *Madone et saint Jean enfant* du Pinturicchio. En poursuivant le long du corso Cavour, on atteint, sur la piazza Gabriotti, le **Palazzo comunale** (palais municipal), d'origine médiévale. En face s'élève la Torre Civica (Tour municipale) du 14e s.

Pinacoteca comunale

Via della Cannoniera - ✆ 0758 520 656 - www.cittadicastelloturismo.it - tlj sf lun. 10h-13h, 14h30-18h30 - 6 €.

Cette collection de grande valeur présente des artistes comme le Maestro di Città di Castello *(Vierge à l'Enfant sur un trône)*, Raphaël *(Étendard de la Sainte Trinité)* et Luca Signorelli *(Martyre de saint Sébastien)*.

NOS ADRESSES À CITTÀ DI CASTELLO

ARRIVER/PARTIR

En train – *Compagnie régionale Umbria Mobilità - www.umbriamobilità.it.* Train direct de Perugia (1h15).

En bus – *Compagnie Busitalia - www.busitalia.it.* Elle relie Città di Castello à Sansepolcro (30mn), Arezzo (1h30). Départs de la piazza Garibaldi.

VISITE

Un billet de musée plein tarif *(6 €)* donne droit à des réductions dans les autres musées.

HÉBERGEMENT

PREMIER PRIX

Le Mura – *Via Borgo Farinario 24 - ✆ 075 852 10 70 - www.hotellemura.it - 35 ch. - 70/90 €.* Adossé aux remparts à l'est de la ville, cet hôtel moderne dispose de chambres confortables.

Residenza Antica Canonica – *Via San Florido 23 - ✆ 075 852 32 98 - www.umbriaholidays.net - 9 ch. - 70/90 €.* Au cœur de la ville, une ancienne résidence de chanoines du 15e s. rénovée avec goût. Les appartements

(2 à 6 pers.) possèdent chacun une cuisine équipée et un salon. Parfait pour se détendre.

BUDGET MOYEN

Tiferno – *Piazza R. Sanzio 13 - ✆ 075 855 03 31 - www.hoteltiferno.it - 47 ch. - 120/140 €.* Fondé en 1895 dans un palais du 17e s. à côté de l'église San Francesco, l'hôtel, très élégant, rend hommage à Alberto Burri en exposant une petite collection de ses toiles.

RESTAURATION

BUDGET MOYEN

Trattoria Lea – *Via San Florido 38 - ✆ 075 852 16 78 - www.trattorialea.com - fermé lun. - 25/30 €.* À quelques pas du Duomo et du corso Cavour, cette adresse authentique propose les spécialités du terroir : champignons, truffes et gibier. Bonne carte des vins.

ACTIVITÉS

Thermalisme – *Terme di Fontecchio, à 3,5 km de Città di Castello - ✆ 075 862 851- www.termedifontecchio.it.* Luxe, calme et volupté au pied de collines boisées où glougloute l'eau des thermes de Fontecchio, connus depuis l'Antiquité. L'hôtel dispose de chambres confortables.

Truffe – *Tartufi Bianconi, Santo Stefano del Piano 21 - Badiali - ✆ 075 85 11 591 - www.tartufibianconi.it.* Le jeudi après-midi sur réservation, la société organise tout un programme autour de la truffe : recherche avec chien, visite d'un laboratoire, présentation de recettes, dégustation.

AGENDA

Mostra del Tartufo – *✆ 075 86 29 01 - www.iltartufobianco.it - 2e semaine de novembre.* Présentation de la truffe blanche que l'on trouve en abondance dans la vallée entre septembre et décembre.

Festival delle Nazioni – *✆ 075 852 28 23 - www.festivalnazioni.com - dernière semaine d'août.* Festival international de musique de chambre, parmi les plus importants d'Europe.

Mostra Nazionale del Cavallo – *✆ 075 855 9660 - www.mostradelcavallo.com - 2e w.-end de septembre.* Événements équestres parmi les plus importants d'Italie.

Gubbio

★★

32 402 habitants

Cette cité a conservé presque intacts les témoignages de son passé. Le plan de la ville fortifiée, les tons de gris de ses élégants bâtiments surmontés de tuiles romaines, la silhouette aérienne de ses tours et de ses palais se détachant sur les pentes du mont Ingino font de Gubbio l'une des villes d'Ombrie évoquant le mieux l'atmosphère médiévale.

NOS ADRESSES PAGE 522
Hébergement, restauration, achats, activités, etc.

S'INFORMER
Office de tourisme – *Via della Repubblica 15 - ✆ 075 922 06 93 - www.gubbio-altochiascio.regioneumbria.eu.*

SE REPÉRER
Carte de région B2 (p. 470) - plan de ville (p. 520). Gubbio se trouve le long de la S 298, à une quarantaine de kilomètres de Perugia.

À NE PAS MANQUER
Une promenade dans les ruelles, le palazzo dei Consoli et les Tavole eugubine du Museo comunale.

ORGANISER SON TEMPS
Compter une journée.

AVEC LES ENFANTS
L'arbre de Noël du mont Ingino est un spectacle à ne pas manquer !

Se promener Plan de ville p. 520

★★ LA VIEILLE VILLE

Au départ de la piazza Grande, circuit tracé en vert sur le plan. Compter 3h.
Gubbio séduit par le charme austère de ses ruelles escarpées – parfois en escalier – qu'enjambent ici et là, au-dessus de la chaussée, de petits ponts aménagés en pièces d'habitation. Le long de ces rues, dominées par des palais et des tours nobles, se pressent des maisons qu'occupent souvent des boutiques d'artisans céramistes. Les façades, où la brique se mêle à la pierre de taille et au blocage, sont parfois percées d'une seconde porte, plus étroite que la principale, dite « porte du Mort » et par laquelle on sortait les cercueils.

Piazza Grande (ou piazza della Signoria) B1
Elle offre une **vue★★** splendide sur les toits et les collines environnantes. Sur la place se trouve le **palazzo del Podestà** et autour s'étendent également des rues pittoresques comme la **via Piccardi**, la **via Baldassini**, la **via dei Consoli**, la **via XX Settembre** et la **via Galeotti**.

★★ Palazzo dei Consoli A1
Piazza Grande - ✆ 075 92 74 298 - avr.-oct. : 10h-13h, 15h-18h ; nov.-mars : 10h-13h, 14h-17h - fermé 13-15 mai - 5 €.
Dominant la piazza della Signoria, le palais des Consuls est un imposant édifice gothique ; il présente une **façade★★** majestueuse dont le dessin livre l'organisation interne du palais. En haut de l'escalier s'ouvre l'immense *Salone* où se tenaient les assemblées du peuple (collections statuaire et lapidaire) ; sur

La spectaculaire course des Cierges.
M. Rellini/Sime/Photononstop

le côté, le **Museo comunale** conserve une importante collection de céramiques anciennes régionales, et surtout les « **Tavole eugubine** »★★, tables de bronze gravées et écrites en ombrien antique (2e-1er s. av. J.-C.). Ce sont là des documents de grande importance, consignant l'organisation politique et certaines pratiques religieuses de la région pendant l'Antiquité.
Prendre sur votre droite la via XX Settembre, puis tourner ensuite à gauche dans la via Ducale.

UNE CITÉ DE CARACTÈRE

L'occupation du site par les Ombriens est attestée dès l'âge du bronze. Cité romaine au 1er s. av. J.-C., elle sera détruite lors des invasions barbares du 5e s. et passera dans l'Empire byzantin puis aux mains des Lombards. Devenue commune libre grâce à la volonté de personnages comme **Ubaldo Baldassini** (évêque du 12e s. et saint patron de la ville), Gubbio se fait farouchement gibeline (partisane de l'empereur, *voir p. 60*). Aux 11e et 12e s., la cité connaît une forte expansion, avant de passer sous la dépendance des Montefeltro d'Urbino au 15e s., puis celle des Della Rovere de Pesaro, et enfin sous la domination papale (1624). Depuis le Moyen Âge, Gubbio s'est spécialisée dans la céramique, et c'est dans cette ville que Mastro Giorgio inventa, au début du 16e s., le fameux « lustre rouge » à reflets métalliques, dont le secret fut vainement cherché par les cités voisines.

La ville est également connue pour son loup : au temps de **saint François**, cette bête sauvage dévastait la contrée. Le « Poverello », qui demeurait alors à Gubbio, partit à sa rencontre pour lui reprocher ses méfaits. Saisi de repentir, le loup mit sa patte dans la main de saint François et jura de ne plus faire de mal à quiconque. À la suite de quoi « frère loup » (également symbole de la lutte de François contre la corruption) fut adopté et nourri par la population jusqu'à la fin de ses jours.

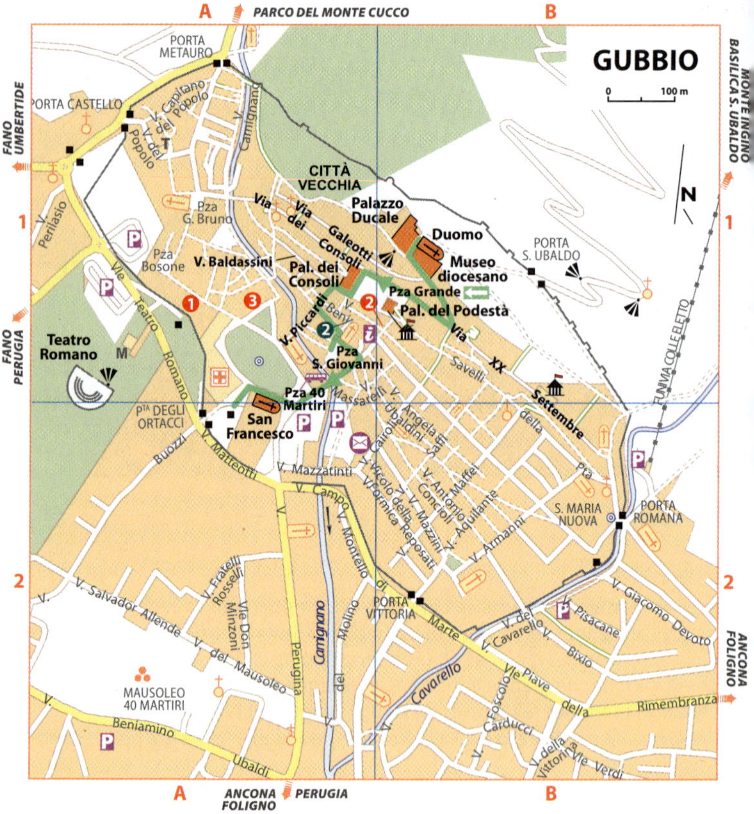

SE LOGER		SE RESTAURER	
Gattapone	2	All'Antico Frantoio	1
		Fabiani	3
		Taverna del Lupo	2

★ Palazzo Ducale B1

Via Montefeltro - ✆ 075 92 75 872 - tlj sf lun. 8h30-19h30 - 5 €.

Érigé au sommet de la ville après 1470 à la demande de Federico da Montefeltro, le Palais ducal est attribué à Laurana, même s'il fut probablement achevé par Francesco di Giorgio Martini, architecte siennois. On peut y voir une élégante cour, des salles ornées de fresques et de belles cheminées, ainsi qu'une copie fidèle du *Studiolo* du duc de Montefeltro, chef-d'œuvre de marqueterie Renaissance (l'original est conservé au Metropolitan Museum de New York). Les fondations se visitent et révèlent quelques passages secrets, un morceau de rue et deux anciennes citernes du 10e s.

Duomo B1

Juste en face du Palais ducal, il élève sa sobre façade ornée de bas-reliefs où sont représentés les symboles des évangélistes au sommet de la ville. L'intérieur est doté d'une seule nef austère. À droite s'ouvre la **chapelle épiscopale**, luxueux salon décoré au 17e s., d'où l'évêque assistait aux offices.

Museo Diocesano B1

Via Montefeltro - ✆ 075 92 20 904 - www.museogubbio.it - juin-sept. : tlj sf lun. 10h30-18h ; reste de l'année : jeu.-dim. 10h30-17h - 5 €.
Au rez-de-chaussée, la première section présente le cycle assez étonnant de fresques de Giacomo di Benedetto di Beda (seconde moitié du 15ᵉ s.) avec ses figures rubicondes et populaires. Un peu plus loin, la *Botte dei Canonici* est l'ancien tonneau des chanoines. Construit au 15ᵉ s., sa contenance est de quelque 20 000 litres. Une seconde section rassemble de belles **céramiques grecques★** à figure noire du 6ᵉ s. av. J.-C. Enfin, une collection de **petits-maîtres ombriens★** des 14ᵉ-16ᵉ s., dont Mello da Gubbio et Taddeo di Bartolo.

Piazza 40 Martiri A1-2

En suivant la via della Repubblica, on rejoint la **piazza San Giovanni,** d'où la perspective sur la construction en étages de la ville est étonnante. Sur la **piazza 40 Martiri** s'élève la Loggia dei Tiratori, bel édifice en arcades du 17ᵉ s., siège de la corporation des tisserands. À l'ouest de la place s'étend le joli quartier médiéval de San Martino, qui suit les bords du torrent Camignano.

San Francesco A1-2

Majestueuse église qui clôt le côté méridional de la piazza 40 Martiri. Édifiée en 1255 en même temps que le couvent franciscain annexe, sa façade élégante et austère affiche un beau portail gothique surmonté par une petite rosace. À l'intérieur, remarquer dans l'abside droite la **chapelle St-François**, qui conserve les restes de l'habitation des Spadalonga, la famille qui, selon la tradition, aurait recueilli et vêtu saint François fuyant la maison paternelle. À gauche, l'abside comporte de belles **fresques★** d'Ottaviano Nelli (début 15ᵉ s.).

À voir aussi

Teatro Romano A1

Viale Teatro Romano - Avr.-sept. : 8h30-19h30 ; reste de l'année : 8h30-17h30.
En dehors des remparts, le théâtre, bien conservé, accueillait 6 000 spectateurs. Daté de l'époque d'Auguste, il a été restauré à plusieurs reprises aux 19ᵉ et 20ᵉ s.

Monte Ingino Hors plan B1

Via San Girolamo - Accès au site à pied, en voiture ou en téléphérique (6mn).
À 803 m d'altitude, le **point de vue★** sur les contreforts des Apennins est imprenable. Au sommet, la **basilique Sant'Ubaldo** veille sur Gubbio. C'est ici que sont conservés les cierges portés en procession le jour de la Corsa dei Ceri (*voir « Agenda » p. 522*). Chaque année, le plus grand **arbre de Noël** au monde est installé sur les coteaux du mont : 450 m de haut et quelque 850 lumières !

À proximité Carte de région p. 470

★ Monte Cucco B1

30 km à l'est de Gubbio.
Villa Anita - via G. Matteotti 52 - Sigillo - ✆ 075 917 73 26 - www.discovermontecucco.it - cartes des sentiers au bureau du parc de Sigillo et à l'OT de Gubbio.
Le point le plus élevé de ce parc de 10 480 ha est le mont Cucco, qui culmine à 1 566 m. Il est surtout connu pour ses innombrables grottes faisant le bonheur des spéléologues. Pour randonner à pied ou à VTT, suivez les sentiers balisés et, avec un peu de chance, vous pourrez observer aigles royaux, chats sauvages ou loutres…

NOS ADRESSES À GUBBIO

Plan de ville p. 520

HÉBERGEMENT

BUDGET MOYEN

Gattapone – A1 - *Via Beni 11 - ✆ 075 927 248 9 - www.hotelgattapone.net - 16 ch. - 70/110 €.* Charmant petit hôtel adossé à l'église San Giovanni, au pied de la vieille ville. Tentures, natures mortes, moquette moelleuse et meubles cirés.

À proximité

POUR SE FAIRE PLAISIR

Agriturismo Castello di Petroia – *Loc. Petroia, 14 km au sud de Gubbio - ✆ 075 92 72 87 - www.petroia.it - ✕ - 13 ch. - 130/170 €.* Ce château médiéval de fière allure vit naître, en 1422, le célèbre duc d'Urbino, Federico di Montefeltro. Les chambres ont une décoration stylée et le restaurant sert une cuisine locale. Service impeccable.

RESTAURATION

PREMIER PRIX

All'Antico Frantoio – A1 - *Via Cavour 18 - ✆ 075 922 17 80 - www.allanticofrantoio.it - fermé lun. - 15/25 €.* La vaste salle voûtée de cet ancien pressoir est souvent pleine. Spécialités du lieu : *risotto ai funghi* (champignons) et pizza à la truffe blanche.

BUDGET MOYEN

Fabiani – A1 - *Piazza 40 Martiri 26 - ✆ 075 92 74 639 - www.ristorantefabiani.it - fermé mar. - 25/40 €.* Élégant restaurant abrité dans un palais du 15e s. dont il a su conserver le style et l'atmosphère. Vous pourrez y déguster les spécialités régionales tout en profitant, durant la belle saison, de la jolie cour intérieure.

POUR SE FAIRE PLAISIR

Taverna del Lupo – B1 - *Via G. Ansidei 21 - ✆ 075 92 77 43 68 - www.tavernadellupo.it. - 45/60 €.* Un très bon restaurant où tout se déroule dans les règles de l'art : une enfilade de salles voûtées et bien appareillées, une équipe aux petits soins, et les meilleurs produits de saison dans l'assiette. Mention spéciale pour les viandes et les plats aux truffes.

ACHATS

Tartufi di Gubbio – *Via dei Consoli 27 - A1 - ✆ 075 922 11 46- www.tartufidigubbio.it.* L'une des meilleures adresses en ville pour faire ses emplettes de truffes fraîches et en conserve.

AGENDA

Corsa dei Ceri – Gubbio a ses fêtes traditionnelles, dont la spectaculaire course des Cierges le 15 mai : trois *ceri* (curieuses pièces de bois hautes de 4 m, surmontées de la statue d'un saint et pesant près de 400 kg) sont portées au milieu de la foule dans une course effrénée de 5 km, depuis le centre historique jusqu'à la basilique Sant'Ubaldo. Les porteurs, revêtus de costumes anciens, doivent veiller à ne pas faire tomber leur « cierge » et laisser saint Ubald, patron de la ville, entrer le premier dans la basilique.

Palio della Balestra – Le dernier dimanche de mai, un concours de tir à l'arbalète oppose les archers de Gubbio et de Sansepolcro (Toscane). La revanche se tient à Sansepolcro *(2e dim. de sept.)*. Cette joute remonte à la fin du 15e s. et donne lieu à de nombreuses réjouissances en costume.

Palazzo del Popolo et palazzo del Capitano à Todi *(voir p. 502)*.
P. Canali/Sime/Photononstop

Marches 9

Carte Michelin Regional Italie 563 –
Provinces d'Ancona, Pesaro et Urbino, Macerata, Fermo et Ascoli Piceno.

La plage de Sirolo, protégée par le monte Conero.
M. Rellini/Sime/Photononstop

MARCHES

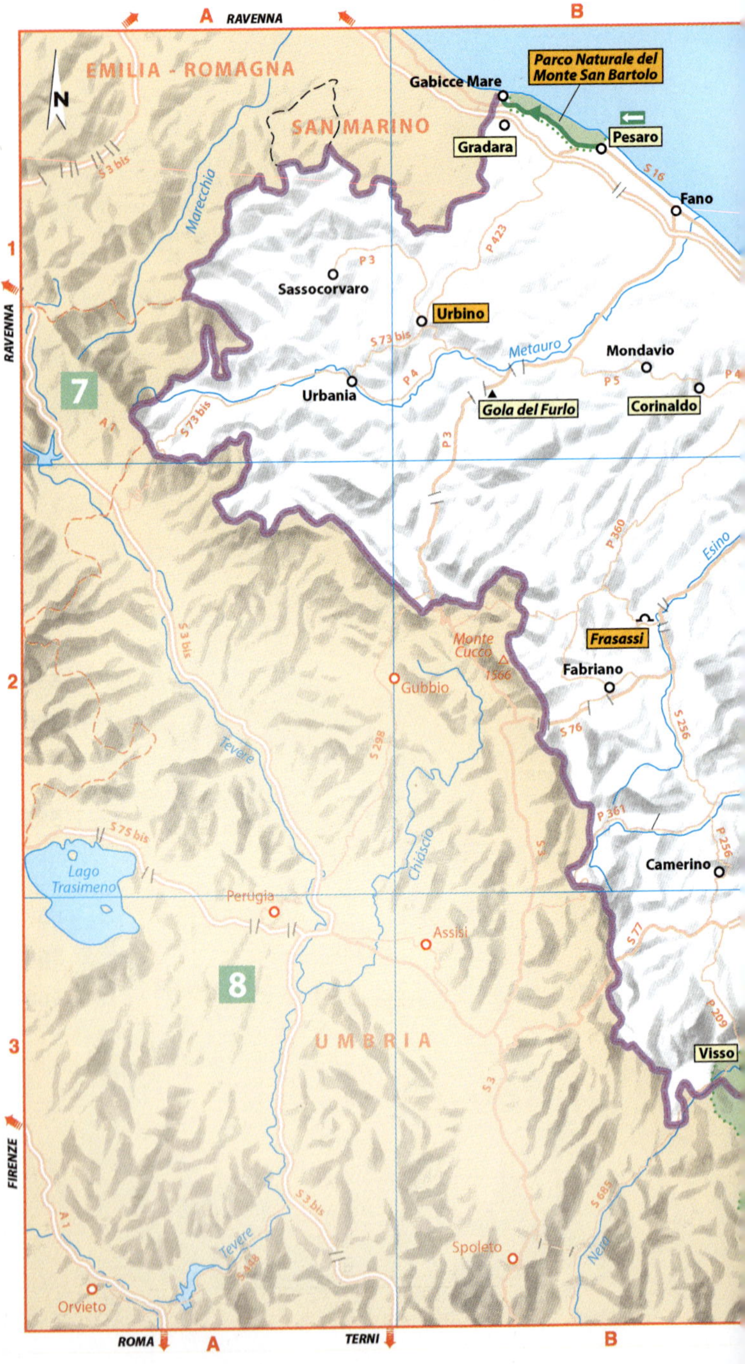
A
RAVENNA
B
EMILIA - ROMAGNA
SAN MARINO
Gabicce Mare
Parco Naturale del Monte San Bartolo
Gradara
Pesaro
S 16
Fano
S 3 bis
Marecchia
P 423
P 3
Sassocorvaro
Urbino
S 73 bis
Metauro
Mondavio
P 4
P 5
Urbania
Gola del Furlo
Corinaldo
7
A 1
S 73 bis
P 3
RAVENNA
1
P 360
Esino
Frasassi
Monte Cucco
1566
Fabriano
Gubbio
2
S 3 bis
Tevere
S 298
S 76
S 256
P 361
S 75 bis
Lago Trasimeno
Chiascio
S 3
P 256
Camerino
Perugia
Assisi
S 77
8
UMBRIA
P 209
3
Visso
S 3
FIRENZE
S 3 bis
S 685
A 1
Tevere
S 448
Spoleto
Nera
Orvieto
ROMA
A
TERNI
B

MARCHES
0
20 km
Urbino
★★ Mérite un détour
Ancona
★ Intéressant
Senigallia
À voir
Ville de départ du circuit
De Pesaro à Gabicce Mare par le Parco Naturale Monte San Bartolo
C
D
1
2
3
MARE
ADRIATICO
Senigallia
Ancona
Portonovo
Riviera del Conero
Monte Conero
Offagna
Jesi
Sirolo
Numana
Osimo
Santuario della Santa Casa
Loreto
Recanati
Montecassiano
Montecosaro
Treia
Macerata
S. Maria a piè di Chienti
Potenza
. Severino Marche
Monte S. Giusto
Abbadia di Fiastra
Urbisaglia
Basilica di San Nicola
Fermo
Torre di Palme
San Ginesio
Montefiore dell' Aso
Sarnano
Grottammare
Ripatransone
Parco Nazionale dei Monti Sibillini
Ascoli Piceno
Tronto
Monte Vettore
2476
Arquata del Tronto
Parco Nazionale del Gran Sasso e Monti della Laga
ABRUZZO
P 360
A 14
18
S 16
S 76
P 361
P 571
S 77
P 30
P 219
P 78
P 239
S 16
P 23
A 14
P 237
S 4
C
L'AQUILA
PESCARA
D

Ancona

Ancône

★

101 500 habitants

La capitale des Marches vit depuis 2 000 ans au rythme de son port commercial, animé par le va-et-vient incessant des ferries transportant marchandises et voyageurs (1,5 million de passagers chaque année) à destination de la Croatie et de la Grèce. Mais des rues étroites du centre ancien, qui conservent précieusement des traces remarquables d'un passé très riche, aux quartiers modernes, la ville offre d'autres visages qu'il faut prendre le temps d'explorer. À quelques kilomètres au sud, la Riviera del Conero est l'une des côtes les plus belles et les plus spectaculaires de l'Adriatique, incontournable !

NOS ADRESSES PAGE 537
Hébergement, restauration, achats, activités, etc.

S'INFORMER

Office de tourisme – *Via della Loggia 50 - ✆ 071 35 89 91 - www.comune.ancona.it/turismo/it.*

SE REPÉRER

Carte de région C1 (p. 526) - plan de ville (p. 530). Ancône se trouve sur la côte Adriatique, à mi-chemin entre Pesaro et Grottammare. Le centre est divisé entre l'ancienne acropole, où se dresse la cathédrale, le centre Renaissance autour de la piazza del Plebiscito et la partie du 19e s. axée sur le viale della Vittoria. Un ascenseur (*gratuit*) relie le port à la piazza Stracca (via Ferretti).

SE GARER

Plusieurs parkings en centre-ville, sur le port et le corso Stamira. Le parking couvert Degli Archi *(via Mamiani, 2 km au sud du centre)* coûte 2 € pour la journée et offre aussi le billet AR en bus pour le centre.

À NE PAS MANQUER

La cathédrale et la piazza del Plebiscito, la riviera du Conero, le sanctuaire de Loreto.

ORGANISER SON TEMPS

Prévoir une journée.

AVEC LES ENFANTS

Le Museo Tattile Omero

Ancona.
Franceschetti Andrea/Sime/Photononstop

Se promener Plan de ville p. 530

Itinéraire tracé en vert sur le plan de ville p. 530. Départ piazza del Duomo.
La visite débute par la **piazza del Duomo**, d'où l'on jouit d'une **vue★★** magnifique sur la mer et la colline du Cardeto (102 m).
On peut monter à pied par l'escalier de la piazza del Senato ou bien en voiture (parking payant sur la place).

★★ Duomo di San Ciriaco AB1

8h-12h, 15h-18h.
Construite au sommet de la colline du Guasco, en position dominante au-dessus du port, cette église est le symbole de la ville. Elle s'élève à l'emplacement d'un temple grec dédié à Vénus Euplea, protectrice des gens de la mer (4e s. av. J.-C.), dont quelques vestiges sont conservés à l'intérieur de la cathédrale. Placée sous le vocable de saint Cyriaque, martyr au 4e s. et patron de la cité, la cathédrale a été édifiée en style roman alliant des éléments architecturaux byzantins (plan en croix grecque) et lombards (bandes et arcatures des murs extérieurs). La façade est précédée d'un majestueux **porche★★** gothique en pierres roses reposant sur des lions.
À l'intérieur, scandé par des colonnes monolithes de marbre à chapiteaux romano-byzantins, le magnifique **plafond** en bois peint date du 15e s. En passant sous la coupole, remarquer l'habileté du passage du carré au tambour supportant la calotte dodécagonale. L'autel de la chapelle de gauche est une œuvre de Vanvitelli (1738). La crypte, qui conserve les traces de la basilique des 5e-6e s. dédiée à San Lorenzo, renferme le tombeau de saint Cyriaque.
Le sévère campanile du 14e s. se trouvant à quelques pas est tout ce qui subsiste d'une ancienne fortification.

Museo Diocesano A1

Palazzo dell'Episcopio, piazza del Duomo 9 - ✆ 071 99 43 500 - www.museodiocesanoancona.it - w.-end 10h-12h30, 15h-18h (16h-19h en été)- gratuit.
Le palais de l'Episcopio (15e s.), résidence des archevêques jusqu'à la fin du 18e s., accueille une collection d'œuvres remarquables, parmi lesquelles le reliquaire de saint Étienne (15e s.), un précieux tissu retrouvé dans le tombeau de saint Cyriaque (10e s.), un sarcophage romain du 4e s. richement décoré et des tapisseries flamandes du 17e s.
En empruntant la via del Guasco et la via Pio VII pour rejoindre la partie basse de la ville, on passe à côté des vestiges de l'**amphithéâtre** romain (1er s.), en partie englobé dans l'église San Gregorio.

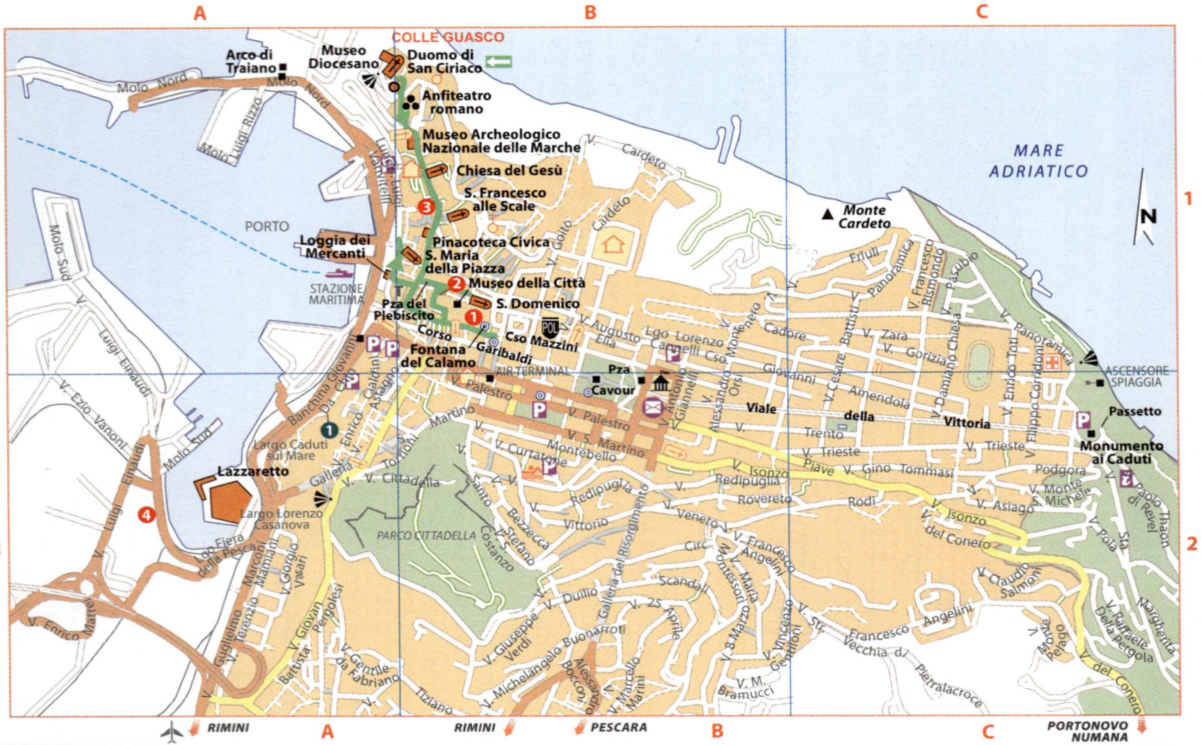

ANCONA

0 — 198 m

SE LOGER

Seeport Ancona 1

SE RESTAURER

Chiosco Da Morena 1

DegOsteria 3

La Moretta 2

Mandracchio 4

DE L'EMPIRE ROMAIN À L'ÉMANCIPATION PAPALE

Ancône est bâtie sur un promontoire en forme de coude (en grec *ankon*), qui lui a donné son nom et qui protège un port naturel. Elle est fondée au 4e s. av. J.-C. par des colons grecs venus de Syracuse (Sicile), mais des travaux archéologiques récents ont retrouvé les traces d'une occupation antérieure datant de l'âge du fer. Passée sous domination romaine au 3e s. av. J.-C., son port se développe sous le règne de l'empereur **Trajan** (98-117) qui en fait une base stratégique pour ses campagnes de Dacie et d'Orient. Détruite par les sarrasins en 839, la ville devient une commune libre au 12e s. et multiplie ses activités commerciales avec l'Orient. Elle vit une période particulièrement prospère jusqu'à la fin du 16e s. En 1732, le pape **Clément XII** la déclare port franc lui donnant une nouvelle impulsion économique et artistique, grâce aux projets de modernisation de la ville confiés à **Luigi Vanvitelli** (1700-1773). Intégrée au royaume d'Italie en 1860, Ancône subit d'importants bombardements pendant les deux guerres mondiales, qui détruisent une bonne partie de la ville ancienne, destructions auxquelles se sont ajoutées des secousses sismiques en 1972 et en 1982. Aujourd'hui, la capitale des Marches continue à se développer grâce aux activités de son port, l'un des plus dynamiques de l'Italie, surtout pour le trafic des passagers.

On atteint ensuite la **piazza del Senato**, qui occupe l'emplacement de l'ancien forum et qui est bordée par deux palais anciens, le **palais Arcivescovile** et le **palais del Senato**, dont la façade du 13e s. s'orne de fenêtres géminées.
Continuer sur la via Ferretti, qui prolonge la piazza del Senato.

★ Museo archeologico nazionale delle Marche B1

Via Ferretti 6 - ✆ 071 20 26 02 - www.archeomarche.beniculturali.it - 8h30-19h30 - fermé lun. - 4 €.

Aménagé dans le remarquable **palais Ferretti** (16e s.) – œuvre du peintre-architecte Pellegrino Tibaldi, qui conserve des fresques de cet artiste et de Federico Zuccari –, il abrite d'intéressantes collections évoquant les différentes civilisations ayant peuplé la région du paléolithique à la période hellénistique *(les sections romaine et médiévale sont en cours d'installation)*. Une attention particulière est donnée à la civilisation picène. L'exceptionnel ensemble de grands **bronzes romains de Cartoceto** est une copie, l'original étant désormais exposé au musée de Pergola *(à 23 km au sud-ouest de Corinaldo - voir p. 552)*.
Au bout de la via Ferretti, sur la piazza Stracca, se dresse le **palais degli Anziani** (13e s., remanié au 16e s.), qu'occupe la mairie et, en face, l'**église del Gesù** *(ouv. w.-end)*, réalisée par Vanvitelli en 1743.
Suivre la via Pizzecolli.

San Francesco alle Scale B1

Via Pizzecolli.

Cette église élevée au 14e s. possède un splendide **portail★** gothique vénitien, chef-d'œuvre du Dalmate Giorgio Orsini. À l'intérieur, belle *Assomption* de **Lorenzo Lotto** (1550).

★ Pinacoteca civica Francesco Podesti B1

Palazzo Bosdari - entrée au niveau du vicolo Foschi et de la via Pizzecolli 1 - ✆ 071 22 25 041 - www.anconacultura.it - actuellement fermé pour travaux de réaménagement (date de réouverture non définie).

Installée dans le palais Bosdari (16e s.), la pinacothèque est dédiée à Francesco Podesti, l'un des représentants majeurs de la peinture romantique italienne, né à Ancône en 1800. Elle expose, selon un critère thématique, des œuvres d'art du 15e au 20e s., parmi lesquelles se distinguent la *Vierge à l'Enfant* de Carlo Crivelli (1430-1494), la *Conversation sacrée* de Lorenzo Lotto (1480-1557), la « Pala Gozzi » du Titien (1488-1576) – des dessins attribués au peintre sont visibles sur l'arrière du tableau –, *L'Immaculée Conception* et la *Santa Palazia* du Guerchin (1591-1666).
Un nouvel espace accueille le grand tableau historique *Giuramento degli Anconetani* de Francesco Podesti (1844), accompagné par la moderne sculpture en acier *Stato d'Assedio* de Valeriano Trubbiani (1972).
La via Pizzecolli conduit à la piazza del Plebiscito.

★ Piazza del Plebiscito B1

Cette belle place, également appelée « place du Pape », est l'une des places les plus anciennes de la ville d'Ancône. Elle regroupe le palais del Governo (14e s., siège de la préfecture), le palais Mengoni Ferretti (16e s.) et l'**église San Domenico** (18e s.), devancée d'une imposante **statue de Clément XII**, érigée en 1738 en remerciement du statut accordé à la ville (*voir encadré p. 531*) et abritant deux toiles remarquables : une *Crucifixion* du Titien et une *Annonciation* du Guerchin.
Dans l'ancien hôpital de saint Thomas de Canterbury *(entrée à droite de la statue)* se trouve le **Museo della Città** (musée de la Ville), qui retrace à l'aide d'une scénographie dynamique les grandes étapes du développement de la cité. *✆ 071 22 25 037 - www.musan.it - mar.-jeu. 10h-13h (en été 17h-20h), vend.-dim. 10h-13h, 16h-19h - fermé lun. - 4 €.*
Les rues parallèles à la place, **corso Mazzini** et **corso Garibaldi**, sont les artères commerçantes de la ville. Sur le corso Mazzini se trouve la **fontaine du Calamo** (B1), dite « aux 13 cannelles », de style maniériste.
De la place, du côté opposé à l'église San Domenico, la via degli Aranci ou la via Bonda conduisent à la via della Loggia.

★ Loggia dei Mercanti A1

Via della Loggia.
Édifiée au 15e s., la loge des Marchands présente une belle façade en brique de style gothique vénitien, œuvre de Giorgio Orsini, qui représente les vertus du marchand (Espérance, Force, Justice et Charité).
Continuer sur la via della Loggia.

★ Santa Maria della Piazza B1

Piazza Santa Maria - ✆ 071 20 48 93.
Cette petite église romane du 10e s. à la charmante **façade★★** (1210), ornée de marbres d'origine romaine, s'élève sur les vestiges de deux sanctuaires primitifs des 4e et 6e s., conservant des pavements à mosaïques.

À voir aussi

★ Arco di Traiano A1

Sur le Molo Nord du port. Cet élégant arc de triomphe (110-115), attribué au grand architecte Apollodore de Damas, honore l'empereur romain Trajan, qui fit construire le port et qui, comme l'illustre la colonne Trajane de Rome, embarqua à Ancône pour ses campagnes dans la province de Dacie.

La Riviera del Conero.
T. di Girolamo/age fotostock

Mole Vanvitelliana (Lazzaretto) A2

Banchina Giovanni da Chio 28 - Molo Sud du port - ✆ 071 22 25 019 - www.amolamole.it.

Ce grand bâtiment de forme pentagonale, dessiné par Luigi Vanvitelli (18e s.), a été successivement lazaret (lieu de contrôle sanitaire), hôpital, caserne, douane et entrepôt de tabac. Restauré, c'est aujourd'hui un lieu majeur d'expositions et d'événements culturels d'Ancône, mais également le siège de l'intéressant **Museo Tattile Omero** (Musée tactile Omero) qui propose un voyage dans l'histoire de l'art pensé pour les aveugles, mais surtout pour les enfants. *✆ 071 28 11 935 - www.museoomero.it*

Passetto C2

Pour vous mettre dans l'ambiance de la ville telle qu'elle était au 19e s., prenez le temps de parcourir le **viale della Vittoria**, large avenue bordée d'immeubles cossus et de villas. Débutant **piazza Cavour**, elle mène au **Monumento ai Caduti**, petit temple dorique réalisé en 1933 et dédié aux soldats morts lors de la Première Guerre mondiale.

De là, un escalier (ou un ascenseur) descend au **Passetto**, petite plage charmante au pied d'une falaise dans laquelle les pêcheurs ont creusé des grottes, remises à bateau aux portes colorées.

À proximité Carte de région p. 526

★★ Riviera del Conero CD1-2

12 km au sud-est d'Ancona.

Le **massif du Conero** (C2 - 572 m) interrompt brusquement la suite de plages de sable caractéristiques de cette région dont plusieurs communes ont reçu le label Pavillon Bleu. Sa masse rocheuse forme des petites criques protégées par des falaises escarpées, que l'on n'atteint souvent qu'en bateau ou par des petits sentiers ; c'est le cas de la merveilleuse **plage delle Due Sorelle★**

UN VOL D'ANGES DE NAZARETH À LORETTE

Selon la tradition, la Santa Casa, la « maison de Marie », fut miraculeusement apportée de Nazareth par les anges, et déposée, après plusieurs étapes, dans un bois de lauriers qui aurait donné son nom à la bourgade de « Loreto ». En fait, en 1294, les trois murs de la maison de la Vierge (le 4e étant constitué par la grotte vénérée dans la basilique de l'Annonciation à Nazareth) furent en effet transférés de Dalmatie, où ils se trouvaient depuis 1291, par la famille Ange, qui régnait alors sur l'Épire, et remontés à Lorette. Les analyses menées sur les fondations de la Santa Casa ont confirmé qu'il ne s'agissait pas d'un type de pierre locale mais bien originaire du Moyen-Orient.

(informations sur les traversées en bateau depuis Numana et Sirolo : ✆ 071 93 31 795 - www.traghettatoridelconero.it).
Portonovo★ (C1), l'un des sites les plus pittoresques, conserve une tour du 18e s. et une petite forteresse napoléonienne datée de 1808 (aujourd'hui transformée en hôtel). Un chemin privé *(10mn)* conduit à travers bois à la charmante **église Santa Maria★**, bâtie au 11e s. sur un plan inspiré des églises normandes. *✆ 075 50 09 658 - en été : merc.-dim. 17h-20h, reste de l'année : dim. 10h30-12h30*
La route panoramique qui longe la côte vers le sud sur une vingtaine de kilomètres traverse quelques villages charmants tels que **Sirolo** (C2), qui du haut de ses 125 m offre des **vues★** magnifiques sur la côte et accueille le centre de visite du **parc naturel du Mont Conero** *(via Peschiera 30/A - ✆ 071 93 31 879 - www.parcodelconero.org - fermé apr.-midi hors saison)*, et **Numana** (C2).

Osimo C2

20 km au sud d'Ancona en suivant la S 16 et la SP 361.
Joli bourg perché, Osimo est entouré par une enceinte d'origine romaine mais sa fondation, plus ancienne, remonte aux Grecs du 7e-6e s. av. J.-C.
Le **duomo★** *(8h-12h30, 15h30-19h)* est un remarquable édifice de style roman, qui présente une imposante façade dont la partie la plus ancienne est celle de gauche, composée d'une rosace entourée par des animaux. À l'intérieur, la crypte du 12e s. accueille des **sarcophages romains★** du 4e-6e s., réutilisés pour les restes de saints chrétiens. En passant devant le **Palazzo comunale**, jetez un coup d'œil au **lapidarium** pour admirer les 12 statues romaines (1er s. av. J.-C.-2e s.), mystérieusement acéphales, retrouvées sur place. *Piazza del Comune - 8h-14h - fermé dim. - gratuit.*
Une expérience à ne pas manquer à Osimo : la promenade souterraine dans les **grottes** creusées par les Picéniens sous les fondations de la ville. *Visites guidées, rens. au ✆ 071 72 36 088 - www.osimoturismo.it.*
À 8 km au nord-ouest d'Osimo, **Offagna** (C2) mérite un détour pour sa **Rocca★** imposante qui domine le bourg, bâtie par les Anconitains en 1456 pour se protéger des attaques d'Osimo, la ville rivale.

★ Jesi C2

30 km au sud-ouest d'Ancona sur la S 76.
www.turismojesi.it.
L'ancienne Æsis romaine devint au 12e s. une riche commune libre jouissant de la protection de Frédéric II, né à Jesi en 1194. De son passé, Jesi a conservé un noyau urbain, principalement médiéval et Renaissance, entouré d'une splendide enceinte de **remparts★★** (13e-16e s.) interrompue par des portes et des tours de guet.

Le **théâtre municipal** (18e s.) est dédié au célèbre compositeur originaire de Jesi, Jean-Baptiste Pergolèse. Le **corso Matteotti**, artère principale de la ville, est flanqué de beaux palais et d'églises.

Côté œnotourisme, la ville est connue pour son **verdicchio**, un des vins blancs les plus typiques de la région.

Pour tout découvrir de l'œnogastronomie des Marches, rendez-vous au palais Balleani Vecchio, qui accueille le tout nouveau **Polo enogastronomico regionale Food Brand Marche**, un centre qui vise à mettre en valeur les produits de la région et qui comprend aussi une œnothèque. *Via F. Conti 5 - 0731 21 48 27 - www.foodbrandmarche.it - se rens. sur le site Internet pour les horaires.*

★ **Pinacoteca comunale** – *Palazzo Pianetti - via XV Settembre 10 - 0731 53 83 42 - fin juin-sept. : 10h-19h ; reste de l'année : 10h-13h, 16h-19h - fermé lun. - 6 €.* La pinacothèque communale est installée dans le palais Pianetti, qui présente au premier étage une admirable **galerie★** rococo, surchargée de symboles et d'allégories. La collection recèle un petit ensemble d'œuvres du Vénitien **Lorenzo Lotto**, dont le **Retable de sainte Lucie★** (1532) figure parmi les chefs-d'œuvre.

Le **palais della Signoria★** *(piazza Colocci 1)* fut érigé à la fin du 15e s. sur un projet de Francesco di Giorgio Martini. L'imposant bâtiment carré présente une élégante façade ornée d'un kiosque en pierre.

9

★★ Santuario della Santa Casa à Loreto C2

27 km au sud d'Ancona sur la S 16.

Via Solari 3 - 071 97 02 76 - www.santuarioloreto.it - 6h15-19h.

La petite cité de **Loreto★** groupée autour du sanctuaire de Notre-Dame, qui voit affluer sans discontinuer des pèlerins du monde entier, a conservé un noyau ancien partiellement inscrit dans une enceinte de brique du 16e s. De nombreux architectes, peintres et sculpteurs célèbres ont contribué à l'édification de ce sanctuaire commencé en 1468 et définitivement achevé au 18e s. : **Giuliano da Sangallo** d'abord, puis **Bramante**, qui construisit les chapelles latérales, et **Vanvitelli**, qui éleva le campanile à bulbe.

Devant la basilique s'ouvre la belle **piazza della Madonna★** au centre de laquelle se trouve la **fontaine della Madonna** (1614), œuvre de Carlo Maderno et Giovanni Fontana. La statue à gauche de la façade représente le pape Sixte V et date de 1589. Elle est bordée par l'élégant portique inachevé du palais apostolique, qui abrite un musée *(voir p. 536)*.

Basilique – La **façade**, représentative de la Renaissance tardive, est à la fois sobre et harmonieuse avec ses doubles pilastres surmontés par deux horloges aux angles. En contournant la basilique, on peut admirer sa belle **abside★★** trilobée et l'élégante coupole de Sangallo.

Trois **portes de bronze★★** (fin du 16e-début du 17e s.) donnent accès à l'intérieur, véritable écrin d'art. À la croisée du transept se dresse la monumentale **Santa Casa★★** : les humbles pierres (seule la partie en bas est d'origine, les briques et les fresques sont un ajout) ont été somptueusement revêtues au 16e s. de marbres sculptés, notamment par Andrea Sansovino ; ils illustrent des épisodes de la vie de la Vierge (remarquez l'**Annonciation★★** sur la façade). Sur l'autel, la statue en bois de la *Vierge à l'Enfant* est une œuvre de 1921 remplaçant celle du 14e s., détruite par un incendie.

À l'extrémité du bas-côté droit, la coupole de la **sacristie St-Marc★** est couverte de fresques présentant d'audacieux raccourcis, œuvre de Melozzo da Forlì (1477), qui a représenté des anges portant les instruments de la Passion. Dans la **sacristie St-Jean★**, lavabo de Benedetto da Maiano et fresques de

UNE ÂME TOURMENTÉE

Le peintre vénitien **Lorenzo Lotto** (1486-1556) se rendit à plusieurs reprises dans la région des Marches pour travailler, d'abord chez les dominicains de Recanati puis à Jesi. Il vécut à Loreto de 1535 à sa mort, comme oblat de la Santa Casa. Artiste sensible et inquiet, il renonça à la sensualité de la couleur vénitienne en faveur d'une lumière froide, qui illumine le mouvement de ses compositions ; de ses personnages émane une charge émotionnelle témoignant de sa pénétration psychologique.

Luca Signorelli. Dans une salle donnant sur le transept gauche, beau cycle de peintures de Pomarancio (1605-1610).

Museo Antico Tesoro – *✆ 071 97 47 198 - museoanticotesoro.santuarioloreto.it - 10h-13h, 16h-19h (15h-18h oct.-avr.) - fermé lun. sf mai-sept. - 4 €.* Le musée expose un remarquable **ensemble★** de peintures de **Lorenzo Lotto**, *(voir encadré ci-dessus)*, des tableaux de Simon Vouet et de Pomarancio ; des tapisseries flamandes d'après des cartons de Raphaël et des faïences d'Urbino.

Recanati C2

35 km au sud d'Ancona sur la S 16 jusqu'à Loreto et puis sur la SP 77.

Via Leopardi 9/a - ✆ 071 98 14 71 - www.recanatiturismo.it.

Cette jolie ville perchée sur une colline a donné naissance en 1798 au plus lucide et au plus désespéré des poètes italiens, **Giacomo Leopardi**. Les deux principaux sites d'intérêt – le palais Leopardi et la pinacothèque – se trouvent aux deux extrémités du bourg, qui s'étend tout en longueur sur une colline à 293 m de hauteur : cela vous donnera l'occasion d'une agréable promenade dans le centre-ville.

Le **palais Leopardi**, maison natale du poète encore habitée par ses descendants, conserve la **bibliothèque★** de 20 000 volumes où il passa la plupart de son temps jusqu'à l'âge de 24 ans. *Via Leopardi 14 - ✆ 071 75 73 380 - www.giacomoleopardi.it - avr.-sept. : 9h-19h ; reste de l'année : 9h30-12h30, 14h30-17h30 - fermé lun. - 7 € bibliothèque, 10 € avec l'exposition permanente sur Leopardi.*

Depuis l'arrière du palais, une promenade de 10mn conduit au mont Tabor, le *Colle dell'Infinito*, cité dans l'un des écrits les plus célèbres de Leopardi, le poème *L'Infini*.

Traverser la ville en empruntant la via Roma, la via Cavour puis le corso Persiani.

Au n° 16 du corso Persiani, jetez un coup d'œil à l'**église Sant'Anna** (13e-18e s.), qui abrite une petite « Maison sainte » sur le modèle de celle de Loreto, avec une image vénérée de la Vierge. La Villa Colloredo Mels accueille la **pinacothèque municipale★** qui, dans sa riche collection d'art, conserve des chefs-d'œuvre de **Lorenzo Lotto**, dont l'**Annonciation★** (1528, s'attarder sur le remarquable geste de surprise du chat) et le *Polyptyque de san Domenico* (1508, intense *Déposition* dans la partie supérieure, avec la Madone voilée). *Via Gregorio XII - ✆ 071 75 70 410 - www.villacolloredomels.it - 10h-13h, 16h-19h - fermé lun. - 4 €.*

Le bourg a donné naissance au ténor **Beniamino Gigli** (1890-1957), dont le musée se trouve dans le **théâtre Persiani**. *Via Cavour - ✆ 071 75 70 410 - se rens. pour les horaires.*

NOS ADRESSES À ANCONA

Plan de ville p. 530

ARRIVER/PARTIR

En avion – L'aéroport **Raffaello Sanzio** (Hors plan A2 - *www.marcheairport.com*) se trouve à Falconara Marittima, à 13 km au nord-ouest de la ville. Liaisons en train vers la gare d'Ancône à partir de la gare de Castelferretti, en face de l'aéroport; ou en bus avec l'Aerobus Raffaello qui mène au centre-ville (*5 €, achat du billet directement dans le bus - www.conerobus.it*).

HÉBERGEMENT

POUR SE FAIRE PLAISIR

Seeport Ancona – A2 - *Via Rupi di via XXIX Settembre 12 - ✆ 071 97 15 100 - www.seeporthotel.com - 48 ch. - 120/160 €.* Face à l'Adriatique, ce boutique-hôtel élégant et raffiné rend hommage à la mer en proposant une décoration marine accompagnée d'une touche design. Chambres soignées et magnifique terrasse pour la belle saison.

À proximité

POUR SE FAIRE PLAISIR

Monteconero – *Via Monteconero 26 - Badia di San Pietro, à 5,5 km au nord-ouest de* **Sirolo** *- ✆ 071 93 30 592 - www.hotelmonteconero.it - fermé nov.-mars - ✗ ≋ - 60 ch. - 120/150 €.* Une ancienne abbaye du 11e s. accueille cet hôtel niché dans un parc, qui surplombe la mer. Chambres agréables et salle de restaurant panoramique et lumineuse proposant une savoureuse cuisine traditionnelle. Spa et piscine.

Relais Il Margarito – *Corso da Intriglione 8 -* **Montefano,** *à 10 km à l'ouest de Recanati sur la SP 82 - ✆ 0733 85 27 65 - www.relaisilmargarito.com - ✗ ≋ - 5 ch. - 100/140 €.* Dans un paisible paysage champêtre, ce relais, qui fait partie d'une ferme biologique, offre un très beau cadre conjuguant élégance et confort. Chambres coquettes, piscine pour la belle saison et possibilité de se promener parmi les 900 oliviers du domaine.

RESTAURATION

PREMIER PRIX

Chiosco Da Morena – B1 - *Corso Mazzini, à côté de la fontaine du Calamo - 15/20 €.* Le kiosque de Morena est une institution à Ancône. On y sert des coquillages et du poisson tout frais à déguster sur place, devant la belle fontaine, ou à emporter. Les *moscioli* (moules sauvages de Portonovo) sont à l'honneur. Incontournable!

BUDGET MOYEN

La Moretta – B1 - *Piazza del Plebiscito 52 - ✆ 071 20 23 17 - www.trattoriamoretta.com - fermé dim. - 30/40 €.* Géré par la même famille depuis 1897, ce restaurant propose des spécialités du terroir, comme le *stoccafisso all'anconetana* (morue avec pommes de terre et tomates), ou le *brodetto all'anconetana*, une soupe mélangeant de nombreux poissons locaux. L'intérieur rustique est agréable, mais c'est dehors, sur la piazza del Plebiscito, que vous profiterez au mieux de votre repas.

DegOsteria – B1 - *Via Pizzecolli 3 - ✆ 071 20 30 31 - www.ladegosteria.com - fermé lun. et sam. à midi. - 30/35 €.* Une adresse à la gestion jeune et dynamique. Le cadre est moderne et la cuisine puise dans la tradition et dans les ingrédients

9

du terroir pour créer des plats originaux et savoureux. Carte de terre et de mer et intéressante liste de cocktails.

POUR SE FAIRE PLAISIR

Mandracchio – A2 - *Largo Fiera della Pesca 11 - ✆ 071 20 29 90 - fermé dim. soir et lun. - 40/50 €.* Sur le port, une adresse de goût qui propose une fameuse cuisine de la mer, notamment une excellente sélection de poisson cru.

À proximité

Marcello – *Via Poggio -* **Portonovo** - *✆ 071 80 11 83 - www.illaghetto.com - fermé merc. en hiv. - réserv. conseillée - 35/45 €.* Les pieds « dans le sable », entre le lago Grande et la mer, on vient déguster les *moscioli* (moules) de Portonovo, pêchées pendant la nuit, et d'autres excellentes spécialités de la mer. Les soirs d'été, on mange sur la plage.

Clandestino Susci Bar – *Via Poggio -* **Portonovo** - *✆ 071 80 14 22 - www.morenocedroni.it - fermé oct.-mars, mar. et à midi (sf w.-end et juin-août) - 15/50 €.* Un lieu de rêve, niché dans une crique sauvage, où le chef Moreno Cedroni réinterprète la tradition du sushi à sa sauce. Formules petit-déjeuner et déjeuner, avec *panini* et salades.

Gustibus– *Piazza del Comune 11 -* **Osimo** - *✆ 071 71 44 50 - fermé dim. et lun. (sf été) - 20/35 €.* Un bar à vins/restaurant de style contemporain, qui propose un intéressant menu à midi. Les bons vins du terroir sont sur la carte.

EN SOIRÉE

Les Anconitains se donnent rendez-vous autour de la piazza del Plebiscito ou sur la piazza Diaz, qui s'ouvre sur le viale della Vittoria.

Lazzabaretto – A2 - *Banchina Giovanni da Chio 28 -* **Ancona** - *ouv. 19h-2h.* À la belle saison, ce bar attenant au Lazzaretto, dont son nom est inspiré, est le point de repère pour prendre un verre ou écouter de la musique en admirant les *pescherecci* (bateaux de pêche) du port.

ACHATS

Marché – B1. Produits frais tous les matins au marché couvert Liberty de la piazza delle Erbe.

Bontà delle Marche – B1 - *Corso Mazzini 96 - ✆ 071 53 185 - www.bontadellemarche.it - fermé dim.* Large choix de produits gastronomiques et de vins de la région dans ce restaurant-traiteur élégant, qui propose aussi l'apéritif à partir de 18h.

AGENDA

Festival lirico Pergolesi Spontini – **Jesi** - *oct.-déc. - www.fondazionepergolesispontini.com.* Depuis 15 ans, le théâtre Pergolesi à Jesi et les communes alentour accueillent un festival de musique dédié à deux grands compositeurs de la région, Giovanni Battista Pergolesi et Gaspare Spontini.

Festival Adriatico Mediterraneo – **Ancona** - *fin août-sept. - www.adriaticomediterraneo.eu/presentazione.asp - ✆ 366 97 14 362.* Un festival qui conjugue musique, théâtre, danse, cinéma et gastronomie.

La forteresse de Gradara.
Luca Da Ros/Sime/Photononstop

Pesaro

★

94 600 habitants

Pesaro est une agréable station balnéaire, située au débouché de la riante rivière Foglia, le long de laquelle s'étagent vignobles, vergers et peupliers d'Italie. Son élégant centre historique témoigne d'une riche histoire liée aux puissantes familles Malatesta, Sforza et Della Rovere. C'est aussi la ville natale du grand compositeur Gioacchino Rossini, célébré chaque été par un festival musical de renommée internationale.

NOS ADRESSES PAGE 544
Hébergement, restauration, achats, activités, etc.

S'INFORMER

Office de tourisme – *Piazzale della Libertà 11 - ✆ 0721 69 341 - www.turismopesaro.it.*

SE REPÉRER

Carte de région B1 (p. 526).
Pesaro est située au bord de la mer Adriatique, le long de l'autoroute A 14. Derrière sa plage de sable fin s'étend le noyau historique, organisé autour de deux axes principaux (via Rossini-via Branca et corso XI Settembre-via San Francesco) qui se croisent sur la centrale piazza del Popolo.

À NE PAS MANQUER

Le centre historique avec ses musées, une excursion dans le parc naturel du mont San Bartolo.

ORGANISER SON TEMPS

Prévoyez une demi-journée.

AVEC LES ENFANTS

Une baignade au bord de la plage.

Se promener

Cattedrale

Via Gioacchino Rossini.

Seule la façade date de l'époque romane, le reste de l'édifice ayant été reconstruit au 19e s. À l'intérieur ont été mis au jour des fragments de **mosaïques** de pavement, vestiges d'une basilique paléochrétienne (4e-5e s.).

En face de la cathédrale, le palais Lazzarini (18e s.) accueille l'intéressant **Museo Diocesano**, qui présente une collection de tableaux, sculptures, tissus, etc. de la période paléochrétienne au 18e s. *Via Gioacchino Rossini 53 - ✆ 0721 37 12 19 - www.arcidiocesipesaro.it - mar., jeu. et w.-end 16h-19h - 3 €.*

Casa Rossini

Via Gioacchino Rossini 34 - ✆ 0721 38 73 57 - www.pesaromusei.it - juin-sept. 10h-13h, 16h30-19h30 ; oct.-mai 10h-13h (et 15h30-18h30 vend.-dim.) - fermé lun., 1er janv. et 25 déc. - 10 € le billet combiné « Pesaro Musei ».

La maison natale du compositeur *(voir encadré ci-dessous)*, récemment réaménagée et agrémentée d'installations multimédia à la pointe de la technologie, propose de découvrir la vie de Rossini à travers des documents, des objets personnels, etc.

★ Piazza del Popolo

La place centrale de la cité, lieu de rencontre favori des habitants à l'heure de la *passeggiata*, s'orne en son centre d'une **fontaine** à tritons et chevaux marins (16e-17e s.). Elle est dominée par la masse puissante du **Palazzo Ducale**, construit au 15e s. pour Alessandro Sforza puis remanié et agrandi au 16e s. pour la famille Della Rovere. Sa façade crénelée est formée d'un portique à arcades et d'un étage à fenêtres décorées au 17e s. de festons et de putti. Sur la via Branca, derrière la poste, se dresse le seul vestige de l'ancienne église **San Domenico**, une façade du 14e s., dont le beau **portail** ogival est encadré de colonnes torsadées et de sculptures.

De la piazza del Popolo, prendre la via San Francesco.

Santuario della Madonna delle Grazie

Via San Francesco - ✆ 0721 31 129.

L'église d'origine romane, remaniée au 14e s. puis au 18e s., possède un beau **portail** gothique. Elle abrite le tombeau de Michelina Metelli (1300-1356), la sainte patronne de la ville, l'image très vénérée de la *Madonna delle Grazie* (16e s.) et un triptyque de Jacobello del Fiore (1370-1439).

GIOACCHINO ROSSINI (PESARO 1792-PARIS 1868)

La carrière de Rossini fut un « crescendo » qui de Pesaro le propulsa vers les grandes villes italiennes, puis auprès des principales cours européennes (*p. 98*). Expéditivement étiqueté auteur « léger », son œuvre, dans une atmosphère humoristique typiquement théâtrale, laisse par moments transparaître un certain détachement ironique à propos de la vaine inquiétude concernant les choses de la vie, aboutissant à une forme de pessimisme similaire à celui de son contemporain, Leopardi. À 37 ans, alors qu'il était au faîte de sa carrière, il cessa de produire pour se consacrer à sa vie privée. *L'Italienne à Alger*, *Le Barbier de Séville*, *Cendrillon* et *Guillaume Tell* comptent parmi ses œuvres les plus connues ; les ouvertures de ses opéras sont désormais entrées dans le répertoire habituel des concerts.

À deux pas de la via San Francesco par la piazza Matteotti, on atteint la **Rocca Costanza**. Cette forteresse, construite sur les plans de l'architecte Luciano Laurana en 1474-1483 sur ordre de Costanzo et Giovanni Sforza, se compose d'un quadrilatère à quatre tours cylindriques angulaires et d'une cour intérieure. Elle accueille des concerts, des spectacles et des manifestations culturelles.
Revenir sur la piazza del Popolo et continuer sur le corso XI Settembre, puis tourner à droite sur la via Toschi Mosca.

★ Musei Civici

Piazza Toschi Mosca 29 - ✆ 0721 38 73 57 - www.pesaromusei.it - juin-sept. 10h-13h, 16h30-19h30 ; oct.-mai 10h-13h (et 15h30-18h30 vend.-dim.) ; fermé lun., 1er janv. et 25 déc. - 10 € le billet combiné « Pesaro Musei ».
Le palais Toschi Mosca (17e s.), ancienne résidence d'une grande famille de la ville, accueille les collections de la pinacothèque et le musée des Céramiques. Créée en 1860, la **pinacothèque** s'enorgueillit de posséder plusieurs tableaux du peintre vénitien Giovanni Bellini, dont le grandiose **retable de Pesaro★★** (1475), représentant le *Couronnement de la Vierge* au panneau central. À signaler également l'impressionnante *Chute des Géants* (vers 1637) du Bolonais Guido Reni, deux belles œuvres du peintre de Pesaro Simone Cantarini (1612-1648), une *Sainte Marie-Madeleine* et un *Saint Joseph*, et une série de natures mortes des 16e et 17e s.
Le **musée des céramiques★★** illustre la production des Marches du 15e au 19e s., mais présente également des pièces provenant d'Ombrie et des Abruzzes. La coupe de *San Giuda Taddeo* (1525) et la plaque de l'*Adoration des bergers* de Francesco Xanto Avelli (1537), en céramique lustrée, sont les points forts de la collection. D'autres pièces témoignent du travail des manufactures de la région aux 18e-19e s., célèbres pour leur décor « à la rose ».
La nouvelle collection Vinciguerra, acquise par le musée en 2013, comprend des œuvres du 20e s., parmi lesquelles *La passeggiata archeologica*, un vase réalisé par Gio Ponti en 1925.

Sinagoga

Via delle Scuole - mi-juin-mi-sept. : jeu. 17h-20h ; reste de l'année : se rens. au ✆ 0721 38 75 41 - gratuit.
La via Mazzolari conduit à l'ancienne **synagogue** séfarade, édifice du 16e s. dont l'intérieur très élégant comprend le four pour la cuisson du pain azyme et le *mikvé*, le bain rituel.
Revenir sur le corso XI Settembre.
L'**église Sant'Agostino** conserve un beau portail gothique (1413) et, à l'intérieur, un remarquable **chœur** en bois du 15e s. avec des représentations de la ville de Pesaro. Tout au bout du corso, le **Centro Arti Visive Pescheria** *(corso XI Settembre 184)* est un ancien marché aux poissons transformé en un intéressant lieu d'exposition.

Museo archeologico Oliveriano

Via Mazza 97 - ✆ 0721 33 344 - www.oliveriana.pu.it - actuellement fermé pour restauration.
Abrité dans le palais Almerici (17e s.), le musée expose une intéressante collection de vestiges archéologiques d'origine italique, grecque, étrusque et romaine. Parmi les pièces les plus remarquables figurent les stèles de la nécropole de Novilara, expression de la civilisation picénienne du 8e au 5e s. av. J.-C. et une inscription en deux langues, étrusque et latine.

Conservatorio Gioacchino Rossini

Piazza Olivieri 5 - www.fondazionerossini.com - ✆ 0721 30 053.

Précédé, à l'entrée, par la statue en fer et cuivre *Elogio alla Fuga (2003)*, représentant un centaure qui s'emballe, le conservatoire, créé grâce aux fonds légués à la ville par Rossini, est logé dans le palais Olivieri. Il abrite le **Tempietto Rossiniano**, dans lequel on peut découvrir des partitions autographes. Dans la cour trône la statue du grand compositeur réalisée par Carlo Marocchetti en 1864.

Piazzale della Libertà

À l'extrémité du viale della Repubblica, cette place est un point de rencontre dominé par la **Sfera grande** en bronze d'Arnaldo Pomodoro. À quelques pas se trouve le **Villino Ruggeri** *(ne se visite pas)*, bel exemple de villa Art nouveau (1907).

À proximité Carte de région p. 526

★ Gradara B1

15 km au nord-ouest sur la SS 16.

Piazza V Novembre 1 - ✆ 0541 96 41 15 - www.gradara.org.

C'est un joli (et très touristique) bourg médiéval que ceignent des murs et des portes à mâchicoulis. Il a été longuement restauré au 20e s. à la suite d'un tremblement de terre.

La **Rocca** *(citadelle - 8h30-18h30, lun. 8h30-13h - 4 €)*, bâtie sur un plan carré avec des tours aux angles, est un bon exemple d'architecture militaire des 13e et 14e s. C'est dans cette forteresse que Gianni Malatesta aurait surpris et assassiné sa femme, Francesca da Rimini, et son frère, Paolo Malatesta, dont l'amour s'était éveillé à la lecture d'un roman courtois. Dante évoque dans sa *Divine Comédie* ce couple, inséparable même dans la mort.

On peut aussi se promener sur une partie des **remparts** et visiter le **Museo storico**, intéressant surtout pour son réseau de grottes souterraines. *Piazza V Novembre 8/9 - museostoricogradara.com.*

Fano B1

13 km au sud-est sur la SS 16.

Viale C. Battisti 10 - ✆ 0721 80 35 34 - www.turismofano.com.

Station balnéaire appréciée, Fano fut du 13e au 15e s. un fief des Malatesta de Rimini. La **Corte Malatestiana★**, ensemble Renaissance (15e s.) composé d'une cour-jardin et d'un palais, forme un décor de théâtre idéal. Le palais abrite le **Museo civico**, qui présente une collection archéologique, des céramiques et des monnaies anciennes. *Piazza XX Settembre - ✆ 0721 82 83 62 - 9h-13h (et 15h-18h mar., jeu. et dim.) - fermé lun. - 3,50 €.*

Sur la même place se dressent la **fontaine della Fortuna** (16e s.), où la déesse protectrice est juchée sur une base sphérique, prenant le vent dans son drapé, et le **théâtre della Fortuna** (1863), installé à l'intérieur du palais del Podestà. Construit du 16e au 18e s., l'**église Santa Maria Nuova** *(via De Tonsis)* abrite des **œuvres★** du Pérugin, remarquables par la finesse du dessin et la douceur des coloris.

À l'extrémité de la rue du même nom, l'**arco d'Augusto★**, du 1er s. apr. J.-C., est formé d'une porte cochère et de deux passages pour piétons ; on en trouve l'état primitif reproduit dans un bas-relief de la façade de l'église San Michele, contiguë. À gauche de l'arc, restes de l'enceinte romaine.

Senigallia C1

35 km au sud-est sur la SS 16.

Bordé par une longue plage de sable très fin, Senigallia constituait déjà dans l'Antiquité un important port fluvial sur le fleuve Misa. Du 15e au 18e s., il accueillit la **Fiera della Maddalena**, une foire franche qui attirait les marchands de toute l'Europe. Aujourd'hui, Senigallia fait preuve d'un grand dynamisme qui en fait une des localités les plus intéressantes de la région, capable de conjuguer loisirs, culture et haute gastronomie.

Le **corso II Giugno**, parallèle au bord de mer, est l'artère commerçante. À son extrémité vers le Misa se dresse la jolie **chiesa della Croce** (1608), réalisation baroque qui abrite un tableau de Federico Barocci. Le long du fleuve se déploient les **Portici Ercolani**, des arcades réalisées au 18e s. pour agrandir la surface de la Fiera della Maddalena.

★ **Rocca Roveresca** – *Piazza del Duca - ✆ 071 63 258 - 8h30-12h30 - 2 €.* Sur le site d'une tour romaine du 3e s. av. J.-C., fut élevé au Moyen Âge un donjon, intégré ensuite dans l'imposante forteresse Renaissance bâtie entre 1476 et 1482 par Luciano Laurana et Baccio Pontelli pour Giovanni Della Rovere. La Rocca accueille des expositions et vaut le détour pour le panorama qu'elle offre depuis le chemin de ronde.

Sur le front de mer, jetez un coup d'œil à la **Rotonda a Mare**, élégante réalisation de 1933 où se déroulent de nombreux événements et manifestations, notamment durant la période estivale.

9

Circuit conseillé Carte de région p. p. 526

★★ DE PESARO À GABICCE MARE PAR LE PARCO NATURALE DEL MONTE SAN BARTOLO B1

Itinéraire de 25 km de Pesaro à Gabicce Mare sur la SP 44, tracé en vert sur la carte de région (p. 526).

Viale Varsavia - Pesaro - ✆ 0721 40 08 58 - www.parcosanbartolo.it - service de bus entre Santa Marina Alta, Fiorenzuola di Focara et Casteldimezzo - carte du parc et des sentiers disponible à l'office de tourisme.

La route panoramique offre des **points de vue★★** à couper le souffle sur la côte et touche des sites intéressants, comme le **cimetière juif** *(strada panoramica San Bartolo n° 161 - se rens. pour les visites au ✆ 0721 40 08 58)* ou la **Villa Imperiale**, somptueuse résidence Renaissance des Sforza et des Della Rovere. *Strada San Bartolo 63 - ✆ 388 95 89 432 - www.villaimperiale pesaro.com - visites en été sur réserv. au ✆ 338 26 29 372.*

À mi-chemin entre Pesaro et Gabicce Mare, **Fiorenzuola di Focara**, cité par Dante dans sa *Divine Comédie*, est un village perché enchanteur, avec des belvédères magnifiques sur la mer. Depuis le village, le sentier 155a descend jusqu'à la seule plage du parc (*1,3 km - 1h AR*).

Casteldimezzo, autre bourg panoramique, conserve en son église un beau crucifix peint par Jacobello del Fiore au 15e s.

La route descend enfin à **Gabicce Mare**, localité balnéaire très fréquentée qui offre une grande plage de sable fin.

NOS ADRESSES À PESARO ET ALENTOURS

Carte de région p. 526

ARRIVER/PARTIR

Bus – Liaisons vers Urbino *(départ ttes les 30/60mn, 45mn de trajet)* par la ligne 46 de la compagnie **Adriabus** *(✆ 0722 37 67 38 - www.adriabus.eu)*. Départ depuis la gare routière située juste à côté de la gare ferroviaire.

HÉBERGEMENT

BUDGET MOYEN

Hotel Savoy – *Viale della Repubblica 22 - ✆ 0721 33 133 - www.hotelsavoypesaro.it - 61 ch. - 110/150 €.* Un hôtel moderne et très confortable, situé entre le noyau historique et la plage, qui propose des chambres au décor sobre, bien équipées. Vous pourrez profiter de la piscine et du solarium.

À proximité

BUDGET MOYEN

Locanda di Villa Torraccia – *Strada della Torraccia 3, à 5 km à l'ouest de Pesaro - ✆ 0721 21 852 - www.villatorraccia.it - 5 ch. - 100/130 €.* Une petite tour médiévale, entourée par un beau jardin, pour un séjour de charme dans des chambres soignées et romantiques.

RESTAURATION

PREMIER PRIX

L'Antica Piada – *Piazza delle Erbe - ✆ 338 19 41 001 - fermé lun. - 5/10 €.* Derrière le bureau de poste (piazza del Popolo), dans une cour accueillant tous les jours le petit marché delle Erbe, c'est le bon endroit pour goûter sur le pouce des excellentes *piadine* farcies selon vos envies.

BUDGET MOYEN

Osteria La Guercia – *Via Baviera 33 - ✆ 0721 33 463 - www.osterialaguercia.it - fermé dim. - 20/30 €.* Osteria du centre historique au cadre typique, où l'on peut déguster les spécialités de la région dans la salle rustique ou en terrasse aux beaux jours. Mention spéciale pour les desserts.

POUR SE FAIRE PLAISIR

Lo Scudiero – *Via Baldassini 2 - ✆ 0721 16 51 804 - www.ristorantescudiero.it - fermé lun. - 40/60 €.* Plafond voûté et briques apparentes pour cette adresse élégante à deux pas de la piazza del Popolo, qui propose une cuisine axée sur la mer mêlant tradition et originalité.

Nostrano – *Piazzale della Libertà 7 - ✆ 0721 63 98 13 - www.nostranoristorante.it - fermé lun. - 45/60 €.* Sur le front de mer de Pesaro, le nouveau restaurant du jeune chef Stefano Ciotti vous accueille dans un cadre sophistiqué pour raconter la mer avec des plats équilibrés, mettant à l'honneur les produits frais de la région. Les desserts sont excellents.

À proximité

PREMIER PRIX

Piadinzuola – *Piazza Dante Alighieri 3 - Fiorenzuola di Focara - ✆ 0721 20 83 07 - www.piadinzuola.com - 7/10 €.* Prenez le passage voûté jusqu'au belvédère puis le sentier menant à la plage, vous arriverez à ce petit coin de paradis. Choisissez votre *piadina* préférée (plus de 50 recettes sont proposées !) et asseyez-vous sur l'agréable terrasse face à la mer. Il ne vous reste plus qu'à déguster et profiter.

Gradara B1

BUDGET MOYEN

Locanda Quintocanto – *Via Umberto I 17 - ✆ 0541 96 92 68 - 30/45 € - se rens. sur les horaires.* Le nom rend hommage au chant 5 de *L'Enfer* de *La Divine Comédie* de Dante. Côté cuisine, les plats, très soignés (de la terre ou de la mer), sont une belle démonstration du savoir-faire régional.

Senigallia C1

Anikò – *Piazza Saffi - ✆ 071 79 31 228 - www.morenocedroni.it - 10h30-14h30, 17h-23h - fermé jeu. et oct.-mars - 20/25 €.* Une sorte de « bar à poissons » ouvert par un des deux chefs étoilés de Senigallia, où déguster des bons plats à prix doux. Si la **Madonnina del Pescatore** (autre restaurant de Moreno Cedroni) est la haute couture, Anikò vous offre un excellent prêt à… manger, sur place ou à emporter.

PETITE PAUSE

Fano B1

Gelateria Makì – *Piazza degli Avveduti 1 - ✆ 072 11 79 60 64.* Un excellent glacier artisanal, qui n'utilise que des produits frais et naturels et propose aussi des parfums insolites comme tzatziki ou tomate et basilic !

Senigallia C1

Gelateria Cioccolateria Brunelli – *Via Carducci 7 - ✆ 071 60 422 - www.paolobrunelli.me.* Paolo Brunelli, maître glacier parmi les plus renommés d'Italie, a inauguré en 2015 cette boutique située à proximité du fleuve Misa, dans le quartier animé du Rione Porto. Parmi ses spécialités : la crème Brunelli et le sabayon au Varnelli, une liqueur typique des Marches qu'il ne vous faudra pas manquer de goûter !

EN SOIRÉE

Côté front de mer (viale Trieste), l'animation en soirée se concentre surtout sur le *Lido di ponente*, la promenade située à gauche de la Sfera Grande en bronze d'Arnaldo Pomodoro.

Gra' – *Via Rossini 24 - ✆ 333 35 90 265 - www.grapesaro.it.* Le nom renvoie au palais Gradari (16e s.), le joli bâtiment abritant ce bar à vins qui propose cocktails, apéritifs, concerts, expositions et autres rendez-vous culturels.

AGENDA

Rossini Opera Festival (ROF) – *Palazzo Gradari - Via Gioacchino Rossini 24 -* **Pesaro** *- août - ✆ 0721 38 00 210 - www.rossinioperafestival.it.* Un festival de renommée internationale dédié à l'œuvre de Rossini dont le cadre principal est le **Teatro Rossini** *(piazza Lazzarini 1)* créé en l'honneur du compositeur en 1855.

Fano Jazz by the sea – **Fano** - *juil.-août - ✆ 0721 80 30 43 - fanojazznetwork.it.* Depuis plus de 20 ans, les grands noms de la scène jazz internationale participent à ce festival.

Summer Jamboree – **Senigallia** - *déb. août - ✆ 331 28 00 555 - www.summerjamboree.com.* Un festival international de musique qui propose un voyage dans l'histoire et la culture des États-Unis des années 1940-1950.

ACTIVITÉS

Vélo – Entre Pesaro et Fano s'étend une agréable piste cyclable qui longe la côte sur pas moins de 10 km.

Urbino

★★

15 170 habitants

Bâtie en briques roses sur deux collines et entourée de ses remparts, Urbino, qui domine avec ses tourelles un paysage vallonné baigné d'une lumière dorée, est une des villes des Marches qui incarnent le mieux l'esprit de la Renaissance. Cette cité élégante, classée au Patrimoine mondial de l'Unesco, fut la ville natale de Raphaël et le siège de la cour raffinée de Federico da Montefeltro, où Piero della Francesca réalisa ses chefs-d'œuvre. Mais bien que gardienne de ce riche patrimoine, Urbino n'est en rien figée dans le passé. Au détour des ruelles, les nombreux étudiants fréquentant son université lui confèrent une animation incessante.

NOS ADRESSES PAGE 553
Hébergement, restauration, achats, activités, etc.

S'INFORMER

Office de tourisme – *Via Puccinotti 35 - ☏ 0722 26 13 - www.comune.urbino.ps.it.*

SE REPÉRER

Carte de région B1 (p. 526) - plan de ville (p. 549). Urbino se trouve à 35 km de Pesaro, à laquelle elle est reliée par la SP 30 et la SP 423.

SE GARER

Le centre-ville est interdit aux voitures : si vous séjournez dans un hôtel, renseignez-vous pour déposer les bagages. Tout autour des remparts se trouvent plusieurs parkings *(env. 1,50 €/h, 10 €/j)*, dont le plus grand est celui de la piazza del Mercatale, relié au corso Garibaldi par un ascenseur *(7h-20h, 0,50 €/h)* ou par la rampe hélicoïdale de Francesco di Giorgio Martini.

À NE PAS MANQUER

Le Palais ducal, les oratoires de San Giovanni Battista et de San Giuseppe.

ORGANISER SON TEMPS

La ville se visite bien en une journée.

Découvrir Plan de ville p. 549

★★★ PALAZZO DUCALE A2

Chef-d'œuvre d'équilibre et de goût, il fut élevé entre 1444 et 1472 sur ordre du duc Federico da Montefeltro, par l'architecte **Luciano Laurana**, auquel succéda **Francesco di Giorgio Martini**.

Extérieur

Le palais présente, face à la vallée, une haute façade percée de loggias superposées qu'encadrent deux tours rondes élancées, les **torricini★**, constituant un ensemble d'une élégante originalité. À l'est, le palais offre un aspect sévère : une longue façade inachevée longe la piazza Rinascimento, tandis que la façade nord présente un agencement d'une rigoureuse majesté en intercalant ses trois grandes portes du rez-de-chaussée avec les quatre fenêtres rectangulaires de l'étage. La **cour d'honneur★** du palais, inspirée des créations florentines, est un modèle d'harmonie Renaissance par la pureté et la légèreté

Urbino.
J. A. Moreno/age fotostock

de ses lignes, la sérénité de ses rythmes architecturaux et le doux mariage des tons roses et blancs de la brique et du marbre. Tout autour, l'inscription gravée dans la double corniche célèbre les vertus du duc Federico.

Rez-de-chaussée

Sont réunies ici les parties publiques du palais, comme la **bibliothèque du duc** dont les 2 000 manuscrits ont été transférés au Vatican par le pape Alexandre VII en 1657; remarquez son plafond magnifiquement décoré. La cour donne accès au **Museo lapidario** (inscriptions, stèles, éléments architecturaux…), à la petite **chapelle du Pardon**, à la voûte en berceau décorée

SOUS LE SIGNE DES MONTEFELTRO

Soumise à la famille de Montefeltro dès le 12e s., la ville connaît son époque de splendeur sous le règne du duc **Federico da Montefeltro** (1444-1482). Condottiere avisé, fin lettré, collectionneur et mécène, ce contemporain de Laurent de Médicis invite à sa cour des peintres, des architectes, des mathématiciens et des juristes de talent, et en fait un lieu de création et d'échange parmi les plus importants d'Italie. En se promenant dans les salles du palais au temps du règne du duc, on aurait pu croiser Luciano Laurana, Francesco di Giorgio Martini, Piero della Francesca, Paolo Uccello, le Pérugin, Bramante et Giovanni Santi, père du bien plus célèbre **Raphaël** (1483-1520), qui passe à Urbino son enfance et son adolescence.

Le fils de Federico da Montefeltro, Guidobaldo, étant décédé sans héritier en 1508, le duché passe à Francesco Maria I Della Rovere, qui transfère sa cour à Pesaro en 1525. En 1631, à la mort du dernier duc resté sans descendance, le duché passe définitivement à l'État pontifical.

À partir de ce moment, Urbino connaît un certain déclin malgré l'élection de Giovanni Francesco Albani, natif de la ville, au siège papal sous le nom de Clément XI (1700-1721).

de chérubins, au petit **temple des Muses** et aux vastes **souterrains** qui abritaient, entre autres, des citernes de récupération des eaux de pluie, une buanderie-teinturerie, des écuries et une salle de bains (très semblable aux thermes romains) réservée à la cour.

★★★ Galleria Nazionale delle Marche (1er et 2e étages)

✆ 0722 32 26 25 - www.artimarche.beniculturali.it - 8h30-19h15 (dernière entrée 18h), lun. 8h30-14h (dernière entrée 12h30) - 5 € – compter 2h de visite.

Les salles du 1er étage, auquel on accède par l'**escalier d'honneur** que l'on doit à Luciano Laurana, ont conservé leur décoration d'origine.

Appartement de la Jole – *Salles 1-7.* L'ensemble de 7 salles habitées par le duc et sa femme, Battista Sforza, pendant la construction du somptueux appartement de l'aile ouest prend son nom d'une sculpture de la cheminée de la **salle 1.** La **salle 2** conserve quelques décorations murales, tandis que la **salle 3** abrite la magnifique **alcôve★★** du duc, une des rares pièces restantes du mobilier original du palais, aux décorations d'arbres, d'angelots et de blasons.

Appartement des Melaranci – *Salles 9-11.* Auparavant destinées aux hôtes du duc, ces trois salles sont aujourd'hui consacrées à la peinture du 14e s.

Appartement des hôtes – *Salles 12-14.* Sont exposées ici des œuvres des 14e et 15e s. À noter, la petite **salle du roi d'Angleterre**, au plafond décoré de blasons des Montefeltro et des Della Rovere.

Appartement du duc – *Salles 15-21.* Vous arrivez à la partie la plus intéressante du palais. La salle des audiences *(salle 16)* abrite deux **chefs-d'œuvre★★★** de **Piero della Francesca**, la *Madone de Senigallia* et une étonnante *Flagellation*. Un étroit passage mène à la petite **chapelle de Guidobaldo** ornée de stucs réalisés par Federico Brandani (16e s.). Le **studiolo★★★** (petit cabinet), où le duc se retirait pour s'adonner à sa passion de la lecture, est orné de magnifiques panneaux marquetés reproduisant des étagères et des niches dans lesquelles trônent les *Vertus théologales*, réalisées par Baccio Pontelli sur des dessins de Botticelli, Francesco di Giorgio Martini et Bramante. Au-dessus de cet ensemble, on observe 28 portraits d'hommes illustres peints par Pedro Berruguete et Juste de Gand (14 originaux se trouvent désormais au musée du Louvre). Le plafond à caissons a été créé dans l'atelier de Giuliano da Maiano à Florence. En sortant du cabinet, on passe dans le vestiaire du duc, qui offre une belle vue sur le jardin intérieur et les collines alentour. Après la chambre à coucher du duc (**portrait★** de Federico avec son fils Guidobaldo par Pedro Berruguete), la **salle des Anges** *(salle 21)* doit son nom à la cheminée décorée d'une frise de petits anges en terre cuite vernissée réalisée par le sculpteur toscan Domenico Rosselli. En plus d'une très belle porte marquetée avec tympan, cette pièce renferme plusieurs **chefs-d'œuvre★★★** : le magnifique tableau du peintre flamand Juste de Gand, *La Communion des apôtres* (15e s.) avec la prédelle de la *Profanation de l'hostie* de **Paolo Uccello** et l'énigmatique *Cité idéale,* attribuée à **Luciano Laurana**.

L'imposante **salle du Trône** (*salle 22*) est ornée de sept tapisseries du 17e s., tandis que la **salle 23** qui suit accueille des œuvres de Giovanni Santi.

Appartement de la duchesse – *Salles 25-28.* Le parcours du 1er étage se termine dans ces quatre dernières salles. Le salon *(salle 25)* recèle le célèbre portrait de femme, dit **La Muette★★★**, et la **Sainte Catherine d'Alexandrie★** peints par **Raphaël**.

2e étage – Il accueille l'appartement des Della Rovere. On peut admirer des peintures italiennes des 16e et 17e s., dont des œuvres de Federico Barocci (1528-1612), des céramiques et majoliques des 17e et 18e s.

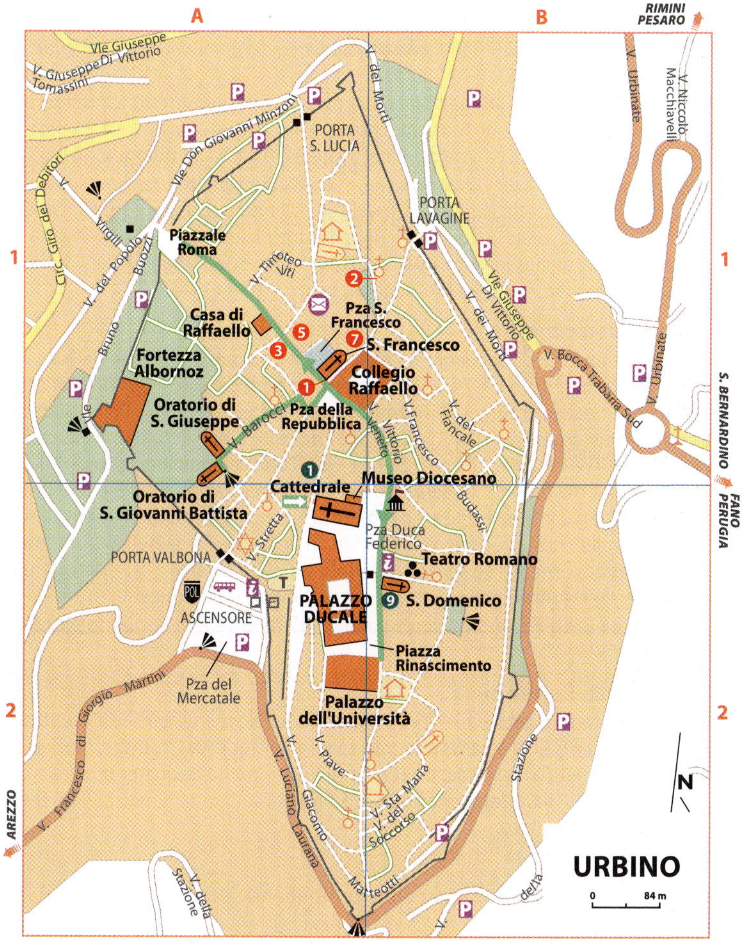

SE LOGER
Italia 1
San Domenico.............. 9

SE RESTAURER
Al Girarrosto................... 5
Antica osteria da la Stella ... 3
L'Angolo Divino............. 2
Pizzeria Il Buco 1
Trattoria del Leone 7

Se promener Plan de ville ci-dessus

Itinéraire au départ de la cathédrale tracé en vert sur le plan de ville.

Cattedrale A2

Piazza Pascoli - 7h30-13h, 14h-19h.

À côté du palais s'élève la façade néoclassique de la cathédrale. L'ancienne église projetée par Francesco di Giorgio Martini et construite entre 1476 et 1603 s'effondra en 1789 suite à un tremblement de terre et fut rebâtie entre 1789 et 1801 par Valadier. À l'intérieur, seules les chapelles latérales originales ont été conservées et elles accueillent des œuvres de Federico Barocci, *La Dernière Cène* et le *Martyre de saint Sébastien*.

Museo Diocesano et Oratorio delle Grotte A2

Piazza Pascoli 1 - ✆ 0722 48 18 - www.museodiocesanourbino.it - 9h30-13h, 15h-18h - fermé mar. - 3,50 €.

Il conserve de remarquables objets liturgiques, notamment un candélabre de Pâques en bronze et un lutrin de chœur ayant appartenu au duc Federico, ainsi que des tableaux (*Vierge du lait* attribuée à Andrea da Bologne, 14e s.).

On peut poursuivre avec l'**Oratorio delle Grotte**. Ses quatre chapelles situées sous l'abside de la cathédrale ont été érigées à l'initiative d'une confraternité de la ville. À noter, dans la troisième chapelle, une *Pietà* en marbre de Giovanni Bandini (17e s.), destinée au tombeau du duc Francesco Maria II Della Rovere, et dans la quatrième, une *Déploration* en terre cuite du 16e s.

Piazza Rinascimento AB2

Sur la place tout en longueur qui borde le côté est du palais s'élève l'**obélisque égyptien** transféré en 1737 de Rome à Urbino pour célébrer le pontificat de Clément XI. L'église gothique **San Domenico**, du 14e s., fait face au Palais ducal. Le portail ouvragé s'orne d'un tympan en terre cuite représentant une *Vierge à l'Enfant entourée de saints*. Il s'agit d'une copie, l'œuvre originale de Luca Della Robbia étant désormais conservée dans la Galleria Nazionale delle Marche *(voir p. 548)*. À gauche de l'église, on remarque des vestiges du **théâtre romain** (B2 – l'actuelle piazza Federico était le forum de la ville romaine). Au fond de la piazza Rinascimento se dresse le **palais de l'Université** (AB2), première résidence des Montefeltro avant la construction du palais ducal.

De la piazza Duca Federico, emprunter la via Vittorio Veneto jusqu'à la piazza della Republica.

Piazza della Repubblica AB1

De cette place partent les rues principales de la ville menant aux différentes portes. Habitants et étudiants aiment à s'y rencontrer sous l'horloge, particulièrement en début de soirée, pour prendre un verre ou déguster une glace. Depuis le 18e s., le **Collegio Raffaello**, édifié par le pape Clément XI, ouvre ses arcades sur la place.

San Francesco A1

Cette église date du 14e s. mais a été profondément remaniée au 18e s. Le campanile et le portique sont les éléments les plus anciens de la structure. À l'intérieur, retable de Barocci, *Le Pardon d'Assise* (1574-1581), et tombe de Giovanni Santi, le père de Raphaël.

La charmante petite place bordée d'arcades située sur la gauche *(marché le matin)* a été ouverte au 19e s. à l'emplacement de l'ancien cloître-cimetière.

De la piazza della Repubblica, prendre la via Barocci.

★ Oratori di San Giovanni e di San Giuseppe A1

Via Barocci - ✆ 0722 26 13 - 10h-13h, 15h-18h - fermé dim. apr.-midi - 2,50 € pour chaque église.

De ces deux sanctuaires voisins, le premier, église-oratoire du 14e s., abrite de magnifiques **fresques★★** de Lorenzo et Jacopo Salimbeni représentant la *Crucifixion* et la *Vie de saint Jean-Baptiste* (1416). Le second (16e s.) renferme une statue colossale de saint Joseph (18e s.) peinte en grisaille, quatre grandes toiles de Carlo Roncalli (17e-18e s.) et une fort belle **crèche★** en stuc, grandeur nature, œuvre de Federico Brandani (1522-1575). Du parvis de San Giovanni Battista, on jouit d'une **vue★★** magnifique sur le palais ducal.

Revenir sur la piazza della Repubblica et prendre à gauche la via Raffaello.

Casa di Raffaello A1

Via Raffaello 57 - ✆ 0722 32 01 05 - www.accademiaraffaello.it - mars-oct. : 9h-13h, 15h-19h, dim. 10h-13h ; reste de l'année : 9h-14h, dim. 10h-13h - 3,50 €.

Raphaël vécut jusqu'à l'âge de 14 ans dans cette typique maison bourgeoise du 15e s. qui appartenait à son père, Giovanni Sanzio ou Santi, peintre de renom, dont l'atelier se trouvait au rez-de-chaussée. Objets et mobilier d'époque restituent l'atmosphère d'une maison Renaissance. Au 1er étage, dans le salon, belle *Annonciation* de Giovanni Santi et, sur un des murs de la chambre dans laquelle est né Raphaël, fresque de la *Vierge à l'Enfant*, attribuée au jeune Raphaël.

Fortezza Albornoz A1

Pour rejoindre la forteresse, suivre la via Raffaello jusqu'au bout, afin d'atteindre le **piazzale Roma**, situé juste en dehors des murailles. Au centre d'un petit square trône le **monument** à Raphaël élevé en 1897. Belle vue sur les collines verdoyantes et les Apennins, dans le lointain.

De là, on atteint cette **forteresse** du 16e s., qui offre également un beau point de vue sur le Palais ducal et les environs. Elle accueille un petit **musée** avec une section archéologique et une autre dédiée aux armes anciennes. *Via Buozzi - ✆ 0722 32 04 03 - 8h-18h.*

À voir aussi

★★ Route panoramique

Partant du piazzale Roma, la route longe une colline. On découvre des **vues★★** admirables sur les remparts, la ville basse, le Palais ducal et la cathédrale, formant un ravissant camaïeu de briques roses.

San Bernardino - Mausoleo dei Duchi Hors plan B1

2 km à l'est du centre en sortant par la Porta Lavagine - Via San Bernardino - ✆ 0722 32 05 39 - 8h-18h.

Les tombeaux de Federico et Guidobaldo da Montefeltro reposent dans cette église, édifiée au 15e s. vraisemblablement par Francesco di Giorgio Martini. Le célèbre *Retable de Montefeltro* de Piero della Francesca (à la pinacothèque de Brera à Milan) fut peint entre 1472 et 1474 pour orner l'église.

À proximité Carte de région p. 526

Sassocorvaro A1

30 km à au nord-ouest d'Urbino sur la SP 3.

En belle position panoramique sur la Foglia, fleuve qui forme ici le petit **lac de Mercatale**, le bourg abrite la surprenante **Rocca Ubaldinesca★**, une forteresse à l'originale forme de tortue imaginée par Francesco di Giorgio Martini en 1475 pour le comte Ottaviano degli Ubaldini. Le château appartint ensuite à la famille Doria de Gênes et fut enfin incorporé aux États pontificaux. L'intérieur accueille de magnifiques œuvres d'art (crucifix de Giuliano da Rimini daté de 1325) et comprend un joli théâtre créé en 1895. Grâce à sa faible humidité et au fait que Sassocorvaro n'apparaissait pas sur les cartes militaires, la Rocca cacha pendant la Seconde Guerre mondiale 6 500 œuvres d'art, dont *La Tempête* de Giorgione. *Piazza Battelli - ✆ 0722 76 177 - www.roccaubaldinesca.it - 9h30-12h30, 14h30-18h (oct.-mars sam.-dim.), juin-août 10h-19h - 4 €.*

Urbania A1

23 km au sud-ouest d'Urbino sur la route panoramique S 73bis.

Bâtie au bord du fleuve Metauro, l'ancienne Casteldurante, rebaptisée Urbania en 1636 en l'honneur du pape Urbano VIII, avait la préférence du duc Francesco Maria II Della Rovere, qui y occupa le **Barco**, une élégante résidence de chasse *(à 1 km à l'ouest de la ville)*. Au 16e s., Urbania connut son heure de gloire grâce au talent de quelque 150 **céramistes** qui exportaient leur vaisselle dans toute l'Europe (la tradition se perpétue aujourd'hui et constitue, avec la production textile, le cœur de l'économie locale). Son centre historique, aux rues sous arcades et ruelles fleuries tout autour de la cathédrale et du corso Vittorio Emanuele II, mérite une halte.

Palazzo Ducale – *Corso Vittorio Emanuele 23 - ✆ 0722 31 31 51 - www.urbania-casteldurante.it - 10h-12h, 15h-18h - fermé lun. - 4 €.* Cette imposante forteresse de 6 000 m² abrite le **Museo civico** (collection de céramiques, deux globes de Mercator, gravures et dessins des 16e et 17e s., dont *Le Storie della Bibbia* des frères Klauber) ainsi que la bibliothèque municipale, des caves aménagées et un **escalier hélicoïdal** réalisé par Francesco di Giorgio Martini au 15e s. Cette construction audacieuse permettait jadis aux dames de la cour de prendre une barque pour traverser le Metauro et rejoindre le parc du Barco.

★ Gola del Furlo B1

26 km au sud-est d'Urbino. Prendre la direction d'Acqualagna (la patrie de l'excellente truffe blanche de la région), puis suivre les indications pour Furlo di Acqualagna et Riserva Naturale Gola del Furlo. Au moment de la rédaction de ce guide, l'accès en voiture à la gorge était interdit à cause de travaux sur la route, se renseigner au 0721 70 00 41 - www.riservagoladelfurlo.it.

Cette gorge sauvage était si fréquentée à l'époque romaine que l'empereur Vespasien fit creuser, en 76 apr. J.-C., une galerie que l'on utilise encore aujourd'hui. La route, qui suit le cours du Furlo, dévoile un paysage verdoyant et majestueux, sillonné par plusieurs sentiers de randonnée.

Mondavio B1

44 km à l'est d'Urbino sur la S 73bis et la SP 77.

Ce joli bourg, qui couronne avec ses remparts une colline de 280 m, conserve une des nombreuses **forteresses** parsemées par l'architecte Francesco di Giorgio Martini au 15e s. dans la région. Celle de Mondavio, la **Rocca Roveresca**, appartint à Giovanni Della Rovere, beau-fils de Federico da Montefeltro. *✆ 0721 97 77 58 - www.mondavioturismo.it - 9h-12h, 15h-19h - 6 € le billet combiné avec la pinacothèque.*

Une promenade dans le village révèle des coins charmants et de belles vues sur la campagne.

★ Corinaldo B1

52 km à l'est d'Urbino sur la S 73bis et la SP 77 (10 km à l'est de Mondavio).

Largo XVII Settembre 1860, 1 - ✆ 071 67 782 - www.corinaldoturismo.it.

Cette petite ville possède une magnifique **enceinte fortifiée★★**, l'une des mieux conservées d'Italie centrale. La muraille (dont on peut faire le tour), longue de 900 m, est scandée de bastions, de tours circulaires et pentagonales et de tours de garde. Construite en 1367, elle fut remaniée par Francesco di Giorgio Martini au 15e s. C'est ici que naquit, en 1890, **Maria Goretti,** tuée à 12 ans et canonisée en 1950. Sa **maison natale** *(ouverte à la visite - www.santamariagoretti.it)* a été conservée et la ville lui a dédié un sanctuaire où sont enterrés sa mère et son assassin.

NOS ADRESSES À URBINO

Plan de ville p. 549

ARRIVER/PARTIR

Autobus – Liaisons avec Pesaro assurées par la compagnie **Adriabus**. *Départ ttes les 30/60mn, 45mn de trajet - ✆ 0722 37 67 38 - www.adriabus.eu.*

VISITES

Visites guidées – L'association Urbino Ducale propose des visites guidées traditionnelles ou insolites (en français) dans la ville et les environs. *Rens. sur www. guideurbino.it.*

HÉBERGEMENT

BUDGET MOYEN

Italia – A1 - *Corso Garibaldi 38 - ✆ 0722 27 01 - www.albergo-italia-urbino.it - 43 ch. - 80/120 €.* Cette auberge de la fin du 19e s. est aujourd'hui un hôtel central, au style classique et de bon confort. Pour séjourner en plein cœur d'Urbino, au pied du Palais ducal.

POUR SE FAIRE PLAISIR

San Domenico – B2 - *Piazza Rinascimento 3 - ✆ 0722 26 26 - www.viphotels.it - 31 ch. - 140/200 €.* Face au Palais ducal, un hôtel de charme aménagé dans un ancien couvent du 15e s., entièrement rénové tout en respectant sa simplicité élégante. Espaces communs raffinés et chambres spacieuses.

À proximité

PREMIER PRIX

Agriturismo Cà Andreana – *Via Cà Andreana 2 -* **Gadana**, *à 3 km au nord-ouest d'Urbino - ✆ 0722 32 78 45 - www.caandreana.it - ✕ - 6 ch. - 80/100 €.* Située en pleine campagne, cette fermette bien tenue jouit d'une superbe vue sur les environs. Belles chambres, simples mais offrant tout le confort. Les matières premières provenant de l'exploitation agricole permettent de réaliser un choix excellent de plats du terroir.

POUR SE FAIRE PLAISIR

Urbino Resort Tenuta Santi Giacomo e Filippo – *Via San Giacomo In Foglia 7 -* **Pantiere**, *à 13 km au nord d'Urbino - ✆ 0722 58 03 05- www. tenutasantigiacomoefilippo.it - ✕ ≈ - 32 ch. - 120/150 €.* Datant du 18e s., cette ferme biologique propose des chambres de charme avec sol en terre cuite et poutres apparentes au plafond. Spa et piscine extérieure. Excellente cuisine du terroir interprétée avec originalité au restaurant **Urbino dei Laghi** (*✆ 0722 58 94 26 - fermé mar. et à midi sf w.-end).*

RESTAURATION

PREMIER PRIX

Pizzeria Il Buco – A1 - *Via Cesare Battisti 1 - fermé dim. - 7/10 €.* Une adresse historique pour déguster la typique *crescia sfogliata* d'Urbino, une sorte de *piadina* dont la pâte est préparée avec des œufs et du saindoux, qu'on peut accompagner avec du fromage tel que la *casciotta d'Urbino* (fromage au lait de brebis très apprécié de Michel-Ange), des légumes ou de la saucisse. Un vrai délice !

Al Girarrosto – A1 - *Piazza San Francesco 3 - ✆ 0722 44 45 - fermé lun. - 15/25 €.* Ce restaurant vous propose les spécialités typiques d'Urbino, comme la *crescia sfogliata (voir ci-dessus)*, service express. Aux beaux jours, on profite de la terrasse installée sur la charmante piazza San Francesco.

BUDGET MOYEN

Trattoria del Leone – A1 - *Via Cesare Battisti 5 - ✆ 0722 32 98 94 - www.latrattoriadelleone.it - fermé à midi lun.-vend. et dim. soir - 25/35 €.* Deux petites salles chaleureuses, dans une maison ancienne du centre historique. On y déguste les spécialités locales, notamment à base de *casciotta d'Urbino* et des vins de la région.

L'Angolo Divino – B1 - *Via Sant'Andrea 14 - ✆ 0722 32 75 59 - www.angolodivino.com - fermé dim. soir et lun. midi - 30/40 €.* Agréable osteria qui vous accueille dans une salle au style rustique en sous-sol ou sur une tranquille placette à la belle saison. Petits plats mitonnés avec les produits locaux.

POUR SE FAIRE PLAISIR

Antica osteria da la Stella – A1 - *Via Santa Margherita 1 - ✆ 0722 32 02 28- www.anticaosteriadalastella.com - fermé lun. - 40/55 €.* Dans une salle de style rustique du centre-ville, on déguste une cuisine traditionnelle mais personnalisée. La truffe est à l'honneur dans le menu.

À proximité

BUDGET MOYEN

La Palomba – *Via Gramsci 13 -* **Mondavio** - *✆ 0721 97 105 - www.lapalomba.it - fermé lun. - 20/35 € - ✕ 🏊 - 15 ch.* En face de la Rocca, cet hôtel-restaurant propose une cuisine régionale et de bonnes pizzas garnies avec les produits des Marches (fèves de Fratterossa, jambon de Carpegna, *casciotta d'Urbino…*). Chambres simples mais confortables et agréable piscine pour la belle saison.

PETITE PAUSE

Libreria-enoteca Atabulus – *Piazza Rinascimento 7 -* B2 - *fermé dim.* Un endroit jeune et décontracté à la décoration éclectique, en face du Palais ducal, où s'attabler pour un café, un déjeuner rapide ou un verre parmi les livres.

ACHATS

Raffaello Degusteria – *Via Bramante 8 -* A1 - *✆ 0722 32 95 46 - www.raffaellodegusteria.it.* Pour remplir votre panier des délicieux produits du Montefeltro : huiles, vins, charcuteries, fromages, etc.

Tartufi-Antiche bontà – *Via Raffaello 35 -* A1 - *✆ 0722 32 83 62.* L'endroit idéal pour se ravitailler en produits régionaux, mais aussi pour profiter des dégustations dans la salle en sous-sol.

La Cotta – *Loc. Cà Corsuccio -* **Mercatale di Sassocorvaro**, *4 km à l'ouest de Sassocorvaro - ✆ 0722 76 257 - www.lacotta.it - rest. ouv. le soir jeu.-dim. (et le midi dim.) - vente des produits 8h30-12h30, 14h30-18h30.* Une belle bâtisse jouissant d'une vue panoramique sur le lac de Mercatale accueille une excellente brasserie proposant des dégustations de bières artisanales.

AGENDA

Festival Musica Antica– *Palazzo Ducale -* A2 - *juil.-août - fima-online.org/umafest/it.* Depuis presque 50 ans, un festival dédié à la musique ancienne.

Festa del Duca – *Août - www.urbinofestadelduca.it.* Cortège historique, tournoi, etc., pour évoquer l'époque du duc Federico da Montefeltro.

Festa dell'Aquilone– *1er dim. de sept. - www.festaquilone.it.* Des centaines de cerfs-volants dansent dans le ciel sur les collines des Cesane (à l'est d'Urbino) pendant cette fête qui se termine avec un tournoi entre les quartiers de la ville.

Fabriano

31 580 habitants

Célèbre depuis le 13e s. pour ses fabriques de papier, qui lui ont fait remporter le titre de ville créative de l'Unesco dans la catégorie artisanat, Fabriano est une petite cité très agréable entièrement construite en briques, déclinant différents tons de roses selon la lumière du jour.

NOS ADRESSES PAGE 557
Hébergement, restauration, achats, activités, etc.

S'INFORMER
Office de tourisme – *Piazza del Comune 4 - ✆ 0732 62 50 67 - www.fabrianoturismo.it.*

SE REPÉRER
Carte de région B2 (p. 526).
Fabriano se trouve le long de la S 76 qui va d'Ancône en Ombrie.

À NE PAS MANQUER
Museo della Carta, Grotte di Frasassi.

ORGANISER SON TEMPS
Compter une journée avec la visite des grottes.

AVEC LES ENFANTS
Museo della Carta, Museo dei mestieri in Bicicletta et parc Frasassi Avventura.

Se promener

★ Piazza del Comune

Caractérisée par une forme trapézoïdale insolite, cette place est close par le sévère **palais du Podestat** (13e s.), l'un des meilleurs exemples de l'architecture civile médiévale de la région des Marches, par le palais épiscopal et par l'hôtel de ville, prolongé par la galerie (Loggiato) de San Francesco.
Au centre s'élève le **Sturinalto**, belle fontaine gothique qui rappelle la Grande Fontaine de Pérouse.

Piazza del Duomo

Sur cette place calme et séduisante se trouve la **cathédrale** dédiée à saint Venant, qui renferme quelques fresques d'Allegretto Nuzi. En face se dresse l'ancien hôpital Santa Maria del Buon Gesù (15e s.), siège de la **Pinacothèque municipale**, dont les structures ont été renforcées après le tremblement de terre de 1997. Le musée met en lumière l'évolution de la peinture de Fabriano, du 13e au 15e s., en présentant des contemporains du fameux Gentile da Fabriano, qui connut la gloire à Florence. Sont également présentés deux beaux **groupes en bois★** de la seconde moitié du 14e s., *L'Adoration des Rois mages* et *Le Mystère*, ainsi qu'une collection de tapisseries. *Piazza Giovanni Paolo II - pour les horaires se rens. au ✆ 0732 25 06 58 ou sur le site www.pinacotecafabriano.it.*

★★ Museo della Carta e della Filigrana

Largo F.lli Spacca 2 - ✆ 0732 70 92 97 - www.museodellacarta.com - juin-oct. 10h-13h, 14h30-19h30 ; nov.-mai 9h-13h, 14h30-18h30 - fermé lun. - 6,50 € le billet combiné avec la Pinacoteca - librairie au sein du musée.

Abrité dans les beaux bâtiments de l'ancien couvent St-Dominique (15e s.), c'est un musée « vivant » illustrant les procédés de fabrication du papier à travers la reconstitution d'un atelier médiéval en pleine activité. Le musée comprend également une exposition de cartes anciennes de Fabriano et une collection internationale de filigranes.

DU PAPIER À LA TOILE

Fabriano a donné naissance à deux artistes délicats, **Allegretto Nuzi** (1320-1373), tête de file de la peinture fabrianaise, très proche de l'école toscane, et **Gentile da Fabriano** (vers 1370-1427), l'un des principaux représentants du gothique international italien, qui fut formé par des artistes tels que Pisanello et Jacopo Bellini, mais dont la ville natale n'a cependant gardé aucune des œuvres.

Museo del Pianoforte Storico e del Suono

Complesso di San Benedetto, piazza Fabi Altini 9 - ✆ 0732 24 065 - www.accademiadeimusici.it - visites guidées le sam. à 10h, 11h, 16h30 et 17h30, les autres j. se rens. - 6 €.

Une exposition originale: une collection de 18 pianos du 18e au 20e s. qu'un pianiste fait revivre au cours de la visite guidée.

Museo dei mestieri in Bicicletta

Via Cialdini 45 - ✆ 0732 30 02 - www.mestieriinbicicletta.it - 10h-12h30, 15h30-18h30 - fermé lun. - 2,50 €.

Les 45 modèles de bicyclettes de l'entre-deux-guerres (1918-1938) et de l'après-guerre (1946-1950) exposés dans ce musée témoignent de l'ingéniosité déployée par les Italiens, du nord au sud du pays, pour transformer la petite reine en véritable outil de travail (transport de denrées, salon de coiffure ambulant, etc.).

Oratorio della Carità

Via Cesare Battisti - sam. 16h-18h30, dim. 10h-12h30, 16h-18h30.

Lié à la pensée de saint Benoît, l'ordre de la Charité fit construire cet oratoire à la fin du 16e s. pour y réunir les fidèles autour de la lecture des textes religieux. Filippo Bellini (1550-1603), natif d'Urbino, réalisa la décoration picturale dans un cycle harmonieux de quinze scènes de l'Ancien Testament.

À proximité Carte de région p. 526

★★ Grotte di Frasassi B2

15 km au nord-est, à San Vittore di Genga.

✆ 0732 97 21 66 - www.frasassi.com - visites guidées (70mn) mars-oct.: 10h, 11h, 12h, 14h30, 16h, 17h (et 18h juil.-sept.); reste de l'année: se rens. sur le site - 15,50 € le parcours standard, se rens. pour les autres parcours. Pour les visites en français, se rens. au ✆ 0732 97 21 66 ou écrire à grotte@frasassi.com.

Creusées par une dérivation du torrent Sentino, ces **grottes** impressionnantes forment un énorme réseau souterrain. La plus grande de toutes est la **grotte du Vent**, composée de sept salles où l'on admire stalagmites, stalactites et diverses concrétions de couleurs variées.

À environ 600 m à l'ouest des grottes de Frasassi se dresse l'abbaye **San Vittore delle Chiuse** *(San Vittore delle Chiuse - ✆ 0732 97 30 14 - turismo.comunedigenga.it - 9h-19h)*, remarquable construction de style roman qui remonte au 10e s.

À quelques pas de l'abbaye, les enfants (mais aussi les parents) pourront mettre leur courage à l'épreuve dans les parcours d'accrobranche du parc **Frasassi Avventura**. *San Vittore delle Chiuse, dans l'ancien moulin (Casa del Parco) - ✆ 0732 97 20 65 - www.frasassiavventura.it - été: 10h-19h, reste de l'année: seult le w.-end - fermé nov.-mars.*

Sala Candeline, dans les grottes de Frasassi.
Archivio Fotografico della Regione Marche

NOS ADRESSES À FABRIANO

HÉBERGEMENT

BUDGET MOYEN

Gocce di Camarzano – *Loc. Moscano, à 3,5 km au nord-est de Fabriano - ✆ 336 64 90 28 - www.goccedicamarzano.it - 6 ch. - 80/90 €.* Les chambres de cette villa du 17e s., située sur la route de Moscano, ont été aménagées avec goût. Mobilier d'époque, vastes salles de bain et agréable jardin.

RESTAURATION

PREMIER PRIX

Mercato Coperto – *Piazza Garibaldi - fermé lun. et dim. - 15/20 €.* Parmi les étals des halles de Fabriano, le marché couvert vous propose des assiettes de fromages et de charcuterie à accompagner d'un verre de vin ou d'une bière artisanale.

BUDGET MOYEN

Trattoria Marchegiana – *Piazza Cairoli 1 - ✆ 0732 25 00 88 - www.trattoriamarchegiana.it - fermé lun. - 20/30 €.* À cette adresse historique, sous les fraîches voûtes d'un ancien palais, on déguste une cuisine régionale savoureuse à base de pâtes fraîches. Si vous préférez les pizzas, sachez que l'on en sert uniquement le soir.

ACHATS

1896 Scienza e Natura – *Museo Farmacia Mazzolini Giuseppucci - Corso della Repubblica 33A - ✆ 0732 62 98 59 - www. museo.1896.it.* Une pharmacie historique au somptueux décor qui abrite un musée dédié à l'histoire du lieu et un point de vente de produits de beauté de qualité. Un lieu incontournable.

AGENDA

Palio di San Giovanni Battista – *16-24 juin.* Le palio fait revivre dans toute la ville les heures de la Renaissance : parade costumée, théâtre et jeux historiques.

Macerata

★

42 700 habitants

Entièrement ceinte d'une muraille élevée au 14e s. par le cardinal Egidio d'Albornoz, envoyé par le pape pour préparer son retour d'Avignon, cette ville discrète accueille dans son magnifique Sferisterio l'un des plus prestigieux festivals d'opéra d'Europe. Le centre-ville, avec ses églises, ses musées et l'animation de son ancienne université, est une agréable surprise.

NOS ADRESSES PAGE 563
Hébergement, restauration, achats, activités, etc.

S'INFORMER

Office de tourisme – *Corso della Repubblica 32 - ✆ 0733 23 48 07 - www.comune.macerata.it.*

SE REPÉRER

Carte de région C2 (p. 526). Les sites d'intérêt se concentrent dans le noyau historique que l'on parcourt aisément à pied. Plusieurs parkings payants sont situés au pied des remparts qui encerclent la ville.

À NE PAS MANQUER

Le musée, le Sferisterio et la basilique di San Nicola à Tolentino.

ORGANISER SON TEMPS

Compter une demi-journée pour la ville et la journée si vous souhaitez découvrir les environs.

Se promener

Piazza della Libertà

Le cœur du centre-ville concentre quelques-uns de ses monuments principaux : le **palais municipal** (17e-19e s.), le **palais de la Préfecture**, de style Renaissance, le **théâtre Rossi**, créé par Bibiena en 1767, l'église San Paolo (1655) et l'attenant bâtiment de l'Université, fondée par le pape Paul III en 1540, même si l'école de droit *(Studium legum)* existait déjà au 13e s. Mention spéciale pour la **Torre civica** (15e-17e s.) qui, à 12h et 18h *(7 € avec le billet combiné « Macerata Musei », voir ci-dessous)*, attire sur la place une foule de curieux venus voir la parade des Mages qui rendent hommage à l'Enfant Jésus. Les automates originaux du 16e s., sont conservés aux Musei civici *(voir ci-dessous)*.

Longer le côté gauche de l'église San Paolo.

★ Musei civici

Palazzo Buonaccorsi - Via Don Minzoni 24 - ✆ 0733 25 63 61 - www.macerata musei.it - 10h-18h (19h en été) - fermé lun. - 3 €, 7 € le billet combiné « Macerata Musei » (Musei civici, Sferisterio et Torre civica).

L'élégant palais du 18e s., qui conserve de belles salles décorées, regroupe dans un parcours très agréable toutes les collections d'art de la ville. Au 1er étage est exposée la collection d'art ancien (13e-17e s.), dont le bijoux est la *Vierge à l'Enfant* de **Carlo Crivelli** (1472). De salle en salle, on admire aussi les beaux salons du palais, comme la salle de l'Énéide et son plafond décoré de la peinture *Noces de Bacchus et Ariane* (1712). Le 2e étage accueille une collection d'art moderne et révèle la vitalité artistique de Macerata dans la première moitié du 20e s. Une section est dédiée à **Ivo Pannaggi** (1901-1981), artiste futuriste né à

Le Sferisterio, théâtre en plein air à l'acoustique remarquable.
S. Raccanello/Sime/Photononstop

Macerata, à la fois peintre, sculpteur, designer et architecte. Sa décoration de la **Casa Zampini★**, réalisée pour la maison de l'industriel Erso Zampini en 1925 et désormais exposée ici, est remarquable. Au sous-sol, l'intéressant **Museo della Carrozza** expose une vingtaine de voitures et offre aussi l'expérience virtuelle d'un voyage en carrosse.

Continuer sur la via Don Minzoni.

Le **duomo** *(piazza Strambi)*, de fondation ancienne mais rebâti au 18e s., conserve en son intérieur un beau triptyque d'Allegretto Nuzi (1369). Sur la même place se dresse le **Santuario della Misericordia**, construit au 18e s. sur les plans de Vanvitelli à l'emplacement d'une ancienne chapelle. Le riche intérieur conserve une image de la Vierge du 15e s.

Retourner sur la piazza della Libertà et continuer sur le corso della Repubblica.

Le cours aboutit sur la **piazza Vittorio Veneto**, où se dressent le collège des Gesuiti (17e-19e s.), siège de la riche **bibliothèque municipale**, et l'**église San Giovanni**, du 16e s.

De la place, prendre à droite sur la via Ricci.

★ Museo di Palazzo Ricci

Via Domenico Ricci 1 - ✆ 0733 26 14 84 - www.palazzoricci.it - mai-sept. : 10h-13h, 16h-20h ; reste de l'année : w.-end 10h-13h, 16h-20h - gratuit.

Édifié dans la seconde moitié du 16e s., ce palais, l'un des plus beaux de la ville, appartenait à la puissante famille Ricci, qui compte parmi ses membres le prêtre jésuite missionnaire **Matteo Ricci** (1552-1610), grand sinologue, considéré en Chine comme un père fondateur de l'histoire du pays. La salle de bal du palais a conservé sa décoration d'origine et la chapelle privée présente une *Pietà* de Vittore Crivelli. Les anciens appartements exposent une remarquable collection de plus de 300 œuvres de peinture et sculpture italiennes du 20e s. (appartenant à la Fondazione Cassa di Risparmio di Macerata) avec notamment **Le Muse inquietanti★** de Giorgio de Chirico, la *Papera* d'Alberto Savinio ainsi que des œuvres de Giacomo Balla, Giorgio Morandi et Lucio Fontana.

Rejoindre la piazza Vittorio Veneto et descendre sur la via Crispi pour rejoindre la piazza Mazzini.

★★ Sferisterio

Piazza Mazzini 10 - ✆ 0733 27 17 09 - www.maceratamusei.it - visites guidées 9h-13h, 15h-19h (oct.-mars 10h-18h), fermeture anticipée le lun. - 3 €, 7 € le billet « Macerata Musei » (Musei civici, Sferisterio et Torre civica).

L'ancienne salle de jeu de *pallone col bracciale* (jeu de paume avec un gant hérissé de picots) est mondialement connue pour son acoustique exceptionnelle. Inauguré en 1829, et d'un style néoclassique, l'hémicycle est entouré d'une colonnade dorique et 104 loges donnent sur la scène. Depuis 50 ans, les opéras du Macerata Opera Festival *(voir p. 563)* attirent plus de 2 500 spectateurs : une expérience inoubliable !

À proximité Carte de région p. 526

Abbadia di Fiastra C2

12 km au sud-ouest de Macerata sur la SP 77 et la SP 78.

✆ 0733 20 29 42 - www.abbadiafiastra.net - juin-sept. : 10h-13h, 15h-19h, reste de l'année : sam.-dim. 10h-13h, 15h-18h - 5 €, 9 € le billet combiné avec le Parco archeologico di Urbisaglia.

Bel exemple d'abbaye cistercienne, cet ensemble fondé au 12e s. par un groupe de moines venus de l'abbaye de Chiaravalle (près de Milan) comprend un vaste réfectoire édifié avec les pierres de l'ancien site romain di Urbisaglia *(voir ci-après)*, un cloître harmonieux, un puits, des celliers et des magasins. Un système de grottes permettait aux moines de conserver les denrées périssables au frais.

Le domaine de l'abbaye possède un statut de **réserve naturelle**.

Parco archeologico di Urbisaglia C2

15 km au sud-ouest de Macerata sur la SS 77 et la SP 78.

✆ 0733 50 65 66 - juin-sept. 10h-13h, 15h-19h ; reste de l'année : sam.-dim. 10h-13h, 15h-18h (16h30 nov.-fév.) - 7 €, 9 € le billet combiné avec l'abbadia di Fiastra.

Située au croisement de deux importants axes romains, la cité d'Urbs Salvia a été détruite par les Wisigoths pendant la première moitié du 5e s. Reconstruite au Moyen Âge, elle conserve de cette période une imposante **forteresse**. Particulièrement intéressante, la zone archéologique possède l'un des plus vastes **théâtres romains** d'Italie (1er s.) et le seul portant encore des traces de décoration polychrome. Intéressantes fresques (notamment le *Lion terrassant une gazelle*), monuments funéraires, un amphithéâtre et un aqueduc.

★★ Basilica di San Nicola à Tolentino C2

20 km au sud-ouest de Macerata sur la SS 77.

Piazza Silveri - ✆ 0733 97 63 11 - www.sannicoladatolentino.it - 9h30-12h, 16h-19h.

Perchée sur les hauteurs du Chienti, à la lisière du parc national des monts Sibyllins, **Tolentino**, un lacis de ruelles fraîches bordées de palais de brique, fut le refuge de saint Nicolas et le théâtre de la ratification du **traité de Tolentino** signé en 1797 par Bonaparte et Pie VI, qui rendait Avignon à la France (le palais Parisani Bezzi accueille les salles où l'empereur logea et signa le traité *(www.tolentinomusei.it/it/palazzo-parisani-bezzi)*.

Vénéré pour ses qualités de thaumaturge, le moine augustin **Nicolas** (1246-1305) arriva vers l'âge de 30 ans à Tolentino et y vécut jusqu'à sa mort ; il fut canonisé en 1446. Il est enterré dans la crypte du sanctuaire édifié en 1325.

Fresques de la basilique di San Nicolà à Tolentino.
D. Donadoni/Marka/age fotostock

L'aspect **extérieur** de la basilique reflète les différentes étapes de sa construction, qui s'échelonnèrent de 1305 au 18e s. La façade, refaite au 17e s. dans le goût baroque, a cependant gardé un élégant portail de style gothique tardif, réalisé au 15e s. par le Florentin Nanni di Bartolo, disciple de Donatello.
Intérieur – Il se distingue par un fastueux décor de marbres, ors et stucs, et par un magnifique plafond à caissons (1628). La première chapelle à droite renferme la *Vision de sainte Anne* du Guerchin (1591-1666). La **grande chapelle St-Nicolas**, qui fait office de croisillon droit, est la partie la plus célèbre du sanctuaire, en raison des **fresques★★** du 14e s., dues à un maître anonyme de l'école de Rimini. Aux voûtes apparaissent les évangélistes et les docteurs de l'Église, tandis que les murs sont ornés de scènes de la vie de la Vierge et du Christ *(partie supérieure et centrale)* et de saint Nicolas *(partie inférieure)*.
Musées – Ils comprennent le **musée de la Céramique**, le **musée de l'Œuvre**, qui renferme une belle *Nativité* en bois du 14e s., et la **galerie des Ex-voto**, collection de plus de 500 pièces du 15e au 19e s., remarquables par leur image de foi ingénue et spontanée.
Avant de quitter Tolentino, allez visiter le tout nouveau **Poltrona Frau Museum**, qui retrace l'histoire d'une des marques emblématiques du design italien, fondée à Turin en 1912 et transférée à Tolentino en 1963. *Via Cristoforo Colombo - ✆ 0733 909 447 - poltronafraumuseum.it - 15h30-19h30, sam. 9h-13h, 15h30-19h30 - fermé dim. et lun. - gratuit.*

★ San Severino Marche C2

30 km au sud-ouest de Macerata sur la SP 361 (15 km au nord-ouest de Tolentino).
Groupée autour de la **piazza del Popolo★**, bordée de demeures patriciennes et à la forme elliptique parfaite, cette ville possède un noyau urbain médiéval et Renaissance. Du haut de la colline où s'élève le **Dôme**, la **vue★** sur la ville et les monts avoisinants est enchanteresse *(monter par la via della Pitturetta)*.
Pinacoteca civica – *Palais Tacchi-Venturi, via Salimbeni 39 - ✆ 0733 63 80 95 - www.comune.sanseverinomarche.mc.it- été : 9h-13h, 16h-19h ; reste de l'année :*

9h-13h - fermé lun., 2e et 4e dim. du mois - 3 €. La pinacothèque réunit d'intéressants exemples de l'école locale de peinture : **Lorenzo Salimbeni** et son frère **Jacopo** révolutionnèrent le langage pictural du 15e s. grâce à un style où les expériences du gothique courtois se trouvèrent allégées par des représentations d'un vif dynamisme. La pinacothèque recèle en outre un somptueux **polyptyque** de Vittore Crivelli et une délicate *Madone de la Paix* du Pinturicchio (1454-1513).

Non loin *(tourner à gauche au bout de la via Salimbeni)* se trouve l'**église San Lorenzo in Dolìolo** (11e s.), présentant une architecture intéressante et une jolie **crypte★** recouverte d'un cycle de fresques, attribué aux frères Salimbeni et à leur école.

Camerino B2

48 km au sud-ouest de Macerata sur la SS 77.

Perché à 661 m d'altitude, ce joli bourg médiéval fut, du 13e au 16e s., le siège du riche duché des seigneurs **Da Varano**. Le centre-ville se développe en longueur sur le sommet de la colline, le long du **corso Vittorio Emanuele II** mais le cœur de la ville se situe **piazza Cavour**, belle place veillée par la statue du pape Sixte V (1587) et bordée par le Duomo (remanié au 19e s.), le **Palazzo arcivescovile** (1598) et le **Palazzo Ducale**. Ce dernier, bâti au 14e s., est le siège d'une des plus anciennes universités d'Italie, qui offre de ses balcons une **vue★** imprenable sur la vallée. Le Palazzo arcivescovile accueille le **Museo Diocesano,** qui expose un riche patrimoine de sculptures, polyptyques, orfèvrerie, tissus et meubles. *✆ 0737 63 04 00 - www.arcidiocesicamerino.it/museo-diocesano-menu-diocesi.html - avr.-sept. 10h-13h (jeu.-dim. aussi 16h-19h), oct.-mars 10h-13h (w.-end aussi 15h-18h) - 3 €.*

Rejoindre la piazza dei Costanti.

Convento di San Domenico – *Piazza dei Costanti - ✆ 0737 40 23 09 - www.museicivicicamerino.it - 10h-13h, 16h-19h (15h-18h en hiv.) - fermé lun. - 4 €.* Le monastère **San Domenico** abrite un **musée archéologique** et une intéressante **pinacothèque**, avec des œuvres du 13e au 18e s. Au premier plan, les artistes de l'« école de Camerino », qui se forma à la cour des Da Varano au 15e s.

Revenir sur la piazza Cavour et suivre le corso Vittorio Emanuele.

Sur la droite du corso s'élève le **Teatro Marchetti**, bâti en 1846. Non loin, l'église **San Filippo** mérite un détour pour admirer le grand tableau du Tiepolo *La Vierge apparaissant à saint Philippe Neri* (1740). En parcourant jusqu'au bout le corso Vittorio Emanuele, on rejoint la **Rocca** (1503), entourée par des jardins qui offrent une vue magnifique.

Montecassiano C2

10 km au nord de Macerata sur la SP 361.

Il fait bon flâner dans ce joli bourg entouré par ses remparts pour en découvrir les ruelles, les anciens bâtiments, les églises et les placettes. Sur la piazza Unità d'Italia se dressent le **palazzo dei Priori**, daté du 15e s., et la **Collegiata di Santa Maria Assunta**, qui conserve un remarquable autel en terre-cuite peint par Mattia della Robbia (1532).

Treia C2

18 km à l'ouest de Macerata sur la SP 53 et la SP 128.

Charmant petit bourg médiéval du 13e s., étendu sur trois cols non loin du fleuve Potenza, très agréable pour flâner dans les ruelles silencieuses bordées de ravissantes églises. Chaque année, des tournois de *pallone col bracciale* rassemblent les amateurs de ce jeu hérité de la Renaissance *(rens. à l'office de tourisme - piazza della Repubblica 3 - ✆ 0733 21 59 19 - www.prolocotreia.it).*

NOS ADRESSES À MACERATA ET ALENTOURS

Carte de région p. 526.

HÉBERGEMENT

BUDGET MOYEN

Resort Le Case – *Contrada Mozzavinci 16/17 - 6 km au nord-ouest de Macerata - ✆ 0733 23 18 97 - www.ristorantelecase.it - ✕ - 19 ch. - 100/120 €.* Une ferme fondée au 10e s. a été transformée en agréable hôtel au cadre élégant et raffiné. Le restaurant est l'un des meilleurs de la région.

À proximité

PREMIER PRIX

Locanda Salimbeni – *Strada Provinciale 361 - 4 km à l'ouest de* **San Severino Marche** - C2 - *✆ 0733 63 40 47 - www.locandasalimbeni.com - ✕ - 8 ch. - 70 €.* Un hommage aux frères Salimbeni peintres locaux du 15e s. dont les œuvres sont évoquées dans le restaurant. Chambres agréables et bien équipées.

BUDGET MOYEN

Villa Quiete Hotel – *Via Enrico Mattei 6, loc. Valle Cascia -* **Montecassiano** - C2 - *✆ 0733 59 95 59 -www.villaquiete.it - ✕ 🏊 - 100/140 €.* Aux pieds du charmant bourg de Montecassiano, une grande villa du 18e s., nichée dans un charmant parc, vous accueille avec des chambres élégantes à la décoration classique. Très agréable à la belle saison au bord de la piscine.

Terre della Sibilla – *Loc. Peschiera -* **Pievebovigliana**, *à 30 km au sud-ouest de Tolentino - ✆ 0737 44 070 - www.agriturismoterredellasibilla.it - ✕ - 8 ch. - 80 €.* Excellente base d'exploration de la région, cet agritourisme biologique est situé au cœur du parc des monts Sibyllins. Calme absolu, chambres sobres et bien tenues. Sentiers aménagés en pleine nature (randonneurs, cavaliers et cyclistes). Excursions thématiques (faune et flore) organisées par les propriétaires. Repas avec produits de la ferme et petite boutique.

RESTAURATION

PREMIER PRIX

Trattoria da Ezio – *Via Crescimbeni 65 - ✆ 0733 23 23 66 - www.trattoriadaezio.eu - fermé dim. - 20/25 €.* Une trattoria traditionnelle, simple mais authentique, où déguster les savoureuses spécialités du terroir, avec, en premier plan, les pâtes faites maison de la sympathique *signora* Mirella.

AGENDA

Macerata Opera Festival – *Macerata - juil.-août - ✆ 0733 23 07 35 - www.sferisterio.it.* La saison propose des opéras chantés par les plus grands interprètes du moment avec des mises en scène souvent spectaculaires, comme celle, célèbre, de Josef Svoboda pour *La Traviata* en 1992.

San Severino Blues Festival – *San Severino Marche - juil.-août - ✆ 0733 64 13 17 - www.sanseverinoblues.com.* Le jazz envahit San Severino Marche durant ce festival.

Fermo

★

37 700 habitants

Jouissant d'une position exceptionnelle, sur les flancs d'une colline d'où elle domine à la fois la campagne et la mer, Fermo est une très jolie ville tout en briques roses, construite autour de l'élégante piazza del Popolo. Un charme apaisant et très authentique se dégage de ces ruelles en pente ornées de très beaux monuments civils et religieux. La ville est spécialisée dans la production de chaussures, avec des griffes internationales comme Tod's, fondée au début du 20ᵉ s. à Casette d'Ete, à 20 km de Fermo.

NOS ADRESSES PAGE 567
Hébergement, restauration, achats, activités, etc.

S'INFORMER

Office de tourisme – *Piazza del Popolo 6 - ✆ 0734 22 79 40 - www.comune.fermo.it.*

SE REPÉRER

Carte de région D2 (p. 526).
Fermo se trouve à quelques kilomètres de l'Adriatique. Il est facile d'y arriver par l'A 14, en sortant à Porto San Giorgio.

À NE PAS MANQUER

La vue depuis la piazza del Duomo.

ORGANISER SON TEMPS

Compter une demi-journée.

Se promener

★ Piazza del Popolo

Située au cœur de la ville, elle est entourée de galeries et d'arcades du 16ᵉ s. Plusieurs édifices y trouvent place : le **palazzo dei Priori** (palais des Prieurs, 15ᵉ-16ᵉ s.), dont la façade est dominée par une statue de Sixte Quint, ancien évêque de Fermo ; le **palazzo degli Studi** (palais des Études), autrefois siège de l'université et désormais **bibliothèque** municipale. Fondée en 1688, elle abrite quelque 400 000 ouvrages (manuscrits, cartes, codex) et compte parmi les dix bibliothèques les plus importantes d'Italie. Enfin, sur le côté opposé, le palais épiscopal. Au bout de la piazza del Popolo commence le **corso Cefalonia**, l'artère principale du centre historique, bordé de beaux palais Renaissance et de la tour Matteucci, du 13ᵉ s. Du côté opposé de la piazza, sur la via Mazzini, se dresse le **théâtre dell'Aquila** (1729-1812), qui compte parmi les plus prestigieuses salles italiennes.

Pinacoteca civica

Palazzo dei Priori - ✆ 0734 21 71 40 - en été : 10h30-13h - 16h-20h (vend.-dim. 10h30-19h) ; reste de l'année : 10h30-13h, 15h30-18h - fermé lun. - 3 €.

La Galerie renferme une belle collection d'œuvres des Marches et de Vénétie essentiellement. Les plus importantes sont *Lu Marguttu* (16ᵉ s.), statue de sarrasin en bois qui servait de cible au cours des tournois, les **Histoires de sainte Lucie★**, de Jacobello del Fiore (1394 ?-1439), marquées d'une grâce typique du gothique tardif, et l'**Adoration des bergers★★**, de Rubens (1577-1640), l'une des plus belles toiles qu'il réalisa au cours de son séjour en Italie. Dans la salle de la Mappemonde, un beau **globe terraqué** du 18ᵉ s. est exposé.

La ville de Fermo.
M. Rellini/Sime/Photononstop

Cisterne romane

Via degli Aceti - ✆ 0734 21 71 40 - visites guidées, se renseigner sur Internet - 3 €. Non loin de la place, dans la via degli Aceti, se trouvent les citernes romaines, un énorme ouvrage du 1er s. apr. J.-C. constitué de 30 salles communicantes, occupant une surface totale de plus de 2 000 m²; elles étaient utilisées comme réservoir hydraulique pour la ville et le port.

Piazza del Duomo

De la piazza del Duomo, esplanade balayée par le vent (par conséquent bien fraîche en été), on jouit de **vues★★** superbes sur la région d'Ascoli, les Apennins, la mer et la presqu'île du Conero.

★ Duomo

✆ 0734 22 87 29 - 10h-13h, 15h30-19h30. De style romano-gothique et élevé au 13e s. sur les ruines d'un temple païen, le duomo possède une majestueuse **façade★** en pierres blanches d'Istrie et un portail finement sculpté, malheureusement très abîmé. Dans l'atrium (un des restes de l'ancienne église), on peut admirer le sarcophage de Giovanni Visconti, seigneur de la ville (14e s.). L'**intérieur** du 18e s. recèle une belle **icône** byzantine et une **mosaïque★** du 5e s., où le paon qui se désaltère dans un vase symbolise la résurrection du Christ et la renaissance spirituelle.

À proximité Carte de région p. 526

Torre di Palme D2

11 km au sud-est de Fermo.
Montez jusqu'à ce joli bourg dont la position panoramique, à quelques kilomètres de la côte, offre une belle vue sur la mer. Il fait bon flâner dans les ruelles de son noyau médiéval et il ne faut pas manquer le **polyptyque★** de Vittore Crivelli, conservé dans l'église gothique **Sant'Agostino**. *✆ 0734 53 123 - www.fermo.net - sam. apr.-midi. pendant la messe et dim., les autres j. sur RV.*

★ Santa Maria a piè di Chienti C2

25 km au nord-ouest de Fermo.

℘ 0733 86 52 41 - été : lun.-sam. 8h-12h, 14h-18h, dim. et j. fériés 10h-10h30, 14h-18h - laisser une offrande.

Ce célèbre monument roman fut bâti au 12e s. et plusieurs fois remanié. L'intérieur, admirable, éclairé par la lumière dorée des fenêtres en albâtre, est divisé en trois vaisseaux. Les nefs collatérales se prolongent par un **déambulatoire★** aux chapelles rayonnantes d'origine clunisienne. Au début du 15e s., la construction d'un chœur surélevé donna naissance à une seconde église dont l'abside est ornée de fresques de la même époque.

À quelques kilomètres au nord de l'église, prenez le temps de faire une promenade dans l'adorable **Montecosaro**, un petit bourg hors du temps.

Monte San Giusto C2

20 km au nord-ouest de Fermo sur la SP 30.

C'est pour rendre hommage à Lorenzo Lotto qu'on vient dans ce bourg agréable : sa magnifique et intense **Crucifixion★** (1531) est conservée dans l'église **Santa Maria in Telusiano** *(via Tolomei)*.

Polo Museale di San Francesco à Montefiore dell'Aso D3

20 km au sud de Fermo.

Piazza San Francesco 1 - ℘ 0734 93 87 43 - www.museipiceni.it - juil.-sept. : mar.-vend. 17h-20h, sam.-dim. 10h-13h, 17h-20h, fermé lun. sf août ; reste de l'année : sam. et dim. 10h-13h, 15h-18h - 3,50 €.

Dans la gracieuse petite ville de Montefiore dell'Aso, ce complexe muséal recèle un chef-d'œuvre de **Carlo Crivelli** : un **polyptyque★★**, malheureusement incomplet, tout rehaussé d'or et comportant six panneaux de saints. L'évocation de Marie-Madeleine symbolise l'un des plus hauts moments de l'œuvre de Crivelli. La sainte, vêtue de somptueux brocarts d'or et de soie et portant le manteau écarlate, symbole de la passion du Christ, avance avec grâce et majesté, tenant le vase des onguents dans la main.

Ripatransone D3

35 km au sud de Fermo.

Un noyau médiéval, des palais anciens, des placettes pleines de charme, une position panoramique, d'intéressants musées… Ripatransone, labellisé Pavillon Bleu, est l'un de ces villages qui font la beauté paisible des Marches, où il fait bon flâner dans le dédale des ruelles pittoresques. Jetez un coup d'œil à la belle **cathédrale** (16e-17e s.), qui conserve une toile du **Guerchin** (1591-1666). Sur la centrale **piazza XX Settembre** se dressent le **palais du Podestat**, d'époque médiévale, et le **Palais comunal**. Pour compléter la visite, profitez de la riche **pinacothèque**, qui expose des œuvres de Vittore Crivelli. *Palazzo Bonomi Gera, corso Vittorio Emanuele II 32 - ℘ 0735 99329 - actuellement fermé pour travaux.*

Grottammare D3

30 km au sud-est de Fermo sur la SS 16.

Comme San Benedetto del Tronto et Cupra Marittima, le village, labellisé Pavillon Bleu, fait partie de la « **Riviera delle Palme** ». Délaissez les plages prisées de la côte pour grimper (en voiture) dans la partie perchée du bourg et découvrir la vue depuis les remparts, l'entrelacs des rues médiévales et les belvédères, comme celui de la **piazza Peretti** dont les adorables loges du **théâtre Arancio** sont tournées vers la mer.

NOS ADRESSES À FERMO

Carte de région p. 526.

HÉBERGEMENT

BUDGET MOYEN

Agriturismo La Quarta – *Contrada Abbadetta - ✆ 347 348 32 39 - www.laquarta.it -* ✕ ⛱ *- 4 apparts.* Cet ancien corps de ferme sobrement aménagé plonge sur le bleu de la mer. Quatre appartements indépendants joliment décorés de meubles peints à la main. Piscine, randonnées, vélo, tir à l'arc et visites de caves.

À proximité

PREMIER PRIX

La Torretta sul Borgo – *Via Camilla Peretti 2 -* **Grottammare** - D3 - *✆ 0735 73 68 64 - www.latorrettasulborgo.it - 6 ch. - 60/90 €.* Dans le centre historique du bourg, une maison ancienne, restaurée avec soin. Chambres personnalisées au décor plutôt rustique.

BUDGET MOYEN

Hotel Roma – *Lungomare De Gasperi 60 -* **Grottammare** - D3 - *✆ 0735 63 11 45 - www.hotelromagrottammare.com - fermé 15 nov.-Pâques - 59 ch. - 90/120 €.* Un endroit adorable : un bâtiment sur le bord de mer plutôt anonyme a été revisité avec originalité d'une main féminine de bon goût. Accueil aimable.

RESTAURATION

PREMIER PRIX

Enoteca Bar a Vino – *Piazza del Popolo, ang. via Mazzini - ✆ 348 90 35 257 - fermé lun. - 15/25 €.* Donnant sur la place principale du centre historique, cette œnothèque possède une agréable terrasse. Au déjeuner, uniquement des assiettes de fromages et de charcuterie. Menu à la carte le soir.

À proximité

BUDGET MOYEN

La Luma – *Via G. Bruscantini 1 -* **Montecosaro** - C2 - *✆ 0733 22 97 01 - www.laluma.it - 11 ch - 25/40 €.* Sous les voûtes d'un ancien monastère, on déguste une cuisine régionale soignée dans un cadre sobre et élégant. À quelques dizaines de mètres, l'hôtel dispose de chambres coquettes et confortables.

ACHATS

Prada Outlet – *Via Mostrapiedi 11 - Fraz. Casette d'Ete, Sant'Elpidio a Mare - ✆ 0734 66 60 66 - www.castagnovillage.it - 10h-19h30 - fermé lun. matin et w-end.* Un magasin d'usine incontournable pour les *fashionistas*, qui propose les articles des différentes marques de la maison Prada : Miu Miu, Church's et Car Shoe.

Tod's Outlet – *Via Filippo della Valle 1 - Fraz. Casette d'Ete, Sant'Elpidio a Mare - ✆ 0734 87 16 71 - 10h-19h.* La marque fondée au début du 20e s. par le grand-père du patron actuel, Diego della Valle, propose un magasin d'usine où se ravitailler en prestigieuses chaussures Tod's, Hogan et Roger Vivier.

AGENDA

Cavalcata dell'Assunta – *15 août.* Fermo s'anime d'un parfum de Renaissance le temps d'une course à cheval en costumes. Cette tradition qui oppose les six quartiers de la cité remonterait à la fin du 12e s. *Renseignements à l'OT (voir « s'informer » p. 564).*

Ascoli Piceno

★★

49 870 habitants

Posée sur un rocher sur les contreforts des monts Sibyllins, Ascoli Piceno est ceinte par les eaux du Tronto et du Castellano. Elle révèle sa beauté au promeneur qui franchit l'un de ses ponts : d'une place à l'autre, l'harmonie règne entre les édifices historiques qui témoignent de son rayonnement au Moyen Âge et à la Renaissance. On appelle aussi « la petite Sienne » cette cité construite en travertin, connue pour le talent de ses céramistes.

NOS ADRESSES PAGE 573
Hébergement, restauration, achats, activités, etc.

S'INFORMER
Office de tourisme – *Piazza Arringo 7 - ✆ 0736 25 30 45 - www.comuneap.gov.it.*

SE REPÉRER
Carte de région C3 (p. 526) - plan de ville (p. 570). Ascoli Piceno se trouve sur la via Salaria, à environ 30 km de l'Adriatique.

SE GARER
Le centre historique est interdit aux voitures. Garez-vous plutôt dans les parkings extérieurs.

À NE PAS MANQUER
Piazza del Popolo, piazza Arringo et le Duomo.

ORGANISER SON TEMPS
Compter une demi-journée.

AVEC LES ENFANTS
Le petit train touristique Ascoli Explorer pour découvrir le centre- ville.

Se promener Plan de ville p. 570

Itinéraire au départ de la piazza Arringo tracé en vert sur le plan de ville p. 570.

★ Piazza Arringo B2

Commencez votre promenade par cette place où se tenaient les assemblées populaires. Pouvoirs civil et religieux se partagent encore l'espace, car elle réunit le Duomo, le baptistère, le palais dei Vescovi et le palais Arengo, siège de la mairie et de la pinacothèque.

Duomo B2

✆ 0736 25 97 74 - 8h-12h30, 16h-19h30.

Élevé au 11e s., le dôme possède une grandiose façade Renaissance due à **Cola dell'Amatrice**. Sur le côté gauche, la **Porta della Musa** est une réalisation de la Renaissance tardive. À l'**intérieur**, dans la chapelle du Sacrement *(bas-côté droit)*, on peut admirer un magnifique **polyptyque**★ de **Carlo Crivelli**, où la grâce du style gothique tardif de la *Vierge à l'Enfant* s'oppose à la *Pietà* rappelant Bellini. La **crypte** conserve la tombe de Sant'Emidio, patron de la ville.

★ Battistero B2

✆ 0736 25 28 83 - juil.-août : tlj sf lun. apr.-midi 10h30-13h, 15h-20h, reste de l'année : sam.-dim., se rens. sur les horaires.

À gauche du dôme s'élève le baptistère du 11e s., bel édifice carré couronné d'une lanterne octogonale, bâti sur le site d'un temple romain dédié à Hercule.

Ascoli Piceno, piazza del Popolo.
M. Chapeaux/AGF Foto/Photononstop

La porte d'entrée est surmontée d'un arc triangulaire, percé à l'horizontale, élément caractéristique de l'architecture d'Ascoli Piceno. À l'intérieur, le bassin pour les baptêmes à immersion date des 5e-6e s.

Museo Diocesano B2

0736 25 28 83 - juil.-août : tlj sf lun. apr.-midi 10h30-13h, 15h-20h, reste de l'année : sam.-dim., se rens. sur les horaires - 0736 25 28 83 - 3,50 €.
Le musée vante une belle collection d'œuvres de Carlo Crivelli, de son élève **Pietro Alamanno**, et de Cola dell'Amatrice. La salle décorée de fresques de **Marcello Fogolino** dédiées à l'histoire de Moïse (1547) est remarquable.

UNE DESTINÉE ARTISTIQUE

Le nom de la ville fait référence à l'occupation de la région par les Picènes jusqu'au 1er s. av. J.-C. De la florissante Asculum romaine demeurent de nombreux vestiges, pour la plupart intégrés par la suite dans le tissu urbain. À l'époque médiévale et Renaissance, bien qu'elle ait été le théâtre de luttes acharnées entre factions rivales, la ville connut alors une prospérité dont témoigne la remarquable floraison des édifices civils et religieux, et l'on comptait alors près de 200 tours dont la moitié demeure.

Si l'art Renaissance s'y développa sous l'impulsion d'artistes locaux tel **Cola dell'Amatrice**, la vitalité artistique et commerciale de la ville attira aussi des personnalités étrangères, tel le Vénitien **Carlo Crivelli** (1430-1494), qui en fit sa patrie d'adoption. Formé au contact des expériences de Mantegna et Bellini, son langage original, où les solides volumes Renaissance se mêlent à une préciosité ornementale appartenant au style gothique tardif, influença profondément les peintres locaux et favorisa l'essor artistique de toute la région. À plusieurs siècles de distance, le peintre **Osvaldo Licini** (1894-1958), qui fit partie de l'avant-garde parisienne après la Première Guerre mondiale, poursuivit cette tradition artistique par une œuvre forte et originale.

ASCOLI PICENO

0 — 121 m

SE LOGER

Palazzo dei Mercanti 1
Residenza 100 Torri 2

SE RESTAURER

Del Corso 3
Kursaal.................... 4
Locanda del Medioevo...... 2
Migliori 1

★ Pinacoteca B2

✆ 0736 29 82 13 - www.ascolimusei.it - 10h-19h (17h mar.-vend. en hiv.), fermé lun. - 8 € le billet combiné avec le Museo dell'Arte Ceramica et la Galleria d'arte O. Licini.

Située à l'étage noble de l'hôtel de ville, elle renferme une riche collection de splendides peintures et sculptures du 15e au 19e s. (Guido Reni, Titien, Luca Giordano, Carlo Maratta). Dans le domaine de l'art, les œuvres de Carlo Crivelli, Cola dell'Amatrice et Pietro Alamanno, sont les plus représentatives des Marches. Le joyau du musée est une magnifique **chape★** du 13e s. de fabrication anglaise, offerte en 1288 par le pape Nicolas IV au chapitre de la cathédrale. Ne manquez pas non plus l'intéressante section dédiée à la peinture italienne du 19e s.

Face à l'hôtel de ville, le **palais Panichi** accueille le **Museo archeologico** où l'on peut observer des pièces de l'époque picénienne (9e-6e s. av. J.-C.) et des mosaïques romaines du 1er s. apr. J.-C. *Piazza Arringo 28 - ✆ 0736 25 35 62 - 8h30-19h30 - fermé lun. - 4 €.*

Non loin, dans la via Bonaparte, au n° 24, le **palais Bonaparte** apparaît comme l'un des meilleurs exemples de l'architecture civile de la Renaissance.

Suivre la via XX Settembre et tourner à droite pour rejoindre la piazza del Popolo.

★★ Piazza del Popolo B1-2

Allongée et harmonieuse, cette place est le rendez-vous de toute la ville. Pavée de larges dalles, elle est entourée de monuments gothiques et Renaissance. Le **palais dei Capitani del Popolo★**, bâti au 13e s., prit sa forme actuelle au 16e s. avec le remaniement auquel participa Cola dell'Amatrice, qui en réalisa l'austère façade postérieure.

À l'intérieur s'ouvre une jolie cour à arcades (16e s.).

L'**église San Francesco★** (B1 - 13e-16e s.) présente certains éléments d'influence lombarde. Sur le côté droit se trouvent un beau portail du 16e s. surmonté d'un monument dédié à Jules II et la **loggia dei Mercanti★** (B1 - loge des Marchands), élégante construction du 16e s. qui rappelle les exemples toscans *(chapiteaux)*. Sur le flanc gauche s'ouvrent le **grand cloître** (16e-17e s.), qui abrite un marché de fruits et légumes très coloré, et le **petit cloître** du 14e s., plus intime *(accès par la via Ceci)*. Dans la partie absidiale, l'église se distingue par un élégant ensemble élancé à double campanile.

Tourner à gauche sur le corso Mazzini.

★ Corso Mazzini ABC1

Il s'agit de la rue noble de la ville. Elle est bordée de palais de diverses époques, sur lesquels se détachent des maximes en latin et en langue vulgaire. Au n° 224, le **palais Malaspina** (16e s.) présente d'originales et impressionnantes arcades aux colonnes en forme de tronc d'arbre. À l'entrée de la via delle Torri s'élève l'église Renaissance **Sant'Agostino**, qui renferme une fresque de Cola dell'Amatrice et une *Madone de l'humilité* dans le style de l'école de Fabriano (14e s.).

Galleria d'arte contemporanea O. Licini A1

Corso Mazzini 90 - ✆ 0736 24 86 63 - www.ascolimusei.it - 16 mars-sept. : 10h-19h ; reste de l'année : 10h-17h (w.-end 10h-19h) - fermé lun. - 8 € le billet combiné avec la Pinacoteca et le Museo dell'Arte Ceramica.

Installée dans l'ancien monastère de Sant'Agostino, la galerie accueille une vaste collection de peintures et dessins du peintre abstrait Osvaldo Licini (1894-1958).

Tourner à droite sur la via degli Studi.

Museo dell'Arte Ceramica A1

Piazza San Tommaso - ✆ 0736 29 82 13 - www.ascolimusei.it - 16 mars-sept.: 10h-19h; reste de l'année: 10h-17h (w.-end 10h-19h) - 8 € le billet combiné avec la Pinacoteca et la Galleria d'arte contemporanea O. Licini.

Dans un bel espace voûté installé dans le cloître de l'église romane attenante à **San Tommaso,** le musée présente quelques exemples de céramiques contemporaines et une importante collection de majoliques des 15e-17e s. constituée par A. Ceci, notable de la ville, décédé en 1920. Au premier étage, production des manufactures historiques Paci, Matricardi et Spada au 19e s.

Emprunter la via delle Torri.

Via delle Torri AB1

Elle doit son nom aux nombreuses tours qui s'y dressaient et dont les **tours jumelles** du 12e s. sont encore une belle illustration. Au bout de la rue s'élève l'imposante **église San Pietro Martire** du 14e s.

★ Santi Vincenzo e Anastasio B1

Piazza Ventidio Basso.

Bel exemple d'architecture romane, l'église, d'origine paléochrétienne, se distingue par une **façade★** du 14e s., divisée en 64 panneaux auparavant couverts de fresques. L'intérieur, d'une étonnante simplicité, renferme une **crypte** du 6e s., où l'on peut voir des restes de fresques du 14e s. En se dirigeant vers le pont de Solestà, on traverse une des parties les plus charmantes de la ville.

★ Ponte di Solestà A1

Précédée d'une porte du 14e s., cette audacieuse construction de l'époque d'Auguste ne comporte qu'une seule arche s'élevant à plus de 25 m. Un peu plus loin, on peut admirer un beau **lavoir** du 16e s.

Tourner à droite sur la via dei Soderini.

Via dei Soderini A1

C'était l'artère principale de la ville médiévale, comme en témoignent les nombreux palais, les tours féodales et les pittoresques rues transversales. Le bâtiment le plus intéressant reste le **petit palais Lombard** (Palazzetto Longobardo – 11e-13e s.), flanqué de l'élégante **torre degli Ercolani** (A1), dépassant 40 m, dont la porte d'entrée est surmontée d'une architrave typique d'Ascoli Piceno, portant un arc de décharge triangulaire percé horizontalement.

À proximité Carte de région p. 526

★★ Parco nazionale dei monti Sibillini BC3

80 km au nord-ouest d'Ascoli Piceno sur la SP 476.

Bureau du parc - Piazza del Forno 1 - Visso - ✆ 0737 97 27 11 - www.sibillini.net.

Ce parc, qui s'étend sur 60 000 ha entre l'Ombrie et les Marches, offre des paysages splendides et une nature très bien préservée. Il atteint son point culminant avec l'impressionnant **mont Vettore★★** (C3 - 2 476 m). La **plaine de Castelluccio★**, sorte d'altiplano où fleurissent les lentilles, et **Norcia**, déjà en Ombrie (*p. 500*), ne sont qu'à une heure de route du village d'**Arquata del Tronto★** (C3), commune de montagne à cheval sur le parc national des monts Sibyllins et sur le parc national du Gran Sasso e Monti della Laga. Fortifiée au 13e s., la place tint longtemps lieu de verrou entre les montagnes et la plaine.

Pour vous renseigner sur la faune, la flore et les coutumes du parc, rendez-vous à **Visso★** (B3), joli village situé à 607 m de hauteur, siège du parc des Sibillini.

★ San Ginesio C2-3

60 km au nord-ouest d'Ascoli Piceno sur la SP 327.

À la lisière du parc national des monts Sibyllins, le village de San Ginesio est un véritable bijou entouré par des remparts (14e-15e s.) et serré autour de la centrale **piazza Gentili**, qui réunit les principaux monuments du bourg. La surprenante **collegiata★** romane, à l'originale façade gothique trilobée (1412), cache en son intérieur plusieurs œuvres d'art : des toiles des 16e-17e s. de Federico Zuccari, Pomarancio et Simone de Magistris et, dans la crypte appelée **Oratorio di San Biagio**, un cycle de **fresques★** de Lorenzo Salimbeni réalisé en 1406. Sur la place se dresse aussi le **théâtre** dédié à Giacomo Leopardi, bâti au 19e s.

Derrière la collegiata, dans l'ancienne **église San Sebastiano**, un petit mais intéressant **musée-pinacothèque** *(✆ 0733 65 20 56)* expose des toiles du 14e au 16e et des pièces archéologiques.

En prenant la centrale via Capocastello, sur laquelle se dressent plusieurs églises, on rejoint les jardins-belvédères, qui offrent un **panorama★** magnifique.

Au sud de San Ginesio *(environ 14 km)*, **Sarnano** (C3) est un autre joli village de montagne avec un charmant noyau médiéval.

9

NOS ADRESSES À ASCOLI PICENO

Plan de ville p. 570

HÉBERGEMENT

BUDGET MOYEN

Palazzo dei Mercanti – B1 - *Corso Trento e Trieste 35 - ✆ 0736 25 60 44 - www.palazzodeimercanti.it - 18 ch. - 100/130 €.* À deux pas de la charmante piazza del Popolo, cette adresse offre des chambres élégantes et lumineuses dans un bâtiment médiéval restauré avec goût.

POUR SE FAIRE PLAISIR

Residenza 100 Torri – A1 - *Via Costanzo Mazzoni 4 - ✆ 0736 25 51 23 - www.centotorri.com - 17 ch. - 130/160 €.* Un accueil raffiné dans cet établissement installé dans de splendides bâtiments où se trouvaient autrefois une filature et des écuries. La décoration mêle avec goût mobilier d'époque et éléments modernes bien plus design.

À proximité

BUDGET MOYEN

Villa Sgariglia – *Contrada Campolungo, via Salaria - ✆ 0736 306 262 - www.villasgariglia.com - 29 ch.* À 6 km de la ville, une splendide demeure patricienne dont le jardin donne sur une chapelle. Calme absolu. Navette pour le centre 3 fois/jour.

POUR SE FAIRE PLAISIR

Agriturismo Villa Cicchi – *Via Salaria Superiore 137, à 4 km à l'ouest d'Ascoli Piceno en dir. de Rosara - ✆ 0736 25 22 72 - www.villacicchi.it - 6 ch. - 130/170 €.* Une élégante maison de campagne du 17e s., qui propose des chambres au décor d'époque. Intéressante collection d'anciens outils de paysans et objets d'artisanat.

Arquata del Tronto Carte p. 526 C3

BUDGET MOYEN

Cittadella – *Contrada Cittadella - Montemonaco, à 30 km au nord* *d'Arquata del Tronto - ✆ 0736 856 361 - www.cittadelladeisibillini.it - ✕ - 7 ch. - 80/100 €.* Aux portes du parc national des monts Sibyllins, cette ancienne ferme au confort tout simple jouit d'un point de vue exceptionnel sur le mont Vettore. Cuisine honnête. Idéal pour les cyclistes et les randonneurs.

RESTAURATION

Ne quittez pas Ascoli Piceno sans avoir goûté aux typiques **olives all'ascolana**, des olives vertes frites et farcies avec de la viande. Délicieuses !

PREMIER PRIX

Ristorante Gastronomia Migliori – B2 - *Piazza Arringo 2 - ✆ 0736 25 00 42 - fermé lun. - 10/25 €.* Un traiteur/restaurant qui propose les célèbres olives all'ascolana et d'autres spécialités du terroir à déguster sur place ou à emporter.

BUDGET MOYEN

Locanda del Medioevo – B2 - *Via dei Bonaparte 28 - ✆ 0736 25 06 95 - www.locandadelmedioevo.it - 15/25 €.* Une formule fort sympathique : dans une taverne médiévale avec serveurs en costumes d'époque, on peut choisir entre plats d'aujourd'hui et recettes médiévales. Ambiance animée et vente de produits typiques.

Kursaal – *Via Luigi Mercantini 66* - C1 - *✆ 0736 25 31 40 - fermé dim. - 20/25 €.* Ce restaurant/œnothèque est une référence en ville pour sa sélection de vins mais aussi pour ses plats savoureux (olives all'ascolana à l'honneur !).

POUR SE FAIRE PLAISIR

Del Corso – B1 - *Corso Mazzini 277/279 - ✆ 0736 25 67 60 - fermé dim. soir, lun. - réserv. conseillée.* Réputé dans toute la ville, ce restaurant doté d'une salle unique voûtée propose une bonne cuisine de la mer. Menus intéressants au déjeuner.

PETITE PAUSE

Caffè Meletti – B2 - *Piazza del Popolo - ✆ 0736 259 626 - www.caffemeletti.it.* Ouvert en 1904 sous les arcades de la piazza del Popolo, ce délicieux café historique est un bijou de style Liberty, célèbre pour son « anisette ».

ACTIVITÉS

Petit train touristique – *Départ piazza Arringo, en été : 10h-19h ttes les 60mn (10h-23h juil.-août), reste de l'année : se rens. - ✆ 0736 33 63 39 - www.ascoliexplorer.it.* Le petit train Ascoli Explorer offre une balade agréable à travers les ruelles du centre-ville à la découverte des plus importants sites d'Ascoli Piceno, avec commentaires en italien et en anglais.

AGENDA

Torneo cavalleresco della Quintana – *Deuxième samedi de juillet et premier dimanche d'août.* La ville renoue avec son passé à travers le célèbre **tournoi de la Quintaine**, une tradition dont les modalités furent fixées dans les statuts de la ville en 1377.

Marché des antiquités et de l'artisanat – *3e w.-end du mois à partir de 15h30 le sam.*

Fleurs sauvages dans le parc national des monts Sibyllins.
B. Jannsen/age fotostock

Un pneu → *c'est quoi ?*

Rond, noir, à la fois souple et solide, le pneumatique est à la roue ce que le pied est à la course. Mais de quoi est-il fait ? Avant tout de gomme, mais aussi de divers matériaux textiles et / ou métalliques... et d'air ! Ce sont les savants assemblages de tous ces composants qui assurent aux pneumatiques leurs qualités : adhérence à la route, amortissement des chocs, en deux mots : confort et sécurité du voyageur.

1 BANDE DE ROULEMENT
Une épaisse couche de gomme assure le contact avec le sol. Elle doit évacuer l'eau et durer très longtemps.

2 ARMATURE DE SOMMET
Cette double ou triple ceinture armée est à la fois souple verticalement et très rigide transversalement. Elle procure la puissance de guidage.

3 FLANCS
Ils recouvrent et protègent la carcasse textile dont le rôle est de relier la bande de roulement du pneu à la jante.

4 TALONS D'ACCROCHAGE À LA JANTE
Grâce aux tringles internes, ils serrent solidement le pneu à la jante pour les rendre solidaires.

5 GOMME INTÉRIEURE D'ÉTANCHÉITÉ
Elle procure au pneu l'étanchéité qui maintient le gonflage à la bonne pression.

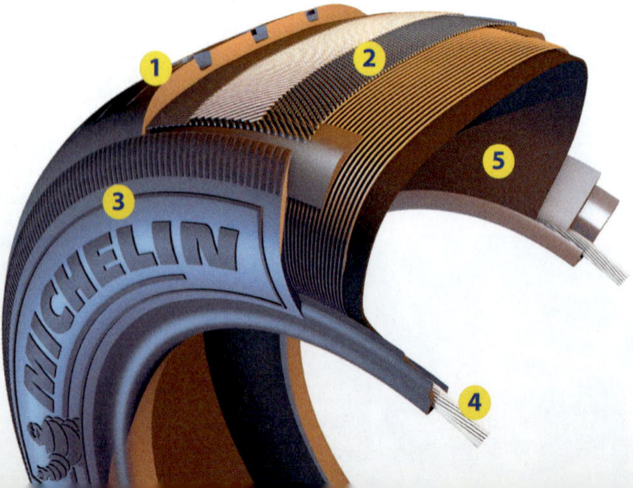

Michelin
→ *l'innovation en mouvement*

Créé et breveté par Michelin en 1946, le pneu radial ceinturé a révolutionné le monde du pneumatique. Mais Michelin ne s'est pas arrêté là : au fil des ans, d'autres solutions nouvelles et originales ont vu le jour, confirmant Michelin dans sa position de leader en matière de recherche et d'innovations, pour répondre sans cesse aux exigences des nouvelles technologies des véhicules.

→ *la juste pression !*

L'une des priorités de Michelin, c'est une mobilité plus sûre. En bref, innover pour avancer mieux. C'est tout l'enjeu des chercheurs, qui travaillent à mettre au point des pneumatiques capables de "freiner plus court" et d'offrir la meilleure adhérence possible à la route. Aussi, pour accompagner les automobilistes, Michelin organise, partout dans le monde, des campagnes de sensibilisation à la sécurité routière : les opérations "Faites le plein d'air" rappellent à tous que la juste pression des pneumatiques est un facteur essentiel de sécurité.

La stratégie Michelin :

→ *des pneumatiques multiperformances*

Qui dit Michelin dit sécurité, économie de carburant et capacité à parcourir des milliers de kilomètres. Un pneumatique MICHELIN, c'est tout cela à la fois.

Comment ? Grâce à des ingénieurs au service de l'innovation et de la technologie de pointe. Leur challenge : doter tout pneumatique - quel que soit le véhicule (automobile, camion, tracteur, engin de chantier, avion, moto, vélo et métro !) - de la meilleure combinaison possible de qualités, pour une **performance globale optimale**.

Ralentir l'usure, réduire la dépense énergétique (et donc l'émission de CO^2), améliorer la sécurité par une tenue de route et un freinage renforcés : autant de qualités dans un seul pneu, c'est cela Michelin Total Performance.

MICHELIN *Total Performance*

Chaque jour, **Michelin** innove en faveur de la mobilité durable.

DANS LE TEMPS ET LE RESPECT DE LA PLANÈTE.

La mobilité durable

c'est une mobilité propre... et pour tous

La mobilité durable c'est permettre aux hommes de se déplacer d'une façon plus propre, plus sûre, plus économique et plus accessible à tous, quel que soit le lieu où ils vivent.

Tous les jours, les 113 000 collaborateurs que Michelin compte dans le monde innovent :

- en créant des pneus et des services qui répondent aux nouveaux besoins de la société,
- en sensibilisant les jeunes à la sécurité routière,
- en inventant de nouvelles solutions de transport qui consomment moins d'énergie et émettent moins de CO^2.

Michelin Challenge Bibendum

La mobilité durable, c'est permettre la pérennité du transport des biens et des personnes, afin d'assurer un développement économique, social et sociétal responsable. Face à la raréfaction des matières premières et au réchauffement climatique, Michelin s'engage pour le respect de l'environnement et de la santé publique. De manière régulière, Michelin organise ainsi le Michelin Challenge Bibendum, le seul événement mondial axé sur la **mobilité routière durable**.

Notes

INDEX GÉNÉRAL

Sienne : villes, curiosités et régions touristiques.
Della Robbia, Luca : noms historiques ou termes faisant l'objet d'une explication.
Les sites isolés (châteaux, abbayes, grottes...) sont répertoriés à leur propre nom. Nous indiquons entre parenthèses la région à laquelle appartient chaque ville ou site.

A

B

C

D

G

H

I

J

L

M

N

O

P

SUR LA ROUTE ET EN VILLE

a destra : à droite
a sinistra : à gauche
banchina : bas-côté
binario : quai (de gare)
corso : boulevard
discesa : descente
dogana : douane
fermata (d'autobus) : arrêt (d'autobus)
fiume : fleuve, rivière
frana : éboulement
ingresso : entrée
largo : rue très large
lavori in corso : travaux en cours
neve : neige
passaggio a livello : passage à niveau
passo : col
pericolo : danger
piazza : place
piazzale : esplanade
stazione : gare
stretto : étroit
uscita : sortie
viale : avenue
vietato : interdit

SITES ET CURIOSITÉS

abbazia : abbaye
affreschi : fresques
aperto : ouvert
basilica : basilique, église
cappella : chapelle
casa : maison
castello : château
cattedrale : cathédrale
certosa : chartreuse
chiesa : église
chiostro : cloître
chiuso : fermé
cinta muraria : mur d'enceinte
città : ville
città vecchia : vieille ville
collegiata : collégiale
convento : couvent
cortile : cour
dintorni : environs
duomo : cathédrale
fortezza : forteresse
funivia : téléphérique
giardini : jardins
gole : gorges
lago : lac
lungomare : promenade de bord de mer
mausoleo : mausolée, tombeau
mercato : marché
navata : nef
palazzo : palais
passeggiata : promenade
piano : étage
ponte : pont
priorato : prieuré
quadro : tableau
(in) restauro : (en cours de) restauration
rivolgersi a… : s'adresser à…
rocca : château médiéval, forteresse
rovine, ruderi : ruines
sagrestia : sacristie
scala : escalier
scavi : fouilles
seggiovia : télésiège
spiaggia : plage
teatro : théâtre
tesoro : trésor
torre : tour
traghetto : traversée de ferry
vista : vue

MOTS USUELS

oui, non : sì, no
monsieur : signore
madame : signora
mademoiselle : signorina
hier : ieri
aujourd'hui : oggi
demain : domani
matin : mattina
soir : sera
après-midi : pomeriggio
s'il vous plaît : per favore
merci : grazie
pardon : scusi
assez : basta
bonjour : buongiorno
bonsoir : buonasera

au revoir : arrivederci
beaucoup : molto
peu : poco
plus : più
moins : meno
cher : caro
combien ça coûte ? : quanto costa ?
grand : grande
petit : piccolo
la route pour… ? : la strada per… ?
où ? : dove ?
quand ? : quando ?
où est… ? : dov'è… ?
peut-on visiter ? : si può visitare ?
quelle heure est-il ? : che ore sono ? che ora è
je ne comprends pas : non capisco
tout, tous : tutto, tutti

LES JOURS DE LA SEMAINE

lundi : lunedì
mardi : martedì
mercredi : mercoledì
jeudi : giovedì
vendredi : venerdì
samedi : sabato
dimanche : domenica

LES MOIS

janvier : gennaio
février : febbraio
mars : marzo
avril : aprile
mai : maggio
juin : giugno
juillet : luglio
août : agosto
septembre : settembre
octobre : ottobre
novembre : novembre
décembre : dicembre

CHIFFRES ET NOMBRES

0 : zero
1 : uno
2 : due
3 : tre
4 : quattro
5 : cinque
6 : sei
7 : sette
8 : otto
9 : nove
10 : dieci
11 : undici
12 : dodici
13 : tredici
14 : quattordici
15 : quindici
16 : sedici
17 : diciassette
18 : diciotto
19 : diciannove
20 : venti
30 : trenta
40 : quaranta
50 : cinquanta
60 : sessanta
70 : settanta
80 : ottanta
90 : novanta
100 : cento
1000 : mille
2000 : duemila

CARTES ET PLANS

CARTE GÉNÉRALE

CARTES DES RÉGIONS

PLANS DE VILLE

PLANS DE MONUMENTS

CARTES THÉMATIQUES

CARTES DES CIRCUITS

LÉGENDE DES CARTES ET PLANS

Curiosités et repères

- Itinéraire décrit, départ de la visite
- Église
- Mosquée
- Synagogue
- Monastère - Phare
- Fontaine
- Point de vue
- Château - Ruine ou site archéologique
- Barrage - Grotte
- Monument mégalithique
- Tour génoise - Moulin
- Temple - Vestiges gréco-romains
- Temple : bouddhique - hindou
- Autre lieu d'intérêt, sommet
- Distillerie
- Palais, villa, habitation
- Cimetière : chrétien - musulman - israélite
- Oliveraie - Orangeraie
- Mangrove
- Auberge de jeunesse
- Gravure rupestre
- Pierre runique
- Église en bois
- Église en bois debout
- Parc ou réserve national
- Bastide

Sports et loisirs

- Piscine : de plein air - couverte
- Plage - Stade
- Port de plaisance - Voile
- Plongée - Surf
- Refuge - Promenade à pied
- Randonnée équestre
- Golf - Base de loisirs
- Parc d'attractions
- Parc animalier, zoo
- Parc floral, arboretum
- Parc ornithologique, réserve d'oiseaux
- Planche à voile, kitesurf
- Pêche en mer ou sportive
- Canyoning, rafting
- Aire de camping - Auberge
- Arènes
- Base de loisirs, base nautique ou canoë-kayak
- Canoë-kayak
- Promenade en bateau

Informations pratiques

- Information touristique
- Parking - Parking - relais
- Gare : ferroviaire - routière
- Voie ferrée
- 1 Ligne de tramway
- Départ de fiacre
- Métro - RER
- Station de métro (Calgary, ...) (Montréal)
- Téléphérique, télécabine
- Funiculaire, voie à crémaillère
- Chemin de fer touristique
- Transport de voitures et passagers
- Transport de passagers
- File d'attente
- Observatoire
- Station-service - Magasin
- Poste - Téléphone
- Internet
- H Hôtel de ville
- B Banque, bureau de change
- J POL Palais de justice - Police
- GNR Gendarmerie
- T M Théâtre - Musée
- U Université
- Musée de plein air
- Hôpital
- Marché couvert
- Aéroport
- Parador, Pousada (Établissement hôtelier géré par l'État)
- A Chambre d'agriculture
- D Conseil provincial
- G Gouvernement du district, Délégation du Gouvernement Police cantonale
- L Gouvernement provincial (Landhaus)
- P Chef-lieu de province
- Station thermale
- Source thermale

Axes routiers, voirie

- Autoroute ou assimilée
- 1 Échangeur : complet - partiel
- Route
- Rue piétonne
- Escalier - Sentier, piste

Topographie, limites

- Volcan actif - Récif corallien
- Marais - Désert
- Frontière - Parc naturel